Das Mahāvagga

Verlag Beyerlein & Steinschulte

VORWORT

Eigentlich wollte ich nur Pâli lernen. Da sich für meinen Lehrer und mich aber kein passender Text fand, entschieden wir uns für das Mahâvagga des Vinayapitaka. Das daraus eine vollständige Übersetzung würde, hätten wir beide uns nicht träumen lassen. Daher möge der Leser mit Nachsicht und Geduld über die manchmal vielleicht nicht ganz geglückten Übersetzungen hinwegsehen und Fehler mit Langmut ertragen.

Bedanken möchte ich mich vor allen Dingen bei den vielen Helfern, die mich beim Korrekturlesen unterstützt haben. Hier seien vor allem genannt, Birte, Anke, Kathrin und Martin. Gedankt sei auch der Buddhistischen Gesellschaft Hamburg, deren Computer ich oft genug benutzen durfte und meinem Lehrer Maitrimurti, der mit soviel Geduld und Einfühlsamkeit mir diese schwierige Sprache vermittelt hat.

Der größte Dank aber sei dem Erhabenen, unserem Lehrer, der vierzig Jahre seines Lebens die Mühe auf sich nahm, uns die Wahrheit zu zeigen.

Thomas Trätow

INHALTSVERZEICHNIS

In diesem Buch erscheinen die Überschriften -- dem alten Ordnungs-System der damaligen Zeit folgend -- statt wie üblich am Anfang, erst am Schluß des jeweiligen Kapitels oder Abschnitts. Ebenso die Numerierung der Absätze. Bei manchen Abschnitten fehlen Über- (Unter)schriften, sie sind nur mit Nummern versehen, die unten mit angegeben sind. Die angegebenen Seitenzahlen zu den Kapiteln und Hauptabschnitten, stimmen mit der Seitenzahl des Kapitel- oder Abschnittbeginns überein.

EINLEITUNG

GLOSSAR

MV - I DIE GROSSE ABTEILUNG

1. KAPITEL: Die Erwachung - Die ersten fünf Mönche. (Abschnitte) 1 - 6	1
2. KAPITEL: Yaso - Mâro - Ordinationen weiterer Mönche. 7 - 14	9
3. KAPITEL: Uruvelâkassapa - Die Wunder - Die Feuerpredigt 15 - 21	14
4. KAPITEL: König von Maghadâ - Sâriputta und Moggallâna 22 - 24	20
5. KAPITEL: Pflichten des Unterweisers 25 - 30	25
6. KAPITEL: Was der Lehrer tun soll 31 - 34	32
7. KAPITEL: Verschiedene Fälle - Andersgläubige 35 - 38	34
8. KAPITEL: Über Schutz und Sicherheit 39 - 53	37
9. KAPITEL: Das des Erbes 54 - 71	42
ABSCHNITT 72 - 76 (Vollordinationsakt)	46
ABSCHNITT 77 (vier Bedarfsgegenstände)	49
ABSCHNITTE 78 - 79 (Vier nicht zu begehende Dinge)	50

MV - II   52

DAS KAPITEL ÜBER DIE ANDERSGLÄUBIGEN 1 - 16   52

DER ABSCHNITT über den Tadel 16 - 27	60
DIE GRUPPE von 15 Nichtvergehen 28	67
VIER KAPITEL über je 15 Fälle 29 - 32	68
KAPITEL über Uposatha 32 - 36	69

MV - III

KAPITEL über den Regenzeitaufenthalt 1- 8	73
DER ABSCHNITT zum Beginn der Regenzeit 8- 14	78

MV - IV

PAVÂRANA 1 - 18	84

MV - V

KAPITEL über Felle 1 - 13	93

MV - VI

KAPITEL der erlaubten Medizin 1 - 15	106
DAS LICCHAVI - KAPITEL 16 - 30	110
KAPITEL 24 über Nichtat - über Lagerhäuser 31 - 33	122
KAPITEL über Medizin 33 - 40	126

MV - VII

ABSCHNITT über sieben Fälle 1- 3	134
ABSCHNITT über sechs Fälle 4 - 5	136
ABSCHNITT über genommen habend 6 - 7	136
ABSCHNITT über die zwölf Fälle des Nichtwunsches 8	138

ABSCHNITT mit den zwölf Fällen des Wunsches 9	138
ABSCHNITT über zwölf Fälle irgend etwas zu tun 10	139
ABSCHNITT über neun Fälle „Nichtmitgenommen" 11	140
ABSCHNITT über fünf Fälle „angenehm lebend" 12	140
ABSCHNITT Kathina 13	141

MV - VIII

ERSTES KAPITEL 1 - 36	143
VISÂKHÂ KAPITEL 1 - 15	149
ABSCHNITT über die Roben 16 - 32	156

MV - IX

KAPITEL über Vâsabhadorf 1 - 4	165
KAPITEL über Fragen des Upâli 5 - 6	170
ABSCHNITT Campeyya 7	173

MV - X

KAPITEL Dhighâvû (Der Streit von Kosambi) 1 - 2	177
ABSCHNITT Kosambi 3 - 6	183

Was ist der Vinaya?

Die Texte des ursprünglichen Buddhismus gliedern sich in zwei große Schriftenkörbe, deren erster den Vinaya und deren zweiter die Lehrreden enthält. Während letztere sehr bekannt sind, ist der Vinaya so gut wie unbekannt. Vinaya heißt wörtlich „Zurecht-führung" und bedeutet: Ordnung, Zucht, Disziplin, Regel. Er ist die Ordensverfassung oder Ordensregel. Diese Ordensregel besteht aus zwei Teilen: Der erste *(Khandhaka)* enthält die Erlaubnisse und Verbote für die Ordensangehörigen (nicht für Laien) und deren Gemeinschaftsleben. Diese Regeln sind moralisch meist neutral, so wie etwa Verkehrsregeln, die zweckmäßig für ein möglichst reibungsloses Miteinander sind. Dieser Teil gliedert sich wiederum in zwei Bücher, das große Buch *(Mahâ-vagga)* und das kleine Buch *(Culla-vagga)*, wobei ersteres die Grundregeln, letzteres die ergänzenden enthält. Der zweite Teil *(Vibhanga)* enthält dagegen das, was etwa dem Strafrecht entspricht, nämlich die meist moralisch relevanten Verbote mit einer Sanktion, wie Ordensausschluß, Suspendierung der Ordensrechte, Beichtpflicht, Rückgabepflicht von Dingen usw. Dies sind die 220 Regeln, zu denen noch sieben Verfahrensregeln kommen, sozusagen die Strafprozeßordnung. Der Kern dieser Regeln eines monastischen Strafrechts sind die Tugendregeln, die für jeden Lehrnachfolger gelten, nur sehr verfeinert und umfassender, eben auf Weltüberwindung zugeschnitten. Diese 227 Regeln wurden an jedem Voll- und Neumondtag im Orden rezitiert und eingeschärft. Wer einen Verstoß nicht schon gebeichtet hatte und dies nicht bei der Rezitation nachholte, dem galt es als bewußte Lüge. Es ist einsehbar, daß dies einen ungemein erzieherischen Wert hatte.

Die Regeln in den Khandhakas, die etwas verbieten, heißen *dukkata*, d.h. „etwas, das man nicht tut" oder etwas, das wörtlich „schlecht *(du)* getan *(kata)*" wäre. Es ist das, was sich für einen Ordensangehörigen, einen Asketen, einen „Bürger der vier Weltgegenden" nicht ziemt, was sozusagen „standeswidrig" ist. Dies entspricht am ehesten bei uns den Ordnungswidrigkeiten. Wer dagegen verstößt, zieht sich den Tadel der übungseifrigen Ordensangehörigen zu – eine weitere Sanktion gibt es nicht, unbeschadet der karmischen Folgen von etwas, das sich nicht gehört. Die Regeln in den Vibhangas heißen Pâtimokkha, je für Mönche und Nonnen getrennt. Verstöße dagegen sind meist *âpatti*, wörtlich „Fehl *(â)* - tritt *(patti)*" oder „Ver *(â)* - gehen *(patti)*". Es ist falsches Vorgehen für Ordensangehörige, sozusagen „ein Schritt in die falsche Richtung", dem Ziel der Überwindung alles Anhangens und alles Leidens widersprechend. Nur die 75 Regeln guten Benehmens Nr. 145 - 220 sind dukkata.

Von diesem Ordensgesetzbuch, dieser Ordensverfassung in vier Teilen (Großes Buch, Kleines Buch, Pâtimokkha für Mönche, Pâtimokkha für Nonnen) gibt es in europäischer Sprache nur eine einzige Übersetzung, nämlich ins Englische, durch die langjährige Präsidentin der Pali Text Society, Miß Horner.

Auf deutsch liegt nur die hier vorliegende, vollständige Übersetzung des großen Buches vor. Auszüge und Teile aus den anderen Büchern des vinaya sind im Buch „Der Buddha und sein Orden" zu finden, das im Verlag Beyerlein & Steinschulte erschienen ist.

Vom Pâtimokkha der Mönche ist nur der nackte Text der 227 Regeln ins Deutsche übersetzt, ohne Entstehungsgeschichte und Fallbeispiele, und zwar von zwei europäischen Mönchen auf Sri Lanka: Pâtimokkha. Das Hauptgesetz der Bettelmönche. Mit Notizen der ethischen Führung (Vinaya) im Anhang, Colombo 1993, 108 S. Der Text ist bi-lingual: links Pâli, rechts deutsch.

Hellmuth Hecker

Glossar

abbhāna
Rehabilitation. Die Beendigung einer Strafe für ein Sanghadisesavergehen und die Herstellung des vorherigen Zustandes. = CV II 9

abbhantara
Lt. Komm. ist 1 A. 28 Ellen vom Ellenbogen bis zur Spitze des Mittelfingers = ca 10,66 m

abhidhammapitaka
Teil des Palikanons

ācaravipatti
Verlust rechten Verhaltens. Das sind folgende Vergehen: pārājika, sanghādisesa, pācittiya, dukkata, thullaccaya, pātidesanīya, dubbhāsita

aniyata(vergehen)
2 Vergehen = Wenn ein Mönch mit einer Frau versteckt zusammensitzt und eine vertrauenswürdige Laienanhängerin darüber Bedenken äußert. Der Mönch wird vom Sangha befragt, ob er ein (pārājika, sanghādisesa, pācittiya) Vergehen begangen hat.

aramika
Tempelgehilfe, lebt als Laie im Kloster und kümmert sich um die weltlichen Angelegenheiten des Klosters

āsālhā
Vollmond im Juni/Juli

Bedarfsgegenstände
siehe MV I 30/4

bhikkhugatiko
Ein mit den Mönchen Zusammenlebender. Laien, die im Kloster z. B. die Verwaltung vornahmen und dort auch lebten.

Bruder
āvuso = Anrede für Gleichgestellte

dubbhāsita(vergehen)
Kategorie von Vergehen wegen schlechter Rede. Ein Bekennen des Vergehens genügt zur Wiedergutmachung.

dukkata(vergehen)
Kategorie von Vergehen wegen schlechten Verhaltens. Ein Bekennen des Vergehens genügt zur Wiedergutmachung.

Erlaubtmacher (kappiyakārako)
Menschen, die oft mit den Mönchen zusammen wohnten und die weltlichen Angelegenheiten für die Mönche erledigten, z.B. Geldangelegenheiten. Oder sie übernahmen beim Verzehr von Früchten mit Samen durch die Mönche die "Verantwortung" für das eventuelle Töten des Samens.

kathina
Zeremonie am Ende der Regenzeit, bei der den Mönchen Gewänder gespendet werden.

khandhaka
Teil des Vinayapitaka = Maha- und Cullavagga

komudi catumāsini
Vollmondtag im Monat Okt/Nov.

mānatta(strafe)
eine Strafe für ein Sanghadisesavergehen. Kann ein parivāsa sein. = CV II 4 - 9

Glossar

mūlaya patikassanāraho
Neuanfang. Ein Mönch, der, während er sich des parivāsa oder mānatta unterzieht, ein neues sanghādisesavergehen begeht, muß mit parivāsa bzw. mānatta von neuem beginnen.

nāga
Elefant oder Schlange(ngeist).

nissaggiya(vergehen)
30 Vergehen = Eine Art von Pācittiyavergehen (siehe dort). Betrifft die Roben der Mönche.

nissaranīya
Verbot des Zusammenlebens mit den Mönchen. Wird verhängt über einen Novizen, der über den Erhabenen, die Lehre und die Mönchsgemeinde verächtlich spricht oder verkehrte Lehren verbreitet und dabei hartnäckig verharrt.

nissāya
Beistandsverfahren. Der Mönch muß für einige Zeit wieder einen Unterweiser nehmen.

Novize
Mönch zwischen Ordination und Vollordination (ist zwischen 8 und 20 Jahre alt).

Ordination
pabbajjā (Hauslosigkeit); für Novizen möglich mit 8 Jahren, 10 Silas sind zu halten.

osāranā
Wiedereinsetzen, Wiederaufnahme. Dies bezieht sich auf einen Novizen, der wegen Mißachtung des Erhabenen, der Lehre und der Mönchsgemeinde oder wegen Verbreitung verkehrter Lehren ausgestoßen wurde (nissaranīya), dann vor der Mönchsversammlung seine Schuld bekennt und um Verzeihung bittet.

pabbajjanīya(verfahren)
Ausschlußverfahren. Durch ein Ordenskapitel wird beschlossen, daß ein Mönch das Kloster, in dem er sich durch seine verderbte Lebensweise einen schlechten Ruf zugezogen hat, zu verlassen und sich an einem anderen Platz niederzulassen hat. Seine Mönchswürde wird ihm nicht entzogen.

pācittiya(vergehen)
92 Vergehen = Nach pārājika- und sanghadisesavergehen das dritthöchste Vergehen. Muß vor dem gesamten Sangha bekannt werden.

pārājika(vergehen)
Schweres Vergehen (Geschlechtsakt, Diebstahl, Menschenmord, Anmaßung übernatürlicher Fähigkeiten und Kräfte), durch deren Ausübung einer für immer der Mönchswürde verlustig geht.

parivāra
Teil des Vinayapitaka

parivāsa
Getrenntwohnen. Wer ein Sanghadisesavergehen begangen hat und es nicht sofort einem Ordensbruder bekennt, wohnt soviele Tage, als er es verheimlicht hat, von den übrigen Mönchen getrennt. Nach Beendigung des Getrenntwohnens folgt die Sühnung (mānatta) und die Wiederaufnahme (abbhāna)
oder = Bewährungszeit Die Anwärter müssen eine gewisse Zeit unter Aufsicht des Sanghas leben, bevor die Ordination bzw Vollordination gegeben wird. = CV II 1-3

patidesanīya(vergehen)
4 Vergehen. Kategorie von Vergehen, die gebeichtet werden müssen.

patisārānīya
Versöhnungsverfahren. Streitigkeiten zwischen den Mönchen werden bereinigt.

Glossar

pavāranā
: (wtl. Einladung) findet lediglich am Schlusse der mönchischen Regenzeitklausur statt. Zu diesem Zwecke versammeln sich alle Mönche, die gemeinsam die Regenzeit verbracht haben und, jeder einzelne, vom Ältesten bis zum Jüngsten (in dieser Reihenfolge) lädt die anderen ein, ihm mitzuteilen, ob sie irgendeine Schuld (d.i. ein Ordensvergehen) an ihm bemerkt haben, damit er sie in diesem Falle sühnen könne.

Nach den Regeln behandeln
: wie im suttavibhanga festgelegt.

Robe, 3fache
: Hüfttuch (Tuch, das um die Hüfte geschlungen wird), Obergewand, Schultertuch (Obergewand doppelt gelegt und zusammengenäht. Dient als Schlaf- und Sitzunterlage)

sanghādisesa(vergehen)
: 13 weniger schwere Vergehen, von denen die neun ersten neben dem Geständnis auch eine Sühnung (mānatta) und den Wiederaufnahmeakt (abbhāna) und meist noch ein zeitweises Getrenntwohnen (parivāsa) erfordern. Der Sangha mußte über dieses Vergehen zusammensitzen (sanghādisesa).

sechser Gruppe Mönche
: eine Gruppe Mönche, die für die meisten Fehler verantwortlich waren.

sekhiya
: 75 Keine Vergehen, Regeln für gutes Verhalten.

sikkhamānaya
: Zu Schulende. Spezieller Status für 2 Jahre für Mädchen unter 20 Jahren und Frauen die länger als 12 Jahre verheiratet waren, bevor sie zur Nonne ordiniert werden. Einzuhalten sind die ersten 6 Silas. (siehe Anger. Samml 8/51)

sīlavipatti
: Verlust der Tugend = parājika- und sanghādisesavergehen.

suttapitaka
: Teil des Palikanons

tajjanīya
: Verwarnung. Bei vermuteten Verstößen wird eine Verwarnung ausgesprochen.

thera(mönch)
: Mönch 10 Jahre nach der Vollordination.

thullaccaya(vergehen)
: Kategorie von Vergehen zwischen Pācittiya und Dukkatavergehen.

ukkhepanīya
: Zeitweiliger Ausschluß. 1) Beim Mönch: Der Mönch wird vom Leben des Sanghas isoliert. Er hat keinen Kontakt mehr mit anderen Mönchen. 2) Beim Laien: Es werden keine Gaben angenommen.

Unterweiser
: upajjhāyaka Zuständig für die Ausbildung des Auszubildenden (saddhivihārika) im Vinaya
Lehrer (ācariya) = Zuständig für die Ausbildung des Schülers im Dhamma.

Verehrungswürdiger
: bhante = Anrede für Höherstehende

vibhanga
: Aufzählung der Vergehen und ihrer Wiedergutmachung. Es gibt 2 v. eines für Mönche, eines für Nonnen.

vinaya
: wörtlich: hinführen, im übertragenen Sinne sittliches Verhalten aufzeigen.

Vollendeter
: tathāgata = Buddha, wenn er von sich selbst spricht

Vollordination
: upasampadā = Vollmönch mit 20 Jahren möglich, alle 227 Regeln gelten.

yojana
: Längenmaß ca. 9 Km

Abkürzungen

CV Cullavagga (des Vinaya)
MV Mahāvagga (des Vinaya)

Für alle Palibegriffe, die Sie hier nicht finden, verweisen wir auf das Buddhistische Wörterbuch des ehrwürdigen Nyānatiloka.

Die große Abteilung

Ehre dem Erhabenen, Heiligen, vollkommen Erwachten

Zu jener Zeit weilte der Erhabene am Fuße des Bodhi Baumes in Uruvelā am Ufer des Flusses Nerañjara, gerade eben vollkommen erwacht. So saß der Erhabene am Fuße des Bodhi Baumes sieben Tage mit verschränkten Beinen, das Glück der Erlösung erfahrend (1).

Am Beginn des ersten Nachtabschnittes durchdachte der Erhabene im Geiste vorwärts und rückwärts die Kette des bedingten Entstehens: Es entsteht in Abhängigkeit von: Unwissen Aktivitäten, von Aktivitäten Bewußtsein, von Bewußtsein Körper und Geist, von Körper und Geist sechsfacher (Sinnen)bereich, vom sechsfachen (Sinnen)bereich Berührungen, von Berührungen Gefühl, von Gefühl Durst, von Durst Ergreifen, von Ergreifen Werden, von Werden Geburt, von Geburt Alter, Tod, Kummer, Jammer, Schmerz, Leid und Verzweiflung. In dieser Weise entsteht diese ganze Masse von Leid. Durch die restlose Auflösung und Vernichtung der Unwissenheit lösen sich die Aktivitäten auf, durch die Auflösung der Aktivitäten löst sich das Bewußtsein auf, durch die Auflösung des Bewußtseins lösen sich Körper und Geist auf, durch die Auflösung von Körper und Geist löst sich der sechsfache (Sinnen)bereich auf, durch die Auflösung des sechsfachen (Sinnen)bereiches löst sich die Berührung auf, durch die Auflösung der Berührung löst sich Gefühl auf, durch die Auflösung des Gefühls löst sich der Durst auf, durch die Auflösung des Durstes löst sich das Ergreifen auf, durch die Auflösung des Ergreifens löst sich das Werden auf, durch die Auflösung des Werdens löst sich die Geburt auf, durch die Auflösung der Geburt lösen sich Alter, Tod, Kummer, Jammer, Schmerz, Leid und Verzweiflung auf. In dieser Weise vergeht die ganze Masse von Leid (2).

Da also der Erhabene diesen Sachverhalt erkannt hatte, sprach er zu jener Zeit diesen Satz:
Wenn bei einem Eifrigen, Meditierenden, Edlen,
wirklich die Wahrheit entsteht,
dann schwinden ihm die Zweifel alle,
denn er schaut das Gesetz der Bedingtheit. (3)

Dann im mittleren Abschnitt der Nacht durchdachte der Erhabene im Geiste vorwärts und rückwärts die Kette des bedingten Entstehens: Es entsteht in Abhängigkeit von: Unwissen Aktivitäten ... durch die Auflösung der Geburt lösen sich Alter, Tod, Kummer, Jammer, Schmerz, Leid und Verzweiflung auf. In dieser Weise vergeht die ganze Masse von Leid. (4)

Da also der Erhabene diesen Sachverhalt erkannt hatte, sprach er zu jener Zeit diesen Satz:
Wenn bei einem Eifrigen, Meditierenden, Edlen,
wirklich die Wahrheit entsteht,
dann schwinden ihm die Zweifel alle,
denn er schaut das Gesetz der Auflösung. (5)

Dann im letzten Abschnitt der Nacht durchdachte der Erhabene im Geiste vorwärts und rückwärts die Kette des bedingten Entstehens: Es entsteht in Abhängigkeit von: Unwissen Aktivitäten ... durch die Auflösung der Geburt lösen sich Alter, Tod, Kummer, Jammer, Schmerz, Leid und Verzweiflung auf. In dieser Weise vergeht die ganze Masse von Leid. (6)

Da also der Erhabene diesen Sachverhalt erkannt hatte, sprach er zu jener Zeit diesen Satz:
Wenn bei einem Eifrigen, Meditierenden, Edlen,
wirklich die Wahrheit entsteht,
dann steht er da die Heere des Todes vernichtend,
wie die Sonne den Himmel erleuchtend. (7)

Ende der Erzählung von der Erleuchtung. //1//

Nachdem sieben Tage vergangen waren, erhob sich der Erhabene aus der Versenkung und ging vom Fuß des Bodhibaumes zum Feigenbaum namens "Ziegenhüter." Dort am Fuße des Feigenbaumes "Ziegenhüter" saß er sieben

MV 1

Tage mit verschränkten Beinen, das Glück der Erlösung erfahrend. (1)

Da kam zum Erhabenen ein gewisser (mürrischer) Brahmane, begrüßte sich mit dem Erhabenen freundlich, und nachdem er freundliche und höfliche Worte ausgetauscht hatte, stellte er sich beiseite hin. Dort stehend sprach jener Brahmane zum Erhabenen also: "In welcher Hinsicht, Freund Gotama, ist man Brahmane, welches sind die den Brahmanen ausmachenden Eigenschaften?" (2)

Da also der Erhabene diesen Sachverhalt erkannt hatte, sprach er zu jener Zeit diesen Satz: "Der Brahmane, der sich fernhält von unheilsamen Dingen, nicht überheblich, frei von Unreinheiten, selbstbeherrscht ist, die vollkommene Weisheit erreicht hat, der den Reinheitswandel beherrscht, dieser Brahmane darf sich mit Recht Brahmane nennen, in ihm ist kein weltlicher Stolz mehr." (3)

Ende der Erzählung vom (Feigenbaum) "Ziegenhüter." //2//

Nachdem sieben Tage vergangen waren, erhob sich der Erhabene aus der Versenkung und ging vom Fuß des Feigenbaumes "Ziegenhüter" zum Mucalinda (Baum). Dort am Fuße des Mucalindabaumes saß er sieben Tage mit verschränkten Beinen, das Glück der Erlösung erfahrend. (1)

Gerade zu jener Zeit bildete sich eine große, unzeitgemäße Gewitterwolke, die sieben Tage Regen brachte, Kälte, Wind und schlechtes Wetter. Da kam der Nāgakönig[1] Mucalinda aus seinem Wohnsitz, umschlang den Körper des Erhabenen mit sieben Windungen (seines Leibes), breitete über dem Kopf (des Erhabenen) seine große Haube aus. So stand er: "Möge dem Erhabenen nicht kalt sein, möge dem Erhabenen nicht heiß sein, möge dem Erhabenen keine Berührung sein mit Bremsen, Moskitos, Wind, Sonnenhitze und Kriechtieren." (2)

Nach sieben Tagen sah dann der Nāgakönig Mucalinda, daß die Wolken und der Regen verschwunden waren; nachdem er die Windungen vom Körper des Erhabenen abgewickelt hatte, gab er seine Schlangengestalt auf, schuf die Gestalt eines jungen Mannes, stand vor dem Erhabenen, den Erhabenen ehrend mit zusammengelegten Händen. (3)

Da also der Erhabene diesen Sachverhalt erkannt hatte, sprach er zu jener Zeit diesen Satz:
"Freude ist die Loslösung bei einem Zufriedenen, der die gehörte Wahrheit erschaut.
Freude ist Haßlosigkeit in der Welt und Nichtverletzung der Lebewesen.
Freude ist Gierlosigkeit in der Welt, sich befreien von Begierden.
Die Beseitigung der 'ich bin' Einbildung, das ist fürwahr höchstes Wohl." (4)

Ende der Erzählung von Mucalinda. //3//

Nachdem sieben Tage vergangen waren, erhob sich der Erhabene aus der Versenkung und ging vom Fuße des Mucalindabaumes zum Baum "Königsstätte." Dort am Fuße des Baumes "Königsstätte" saß er sieben Tage mit verschränkten Beinen, das Glück der Erlösung erfahrend. (1)

Zu jener Zeit gingen die Kaufleute Tapussa und Bhallika aus Ukkala in jene Richtung, wo der Erhabene saß. Da sagte eine blutsverwandte Gottheit der Kaufleute Tapussa und Bhallika den beiden folgendes: "Meine Herren, der Erhabene weilt am Fuße des Baumes Königsstätte, gerade eben vollkommen erwacht. Zu jenem Erhabenen gehet und ehret ihn mit Reiskuchen und Honigkugeln, dies wird für euch lange Zeit Wohl und Freude sein." (2)

Da gingen die Kaufleute Tapussa und Bhallika, Reiskuchen und Honigkugeln genommen habend, zum Erhabenen. Dort beim Erhabenen ehrten sie ihn und stellten sich beiseite. Beiseite stehend sagten die Kaufleute Tapussa und Bhallika zum Erhabenen folgendes: "Oh Ehrwürdiger, möge der Erhabene von uns den Reiskuchen und die Honigkugeln annehmen, damit für uns lange Zeit Wohl und Freude sein wird." (3)

Da kam dem Erhabenen dieser Gedanke: Nicht mit den Händen nehmen die Vollendeten etwas an. Worin sollte ich jetzt Reiskuchen und Honigkugeln annehmen? Die vier Himmelskönige erkannten in ihrem Geist den Gedankengang des Erhabenen. Sie überreichten aus den vier Himmelsrichtungen dem Erhabenen vier Almosenschalen aus Stein: Oh

---

[1] Nāgas sind Schlangengeister, die meist als Kobra dargestellt werden, werden aber auch als im Wasser lebende Geister geschildert. Siehe auch MV 1/63

Ehrwürdiger, möge der Erhabene hierin Reiskuchen und Honigkugeln annehmen. Der Erhabene nahm die neuen aus Stein gemachten Almosenschalen an, nahm die Reiskuchen und Honigkugeln an und aß sie. (4)

Da sahen die Kaufleute Tapussa und Bhallika, daß der Erhabene seine Hände von der Almosenschale zurückgenommen hatte. Sie neigten den Kopf zu den Füßen des Erhabenen und sagten folgendes: "Wir, oh Erhabener, nehmen unsere Zuflucht zum Erhabenen und zur Lehre; als Laienanhänger möge uns der Erhabene betrachten von heute ab für die ganze Lebenszeit." Diese beiden waren auf der Welt die ersten Laienanhänger, die zweifache Zuflucht nahmen[2]. (5)

Ende der Erzählung vom Baum "Königsstätte." //4//

Dann, nachdem der Erhabene sieben Tage verbracht hatte, erhob er sich aus seiner Versenkung und ging vom Baum Königsstätte zum Feigenbaum "Ziegenhüter." Dort verweilte der Erhabene am Fuße des Feigenbaumes "Ziegenhüter." (1)

Da kam im Geiste des abgesondert in Einsamkeit verweilenden Erhabenen folgender Gedanke auf: Die von mir erkannte Lehre ist tief, schwierig zu verstehen, schwer zu durchschauen, friedvoll, erhaben, nicht dem logischen Denken zugänglich, subtil, nur den Weisen zugänglich. Dem Begehren hingegeben ist doch die Menschenwelt, findet Gefallen am Begehren, erregt sich am Begehren. Für die dem Begehren hingegebene, am Begehren Gefallen findende, am Begehren sich erregende Menschenwelt ist diese Lehre schwer zu verstehen, die da ist: der ursächliche Zusammenhang durch die Entstehung in Abhängigkeit. Und auch diese Lehren sind schwer zu verstehen, die da sind: die Beruhigung aller Aktivitäten, das Aufgeben der zu Wiedergeburt führenden Dinge, die Auslöschung des Durstes, die Leidenschaftslosigkeit, die völlige Erlöschung, das Nibbāna. Wenn ich diese Lehre verkünden würde, würden die anderen mich nicht verstehen, dies würde mich erschöpfen, dies würde für mich Anstrengung sein. (2)

Also gingen dem Erhabenen diese wohlüberlegten Verse auf, die vorher noch nie zu hören waren:
Unter Mühen erkannte ich,
jetzt geb' ich auf zu verkünden.
Diese Lehre verstehen nicht
die von Gier und Haß beherrschten.
Die Lehre geht gegen den Strom,
ist weise, tief, schwer zu durchschau'n,
von Leidenschaftlern nicht zu sehn,
nicht sichtbar für Unwissende. (3)

Da neigte sich bei dem dies überdenkenden Erhabenen der Geist zur Inaktivität, zur Nichtdarlegung der Lehre. Da erkannte Brahma Sahampati im Geiste den Gedankengang des Erhabenen und dachte folgendes: Die gute Welt geht zugrunde, die gute Welt geht völlig zugrunde, wenn nämlich der Geist des Vollendeten, Heiligen, vollkommen Erwachten sich zur Inaktivität neigt, zur Nichtverkündung der Lehre. (4)

Da verschwand Brahma Sahampati aus seiner Brahmawelt, so schnell wie ein kräftiger Mann einen gebeugten Arm streckt oder einen gestreckten Arm beugt und erschien vor dem Erhabenen. (5)

Da legte Brahma Sahampati das Obergewand über eine Schulter, beugte das rechte Knie zur Erde, erwies dem Erhabenen mit zusammenlegten Händen Ehre und sagte folgendes: "Möge der verehrungswürdige Erhabene die Lehre verkünden, möge der Vollkommene die Lehre verkünden. Es gibt Lebewesen, die von Natur aus wenig Staub auf den Augen haben, durch das Nichthören der Lehre gehen sie abwärts; es werden Versteher der Lehre da sein." (6)

Dieses sprach Brahma Sahampati; und danach sagte er folgendes:
"In der Vergangenheit erschien in Māgadha eine unreine Lehre, die von Befleckten erdacht wurde. Öffne diese Tür zur Unsterblichkeit, mögen die Leute die Lehre hören, die von einem Unbefleckten erkannt wurde. Einen, der auf der Spitze eines Felsens steht, würde das Volk von allen Seiten sehen. Dem gleichst du, Weiser, Allsehender, der zum Palast der Wahrheit aufgestiegen ist. Der Kummer vernichtet Habende, blickt herab auf das von Kummer betroffene, von Geburt und Alter überwältigte Volk. Steh auf, Held, Sieger im Kampf, Anführer, Schuldloser, gehe überall hin in die Welt, möge der Erhabene die Lehre verkünden, es werden Verständige da sein." (7)

---

[2] nämlich beim Buddha und bei der Lehre. Den Sangha gab es ja noch nicht.

Als dies gesagt wurde, sagte der Erhabene zu Brahma Sahampati folgendes: "Bei mir, Brahma, kam jener Gedanke auf: Die von mir erkannte Lehre ist tief, schwierig zu verstehen, schwer zu durchschauen, friedvoll, erhaben, nicht dem logischen Denken zugänglich, subtil, nur den Weisen zugänglich ... Wenn ich diese Lehre verkünden würde, würden die anderen mich nicht verstehen, dies würde mich erschöpfen, dies würde für mich Anstrengung sein. Also gingen mir, oh Brahma, diese wohlüberlegten Verse auf, die vorher noch nie zu hören waren ... Da neigte sich bei mir, oh Brahma, der Geist zur Inaktivität, zur Nichtdarlegung der Lehre. (8)

Zum zweiten Male sagte Brahma Sahampati dem Erhabenen folgendes: Möge der Erhabene die Lehre verkünden, ... es werden Verständige da sein. Zum zweiten Male sagte der Erhabene zu Brahma Sahampati folgendes: "Bei mir, Brahma, kam jener Gedanke auf: Die von mir erkannte Lehre ist tief, schwierig zu verstehen, schwer zu durchschauen, friedvoll, erhaben, nicht dem logischen Denken zugänglich, subtil, nur den Weisen zugänglich ... Wenn ich diese Lehre verkünden würde, würden die anderen mich nicht verstehen, dies würde für mich Anstrengung sein. Also gingen mir, oh Brahma, diese wohlüberlegten Verse auf, die vorher noch nie zu hören waren ... Da neigte sich bei mir, oh Brahma, der Geist zur Inaktivität, zur Nichtdarlegung der Lehre. (9)

Zum dritten Male sagte Brahma Sahampati dem Erhabenen folgendes: Möge der Erhabene die Lehre verkünden, ... es werden Verständige da sein. Da erkannte der Erhabene den Wunsch des Brahma, und aufgrund des Mitleids mit den Wesen betrachtete der Erhabene mit dem Buddhaauge die Welt. Da, als der Erhabene mit dem Buddhaauge die Welt betrachtete, sah er: es gibt Wesen mit wenig beschränktem Geist, mit stark beschränktem Geist, mit vielen Fähigkeiten, mit wenigen Fähigkeiten, mit guten Veranlagungen, mit schlechten Veranlagungen, den Belehrungen gut zugänglich, den Belehrungen schlecht zugänglich; einige wenige sehen die Gefahren und das, was für die andere Welt zu meiden ist. (10)

Gleichwie in einem Teich mit blauem Lotus oder in einem Teich mit rotem Lotus oder in einem Teich mit weißem Lotus die blauen oder roten oder weißen Lotuspflanzen im Wasser entstanden, im Wasser gewachsen, dem Wasser angepaßt, sich unterhalb des Wasserspiegels ernähren, einige wenige blaue oder rote oder weiße Lotuspflanzen, im Wasser entstanden, im Wasser gewachsen, gleichauf mit dem Wasserspiegel stehen, einige wenige blaue oder rote oder weiße Lotuspflanzen im Wasser entstanden, im Wasser gewachsen, über den Wasserspiegel hinauswachsen, durch das Wasser unberührt dastehen. (11)

Genau so sah der Erhabene, mit seinem Buddhaauge die Welt betrachtend, Lebewesen mit wenig beschränktem Geist, mit stark beschränktem Geist, mit vielen Fähigkeiten, mit wenigen Fähigkeiten, mit guten Veranlagungen, mit schlechten Veranlagungen, den Belehrungen gut zugänglich, den Belehrungen schlecht zugänglich; einige wenige sehen die Gefahren und das, was für die andere Welt zu meiden ist; dies gesehen habend, richtete der Erhabene diesen Vers an Brahma Sahampati: "Geöffnet sind denen die Türen zur Todlosigkeit, welche hören, schenket Vertrauen. Ich erkannte die Anstrengung für mich, deshalb, Brahma, verkündete ich die höchste Lehre unter den Menschen (noch) nicht." (12)

Nachdem Brahma Sahampati wußte: Der Erhabene verkündet die Lehre, verehrte er den Erhabenen, drehte sich rechts herum und verschwand von dort. (13)

Ende der Erzählung von Brahma. //5//

Da kam dem Erhabenen folgender Gedanke: Wem sollte ich nun zuerst die Lehre verkünden, wer wird diese Lehre schnell verstehen? Dann kam dem Erhabenen folgender Gedanke: Dieser weise, kluge, erfahrene Āḷāro Kalāmo hat lange Zeit (schon) ein Wesen, das wenig befleckt ist. Nun laß mich dem Āḷāro Kalāmo zuerst die Lehre verkünden, er wird diese Lehre schnell verstehen. (1)

Da erzählte eine unsichtbare Gottheit dem Erhabenen: vor sieben Tagen, oh Verehrungswürdiger, ist Āḷāro Kalāmo gestorben. Auch bei dem Erhabenen ist da das Wissen entstanden: vor sieben Tagen ist Āḷāro Kalāmo gestorben. Dann kam dem Erhabenen folgender Gedanke: sehr edel war Āḷāro Kalāmo, wenn er nämlich diese Lehre hören würde, würde er sie schnell verstehen. (2)

Da kam dem Erhabenen folgender Gedanke: Wem sollte ich nun zuerst die Lehre verkünden ... Nun laß mich dem Uddako Rāmaputto zuerst die Lehre verkünden, er wird diese Lehre schnell verstehen. (3)

Da erzählte eine unsichtbare Gottheit dem Erhabenen: letzte Nacht, oh Verehrungswürdiger, ist Uddako Rāmaputto gestorben ... (4)

Da kam dem Erhabenen folgender Gedanke: wem sollte ich nun zuerst die Lehre verkünden, wer wird diese Lehre schnell verstehen? Da kam dem Erhabenen folgender Gedanke: die Fünfergruppe Mönche war mir sehr hilfreich, hat sich um mich bei meinen energischen Anstrengungen gekümmert. Nun laß mich der Fünfergruppe Mönche zuerst die Lehre verkünden. (5).

Da kam dem Erhabenen folgender Gedanke: Wo weilt jetzt die Fünfergruppe Mönche? Da sah der Erhabene mit dem göttlichen, reinen, übermenschlichen Auge die Gruppe der fünf Mönche in Benares weilen, im Gazellenhain. Da brach der Erhabene, nachdem er, solange er (es) wünschte, in Uruvelā geweilt hatte, zu einer Reise nach Benares auf. (6)

Da sah der Asket Upaka den Erhabenen, der auf dem Weg zwischen Gayā und dem Bodhi Baum war. Ihn sehend sagte er dem Erhabenen folgendes: "Bruder, deine Erscheinung ist klar, rein und hell ist deine Hautfarbe. Unter wem bist du in die Asketenschaft gegangen, oder wer ist dein Lehrer, oder wessen Lehre bekennst du?" (7)

Nachdem dieses gesagt wurde, sprach der Erhabene den Asketen Upaka mit diesen Versen an: "Ich bin der Allesüberwinder, der Allwissende, an allen Dingen nicht anhaftend. Ich habe alles aufgegeben, bin befreit durch Durstvernichtung; (dieses) selbst erkannt habend, für wen sollte ich (in die Asketenschaft) gegangen sein? Für mich gibt es keinen Lehrer, ein mir Gleicher existiert nicht; nicht in der Götterwelt, nicht in dieser Welt ist einer mir ebenbürtig; ich bin der Heilige in der Welt, ich bin der unübertroffene Führer, ich bin der einzige vollkommen Erwachte, kalt geworden bin ich, erloschen. Ich gehe zur Stadt Kāsi, um das Rad der Lehre in Bewegung zu setzen. In der blind gewordenen Welt schlage ich die Trommel der Unsterblichkeit." (8)

"Wenn das so ist, stimmst du zu, daß du der Sieger über das Unbegrenzte bist?" - "Mir gleich sind die Sieger, die die Vernichtung der Beeinflussungen[3] erreicht haben. Die unheilsamen Dinge sind von mir überwunden worden, deswegen, Upaka, bin ich der Sieger." Als dies gesagt wurde, schüttelte der Asket Upaka den Kopf, sagte: "Es könnte sein", nahm einen Seitenweg und ging fort. (9)

Da reiste der Erhabene nach und nach nach Benares zum Gazellenhain in Isipatana zu der Gruppe der fünf Mönche. Die fünf Mönche sahen den Erhabenen aus der Ferne kommen. Nachdem sie ihn gesehen hatten, kamen sie gegenseitig überein: Dieser ehrwürdige Asket Gotama, der in Üppigkeit lebt, die Anstrengungen aufgegeben hat, zur Üppigkeit zurückgekehrt ist, kommt. Er ist nicht zu verehren, noch stehen wir auf, noch nehmen wir ihm Almosenschale und Robe ab, trotzdem stellen wir einen Sitz hin, wenn er wünscht, sich zu setzen. (10)

In dem Maße, wie sich der Erhabene den fünf Mönchen näherte, hielten die fünf Mönche ihre eigene Abmachung nicht ein, gingen dem Erhabenen entgegen, einer nahm dem Erhabenen die Almosenschale und die Robe ab, einer bereitete den Sitz, einer stellte Wasser, Schemel und Schale (zum Waschen) für die Füße hin. Der Erhabene setzte sich auf den vorbereiteten Sitz, dort wusch er seine Füße. Aber immer noch redeten sie ihn mit Namen (Gotama) an und nur mit der Anrede "Bruder" (āvuso) (11).

Da sie so sprachen, sagte der Erhabene zu den fünf Mönchen folgendes: "Redet, ihr Mönche, den Vollendeten nicht mit Namen und 'Bruder' an. Heilig, ihr Mönche ist der Vollendete, vollkommen Erwachte. Höret, ihr Mönche, die Unsterblichkeit ist erlangt worden. Ich lehre, ich verkünde (euch) die Lehre (Wahrheit). Sich so verhaltend wie das Gelehrte, in nicht langer Zeit, verweilt ihr in dieser unübertroffenen Vervollkommnung des Reinheitswandels, für welchen Zweck edle Söhne vom Haus in die Hauslosigkeit eintreten, in diesem gegenwärtigen Leben sie selbst erfahrend und verwirklicht habend." (12).

Nachdem sie dieses gehört hatten, sagten die fünf Mönche dem Erhabenen folgendes: "Du, Bruder Gotama, erlangtest durch diesen (bisherigen) Wandel, durch diese Praxis, durch diese Selbstqual, nicht einen überweltlichen Zustand, den vollkommenen Erkenntnisblick. Wie kannst du den überweltlichen Zustand, den vollkommenen Erkenntnisblick erlangen als einer, der jetzt in Üppigkeit lebt, die Anstrengungen aufgegeben hat, zur Üppigkeit zurückgekehrt ist?" (13)

Nachdem dieses gesagt wurde, sagte der Erhabene den fünf Mönchen folgendes: "Der Vollendete, ihr Mönche, ist

---

[3] āsava = wörtlich fließen, sowohl hinein- als auch hinaus-

keiner, der in Üppigkeit lebt, die Anstrengungen aufgegeben hat, zur Üppigkeit zurückgekehrt ist. Heilig, ihr Mönche, ist der Vollendete, vollkommen Erwachte. Höret, ihr Mönche, die Unsterblichkeit ist erlangt worden. Ich lehre, ich verkünde (euch) die Lehre. Sich so verhaltend wie das Gelehrte, in nicht langer Zeit, verweilt ihr in dieser unübertroffenen Vervollkommnung des Reinheitswandels, für welchen Zweck edle Söhne vom Haus in die Hauslosigkeit eintreten, in diesem gegenwärtigen Leben sie selbst erfahrend und verwirklicht habend." (14)

Zum zweiten Male sagten die fünf Mönche dem Erhabenen folgendes: "Du, Bruder Gotama, erlangtest durch diesen (bisherigen) Wandel, durch diese Praxis, durch diese Selbstqual, nicht einen überweltlichen Zustand, den vollkommen Erkenntnisblick. Wie kannst du den überweltlichen Zustand, den vollkommen Erkenntnisblick erlangen als einer, der jetzt in Üppigkeit lebt, die Anstrengungen aufgegeben hat, zur Üppigkeit zurückgekehrt ist?" Zum zweiten Male sagte der Erhabene den fünf Mönchen folgendes: "Der Vollendete, ihr Mönche, ist keiner, der in Üppigkeit lebt, die Anstrengungen aufgegeben hat, zur Üppigkeit zurückgekehrt ist. Heilig, ihr Mönche, ist der Vollendete, vollkommen Erwachte. Höret, ihr Mönche, die Unsterblichkeit ist erlangt worden. Ich lehre, ich verkünde (euch) die Lehre. Sich so verhaltend wie das Gelehrte, in nicht langer Zeit, verweilt ihr in dieser unübertroffenen Vervollkommnung des Reinheitswandels, für welchen Zweck edle Söhne vom Haus in die Hauslosigkeit eintreten, in diesem gegenwärtigen Leben sie selbst erfahrend und verwirklicht habend." Zum dritten Male sagten die fünf Mönche dem Erhabenen folgendes ... (15).

Als dies gesagt wurde, sagte der Erhabene den fünf Mönchen folgendes: "Kennt ihr mich, ihr Mönche, daß ich vorher derartiges gesagt habe?" - "Nein, dies ist nicht der Fall, Verehrungswürdiger (bhante)." - "Heilig, ihr Mönche, ist der Erhabene, vollkommen Erwachte. Höret, ihr Mönche, die Unsterblichkeit ist erlangt worden. Ich lehre, ich verkünde (euch) die Lehre. Sich so verhaltend wie das Gelehrte, in nicht langer Zeit, verweilt ihr in dieser unübertroffenen Vervollkommnung des Reinheitswandels, für welchen Zweck edle Söhne vom Haus in die Hauslosigkeit eintreten, in diesem gegenwärtigen Leben sie selbst erfahrend und verwirklicht habend." Da konnte der Erhabene die fünf Mönche überzeugen. Es wollten die fünf Mönche den Erhabenen nochmals hören, sie merkten auf und richteten ihren Geist auf die höchste Weisheit. (16).

Da sprach der Erhabene zu den fünf Mönchen: "Zwei Extreme, Mönche, gibt es, denen sich ein Hausloser nicht hingeben sollte. Welche zwei? Das ist einerseits das an die Lust des Begehrens nach Sinnesobjekten sich hingeben, dem Niedrigen, Gemeinen, Gewöhnlichen, Unedlen, Sinnlosen und andererseits das an die Selbstqual sich hingeben, dem Leidvollen, Unedlen, Sinnlosen, diese (beiden) Extreme, Mönche, vermieden habend, hat der Vollendete den mittleren Pfad erkannt, den Einsicht gebenden, wissend machenden, der zur Beruhigung, Weisheit, Erkenntnis, Nibbāna führt. (17)

Welches ist, ihr Mönche, dieser vom Vollendeten erkannte, Einsicht gebende, wissend machende, mittlere Weg, der zur Beruhigung, Weisheit, Erkenntnis, Nibbāna führt? Das ist dieser edle, achtfältige Pfad, das sind: rechte Anschauung, rechtes Denken, rechte Rede, rechtes Handeln, rechte Lebensführung, rechtes Mühen, rechte Achtsamkeit, rechte Sammlung. Dieses ist, ihr Mönche, der vom Vollendeten erkannte, Einsicht gebende, wissend machende mittlere Weg, der zur Beruhigung, Weisheit, Erkenntnis, Nibbāna führt. (18)

Dieses ihr Mönche, ist die edle Wahrheit vom Leid; Geburt ist Leid, Altern ist Leid, Sterben ist Leid, vereint sein mit Ungeliebtem ist Leid, getrennt sein von Geliebtem ist Leid, was man sich wünscht, nicht zu erhalten, ist Leid, kurz gesagt, die fünf Gruppen des Anhaftens sind Leid. (19)

Dieses, ihr Mönche, ist die edle Wahrheit von der Entstehung des Leides, (es ist) dieser Durst, dieser Wiederdasein schaffende, der mit Freude und Begehren verbundene, überall Gefallen findende; das sind: Durst nach Sinnesgenuß, Durst nach Werden, Durst nach Vernichtung. (20)

Dieses ihr Mönche, ist die edle Wahrheit von der Ausrottung des Leides, das ist die Läuterung von jenem Durst und seine restlose Ausrottung, das Aufgeben, Loslassen, die Befreiung, das Nichtanhaften. (21)

Dieses, ihr Mönche, ist die edle Wahrheit vom Weg zur Ausrottung des Leides. Das ist dieser edle, achtfältige Pfad, das sind: rechte Anschauung, rechtes Denken, rechte Rede, rechtes Handeln, rechte Lebensführung, rechtes Mühen, rechte Achtsamkeit, rechte Sammlung. (22)

Dies ist die edle Wahrheit vom Leid, so ist mir, ihr Mönche, das Auge für die nie zuvor gehörten Wahrheiten aufgegangen; Wissen kam auf, Weisheit kam auf, Erkenntnis kam auf, Erleuchtung kam auf. Diese edle Wahrheit vom

Leid muß verstanden werden, ihr Mönche, so ging mir das Auge für die nie zuvor gehörten Wahrheiten auf; Wissen kam auf, Weisheit kam auf, Erkenntnis kam auf, Erleuchtung kam auf. Diese edle Wahrheit vom Leid ist (von mir) genau verstanden worden, so ist mir, ihr Mönche, das Auge für die nie zuvor gehörten Wahrheiten aufgegangen; Wissen kam auf, Weisheit kam auf, Erkenntnis kam auf, Erleuchtung kam auf. (23)

Dies ist die edle Wahrheit von der Entstehung des Leides, so ist mir, ihr Mönche, das Auge für die nie zuvor gehörten Wahrheiten aufgegangen; Wissen kam auf, Weisheit kam auf, Erkenntnis kam auf, Erleuchtung kam auf. Diese edle Wahrheit von der Entstehung des Leides (davon muß die Entstehung/Ursache) aufgegeben werden, so ist mir, ihr Mönche, das Auge für die nie zuvor gehörten Wahrheiten aufgegangen; Wissen kam auf, Weisheit kam auf, Erkenntnis kam auf, Erleuchtung kam auf. Diese edle Wahrheit von der Entstehung des Leides (davon habe ich die Entstehung/Ursachen) aufgegeben, so ist mir, ihr Mönche, das Auge für die nie zuvor gehörten Wahrheiten aufgegangen; Wissen kam auf, Weisheit kam auf, Erkenntnis kam auf, Erleuchtung kam auf. (24)

Dieses ist die edle Wahrheit von der Ausrottung des Leides ... Diese edle Wahrheit von der Ausrottung des Leides ist zu verwirklichen ... Diese edle Wahrheit von der Ausrottung des Leides ist von mir verwirklicht worden, so ist mir, ihr Mönche, das Auge für die nie zuvor gehörten Wahrheiten aufgegangen; Wissen kam auf, Weisheit kam auf, Erkenntnis kam auf, Erleuchtung kam auf. (25)

Dies ist die edle Wahrheit von dem zur Ausrottung des Leides führenden Pfad ... Diese edle Wahrheit von dem zur Ausrottung des Leides führenden Pfad ist zu verwirklichen ... Diese edle Wahrheit von dem zur Ausrottung des Leides führenden Pfad ist von mir verwirklicht worden, so ist mir, ihr Mönche, das Auge für die nie zuvor gehörten Wahrheiten aufgegangen; Wissen kam auf, Weisheit kam auf, Erkenntnis kam auf, Erleuchtung kam auf. (26).

Da wußte ich: solange mir, ihr Mönche, in diesen vier edlen Wahrheiten, so mit zwölf Gliedern in drei Kategorien gefaßt[4] die wissende Einsicht in die Wirklichkeit nicht klar geworden ist, bis dahin, ihr Mönche, wußte ich nicht in der Welt mit ihren Göttern, Māras, Brahmas, Asketen und Brahmanen, Menschheit und Gottheit, unübertroffen, vollkommen erwacht, die vollkommene Erleuchtung zu besitzen. (27)

Da wußte ich: sobald mir, ihr Mönche, in diesen vier edlen Wahrheiten so mit zwölf Gliedern in drei Kategorien gefaßt die wissende Einsicht in die Wirklichkeit klar geworden ist, da, ihr Mönche, in der Welt mit ihren Göttern, Māras, Brahmas, Asketen und Brahmanen, Menschheit und Gottheit wußte ich unübertroffen, vollkommen erwacht, die vollkommene Erleuchtung zu besitzen. (28)

Wissen und Einsicht kam bei mir auf: unerschütterlich ist meine Gemütserlösung, dieses ist das letzte Leben, nicht ist jetzt ein Wiederwerden." Also sprach der Erhabene; freudigen Geistes freuten sich die fünf Mönche über die Rede des Erhabenen. Während diese Belehrung dargelegt wurde, kam bei dem ehrwürdigen Kondañña das klare, reine Auge der Wahrheit auf: Wenn irgendwas als seine Eigenschaft das Entstehen hat, alles das, hat als Eigenschaft das Vergehen. (29)

Als der Erhabene das Rad der Lehre in Gang gesetzt hatte, ließen die Erdgötter folgendes hören: "So hat der Erhabene im Gazellenhain in Benares das unübertroffene Rad der Lehre in Gang gesetzt, welches nicht von einem Asketen, Brahmanen, Gott, Māra, Brahma oder irgendeinem in der Welt zurückgedreht werden kann." Dieses von den Erdgöttern gehört, ließen die vier Großkönige folgendes hören: "So hat der Erhabene im Gazellenhain in Benares das unübertroffene Rad der Lehre in Gang gesetzt ..." Dieses von den vier Großkönigen gehört, ließen die Götter der Dreiunddreißig folgendes hören - die Yāmā Götter - die Tusitā Götter - die Nimmānarati Götter - die Paranimmitavasavatti Götter - die Brahmakayika Götter ließen folgendes hören: "So hat der Erhabene im Gazellenhain in Benares das unübertroffene Rad der Lehre in Gang gesetzt, welches nicht von einem Asketen, Brahmanen, Gott, Māra, Brahma oder irgendeinem in der Welt zurückgedreht werden kann." (30)

In diesem Augenblick, in diesem Moment, in dieser Sekunde, ging das Gesagte hinauf bis zur Brahmawelt, dieses Gesagte erschütterte die zehntausend Weltsphären, unermeßliches großes Licht erschien in der Welt, die Pracht der Götter übertreffend. Danach tat der Erhabene folgenden Ausspruch: "Verstanden hat der Freund Kondañña, verstanden

---

[4] gemeint sind die vorhergehenden Abschnitte 23 - 26 die in vier Abschnitten jeweils die vier edlen Wahrheiten nach: "ist aufgegangen", "muß verstanden werden", "ist von mir verstanden worden" aufteilen.

hat der Freund Kondañña. Darum soll der Name des ehrwürdigen Kondañña sein Aññāta Kondañña."[5] (31)

Nachdem er (Kondañña) die Wahrheit gesehen, die Wahrheit erlangt, die Wahrheit verstanden, die Wahrheit durchdrungen, den Zweifel überwunden, die Ungewißheit beseitigt, vollkommene Zuversicht aus eigener Kraft in der Lehre erlangt hatte, sagte er folgendes: "Die Ordination beim Ehrwürdigen möchte ich nehmen, ich möchte auch die Vollordination nehmen." - "Komm her, Mönch", sagte der Erhabene, "gut dargelegt ist die Lehre, wandle im Reinheitswandel, um alles Leid zu beenden." Das war die Vollordination des Ehrwürdigen. (32)

Dann belehrte der Erhabene die restlichen Mönche durch die Lehre. Da kam bei dem ehrwürdigen Vappa und dem ehrwürdigen Baddiya, als der Erhabene sie mit den Worten der Lehre belehrte, das klare reine Auge der Wahrheit auf: Wenn irgendwas als seine Eigenschaft Entstehen hat, alles das hat als seine Eigenschaft das Vergehen. (33)

Da sagten diese, nachdem sie die Wahrheit gesehen, die Wahrheit erlangt, die Wahrheit verstanden, die Wahrheit durchdrungen, den Zweifel überwunden, die Ungewißheit beseitigt, die vollkommene Zuversicht ohne Hilfe anderer in der Lehre erlangt hatten, folgendes: "Die Ordination beim Ehrwürdigen möchten wir nehmen, wir möchten auch die Vollordination nehmen." - "Kommt her, Mönche", sagte der Erhabene, "gut dargelegt ist die Lehre, wandelt im Reinheitswandel, um alles Leid zu beenden." Das war die Vollordination der Ehrwürdigen. (34)

Dann belehrte der Erhabene die restlichen Mönche durch die Lehre, indem er die von den drei (ordinierten) Mönchen gebrachte Almosenspeise aß, und sagte: "Das Essen, das von drei Mönchen vom Almosengang mitgebracht wurde, ernährt sechs Mönche." (35)

Als der Erhabene den ehrwürdigen Mahānāma und ehrwürdigen Assaji (durch die Lehre) belehrte, ging (ihnen) das klare reine Auge der Wahrheit auf: Wenn irgendwas als seine Eigenschaft Entstehen hat, alles das hat als Eigenschaft das Vergehen. (36)

Dann sagten diese, nachdem sie die Wahrheit gesehen, die Wahrheit erlangt, die Wahrheit verstanden, die Wahrheit durchdrungen, den Zweifel überwunden, die Ungewißheit beseitigt, die vollkommene Zuversicht aus eigener Kraft in der Lehre erlangt hatten, folgendes: "Die Ordination beim Ehrwürdigen möchten wir nehmen, wir möchten auch die Vollordination nehmen." - "Kommt her, Mönche", sagte der Erhabene, "gut dargelegt ist die Lehre, wandelt im Reinheitswandel, um alles Leid zu beenden." Das war die Vollordination der Ehrwürdigen. (37)

Dann sprach der Erhabene die Fünfergruppe Mönche an: "Die sichtbare Gestalt ist nicht das Selbst, wenn nämlich die sichtbare Gestalt das Selbst wäre, würde diese nicht der Beschwernis unterliegen. Hinsichtlich der sichtbaren Gestalt könnte man (sagen), so soll meine sichtbare Gestalt sein, so soll meine sichtbare Gestalt nicht sein, weil aber, Mönche, die sichtbare Gestalt nicht das Selbst ist, deshalb unterliegt die sichtbare Gestalt der Beschwernis; hinsichtlich der sichtbaren Gestalt kann man nicht sagen, so soll meine sichtbare Gestalt nicht sein, so soll meine sichtbare Gestalt sein." (38)

Die Gefühle ... die bewußte Wahrnehmung ... die Aktivitäten ... das Bewußtsein ist nicht das Selbst, wenn nämlich das Bewußtsein das Selbst wäre, würde dieses nicht der Beschwernis unterliegen. Hinsichtlich des Bewußtseins könnte man (sagen), so soll mein Bewußtsein sein, so soll mein Bewußtsein nicht sein, weil aber, Mönche, das Bewußtsein nicht das Selbst ist, deshalb unterliegt das Bewußtsein der Beschwernis; hinsichtlich des Bewußtseins kann man nicht sagen, so soll mein Bewußtsein nicht sein, so soll mein Bewußtsein sein." (39-41)

"Was meint ihr, Mönche, ist die sichtbare Gestalt beständig oder unbeständig?" - "Unbeständig, Erhabener." - "Wenn etwas unbeständig ist, ist es leidvoll oder freudvoll?" - "Leidvoll, Erhabener." - "Wenn etwas unbeständig, leidvoll, veränderlich ist, ist es angemessen, das als meins zu betrachten, dies bin ich, dies ist mein Selbst?" - "Nein, ist es nicht, Erhabener." (42)

"Was meint ihr, Mönche, sind die Gefühle, die bewußten Wahrnehmungen, die Aktivitäten, das Bewußtsein beständig oder unbeständig?" - "Unbeständig, Erhabener." - "Wenn etwas unbeständig ist, ist es leidvoll oder freudvoll?" - "Leidvoll, Erhabener." - "Wenn etwas unbeständig, leidvoll, veränderlich ist, ist es angemessen, das als meins zu betrachten, dies bin ich, dies ist mein Selbst?" - "Nein, ist es nicht, Erhabener." (43)

---

[5] der, der verstanden hat.

Daher, ihr Mönche, irgendeine vergangene, zukünftige, gegenwärtige sichtbare Gestalt, ob innerlich oder äußerlich, ob grob oder fein, niedrig oder erhaben, fern oder nah, alle sichtbare Gestalt ist nicht mein, ist nicht ich, ist nicht mein Selbst. Dieses ist der Wahrheit gemäß mit voller Weisheit zu sehen. (44)

Daher, ihr Mönche, irgendein vergangenes, zukünftiges, gegenwärtiges Gefühl, bewußte Wahrnehmung, die Aktivität, das Bewußtsein, ob innerlich oder äußerlich, ob grob oder fein, niedrig oder erhaben, fern oder nah, alle Gefühle, bewußten Wahrnehmungen, Aktivitäten, alles Bewußtsein ist nicht mein, ist nicht ich, ist nicht mein Selbst. Dieses ist der Wahrheit gemäß mit voller Weisheit zu sehen. (45)

So sehend, Mönche, wird der Belehrte, der edle Jünger, der sichtbaren Gestalt, der Gefühle, der bewußten Wahrnehmungen, der Aktivitäten, des Bewußtseins überdrüssig, überdrüssig löst er sich ab, abgelöst seiend befreit er sich, durch die Befreiung weiß er, ich bin befreit, vernichtet ist die Geburt, der Reinheitswandel ist erfüllt, das zu tuende ist getan, er weiß, nichts gibt es mehr zu tun in diesem Dasein." (46)

So sagte der Erhabene, beglückt freute sich die Fünfergruppe Mönche über das Gesagte des Erhabenen. Als diese Belehrung gesagt wurde, wurde der Fünfergruppe Mönche der Geist[6] frei von den Beeinflussungen ohne zu Ergreifen. Zu dieser Zeit gab es sechs Heilige in der Welt. (47)

Ende des ersten Kapitels //6//

Zu jener Zeit lebte in Benares ein wohlerzogener Sohn aus guter Familie, Sohn eines Kaufmannes, mit Namen Yasa, der hatte drei Paläste, einen für den Frühling, einen für den Sommer, und einen für die Regenzeit. Vier Monate wurde er in seinem Regenpalast mit Musik von Frauen unterhalten, und er stieg nicht vom Palast herunter. Yasa, der Sohn aus gutem Hause, von den fünf Sinnesgenüssen umgeben, gefesselt, unterhaltend, fiel zuerst in den Schlaf, die Dienerinnen fielen danach in den Schlaf und die Öllampe brannte die ganze Nacht. (1)

Dann sah Yasa, der Sohn aus gutem Hause, nachdem er zuerst aufgestanden war, seine eigenen Dienerinnen schlafend; eine hatte eine Laute in der Achselhöhle, eine eine kleine Trommel am Hals, eine hatte eine kleine Trommel in der Achselhöhle, eine das Haar verworren, eine war mit Speichel überzogen, sprechend im Schlaf, es schien ihm wie ein Friedhof. Nachdem er dieses gesehen hatte, kam ihm das Elend auf. Überdruß entstand in seiner Gemütsverfassung[7]. Da sagte Yasa, der Sohn aus gutem Hause, folgenden Ausspruch: "Das ist belastend, das ist plagend." (2)

Es ging Yasa, der Sohn aus gutem Hause, nachdem er die goldenen Sandalen angezogen hatte, zur Haustür. Nichtmenschliche Wesen öffneten die Tür: Möge für Yasa, den Sohn aus gutem Hause, nicht irgendeine Gefahr sein, um vom Hausleben in die Hauslosigkeit einzutreten. Dann kam Yasa, der Sohn aus gutem Hause, zum Stadttor. Nichtmenschliche Wesen öffneten das Tor: Möge für Yasa, den Sohn aus gutem Hause, nicht irgendeine Gefahr sein, um vom Hausleben in die Hauslosigkeit einzutreten. Dann kam Yasa, der Sohn aus gutem Hause, zum Gazellenhain in Isipatana. (3)

Zu jener Zeit, im letzten Abschnitt der Nacht, ging der Erhabene, nachdem er aufgestanden war, im Freien auf und ab. Der Erhabene sah Yasa, den Sohn aus gutem Hause, aus der Ferne kommen. Nachdem er ihn gesehen hatte, beendete er das Auf- und Abgehen und setzte sich auf den vorbereiteten Sitz. Da sagte Yasa, der Sohn aus gutem Hause, zum Erhabenen gekommen, folgendes: "Das ist belastend, das ist plagend." Es sagte der Erhabene Yasa, dem Sohn aus gutem Haus folgendes: "Dieses ist nicht belastend, dieses ist nicht plagend. Komm Yasa, setze dich, ich werde dir die Lehre verkünden." (4)

Da dachte Yasa, der Sohn aus gutem Hause, freudig und begeistert: "Dies ist nicht belastend, dies ist nicht plagend", zog seine goldenen Sandalen aus und ging zum Erhabenen. Dort angekommen, den Erhabenen verehrt habend, setzte er sich beiseite nieder. Dem beiseite sitzenden Yasa, dem Sohn aus gutem Hause, gab der Erhabene eine einführende Rede in folgender Weise: Er sprach über das Geben, die Sittlichkeit, den Himmel, das Elend, die Nichtigkeit und die Verderbtheit der Sinnesgenüsse, die Vorteile des Verzichtes. (5)

---

[6] citta

[7] = citta

MV 1

Als der Erhabene wußte, daß Yasa, der Sohn aus gutem Hause, in seiner Gemütsverfassung zugänglich, sanft, unvoreingenommen, froh, hell war, da hat er (der Erhabene) dies verkündet, nämlich die zusammengefaßte[8] Lehre der Buddhas, nämlich vom Leid, seiner Entstehung, seiner Überwindung, den Weg dazu. Genauso, wie ein sauberer fleckenloser Stoff gut Farbe annehmen würde, so ging dem Yasa, dem Sohn aus gutem Hause, dort auf dem Sitz das reine, klare Auge der Wahrheit auf: Wenn irgendwas als seine Eigenschaft das Entstehen hat, alles das hat als seine Eigenschaft das Vergehen. (6)

Dann, als die Mutter des Yasa, des Sohnes aus gutem Hause, zum Palast heraufgestiegen war, sah sie ihren Sohn nicht und ging zum Kaufmann und Hausherrn (Vater). Dort sagte (sie) dem Kaufmann und Hausherrn folgendes: "Dein Sohn, Hausherr, ist nicht zu sehen." Da ging der Kaufmann und Hausherr, nachdem er reitende Boten in die vier Himmelsrichtungen geschickt hatte, selber zum Gazellenhain. Der Kaufmann und Hausherr sah die Fußspuren der goldenen Sandalen und folgte ihnen. (7)

Der Erhabene sah den Kaufmann und Hausherrn aus der Ferne näherkommen. Das gesehen, kam dem Erhabenen folgender Gedanke: So laß mich nun übernatürliche Kraft ausüben, auf daß der Kaufmann und Hausherr hier sitzend den hier sitzenden Yasa, den Sohn aus gutem Hause, nicht sehen kann. Da übte der Erhabene die übernatürliche Kraft aus. (8)

Es näherte sich der Kaufmann und Hausherr dem Erhabenen; nachdem er sich genähert hatte, sagte er dem Erhabenen folgendes: "Sah der ehrwürdige Erhabene nicht Yasa, den Sohn aus gutem Hause?" - "Also, Hausvater, setze dich hin; sicherlich als hier Sitzender magst du den hier sitzenden Yasa, den Sohn aus gutem Hause, sehen." Da dachte der Kaufmann und Hausherr: Als hier Sitzender mag ich den hier sitzenden Yasa, den Sohn aus gutem Hause, sehen, und froh und freudig den Erhabenen verehrt habend, setzte er sich beiseite hin. (9)

Zu dem beiseite sitzenden Kaufmann und Hausherrn gab der Erhabene eine einführende Rede in folgender Weise: Er sprach über das Geben, die Sittlichkeit, den Himmel, das Elend, die Nichtigkeit und die Verderbtheit der Sinnesgenüsse, die Vorteile des Verzichtes. Als der Erhabene wußte, daß der Kaufmann und Hausherr in der Gemütsverfassung zugänglich, sanft, unvoreingenommen, froh, hell war, da hat er dies verkündigt, nämlich die zusammengefaßte Lehre der Buddhas, nämlich vom Leid, seiner Entstehung, seiner Überwindung, den Weg dazu. Genauso, wie ein sauberer fleckenloser Stoff gut Farbe annehmen würde, so ging dem Kaufmann und Hausherrn dort auf dem Sitz das reine klare Auge der Wahrheit auf: Wenn irgendwas als seine Eigenschaft das Entstehen hat, alles das hat als seine Eigenschaft das Vergehen. "Sehr, sehr gut, Verehrungswürdiger, wie wenn (man) etwas Umgedrehtes richtig hinstellen würde oder etwas Verdecktes aufdecken würde oder einem Verirrten den Weg zeigen würde oder wie wenn man in der Dunkelheit eine Öllampe hinhalten würde, damit, wer Augen hat, die Gestalten sieht, genauso hat der Erhabene auf verschiedene Weise die Lehre verkündet. Ich, Erhabener, nehme meine Zuflucht zum Erhabenen, zur Lehre als auch zum Mönchssangha, der Erhabene möge mich als Laienanhänger annehmen, der von heute an für das ganze Leben seine Zuflucht genommen hat." Zum ersten Male in der Welt war ein Laienanhänger mit dreifacher Zuflucht. (10)

Die Gemütsverfassung von Yasa, dem Sohn aus gutem Hause, wurde frei von den Beeinflussungen ohne zu ergreifen, als seinem Vater die Lehre verkündet wurde, denn dabei reflektierte er (seinen eigenen) Bewußtseinszustand, wie er ihn gesehen und verstanden hatte. Da kam dem Erhabenen folgender Gedanke: Die Gemütsverfassung von Yasa, dem Sohn aus gutem Hause, wurde frei von den Beeinflussungen ohne zu ergreifen, als seinem Vater die Lehre verkündet wurde, denn dabei reflektierte er (seinen eigenen) Bewußtseinszustand, wie er ihn gesehen und verstanden hatte. Nicht fähig ist Yasa, der Sohn aus gutem Hause, zum Niedrigen zurückzukehren, die Sinnesgenüsse zu genießen wie vorher als Häuslicher. So laß mich nun jene übernatürliche Kraft rückgängig machen. Da machte der Erhabene die übernatürliche Kraft rückgängig. (11)

Da sah der Kaufmann und Hausherr den Yasa, den Sohn aus gutem Hause, sitzen; (ihn) gesehen habend sagte er Yasa, dem Sohn aus gutem Hause, folgendes: "Deine Mutter, lieber Sohn Yasa, ist traurig geworden und klagt; gib der Mutter das Leben zurück." (12)

Da sah Yasa, der Sohn aus gutem Hause, zum Erhabenen auf. Es sagte der Erhabene dem Kaufmann und Hausherrn folgendes: "Was meinst du Hausherr? Yasas Wissen und Ansicht sind das eines Formbaren (Trainierbaren). Er sah die Wahrheit wie du. Als er (seinen) Bewußtseinszustand reflektierte, wie er ihn gesehen und verstanden hatte, wurde seine

---

[8] Eine weitere Möglichkeit der Übersetzung: die von den Buddhas selbst gefundene Lehre

Gemütsverfassung[9] frei von den Beeinflussungen ohne zu ergreifen. Ist Yasa, Hausherr, jetzt fähig zum Niedrigen zurückzukehren, die Sinnesgenüsse zu genießen wie vorher als Häuslicher?" - "Nein, ist er nicht, Erhabener." - "Yasas Wissen und Ansicht, Hausherr, ist das eines Formbaren, er sah die Wahrheit wie du. Als er (seinen) Bewußtseinszustand reflektierte, wie er ihn gesehen und verstanden hatte, wurde seine Gemütsverfassung frei von den Beeinflussungen ohne zu ergreifen. Nicht fähig ist Yasa, der Sohn aus gutem Hause, zum Niedrigen zurückzukehren, die Sinnesgenüsse zu genießen wie vorher als Häuslicher." (13).

"Das ist ein Vorteil für Yasa den Sohn aus gutem Hause, Erhabener, das ist ein Gewinn für Yasa den Sohn aus gutem Hause, Erhabener, denn die Gemütsverfassung des Yasa, des Sohnes aus gutem Hause, wurde frei von den Beeinflussungen ohne zu ergreifen. Möge der Erhabene das heutige Mahl annehmen mit Yasa als seinem Begleiter." Durch Schweigen gab der Erhabene seine Zustimmung. Dann, als der Kaufmann und Hausherr wußte, daß der Erhabene (das Essen) annahm, stand er vom Sitz auf, verehrte den Erhabenen, ging rechts herum und ging fort. (14)

Kurz nach dem Gehen des Kaufmannes und Hausherrn sagte Yasa, der Sohn aus gutem Hause, dem Erhabenen folgendes: "Bei dem Erhabenen möchte ich die Ordination nehmen, möchte ich die Vollordination nehmen." - "Komm her, oh Mönch," sagte der Erhabene "gut dargelegt ist die Lehre, wandele den Reinheitswandel um das gesamte Leid zu beenden." Das war für den ehrwürdigen (Yasa) die Vollordination. Zu jener Zeit gab es sieben Heilige in der Welt. (15)

Die Ordination des Yasa ist zu Ende //7//

Dann ging der Erhabene am Morgen, nachdem er sich angekleidet hatte, die Almosenschale und die Robe genommen hatte, in Begleitung des ehrwürdigen Yasa zum Hause des Kaufmannes und Hausherrn. Dort angekommen setzte er sich auf den vorbereiteten Sitz. Es kamen die Mutter des ehrwürdigen Yasa und seine ehemalige Frau zum Erhabenen, grüßten den Erhabenen ehrerbietig und setzen sich beiseite nieder. (1)

Ihnen gab der Erhabene eine einführende Lehre in folgender Weise: er sprach über das Geben, die Sittlichkeit, den Himmel, das Elend und die Nichtigkeit und die Verderbtheit der Sinnesgenüsse, die Vorteile des Verzichtes. Als der Erhabene wußte, daß sie in der Gemütsverfassung zugänglich, sanft, unvoreingenommen, froh, hell waren, da hat (der Erhabene) diese verkündet, welches ist die zusammengefaßte Lehre der Buddhas, nämlich das Leid, seine Entstehung, seine Überwindung und den Weg dazu. Genauso, wie ein sauberer fleckenloser Stoff gut Farbe annehmen würde, so ging ihnen dort auf dem Sitz das reine, klare Auge der Wahrheit auf: Wenn irgend etwas als eine Eigenschaft das Entstehen hat, alles das hat als seine Eigenschaft das Vergehen. (2)

Dann, nachdem sie die Wahrheit gesehen, die Wahrheit erlangt, die Wahrheit verstanden, die Wahrheit durchdrungen, den Zweifel überwunden, die Ungewißheit beseitigt, die vollkommene Zuversicht aus eigener Kraft in der Lehre erlangt hatten, sagten sie folgendes: "Sehr, sehr gut, Verehrungswürdiger, wie wenn (man) etwas Umgedrehtes richtig hinstellen würde oder etwas Verdecktes aufdecken würde oder einem Verirrten den Weg zeigen würde oder wie wenn man in der Dunkelheit eine Öllampe hinhalten würde, damit, wer Augen hat, die Gestalten sieht, genauso hat der Erhabene auf verschiedene Weise die Lehre verkündet. Wir, Erhabener, nehmen unsere Zuflucht zum Erhabenen, zur Lehre wie auch zum Mönchssangha, der Erhabene möge uns als Laienanhängerinnen annehmen, die von heute an für das ganze Leben ihre Zuflucht genommen haben. Zum ersten Male in der Welt waren Laienanhängerinnen mit dreifacher Zuflucht. (3)

Dann bewirteten und bedienten die Mutter, der Vater und die ehemalige Frau des ehrwürdigen Yasa eigenhändig den Erhabenen und den ehrwürdigen Yasa mit vorzüglicher fester und weicher Speise. Als der Erhabene gegessen und die Hand von der Almosenschale zurückgezogen hatte, setzten sie sich beiseite nieder. Dann, nachdem der Erhabene die Mutter, den Vater und die ehemalige Frau des Yasa durch eine Lehrrede veranlaßt hatte zu verstehen, aufzunehmen, davon motiviert zu sein, sich daran zu erfreuen, stand er vom Sitz auf und ging fort. (4) //8//

Vier Laienfreunde des ehrwürdigen Yasa, Söhne aus großen und kleinen Kaufmannsfamilien von Benares, namens Vimala, Subāhu, Punnaji, Gavampati, hörten: Yasa, der Sohn aus gutem Haus, hat Haar und Bart geschoren, die gelbbraune Robe angelegt, ist vom Haus in die Hauslosigkeit gegangen. Nachdem sie dies gehört hatten, fiel ihnen folgendes ein: Sicherlich ist dies keine geringe Lehre und Zucht, das ist kein geringes Asketentum worin Yasa, der Sohn

---

[9]citta

aus gutem Hause, Haar und Bart geschoren, die gelbbraune Robe angelegt, vom Haus in die Hauslosigkeit gegangen ist. (1)

Jene vier Leute gingen zum ehrwürdigen Yasa, dort verehrten sie den ehrwürdigen Yasa und standen beiseite. Der ehrwürdige Yasa ging die vier Laienfreunde mitnehmend zum Erhabenen. Dort verehrten sie den Erhabenen und setzten sich beiseite nieder. Beiseite sitzend sagte der ehrwürdige Yasa dem Erhabenen folgendes: "Dieses, Verehrungswürdiger, sind meine vier Laienfreunde aus Benares, die Söhne großer und kleiner Kaufmannsfamilien namens Vimala, Subāhu, Punnaji, Gavampati, diese vier möge der Erhabene beraten und belehren." (2)

Ihnen gab der Erhabene eine einführende Lehre in folgender Weise: Er sprach über das Geben, die Sittlichkeit, den Himmel, das Elend und die Nichtigkeit und die Verderbtheit der Sinnesgenüsse, die Vorteile des Verzichtes. Als der Erhabene wußte, daß sie in der Gemütsverfassung zugänglich, sanft, unvoreingenommen, froh, hell waren, da hat er dies verkündet, nämlich die zusammengefaßte Lehre der Buddhas, nämlich vom Leid, seiner Entstehung, seiner Überwindung, den Weg dazu. Genauso, wie ein sauberer fleckenloser Stoff gut Farbe annehmen würde, so ging ihnen dort auf dem Sitz das reine klare Auge der Wahrheit auf: Wenn irgendwas als seine Eigenschaft das Entstehen hat, alles das hat als seine Eigenschaft das Vergehen. (3)

Dann sagten sie, nachdem sie die Wahrheit gesehen, die Wahrheit erlangt, die Wahrheit verstanden, die Wahrheit durchdrungen, den Zweifel überwunden, die Ungewißheit beseitigt, die vollkommene Zuversicht aus eigener Kraft in der Lehre erlangt hatten, folgendes: "Die Ordination beim Erhabenen möchten wir nehmen, wir möchten auch die Vollordination nehmen." - "Kommt her Mönche," sagte der Erhabene "gut dargelegt ist die Lehre, wandelt den Reinheitswandel, um alles Leid zu beenden." Das war die Vollordination der Ehrwürdigen. Dann beriet und belehrte der Erhabene jene Mönche durch eine Lehrrede. Als der Erhabene sie durch eine Lehrrede beriet und belehrte, wurden ihre Gemütsverfassungen frei von den Beeinflussungen ohne zu ergreifen. Zu jener Zeit gab es elf Heilige in der Welt. (4)

Ende der Ordination von vier Laien. //9//

Da hörten fünfzig Laienfreunde, Söhne von ersten Familien und denen Nahestehende des Bezirkes vom Ehrwürdigen Yasa: Yasa, der Sohn aus gutem Haus, hat Haar und Bart geschoren, die gelbbraune Robe angelegt, ist vom Haus in die Hauslosigkeit gegangen ... Zu jener Zeit gab es einundsechzig Heilige in der Welt (1-4) //10//

Dann sprach der Erhabene die Mönche an: "Befreit bin ich, ihr Mönche, von allen Fesseln, sowohl göttlichen als auch menschlichen. Befreit seid ihr, ihr Mönche, von allen Fesseln, sowohl göttlichen als auch menschlichen. Geht, ihr Mönche, in die Welt, vielen Wesen zum Wohle, vielen Wesen zum Glücke, aus Mitgefühl mit der Welt, zum Nutzen, Wohl und Glück von Göttern und Menschen. Mögen nicht zwei auf einem Wege gehen (gehet allein). Verkündet, Mönche, die Lehre, die am Anfang gute, in der Mitte gute, am Ende gute, die bedeutsame, die wortgetreue[10], predigt den vollständigen, völlig geläuterten Reinheitswandel. Es gibt Wesen mit wenig Staub auf den Augen, die werden Versteher der Lehre sein, die Lehre nicht hörend gehen sie abwärts. Ich, ihr Mönche, gehe nach Senānigama in Uruvelā, die Lehre zu verkünden." (1)

Da kam Māra, der Böse, zum Erhabenen und sprach ihn mit folgenden Versen an:
"Ein Gefesselter mit allen Banden,
göttlichen und auch menschlichen,
ein Gefesselter mit großen Banden
von mir, Mönch, bist du nicht befreit."
"Befreit bin ich von allen Banden,
göttlichen und menschlichen.
Ich bin befreit von großen Banden,
du bist vernichtet, Antakā[11]."
"Überall schweben die Fesseln,
sie fesseln den Geist.

---

[10] Die Bedeutung der Lehre und die genauen Worte der Lehre

[11] Endlicher = Name Māras.

dadurch hemme ich dich;
von mir, Mönch, bist du nicht befreit"
"Gestalten, Geräusche, Gerüche, Geschmäcker,
Berührungen sind wunderschön,
dran habe ich Gefallen verloren,
du bist vernichtet, Antakā."
Da verschwand Māra, der Böse, mit betrübtem Geiste von dort, denkend: Der Erhabene kennt mich, der Wohlgegangene kennt mich. (2)

Die Erzählung von Māra ist beendet. //11//

Zu jener Zeit brachten die Mönche aus verschiedenen Richtungen und Gegenden Anwärter für die Ordination und die Vollordination, denkend: Der Erhabene ordiniert und vollordiniert sie. Dabei wurden sowohl die Mönche, wie auch die Ordinations- und Vollordinationsanwärter müde. Da kam dem Erhabenen, als er einsam in Meditation weilte, folgender Gedanke: Jetzt brachten die Mönche aus verschiedenen Richtungen und Gegenden Anwärter für die Ordination und die Vollordination denkend: Der Erhabene ordiniert und vollordiniert sie, dabei wurden sowohl die Mönche wie auch die Ordinations- und Vollordinationsanwärter müde. So laß mich nun den Mönchen erlauben: Gebt selber, ihr Mönche, in allen Richtungen und allen Gegenden die Ordination und die Vollordination. (1)

Dann, nachdem sich der Erhabene am Abend aus der Meditation erhoben hatte, aus diesem Grund, aus diesem Anlaß eine Lehrrede gehalten hatte, sprach er die Mönche an: "Mir kam, ihr Mönche, als ich einsam in Meditation weilte, folgender Gedanke: "Jetzt brachten die Mönche aus verschiedenen Richtungen und Gegenden Anwärter für die Ordination und die Vollordination denkend: Der Erhabene ordiniert und vollordiniert sie, dabei wurden sowohl die Mönche wie auch die Ordinations- und Vollordinationsanwärter müde. So laß mich nun den Mönchen erlauben: Gebt selber, ihr Mönche, in allen Richtungen und allen Gegenden die Ordination und die Vollordination. (2)

"Ich erlaube jetzt, ihr Mönche, gebt selber die Ordination und die Vollordination in allen Richtungen und allen Gegenden. In dieser Weise, ihr Mönche, soll man die Ordination und die Vollordination geben: Zuerst veranlaßt, daß die Kopf- und Barthaare geschoren wurden, die gelbbraune Robe angezogen wurde, auf eine Schulter das Obergewand gelegt wurde, zu den Füßen der Mönche sich verbeugt wurde, sich in die Hocke niedergesetzt wurde, die Hände zusammengelegt wurden. So sprich: (3)

'Ich nehme meine Zuflucht zum Buddha, ich nehme meine Zuflucht zur Lehre, ich nehme meine Zuflucht zum Sangha. Zum zweiten Male: Ich nehme meine Zuflucht zum Buddha. Zum zweiten Male: Ich nehme meine Zuflucht zur Lehre. Zum zweiten Male: Ich nehme meine Zuflucht zum Sangha. Zum dritten Male: Ich nehme meine Zuflucht zum Buddha. Zum dritten Male: Ich nehme meine Zuflucht zur Lehre. Zum dritten Male: Ich nehme meine Zuflucht zum Sangha'. Ich erlaube, ihr Mönche, durch diese dreifache Zufluchtnahme die Ordination und die Vollordination." (4)

Die Erzählung von der Vollordination durch dreifache Zufluchtnahme ist beendet. //12//

Als die Regenzeit vorüber war, sprach der Erhabene die Mönche an: "Ich, ihr Mönche, habe durch gründliche Aufmerksamkeit, durch gründliche rechte Anstrengung die unübertroffene Befreiung erlangt, die unübertroffene Befreiung verwirklicht. Auch ihr, ihr Mönche, habt durch gründliche Aufmerksamkeit, durch gründliche rechte Anstrengung die unübertroffene Befreiung erlangt, die unübertroffene Befreiung verwirklicht." (1)

Da näherte sich Māra, der Böse, dem Erhabenen, dort sprach er den Erhabenen mit einem Vers an:
"Ein Gefesselter mit Māras Banden,
göttlichen und auch menschlichen;
ein Gefesselter mit großen Banden
von mir, Mönch, bist du nicht befreit."
"Befreit bin ich von Māras Banden, sowohl göttlichen als auch menschlichen. Ich bin befreit von großen Banden, du bist vernichtet, Antakā." Da dachte Māra der Böse: Der Erhabene kennt mich, der Wohlgegangene kennt mich, verschwand von dort traurig und mit betrübtem Geist. (2) //13//

Dann, nachdem der Erhabene, so lange es ihm gefiel, in Baranasi geweilt hatte, brach (er) zu einer Reise nach Uruvelā auf. Da näherte sich der Erhabene abseits des Weges einem kleinen Hain. Dort angekommen ging er in den Hain hinein und setzte sich unter einem Baume nieder. Zu jener Zeit ergingen sich dreißig Bhaddavaggierfreunde mit ihren

Ehefrauen genau dort. Einer hatte keine Ehefrau, (für ihn) war eine Hure hergeholt worden. Dann, als die anderen sich unachtsam ergingen, lief die Hure, nachdem sie Sachen mitgenommen hatte, fort. (1)

Da jene Freunde dem Freund einen Gefallen tun wollten, durchstreiften sie den Hain, jene Frau suchend, sahen den Erhabenen am Fuße eines Baumes sitzen, näherten sich dem Erhabenen und dort angekommen sagten sie dem Erhabenen folgendes: "Könnte der verehrungswürdige Erhabene eine Frau gesehen haben?" - "Was ist mit der Frau, ihr Jünglinge?" - "Wir sind hier dreißig Bhaddavaggierfreunde, Verehrungswürdiger, mit Ehefrauen in diesem Hain uns ergehend. Einer hat keine Ehefrau, für Ihn ist eine Hure hergeholt worden. Dann ist jene Hure, Verehrungswürdiger, als wir uns unachtsam ergingen, fortgelaufen und nahm Sachen mit. Daher durchstreifen wir, Verehrungswürdiger, dem Freund einen Freundschaftsdienst erweisend, jene Frau suchend diesen Hain." (2)

"Was meint ihr, ihr Jünglinge, was ist für euch besser, daß ihr eine Frau sucht oder daß ihr das Selbst sucht?" - "Genau das, Verehrungswürdiger, ist für uns besser, daß wir das Selbst suchen." - "Dann setzt euch, ihr Jünglinge, ich werde euch die Lehre verkünden." - "So sei es, Verehrungswürdiger." Jene Bhadavaggierfreunde, nachdem sie den Erhabenen verehrt hatten, setzten sich beiseite nieder. (3)

Jenen gab der Erhabene eine einführende Lehre in folgender Weise: er sprach über das Geben, die Sittlichkeit, den Himmel, das Elend und die Nichtigkeit und die Verderbtheit der Sinnesgenüsse, die Vorteile des Verzichtes. Als der Erhabene wußte, daß sie in der Gemütsverfassung zugänglich, sanft, unvoreingenommen, froh, hell waren, da hat (der Erhabene) dies verkündet, welches ist die zusammengefaßte Lehre der Buddhas, nämlich das Leid, seine Entstehung, seine Überwindung und den Weg dazu. Genauso, wie ein sauberer fleckenloser Stoff gut Farbe annehmen würde, so ging ihnen dort auf dem Sitz das reine klare Auge der Wahrheit auf: Wenn irgendwas als seine Eigenschaft das Entstehen hat, alles das hat als seine Eigenschaft das Vergehen. (4)

Dann sagten sie, nachdem sie die Wahrheit gesehen, die Wahrheit erlangt, die Wahrheit verstanden, die Wahrheit durchdrungen, den Zweifel überwunden, die Ungewißheit beseitigt, die vollkommene Zuversicht aus eigener Kraft in der Lehre erlangt hatten, folgendes: "Die Ordination beim Erhabenen möchten wir nehmen, wir möchten auch die Vollordination nehmen." - "Kommt her, Mönche," sagte der Erhabene, "gut dargelegt ist die Lehre, wandelt den Reinheitswandel, um alles Leid zu beenden." Das war die Vollordination der Ehrwürdigen. (5)

Ende der Angelegenheit der Bhadavaggierfreunde //14//
Ende des zweiten Kapitels

Es ging der Erhabene nach und nach eine Reise machend nach Uruvelā. Zu dieser Zeit leben in Uruvelā drei Asketen mit geflochtenem Haar (Flechtenasketen), nämlich Uruvelakassapa, Nadīkassapa, Gayākassapa. Von diesen ist der Flechtenasket Uruvelakassapa der Führer, Lenker, Höchste, Erste, Beste von fünfhundert Flechtenasketen, der Flechtenasket Nadīkassapa der Führer, Lenker, Höchste, Erste, Beste von dreihundert Flechtenasketen, der Flechtenasket Gayākassapa der Führer, Lenker, Höchste, Erste, Beste von zweihundert Flechtenasketen. (1)

Da näherte sich der Erhabene der Einsiedelei des Uruvelakassapa, des Flechtenasketen. Dort sagte er dem Flechtenasketen Uruvelakassapa folgendes: "Wenn ich dir nicht zur Last falle, würde ich diese Nacht im Feuerhaus[12] wohnen." - "Nicht fällst du mir zur Last, großer Asket, aber dort ist ein heftiger Nāgakönig mit übernatürlicher Macht, giftig, tödlich giftig, möge er (den Erhabenen) nicht verletzen." Zum zweiten Male sagte der Erhabene dem Flechtenasketen Uruvelakassapa folgendes: "Wenn ich dir nicht zur Last falle ..." - "Nicht fällst du mir zur Last, großer Asket ...". Zum dritten Male sagte der Erhabene dem Flechtenasketen Uruvelakassapa folgendes: "Wenn ich dir nicht zur Last falle ..." - "Nicht fällst du mir zur Last, großer Asket ...". "Sicherlich wird er mich nicht verletzen, also, Kassapa, erlaube du mir, im Feuerhaus zu sein." - "Verweile, großer Asket, wie es dir beliebt." (2)

Dann setzte sich der Erhabene, nachdem er eingetreten war und das Graslager vorbereitet hatte, nieder, im Lotussitz sitzend, den Körper aufgerichtet, die Achtsamkeit vor sich gegenwärtig haltend. Da sah der Nāgakönig den Erhabenen eintreten. Das gesehen stieß er gequält und mit getrübtem Geiste Rauch und Flammen aus. Da dachte der Erhabene folgendes: So laß mich nun ohne die Haut, die Unterhaut, das Fleisch, die Sehnen, die Knochen und das Knochenmark dieses Nāgakönigs zu verletzen, seine Hitze durch meine Hitze überwältigen. (3)

---

[12]Flechtenasketen verehrten das Feuer als heilig.

MV 1

Da übte der Erhabene eine derartige übernatürliche Kraft aus und stieß Rauch und Feuer aus. Da flammte der Nāgakönig auf, seinen Ärger nicht mehr ertragen könnend. Da flammte der Erhabene, das Hitzeelement erreicht habend, auch auf. Das Feuerhaus war von dem Licht der beiden wie brennend, feuerfangend, leuchtend. Da sagten die Flechtenasketen, die um das Haus (versammelt) waren, jenes: "Herrlich ist sicher der Freund, der große Asket, durch den Nāgakönig wird er gequält werden." (4)

Dann, als jene Nacht verstrichen war, zeigte der Erhabene dem Flechtenasketen Uruvelakassapa den Nāgakönig, ohne die Haut, die Unterhaut, das Fleisch, die Sehnen, die Knochen und das Knochenmark dieses Nāgakönigs verletzt zu haben, nachdem er dessen Hitze durch die eigene Hitze überwältigt hatte, ihn in eine Almosenschale geworfen hatte: Dies ist dein Nāgakönig, Kassapa, überwältigt ist seine Hitze durch (meine) Hitze. Da kam dem Flechtenasketen Uruvelakassapa folgender Gedanke: Der große Asket hat eine große übernatürliche Kraft, große Erhabenheit, daß (er) die Hitze des heftigen Nāgakönigs, der übernatürliche Macht hat, giftig, tödlich giftig ist, durch seine Hitze überwältigt, aber er ist kein Heiliger wie ich. (5)

Am Nerañjarafluß sagte der Erhabene Uruvelakassapa, dem Flechtenasketen, folgendes: "Wenn ich dir nicht zur Last falle, Kassapa, würde ich diese Mondlichtnacht im Feuerhaus wohnen." - "Nicht fällst du mir zur Last, großer Asket, als einer, der dir Angenehmes wünscht, warne ich dich, dort ist ein Nāgakönig mit übernatürlicher Macht, giftig, tödlich giftig, möge er ihn (den Erhabenen) nicht verletzen." - "Sicherlich wird er mich nicht verletzen, also Kassapa, erlaube du mir im Feuerhaus zu sein." 'Sie (die Erlaubnis) ist gegeben' dies wissend trat der Furchtlose, der Furchtüberwinder ein. Nachdem er den Weisen gesehen hatte, stieß der Herrscher der Nāgas mit gequältem Geiste Flammen und Rauch aus. Mit freudigem ruhigem Geiste stieß der Herrscher der Menschen Flammen und Rauch aus. Den Ärger nicht ertragend, flammte der Herrscher der Nāgas wie Feuer auf. Im Feuerelement kundig, flammte auch der Herrscher der Menschen auf. Die Flechtenasketen sahen das von dem Licht der beiden leuchtende Feuerhaus. "Herrlich ist sicher der Freund, der große Asket, durch den Nāgakönig wird (er) gequält werden " sagten (sie). (6)

Dann, nachdem jene Nacht vergangen war, waren die Flammen des Nāgakönigs vernichtet, bei dem die übernatürlichen Kräfte Habenden blieben die verschiedenfarbigen Flammen erhalten, blaue, rote, purpurne, gelbe, weiße, beim Körper des Angirase (Buddha) waren verschiedenfarbige Flammen. Nachdem er den Herrscher der Nāgas in die Almosenschale getan hatte, hat (er) ihn dem Brahmanen gezeigt: Dies ist dein Nāgakönig, Kassapa, überwältigt ist seine Hitze durch (meine) Hitze. Da gewann Uruvelakassapa der Flechtenasket durch das Wunder der übernatürlichen Kraft des Erhabenen Vertrauen und sagte dem Erhabenen folgendes: "Verweile hier, großer Asket, ich (gebe) dir laufend Speise." (7)

Das erste Wunder //15//

Da weilte der Erhabene in einem Wäldchen nahe der Einsiedelei des Flechtenasketen Uruvelakassapa. Da kamen die vier Großkönige in einer fortgeschrittenen Nacht durch herrliche Färbung das ganze Wäldchen erleuchtet habend zum Erhabenen. Nachdem sie dort den Erhabenen verehrt hatten, standen sie an den vier Seiten wie große Feuersäulen. (1)

Nach jener Nacht kam der Flechtenasket Uruvelakassapa zum Erhabenen, dort sagte er dem Erhabenen folgendes: "Jetzt ist die Zeit, großer Asket, das Essen ist bereitet. Wer kam zu dir, großer Asket in einer fortgeschrittenen Nacht durch herrliche Färbung das ganze Wäldchen erleuchtet habend, angekommen dich verehrt habend, an den 4 Seiten gestanden seiend, wie vier Feuersäulen?" - "Die vier Großkönige, oh Kassapa, kamen zu mir, um die Lehre zu hören." Da kam dem Flechtenasketen Uruvelakassapa folgender Gedanke: Der große Asket hat eine große übernatürliche Kraft, große Erhabenheit, weil die vier Großkönige zu ihm kommen, um die Lehre zu hören, aber er ist kein Heiliger wie ich. Dann, nachdem der Erhabene das Essen des Flechtenasketen Uruvelakassapa gegessen hatte, weilte er in jenem Wäldchen. (2)

Das zweite Wunder //16//

Da kam Sakka, der Götterkönig in einer fortgeschrittenen Nacht durch herrliche Färbung das ganze Wäldchen erleuchtet habend zum Erhabenen. Nachdem er dort den Erhabenen verehrt hatte, stand er beiseite wie eine große Feuersäule, die strahlender und vorzüglicher war als die früheren Farbstrahlungen. (1)

Nach jener Nacht kam der Flechtenasket Uruvelakassapa zum Erhabenen, dort sagte er dem Erhabenen folgendes: "Jetzt ist die Zeit, großer Asket, das Essen ist bereitet. Wer kam zu dir, großer Asket, in einer fortgeschrittenen Nacht durch herrliche Färbung das ganze Wäldchen erleuchtet habend, angekommen dich verehrt habend, an einer Seite gestanden seiend wie eine große Feuersäule, die strahlender und vorzüglicher als frühere Farbstrahlungen war?" - "Sakka, der Götterkönig, kam zu mir, oh Kassapa, um die Lehre zu hören." Da kam dem Flechtenasketen Uruvelakassapa folgender Gedanke: der große Asket hat eine große übernatürliche Kraft, große Erhabenheit, weil Sakka der Götterkönig zu ihm kommt um die Lehre zu hören, aber er ist kein Heiliger wie ich. Dann, nachdem der Erhabene das Essen des Flechtenasketen Uruvelakassapa gegessen hatte, weilte er in jenem Wäldchen. (2)

Das dritte Wunder //17//

[Wiederholung von //17// mit: Brahma Sahampati]

Das vierte Wunder //18//

Zu jener Zeit stand bei dem Flechtenasketen Uruvelakassapa eine große Opferzeremonie bevor, und die gesamte Bevölkerung von Anga und Māgadha hatte feste und weiche Speisen genommen und war da, um (dem Opfer) beizuwohnen. Da kam dem Flechtenasketen Uruvelakassapa folgender Gedanke: Jetzt steht mir eine große Opferzeremonie bevor, und die gesamte Bevölkerung von Anga und Māgadha hat feste und weiche Speisen genommen und ist da, um (dem Opfer) beizuwohnen. Wenn der große Asket bei der großen Volksmenge Wunder durch übernatürliche Kraft tun würde, würde des großen Asketen Gewinn und Ehre zunehmen, mein Gewinn und Ehre würden abnehmen. Oh es wäre gut, wenn der große Asket nicht käme. (1)

Der Erhabene erkannte in seinem Geist den Gedankengang des Flechtenasketen Uruvelakassapa, war (daher) nach Uttarakurum gegangen, hatte dort Almosen genommen, am Anotatta See gegessen und dort über die Mittagszeit verweilt. Dann kam der Flechtenasket Uruvelakassapa, als jene Nacht vergangen war, zum Erhabenen, dort sagte er zum Erhabenen folgendes: "Jetzt ist die Zeit, großer Asket, das Essen ist bereitet. Warum ist der große Asket gestern nicht gekommen? Wir haben an dich gedacht: Warum kommt der große Asket nicht, für dich war feste und weiche Speise hingestellt." (2)

"Kam dir nicht jener Gedanke, Kassapa: Jetzt steht mir eine große Opferzeremonie bevor, und die gesamte Bevölkerung von Anga und Māgadha hat feste und weiche Speisen genommen und ist da, um (dem Opfer) beizuwohnen. Wenn der große Asket bei der großen Volksmenge Wunder durch übernatürliche Kraft tun würde, würde des großen Asketen Gewinn und Ehre zunehmen, mein Gewinn und Ehre würden abnehmen. Oh es wäre gut, wenn der große Asket nicht käme? (3)

Da ich, Kassapa, mit dem Geist deinen Gedankengang erkannt hatte, war (ich) nach Uttarakurum gegangen, hatte dort Almosen genommen, am Anotatta See gegessen und dort über die Mittagszeit verweilt." Da kam dem Flechtenasketen Uruvelakassapa folgender Gedanke: Der große Asket hat eine große übernatürliche Kraft, große Erhabenheit, weil er durch seinen Geist meinen Geist erkannte, aber er ist kein Heiliger wie ich. Dann, nachdem der Erhabene das Essen des Flechtenasketen Uruvelakassapa gegessen hatte, weilte er in jenem Wäldchen. (4)

Das fünfte Wunder //19//

Zu jener Zeit erhielt der Erhabene Kleidung aus fortgeworfenen Lumpen[13]. Da kam dem Erhabenen folgender Gedanke: Wo soll ich nun die Kleidung aus fortgeworfenen Lumpen waschen? Nachdem der Götterkönig Sakka durch seinen Geist den Gedankengang des Erhabenen erkannt hatte, grub er mit der Hand einen Teich und sagte dem Erhabenen folgendes: "Hier, verehrungswürdiger Erhabener, wasche die Kleidung aus fortgeworfenen Lumpen." Da kam dem Erhabenen folgender Gedanke: Worauf soll ich die Kleidung aus fortgeworfenen Lumpen kneten? Nachdem der Götterkönig Sakka durch seinen Geist den Gedankengang des Erhabenen erkannt hatte, stellte er einen großen Stein hin: Hier, verehrungswürdiger Erhabener, knete die Kleidung aus fortgeworfenen Lumpen. (1)

Da kam dem Erhabenen folgender Gedanke: Woran soll ich mich festhalten, wenn ich aus dem Wasser (des Teiches) komme? Nachdem die einen Kakudhabaum bewohnende Gottheit durch ihren Geist den Gedankengang des Erhabenen erkannt hatte, bog sie einen Zweig herab: Hier, verehrungswürdiger Erhabener, hier dich festhaltend komme aus dem Wasser. Da kam dem Erhabenen folgender Gedanke: Worauf soll ich die Kleidung aus fortgeworfenen Lumpen ausbreiten? Nachdem der Götterkönig Sakka durch seinen Geist den Gedankengang des Erhabenen erkannt hatte, stellte

---

[13] pamsukūla

er einen großen Stein in seine Nähe hin: Hier, verehrungswürdiger Erhabener, breite die Kleidung aus fortgeworfenen Lumpen aus. (2)

Dann ging der Flechtenasket Uruvelakassapa, nachdem jene Nacht vergangen war, zum Erhabenen. Dort sagte er dem Erhabenen folgendes: "Es ist Zeit, großer Asket, das Essen ist bereit. Nun, großer Asket, hier war vorher kein Teich, jetzt ist hier ein Teich, dieser Stein war vorher nicht hier hingestellt, wer hat diesen Stein hingestellt, von diesem Kakudhabaum war vorher kein Zweig herabgebogen, jetzt ist er herabgebogen?" (3)

"In diesem Fall, Kassapa, erhielt ich Kleidung aus fortgeworfenen Lumpen. Da kam mir, Kassapa, folgender Gedanke: Wo soll ich nun die Kleidung aus fortgeworfenen Lumpen waschen? Da, Kassapa, erkannte Sakka, der Götterkönig durch seinen Geist meinen Gedankengang, grub mit der Hand einen Teich und sagte mir folgendes: 'Hier, verehrungswürdiger Erhabener, wasche deine Kleidung aus fortgeworfenen Lumpen'. Dieses ist ein von der Hand eines nichtmenschlichen Wesens gegrabener Teich. Da kam mir, Kassapa, folgender Gedanke: Worauf soll ich die Kleidung aus fortgeworfenen Lumpen kneten? Nachdem, Kassapa, Sakka, der Götterkönig, durch seinen Geist meinen Gedankengang erkannt hatte, stellte er einen großen Stein hin: Hier, verehrungswürdiger Erhabener, knete die Kleidung aus fortgeworfenen Lumpen. Dies ist ein von einem nichtmenschlichen Wesen hingestellter Stein. (4)

Da kam mir, Kassapa, folgender Gedanke: Woran soll ich mich festhalten, wenn ich aus dem Wasser komme? Da bog, Kassapa, eine einen Kakudhabaum bewohnende Gottheit, nachdem sie durch ihren Geist meinen Gedankengang erkannt hatte, einen Zweig herab: Hier, verehrungswürdiger Erhabener, hier dich festhaltend komme aus dem Wasser. Dies ist mir der haltgebende Kakudhabaum. Da kam mir, Kassapa, folgender Gedanke: Worauf soll ich die Kleidung aus fortgeworfenen Lumpen ausbreiten? Nachdem, Kassapa, Sakka, der Götterkönig, durch seinen Geist meinen Gedankengang erkannt hatte, stellte er einen großen Stein hin: Hier, verehrungswürdiger Erhabener, breite die Kleidung aus fortgeworfenen Lumpen aus. Dieses ist ein von einem nichtmenschlichen Wesen hingestellter Stein." (5)

Da kam dem Flechtenasketen Uruvelakassapa folgender Gedanke: Der große Asket hat eine große übernatürliche Kraft, große Erhabenheit, weil der Götterkönig Sakka (ihm) zu Diensten ist, aber er ist kein Heiliger wie ich. Dann, nachdem der Erhabene das Essen des Flechtenasketen Uruvelakassapa gegessen hatte, weilte er in jenem Wäldchen. (6)

Dann ging der Flechtenasket Uruvelakassapa, nachdem jene Nacht vergangen war, zum Erhabenen. Dort sagte er dem Erhabenen folgendes: "Es ist Zeit, großer Asket, das Essen ist bereit." - "Gehe du vor, Kassapa, ich komme." Nachdem (der Erhabene) so den Flechtenasketen Uruvelakassapa fortgeschickt hatte, ging der Erhabene zu dem Jambubaum (Rosenapfelbaum), nach dem der Rosenapfelkontinent[14] benannt ist, nahm davon eine Frucht und saß dort als erster zum Feuerhaus zurückgekommen. (7)

Der Flechtenasket Uruvelakassapa sah den Erhabenen am Feuerhaus sitzen. Nachdem er ihn gesehen hatte, sagte er dem Erhabenen folgendes: "Auf welchem Wege, großer Asket, bist du gekommen? Ich ging als erster (los), und du sitzt am Feuerhaus als erster angekommen." (8)

"Dies tat ich, Kassapa, nachdem ich dich fortgeschickt hatte, ging ich zu dem Rosenapfelbaum, nach dem der Rosenapfelkontinent benannt ist, nahm davon eine Frucht und als erster zum Feuerhaus zurückgekommen sitze ich hier. Hier, Kassapa, ist der Rosenapfel, versehen mit Farbe, Geruch und Geschmack, wenn du zweifelst, genieße ihn." - "Nein, großer Asket, du bist seiner würdig, du magst ihn genießen." Da kam dem Flechtenasketen Uruvelakassapa folgender Gedanke: Der große Asket hat eine große übernatürliche Kraft, große Erhabenheit, weil (er) mich als ersten fortgeschickt hat, (er) ging dann zum Rosenapfelbaum, nach dem der Rosenapfelkontinent benannt ist, nahm davon eine Frucht und als erster zum Feuerhaus zurückgekommen saß er (dort), aber er ist kein Heiliger wie ich. Dann, nachdem der Erhabene das Essen des Flechtenasketen Uruvelakassapa gegessen hatte, weilte er in jenem Wäldchen. (9)

[Die Absätze 7 - 9 werden wiederholt mit: in der Nähe (des Rosenapfelbaumes) ist ein Mangobaum. - in der Nähe (des Mangobaumes) ist ein Amalakibaum - in der Nähe (des Amalakibaumes) ist ein Haritakibaum - in die Welt der Götter der Dreiunddreißig gegangen holte er eine Blüte vom Paricchattabaum.] (10)

"Dies tat ich, Kassapa, nachdem ich dich fortgeschickt hatte ging ich zu den Göttern der Dreiunddreißig und nahm eine

---

[14]Indien

Blüte vom Paricchattabaum und als erster zum Feuerhaus zurückgekommen sitze ich hier. Hier, Kassapa, ist die Blüte vom Paricchattabaum, versehen mit Farbe und Geruch, wenn du zweifelst nimm sie." - "Nein, großer Asket, du bist ihrer würdig, du magst sie riechen." Da kam dem Flechtenasketen Uruvelakassapa folgender Gedanke: Der große Asket hat eine große übernatürliche Kraft, große Erhabenheit, weil er mich als ersten fortgeschickt hat, (er) ging zu den Göttern der Dreiunddreißig, nahm dort eine Blüte vom Paricchattabaum und als erster angekommen saß er am Feuerhaus, aber er ist kein Heiliger wie ich. (11)

Zu jener Zeit wollten jene Flechtenasketen das Feuer verehren, (aber) sie konnten kein Feuerholz zerkleinern. Da kam jenen Flechtenasketen folgender Gedanke: Ohne Zweifel ist das die große übernatürliche Kraft und Erhabenheit des großen Asketen, daß wir das Feuerholz nicht zerkleinern können. Da sagte der Erhabene zu Uruvelakassapa dem Flechtenasketen folgendes: "Zerkleinere, Kassapa, das Feuerholz" - "Zerkleinere du, großer Asket." Sofort zerkleinerte sich das Feuerholz in fünfhundert Stücke. Da kam dem Flechtenasketen Uruvelakassapa folgender Gedanke: Der große Asket hat eine große übernatürliche Kraft, große Erhabenheit, weil er das Feuerholz zerkleinerte, aber er ist kein Heiliger wie ich. (12)

Zu jener Zeit wollten jene Flechtenasketen das Feuer verehren, (aber) sie konnten kein Feuer entzünden. Da kam jenen Flechtenasketen folgender Gedanke ... Da sagte der Erhabene zu Uruvelakassapa dem Flechtenasketen folgendes: "Entzünde, Kassapa, das Feuer ... (13)

Zu jener Zeit hatten jene Flechtenasketen das Feuer verehrt, (aber) sie konnten das Feuer nicht löschen. Da kam jenen Flechtenasketen folgender Gedanke ... Da sagte der Erhabene zu Uruvelakassapa dem Flechtenasketen folgendes: "Lösche, Kassapa, das Feuer ... (14)

Zu jener Zeit tauchten jene Flechtenasketen in den Nächten der kalten Winterzeit an acht festgelegten Tagen[15], wenn der Schnee fällt, im Norañjara Fluß unter, tauchten auf, tauchten auf und unter. Da schuf der Erhabene fünfhundert Kohlebecken. Nachdem jene Flechtenasketen aufgetaucht waren, wärmten sie sich. Da kam jenen Flechtenasketen folgender Gedanke: Ohne Zweifel ist das die große übernatürliche Kraft und Erhabenheit des großen Asketen, daß die Kohlebecken erschaffen wurden. Da kam dem Flechtenasketen Uruvelakassapa folgender Gedanke: Der große Asket hat eine große übernatürliche Kraft, große Erhabenheit, weil er große Kohlebecken erschaffen hat, aber er ist kein Heiliger wie ich. (15)

Zu jener Zeit regnete eine große unzeitgemäße Wolke; daraus entstand eine große Wassermasse. Die Gegend, wo der Erhabene verweilte, überflutete das Wasser. Da kam dem Erhabenen folgender Gedanke: So laß mich nun das Wasser nach allen Seiten zurückgehen lassen, um inmitten von (staub)trockenem Boden auf und ab zu gehen. Da ging der Erhabene, nachdem er das Wasser nach allen Seiten zurückgehen ließ, inmitten von (staub)trockenem Boden auf und ab. Der Flechtenasket Uruvelakassapa fuhr zu jener Gegend, wo der Erhabene verweilte, mit einem Boot, mit vielen Flechtenasketen ging er in diese Gegend: Möge der Erhabene nicht vom Wasser fortgetrieben werden. Dort sah der Flechtenasket Uruvelakassapa den Erhabenen, der hatte das Wasser nach allen Seiten zurückgehen lassen und ging inmitten von (staub)trockenem Boden auf und ab. Nachdem er das gesehen hatte, sagte er folgendes: "Hier bist du, großer Asket." - "Hier bin ich, Kassapa" so sagend stieg der Erhabene in die Luft auf und in das Boot. Da kam dem Flechtenasketen Uruvelakassapa folgender Gedanke: der große Asket hat eine große übernatürliche Kraft, große Erhabenheit, weil ihn nämlich das Wasser nicht forttrieb, aber er ist kein Heiliger wie ich. (16)

Da kam dem Erhabenen folgender Gedanke: Lange Zeit fiel diesem törichten Menschen ein: Der große Asket hat eine große übernatürliche Kraft, große Erhabenheit, aber er ist kein Heiliger wie ich. So laß mich nun diesen Flechtenasketen aufrütteln. Da sagte der Erhabene dem Flechtenasketen Uruvelakassapa folgendes: "Nicht bist du, Kassapa, ein Heiliger, noch hast du dich auf den heiligen Pfad begeben, noch hast du (die richtige) Vorgehensweise, durch die du ein Heiliger (wirst) oder (dich) auf den heiligen Pfad begeben kannst. Da fiel der Flechtenasket Uruvelakassapa nieder, indem er den Kopf zu den Füßen des Erhabenen beugte, und sagte folgendes: "Ich möchte beim verehrungswürdigen Erhabenen die Ordination nehmen, die Vollordination nehmen." (17)

"Du bist, Kassapa, der Führer, Lenker, Höchste, Erste, Beste von fünfhundert Flechtenasketen, befrage die anderen noch, was jene meinen, das sollen jene machen." Da ging Uruvelakassapa zu den Flechtenasketen, dort sagte er den Flechtenasketen folgendes: "Ich wünsche, ihr Freunde, bei dem großen Asketen den Reinheitswandel auf mich zu

---

[15] im Januar und Februar

nehmen, was ihr Freunde meint, das tut." - "Seit langem, Freund, fanden wir am großen Asketen Gefallen. Wenn (du) Freund beim großen Asketen den Reinheitswandel auf dich nimmst, nehmen wir alle auch den Reinheitswandel beim großen Asketen auf uns." (18)

Dann warfen jene Flechtenasketen das gesamte (abgeschnittene) Haar, die Flechten, die Asketenbedarfsgegenstände und die Feuerverehrungsgegenstände in das Wasser und gingen zum Erhabenen. Dort fielen sie nieder, indem sie den Kopf zu den Füßen des Erhabenen beugten, und sagten folgendes: "Wir möchten beim verehrungswürdigen Erhabenen die Ordination nehmen, die Vollordination nehmen." - "Kommt, ihr Mönche, sagte der Erhabene, gut dargelegt ist die Lehre, nehmt den Reinheitswandel auf euch, um allem Leid ein Ende zu machen." Das war für diese Ehrwürdigen die Vollordination. (19)

Der Flechtenasket Nadīkassapa sah abgeschnittene Haare, abgeschnittene Flechten, Asketenbedarfsgegenstände und Feuerverehrungsgegenstände im Wasser schwimmen. Als er das gesehen hatte, kam ihm folgender Gedanke: Möge für meinen Bruder keine Gefahr sein. So sandte er Flechtenasketen: Geht und erfahrt etwas über meinen Bruder. Selber ging er mit den dreihundert Flechtenasketen dorthin, wo der ehrwürdige Uruvelakassapa war. Dort sagte er dem ehrwürdigen Uruvelakassapa folgendes: "Ist dieses, oh Kassapa, das Heil?" - "Ja, Bruder, dies ist das Heil." (20)

Dann warfen jene Flechtenasketen das gesamte (abgeschnittene) Haar, die Flechten, die Asketenbedarfsgegenstände und die Feuerverehrungsgegenstände in das Wasser und gingen zum Erhabenen ... "Kommt, ihr Mönche", sagte der Erhabene, "gut dargelegt ist die Lehre, nehmt den Reinheitswandel auf euch, um allem Leid ein Ende zu machen." Das war für diese Ehrwürdigen die Vollordination. (21)

[Wiederholung von 20 + 21 mit Gayākassapa und zweihundert Flechtenasketen] (22,23)

Durch die Willenskraft des Erhabenen konnten fünfhundert Holzstücke nicht zerkleinert werden, dann konnten sie zerkleinert werden, es konnte kein Feuer entzündet werden, dann konnte Feuer entzündet werden, sie konnten nicht gelöscht werden, dann konnten sie gelöscht werden, er erschuf fünfhundert Kohlebecken; in dieser Weise waren es dreitausendfünfhundert Wunder. (24) //20//

Dann, nachdem der Erhabene so lange es ihm beliebte in Uruvelā geweilt hatte, ging er zum Gayāsisa zusammen mit einer großen Mönchsgemeinde von tausend Mönchen, alle waren ehemalige Flechtenasketen. Dort weilte der Erhabene am Gayāsisa in Gayā mit den tausend Mönchen. (1)

Dort sprach der Erhabene zu den Mönchen: "Alles brennt, ihr Mönche. Und was alles brennt, ihr Mönche? Das Sehen, ihr Mönche, brennt, die sichtbaren Gestalten brennen, das Sehbewußtsein brennt, die Sehberührung brennt und was durch die Bedingung der Sehberührung entsteht, nämlich freudiges, leidiges oder neutrales Gefühl, auch das brennt. Durch was brennt es? Durch das Feuer des Begehrens, durch das Feuer des Hasses, durch das Feuer der Verblendung brennt es, durch Geburt, Alter, Tod, Kummer, Jammer, Schmerz, Leid und Verzweiflung brennt es, so sage ich. (2)

Alles brennt, ihr Mönche. Und was alles brennt, ihr Mönche? Das Hören, die Töne - das Riechen, die Gerüche - das Schmecken, die Geschmäcker - das Tasten, die tastbaren Dinge - das Denken, die Gedanken brennen, das Denkbewußtsein brennt, die Denkberührung brennt und was durch die Bedingung der Denkberührung entsteht, nämlich freudiges, leidiges oder neutrales Gefühl, auch das brennt. Durch was brennt es? Durch das Feuer des Begehrens, durch das Feuer des Hasses, durch das Feuer der Verblendung brennt es, durch Geburt, Alter, Tod, Kummer, Jammer, Schmerz, Leid und Verzweiflung brennt es, so sage ich. (3)

So sehend, ihr Mönche, wird der belehrte, edle Hörer des Sehens überdrüssig, der sichtbaren Gestalten überdrüssig, des Sehbewußtseins überdrüssig, der Sehberührung überdrüssig und was durch die Bedingung der Sehberührung entsteht, nämlich freudiges, leidiges oder neutrales Gefühl, auch dessen wird er überdrüssig. Er wird des Hörens, des Riechens, des Schmeckens, des Tastens, des Denkens überdrüssig, des Denkbewußtseins überdrüssig, der Denkberührung überdrüssig und was durch die Bedingung der Denkberührung entsteht, nämlich freudiges, leidiges oder neutrales Gefühl, auch dessen wird er überdrüssig. Überdrüssig, löst er sich ab, abgelöst befreit er sich, durch die Befreiung weiß er: ich bin befreit, vernichtet ist die Geburt, der Reinheitswandel ist erfüllt, das zu Tuende ist getan, er weiß, nichts gibt es mehr zu tun in diesem Dasein." Als diese Belehrung vorgetragen wurde, wurde den tausend Mönchen die Gemütsverfassung frei von den Beeinflussungen ohne zu ergreifen. (4)

Beendet ist die Rede über das Brennen //21//

MV 1

Ende des dritten Kapitels, der Wunder in Uruvelā

Dann, nachdem der Erhabene, so lange es ihm beliebte am Gayāsisa geweilt hatte, ging er nach Rājagaha zusammen mit einer großen Mönchsgemeinde von tausend Mönchen, alle waren ehemalige Flechtenasketen. Dann reiste der Erhabene nach und nach nach Rājagaha und kam dort an. Dort verweilte der Erhabene an der Gedenkstätte Supatittha im Latthi Hain. (1)

Dies hörte der König von Māgadha, Seniya Bimbisāra: Der Asket Gotama, der Sohn der Sakya, der vom Sakyageschlecht in die Hauslosigkeit ging, ist in Rājagaha angekommen; er verweilt an der Gedenkstätte Supatittha im Latthi Hain. Diesem erhabenen Gotama eilt dieser gute Ruhmesruf voraus, nämlich: Dies ist der Erhabene, heilige, vollkommen Erwachte, der in Wissen und Wandel Vollendete, der Pfadvollender, der Kenner der Welt, der unübertroffene Lenker der zu zähmenden Menschen, der Lehrer der Götter und Menschen, der Erwachte, der Erhabene, er erklärt diese Welt mit den Göttern, Māras, Brahmas, Asketen und Brahmanen, Lebewesen, Göttern und Menschen, nachdem er (es) selbst durch Weisheit erkannt hat, verkündet er die Lehre, die am Anfang gute, in der Mitte gute, am Ende gute, er erklärt der Bedeutung und den Worten nach den völlig vollendeten, völlig geläuterten Reinheitswandel. Gut ist es, solche Heilige zu sehen. (2)

Dann ging der König von Māgadha, Seniya Bimbisāra, gefolgt von zwölf Myriaden von Brahmanen und Hausleuten zum Erhabenen. Nachdem er den Erhabenen verehrt hatte, setzt er sich beiseite nieder. Von jenen zwölf Myriaden Māgadhabrahmanen und Hausleuten setzten sich einige beiseite nieder, nachdem sie den Erhabenen verehrt hatten, einige wechselten freundliche Worte mit dem Erhabenen, nachdem sie höfliche und freundliche Worte ausgetauscht hatten, setzten sie sich beiseite nieder, einige grüßten den Erhabenen mit zusammengelegten Händen und setzten sich beiseite nieder, einige teilten Vor- und Zunamen dem Erhabenen mit und setzten sich beiseite nieder, einige setzten sich schweigend beiseite nieder. (3)

Da fiel den zwölf Myriaden Māgadhabrahmanen und Hausvätern folgendes ein: Hat nun der große Asket bei Uruvelakassapa den Reinheitswandel auf sich genommen oder hat Uruvelakassapa bei dem großen Asketen den Reinheitwandel auf sich genommen? Da erkannte der Erhabene in seinem Geiste die Gedankengänge der zwölf Myriaden Māgadhabrahmanen und Hausleute und trug Uruvelakassapa folgenden Vers vor:
"Was gesehen habend, in Uruvelā Weilender (bekannt als dünner Asket), gabst du die Feuerverehrung auf? Ich frage dich, Kassapa, über diese Angelegenheit, warum hast du die Feuerverehrung aufgegeben?"
[Kassapa]: "Die Opfer versprechen (schöne) Gestalten, Geräusche, Geschmäcker, Sinnesgenüsse und Frauen. Wissend, dies ist Schmutz, dies ist Wiederdasein, fand ich keinen Gefallen am Opfern und an der Feuerverehrung." (4)

"Wenn dein Geist, Kassapa, hier in diesen sichtbaren Gestalten, Geräuschen und Geschmäckern keinen Gefallen findet", sagte der Erhabene, "wo findet dann dein Geist in der Götter- und Menschenwelt Gefallen, Kassapa, sage es mir?" - "(Ich) sah die Grundlage des Friedens, das was ohne Wiedergeburt, das was ohne Leidenschaften (ist), ohne Haften am Werden der Sinnesgenüsse, das Unveränderliche, zu dem andere nicht hinbringen können, daher fand ich keinen Gefallen am Opfern und an der Feuerverehrung." (5)

Da sagte der ehrwürdige Uruvelakassapa, nachdem er vom Sitz aufgestanden war, das Obergewand auf eine Schulter gelegt hatte und den Kopf zu Füßen des Erhabenen gebeugt hatte, folgendes: "Du bist mein Lehrer, verehrungswürdiger Erhabener, ich bin dein Schüler, du bist mein Lehrer, verehrungswürdiger Erhabener, ich bin dein Schüler." Da kam den zwölf Myriaden Māgadhabrahmanen folgender Gedanke: Uruvelakassapa hat beim großen Asketen den Reinheitswandel auf sich genommen. (6)

Dann, nachdem der Erhabene die Gedankengänge der zwölf Myriaden Māgadhabrahmanen in seinem Geist erkannt hatte, gab er ihnen eine einführende Lehre in folgender Weise: Er sprach über das Geben, die Sittlichkeit, den Himmel, das Elend und die Nichtigkeit und die Verderbtheit der Sinnesgenüsse, die Vorteile des Verzichtes. Als der Erhabene wußte, daß sie in der Gemütsverfassung zugänglich, sanft, unvoreingenommen, froh, hell waren, da hat (der Erhabene) diese verkündet, welche ist die zusammengefaßte Lehre der Buddhas, nämlich das Leid, seine Entstehung, seine Überwindung und den Weg dazu. (7)

Genauso, wie ein sauberer fleckenloser Stoff gut Farbe annehmen würde, so ging den zwölf Myriaden Māgadhabrahmanen dort auf dem Sitz das reine, klare Auge der Wahrheit auf: Wenn irgend etwas als eine Eigenschaft das Entstehen hat, alles das hat als seine Eigenschaft das Vergehen. So nahmen zwölf Myriaden Laienanhängerschaft an. (8)

MV 1

Dann sagte der König von Māgadha, Seniya Bimbisāra, nachdem er die Wahrheit gesehen, die Wahrheit erlangt, die Wahrheit verstanden, die Wahrheit durchdrungen, den Zweifel überwunden, die Ungewißheit beseitigt, die vollkommene Zuversicht aus eigener Kraft in der Lehre erlangt hatte, folgendes: "Früher, Erhabener, gab es für mich, den Prinzen, fünf Wünsche, die sich jetzt erfüllt haben. Früher, Erhabener, als Prinz dachte ich folgendes: Daß ich als König inthronisiert werde, dieses, Erhabener, war mein erster Wunsch, dieser ist mir in Erfüllung gegangen. Daß in meinem Königreiche ein Heiliger, vollkommen Erwachter erscheint, dieses, Erhabener, war mein zweiter Wunsch, dieser ist mir in Erfüllung gegangen. (9)

Daß ich diesen Erhabenen aufsuche, dieses war mein dritter Wunsch, dieser ist mir in Erfüllung gegangen. Daß mir der Erhabene die Lehre verkündet, dieses war mein vierter Wunsch, dieser ist mir in Erfüllung gegangen. Daß ich die Lehre des Erhabenen verstehe, dieses war mein fünfter Wunsch, dieser ist mir in Erfüllung gegangen. Früher, Erhabener, gab es für mich, den Prinzen, diese fünf Wünsche, die sich jetzt erfüllt haben. (10)

Sehr, sehr gut, Verehrungswürdiger, wie wenn (man) etwas Umgedrehtes richtig hinstellen würde oder etwas Verdecktes aufdecken würde oder einem Verirrten den Weg zeigen würde oder wie wenn man in der Dunkelheit eine Öllampe hinhalten würde, damit wer Augen hat, die Gestalten sieht, genauso hat der Erhabene auf verschiedene Weise die Lehre verkündet. Ich, Erhabener, nehme meine Zuflucht zum Erhabenen, zur Lehre als auch zum Sangha der Mönche, der Erhabene möge mich als Laienanhänger annehmen, der von heute an für das ganze Leben seine Zuflucht genommen hat. Möge der Erhabene das morgige Mahl annehmen zusammen mit dem Sangha." Durch Schweigen gab der Erhabene seine Zustimmung. (11)

Nachdem der König von Māgadha, Seniya Bimbisāra, wußte, daß der Erhabene zugestimmt hatte, stand er vom Sitz auf, verehrte den Erhabenen, ging rechts herum und ging fort. Dann ließ der König von Māgadha, Seniya Bimbisāra, als jene Nacht vergangen war, vorzügliche feste und weiche Speise zubereiten. Er ließ den Erhabenen wissen: es ist Zeit, Zeit ist es, Erhabener, das Essen ist bereitet. Der Erhabene, nachdem er sich am Morgen angezogen hatte, die Almosenschale und das Obergewand genommen hatte, ging nach Rājagaha mit einem großen Sangha, mit tausend Mönchen, alles ehemalige Flechtenasketen. (12)

Zu jener Zeit erschuf der Götterkönig Sakka die Gestalt eines jungen Brahmanen und ging der Mönchsgemeinde mit dem Erwachten an der Spitze voraus, diese Verse singend:
> Ein Gezähmter mit gezähmten ehemaligen Flechtenasketen,
> Ein Erlöster mit erlösten ehemaligen Flechtenasketen
> Der goldfarbene Erhabene betritt Rājagaha
> Ein Befreiter mit befreiten ehemaligen Flechtenasketen
> Ein Erlöster mit erlösten ehemaligen Flechtenasketen
> Der goldfarbene Erhabene betritt Rājagaha
> Ein Hinübergelangter mit hinübergelangten ehemaligen Flechtenasketen
> Ein Erlöster mit erlösten ehemaligen Flechtenasketen
> Der goldfarbene Erhabene betritt Rājagaha.
> Er hat die zehn Zustände, die zehn Kräfte, er weiß die zehn Gesetze[16], er erlangte die zehn Gesetze.
> Er, der Erhabene, gefolgt von zehn mal hundert betritt Rājagaha (13)

Als die Menschen den Götterkönig Sakka sahen, sagten sie folgendes: "Dieser Brahmanenjüngling ist schön anzusehen, dieser Brahmanenjüngling ist entzückend anzusehen, von woher stammt dieser Brahmanenjüngling?" Als dies gesagt wurde, sagte Sakka, der Götterkönig, den Menschen diesen Vers:
> "Wer standhaft, völlig gezähmt, erwacht, einzig(artig),
> heilig, wohlgegangen in der Welt, dessen Diener bin ich." (14)

Dann kam der Erhabene zum Haus des Königs von Māgadha, Seniya Bimbisāra, setzte sich dort auf die vorbereiteten Sitze zusammen mit dem Mönchssangha. Es bewirtete und bediente der König von Māgadha, Seniya Bimbisāra, eigenhändig den Mönchssangha mit dem Erhabenen an der Spitze mit vorzüglicher fester und weicher Speise. Als der Erhabene gegessen hatte und die Hand von der Almosenschale zurückgezogen hatte, setze er (Bimbisāra) sich beiseite nieder. (15)

---

[16] 10 Zustände = A X.20, 10 Kräfte = A X.21, 10 Gesetze = A X.109-112

MV 1

Bei dem beiseite sitzenden König von Māgadha, Seniya Bimbisāra, kam folgender Gedanke auf: Wo sollte der Erhabene jetzt verweilen, (ein Platz), der von hier nicht sehr entfernt ist, nicht sehr nahe ist, damit den (der Lehre) bedürftigen Menschen das hin- und zurückgehen, das sich annähern möglich ist, der am Tag nicht bevölkert ist, in der Nacht wenig laut, wenig geräuschvoll ist, wenig Menschen (Atem) hat, vor Menschen verborgen ist, für die Abgeschiedenheit geeignet ist? (16)

Da kam dem König von Māgadha, Seniya Bimbisāra, folgender Gedanke: Dieser, unser Bambushaingarten ist von hier nicht sehr weit entfernt, nicht sehr nahe, da ist den (der Lehre) bedürftigen Menschen das hin- und zurückgehen, das sich annähern möglich, (er) ist am Tag nicht bevölkert, in der Nacht wenig laut, wenig geräuschvoll, hat wenig Menschen, ist vor Menschen verborgen, für die Abgeschiedenheit geeignet. Nun laß mich den Bambushaingarten dem Mönchssangha mit dem Erhabenen an der Spitze geben. (17)

Da nahm der König von Māgadha, Seniya Bimbisāra, eine goldene Wasserschale und gab ihn (den Bambushaingarten) dem Erhabenen (durch eine Handwaschung, indem er sagte:) "Ich gebe den Bambushaingarten dem Sangha mit dem Erhabenen an der Spitze." Durch Schweigen nahm der Erhabene an. Dann, nachdem der Erhabene den König von Māgadha, Seniya Bimbisāra durch eine Lehrrede veranlaßt hatte, zu verstehen, aufzunehmen, davon motiviert zu sein, sich daran zu erfreuen, stand er vom Sitz auf und ging fort. Dann, nachdem der Erhabene in diesem Zusammenhang eine Lehrrede gegeben hatte, sprach er die Mönche an: "Ich erlaube, ihr Mönche, Haine (Klöster) (anzunehmen)." (18) //22//

Zu jener Zeit verweilte der Wandermönch Sañjaya in Rājagaha mit einer großen Gruppe Wandermönchen, (mit) zweihundertfünfzig Wandermönchen. Zu jener Zeit nahmen Sāriputta und Moggalāna bei dem Wandermönch Sañjaya den Reinheitswandel auf sich. Von denen war eine Vereinbarung getroffen: Wer zuerst das Todlose erreicht, sollte (es dem anderen) sagen. (1)

Es ging der ehrwürdige Assaji, nachdem er am Morgen aufgestanden war, sich angezogen hatte, Almosenschale und Obergewand genommen hatte, nach Rājagaha auf Almosengang. (Er war) angenehm anzusehen beim Kommen und Gehen, beim vorwärts und rückwärts Sehen, beim Beugen und Strecken, hielt die Augen niedergeschlagen, war beherrscht in der Körperhaltung. (Dort) sah der Wandermönch Sāriputta den ehrwürdigen Assaji in Rājagaha auf dem Almosengang, angenehm anzusehen beim Kommen und Gehen, beim vorwärts und rückwärts Sehen, beim Beugen und Strecken, (er) hielt die Augen niedergeschlagen, war beherrscht in der Körperhaltung. Nachdem er ihn gesehen hatte, kam ihm folgender Gedanke: Dies ist von den Mönchen einer, die wirklich Heilige in der Welt sind oder in den Weg zur Heiligkeit eingetreten sind. So laß mich nun (mich) zu jenem Mönche begeben und fragen: Für wen bist du, Bruder, in die Hauslosigkeit gegangen, wer ist dein Lehrer, zu wessen Lehre bekennst du dich? (2)

Da kam dem Wandermönch Sāriputta folgender Gedanke: Jetzt ist die falsche Zeit, jenen Mönch zu fragen, er ist von Haus zu Haus auf Almosengang, so laß mich ihm auf dem Fuße folgen, (ihm) der den Weg weiß für die Bedürftigen. Dann, nachdem der ehrwürdige Assaji in Rājagaha auf Almosengang gegangen war, Almosen genommen hatte, kam (er) zurück. Da kam der Wandermönch Sāriputta zum ehrwürdigen Assaji, tauschte dort freundliche Worte aus und nachdem er freundliche und höfliche Worte ausgetauscht hatte, stand er beiseite, beiseite stehend sagte der Wandermönch Sāriputta dem ehrwürdigen Assaji folgendes: "Bruder, deine Erscheinung ist klar, rein und hell ist deine Hautfarbe. Bei wem hast du die Ordination genommen oder wer ist dein Lehrer oder wessen Lehre bekennst du?" (3)

"Also, Bruder, (das ist) der große Asket, der Sohn der Sakya, der aus dem Sakyageschlecht in die Hauslosigkeit gegangen ist, ich ging bei dem Erhabenen in die Hauslosigkeit, dieser ist mein erhabener Lehrer, zu dessen Lehre bekenne ich mich." - "Welche Lehre, oh Asket, verkündet der Lehrer?" - "Ich, Bruder, bin ein Neuling, erst seit kurzem in der Hauslosigkeit, in dieser Lehre und Zucht ein Neuling, nicht kann ich die ausführliche Lehre darlegen, aber ich kann den Sinn in Kürze sagen." Daraufhin sagte der Wandermönch Sāriputta dem ehrwürdigen Assaji folgendes: "So sei es Bruder, sage viel oder sage wenig, aber sage mir den Sinn, mein Interesse gilt dem Sinn, warum solltest du viele Worte machen." (4)

Da sagte der ehrwürdige Assaji dem Wandermönch Sāriputta folgenden Lehrspruch: "Welche Dinge durch Ursachen entstehen, diese Ursachen verkündet der Vollendete und auch deren Aufhören, so ist die Lehre des Großen Asketen." Während dieser Lehrspruch verkündet wurde, kam bei dem Wandermönch Sāriputta das klare, reine Auge der Wahrheit auf: Wenn irgendwas als seine Eigenschaft das Entstehen hat, alles das hat als Eigenschaft das Vergehen. "Wenn das die Lehre ist, dann hast du die Stätte, die frei von Sorge ist, durchdrungen, die unzählig viele Kalpas (Weltperioden) nicht geschaut, nicht erkannt wurde." (5)

MV 1

Dann kam der Wandermönch Sāriputta zum Wandermönch Moggalāna. Da sah der Wandermönch Moggalāna den Wandermönch Sāriputta von Ferne kommen. Als er ihn sah, sagte er dem Wandermönch Sāriputta folgendes: "Deine Erscheinung ist klar, rein und hell ist deine Hautfarbe, könntest du, Bruder, das Todlose erreicht haben?" - "Ja, Bruder, ich habe das Todlose erreicht." - "Wie hast du, Bruder, das Todlose erreicht?" (6)

"Also, Bruder, ich sah den ehrwürdigen Assaji in Rājagaha beim Almosengang. (Er war) angenehm anzusehen beim Kommen und Gehen, beim vorwärts und rückwärts Sehen, beim Beugen und Strecken, hielt die Augen niedergeschlagen, war beherrscht in der Körperhaltung. Als ich ihn gesehen hatte, kam mir folgender Gedanke: Dies ist von den Mönchen einer, die wirklich Heilige in der Welt sind oder in den Weg zur Heiligkeit eingetreten sind. So laß mich nun (mich) zu jenem Mönche begeben und fragen: Für wen bist du, Bruder, in die Hauslosigkeit gegangen, wer ist dein Lehrer, zu wessen Lehre bekennst du dich? ... "Welche Dinge durch Ursachen entstehen, diese Ursachen verkündet der Vollendete und auch deren Aufhören, so ist die Lehre des Großen Asketen." Als dieser Lehrspruch verkündet wurde, kam bei dem Wandermönch Moggalāna das klare, reine Auge der Wahrheit auf: Wenn irgendwas als seine Eigenschaft das Entstehen hat, alles das hat als Eigenschaft das Vergehen. "Wenn das die Lehre ist, dann hast du die Stätte, die frei von Sorge ist, durchdrungen, die unzählig viele Kalpas (Weltperioden) nicht geschaut, nicht erkannt wurde." (7-10)
//23//

Da sagte der Wandermönch Moggalāna dem Wandermönch Sāriputta folgendes: "Gehen wir, Bruder, zum Erhabenen, er ist unser erhabener Lehrer." - "Hier, Bruder, verweilen zweihundertfünfzig Wandermönche, unseretwegen, zu uns aufsehend, wir befragen sie, was sie meinen, das sollen sie tun." Dann gingen Sāriputta und Moggalāna zu den Wandermönchen. Dort sagten sie den Wandermönchen folgendes: "Wir gehen, Brüder, zum Erhabenen, er ist unser erhabener Lehrer." - "Wir verweilen hier wegen der Ehrwürdigen, sehen zu den Ehrwürdigen auf, wenn die Ehrwürdigen den Reinheitwandel beim großen Asketen auf sich nehmen, nehmen wir alle (auch) den Reinheitswandel beim großen Asketen auf uns." (1)

Dann gingen Sāriputta und Moggalāna zum Wandermönch Sañjaya. Dort sagten sie dem Wandermönch Sañjaya folgendes: "Wir gehen, Bruder, zum Erhabenen, er ist unser erhabener Lehrer." - "Nein, mögen die Ehrwürdigen nicht gehen, wir drei werden uns um die Gruppe (Wandermönche) sorgen." Zum zweiten Male, zum dritten Male sagten Sāriputta und Moggalāna dem Wandermönch Sañjaya folgendes: "Wir gehen, Bruder, zum Erhabenen, er ist unser erhabener Lehrer." (2)

Da gingen Sāriputta und Moggalāna zum Bambushain und nahmen die zweihundertfünfzig Wandermönche mit. Auf der Stelle kam dem Wandermönch Sañjaya heißes Blut aus dem Mund heraus. Der Erhabene sah Sāriputta und Moggalāna von Ferne herankommen. Als er sie gesehen hatte, sprach (er) die Mönche an: "Diese, ihr Mönche, die zwei Freunde Kolita und Upatissa[17] kommen, jene werden meine beiden Hörer werden, die höchsten und besten zwei." Wenn (sie) den tiefen, unübertroffenen Bereich der Weisheit, die Vernichtung der Wiedergeburt erreicht haben[18], dann verkündete der Lehrer im Bambushain über sie: "Diese zwei Freunde, Kolita und Upatissa, kommen, jene werden meine beiden Hörer werden, die höchsten und besten zwei." (3)

Dann kamen Sāriputta und Moggalāna zum Erhabenen. Dort fielen sie nieder, indem sie den Kopf zu Füßen des Erhabenen beugten und sagten folgendes: "Wir möchten beim verehrungswürdigen Erhabenen die Ordination nehmen, die Vollordination nehmen." - "Kommt, ihr Mönche, sagte der Erhabene, gut dargelegt ist die Lehre, nehmt den Reinheitswandel auf euch, um allem Leid ein Ende zu machen." Das war für diese Ehrwürdigen die Vollordination. (4)

Zu jener Zeit nahmen wohlbekannte Māgadhasöhne aus gutem Haus den Reinheitswandel beim Erhabenen auf sich. Die Menschen wurden (darüber) verärgert, unruhig, erregt: Der Asket Gotama leitet zur Sohnlosigkeit, der Asket Gotama leitet zu Verwitwung, der Asket Gotama leitet zur Familienzerstörung. Jetzt wurden tausend Flechtenasketen von ihm in die Hauslosigkeit gesandt, und jetzt wurden auch zweihundertfünfzig Wandermönche von Sañjaya in die Hauslosigkeit gesandt; auch die wohlbekannten Māgadhasöhne aus gutem Haus nahmen beim Asketen Gotama den Reinheitswandel auf sich. Nachdem sie diese Mönche gesehen hatten tadelten (sie diese) mit diesem Vers:
    Der große Asket kam nach Giribbaja in Māgadha.
      nachdem er die Wandermönche von Sañjaya führte,

---

[17] Die Namen von Sāriputta und Moggalāna.

[18] Seltene Konstruktion des Textes, in Singh. Version: Wenn (sie) <u>nicht</u> den tiefen, unübertroffenen Bereich ...

wen wird er jetzt wohl (ver)führen? (5)

Die Mönche hörten, daß jene Menschen verärgert, unruhig, erregt sind. Da erzählten jene Mönche dem Erhabenen den Sachverhalt. "Nicht, ihr Mönche, werden diese Worte lange da sein, sieben Tage werden sie da sein, nach sieben Tagen werden sie verschwunden sein. Deshalb nämlich, ihr Mönche, welche euch mit diesem Vers tadeln: (wie oben), diese tadelt wider mit diesem Vers:
>Die Vollendeten, großen Helden
>führen durch die wahre Lehre,
>Warum ist da Neid,
>wenn Wahrheit den Verständ'gen leitet? (6)

Zu jener Zeit, als die Leute die Mönche sahen (und) sie mit diesem Vers tadelten: Der große Asket kam nach Giribbaja in Māgadha, nachdem er die Wandermönche von Sañjaya führte, wen wird er jetzt wohl (ver)führen? Tadelten die Mönche jene Leute mit diesem Vers wider: Die Vollendeten, großen Helden führen durch die wahre Lehre, warum ist da Neid, wenn Wahrheit den Verständ'gen leitet? Die Leute dachten: Man sagt, durch die Wahrheit leiten die Asketen, die Sakyasöhne, nicht durch die Unwahrheit. Sieben Tage waren jene Reden, nach sieben Tagen verschwanden sie. (7)

Der Gang von Sāriputta und Moggalāna in die Hauslosigkeit ist beendet. //24//
Ende des 4. Kapitels

Mahāvagga I (2. Teil)

Zu jener Zeit waren die Mönche ohne Unterweiser und gingen ohne ermahnt zu werden, ohne belehrt zu werden, schlecht angezogen, schlecht bekleidet, schlecht angekleidet auf den Almosengang. Jene (Mönche) halten die Almosenschale, während die Leute essen, für den Rest der weichen Speisen hin[1], halten die Almosenschale für den Rest der harten Speisen hin, halten die Almosenschale für den Rest der schmackhaften Speisen hin, für den Rest der Getränke hin, selber gekochten Reis und Beilagen bestellt habend, aßen sie. Am Ende des Essens verweilten sie mit großer und lauter Unterhaltung. (1)

Die Leute (sagten) verärgert, unruhig, erregt: Wie können die Asketen, die Söhne aus dem Sakyageschlecht falsch angezogen, falsch gekleidet, ohne richtig bekleidet zu sein auf den Almosengang gehen. Jene (Mönche) halten die Almosenschale, während die Leute essen, für den Rest der weichen Speisen hin, halten die Almosenschale für den Rest der harten Speisen hin, halten die Almosenschale für den Rest der schmackhaften Speisen hin, für den Rest der Getränke hin, selber gekochten Reis und Beilagen bestellt habend, aßen sie. Am Ende des Essens verweilen sie mit großer und lauter Unterhaltung. (2)

Die Mönche hörten, daß die Leute verärgert, unruhig, erregt waren. Die Mönche, die mäßig, zufrieden, gewissenhaft, getreu, lernwillig waren, jene waren verärgert, unruhig erregt: Wie können die Mönche falsch angezogen, falsch gekleidet, ohne richtig bekleidet zu sein auf den Almosengang gehen. Jene (Mönche) halten die Almosenschale, während die Leute essen, für den Rest der weichen Speisen hin ... Am Ende des Essens verweilen sie mit großer und lauter Unterhaltung. (3)

Jene Mönche erzählten dem Erhabenen jenen Sachverhalt. Der Erhabene veranlaßte die Mönche sich zu sammeln und befragte sie in diesem Zusammenhang und aus diesem Anlaß: "Ist es wahr, oh Mönche, daß die Mönche falsch angezogen, falsch gekleidet, ohne richtig bekleidet zu sein auf den Almosengang gehen. Jene (Mönche) halten die Almosenschale, während die Leute essen, für den Rest der weichen Speisen hin ... Am Ende des Essens verweilen sie mit großer und lauter Unterhaltung?" "Das ist wahr, Erhabener." (4)

Der Erhabene, Erwachte tadelte: "Unpassend, ihr Mönche, von jenen törichten Menschen (ist es) unangemessen, ungeziemend, für Asketen ungebührlich, unerlaubt, verwerflich. Wie konntet ihr, ihr Mönche, falsch angezogen, falsch gekleidet, ohne richtig bekleidet zu sein auf den Almosengang gehen. Jene (Mönche) halten die Almosenschale, während die Leute essen, für den Rest der weichen Speisen hin ... Am Ende des Essens verweilen sie mit großer und lauter Unterhaltung. Dieses Verhalten macht nicht, ihr Mönche, die Unzufriedenen zufrieden oder vermehrt die Zufriedenheit der Zufriedenen, sondern es macht, ihr Mönche, die Unzufriedenen noch unzufriedener und einige Zufriedene wandelt es." (5)

Dann, nachdem der Erhabene jene Mönche in verschiedener Weise getadelt hatte, sprach er über die Nachteile des Schwierig-zu-unterhalten-seins, des Schwer-zu-versorgen-seins, des Große-wünsche-Habens, der Unzufriedenheit, des Hängens am Müßiggang, in verschiedener Weise sprach (er) über Vorteile des Einfach-zu-unterhalten-seins, des Einfach-zu-versorgen-seins, des Wenig-wünsche-Habens, der Zufriedenheit, des Austreibens des Schlechten, dessen Vertreiben, der Genügsamkeit, des Abtragens des Schlechten, des Auf-sich-Nehmens der Anstrengung zu den Mönchen. Nachdem er von der dafür geeigneten und angemessenen Lehre gesprochen hatte, sprach er zu den Mönchen: "Ich erlaube euch, ihr Mönche, einen Unterweiser. Der Unterweiser, ihr Mönche, bringt für seinen Auszubildenden[2] die Gemütsverfassung (wie für) einen Sohn auf. Der Auszubildende bringt für den Unterweiser die Gemütsverfassung (wie für) einen Vater auf. So leben jene gegenseitig mit Verehrung, mit Achtung, in gegenseitigem Respekt und sie erlangen in der Lehre und Zucht Wachstum, Entwicklung und Größe. (6)

In dieser Weise ist der Unterweiser zu nehmen: Nachdem das Obergewand auf eine Schulter gelegt wurde, sich zu seinen Füßen verbeugt wurde, sich in die Hocke niedergesetzt wurde, die Hände zusammengelegt wurden, soll man in dieser Weise zu ihm sprechen: "Werde, oh Ehrwürdiger, mein Unterweiser, werde, oh Ehrwürdiger, mein Unterweiser, werde, oh Ehrwürdiger, mein Unterweiser. Dieser zeigt durch Gesten, zeigt durch Worte, zeigt durch Gesten und

---

[1] oder: jene (Mönche) halten die Almosenschale hoch hin, während die Leute weiche Speisen essen.

[2] saddhivihārika = der die Zelle mit ihm teilt.

Worte: "gut" oder "jawohl" oder "sicherlich" oder "in Ordnung, mache es gut;" dann ist die Unterweisung angenommen. Zeigt dieser nicht durch Gesten, nicht durch die Worte, nicht durch Gesten und Worte (die Zustimmung), dann ist die Unterweisung nicht angenommen. (7)

Der Auszubildende, ihr Mönche, verhält sich gut dem Unterweiser gegenüber. Dieses ist gutes Verhalten: Frühzeitig aufgestanden, die Fußbekleidung abgelegt, das Obergewand auf eine Schulter gelegt, soll (er) das Zahnstäbchen (Zahnbürstenersatz) reichen, das Wasser zum Mundspülen reichen, den Sitz vorbereiten. Wenn es Reisschleim gibt, soll (er) nachdem (er) den Behälter gewaschen hat, den Reisschleim überreichen. Nachdem (er) dem Reisschleim getrunken Habenden Wasser gegeben hat, soll (er) den Behälter zurücknehmen, ihn tiefer halten, ohne zu kratzen ihn gut auswaschen und zurückstellen. Wenn der Unterweiser aufgestanden ist, soll (er) den Sitz zurückstellen. Wenn jener Platz schmutzig ist, soll (er) jenen Platz kehren. (8)

Wenn der Unterweiser in das Dorf gehen will, soll (er) ihm das Hüfttuch geben, die zurückgegebene Kleidung (abgelegte Kleidung) soll er annehmen, den Gürtel soll (er) geben, das zusammengelegte Obergewand soll er geben, die Almosenschale soll er, nachdem sie gewaschen wurde, mit Wasser geben. Wenn der Unterweiser einen Begleiter wünscht, soll (er) die drei Kreise[3] bedecken, vollständig die Kreise angezogen (bedeckend), den Gürtel umbinden, das Obergewand zusammenlegen, dann anziehen, die Bänder der Robe verknoten, die Almosenschale waschen und (sie) mitnehmen, (so) soll (er) dem Unterweiser Begleiter sein. (Er) soll nicht (vom Unterweiser) zu fern gehen, nicht zu nahe gehen. Die Almosenschale und den Inhalt soll (er) annehmen (tragen). (9)

Während der Unterweiser spricht, soll (er) ihn nicht unterbrechen. Wenn der Unterweiser beim Reden im Begriff ist einen Fehler zu machen, soll (er ihn) davon abhalten. Zuerst angekommen soll (er) dem Zurückkehrenden den Sitz vorbereiten, das Wasser für die Füße, den Schemel für die Füße, das Tuch zum Trocknen der Füße (padakathalika) hinlegen. (Dem Unterweiser) entgegengegangen, soll (er) die Almosenschale und die Robe entgegennehmen, (er) soll ihm ein neues Hüfttuch geben, das Hüfttuch entgegennehmen. Wenn die Robe verschwitzt ist, soll (er sie) eine kurze Zeit in der Hitze (Sonne) trocknen, er soll sie nicht (lange) in die Hitze legen. Er soll die Robe zusammenlegen. Der die Robe Zusammenlegende soll sie mit vier Fingern an (zwei) Ecken hochheben und die Robe zusammenlegen: mögen dabei keine Knitterfalten in der Mitte entstehen. Der Gürtel soll in eine Falte der Robe gelegt werden. Wenn der Unterweiser Almosenspeise essen möchte, soll (er), nachdem er Wasser gereicht hat, auch die Almosenspeise reichen. (10)

Er soll den Unterweiser fragen, ob er Trinkwasser möchte. Nachdem er dem gegessen Habenden Wasser gegeben hat, die Almosenschale entgegengenommen hat, sie tiefer gehalten hat, ohne zu kratzen sie gut gewaschen hat, sie getrocknet hat, soll (er) sie kurze Zeit in der Hitze trocknen, er soll sie nicht lange in die Hitze legen. Die Robe und die Almosenschale soll er weglegen. Beim Weglegen soll er die Almosenschale mit einer Hand anfassen, mit einer Hand unter dem Bett oder unter dem Sitz (vor)fühlen, die Almosenschale wegstellen, er soll sie nicht auf die bloße Erde stellen. Beim Weglegen der Robe soll er mit einer Hand die Robe halten, mit der anderen Hand den Bambusstab oder die Leine (zum Aufhänger der Robe) abwischen, die (gefaltete) Robe weghängen, mit der Seite der Enden entfernt und der Seite, wo sie gefaltet ist, zu sich. Wenn der Unterweiser (nach dem Essen) aufgestanden ist, soll er den Sitz wegstellen, das Fußwaschwasser, den Fußschemel, das Tuch zum Trocknen der Füße soll er in Ordnung bringen, wenn jener Platz schmutzig ist, soll er jenen Platz kehren. (11)

Wenn der Unterweiser baden möchte, soll (er) das Bad vorbereiten. Wenn es zur Abkühlung sein soll, soll er ein kaltes vorbereiten, wenn es zur Erwärmung sein soll, soll er ein warmes vorbereiten. Wenn der Unterweiser in das Haus, wo das Feuer unterhalten wird (Badehaus), eintreten möchte, soll er den (Reinigungs)puder zusammenstellen, den (Reinigungs)lehm anfeuchten, den Badeschemel mitnehmend hinter dem Unterweiser gehen, den Badeschemel geben, das Obergewand nehmen, beiseite legen, den Reinigungspuder soll er geben, den Reinigungslehm soll er geben. Wenn es ihm möglich ist (wenn er nicht krank ist), soll er ins Badehaus eintreten. Der ins Badehaus[4] Eintretende soll Lehm in das Gesicht gerieben, vorn und hinten bedeckt ins Badehaus eintreten. (12)

Ohne die alten Mönche zu stören, soll er sich hinsetzen, nicht soll er die neuen Mönche von ihren Sitzen vertreiben. Im Badehaus soll er dem Unterweiser die notwendigen Hilfsdienste tun. Der aus dem Badehaus Kommende soll,

---

[3] = Körperpunkte = Fesseln, Knie, Schulter.

[4] oft ein Dampfbad.

nachdem er den Badeschemel genommen hat, sich vorne und hinten bedeckt hat, aus dem Badehaus kommen. Beim Wasser soll er dem Unterweiser die notwendigen Hilfsdienste tun. Der Badende (Auszubildende) soll, nachdem er als erster herausgekommen ist, den eigenen Körper abgetrocknet hat, sich angezogen hat, das Wasser vom Körper des Unterweisers wegwischen, das Hüfttuch soll er geben, das Obergewand soll er geben. Nachdem er den Badeschemel genommen hat, als erster zurückgekommen ist, soll er den Sitz vorbereiten, daß Fußwasser, den Fußschemel und das Tuch zum Trocknen der Füße soll er hinstellen. Er soll den Unterweiser fragen, ob er Trinkwasser möchte. (13)

Wenn er (der Unterweiser) wünscht, daß (jemand) veranlaßt wird zu rezitieren, so soll er veranlassen, daß jemand rezitiert. Wenn er (der Unterweiser) wünscht, daß gefragt wird, soll (er) fragen[5]. In dem Kloster, wo der Unterweiser verweilt, wenn dieses Kloster schmutzig ist, wenn er kann, soll er es saubermachen. Der das Kloster Saubermachende soll, nachdem er zuerst die Almosenschale und das Obergewand (aus der Zelle) herausgenommen hat, sie zur Seite legen. Nachdem er das Tuch für den Sitzplatz herausgenommen hat, soll er es zur Seite legen. Nachdem er die Nackenrolle und die Kissen herausgenommen hat, soll er sie zur Seite legen. (14)

Nachdem er das Bett niedrig gemacht hat[6], in guter Weise herausgenommen hat, ohne es zu zerkratzen und ohne an die Tür und die Türpfosten anzustoßen, soll er es beiseite stellen. Nachdem er den Schemel niedrig gemacht hat, in guter Weise herausgenommen hat, ohne ihn zu zerkratzen und ohne an die Tür und die Türpfosten anzustoßen, soll er ihn beiseite stellen. Nachdem er die Bettpfosten herausgetan hat, soll er sie beiseite stellen. Nachdem er den Spucknapf herausgetan hat, soll er ihn beiseite stellen. Nachdem er das Nackenbrett herausgetan hat, soll er es beiseite stellen. Nachdem er sich eingeprägt hat, wie die Bodenmatte ausgebreitet war, soll er, nachdem er sie herausgetan hat, sie beiseite legen. Wenn in dem Kloster Spinnengewebe ist, soll er sie zuerst mit einem Tuche entfernen[7]. Er soll die Fensterläden abwischen. Wenn die mit Ocker bearbeitete Wand schmutzig ist, nachdem er ein kleines Tuch feuchtgemacht und ausgewrungen hat, soll er sie abwischen. Wenn der schwarzgefärbte Boden schmutzig ist, nachdem er ein kleines Tuch feuchtgemacht und ausgewrungen hat, soll er ihn wischen. Wenn der Boden nicht bearbeitet ist, soll er ihn, nachdem er ihn mit Wasser besprengt hat, kehren: möge das Kloster nicht vom Staub beschmutzt werden. Nachdem er den Abfall zusammengetan hat, soll er ihn wegwerfen. (15)

Nachdem er die Bodenmatte in der Sonne getrocknet, gereinigt, ausgeschüttelt und zurückgebracht hat, so wie sie ausgebreitet war, soll er sie (wieder) ausbreiten. Nachdem er die Bettpfosten in der Sonne getrocknet, abgewischt, zurückgebracht hat, soll er sie am richtigen Platz hinstellen. Nachdem er das Bett in der Sonne getrocknet, gereinigt, den Schmutz abgeschüttelt und es zusammengelegt hat, in guter Weise ohne es zu zerkratzen und ohne an die Tür und die Türpfosten anzustoßen, soll er es aufstellen wo es aufgestellt war. Nachdem er den Stuhl in der Sonne getrocknet, abgewischt, zurückgebracht hat, soll er ihn am richtigen Platz hinstellen. Nachdem er die Nackenrolle und das Kissen in der Sonne gereinigt, ausgeschüttelt und zurückgebracht hat, soll er sie hinlegen, wie sie hingelegt waren. Nachdem er die Decke für den Sitzplatz gereinigt, ausgeschüttelt und zurückgebracht hat, soll er sie hinlegen, wie sie hingelegt war. Nachdem er den Spucknapf in der Sonne getrocknet, abgewischt und zurückgebracht hat, soll er ihn am richtigen Platz hinstellen. Nachdem er das Nackenbrett in der Sonne getrocknet, abgewischt und zurückgebracht hat, soll er es am richtigen Platz hinstellen. (16)

Die Almosenschale und die Robe soll er weglegen. Beim Weglegen soll er die Almosenschale mit einer Hand anfassen, mit einer Hand unter dem Bett oder dem Sitz (vor)fühlen, die Almosenschale wegstellen, er soll sie nicht auf die bloße Erde stellen. Beim Weglegen der Robe soll er mit einer Hand die Robe halten, mit der anderen Hand den Bambusstab oder die Leine abwischen, die (gefaltete) Robe weghängen, mit der Seite der Enden entfernt und der Seite, wo sie gefaltet ist, zu sich. (17)

Wenn staubiger Wind aus östlicher Richtung weht, soll er das östliche Fenster schließen. Wenn staubiger Wind aus westlicher, nördlicher, südlicher Richtung weht, soll er das westliche, nördliche, südliche Fenster schließen. Wenn es kalt ist, soll er am Tag die Fenster öffnen, in der Nacht die Fenster schließen, wenn es warm ist, soll er am Tag die Fenster schließen, in der Nacht die Fenster öffnen. (18)

---

[5]Im Sinne, wenn der Unterweiser etwas kommentieren möchte, soll der Auszubildende dies durch Fragen ermöglichen.

[6]zusammengelegt hat, es hatte oft Beine die entfernt werden konnten.

[7]Übersetzung zweifelhaft!

Wenn die Zelle schmutzig ist, soll er sie kehren. Wenn der Lagerraum, die Versammlungshalle, das Feuerhaus, die Toilette schmutzig ist, soll er sie kehren. Wenn kein Trinkwasser da ist, soll er Trinkwasser holen. Wenn kein Waschwasser da ist, soll er Waschwasser holen. Wenn der Waschwasserbehälter (für das WC) kein Wasser enthält, soll er den Waschwasserbehälter auffüllen. (19)

Wenn dem Unterweiser Unzufriedenheit aufkommt, soll der Auszubildende ihn ablenken, ablenken lassen oder mit ihm ein Gespräch über die Lehre führen. Wenn dem Unterweiser Zweifel aufkommt, soll der Auszubildende ihn beseitigen, beseitigen lassen oder mit ihm ein Gespräch über die Lehre führen. Wenn dem Unterweiser falsche Ansicht aufkommt, soll der Auszubildende ihn davon abtrennen, abtrennen lassen oder mit ihm ein Gespräch über die Lehre führen. (20)

Wenn der Unterweiser ein schwerwiegendes Vergehen tat, wird ihm eine Bewährungszeit[8] zuteil werden. Der Auszubildende soll bestrebt sein zu denken: Möge der Sangha dem Unterweiser eine Bewährungszeit geben (und ihn nicht ausschließen). Wenn dem Unterweiser ein Neuanfang[9] zuteil wird, soll der Auszubildende bestrebt sein zu denken: Möge der Sangha dem Unterweiser einen Neuanfang geben. Wenn dem Unterweiser eine Mānattastrafe, eine Rehabilitation[10] zuteil wird, soll der Auszubildende bestrebt sein zu denken: Möge der Sangha dem Unterweiser eine Mānattastrafe, eine Rehabilitation geben. (21)

Wenn der Sangha gegen den Unterweiser ein Verfahren einleiten will, ein Ermahnverfahren[11] oder ein Beistandsverfahren[12], oder ein Ausschlußverfahren[13] oder ein Versöhnungsverfahren[14], oder ein Verfahren zum zeitweisen Ausschluß[15], soll der Auszubildende bestrebt sein zu denken: ob der Sangha gegen den Unterweiser dieses Verfahren nicht einleiten wird, oder es zu einem geringeren (Verfahren) umwandelt. Wenn vom Sangha gegen ihn (den Unterweiser) irgendein Verfahren, ein Ermahnverfahren, ein Beistandsverfahren, ein Ausschlußverfahren, ein Versöhnungsverfahren, ein Verfahren zum zeitweisen Ausschluß durchgeführt wird, soll der Auszubildende bestrebt sein zu denken: Der Unterweiser möge zum Guten zurückkehren, Demut haben, sich verbessern, möge der Sangha das Verfahren ruhen lassen. (22)

Wenn die Robe des Unterweisers gewaschen werden soll, soll (sie) vom Auszubildenden gewaschen werden, oder (er) soll bestrebt sein zu denken: Ob ich die Robe des Unterweisers wasche? Wenn die Robe des Unterweisers zurechtgemacht werden soll ... wenn für den Unterweiser Farbe gekocht werden soll ... wenn die Robe des Unterweisers gefärbt werden soll, soll (sie) vom Auszubildenden gefärbt werden, oder (er) soll bestrebt sein zu denken: Ob ich die Robe des Unterweisers färbe? Der die Robe Färbende soll (die Robe) immer wieder umwendend färben, er soll nicht fortgehen, (solange) das Tropfen nicht aufgehört hat. (23)

Ohne den Unterweiser zu fragen, soll (er) niemandem die Almosenschale geben, soll er von niemandem eine Almosenschale annehmen, soll er niemandem die Robe geben, soll er von niemandem eine Robe annehmen, soll er niemandem Bedarfsgegenstände geben, soll er von niemandem Bedarfsgegenstände annehmen, soll er niemandem die Haare schneiden, soll er niemanden veranlassen, seine Haare zu schneiden, soll er niemandem zu Diensten sein, soll er von niemandem Dienste ausführen lassen, soll er niemandem verpflichtet sein, soll er von niemandem Verpflichtungen annehmen, soll er niemandem ein Begleiter sein, soll er keinen Begleiter annehmen, soll er keine Almosen wegbringen, soll er keine Almosen wegbringen lassen. Ohne den Unterweiser zu fragen, soll er das Dorf nicht

---

[8] parivāsa

[9] mūlāya patikassanāraho

[10] abbhānāraho

[11] tajjaniyam

[12] nissayam

[13] pabbājaniyam

[14] patisāraniyam

[15] ukkhepaniyam

besuchen, nicht zum Friedhof gehen, nicht in (irgendeine) Richtung aufbrechen. Wenn der Unterweiser ein Kranker ist, soll er solange (dieser) lebt, ihn pflegen, soll er warten, (bis dieser) aufsteht. (24)

Die Pflichten dem Unterweiser gegenüber sind beendet //25//

Der Unterweiser soll sich dem Auszubildenden gegenüber gut verhalten. Dieses ist gutes Verhalten: Ein Mönch, der Unterweiser ist, soll dem Auszubildenden hilfreich sein, ihn unterstützen durch Rezitation, durch Erklären, durch Instruieren, durch Unterweisen. Wenn der Unterweiser eine Almosenschale hat, und der Auszubildende hat keine Almosenschale, soll der Unterweiser dem Auszubildenden eine Almosenschale geben, oder er soll zumindest bestrebt sein zu denken: Wie kann ich für den Auszubildenden eine Almosenschale beschaffen? Wenn der Unterweiser eine Robe/Bedarfsgegenstände hat, und der Auszubildende hat keine ... er soll zumindest bestrebt sein zu denken: Wie kann ich für den Auszubildenden eine Robe/Bedarfsgegenstände beschaffen? (1)

Wenn der Auszubildende krank ist, soll er (der Unterweiser) zur rechten Zeit aufstehen, das Zahnstäbchen geben, Gesichtswasser (zum Waschen) geben, den Sitz vorbereiten. Wenn es Reisschleim gibt, soll (er), nachdem (er) den Behälter gewaschen hat, den Reisschleim überreichen. Nachdem (er) dem Reisschleim getrunken Habenden Wasser gegeben hat, soll (er) den Behälter zurücknehmen, ihn tiefer halten, ohne zu kratzen ihn gut auswaschen und zurückstellen. Wenn der Auszubildende aufgestanden ist, soll (er) den Sitz zurückstellen. Wenn jener Platz schmutzig ist, soll (er) jenen Platz kehren. (2)

Wenn der Auszubildende in das Dorf gehen will, soll (er) ihm die Kleidung (Hüfttuch) geben, die zurückgegebene Kleidung (abgelegte Kleidung) soll er annehmen, den Gürtel soll (er) geben, das zusammengelegte Obergewand soll er geben, die Almosenschale soll er, nachdem sie gewaschen wurde, mit Wasser geben. (3)

"Ungefähr jetzt wird er zurückkommen", (so denkend) soll er den Sitz vorbereiten, das Wasser für die Füße, den Schemel für die Füße, das Tuch zum Trocknen der Füße hinlegen, (dem Auszubildenden) entgegengegangen, soll (er) die Almosenschale und die Robe entgegennehmen, (er) soll ihm ein neues Hüfttuch geben, die Robe entgegennehmen. Wenn die Robe verschwitzt ist, soll (er sie) eine kurze Zeit in der Hitze (Sonne) trocknen, er soll sie nicht (lange) in die Hitze legen. Er soll die Robe einsammeln. Der die Robe Einsammelde soll sie mit vier Fingern an (zwei) Ecken hochheben und die Robe zusammenlegen, mögen dabei keine Knitterfalten in der Mitte entstehen. Der Gürtel soll in eine Falte der Robe gelegt werden. Wenn der Auszubildende Almosenspeise essen möchte, soll (er), nachdem er Wasser gereicht hat, auch die Almosenspeise reichen. (4)

[Wiederholung von //25// (11) - (13) jeweils mit Auszubildender statt Unterweiser]. (5-6)

In dem Kloster, wo der Auszubildende verweilt, wenn ... [ab dort Wiederholung von //25// 14-22 jeweils mit Auszubildender statt Unterweiser] (7-10).

Wenn die Robe des Auszubildenden gewaschen werden soll, soll der Unterweiser erklären: "so mögest du waschen" oder (er) soll bestrebt sein zu denken "Wie könnte sie wohl gewaschen werden?" Wenn die Robe des Auszubildenden zurechtgemacht werden soll/ Farbe gekocht werden soll/ die Robe gefärbt werden soll ... "Wie könnte sie wohl gefärbt werden?" Wenn der Auszubildende ein Kranker ist, soll er, solange dieser lebt, ihn pflegen, soll warten bis dieser aufsteht. (11)

Die Pflichten dem Auszubildenden gegenüber sind beendet. //26//

Zu jener Zeit hatten sich Auszubildende den Unterweisern gegenüber nicht gut verhalten. Jene Mönche, die mäßig waren, wurden verärgert, unruhig, erregt: Wie nämlich können die Auszubildenden sich den Unterweisern gegenüber nicht gut verhalten? Dem Erhabenen erzählten jene Mönche den Sachverhalt. "Ist es wahr, ihr Mönche, daß die Auszubildenden sich den Unterweisern gegenüber nicht gut verhalten?" - "Es ist wahr, Erhabener." Da tadelte der Erhabene: "Wie nämlich können die Auszubildenden den Unterweisern gegenüber sich nicht gut verhalten?" Nachdem er getadelt hatte, eine Lehrrede gehalten hatte, sprach er die Mönche an: "Oh Mönche, ein Auszubildender soll sich dem Unterweiser gegenüber nicht nichtgut verhalten. Wer (sich) nicht gut verhält, begeht ein dukkata Vergehen." (1)

Aber sie verhielten (sich) nicht gut. Dem Erhabenen erzählten sie diesen Sachverhalt. "Ich erlaube, ihr Mönche, die sich nicht gut verhaltenden Auszubildenden zu entlassen. In dieser Weise sollt ihr, ihr Mönche, (sie) entlassen: "Ich entlasse dich" oder: "Mögest du nicht hierher zurückkommen" oder: "Trage die Almosenschale und die Robe hinaus" oder: "Mir soll nicht von dir aufgewartet werden." (Der Unterweiser) zeigt dieses durch Gesten, durch Worte, durch Gesten und Worte: Entlassen ist der Auszubildende. Wenn (er) nicht durch Gesten zeigt, nicht durch Worte zeigt, nicht durch Gesten und Worte zeigt, ist der Auszubildende nicht entlassen." (2)

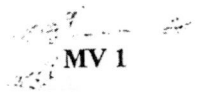

Zu jener Zeit erbaten die entlassenen Auszubildenden keine Vergebung. Dem Erhabenen erzählten sie diesen Sachverhalt. "Ich erlaube, ihr Mönche, sich Vergebung zu erbitten." Aber sie erbaten keine Vergebung. Dem Erhabenen erzählten sie diesen Sachverhalt. "Der Entlassene soll nicht nicht um Vergebung bitten. Wer nicht um Vergebung bittet, begeht ein dukkata Vergehen." (3)

Zu jener Zeit vergaben die um Vergebung gebetenen Unterweiser nicht. Dem Erhabenen erzählten sie diesen Sachverhalt. "Ich erlaube, ihr Mönche, Vergebung zu gewähren." Aber sie gewährten keine Vergebung. Die Auszubildenden gingen fort oder irrten herum oder gingen zu andersgläubigen Mönchen. Dem Erhabenen erzählten sie diesen Sachverhalt. "Nicht, ihr Mönche, soll der um Vergebung Gebetene nicht vergeben. Wer nicht vergibt, begeht ein dukkata Vergehen." (4)

Zu jener Zeit entließen die Unterweiser die sich gut Verhaltenden, die sich schlecht Verhaltenden entließen sie nicht. Dem Erhabenen erzählten sie diesen Sachverhalt. "Nicht entlaßt, ihr Mönche, die sich gut Verhaltenden. Wer entläßt, begeht ein dukkata Vergehen. Nicht sollt ihr, ihr Mönche, den sich schlecht Verhaltenden nicht entlassen. Wer nicht entläßt, begeht ein dukkata Vergehen. (5)

Der Auszubildende, ihr Mönche, der mit fünf Eigenschaften behaftet ist, soll entlassen werden: Wer nicht viel Zuneigung zum Unterweiser hat, wer nicht viel Vertrauen hat, wer nicht viel Ehrfurcht hat, wer keinen Respekt hat, wer keine Fortentwicklung hat. Mit diesen fünf Eigenschaften, ihr Mönche, soll ein Auszubildender entlassen werden. Der Auszubildende, ihr Mönche, der nicht mit fünf Eigenschaften behaftet ist, soll nicht entlassen werden: Wer viel Zuneigung zum Unterweiser hat, wer viel Vertrauen hat, wer viel Ehrfurcht hat, wer Respekt hat, wer eine Fortentwicklung hat. Mit diesen fünf Eigenschaften, ihr Mönche, soll ein Auszubildender nicht entlassen werden. (6)

Mit fünf Eigenschaften, ihr Mönche, verdient ein Auszubildender, entlassen zu werden: Wer nicht viel Zuneigung zum Unterweiser hat ... Mit fünf Eigenschaften, ihr Mönche, verdient ein Auszubildender nicht entlassen zu werden: Wer viel Zuneigung zum Unterweiser hat ... (7)

Wer einen mit (diesen) fünf Eigenschaften behafteten Auszubildenden, ihr Mönche, nicht entläßt, dieser Unterweiser überschreitet (die Regeln); wenn er entläßt überschreitet (er die Regeln) nicht: Wer nicht viel Zuneigung zum Unterweiser hat, wer nicht viel Vertrauen hat, wer nicht viel Ehrfurcht hat, wer keinen Respekt hat, wer keine Fortentwicklung hat. Einen mit diesen fünf Eigenschaften, ihr Mönche, behafteten Auszubildenden nicht zu entlassen, da überschreitet der Unterweiser (die Regeln); (wenn er ihn) entläßt, überschreitet (er die Regeln) nicht. Wer einen mit (diesen) fünf Eigenschaften behafteten Auszubildenden, ihr Mönche, entläßt, dieser Unterweiser überschreitet (die Regeln); wenn er nicht entläßt überschreitet (er die Regeln) nicht: Wer viel Zuneigung zum Unterweiser hat ... (8) //27//

Zu jener Zeit kam ein gewisser Brahmane zu den Mönchen und bat um die Ordination. Die Mönche wollten ihn nicht ordinieren. Jener, nachdem er von den Mönchen die Ordination nicht erhalten hatte, wurde dünn, sah elend aus, wurde blaßhäutig und ausgezehrt. Der Erhabene sah jenen Brahmanen, der dünn war, elend aussah, blaßhäutig und ausgezehrt war. Nachdem er ihn gesehen hatte, sprach er die Mönche an: "Warum ist jener Brahmane, ihr Mönche, dünn, elend aussehend, blaßhäutig und ausgezehrt?" - "Dieser Brahmane, Verehrungswürdiger, kam zu den Mönchen und bat um die Ordination. Die Mönche wollten ihn nicht ordinieren. Jener, nachdem er von den Mönchen die Ordination nicht erhalten hatte, wurde dünn, sah elend aus, wurde blaßhäutig und ausgezehrt." (1)

Darauf sprach der Erhabene die Mönche an: "Wer, ihr Mönche, erinnert sich an (irgendeine) Hilfeleistung (die dieser) Brahmane tat?" Als dies gesagt wurde, sagte der ehrwürdige Sāriputta folgendes: "Ich, Verehrungswürdiger, erinnere mich an eine Hilfeleistung, die dieser Brahmane tat." "Welche Hilfeleistung, Sāriputta, tat jener Brahmane?" - "Als ich, Verehrungswürdiger, in Rājagaha auf Almosengang war, ließ mir jener Brahmane einen Löffel voll Speise geben. Dieses, Verehrungswürdiger, ist die Hilfeleistung des Brahmanen, derer ich mich erinnere." (2)

"Gut, gut, Sāriputta, diejenigen, Sāriputta, die gute Menschen sind, sind doch dankbar und erkenntlich, gib jenem Brahmanen die Ordination, gib die Vollordination." "Wie, Verehrungswürdiger, soll ich diesem Brahmanen die Ordination geben, die Vollordination geben?" Dann, nachdem der Erhabene in diesem Zusammenhang eine Lehrrede gehalten hatte, sprach er die Mönche an: "So wie ich, ihr Mönche, die Ordination durch die dreifache Zufluchtnahme

MV 1

erlaubte, lehne ich diese von heute an ab. Ich erlaube, ihr Mönche, die Vollordination durch ein dreifaches formelles Aussprechen (dieser Vollordination) und (als viertes) die Feststellung (dieser Vollordination). (3)

So, ihr Mönche, soll man Vollordinieren: Von einem erfahrenen und fähigen Mönch soll dem Sangha angekündigt werden: Höre mich, verehrungswürdiger Sangha, dieser, der so und so Genannte, (Auszubildender) des ehrwürdigen so und so Genannten, ist Anwärter für die Vollordination. Wenn es dem Sangha recht ist, möge der Sangha den so und so Genannten vollordinieren durch den so und so genannten Unterweiser. Das ist die Ankündigung. (4)

'Höre mich, verehrungswürdiger Sangha, dieser, der so und so Genannte, (Auszubildender) des ehrwürdigen so und so Genannten ist Anwärter für die Vollordination. Der Sangha gibt dem so und so Genannten die Vollordination durch den so und so genannten Unterweiser. Wenn es den Ehrwürdigen recht ist, die Vollordination des so und so Genannten durch den so und so genannten Unterweiser, so mögen sie schweigen, wenn es einem nicht recht ist, so möge er sprechen. Zum zweiten Male sage ich diese Angelegenheit: Höre mich, verehrungswürdiger Sangha, dieser, der so und so Genannte, (Auszubildender) des ehrwürdigen so und so Genannten ist Anwärter für die Vollordination ... wenn es einem nicht recht ist, so möge er sprechen. (5)

Zum dritten Male sage ich diese Angelegenheit: Höre mich, verehrungswürdiger Sangha, dieser, der so und so Genannte, (Auszubildender) des ehrwürdigen so und so Genannten ist Anwärter für die Vollordination ... wenn es einem nicht recht ist, so möge er sprechen. (Er ist) vollordiniert durch den Sangha, der so und so Genannte (Auszubildende) des ehrwürdigen so und so genannten Unterweisers. Dem Sangha ist es recht, daher das Schweigen, so nehme ich es an." (6) //28//

Zu jener Zeit verhielt sich ein gewisser Mönch direkt nach der Vollordination schlecht. Die (anderen) Mönche sagten folgendes: "Möge der Bruder nicht derartiges tun, dies ist nicht angemessen." Jener sagte so: "Nicht bat ich euch, Ehrwürdige, 'ordiniert mich', warum ordiniertet ihr mich ungebeten?" Dem Erhabenen erzählten sie diesen Sachverhalt. "Nicht, ihr Mönche, sollt ihr ungefragt vollordinieren. Wer so vollordinieren würde, begeht ein dukkata Vergehen. Ich erlaube, ihr Mönche, gefragt die Vollordination zu geben. (1)

So, ihr Mönche, soll man fragen: Jener Anwärter für die Vollordination, nachdem er zum Sangha gegangen ist, auf eine Schulter das Obergewand getan hat, zu den Füßen der Mönche sich verbeugt hat, sich in die Hocke niedergesetzt hat, die Hände zusammengelegt hat, sagt er so: "Verehrungswürdige, ich bitte den Sangha um die Vollordination, nimm mich auf, verehrungswürdiger Sangha, von Mitleid bewogen. Zum zweiten Male: Verehrungswürdige, ich bitte den Sangha um die Vollordination ... Zum dritten Male: Verehrungswürdige, ich bitte den Sangha um die Vollordination ...'. (2)

Von einem erfahrenen und fähigen Mönch soll dem Sangha angekündigt werden: 'Höre mich, verehrungswürdiger Sangha, dieser, der so und so Genannte, (Auszubildende) des ehrwürdigen so und so Genannten, ist Anwärter für die Vollordination. Wenn es dem Sangha recht ist, möge der Sangha den so und so Genannten vollordinieren durch den so und so genannten Unterweiser'. Das ist die Ankündigung. (3)

'Höre mich, verehrungswürdiger Sangha, dieser, der so und so Genannte, (Auszubildende) des ehrwürdigen so und so Genannten ist Anwärter für die Vollordination. Der so und so Genannte bittet den Sangha durch den so und so genannten Unterweiser um die Vollordination. Wenn es den Ehrwürdigen recht ist, die Vollordination des so und so Genannten durch den so und so genannten Unterweiser, so mögen sie schweigen; wenn es einem nicht recht ist, so möge er sprechen. Zum zweiten Male sage ich diese Angelegenheit: Höre mich, verehrungswürdiger Sangha, dieser, der so und so Genannte, (Auszubildende) des ehrwürdigen so und so Genannten ist Anwärter für die Vollordination ... wenn es einem nicht recht ist, so möge er sprechen. Zum dritten Male sage ich diese Angelegenheit: Höre mich, verehrungswürdiger Sangha dieser, der so und so Genannte, (Auszubildende) des ehrwürdigen so und so Genannten ist Anwärter für die Vollordination ... wenn es einem nicht recht ist, so möge er sprechen. (Er ist) vollordiniert durch den Sangha, der so und so genannte (Auszubildende) des ehrwürdigen so und so genannten Unterweisers. Dem Sangha ist es recht, daher das Schweigen, so nehme ich es an'." (4) //29//

Zu jener Zeit gab es in Rājagaha eine Reihe vorzüglicher Einladungen zu Almosenspeisungen. Da kam einem gewissen Brahmanen folgender Gedanke: Diese Asketen, die Söhne aus dem Sakyageschlecht, haben angenehme Regeln, ein angenehmes Leben, nachdem sie gutes Essen aßen, schlafen sie an windgeschützten Orten. So laß (ich) mich nun ordinieren bei den Asketen, bei den Söhnen aus dem Sakyageschlecht. Da ging der Brahmane zu den Mönchen und bat um die Ordination. Die Mönche ordinierten und vollordinierten ihn. (1)

Nachdem er ordiniert war, hörte die Reihe der Einladungen zu Almosenspeisungen auf. Die Mönche sagten folgendes: "Komm jetzt, Bruder, laß uns auf den Almosengang gehen." Dieser sagte so: "Oh, Brüder, dafür bin ich nicht ordiniert, um (jetzt) auf Almosengang zu gehen; wenn ihr mir gebt, werde ich essen, wenn ihr mir nicht gebt, gehe ich fort": "Hast du, Bruder, aufgrund deines Magens die Ordination genommen?" - "So ist es, Bruder." (2)

Jene mäßigen Mönche wurden verärgert, unruhig, erregt: Wie kann ein Mönch in dieser Lehre und Zucht aufgrund seines Magens die Ordination nehmen? Jene Mönche erzählten dem Erhabenen diesen Sachverhalt. "Ist es wahr, wie man sagt, du Mönch, daß du aufgrund deines Magens die Ordination nahmst?" - "Das ist wahr, Erhabener." Da tadelte der Erhabene: "Wie konntest du, du törichter Mensch, in dieser gut dargelegten Lehre und Zucht in den Orden gehen? Nicht ist dieses, du törichter Mensch, um die Unzufriedenen zufrieden zu stellen oder die Zufriedenheit der Zufriedenen zu mehren." Nachdem er getadelt hatte, eine Lehrrede gehalten hatte, sprach er die Mönche an: (3)

"Ich erlaube, ihr Mönche, bei der Vollordination die vier Bedarfsgegenstände zu nennen: Die Ordination ist nur für Almosenspeise, darum sei bemüht bis zum Lebensende. Besondere Gaben sind: Speisen für den (ganzen) Sangha, Speisen für eine bestimmte Person, eine Einladung, wenn Speisen ausgelost werden, Speisen gegeben zum Mondwechsel, Speisen gegeben zum Uposathatag, Speisen gegeben zum Tag nach Uposatha. Die Ordination ist nur für Kleidung aus fortgeworfenen Lumpen, darum sei bemüht bis zum Lebensende. Besondere Gaben sind: Leinentuch, Baumwolltuch, Seidentuch, Wolltuch, Hanftuch, Leinwandtuch. Die Ordination ist nur zum Verweilen am Fuße eines Baumes, darum sei bemüht bis zum Lebensende. Besondere Gaben sind: eine Hütte, ein Haus mit einem Dach, ein großes Haus, ein mehrgeschossiges Haus, eine Höhle. Die Ordination ist nur für verfaulten Rinderurin (als Medizin), darum sei bemüht bis zum Lebensende. Besondere Gaben sind: Butterschmalz, Butter, Öl, Honig, Melasse." (4) //30//

Das 5. Kapitel der Pflichten des Unterweisers ist beendet.

Zu jener Zeit kam ein Brahmanenjüngling zu den Mönchen und bat um die Ordination. Jenem nannten die Mönche schon vorher die Bedarfsgegenstände. Er sagte so: "Wenn mir, Verehrungswürdige, im Orden die Bedarfsgegenstände genannt worden wären, hätte ich (daran) Gefallen gefunden, nicht gehe ich jetzt, Verehrungswürdige, in den Orden, für mich sind die Bedarfsgegenstände abstoßend und widerlich." Dem Erhabenen erzählten die Mönche diesen Sachverhalt. "Nicht soll man, ihr Mönche, schon vorher die Bedarfsgegenstände nennen. Wer sie vorher nennt, begeht ein dukkata Vergehen. Ich erlaube, ihr Mönche, die Bedarfsgegenstände gleich nach der Vollordination zu nennen." (1)

Zu jener Zeit vollordinierten die Mönche in Zweier- und Dreiergruppen (von Mönchen, die bei der Ordination anwesend waren). Dem Erhabenen erzählten die Mönche diesen Sachverhalt. "Nicht, ihr Mönche, gebt die Vollordination in einer Gruppe von weniger als zehn (Mönchen). Wer so ordiniert, begeht ein dukkata Vergehen. Ich erlaube, ihr Mönche, die Vollordination mit einer Zehnergruppe oder einer Gruppe von mehr als zehn." (2)

Zu jener Zeit vollordinierten Mönche, die ein oder zwei Jahre Mönche waren, die Auszubildenden. Der ein Jahr (Mönch) seiende ehrwürdige Upasena Vaṅgataputta vollordinierte Auszubildende. Nach einem Jahr nahm er, der zwei Jahre verbracht hatte, einen Auszubildenden, der ein Jahr verbracht hatte, und ging zum Erhabenen. Dort begrüßte er den Erhabenen ehrfürchtig und setzte sich beiseite nieder. Es ist Sitte jener Erwachten, Erhabenen, mit den herankommenden Mönchen freundliche Worte zu wechseln. (3)

Dann sagte der Erhabene dem ehrwürdigen Upasena Vaṅgataputta folgendes: "Wie geht es dir, Mönch, wie fühlst du dich, seid ihr mit wenig Anstrengung hergekommen?" - "Es geht uns gut, Erhabener, wir fühlen uns gut, Erhabener, wir kamen her mit wenig Anstrengung." Wissend fragen die Vollendeten, wissend fragen sie nicht, die (rechte) Zeit wissend fragen sie, die (rechte) Zeit wissend fragen sie nicht, mit Bedacht fragen Vollendete, nicht ohne Bedacht, Unbedachtes tun Vollendete nicht. In zwei Weisen befragt der Erwachte, der Erhabene die Mönche, um die Lehre zu verkünden oder den Schülern Regeln zu geben. (4)

Dann sagte der Erhabene dem ehrwürdigen Upasena Vaṅgataputta folgendes: "Wie viele Jahre bist du schon Mönch?" - "Zwei Jahre, Erhabener." "Jener, wie viele Jahre ist er Mönch?" - "Ein Jahr, Erhabener." "Was ist dieser Mönch für dich?" - "Dieser ist mein Auszubildender, Erhabener." Der Erwachte, Erhabene tadelte: "Das ist unangebracht, du törichter Mensch, nicht lehrgemäß, nicht ordnungsgemäß, nicht asketenwürdig, unwürdig, nicht zu tun. Wie kannst du, du törichter Mensch, von anderen belehrt und unterrichtet, vermeinen, einen anderen zu belehren und zu unterrichten. Leichtsinnig hast du dich, törichter Mensch, der Üppigkeit zugewendet, dich an andere Menschen gebunden. Das ist nicht, törichter Mensch, um die Unzufriedenen zufrieden zu stellen oder die Zufriedenheit der Zufriedenen zu mehren." Nachdem er getadelt hatte, eine Lehrrede gehalten hatte, sprach er die Mönche an: "(Wer) weniger als zehn Jahre (vollordiniert) ist, soll nicht vollordinieren. Wer so vollordiniert, begeht ein dukkata Vergehen. Ich erlaube, ihr Mönche, die Vollordination (an andere zu geben) nach zehn oder mehr als zehn Jahren." (5)

Zu jener Zeit (sagten) die Mönche: "Wir haben zehn Jahre (die Vollordination), wir haben zehn Jahre (die Vollordination), so vollordinierten Ungebildete und Unwissende. Es gab unwissende Unterweiser, wissende Auszubildende, es gab ungebildete Unterweiser, gebildete Auszubildende, es gab unerfahrene Unterweiser, erfahrene Auszubildende, es gab unweise Unterweiser, weise Auszubildende. Irgendein vorher Andersgläubiger, nachdem er vom Unterweiser in bezug auf eine Regel angesprochen, widersprochen hatte, ging zu seiner (früheren) Glaubensgemeinschaft zurück. (6)

Jene Mönche, die mäßig waren, wurden verärgert unruhig, erregt: Wie können die Mönche sagen: "Wir haben zehn Jahre (die Vollordination), wir haben zehn Jahre (die Vollordination), so vollordinierten Ungebildete und Unwissende. Es gab unwissende Unterweiser, wissende Auszubildende, es gab ungebildete Unterweiser, gebildete Auszubildende, es gab unerfahrene Unterweiser, erfahrene Auszubildende, es gab unweise Unterweiser, weise Auszubildende." Dem Erhabenen erzählten die Mönche diesen Sachverhalt. "Ist es wahr, ihr Mönche, spricht (man so): 'Wir haben zehn Jahre, wir haben zehn Jahre', so vollordinierten Ungebildete und Unwissende. Es gab unwissende Unterweiser, wissende Auszubildende, es gab ungebildete Unterweiser, gebildete Auszubildende, es gab unerfahrene Unterweiser, erfahrene Auszubildende, es gab unweise Unterweiser, weise Auszubildende?" - "Das ist wahr, Erhabener." (7)

Da tadelte der Erwachte, Erhabene: "Wie können jene Mönche, jene törichten Menschen (sagen): 'Wir haben zehn Jahre, wir haben zehn Jahre'. So vollordinierten Ungebildete und Unwissende. Es gab unwissende Unterweiser, wissende Auszubildende, es gab ungebildete Unterweiser, gebildete Auszubildende, es gab unerfahrene Unterweiser, erfahrene Auszubildende, es gab unweise Unterweiser, weise Auszubildende? Das ist nicht, um die Unzufriedenen zufrieden zu stellen oder die Zufriedenheit der Zufriedenen zu mehren." Nachdem er getadelt hatte, eine Lehrrede gehalten hatte, sprach er die Mönche an: "Nicht, Mönche, soll ein Unwissender, Ungebildeter die Vollordination geben. Wer (so) vollordiniert begeht ein dukkata Vergehen. Ich erlaube, ihr Mönche, das Gebildete und Fähige nach zehn Jahren oder mehr als zehn Jahren die Vollordination geben." (8) //31//

Zu jener Zeit gingen die Unterweiser von den Mönchen fort, verließen sie (den Orden), starben oder gingen zu anderen Gruppen. (Die Mönche,) ohne Lehrer, nicht belehrt, nicht unterwiesen, gingen schlecht angezogen, schlecht bekleidet, schlecht angekleidet auf Almosengang. Jene (Mönche) halten die Almosenschale, während die Leute essen, für den Rest der weichen Speisen hin, halten die Almosenschale für den Rest der harten Speisen hin, halten die Almosenschale für den Rest der schmackhaften Speisen hin, für den Rest der Getränke hin, selber gekochten Reis und Beilagen bestellt habend, aßen sie. Am Ende des Essens verweilten sie mit großer und lauter Unterhaltung. Die Leute (sagten) verärgert, unruhig, erregt: Wie können die Asketen, die Söhne aus dem Sakyageschlecht falsch angezogen, falsch gekleidet, ohne richtig bekleidet zu sein auf den Almosengang gehen. Jene (Mönche) halten die Almosenschale, während die Leute essen, für den Rest der weichen Speisen hin, halten die Almosenschale für den Rest der harten Speisen hin, halten die Almosenschale für den Rest der schmackhaften Speisen hin, für den Rest der Getränke hin, selber gekochten Reis und Beilagen bestellt habend, aßen sie. Am Ende des Essens verweilen sie mit großer und lauter Unterhaltung. Die Mönche hörten, daß die Leute verärgert, unruhig, erregt waren. Die Mönche, die mäßig, zufrieden, gewissenhaft, getreu, lernwillig waren, jene waren verärgert, unruhig erregt: Wie können die Mönche falsch angezogen, falsch gekleidet, ohne richtig bekleidet zu sein auf den Almosengang gehen. Jene (Mönche) halten die Almosenschale, während die Leute essen, für den Rest der weichen Speisen hin ... Am Ende des Essens verweilen sie mit großer und lauter Unterhaltung. Jene Mönche erzählten dem Erhabenen jenen Sachverhalt. Der Erhabene veranlaßte die Mönche sich zu sammeln und befragte sie in diesem Zusammenhang und aus diesem Anlaß: "Ist es wahr, oh Mönche, daß die Mönche falsch angezogen, falsch gekleidet, ohne richtig bekleidet zu sein auf den Almosengang gehen. Jene (Mönche) halten die Almosenschale, während die Leute essen, für den Rest der weichen Speisen hin ... Am Ende des Essens verweilen sie mit großer und lauter Unterhaltung?" - "Das ist wahr, Erhabener." Nachdem (er) getadelt hatte, eine Lehrrede gehalten hatte, sprach der Erhabene die Mönche an: "Ich erlaube euch, ihr Mönche, einen Lehrer. Der Lehrer, ihr Mönche bringt für seinen Schüler die Gemütsverfassung (wie für) einen Sohn auf. Der Schüler bringt für den Lehrer die Gemütsverfassung (wie für) einen Vater auf. So leben jene gegenseitig mit Verehrung, mit Achtung, in gegenseitigem Respekt, und sie erlangen in der Lehre und Zucht Wachstum, Entwicklung und Größe. Ich erlaube, ihr Mönche, zehn Jahre mit Lehreranleitung zu leben, nach zehn Jahren mag er selber Anleitung geben. (1)

In dieser Weise ist der Lehrer zu nehmen: Nachdem das Obergewand auf eine Schulter gelegt wurde, sich zu seinen Füßen verbeugt wurde, sich in die Hocke niedergesetzt wurde, die Hände zusammengelegt wurden, soll man in dieser Weise zu ihm sprechen: Möge der Verehrungswürdige mein Lehrer werden, ich lebe unter der Anleitung des Ehr-

MV 1

würdigen. Möge der Verehrungswürdige mein Lehrer werden, ich lebe unter der Anleitung des Ehrwürdigen. Möge der Verehrungswürdige mein Lehrer werden, ich lebe unter der Anleitung des Ehrwürdigen. Dieser zeigt durch den Körper ... [= MV I 25/7 - 25/24 jeweils "Lehrer" statt "Unterweiser", jeweils "Schüler" statt "Auszubildender"]

Was der Lehrer tun soll, ist beendet //32//

[Wiederholung von MV I 26/1 - 26/11 und MV I 27/1 - 27/8 jeweils mit "Lehrer" statt "Unterweiser" und "Schüler" statt "Auszubildender" //33//

Ende des 6. Kapitels //34//

Zu jener Zeit (sagten) die Mönche: "Wir haben zehn Jahre (Vollordination), wir haben zehn Jahre (Vollordination), so gaben Ungebildete und Unwissende Anleitung. Es gab unwissende Lehrer, wissende Schüler ... [siehe MV I 31/6] ... Dem Erhabenen erzählten sie diesen Sachverhalt ... "Das ist wahr, Erhabener." Da tadelte der Erhabene, Erwachte ... "Das ist nicht, um die Unzufriedenen zufrieden zu stellen oder die Zufriedenheit der Zufriedenen zu mehren." Nachdem er getadelt hatte, eine Lehrrede gehalten hatte, sprach er die Mönche an: "Nicht, Mönche, soll ein Unwissender, Ungebildeter die Anleitung geben. Wer (so) anleitet begeht ein dukkata Vergehen. Ich erlaube, ihr Mönche, das Gebildete und Fähige nach zehn Jahren oder mehr als zehn Jahren die Anleitung geben." (1+2) //35//

Zu jener Zeit gingen die Unterweiser und die Lehrer von den Mönchen fort, verließen (den Orden), starben, gingen zu anderen Gruppen. (Die Mönche) wußten nicht, (wann) die Lehrzeit aufgehoben ist. Dem Erhabenen erzählten sie diesen Sachverhalt. "Fünf Gründe, ihr Mönche, gibt es für die Aufhebung der Anleitung vom Unterweiser: Entweder geht der Unterweiser fort oder er verläßt (den Orden) oder er stirbt oder er geht zu anderen Gruppen oder er ordnet (die Aufhebung) an, das ist der fünfte (Grund). Dies, ihr Mönche, sind die fünf Gründe für die Aufhebung der Anleitung vom Unterweiser. Sechs Gründe, ihr Mönche, gibt es für die Aufhebung der Anleitung vom Lehrer: entweder geht der Lehrer fort oder er verläßt (den Orden) oder er stirbt oder er geht zu anderen Gruppen oder er ordnet (die Aufhebung) an oder wenn er (der Mönch) mit einem Unterweiser zusammen ist. Das sind die sechs Gründe für die Aufhebung der Anleitung vom Lehrer. (1)

Versehen mit fünf Eigenschaften, ihr Mönche, soll ein Mönch nicht vollordinieren, nicht Anleitung geben, nicht von einem Novizen aufgewartet werden: Wenn er nicht versehen ist mit vollkommener, vollständiger Sittlichkeit, wenn er nicht versehen ist mit vollkommener, vollständiger Sammlung, Weisheit, Erlösung, Wissen von der Erlösung. Mit diesen fünf Eigenschaften, ihr Mönche, soll ein Mönch nicht vollordinieren, nicht Anleitung geben, nicht von einem Novizen aufgewartet werden. (2)

Versehen mit fünf Eigenschaften, ihr Mönche, soll ein Mönch vollordinieren, Anleitung geben, von einem Novizen aufgewartet werden: Wenn er versehen ist mit vollkommener, vollständiger Sittlichkeit, wenn er versehen ist mit vollkommener, vollständiger Sammlung, Weisheit, Erlösung, Wissen von der Erlösung. Mit diesen fünf Eigenschaften, ihr Mönche, soll ein Mönch vollordinieren, Anleitung geben, von einem Novizen aufgewartet werden. (3)

Ein mit noch fünf (weiteren) Eigenschaften versehener Mönch soll nicht vollordinieren, ihr Mönche, soll nicht Anleitung geben, nicht von einem Novizen aufgewartet werden: Wenn er nicht versehen ist mit vollkommener, vollständiger Sittlichkeit, noch andere veranlaßt, vollkommene, vollständige Sittlichkeit anzustreben, Sammlung, Weisheit, Erlösung, Wissen von der Erlösung. anzustreben. Mit diesen fünf Eigenschaften, ihr Mönche, soll ein Mönch nicht vollordinieren, nicht Anleitung geben, nicht von einem Novizen aufgewartet werden. (4)

Ein mit noch fünf (weiteren) Eigenschaften versehener Mönch soll vollordinieren, ihr Mönche, soll Anleitung geben, soll von einem Novizen aufgewartet werden: Wenn er versehen ist mit vollkommener, vollständiger Sittlichkeit, und andere veranlaßt, vollkommene, vollständige Sittlichkeit anzustreben, Sammlung, Weisheit, Erlösung, Wissen von der Erlösung anzustreben. Mit diesen fünf Eigenschaften, ihr Mönche, soll ein Mönch vollordinieren, Anleitung geben, von einem Novizen aufgewartet werden. (5)

Ein mit noch fünf (weiteren) Eigenschaften versehener Mönch soll nicht vollordinieren, ihr Mönche, soll nicht Anleitung geben, nicht von einem Novizen aufgewartet werden: Wenn er kein Vertrauen hat, wenn er keine Scham hat, wenn er keine Scheu hat, wenn er träge ist, wenn er zerstreut ist. Mit diesen fünf Eigenschaften, ihr Mönche, soll ein Mönch nicht vollordinieren, nicht Anleitung geben, nicht von einem Novizen aufgewartet werden. (6)

MV 1

[Wiederholung mit positiven Eigenschaften] (7)

Ein mit noch fünf (weiteren) Eigenschaften versehener Mönch soll nicht vollordinieren, ihr Mönche, soll nicht Anleitung geben, soll nicht von einem Novizen aufgewartet werden: Wenn er moralisches Verhalten[16] verloren hat, wenn er die höheren guten Verhaltensweisen[17] verloren hat, wenn er die höheren richtigen Ansichten verloren hat, wenn er ungebildet ist, wenn er unintelligent ist. Mit diesen fünf Eigenschaften, ihr Mönche, soll ein Mönch nicht vollordinieren, nicht Anleitung geben, nicht von einem Novizen aufgewartet werden. (8)

[Wiederholung mit positiven Eigenschaften] (9)

Ein mit noch fünf (weiteren) Eigenschaften versehener Mönch soll nicht vollordinieren, ihr Mönche, soll nicht Anleitung geben, soll nicht von einem Novizen aufgewartet werden: Wenn er nicht fähig, ist einen kranken Schüler oder Auszubildenden zu pflegen oder pflegen zu lassen, ihn von entstandener Unzufriedenheit abzubringen oder abbringen zu lassen, (seinen) entstandenen Zweifel mit Hilfe der Lehre zu vernichten oder vernichten zu lassen, wenn er ein Vergehen nicht erkennt, wenn er nicht weiß, wie ein Vergehen wieder gutgemacht wird. Mit diesen fünf Eigenschaften, ihr Mönche, soll ein Mönch nicht vollordinieren, nicht Anleitung geben, nicht von einem Novizen aufgewartet werden. (10)

[Wiederholung mit positiven Eigenschaften] (11)

Ein mit noch fünf (weiteren) Eigenschaften versehener Mönch soll nicht vollordinieren, ihr Mönche, soll nicht Anleitung geben, soll nicht von einem Novizen aufgewartet werden: Wenn er nicht fähig ist, einen Schüler oder Auszubildenden in den Grundlagen der guten Verhaltensweisen zu schulen, in den Grundlagen des Reinheitswandels zu schulen, in den Grundlagen der höheren Lehre[18] zu schulen, in den Grundlagen der Zucht zu schulen, (ihn) von entstandenen schlechten Ansichten mit Hilfe der Lehre zu trennen oder trennen zu lassen. Mit diesen fünf Eigenschaften, ihr Mönche, soll ein Mönch nicht vollordinieren, nicht Anleitung geben, nicht von einem Novizen aufgewartet werden. (12)

[Wiederholung mit positiven Eigenschaften] (13)

Ein mit noch fünf (weiteren) Eigenschaften versehener Mönch soll nicht vollordinieren, ihr Mönche, soll nicht Anleitung geben, soll nicht von einem Novizen aufgewartet werden: Wenn er nicht weiß, was ein Vergehen ist, was kein Vergehen ist, was ein leichtes Vergehen ist, was ein schweres Vergehen ist, wenn er die beiden Pātimokkhas[19] in ganzer Länge nicht auswendig gelernt hat, nicht auseinanderhalten kann, nur stockend rezitieren kann, die Regeln und deren Kommentare nicht genau und detailliert weiß. Mit diesen fünf Eigenschaften, ihr Mönche, soll ein Mönch nicht vollordinieren, nicht Anleitung geben, nicht von einem Novizen aufgewartet werden. (14)

[Wiederholung mit positiven Eigenschaften] (15)

Ein mit noch fünf (weiteren) Eigenschaften versehener Mönch soll nicht vollordinieren, ihr Mönche, soll nicht Anleitung geben, soll nicht von einem Novizen aufgewartet werden: Wenn er nicht weiß, was ein Vergehen ist, was kein Vergehen ist, was ein leichtes Vergehen ist, was ein schweres Vergehen ist, wenn er weniger als zehn Jahre (im Orden) ist. Mit diesen fünf Eigenschaften, ihr Mönche, soll ein Mönch nicht vollordinieren, nicht Anleitung geben, nicht von einem Novizen aufgewartet werden. (16)

[Wiederholung mit positiven Eigenschaften] (17)

Das Kapitel der sechzehn mal fünf Fälle, in denen man ordinieren soll ist beendet. //36//

---

[16] adhisīla

[17] ajjhācāre ācāravipanno

[18] Abhidhamma

[19] das der Mönche und der Nonnen.

MV 1

[Wiederholung von 36/2 - 36/15 mit: Mit sechs Eigenschaften, nämlich die vorigen fünf und: weniger bzw. mehr als 10 Jahre im Orden.]

Das Kapitel der sechzehn[20] mal sechs Fälle, in denen man ordinieren soll, ist beendet. //37//

Zu jener Zeit wurde ein vorher Andersgläubiger von seinem Unterweiser auf die Mönchsregeln hin angesprochen. Nachdem er mit dem Unterweiser gestritten hatte, ging (er) zum Versammlungsort der Andersgläubigen. Nachdem er nochmals zurückgekommen war, bat er die Mönche um die Vollordination. Die Mönche erzählten dem Erhabenen diesen Sachverhalt. "Wenn, ihr Mönche, ein vorher Andersgläubiger von seinem Unterweiser auf die Mönchsregeln hin angesprochen mit seinem Unterweiser gestritten hat, zum Versammlungsort der Andersgläubigen zurückgegangen war, soll er, wenn er (wieder) zurückkommt, nicht vollordiniert werden. Jener Andere, ihr Mönche, der vorher Andersgläubiger (war), (wenn) er in dieser Lehre und Zucht die Ordination (zu nehmen) wünscht, die Vollordination wünscht, jenem soll vier Monate Bewährungszeit gegeben werden. (1)

In dieser Weise, ihr Mönche, soll man sie (die Bewährungszeit) geben: Zuerst veranlaßt, daß die Kopf- und Barthaare geschoren wurden, die gelbbraune Robe angezogen wurde, auf eine Schulter das Obergewand gelegt wurde, zu den Füßen der Mönche sich verbeugt wurde, sich in die Hocke niedergesetzt wurde, die Hände zusammengelegt wurden: "so sprich: 'Ich nehme meine Zuflucht zum Buddha, ich nehme meine Zuflucht zur Lehre, ich nehme meine Zuflucht zum Sangha. Ich nehme meine Zuflucht zum Buddha, ich nehme meine Zuflucht zur Lehre, ich nehme meine Zuflucht zum Sangha. Ich nehme meine Zuflucht zum Buddha, ich nehme meine Zuflucht zur Lehre, ich nehme meine Zuflucht zum Sangha'." (2)

Jener, ihr Mönche, der vorher Andersgläubiger war, nachdem er zum Sangha gekommen ist, das Obergewand auf eine Schulter gelegt hat, sich zu Füßen der Mönche verbeugt hat, sich niedergehockt hat, soll folgendes sagen: "Ich, Verehrungswürdige, der so und so genannte vorher Andersgläubige, wünsche in dieser Lehre und Zucht die Vollordination zu nehmen. Ich, ihr Verehrungswürdigen, erbitte die Bewährungszeit von vier Monaten. Er soll zum zweiten Male bitten, er soll zum dritten Male bitten. Ein erfahrener und fähiger Mönch soll dem Sangha ankündigen: 'Höre mich, verehrungswürdiger Sangha, dieser, der so und so genannte, vorher Andersgläubige, wünscht in dieser Lehre und Zucht die Vollordination zu nehmen. Er erbittet vom Sangha vier Monate Bewährungszeit. Wenn es dem Sangha recht ist, möge der Sangha dem so und so genannten, vorher Andersgläubigen vier Monate Bewährungszeit geben'. Das ist die Ankündigung. (3)

'Höre mich, verehrungswürdiger Sangha, dieser, der so und so genannte, vorher Andersgläubige, wünscht in dieser Lehre und Zucht die Vollordination zu nehmen. Er erbittet vom Sangha vier Monate Bewährungszeit. Der Sangha gibt dem so und so genannten, vorher Andersgläubigen vier Monate Bewährungszeit. Wenn es den Ehrwürdigen recht ist, das Geben der vier Monate Bewährungszeit an den so und so genannten vorher Andersgläubigen, so mögen sie schweigen; wenn es einem nicht recht ist, so möge er sprechen. Gegeben hat der Sangha dem so und so genannten, vorher Andersgläubigen die vier Monate Bewährungszeit. Dem Sangha ist es recht, daher das Schweigen, so nehme ich es an'. (4)

So, ihr Mönche, ist ein vorher Andersgläubiger erfolgreich, so nicht erfolgreich. Und wie ist ein vorher Andersgläubiger nicht erfolgreich? In diesem Fall, ihr Mönche, geht der vorher Andersgläubige zu früh in das Dorf, kommt zu spät zurück. So ist, ihr Mönche, der vorher Andersgläubige nicht erfolgreich. Auch wenn, ihr Mönche, der vorher Andersgläubige in der Prostituiertengegend ist oder in der Witwengegend ist oder in der alten Jungferngegend ist oder in der Eunuchengegend ist oder in der Nonnengegend ist. So, ihr Mönche, ist der vorher Andersgläubige nicht erfolgreich. (5)

Auch wenn, ihr Mönche, der vorher Andersgläubige bei den verschiedenen Pflichten der zusammen Reinheitswandelnden nicht gewandt ist, träge ist, nicht versehen ist mit dem Wissen über deren Methoden zur Erledigung, nicht fähig ist sie zu tun, nicht fähig ist andere anzuweisen. So ist, ihr Mönche, der vorher Andersgläubige nicht erfolgreich. Außerdem, ihr Mönche, wenn der vorher Andersgläubige keinen starken Wunsch hat nach Rezitation, Kommentierung, höherer Sittlichkeit, höherer Gemütsverfassung, höherer Weisheit. Auch so, ihr Mönche, ist der vorher Andersgläubige nicht erfolgreich. (6)

---

[20] Der Vinaya-Kommentar bemerkt, daß es nur vierzehn Fälle sind.

Außerdem, ihr Mönche, wenn der vorher Andersgläubige vom Versammlungsort der Andersgläubigen herkommt und ärgerlich, unerfreut, unzufrieden wird, wenn Tadel ausgesprochen wird über (seinen früheren) Lehrer, seinen Glauben, das was er gut hieß, das wozu er sich bekannte, seine Überzeugung. Wenn Tadel gesprochen wird über den Buddha, die Lehre, den Sangha, wird er erfreut, begeistert und zufrieden. Wenn er vom Versammlungsort der Andersgläubigen herkommt und erfreut, begeistert und zufrieden wird, wenn Lob ausgesprochen wird über (seinen früheren) Lehrer, seinen Glauben, das was er gut hieß, das wozu er sich bekannte, seine Überzeugung. Wenn Lob gesprochen wird über den Buddha, die Lehre, den Sangha so wird (er) ärgerlich, unerfreut, unzufrieden. Dieses, ihr Mönche, ist die Zusammenfassung der Mißerfolge der vorher Andersgläubigen. So, ihr Mönche, wird der vorher Andersgläubige ein Erfolgloser, ein so Erfolgloser, (zu uns) Gekommener, vorher Andersgläubiger soll nicht vollordiniert werden. (7)

Wie, ihr Mönche, ist ein vorher Andersgläubiger erfolgreich? In diesem Fall, ihr Mönche, geht der vorher Andersgläubige nicht zu früh in das Dorf, kommt nicht zu spät zurück ... [Wiederholung //38// 5,6,7 jeweils mit umgekehrten Eigenschaften] ... So, ihr Mönche, wird der vorher Andersgläubige ein Erfolgreicher, ein so Erfolgreicher, (zu uns) Gekommener, vorher Andersgläubiger soll vollordiniert werden. (8,9,10)

Wenn, ihr Mönche, ein vorher Andersgläubiger nackt kommt, soll (er) vom Unterweiser eine Robe erhalten. Wenn er mit ungeschnittenem Haar kommt, soll der Sangha um die Erlaubnis zur Rasur gebeten werden[21]. Wenn, ihr Mönche, Feuer- und Flechtenasketen gekommen sind, soll (man) die Vollordination geben, nicht soll man (jenen) die Bewährungszeit geben. Aus welchem Grund? Sie haben die Lehre vom Kamma, von den Taten. Wenn vorher Andersgläubige aus dem Sakyageschlecht kommen, soll man den Gekommenen die Vollordination geben, nicht soll (man jenen) die Bewährungszeit geben. So gebe ich, ihr Mönche, meinen Verwandten ein außerordentliches Privileg." (11)

Erzählung von den vorher Andersgläubigen //38//
Das 7. Kapitel ist beendet

Zu jener Zeit kamen in Māgadha fünf Krankheiten auf: Lepra, Beulenpest, eitriger Hautausschlag, TBC, Epilepsie. Die Menschen, von den fünf Krankheiten befallen, gingen zu Jīvaka Komārabhacca, so sprechend: "Es wäre gut, Meister, (wenn) du uns heilen würdest." "Ich, ihr Leute, bin viel beschäftigt, viel tätig, den König von Māgadha, Seniya Bimbisāra, muß ich pflegen, sein Frauenhaus, den Mönchsorden mit dem Erwachten an der Spitze, nicht vermag ich (euch) zu heilen." "All unseren Besitz geben wir, Meister, wir sind deine Diener, gut wäre es, Meister, wenn du uns heilen würdest." "Ich, ihr Leute, bin viel beschäftigt, viel tätig, den König von Māgadha, Seniya Bimbisāra, muß ich pflegen, sein Frauenhaus, den Mönchsorden mit dem Erwachten an der Spitze, nicht vermag ich (euch) zu heilen." (1)

Da kam jenen Menschen folgender Gedanke: Diese Asketen, die Söhne aus dem Sakyageschlecht haben leichte Sittenregeln, leichte Lebensführung, nachdem sie gutes Essen aßen, schlafen sie an windgeschützten Orten. Was, wenn wir nun die Ordination nähmen bei den Asketen aus dem Sakyageschlecht, dann pflegen uns die Mönche und Jīvaka Komārabhacca wird uns heilen. Da begaben sich die Menschen zu den Mönchen und baten um die Ordination. Die Mönche ordinierten und vollordinierten, die Mönche pflegten sie und Jīvaka Komārabhacca heilte sie. (2)

Zu jener Zeit lebten die Mönche viele kranke Mönche pflegend, viele Bitten, viele Forderungen erhaltend: Gebt den Kranken Essen, gebt den Krankenpflegern Essen, gebt den Kranken Medizin. Auch Jīvaka Komārabhacca, viele kranke Mönche heilend, vernachlässigte die Pflichten für den König. (3)

Ein gewisser Mann, von fünf Krankheiten befallen, kam zu Jīvaka Komārabhacca (und) sagte folgendes: "Es wäre gut, Meister, wenn du mich heilen würdest." - "Ich, mein Herr, bin viel beschäftigt, viel tätig, den König von Māgadha, Seniya Bimbisāra, muß ich pflegen, sein Frauenhaus, den Mönchsorden mit dem Erwachten an der Spitze, nicht vermag ich (dich) zu heilen." - "All mein Besitz sei deiner, Meister, und ich bin dein Diener, gut wäre es Meister, wenn du mich heilen würdest." - "Ich, mein Herr, bin viel beschäftigt, viel tätig, den König von Māgadha, Seniya Bimbisāra, muß ich pflegen, sein Frauenhaus, den Mönchsorden mit dem Erwachten an der Spitze, nicht vermag ich (dich) zu heilen." (4)

Da kam jenem Menschen folgender Gedanke: Diese Asketen, die Söhne aus dem Sakyageschlecht haben leichte Sittenregeln, leichte Lebensführung, nachdem sie gutes Essen aßen, schlafen sie an windgeschützten Orten. Was, wenn ich nun die Ordination nähme bei den Asketen aus dem Sakyageschlecht, dann pflegen mich die Mönche und Jīvaka

---

[21] siehe //48//

MV 1

Komārabhacca wird mich heilen. Dann werde ich als Gesunder den Orden verlassen. Da begab sich der Mensch zu den Mönchen und bat um die Ordination. Die Mönche ordinierten und vollordinierten, die Mönche pflegten ihn und Jīvaka Komārabhacca heilte ihn. Jener Gesunde verließ den Orden. Jīvaka Komārabhacca sah jenen Menschen den Orden verlassen. Diese gesehen sagte er jenem Menschen folgendes: "Ist es nicht so, Herr, das du bei den Mönchen ordiniert warst?" - "So ist es, Meister" - "Warum hast du, Herr, derartiges getan?" Dann erzählte jener Mensch Jīvaka Komārabhacca den Sachverhalt. (5)

Da wurde Jīvaka Komārabhacca verärgert, unruhig, erregt: wie können jene Ehrwürdigen einen ordinieren, der mit den fünf Krankheiten behaftet ist? Dann ging Jīvaka Komārabhacca zum Erhabenen. Dort, nachdem er den Erhabenen verehrt hatte, setzte er sich seitwärts nieder. Seitwärts sitzend sagte Jīvaka Komārabhacca dem Erhabenen folgendes: "Gut wäre es, Verehrungswürdiger, wenn die Ehrwürdigen einen mit den fünf Krankheiten Behafteten nicht ordinieren würden." (6)

Dann hat der Erhabene Jīvaka Komārabhacca durch ein Lehrgespräch veranlaßt es zu verstehen, es aufzunehmen, davon motiviert zu sein, sich daran zu erfreuen. Dann war Jīvaka Komārabhacca durch die Lehrrede des Erhabenen verständig geworden, hatte sie aufgenommen, war davon motiviert, erfreut, nachdem er vom Sitz aufgestanden war, den Erhabenen verehrt hatte, ihn rechts umrundet hatte, ging er fort. Dann, nachdem der Erhabene aus diesem Grund, aus diesem Anlaß eine Lehrrede gehalten hatte, sprach er die Mönche an: "Nicht soll man, ihr Mönche, mit fünf Krankheiten Behafteten die Ordination geben. Wer so ordiniert, begeht ein dukkata Vergehen." (7) //39//

Zu jener Zeit wurden (die Menschen) in einer Provinz des Königs von Māgadha, Seniya Bimbisāra, verärgert (aufständisch). Da ordnete der König von Māgadha, Seniya Bimbisāra, den Heerführern und Großministern an: "Geht, so sage ich, und sucht die Provinz heim." "So sei es, König" stimmten jene Heerführer und Großminister dem König von Māgadha, Seniya Bimbisāra, zu. (1)

Dann kam einigen wohlbekannten Kriegern folgender Gedanke: Wir, an der Kriegslust Erfreuten, (in den Krieg) gehend, tun wir Übles, wir erzeugen viel Schlechtes. Mit welchem Mittel würden wir das Üble vermeiden, das Gute tun? Da kam jenen Kriegern folgender Gedanke: Diese Asketen, die Söhne aus dem Sakyageschlecht tun Rechtes, tun Mäßiges (ohne Übertreibung), tun Reines, sagen Wahres, handeln sittlich, haben gute Eigenschaften. Wenn wir bei den Asketen, bei den Söhnen aus dem Sakyageschlecht, die Ordination nähmen, so würden wir Übles vermeiden und das Gute tun. Dann, nachdem die Krieger zu den Mönchen gekommen waren, baten sie um die Ordination. Die Mönche ordinierten und vollordinierten. (2)

Die Heerführer und Großminister fragten die Königskrieger: "Warum sehen wir den so und so genannten und den so und so genannten Krieger nicht?" - "Der so und so genannte und der so und so genannte Krieger, oh Herr, nahm bei den Mönchen die Ordination." Die Heerführer und Großminister wurden verärgert, unruhig, erregt: Wie können die Asketen, die Söhne aus dem Sakyageschlecht, den Kriegern des Königs die Ordination geben? Die Heerführer und Großminister erzählten dem König von Māgadha, Seniya Bimbisāra, den Sachverhalt. Der König von Māgadha, Seniya Bimbisāra, fragte den Gesetzesgroßminister: "Wer, so sage ich, den Königskriegern die Ordination gibt, was verursacht dieser? (Welche Strafe verdient dieser?) "Dem Unterweiser, Herr König, soll man den Kopf abschlagen, dem (die Ordination) Aussprechenden soll man die Zunge herausreißen, der (Ordinations)gruppe soll man die Hälfte der Rippen brechen." (3)

Dann kam der König von Māgadha, Seniya Bimbisāra, zum Erhabenen, dort, nachdem er den Erhabenen verehrt hatte, setzte er sich beiseite nieder. Beiseite sitzend sagte der König von Māgadha, Seniya Bimbisāra, dem Erhabenen folgendes: "Es sind, Verehrungswürdiger, Könige ohne Vertrauen, ohne Klarheit, jene könnten aus geringem Grund die Mönche quälen. Gut wäre es, Verehrungswürdiger, wenn die Herren (Mönche) den Königskriegern nicht die Ordination geben würden." Dann veranlaßte der Erhabene den König von Māgadha, Seniya Bimbisāra, durch eine Lehrrede zu verstehen, aufzunehmen, davon motiviert zu sein, sich daran zu erfreuen. Dann war der König von Māgadha, Seniya Bimbisāra, durch die Lehrrede des Erhabenen verständig geworden, hatte sie aufgenommen, war davon motiviert, erfreut, nachdem er vom Sitz aufgestanden war, den Erhabenen verehrt hatte, ihn rechts umrundet hatte, ging er fort. Dann, nachdem der Erhabene aus diesem Grund, aus diesem Anlaß eine Lehrrede gehalten hatte, sprach er die Mönche an: "Nicht soll man einem Königskrieger die Ordination geben. Wer (ihn) ordiniert, begeht ein dukkata Vergehen." (4) //40//

Zu jener Zeit nahm ein Räuber, der eine Kette aus Fingern trug bei den Mönchen die Ordination. Nachdem die Menschen das sahen, fürchteten, ängstigten (sie sich), liefen fort, gingen (einen) anderen (Weg), wendeten das Gesicht ab, verschlossen die Türen. Die Menschen (sagten) verärgert, unruhig, erregt: "Wie können jene Asketen, die Söhne aus dem Sakyageschlecht, einem wohlbekannten Räuber die Ordination geben?" Die Mönche hörten jene Menschen, die verärgert, unruhig, erregt waren. Da erzählten jene Mönche dem Erhabenen den Sachverhalt. Der Erhabene sprach zu den Mönchen: "Nicht, ihr Mönche, soll man einem als Räuber Erkennbaren die Ordination geben. Wer (ihn) ordiniert, begeht ein dukkata Vergehen." (1) //41//

Zu jener Zeit war von dem König von Māgadha, Seniya Bimbisāra, angeordnet worden: "Welche bei den Asketen, den Söhnen aus dem Sakyageschlecht, die Ordination nahmen, jenen soll nichts angetan werden, gut dargelegt ist die Lehre, wandelt den Reinheitswandel, um alles Leid zu beenden." Zu jener Zeit war ein gewisser Mensch, der Diebstahl begangen hatte, im Gefängnis eingesperrt; nachdem jener aus dem Gefängnis ausgebrochen und geflohen war, nahm er bei den Mönchen die Ordination. (1)

Als die Leute (dieses) sahen, sprachen sie so: "Dieses ist jener aus dem Gefängnis ausgebrochene Dieb, also bringen wir (ihn) zurück." Einige sprachen so: "Sagt das nicht, ihr Herren, angeordnet wurde vom König von Māgadha, Seniya Bimbisāra: Welche bei den Asketen, den Söhnen aus dem Sakyageschlecht, die Ordination nahmen, jenen soll nichts angetan werden; gut dargelegt ist die Lehre, wandelt den Reinheitswandel, um alles Leid zu beenden." Die Leute wurden verärgert, unruhig, erregt: Sicher und geschützt sind jene Asketen, die Söhne aus dem Sakyageschlecht, diesen soll nichts angetan werden. Wie nämlich können (sie) dem aus dem Gefängnis ausgebrochenen Dieb die Ordination geben? Dem Erhabenen erzählten sie diesen Sachverhalt. "Nicht soll man, ihr Mönche, einem aus dem Gefängnis ausgebrochenen Dieb die Ordination geben. Wer (ihn) ordiniert, begeht ein dukkata Vergehen." (2) //42//

Zu jener Zeit hatte ein gewisser Mensch, nachdem er einen Diebstahl begangen hatte und geflohen war, bei den Mönchen die Ordination genommen. (Über) ihn wurde am Königspalast geschrieben: Wo (er) gesehen wird, soll (man) ihn töten. Nachdem die Leute (ihn) sahen, sagten sie folgendes: "Dieser ist der beschriebene Dieb, also töten wir ihn." Einige sprachen so: "Sagt das nicht, ihr Herren, angeordnet wurde vom König von Māgadha, Seniya Bimbisāra: Welche bei den Asketen, den Söhnen aus dem Sakyageschlecht, die Ordination nahmen, jenen soll nichts angetan werden, gut dargelegt ist die Lehre, wandelt den Reinheitswandel, um alles Leid zu beenden. Die Leute wurden verärgert, unruhig, erregt: Sicher und geschützt sind jene Asketen, die Söhne aus dem Sakyageschlecht, diesen soll nichts angetan werden. Wie nämlich können (sie) dem beschriebenen Dieb die Ordination geben? Dem Erhabenen erzählten sie diesen Sachverhalt. "Nicht soll man, ihr Mönche, einem beschriebenen Dieb die Ordination geben. Wer (ihn) ordiniert, begeht ein dukkata Vergehen." (1) //43//

Zu jener Zeit hatte ein durch Auspeitschen Bestrafter bei den Mönchen die Ordination genommen. Die Leute wurden verärgert, unruhig, erregt: Wie können die Asketen, die Söhne aus dem Sakyageschlecht, einem durch Auspeitschen Bestraften die Ordination geben? Dem Erhabenen erzählten sie diesen Sachverhalt. "Nicht soll man, ihr Mönche, einem durch Auspeitschen Bestraften die Ordination geben. Wer (ihn) ordiniert, begeht ein dukkata Vergehen." (1) //44//

Zu jener Zeit hatte ein durch ein Brandmal Bestrafter bei den Mönchen die Ordination genommen. Die Leute wurden verärgert, unruhig, erregt: Wie können die Asketen, die Söhne aus dem Sakyageschlecht, einem durch ein Brandmal Bestraften die Ordination geben? Dem Erhabenen erzählten sie diesen Sachverhalt. "Nicht soll man, ihr Mönche, einem durch ein Brandmal Bestraften die Ordination geben. Wer (ihn) ordiniert, begeht ein dukkata Vergehen." (1) //45//

Zu jener Zeit hatte ein gewisser Mensch, ein Schuldner, nachdem er geflohen war, bei den Mönchen die Ordination genommen. Die Gläubiger, nachdem sie ihn gesehen hatten, sagten folgendes: "Dieser ist jener, unser Schuldner, also bringen wir ihn zurück." Einige sprachen so: "Sagt das nicht, ihr Herren, angeordnet wurde vom König von Māgadha, Seniya Bimbisāra: Welche bei den Asketen, den Söhnen aus dem Sakyageschlecht, die Ordination nahmen, jenen soll nichts angetan werden; gut dargelegt ist die Lehre, wandelt den Reinheitswandel um alles Leid zu beenden." Die Leute wurden verärgert, unruhig, erregt: Sicher und geschützt sind jene Asketen, die Söhne aus dem Sakyageschlecht, diesen soll nichts angetan werden. Wie nämlich können (sie) einem Schuldner die Ordination geben? Dem Erhabenen erzählten sie diesen Sachverhalt. "Nicht soll man, ihr Mönche, einem Schuldner die Ordination geben. Wer (ihn) ordiniert, begeht ein dukkata Vergehen." (1) //46//

Zu jener Zeit hatte ein gewisser Sklave (Diener?) nachdem er geflohen war, bei den Mönchen die Ordination genommen. Die Herrinnen, nachdem sie ihn gesehen hatten, sagten folgendes: "Dieser ist jener, unser Sklave, also bringen wir ihn zurück" ... Dem Erhabenen erzählten sie diesen Sachverhalt. "Nicht soll man, ihr Mönche, einem Sklaven die Ordination geben. Wer (ihn) ordiniert, begeht ein dukkata Vergehen." (1) //47//

MV 1

Zu jener Zeit hatte ein gewisser kahlköpfiger Schmied, nachdem er mit seinen Eltern gestritten hatte und zum Kloster gegangen war, bei den Mönchen die Ordination genommen. Dann kamen die Eltern jenes kahlköpfigen Schmiedes jenen kahlköpfigen Schmied suchend zum Kloster und fragten die Mönche: "Verehrungswürdige, habt ihr einen derartigen (kahlköpfigen) jungen Mann gesehen?" Die Mönche, nicht wissend, sagten: "Wir wissen es nicht", nicht sehend sagten sie: "Wir sahen (ihn) nicht." (1)

Es hatten die Eltern jenes kahlköpfigen Schmiedes jenen kahlköpfigen Schmied gesucht und sahen, daß er bei den Mönchen die Ordination genommen hatte. Sie wurden verärgert, unruhig, erregt: Gewissenlos sind diese Asketen, die Söhne aus dem Sakyageschlecht, von schlechten Sitten, Lügner, wissend sagten sie "Wir wissen nicht", sehend sagten sie "wir sehen nicht", dieses Kind ist ordiniert bei den Mönchen. Die Mönche hörten, daß die Eltern des kahlköpfigen Schmiedes verärgert, unruhig, erregt waren. Dem Erhabenen erzählten diese Mönche den Sachverhalt. "Ich erlaube, ihr Mönche, den Sangha um Erlaubnis zu bitten zum Rasieren des Hauptes[22]." (2) //48//

Zu jener Zeit war in Rājagaha ein Gruppe von siebzehn Kindern, die Freunde waren; das Kind Upāli war der Anführer von jenen. Da kam den Eltern des Upāli folgender Gedanke: Mit welchem Mittel sollte Upāli, wenn wir vergangen sind, glücklich leben, (sich) nicht plagen. Da kam den Eltern des Upāli folgender Gedanke: Wenn Upāli das Schreiben lernen würde, dann würde Upāli, wenn wir vergangen sind, glücklich leben, sich nicht plagen. Da kam den Eltern des Upāli folgender Gedanke: Wenn Upāli Schreiben lernen wird, werden ihm seine Finger schmerzen. Da kam den Eltern des Upāli folgender Gedanke: Wenn Upāli das Rechnen lernen würde, dann würde Upāli, wenn wir vergangen sind, glücklich leben, sich nicht plagen. (1)

Da kam den Eltern des Upāli folgender Gedanke: Wenn Upāli Rechnen lernen wird, wird ihm die Brust schmerzen. Da kam den Eltern des Upāli folgender Gedanke: Wenn Upāli das Malen und Zeichnen[23] lernen würde, dann würde Upāli, wenn wir vergangen sind, glücklich leben, sich nicht plagen. Da kam den Eltern des Upāli folgender Gedanke: Wenn Upāli Malen und Zeichnen lernen wird, werden ihm seine Augen schmerzen. Diese Asketen, die Söhne aus dem Sakyageschlecht, haben leichte Sittenregeln, leichte Lebensführung, nachdem sie gutes Essen aßen, schlafen sie an windgeschützen Orten. Wenn Upāli bei den Asketen, den Söhnen aus dem Sakyageschlecht, die Ordination nehmen würde, dann würde Upāli, wenn wir vergangen sind glücklich leben, sich nicht plagen. (2)

Das Kind Upāli hörte das Gespräch der Eltern. Da ging das Kind Upāli zu jenen Kindern. Dort sagte es jenen Kindern: "Kommt, wir Freunde werden bei den Asketen, den Söhnen aus dem Sakyageschlecht die Ordination nehmen." "Wenn du, Freund, die Ordination nehmen wirst, werden auch wir die Ordination nehmen." Da gingen die Kinder zu ihren jeweiligen Eltern. Dort sagten sie folgendes: "Erlaubt mir, vom Haus in die Hauslosigkeit zu gehen, die Ordination zu nehmen." Da erlaubten (es) die Eltern jener Kinder: Alle diese Kinder haben den gleichen Willen und die gute Absicht. Sie (die Kinder) gingen zu den Mönchen und baten um die Ordination. Die Mönche ordinierten und vollordinierten sie. (3)

In der Nacht, kurz vor Morgengrauen standen sie (die Kinder) auf und weinten: "Gebt Reisschleim, gebt Reis, gebt feste Speise." Die Mönche sagten folgendes: "Wartet, Brüder, bis die Sonne aufgeht. Wenn Reisschleim da ist, dann trinkt, wenn Reis da ist, dann eßt, wenn feste Speise da ist, dann eßt, wenn Reisschleim oder Reis oder feste Speise nicht da ist, nachdem ihr den Almosengang gemacht habt, eßt." Obwohl jene Mönche (Kinder) von den Mönchen so angesprochen wurden, weinten sie: "Reisschleim gebt, Reis gebt, feste Speise gebt." Sie ließen Stuhl und Harn in der Unterkunft. (4)

Der Erhabene stand in der Nacht, kurz vor Morgengrauen auf und hörte das Geschrei der Kinder. Nachdem (er es) gehört hatte, sprach er den ehrwürdigen Ānanda an: "Was ist das für ein Geschrei von Kindern?" Da erzählte der ehrwürdige Ānanda dem Erhabenen den Sachverhalt. "Ist es richtig, wie man sagt, ihr Mönche, daß die Mönche wissend einen Menschen von weniger als zwanzig Jahren vollordinierten?" - "Es ist wahr, Erhabener." Der Erwachte, Erhabene tadelte: "Wie, ihr Mönche, können nur jene Mönche, jene törichten Menschen, wissend weniger als zwanzig Jahre alte Menschen vollordinierten? (5)

---

[22]Das bedeutet, daß dem Sangha angekündigt werden muß, wenn jemandem das Haupt rasiert wird; da der Schmied kahl war, wurde sein Haupt nicht rasiert und kein Mönch wußte, daß er ordiniert ist. Nach dieser Regel muß trotz eines Kahlkopfes der Sangha um Erlaubnis gefragt werden.

[23]könnte auch mit Geldwechseln übersetzt werden

MV 1

Ein Mensch, der weniger als zwanzig Jahre alt ist, ist nicht fähig zu ertragen: Kälte, Hitze, Hunger, Durst, Berührung mit Bremsen, Moskitos, Wind, Sonnenhitze und Kriechtieren, böse verletzende Worte, entstandene Körpergefühle, (nämlich) leidvolle, schneidende, schmerzhafte, bittere, unangenehme, unerfreuliche, tödliche. Ein Mensch, ihr Mönche, von (mehr als) zwanzig Jahren ist fähig zu ertragen: Kälte, Hitze, Hunger, Durst, Berührung mit Bremsen, Moskitos, Wind, Sonnenhitze und Kriechtieren, böse verletzende Worte, entstandene Körpergefühle, (nämlich) leidvolle, schneidende, schmerzhafte, bittere, unangenehme, unerfreuliche, tödliche. Dies dient nicht, ihr Mönche, um die Unzufriedenen zufrieden zu stellen und die Zufriedenheit der Zufriedenen zu mehren." Nachdem er getadelt hatte, eine Lehrrede gehalten hatte, sprach er die Mönche an: "Nicht soll man wissend, ihr Mönche, einem weniger als zwanzig Jahre alten Menschen die Vollordination geben. Wer (so) vollordiniert, soll nach den Regeln behandelt werden[24]." (6) //49//

Zu jener Zeit starb eine gewisse Familie an Malaria. Davon blieben der Vater und ein kleiner Sohn übrig. Nachdem jene bei den Mönchen die Ordination (als Novizen) genommen hatten, gingen sie zusammen auf Almosengang. Da kam der Sohn zum Vater, dem Almosen gegeben wurde, und sagte: "Auch mir gib, Vater, auch mir gib, Vater." Die Menschen wurden verärgert, unruhig, erregt: Nicht auf dem Reinheitswandel sind diese Asketen, die Söhne aus dem Sakyageschlecht, dieses Kind ist von einer Nonne geboren. Die Mönche hörten jene verärgerten, unruhigen, erregten Menschen. Dem Erhabenen erzählten sie den Sachverhalt. "Nicht, ihr Mönche, gebt einem weniger als fünfzehn Jahre alten Kind die Ordination. Wer so ordiniert, begeht ein dukkata Vergehen." (1) //50//

Zu jener Zeit starb die Familie an Malaria, die den ehrwürdigen Ānanda unterstützte (und) ihm vertrauend und gläubig (zugetan war). Zwei Kinder blieben übrig. Diese liefen aus alter Gewohnheit zu den Mönchen, wenn sie sie sahen. Die Mönche schickten sie zurück. Jene, von den Mönchen zurückgeschickt, weinten. Da kam dem ehrwürdigen Ānanda folgender Gedanke: Vom Erhabenen wurde erlassen, keinem von weniger als fünfzehn Jahren die Ordination zu geben, diese beiden Kinder sind weniger als fünfzehn Jahre alt, durch welche Methode gehen diese beiden Kinder nicht zugrunde? Der ehrwürdige Ānanda erzählte dem Erhabenen den Sachverhalt. "Können jene Kinder Krähen aufscheuchen?" - "Sie können es, Erhabener." Dann, nachdem der Erhabene aus diesem Grund, in diesem Zusammenhang eine Lehrrede gehalten hatte, sprach er die Mönche an: "Ich erlaube, ihr Mönche, die Ordination von Kindern von weniger als fünfzehn Jahren, die Krähen verscheuchen können." (1) //51//

Zu jener Zeit waren bei dem ehrwürdigen Upananda, dem Sohn aus dem Sakyageschlecht, zwei Novizen (nämlich) Kandaka und Mahaka. Diese verdarben sich gegenseitig. Die Mönche wurden verärgert, unruhig, erregt: Wie können diese Novizen sich derartig unangemessen verhalten? Dem Erhabenen erzählten sie diesen Sachverhalt. "Nicht soll sich, ihr Mönche, einer von zwei Novizen aufwarten lassen. Wer sich (so) aufwarten läßt, begeht ein dukkata Vergehen." (1) //52//

Zu jener Zeit verweilte der Erhabene dort in Rājagaha eine Regenzeit (lang), einen Winter, einen Sommer. Die Menschen wurden verärgert, unruhig, erregt: Bevölkert ist der Ort von Asketen, den Söhnen aus dem Sakyageschlecht, ist dunkel (von Menschen) geworden, nicht ist dieser Ort mehr sichtbar. Es hörten die Mönche jene verärgerten, unruhigen, erregten Menschen. Dem Erhabenen erzählten sie diesen Sachverhalt. (1)

Da sprach der Erhabene den ehrwürdigen Ānanda an: "Gehe Ānanda, nimm einen Schlüssel (und gehe) der Reihe nach zu den Mönchsbehausungen und sprich die Mönche an: Es wünscht, Bruder, der Erhabene zu einer Reise nach Dakkhināgiri aufzubrechen. Wenn es für den Ehrwürdigen zweckdienlich ist, so möge er mitkommen." "So sei es, Verehrungswürdiger." Nachdem der ehrwürdige Ānanda (dies) dem Erhabenen geantwortet hatte, nahm er den Schlüssel, ging der Reihe nach zu den Mönchsbehausungen und sprach die Mönche an: "Es wünscht, Bruder, der Erhabene zu einer Reise nach Dakkhināgiri aufzubrechen. Wenn es für den Ehrwürdigen zweckdienlich ist, so möge er mitkommen."(2)

Die Mönche sagten folgendes: "Durch den Erhabenen, Bruder Ānanda, ist der Erlaß, daß zehn Jahre unter Anleitung zu leben ist, nach zehn Jahren (kann man) Anleitung geben. Wenn auch wir dorthin gehen sollen, müssen wir dort (neue) Anleitung suchen, kurz ist der Aufenthalt (dort), wenn auch wir wieder zurückkommen, müssen wir wieder neue Anleitung suchen. Wenn unsere Lehrer und Unterweiser gehen werden, werden auch wir gehen und wenn unsere Lehrer und Unterweiser nicht gehen werden, werden auch wir nicht gehen. Es erscheint uns leichtsinnig, Bruder Ānanda, (zu gehen)." (3)

---

[24]=Suttavibhanga 65/2 =Pāc LXV.

Dann brach der Erhabene ohne den Mönchssangha zu einer Reise nach Dakkhināgiri auf. Nachdem der Erhabene in Dakkhināgiri, so lange es ihm gefiel, verweilt hatte, ging er wieder nach Rājagaha zurück. Dann sprach der Erhabene den ehrwürdigen Ānanda an: "Warum, Ānanda, brach der Vollendete ohne den Mönchssangha zu einer Reise nach Dakkhināgiri auf?" Da erzählte der ehrwürdige Ānanda dem Erhabenen den Sachverhalt. Dann, nachdem der Erhabene aus diesem Grund in diesem Zusammenhang eine Lehrrede gehalten hatte, sprach er die Mönche an: "Ich erlaube, ihr Mönche, einem erfahrenen und fähigen Mönch, fünf Jahre unter Anleitung zu leben, unerfahrenen ein Leben lang. (4)

Versehen mit fünf Eigenschaften, ihr Mönche, soll ein Mönch nicht nicht unter Anleitung leben, wenn er nicht versehen ist mit vollkommener, vollständiger Sittlichkeit, wenn er nicht versehen ist mit vollkommener, vollständiger Sammlung, Weisheit, Erlösung, Wissen von der Erlösung. Mit diesen fünf Eigenschaften, ihr Mönche, soll ein Mönch nicht nicht unter Anleitung leben. Versehen mit fünf Eigenschaften, ihr Mönche, soll ein Mönch nicht unter Anleitung leben, wenn er versehen ist mit vollkommener, vollständiger Sittlichkeit, wenn er versehen ist mit vollkommener, vollständiger Sammlung, Weisheit, Erlösung, Wissen von der Erlösung. Mit diesen fünf Eigenschaften, ihr Mönche, soll ein Mönch nicht unter Anleitung leben. (5)

Ein mit noch fünf weiteren Eigenschaften versehener Mönch ...
= 36/6,7   (6)
= 36/8,9   (7)
= 36/14,15   (8)
= 36/16,17   (9).

Ein mit sechs Eigenschaften versehener Mönch ...
= 37/1,2   (10)
= 37/5,6   (11)
= 37/7,8   (12)
= 37/13,14   (13)

Beendet ist das (8.) Kapitel über Schutz und Sicherheit //53//

Dann, nachdem der Erhabene in Rājagaha, so lange es ihm gefiel, geweilt hatte, brach er zu einer Reise nach Kapilavatthu auf. Nach und nach wandernd kam er in Kapilavatthu an. Dort weilte er im Gebiete der Sakka in Kapilavatthu im Nigrodhahain. Dann, nachdem der Erhabene am Vormittag sich angezogen hatte, die Almosenschale und die Robe genommen hatte, ging er zum Anwesen des Suddhodana Sakka. Dort setzte er sich auf einem vorbereiteten Sitz nieder. Da sagte die Königin, die Mutter des Rāhula dem Prinzen Rāhula: "Dieses ist dein Vater, Rāhula, gehe und erbitte das Erbe." (1)

Da ging der Prinz Rāhula zum Erhabenen. Dort stand er vor dem Erhabenen: Angenehm ist deine Nähe (Schatten). Da ging der Erhabene, nachdem er vom Sitz aufgestanden war, fort. Da folgte der Prinz Rāhula dem Erhabenen dicht auf: Gib mir das Erbe, Asket, gib mir das Erbe, Asket. Da sprach der Erhabene den ehrwürdigen Sāriputta an: "Dann, Sāriputta, ordiniere den Prinzen Rāhula." "Wie, Verehrungswürdiger, soll ich den Prinzen Rāhula ordinieren?" (2)

Dann, nachdem der Erhabene aus diesem Grund, in diesem Zusammenhang eine Lehrrede gehalten hatte, sprach er die Mönche an: "Ich erlaube, ihr Mönche, durch die dreifache Zufluchtnahme die Ordination als Novize. So soll man die Ordination (als Novize) geben, ihr Mönche: Zuerst veranlaßt, daß die Kopf- und Barthaare geschoren wurden, die gelbbraune Robe angezogen wurde, auf eine Schulter das Obergewand gelegt wurde, zu den Füßen der Mönche sich verbeugt wurde, sich in die Hocke niedergesetzt wurde, die Hände zusammengelegt wurden: "so sprich: 'Ich nehme meine Zuflucht zum Buddha, ich nehme meine Zuflucht zum Dhamma, ich nehme meine Zuflucht zum Sangha. Ich nehme meine Zuflucht zum Buddha, ich nehme meine Zuflucht zum Dhamma, ich nehme meine Zuflucht zum Sangha. Ich nehme meine Zuflucht zum Buddha, ich nehme meine Zuflucht zum Dhamma, ich nehme meine Zuflucht zum Sangha'. Ich erlaube, ihr Mönche, durch diese dreifache Zufluchtnahme die Ordination als Novize." (3)

Da gab der ehrwürdige Sāriputta dem Prinzen Rāhula die Ordination (als Novize). Da kam Suddhodana Sakka zum Erhabenen, dort, nachdem er den Erhabenen begrüßt hatte, setzte er sich beiseite nieder. Beiseite sitzend sagte Suddhodana Sakka dem Erhabenen folgendes: "Einen Wunsch, Verehrungswürdiger, Erhabener, gewähre mir." "Vollendete, oh Gotama, stehen darüber (Wünsche zu gewähren)." "Etwas Angemessenes, etwas Untadeliges (wünsche ich)." "Sprich, Gotama." (4)

"Als der Erhabene in die Hauslosigkeit ging, war für mich, Verehrungswürdiger, großes Leid, ebenso bei Nanda, sehr großes bei Rāhula. Sohnesliebe, Verehrungswürdiger, durchdringt die Oberhaut, nach der Oberhaut durchdringt es die Unterhaut, nach der Unterhaut durchdringt es das Fleisch, nach dem Fleisch durchdringt es die Sehnen, nach den Sehnen durchdringt es die Knochen, nach den Knochen trifft es das Mark. Gut, Verehrungswürdiger, (wäre es,) wenn die Herren (Mönche) nicht Kinder ordinierten ohne die Zustimmung von Vater und Mutter." (5)

Dann veranlaßte der Erhabene den Suddhodana Sakka, durch eine Lehrrede zu verstehen, es aufzunehmen, davon motiviert zu sein, sich daran zu erfreuen. Dann war Suddhodana Sakka durch die Lehrrede des Erhabenen verständig (geworden), hatte sie aufgenommen, war davon motiviert, erfreut. Nachdem er vom Sitz aufgestanden war, den Erhabenen verehrt hatte, ihn rechts umrundet hatte, ging er fort. Dann, nachdem der Erhabene aus diesem Grund, in diesem Zusammenhang eine Lehrrede gehalten hatte, sprach der die Mönche an: "Nicht, ihr Mönche, gebt die Ordination an Kinder ohne die Zustimmung von Vater und Mutter. Wer so ordiniert, begeht ein dukkata Vergehen." (6) //54//

Dann, nachdem der Erhabene in Kapilavatthu, so lange es ihm gefiel, geweilt hatte, brach er zu einer Reise nach Sāvatthi auf. Nach und nach wandernd kam er in Sāvatthi an. Dort weilte der Erhabene in Sāvatthi im Jetavana im Kloster des Anāthapindika. Zu jener Zeit sandte eine den ehrwürdigen Sāriputta unterstützende Familie zum ehrwürdigen Sāriputta ein Kind: (Möge) der Thera dieses Kind ordinieren. Da kam dem ehrwürdigen Sāriputta folgender Gedanke: Der Erhabene erließ folgende Regel: Nicht soll einem von zwei Novizen aufgewartet werden, auch dieser, der Rāhula ist mein Novize. Wie soll ich mich (jetzt) verhalten? Dem Erhabenen erzählten sie diesen Sachverhalt. "Ich erlaube, ihr Mönche, daß einem erfahrenen und fähigen Mönch von zwei Novizen aufgewartet wird. Wieviele (er) fähig ist zu unterweisen und anzuleiten, so viele sollen ihm aufwarten." (1) //55//

Dann kam den Novizen folgender Gedanke: Wieviele Übungsregeln sind für uns (da), und in welchen sollen wir uns üben? Dem Erhabenen erzählten sie diesen Sachverhalt. "Mönche, ich erlasse für die Novizen zehn Regeln. In diesen sollen sie sich üben: Abstehen vom Töten der Wesen, vom Nehmen des Nichtgegebenen, vom Nichtreinheitswandel (Unkeuschheit), von falscher Rede, vom Alkohol und Rauschmitteln, vom Essen zu falscher Zeit, vom Besuchen von Tanz, Gesang, Musik, Schauspiel, vom sich verschönern mit Schmuck, Parfüm, Salben, von hohen und breiten Betten, vom Annehmen von Gold und Silber. Ich erlasse, ihr Mönche, Novizen diese zehn Übungsregeln, in diesen sollen sich die Novizen üben." (1) //56//

Zu jener Zeit waren die Novizen den Mönchen gegenüber respektlos, nicht fügsam, unhöflich. Die Mönche wurden verärgert, unruhig, erregt: Wie können sich die Novizen den Mönchen gegenüber respektlos, nicht fügsam, unhöflich verhalten. Dem Erhabenen erzählten sie diesen Sachverhalt. "Ich erlaube, ihr Mönche, einen Novizen zu bestrafen, der mit fünf Eigenschaften versehen ist: Er betreibt Dinge zum Nachteil der Mönche, er betreibt Dinge zum Unheil der Mönche, er betreibt Dinge zum Zwist unter den Mönchen, er beschimpft und beleidigt die Mönche, er treibt Mönche auseinander. Ich erlaube, ihr Mönche, einen mit diesen fünf Eigenschaften versehenen Novizen zu bestrafen." (1)

Da kam den Mönchen folgender Gedanke: Wie ist nun die Strafe auszuführen? Dem Erhabenen erzählten sie diesen Sachverhalt. "Ich erlaube die Aussperrung." Zu jener Zeit sperrten die Mönche Novizen vom ganzen Klosterbezirk aus. Die Novizen, nachdem sie keinen Zutritt zum Kloster bekamen, gingen fort, verließen den Orden, traten zu Andersgläubigen über. Dem Erhabenen erzählten sie diesen Sachverhalt. "Nicht, ihr Mönche, sperrt (sie) vom gesamten Klosterbezirk aus. Wer so tun würde, begeht ein dukkata Vergehen. Ich erlaube, ihr Mönche, wo (er) wohnt, oder wohin er sich zurückzieht, davon soll (er) ausgesperrt werden." (2)

Zu jener Zeit sperrten die Mönche die Novizen vom Essen und Speisen aus. Die Menschen, die Reisschleim und das Sanghaessen machten, sagten den Novizen folgendes: "Kommt, Verehrungswürdige, trinkt Reisschleim, kommt Verehrungswürdige, eßt Essen." Die Novizen sagten folgendes: "Nicht nehmen (dürfen) wir, die Mönche haben uns ausgesperrt." Die Menschen wurden verärgert, unruhig, erregt: Wie können die Verehrungswürdigen die Novizen vom Essen und Speisen aussperren? Dem Erhabenen erzählten sie diesen Sachverhalt. "Nicht, ihr Mönche, sperrt die Novizen vom Essen und Speisen aus. Wer so tun würde, begeht ein dukkata Vergehen." (3)

Das Kapitel von der Bestrafung ist beendet. //57//

Zu jener Zeit sperrte die Sechser Gruppe Mönche, ohne die Unterweiser zu fragen, die Novizen aus. Die Unterweiser suchten: Wieso sind unsere Novizen nicht zu sehen? Die Mönche sagten folgendes: "Die Sechser Gruppe Mönche, Brüder, hat (sie) ausgesperrt." Die Unterweiser wurden verärgert, unruhig, erregt: Wie kann die Sechser Gruppe

Mönche, ohne zu fragen unsere Novizen aussperren? Dem Erhabenen erzählten sie diesen Sachverhalt. "Nicht, ihr Mönche, sperrt, ohne den Unterweiser gefragt zu haben, aus. Wer so tut, begeht ein dukkata Vergehen." (1) //58//

Zu jener Zeit lockte die Sechser Gruppe Mönche die Novizen von den alten Mönchen fort. Die alten (Mönche) hatten Probleme mit dem Zahnholz und dem Mundspülwasser. Dem Erhabenen erzählten sie diesen Sachverhalt. "Nicht soll man von anderen Gruppen fortlocken. Wer fortlockt, begeht ein dukkata Vergehen." (1) //59//

Zu jener Zeit hatte ein Novize des Upananda Sakyaputta mit Namen Kandaka eine Nonne mit Namen Kandaka verführt. Die Mönche wurden verärgert, unruhig, erregt: Wie kann sich ein Novize derart schlecht verhalten? Dem Erhabenen erzählten sie diesen Sachverhalt: "Ich erlaube, ihr Mönche, einen mit zehn Eigenschaften versehenen Novizen zu vertreiben (aus dem Sangha auszuschließen): Wer Wesen tötet, Nichtgegebenes nimmt, unkeusch ist, falsch redet, sich berauscht, den Buddha tadelt, die Lehre tadelt, den Sangha tadelt, falsche Ansichten hat, Nonnen verführt. Ich erlaube, ihr Mönche, einen mit diesen zehn Eigenschaften versehenen Novizen zu vertreiben." (1) //60//

Zu jener Zeit hatte irgendein Eunuch bei den Mönchen die Ordination genommen. Nachdem er zu den jungen Mönchen gekommen war, sagte er folgendes: "Kommt, verführt mich, ihr Ehrwürdigen." Die Mönche wiesen (ihn) ab: "Geh fort, Eunuch, laß dich nicht mehr sehen, Eunuch, was bezweckst du damit?" Er, nachdem er von den Mönchen abgewiesen wurde, ging zu den großen stattlichen Novizen. Dort sagte er folgendes: "Kommt, verführt mich, Brüder." Die Novizen wiesen (ihn) ab: "Geh fort, Eunuch, laß dich nicht mehr sehen, Eunuch, was bezweckst du damit?" Er, nachdem er von den Novizen abgewiesen worden war, ging er zu den Elefanten- und Pferdeknechten. Dort sagte er folgendes: "Kommt, verführt mich, ihr Herren." Die Elefanten- und Pferdeknechte verführten ihn. (1)

Sie wurden verärgert, unruhig, erregt: Eunuchen sind diese Asketen, die Söhne aus dem Sakyageschlecht, welche von diesen nicht Eunuchen sind, die verführen die Eunuchen. So gehen alle diese den Nichtreinheitswandel. Die Mönche hörten die verärgerten, unruhigen, erregten Elefanten- und Pferdeknechte. Dem Erhabenen erzählten sie diesen Sachverhalt. "Einen Eunuchen, ihr Mönche, der nicht vollordiniert ist, soll man nicht vollordinieren, ein Vollordinierter soll ausgeschlossen werden." (2) //61//

Zu jener Zeit lebte ein gewisser zartgliedriger Sohn aus einer altehrwürdigen, heruntergekommenen Familie. Da kam dem Sohn aus der altehrwürdigen, heruntergekommenen Familie folgender Gedanke: Ich bin zartgliedrig, unfähig nicht erlangten Besitz zu erlangen oder erlangten Besitz zu vermehren. Mit welchem Mittel lebe ich glücklich, ohne mich anzustrengen? Da kam dem Sohn aus der altehrwürdigen, heruntergekommenen Familie folgender Gedanke: Diese Asketen, die Söhne aus dem Sakyageschlecht habe leichte Sittenregeln, leichte Lebensführung, nachdem sie gutes Essen aßen, schlafen sie an windgeschützten Orten. So laß mich nun, nachdem ich selber Almosenschale und Robe genommen, Bart und Haare geschoren habe, das gelbbraune Gewand angezogen habe, zum Klosterbezirk gegangen bin, mit den Mönchen zusammen wohnen. (1)

Dann begrüßte jener Sohn aus altehrwürdiger, heruntergekommener Familie, nachdem er selber Almosenschale und die Robe genommen hatte, Bart und Haare geschoren hatte, das gelbbraune Gewand angezogen hatte, zum Klosterbezirk gegangen war, die Mönche. Die Mönche sagten folgendes: "Wie viele Jahre (bist du im Orden) Bruder?" - "Was bedeutet das, Bruder, wie viele Jahre (bist du im Orden)?" - "Wer ist dein Unterweiser, Bruder?" - "Was bedeutet das, Bruder, Unterweiser?" Die Mönche sagten dem ehrwürdigen Upāli folgendes: "Komm, Bruder Upāli, prüfe diesen Ordinierten." (2)

Dann, als der Sohn aus altehrwürdiger, heruntergekommener Familie durch den ehrwürdigen Upāli geprüft wurde, sagte er ihm den Sachverhalt. Der ehrwürdige Upāli sagte den Mönchen den Sachverhalt. Die Mönche sagten dem Erhabenen den Sachverhalt. "Einem Nichtvollordinierten, ihr Mönche, der vorgibt, Mönch zu sein, soll man nicht die Vollordination geben, einen Vollordinierten soll (man) ausschließen. Ein Nichtvollordinierter, der zu einer andersgläubigen Gruppe gehört, ihr Mönche, soll nicht vollordiniert werden, ein Vollordinierter soll ausgeschlossen werden[25]." (3) //62//

Zu jener Zeit war ein gewisser Nāga über seine Existenz als Nāga bekümmert, beschämt, verabscheute sie. Da kam dem Nāga folgender Gedanke: Mit welchem Mittel kann ich von der Nāgaexistenz mich befreien, und wie könnte ich

---

[25] Da die Mönche der Andersgläubigen gleiches Aussehen wie die buddhistischen Mönche hatten und diese sich gegenseitig besuchten, konnten Verwechslungen vorkommen.

schnell Menschsein erlangen? Da kam dem Nāga folgender Gedanke: Diese Asketen, die Söhne aus dem Sakyageschlecht tun Rechtes, tun Mäßiges, tun Reines, sagen Wahres, handeln sittlich, haben gute Eigenschaften. Wenn ich bei den Asketen, den Söhnen aus den Sakyageschlecht, die Ordination nehmen würde, werde ich mich von der Nāgaexistenz befreien und schnell Menschentum erreichen. (1)

Dann, nachdem der Nāga in Gestalt eines (Brahmanen)jünglings zu den Mönchen gekommen war, bat er um die Ordination. Dann ordinierten und vollordinierten die Mönche. Zu jener Zeit wohnte jener Nāga mit einem Mönch zusammen in einer Behausung am Rand (des Klosters). Dann ging jener Mönch, kurz vor Sonnenaufgang, nachdem er aufgestanden war, unter freiem Himmel auf und ab. Als jener Nāga sicher war, daß der Mönch fortgegangen war, fiel er in den Schlaf. Die ganze Behausung war gefüllt von dem Schlangen(leib), die Windungen ragten aus den Fenstern heraus. (2)

Dann (dachte) jener Mönch: Ich werde in die Behausung eintreten. Als er die Tür öffnete, sah er, die ganze Behausung war gefüllt von dem Schlangen(leib), die Windungen ragten aus den Fenstern heraus. Nachdem er das gesehen hatte, tat der Ängstliche einen Schrei der Furcht. Nachdem die Mönche herangekommen waren, sagten sie jenem Mönch folgendes: "Warum, Bruder, tatest du einen Schrei der Furcht?" - "Die ganze Behausung, Brüder, ist gefüllt von dem Schlangen(leib), die Windungen ragen aus den Fenstern heraus." Dann, nachdem jener Nāga durch das Geräusch aufgewacht war, setzte er sich auf seinen Sitz. Die Mönche sagten ihm: "Wer bist du, Bruder?" - "Ich, Verehrungswürdige, bin ein Nāga." "Warum, Bruder, machtest du derartiges?" Dann erzählte der Nāga den Mönchen den Sachverhalt. Die Mönche erzählten dem Erhabenen den Sachverhalt. (3)

Dann, nachdem der Erhabene aus diesem Grund in diesem Zusammenhang den Mönchssangha zusammengerufen hatte, sagte er dem Nāga folgendes: "Ihr Nāgas, fürwahr, seid nicht fähig, in dieser Lehre und Zucht zu wachsen. Gehe du, Nāga, und beachte die Uposathatage, den vierzehnten und den fünfzehnten Tag und die beiden achten Tage bei Halbmond, dann wirst du von der Nāgaexistenz befreit werden und schnell die Menschenexistenz erreichen." Dann (dachte) jener Nāga: Ich soll nicht fähig sein, in dieser Lehre und Zucht zu wachsen. Traurig, mit betrübtem Geist, Tränen vergießend tat er einen Schrei und ging fort. (4)

Dann sprach der Erhabene die Mönche an: "In zwei Fällen, ihr Mönche, wird die wahre Natur der Nāgaexistenz offensichtlich, wenn er mit (einer Frau) der eigenen Rasse Geschlechtsverkehr ausübt, wenn er vertrauend in den Schlaf fällt. In diesen zwei Fällen, ihr Mönche, wird die wahre Natur der Nāgas offensichtlich. Tiere, ihr Mönche, die nicht vollordiniert sind, sollen nicht vollordiniert werden, vollordinierte sollen ausgeschlossen werden." (5) //63//

Zu jener Zeit hatte ein junger Mann seiner Mutter das Leben geraubt. Wegen dieser schlechten Tat war er bekümmert, beschämt, verabscheute sie. Da kam jenem jungen Mann folgender Gedanke: Durch welches Mittel kann ich diese schlechte Tat tilgen? Da kam dem jungen Mann folgender Gedanke: Diese Asketen, die Söhne aus dem Sakyageschlecht, tun Rechtes, tun Mäßiges, tun Reines, sagen Wahres, handeln sittlich, haben gute Eigenschaften. Wenn ich bei den Asketen, den Söhnen aus dem Sakyageschlecht, die Ordination nehmen würde, werde ich diese schlechte Tat tilgen. (1)

Dann, nachdem jener junge Mann zu den Mönchen gekommen war, bat er um die Ordination. Die Mönche sagten dem ehrwürdigen Upāli folgendes: "Vorher, ehrwürdiger Upāli, nahm ein Nāga in Menschengestalt bei den Mönchen die Ordination, komm, Bruder Upāli, prüfe diesen jungen Mann." Dann, als dieser junge Mann vom ehrwürdigen Upāli geprüft wurde, erzählte er ihm diesen Sachverhalt. Der ehrwürdige Upāli erzählte den Mönchen den Sachverhalt. Die Mönche erzählten dem Erhabenen den Sachverhalt. "Muttermörder, ihr Mönche, sollen nicht vollordiniert werden, vollordinierte sollen ausgeschlossen werden." (2) //64//

Zu jener Zeit hatte ein junger Mann seinem Vater das Leben geraubt. Wegen dieser schlechten Tat war er bekümmert, beschämt, verabscheute sie ... "Vatermörder, ihr Mönche, sollen nicht vollordiniert werden, vollordinierte sollen ausgeschlossen werden." //65//

Zu jener Zeit waren viele Mönche unterwegs auf der Straße von Sāketa nach Sāvatthi. Zu dieser Straße waren Räuber ausgezogen. Einige Mönche raubten sie aus, einige Mönche töteten sie. Nachdem von Sāvatthi Königssoldaten ausgezogen waren, fingen sie einige Räuber, einige Räuber flüchteten. Die, welche flüchteten nahmen bei den Mönchen die Ordination. Die, die gefangen wurden, wurden zur Hinrichtung geführt. (1)

Dann sahen jene Hauslosen jene Räuber, die zum Töten abgeführt wurden. Nachdem sie sie gesehen hatten, sagten sie folgendes: "Gut, daß wir geflüchtet sind. Wenn wir gefangen worden wären, wären auch wir so hingerichtet worden." Die Mönche sagten folgendes: "Was habt ihr getan, Brüder?" Dann erzählten jene Hauslosen den Mönchen den Sachverhalt. Dann erzählten jene Mönche dem Erhabenen den Sachverhalt. "Heilige waren jene (getöteten) Mönche, ihr Mönche. Töter von Heiligen sollen nicht vollordiniert werden, vollordinierte sollen ausgeschlossen werden." (2) //66//

Zu jener Zeit waren viele Nonnen unterwegs auf der Straße von Sāketa nach Sāvatthi. Zu dieser Straße waren Räuber ausgezogen. Einige Nonnen raubten sie aus, einige Nonnen vergewaltigten sie ... "Nonnenvergewaltiger, Spalter des Sangha, ein das Blut (des Erwachten) Vergießender soll nicht vollordiniert werden, vollordinierte sollen ausgeschlossen werden." (1) //67//

Zu jener Zeit nahm ein gewisser Hermaphrodit bei den Mönchen die Ordination. Jener übte (Geschlechtsverkehr) aus und ließ ihn ausüben. Dem Erhabenen wurde dieser Sachverhalt erzählt. "Ein Hermaphrodit, der nicht vollordiniert ist, soll nicht vollordiniert werden, vollordinierte sollen ausgeschlossen werden." (1) //68//

Zu jener Zeit gaben die Mönche (einem) die Vollordination, ohne (daß er einen) Unterweiser (hatte). Dem Erhabenen erzählten sie diesen Sachverhalt. "Nicht soll man, ihr Mönche, ohne (einen) Unterweiser vollordinieren. Wer so vollordiniert, begeht ein dukkata Vergehen." (1)

Zu jener Zeit gaben die Mönche (einem) die Vollordination, der den gesamten Sangha als Unterweiser hatte (2)
eine Gruppe von Mönchen als Unterweiser hatte (3)
einen Eunuchen, einen der vorgibt, ein Mönch zu sein, einen der zu einer andersgläubigen Gruppe gehört, einen, der ein Tier ist, einen Muttermörder, einen Vatermörder, einen Heiligentöter, einen Nonnenvergewaltiger, einen Spalter des Sangha, einen das Blut des Erhabenen Vergießenden, einen Hermaphroditen als Unterweiser hatte. "Nicht soll man, ihr Mönche, mit einem Hermaphroditen als Unterweiser vollordinieren. Wer so vollordiniert, begeht ein dukkata Vergehen." (4) //69//

Zu jener Zeit vollordinierten die Mönche (welche), die ohne Almosenschale war. Sie gingen (nur) mit den Händen auf Almosengang. Die Menschen wurden verärgert, unruhig, erregt: Wie die Andersgläubigen (verhalten sich diese Mönche). Dem Erhabenen erzählten sie diesen Sachverhalt. "Nicht, ihr Mönche, soll man ohne Almosenschale vollordinieren. Wer so vollordiniert, begeht ein dukkata Vergehen." (1)

Zu jener Zeit vollordinierten die Mönche (welche), die ohne Robe war. Sie gingen nackt auf Almosengang. (2) ... ohne Almosenschale und ohne Robe ... (3)
Zu jener Zeit vollordinierten die Mönche (welche), die eine geliehene Almosenschale hatte. Nach der Vollordination gab (er) die Schale zurück und ging mit den Händen auf Almosengang ... (4)
... eine geliehene Robe ... (5) ... eine geliehene Almosenschale und eine geliehene Robe ... (6) //70//

Das Kapitel der 20 Fälle in denen nicht ordiniert werden soll ist beendet.

Zu jener Zeit vollordinierten die Mönche (einen), dem die Hände abgeschlagen waren, die Füße abgeschlagen waren, die Hände und die Füße abgeschlagen waren, die Ohren abgeschnitten waren, die Nase abgeschnitten war, die Ohren und die Nase abgeschnitten waren, die Finger, die Nägel abgeschnitten waren, die Fußsehne durchtrennt war, die Finger zusammengewachsen waren (?), einen Buckligen, einen Zwergwüchsigen, einen mit einem Kropf, einen Gebrandmarkten, einen Ausgepeitschten, einen per Anschlag gesuchten, einen mit Elefantiasis, mit Geschlechtskrankheiten, einen eine Gruppe Irreführenden, einen Halbblinden, einen mit verkrüppelten Gliedern, einen Lahmen, einen halbseitig Gelähmten, einen Krüppel, einen Altersschwachen, einen Blinden, einen Stummen, einen Tauben, einen Blindstummen, einen Taubblinden, einen Taubstummen, einen Taubstummblinden. Dem Erhabenen erzählten sie diesen Sachverhalt.(1)

"Nicht soll man einem, dem die Hände abgeschlagen waren ... einem Taubstummblinden die Ordination geben. Wer so ordiniert, begeht ein dukkata Vergehen." (2) //71//

Das Kapitel der zweiunddreißig, die nicht ordiniert werden sollen, ist beendet.
Das neunte Kapitel ist erzählt: Das des Erbes.

Zu jener Zeit gab die Sechser Gruppe Mönche Gewissenlosen Anleitung. Dem Erhabenen erzählten sie diesen

Sachverhalt. "Nicht soll man, ihr Mönche, Gewissenlosen Anleitung geben. Wer so gibt, begeht ein dukkata Vergehen."
Zu jener Zeit lebten Mönche unter der Anleitung von Gewissenlosen, auch jene wurden nach kurzer Zeit Gewissenlose, schlechte Mönche. Dem Erhabenen erzählten sie diesen Sachverhalt. "Nicht soll man bei Gewissenlosen in der Anleitung leben. Wer (so) lebt, begeht ein dukkata Vergehen." (1)

Da kam den Mönche folgender Gedanke: Vom Erhabenen ist erlassen worden, Gewissenlosen soll man keine Anleitung geben, bei Gewissenlosen soll man nicht unter Anleitung leben. Wie erkennen wir Gewissenhafte oder Gewissenlose? Dem Erhabenen erzählten sie diesen Sachverhalt. "Ich erlaube, ihr Mönche, vier oder fünf Tage zu warten, bis man das Wesen des Mönches weiß." (2) //72//

Zu jener Zeit war ein gewisser Mönch im Kosalaland auf der Straße unterwegs. Da kam jenem Mönch folgender Gedanke: Der Erhabene erließ: Nicht soll man ohne Anleitung leben. Ich bin einer, der Anleitung nehmen soll, aber ich bin auf der Straße unterwegs. Wie soll ich mich verhalten? Dem Erhabenen erzählten sie diesen Sachverhalt. "Ich erlaube, ihr Mönche, einem auf der Straße unterwegs seienden Mönch, der Anleitung nicht erhalten kann, ohne Anleitung zu leben." (1)

Zu jener Zeit waren zwei gewisse Mönche im Kosalaland auf der Straße unterwegs. Jene kamen bei einer anderen Mönchsklause an. Dort wurde ein Mönch krank. Da kam jenem kranken Mönch der Gedanke: Der Erhabene erließ: Nicht soll man ohne Anleitung leben, ich bin einer der Anleitung nehmen soll, aber ein Kranker, wie soll ich mich verhalten? Dem Erhabenen erzählten sie diesen Sachverhalt. "Ich erlaube, ihr Mönche, einem kranken Mönch, der Anleitung nicht erhalten kann, ohne Anleitung zu leben." (2)

Da kam dem (den) Kranken Pflegenden folgender Gedanke: Der Erhabene erließ: Nicht soll man ohne Anleitung leben, ich bin einer, der Anleitung nehmen soll, aber dieser Mönch ist krank, wie soll ich mich verhalten? Dem Erhabenen erzählten sie diesen Sachverhalt. "Ich erlaube, ihr Mönche, einem Mönch, wenn er einen Kranken pflegt und Anleitung nicht erhalten kann, wenn er darum gebeten wird, ohne Anleitung zu leben." (3)

Zu jener Zeit lebte ein gewisser Mönch im Wald. Dieser Aufenthaltsort war ihm genehm. Da kam jenem Mönch folgender Gedanke: Der Erhabene erließ: Nicht soll man ohne Anleitung leben. Ich bin einer, der Anleitung nehmen soll, aber ich bin einer, der im Wald lebt, und dieser Aufenthaltsort ist mir genehm. Wie soll ich mich verhalten? Dem Erhabenen erzählten sie diesen Sachverhalt. "Ich erlaube, ihr Mönche, einem im Wald lebenden Mönch, der dieses angenehme Verweilen schätzt, der auch ohne Anleitung lebt, ohne Anleitung zu leben (so denkend): Wenn ein passender Anleitunggebender kommt, dann werde ich unter (seiner) Anleitung leben." (4) //73//

Zu jener Zeit hatte der ehrwürdige Mahākassapa einen Anwärter für die Vollordination. Da sandte der ehrwürdige Mahākassapa dem ehrwürdigen Ānanda einen Boten: Komme, Ānanda, dieser (Anwärter) (will seine Vollordination) bekanntgeben. Der ehrwürdige Ānanda sagte folgendes: "Nicht bin ich fähig, den Namen des Thera (in den Mund) zu nehmen, dieser ist mein Lehrer[26], (zu) ehrwürdig ist dieser Thera." Dem Erhabenen erzählten sie diesen Sachverhalt. "Ich erlaube, ihr Mönche, die Bekanntgabe auch mit dem Familiennamen." (1)

Zu jener Zeit hatte der ehrwürdige Mahākassapa zwei Anwärter für die Vollordination. Jene stritten: Ich will als erster vollordiniert werden, ich will als erster vollordiniert werden. Dem Erhabenen erzählten sie diesen Sachverhalt. "Ich erlaube, ihr Mönche, für zwei eine Bekanntgabe." (2)

Zu jener Zeit gab es Anwärter für die Vollordination von vielen Theras, jene (Anwärter) stritten: Ich will als erster vollordiniert werden, ich will als erster vollordiniert werden. Die Theras sagten: "Laßt uns, Brüder, alle mit einer Bekanntgabe vollordinieren." Dem Erhabenen erzählten sie diesen Sachverhalt. "Ich erlaube, ihr Mönche, zwei oder drei mit einer Bekanntgabe (zu vollordinieren), dies aber durch einen Unterweiser, nicht etwa durch mehrere Unterweiser." (3) //74//

Zu jener Zeit war der ehrwürdige Kumārakassapa zwanzig Jahre alt, von der Empfängnis (an gerechnet). Da kam dem ehrwürdigen Kumārakassapa folgender Gedanke: Der Erhabene erließ die Regel: Nicht soll eine Person von weniger als zwanzig Jahren vollordiniert werden, ich bin zwanzig Jahre von der Empfängnis (an gerechnet). Bin ich jetzt ein Vollordinierter (oder) bin ich jetzt kein Vollordinierter? Dem Erhabenen erzählten sie diesen Sachverhalt. "Wenn, ihr

---

[26]es galt als unhöflich den Namen von Höherstehenden auszusprechen.

MV 1

Mönche, im Mutterschoß zum ersten Mal "Gemütsverfassung" entsteht, zum ersten Mal "Bewußtsein" entsteht, aufgrund dessen entsteht seine Geburt. Ich erlaube, ihr Mönche, einen der zwanzig Jahre alt von der Empfängnis (an gerechnet) ist, vollzuordinieren." (1) //75//

Zu jener Zeit erschienen die Vollordinierten mit Lepra, Beulenpest, eitrigem Hautausschlag, TBC, Epilepsie. Dem Erhabenen erzählten sie diesen Sachverhalt. "Ich erlaube, ihr Mönche, den Vollzuordinierenden über seine Hindernisse (zur Vollordination) zu befragen. So soll (man) ihr Mönche, fragen: Sind an dir derartige Krankheiten: Lepra, Beulenpest, eitriger Hautausschlag, TBC, Epilepsie? Bis du ein Mensch? Bist du ein Mann? Bist du ein freier Mann? Bist du ein Schuldenfreier? Bist du kein Königssoldat? Haben Vater und Mutter zugestimmt? Bist du zwanzig Jahre alt? Hast du Almosenschale und Robe? Wie ist dein Name? Wie ist der Name deines Unterweisers?" (1)

Zu jener Zeit fragten die Mönche uninstruierte Vollordinationsanwärter nach ihren Hindernissen. Die Vollordinationsanwärter waren verwirrt, waren verschämt, nicht fähig zu antworten. Dem Erhabenen erzählten sie diesen Sachverhalt. "Ich erlaube, ihr Mönche, nachdem man zuerst (die Anwärter) instruiert hat, (sie) nachher über die Hindernisse zu befragen." (2)

Sie instruierten (die Anwärter) inmitten des Sangha. Die Vollordinationsanwärter waren genauso verwirrt, verschämt, nicht fähig zu antworten. Dem Erhabenen erzählten sie diesen Sachverhalt. "Ich erlaube, ihr Mönche, nachdem man beiseite instruiert hat, inmitten des Sangha nach den Hindernissen zu fragen. So soll man, ihr Mönche, instruieren: Zuerst soll man veranlassen, einen Unterweiser zu nehmen. Nachdem man einen Unterweiser genommen hat soll man auf die Almosenschale und die Robe zeigen: Das ist deine Almosenschale, das ist dein Obergewand, das ist dein Schultertuch, das ist dein Hüfttuch, gehe und stehe dort." (3)

Ungebildete, Unerfahrene instruierten, Instruierte waren verwirrt, verschämt, nicht fähig zu antworten. Dem Erhabenen erzählten sie diesen Sachverhalt. "Nicht sollen Ungebildete, Unerfahrene instruieren, wer so instruiert, begeht ein dukkata Vergehen. Ich erlaube, ihr Mönche, gebildeten und erfahrenen Mönchen zu instruieren." (4)

Unbevollmächtigte (Mönche) instruierten[27]. Dem Erhabenen erzählten sie diesen Sachverhalt. "Nicht soll man, ihr Mönche, unbevollmächtigt instruieren. Wer (so) instruiert, begeht ein dukkata Vergehen. Ich erlaube, ihr Mönche, einem Bevollmächtigten zu instruieren. So, ihr Mönche, soll man bevollmächtigen: Durch sich selbst soll man sich selbst bevollmächtigen, durch einen anderen soll ein anderer bevollmächtigt werden. Wie soll man sich selbst durch sich selbst bevollmächtigen? Ein fähiger und erfahrener Mönch soll dem Sangha ankündigen: 'Höre mich, verehrungswürdiger Sangha, der so und so Genannte (ist) Vollordinationsanwärter des ehrwürdigen so und so Genannten. Wenn es dem Sangha recht ist, werde ich den so und so Genannten instruieren'. So soll man sich selbst durch sich selbst bevollmächtigen. (5)

Wie soll man einen anderen durch einen anderen bevollmächtigen? Ein fähiger und erfahrener Mönch soll dem Sangha ankündigen: 'Höre mich, verehrungswürdiger Sangha, der so und so Genannte (ist) Vollordinationsanwärter des ehrwürdigen so und so Genannten (Unterweisers). Wenn es dem Sangha recht ist, wird der so und so Genannte den so und so Genannten instruieren'. So soll man einen anderen durch einen anderen bevollmächtigen. (6)

Jener bevollmächtigte Mönch, nachdem er zum Vollordinationsanwärter gekommen ist, soll (er) ihm sagen: "Höre, so und so Genannter, jetzt ist die Zeit die Wahrheit (zu sagen), die Tatsachen (zu sagen). Wenn inmitten des Sanghas gefragt wird, ob etwas ist, dann sage, wenn es ist "es ist", wenn es nicht ist "es ist nicht." Sei nicht verwirrt, sei nicht verschämt. So werde ich fragen: Sind an dir derartige Krankheiten: Lepra, Beulenpest, eitriger Hautausschlag, TBC, Epilepsie? Bis du ein Mensch? Bist du ein Mann? Bist du ein freier Mann? Bist du ein Schuldenfreier? Bist du kein Königssoldat? Haben Vater und Mutter zugestimmt? Bist du zwanzig Jahre alt? Hast du Almosenschale und Robe? Wie ist dein Name? Wie ist der Name deines Unterweisers?" (7)

Sie kommen zusammen an. Sie sollen nicht zusammen ankommen. Der Instruierende soll, nachdem er zuerst angekommen ist, dem Sangha ankündigen: "Höre mich, verehrungswürdiger Sangha, der so und so Genannte ist Vollordinationsanwärter des ehrwürdigen so und so genannten (Unterweisers). Er ist von mir instruiert worden. Wenn es dem Sangha recht ist, soll der so und so Genannte kommen." Der Sangha soll sagen: "Komme." Nachdem man (den Anwärter) veranlaßt hat, das Obergewand auf eine Schulter zu tun, sich zu den Füßen der Mönche zu verbeugen, sich

---

[27]Der Sangha besprach vorher, wer die Instruktion ausführen sollte.

in die Hocke niederzusetzen, die Hände zusammenzulegen, die Vollordination zu erbitten: "Ich erbitte vom verehrungswürdigen Sangha die Vollordination, möge mich der verehrungswürdige Sangha aufnehmen von Mitleid bewogen." Zum zweiten Male: "Ich erbitte ... von Mitleid bewogen." Zum dritten Male: "Ich erbitte ... von Mitleid bewogen." (8)

Ein fähiger und erfahrener Mönch soll dem Sangha ankündigen: "Höre mich, verehrungswürdiger Sangha, dieser, der so und so Genannte ist Vollordinationsanwärter des ehrwürdigen so und so Genannten. Wenn es dem Sangha recht ist, frage ich den so und so Genannten nach den Hindernissen. Höre, so und so Genannter, jetzt ist die Zeit die Wahrheit zu sagen: Wenn etwas da ist, danach frage ich. Wenn etwas da ist, soll man sagen "es ist", wenn etwas nicht da ist, soll man sagen "es ist nicht." Sind an dir derartige Krankheiten: Lepra, Beulenpest ... Wie ist der Name deines Unterweisers?" (9)

Ein fähiger und erfahrener Mönch soll dem Sangha ankündigen: "Höre mich, verehrungswürdiger Sangha, der so und so Genannte ist Vollordinationsanwärter des ehrwürdigen so und so Genannten (Unterweisers). Er ist völlig frei von Hindernissen, seine Almosenschale und die Robe sind vollständig. Der so und so Genannte bittet den Sangha um die Vollordination durch den so und so genannten Unterweiser. Wenn es dem Sangha recht ist, möge der Sangha dem so und so Genannten die Vollordination geben durch den so und so genannten Unterweiser." Das ist die Ankündigung. (10)

"Höre mich, verehrungswürdiger Sangha, der so und so Genannte ist Vollordinationsanwärter des ehrwürdigen so und so genannten (Unterweisers). Er ist völlig frei von Hindernissen, seine Almosenschale und die Robe sind vollständig. Der so und so Genannte bittet den Sangha um die Vollordination durch den so und so genannten Unterweiser. Der Sangha gibt dem so und so genannten die Vollordination durch den so und so genannten Unterweiser. Wenn es den Ehrwürdigen recht ist, daß der so und so genannte vollordiniert wird durch den so und so genannten Unterweiser, so möge er schweigen, wenn es nicht recht ist, so möge er sprechen. (11)

Zum zweiten Mal trage ich diese Angelegenheit vor: Höre mich, ... so möge er sprechen. Zum dritten Mal trage ich diese Angelegenheit vor: Höre mich, ... so möge er sprechen. Vollordiniert vom Sangha ist der so und so Genannte durch den so und so genannten Unterweiser. Dem Sangha ist es recht, daher das Schweigen, so nehme ich es an." (12)
//76//

Der Abschnitt des Vollordinationsaktes ist beendet.

Zuerst soll der Schatten gemessen werden[28], die Länge der Jahreszeiten soll erklärt werden, die Tageszeiten sollen erklärt werden (z.B. ab wann nicht mehr gegessen werden darf), die Rezitationen sollen erklärt werden, die vier Bedarfsgegenstände sollen erklärt werden. Die Ordination ist nur für Almosenspeise, darum sei bemüht bis zum Lebensende. Besondere Gaben sind: Speisen für den (ganzen) Sangha, Speisen für eine bestimmte Person, eine Einladung, wenn Speisen ausgelost werden, Speisen gegeben zum Mondwechsel, Speisen gegeben zum Uposathatag, Speisen gegeben zum Tag nach Uposatha. Die Ordination ist nur für Kleidung aus fortgeworfenen Lumpen, darum sei bemüht bis zum Lebensende. Besondere Gaben sind: Leinentuch, Baumwolltuch, Seidentuch, Wolltuch, Hanftuch, Leinwandtuch. Die Ordination ist nur zum Verweilen am Fuße eines Baumes, darum sei bemüht bis zum Lebensende. Besondere Gaben sind: eine Hütte, ein Haus mit einem Dach, ein großes Haus, ein mehrgeschossiges Haus, eine Höhle. Die Ordination ist nur für verfaulten Rinderurin (als Medizin), darum sei bemüht bis zum Lebensende. Besondere Gaben sind: Butterschmalz, Butter, Öl, Honig, Melasse" (1) //77//

Der Abschnitt über die vier Bedarfsgegenstände ist beendet.

Zu jener Zeit ließen die Mönche, einen gewissen Mönch, nachdem sie ihn vollordiniert hatten, allein zurück. Jener, (jenen) allein nachfolgend begegnete seiner früheren Frau. Sie sagte folgendes: "Was, bist du jetzt ein Hausloser?" - "Ja, ich bin ein Hausloser." "Schwer zu bekommen ist für Hauslose Geschlechtsverkehr, komm, lasse uns Geschlechtsverkehr ausüben." Dieser, nachdem er Geschlechtsverkehr ausgeübt hatte, kam mit Verspätung an. Die Mönche sagten folgendes: "Was, Bruder, hast du diese lange Zeit gemacht?" (1)

Da erzählte der Mönch den Mönchen den Sachverhalt. Die Mönche erzählten dem Erhabenen den Sachverhalt. "Ich empfehle, ihr Mönche, nachdem man die Vollordination gab, einen (Mönch) als Begleiter und die vier nicht auszu-

---

[28] damit der Anwärter die Uhrzeit kennt.

übenden Dinge zu nennen. Ein vollordinierter Mönch soll keinen Geschlechtsverkehr ausüben, nicht mal mit einem Tier. Welcher Mönch Geschlechtsverkehr ausübt, ist kein Asket, kein Sohn aus dem Sakyageschlecht. Wie ein Mensch mit abgeschlagenen Kopf (nur) mit dem Rumpf nicht leben kann, ebenso ist ein Mönch, der Geschlechtsverkehr ausübt, kein Asket, kein Sohn aus dem Sakyageschlecht. Dies soll von euch, so lange ihr lebt nicht getan werden. (2)

Ein vollordinierter Mönch soll Nichtgegebenes, wie ein Dieb, nicht nehmen, nicht einmal einen Grashalm. Welcher Mönch wie ein Dieb nimmt, ist kein Asket, kein Sohn aus dem Sakyageschlecht. Wie ein welkes Blatt, abgelöst vom Stengel nicht wieder grün werden kann, ebenso ist ein Mönch, der Nichtgegebenes, wie ein Dieb, nimmt, ein pada[29], oder den Wert eines padas, oder mehr als ein pada Nichtgegebenes, kein Asket, kein Sohn aus dem Sakyageschlecht. Dies soll von euch, so lange ihr lebt, nicht getan werden. (3)

Ein vollordinierter Mönch soll mit Absicht keinem Lebewesen das Leben rauben, nicht einmal einer Ameise. Welcher Mönch auch immer einem Menschen mit Absicht das Leben raubt, bis hin zu einer Abtreibung, ist kein Asket, kein Sohn aus dem Sakyageschlecht. Wie ein großer Stein, in zwei Teile zerbrochen nicht wieder ganz werden kann, so ist ein Mönch, der einem Menschen mit Absicht das Leben raubt, kein Asket, kein Sohn aus dem Sakyageschlecht. Dies soll von euch, so lange ihr lebt, nicht getan werden. (4)

Von einem vollordinierten Mönch soll nicht behauptet werden, daß überweltliche Zustände (von ihm erreicht wurden), nicht einmal "ich finde Gefallen an der Einsamkeit." Welcher Mönch mit unheilsamen Wünschen (und) erfüllt von Begehren überweltliche Zustände behauptet, die nicht existieren, die nicht der Tatsache entsprechen, (nämlich) Vertiefungen oder Erlösung oder Sammlung oder Versenkung oder der Weg oder das Resultat, der ist kein Asket, kein Sohn aus dem Sakyageschlecht. Genauso, wie eine Palme mit abgeschlagener Spitze nicht mehr geeignet ist zu wachsen, ebenso ist ein Mönch mit unheilsamen Wünschen und erfüllt von Begehren, der überweltliche Zustände behauptet, die nicht existieren, die nicht der Tatsache entsprechen, kein Asket, kein Sohn aus dem Sakyageschlecht. Dies soll von euch, so lange ihr lebt, nicht getan werden. (5)

Die vier nicht zu begehenden Dinge sind beendet //78//

Zu jener Zeit war ein gewisser Mönch, (weil) er ein Vergehen nicht eingesehen hatte, zeitweilig ausgeschlossen und hatte den Orden verlassen. Nachdem er später zurückgekommen war, bat er die Mönche um die Vollordination. Dem Erhabenen erzählten sie diesen Sachverhalt. "In diesem Fall, ihr Mönche, war ein gewisser Mönch, (weil) er ein Vergehen nicht eingesehen hatte, zeitweilig ausgeschlossen und hatte den Orden verlassen. Nachdem er später zurückgekommen war, bat er die Mönche um die Vollordination. So soll man zu ihm sagen: Siehst du dein Vergehen ein? Wenn (er) sagt: 'Ich sehe ein', so soll man ordinieren, wenn (er) sagt 'Ich sehe nicht ein', soll man nicht ordinieren. (1)

Nachdem (er) ordiniert ist, soll gesagt werden: 'Siehst du dein Vergehen ein?' Wenn (er) sagt 'Ich sehe ein', soll man vollordinieren, wenn er sagt 'Ich sehe nicht ein', soll man nicht vollordinieren. Nachdem (er) vollordiniert ist, soll gesagt werden: 'Siehst du dein Vergehen ein?' Wenn (er) sagt, 'Ich sehe ein', soll man wiedereinsetzen[30], wenn er sagt 'Ich sehe nicht ein', soll man nicht wiedereinsetzen. Nachdem er wiedereingesetzt ist, soll gesagt werden: 'Siehst du dein Vergehen ein?' Wenn (er) es einsieht, so ist es gut, wenn (er) es nicht einsieht und die Einstimmigkeit (des Sangha) erhalten wird, soll er wieder zeitweilig ausgeschlossen werden, wenn die Einstimmigkeit nicht erhalten wird, (ist es) kein Vergehen (mit ihm) zusammen zu essen und zu leben. (2)

In diesem Fall, ihr Mönche, hat ein Mönch die Wiedergutmachung für ein Vergehen nicht geleistet und wurde zeitweilig ausgeschlossen und hatte den Orden verlassen. Nachdem er später zurückgekommen war, bat er die Mönche um die Vollordination ... 'Machst du dein Vergehen wieder gut?' wenn er sagt 'Ich werde wiedergutmachen' ... (3)

In diesem Fall, ihr Mönche, hat ein Mönch unheilsame Ansichten nicht aufgegeben und wurde zeitweilig ausgeschlossen und hatte den Orden verlassen. Nachdem er später zurückgekommen war, bat er die Mönche um die Vollordination ... (4) //79//

---

[29]kleines Geldstück (Pfennig)

[30]osarana

MV 1

DER GROßE ABSCHNITT, DER ERSTE

Dies betrifft die wichtigen Angelegenheiten des Vinaya:
um den sich gut Verhaltenden Freude zu bringen,
um die böses Wünschenden (davon) abzuhalten,
und die Gewissenhaften zu ermutigen,
um für den Orden das Gebiet des allwissenden Siegers festzulegen,
das Feld nicht für die anderen,
das Friedliche, das gut erlassen ist, das ohne Zweifel ist.
Der Vinaya mit den beiden Khandakas[31]
ebenso wie das Parivāra und die Merksprüche,
deren Sinn ausführend macht sich der Gute auf den Weg.
Wer Rinder nicht kennt, kann eine Rinderherde nicht schützen;
ebenso, wer die Sīlas nicht weiß, kann sich nicht zügeln.
Selbst wenn die Suttas und der Abhidhamma vergessen würden,
wenn der Vinaya nicht verloren geht, besteht der Orden.
Daher sage ich (es), um die Stichworte zusammenzufassen
nach meinem Wissen, der Reihe nach. Hört wie ich spreche.
Der Sachverhalt, der Grund, die Verfehlung, die Methode, die Formeln, schwer ist es, nichts wegzulassen.
Nach dieser Methode sollt ihr lernen:

Die Erleuchtung, die Königstätte, Ziegenhüter, Brahma Sahampati, Alāro, Uddaka, die Mönche, Upaka der Seher, Kondañña, Vappa, Bhaddiya, Mahānāma, Assaji, Yasa, die vier, die fünfzig, alle (zusammen), er schickte sie fort, Richtungen, Sachverhalt, mit den Māras, die dreißig, Uruvelā, 3 Flechtenasketen, das Feuerhaus, der Großkönig, Sakka, Brahma, das ganze, fortgeworfene Lumpen, Teich, Stein, Kakudhabaum, der Stein, Jambubaum, Mangobaum, Amalakabaum, eine Paricchittablume holte (er), hacke Holz, mache Feuer, lösche das Feuer Kassapa, ins Wasser tauchen, Kohlebecken, die Wolke, Gayā, Latthihain, Māgadha, Upatissa, Kolita, die wohlbekannten Söhne, die Ordination, falsch bekleidet, Entlassung, dünner und elender Brahmane, er verhält sich schlecht, der Bauch, der Brahmanenjüngling, die Gruppe, eine Regenzeit, von Leichtsinnigen, weggehend, zehn Jahre, Anleitung, sie halten sich nicht daran, um zu entlassen, die Ungebildeten, die Aufhebung, die fünf, die sechs, wer auch immer, der Nackte, nicht Haare geschnitten, der Flechtenasket, der Sakya, die fünf Krankheiten in Māgadha, der Eine, der Dieb, die Finger, die (Königs)erlasse von Māgadha, das Gefängnis, beschriebener (Dieb), ein Ausgepeitschter, ein Gebrandmarkter, ein Schuldner, ein Sklave, ein Kahlköpfiger, Upāli, die Schlangenkrankheit, eine zugetane Familie, Kandaka, bevölkert, über das Wohnen, das Kind, Schulungen, sie wohnen, wie jetzt?, alles, Mund, die Unterweiser, fortgelockt, Kandaka, Eunuch, in diebischer Weise (zusammenleben), die Schlange, in bezug auf die Mutter, der Vater, Heiliger, Nonnen, Spaltung, in bezug auf Blut, Hermaphroditen, ohne Unterweiser, durch den Sangha, die Gruppe, Eunuch, ohne Almosenschale, ohne Robe, (ohne) alle beide, die ausgeliehenen drei, Hände, Füße, Hände und Füße, Ohren, Nasen, alle beide, Finger, Nägel, Fußsehnen, Finger zusammengewachsen, der Bucklige, der Zwergwüchsige, der Kropf, der Gebrandmarkte, der Ausgepeitschte, der per Anschlag gesuchte, mit Elefantiasis, Geschlechtskranker, ein eine Gruppe Irreführender, der Halbblinde, der mit verkrüppelten Gliedern, und dann der Lahme, der Halblahme, der Krüppel, der Altersschwache, der Blinde, der Stumme, der Taube, der Blindstumme, bis dort, der Taubblinde, wie gesagt, der Taubstumme, der Taubstummblinde, Anleitung für die Gewissenlosen, wie man (nicht) leben soll, was auf der Straße getan wurde, von einem, der gebeten wurde, wenn jemand erwartet wird, laß ihn kommen, sie stritten, von einem Unterweiser, Kassapa, da schienen Vollordinierte mit Krankheiten befallen, die Uninstruierten waren verwirrt, dort ist Instruktion, auch im Sangha, dann der Ungebildete, der nicht Bevollmächtigte, zusammen, das Aufnehmen in der Vollordination, die Bedarfsgegenstände, allein, drei.

In diesem Abschnitt sind 172 Sachverhalte

Die erste Aufzählung, des großen Abschnittes, ist beendet.

---

[31] Mahā- und Cullavagga.

MV 2

Zu jener Zeit weilte der Erwachte Erhabene in Rājagaha am Berg Gijjhakūta (Geiergipfel). Zu jener Zeit, nachdem sie sich versammelt hatten, sprachen die Andersgläubigen am vierzehnten und fünfzehnten[1] sowie an den beiden achten Tagen bei Halbmond über (deren) Lehren. Die Menschen kamen heran, um die Lehren zu hören. Sie bekamen Zuneigung zu den andersgläubigen Wanderasketen, bekamen Vertrauen, die andersgläubigen Wanderasketen bekamen Anhänger. (1)

Da kam dem König von Māgadha Seniya Bimbisāra, der allein und abgeschieden weilte, im Geiste folgender Gedanke: "Jetzt, nachdem sie sich versammelt hatten, sprachen die Andersgläubigen am vierzehnten und fünfzehnten sowie an den beiden achten Tagen bei Halbmond über (deren) Lehren. Die Menschen kamen heran, um die Lehren zu hören. Sie bekamen Zuneigung zu den andersgläubigen Wanderasketen, bekamen Vertrauen, die andersgläubigen Wanderasketen bekamen Anhänger. Was wäre, wenn sich auch unsere Herren (Mönche) am vierzehnten und fünfzehnten sowie an den beiden achten Tagen bei Halbmond versammeln würden? (2)

Da ging der König von Māgadha Seniya Bimbisāra zum Erhabenen, dort, nachdem er ihn verehrt hatte, setzte er sich beiseite nieder. Beiseite sitzend sagte der König von Māgadha Seniya Bimbisāra dem Erhabenen folgendes: "Als ich allein und abgeschieden (weilte), kam mir im Geiste folgender Gedanke: Jetzt, nachdem sie sich versammelt hatten, sprachen die Andersgläubigen am vierzehnten und fünfzehnten sowie an den beiden achten Tagen bei Halbmond über (deren) Lehren. Die Menschen kamen heran, um die Lehren zu hören. Sie bekamen Zuneigung zu den andersgläubigen Wanderasketen, bekamen Vertrauen, die andersgläubigen Wanderasketen bekamen Anhänger. Gut wäre, wenn sich auch unsere Herren (Mönche) am vierzehnten und fünfzehnten sowie an den beiden achten Tagen bei Halbmond versammeln würden." (3)

Da veranlaßte der Erhabene den König von Māgadha Seniya Bimbisāra durch ein Lehrgespräch zu verstehen, es aufzunehmen, begeistert zu sein, sich daran zu erfreuen. Da war der König von Māgadha Seniya Bimbisāra durch die Lehrrede des Erhabenen verständig (geworden), hatte sie aufgenommen, (war) begeistert, erfreut; nachdem er vom Sitz aufgestanden war, den Erhabenen verehrt hatte, ihn rechts umrundet hatte, ging er fort. Dann, nachdem der Erhabene aus diesem Anlaß in diesem Zusammenhang eine Lehrrede gehalten hatte, sprach er die Mönche an: "Ich erlaube, ihr Mönche, sich am vierzehnten und fünfzehnten sowie an den beiden achten Tagen bei Halbmond zu versammeln." (4)
//1//

Zu jener Zeit (dachten) die Mönche: Vom Erhabenen ist erlassen worden, sich am vierzehnten und fünfzehnten sowie an den beiden achten Tagen bei Halbmond zu versammeln. Jene, nachdem sie sich am vierzehnten und fünfzehnten sowie an den beiden achten Tagen bei Halbmond versammelt hatten saßen schweigend. Die Menschen kamen heran, um die Lehre zu hören. Sie wurden verärgert, unruhig, erregt: "Wie können jene Asketen, die Söhne aus dem Sakyageschlecht, nachdem sie sich am vierzehnten und fünfzehnten sowie an den beiden achten Tagen bei Halbmond versammelt haben, schweigend sitzen wie dumme Schweine? Sollte es nicht so sein, daß von den Versammelten die Lehre vorgetragen werden sollte?" Die Mönche hörten, daß die Menschen verärgert, unruhig, erregt waren. Da erzählten die Mönche dem Erhabenen den Sachverhalt. Dann, nachdem der Erhabene aus diesem Anlaß, in diesem Zusammenhang eine Lehrrede gehalten hatte, sprach er die Mönche an: "Ich erlaube, ihr Mönche, daß am vierzehnten und fünfzehnten sowie den beiden achten Tagen bei Halbmond die Lehre vorgetragen wird." (1) //2//

Als der Erhabene allein und abgeschieden weilte, kam ihm im Geiste folgender Gedanke: "Wie, wenn ich nun den Mönchen erlauben würde, die von mir erlassenen Regeln zu rezitieren um ein Pātimokkha für sie (zu erstellen); dies soll für sie der Uposathaobservanzakt werden." (1)

Dann, nachdem der Erhabene am Abend sich aus der Abgeschiedenheit erhoben hatte, und den Mönchen aus diesem Anlaß in diesem Zusammenhang eine Lehrrede gehalten hatte, sprach er die Mönche an: "Als ich allein und abgeschieden weilte, kam mir im Geiste folgender Gedanke: Wie, wenn ich nun den Mönchen erlauben würde die von mir erlassenen Regeln zu rezitieren um ein Pātimokkha für sie (zu erstellen); dies soll für euch der Uposathaobservanzakt werden. Ich erlaube, ihr Mönche, das Pātimokkha zu rezitieren. (2)

So soll man, ihr Mönche, rezitieren: Ein erfahrener und fähiger Mönch soll dem Sangha ankündigen: 'Höre mich verehrungswürdiger Sangha, heute ist Uposatha(tag), der fünfzehnte. Wenn es dem Sangha recht ist, soll der Sangha die Uposatha(zeremonie) vollziehen, das Pātimokkha rezitieren. Was soll der Sangha zuerst tun? Die vollständige

---

[1] d.h. am 14. und 29. des Monats

Reinheit sollen die Ehrwürdigen bekennen. Ich werde das Pātimokkha rezitieren, das (wollen) wir, alle Anwesenden, gut hören und im Geiste bedenken. Wenn (einer) ein Vergehen begangen haben sollte, dann soll er (es) aufdecken, wenn (einer) kein Vergehen beging, soll er schweigen. Durch das Schweigen (wird ausgedrückt), daß alle Anwesenden rein sind, so weiß ich es dann. Weil auf jede einzelne Frage eine Antwort sein (mag), darum wird in einer Versammlung wie dieser dreimal (die Frage) verkündet. Welcher Mönch sich eines vorhandenen Vergehens erinnert während der dreimaligen Verkündigung der Frage und es nicht aufdeckt, der tut eine bewußte Lüge. Eine bewußte Lüge, ihr Ehrwürdigen, ist ein Hindernis sagt der Erhabene; daher (soll) ein Mönch, der ein Vergehen beging und sich erinnert und die Reinheit wünscht, die vorhandenen Vergehen aufdecken. Wenn es aufgedeckt ist, wird es für ihn eine Erleichterung sein." (3)

"Pātimokkha" bedeutet: Dies ist der Anfang, dies ist das Antlitz (der beste Teil) von allen heilsamen Dingen, das Herausragende, deshalb heißt es Pātimokkha. "Die Ehrwürdigen" bedeutet: Zuneigung, Ehrerbietung, ein Synonym für Ehrerbietung und Respekt, das ist "die Ehrwürdigen." "Ich werde rezitieren" bedeutet: Ich werde erklären, werde vortragen, werde erlassen, werde begründen, werde aufklären, werde analysieren, werde aufrichten, werde verkünden. Das Wort "das" bedeutet: Pātimokkha. "Wir alle Anwesenden" bedeutet: Alle sind anwesend, so viele in dieser Gruppe sind an alten, jungen und mittleren (Mönchen). "Gut hören" bedeutet: Nachdem alle konzentriert und geistig gesammelt sind, den ganzen Geist zusammenzuhalten. "Im Geiste bedenken" bedeutet: Mit einspitzigem Geist, mit unabgelenktem Geist, mit unerschütterlichem Geiste hören wir. (4)

"Wenn einer ein Vergehen begangen haben sollte" bedeutet: Wenn ein alter, ein neuer, ein mittlerer (Mönch) irgendein Vergehen der Fünfer[2] Gruppe von Vergehen oder irgendein Vergehen der siebener Gruppe[3] von Vergehen begangen hat. "Dann soll er es aufdecken" bedeutet: (Er) soll sagen, soll aufklären, soll aufrichten, soll verkünden inmitten des Sanghas oder inmitten der Gruppe oder einem einzelnen Menschen. "Wenn einer kein Vergehen beging" bedeutet: nicht begangene Vergehen oder begangene Vergehen, die gesühnt sind. "Soll er schweigen" bedeutet: Einverstanden sein, nicht sprechen. "Alle Anwesenden sind rein, so weiß ich es dann" bedeutet: Ich habe es zur Kenntnis genommen, ich verstehe es. (5)

"Weil auf jede einzelne Frage eine Antwort sein mag" bedeutet: Wenn einer wegen einer Sache befragt ist, so soll die Gruppe wissen ich (selber) bin befragt (worden). "Eine Versammlung wie dieser" bedeutet: Eine Gruppe von Mönchen. "Dreimal die Frage verkünden" bedeutet: Einmal ist gefragt worden, zweimal ist gefragt worden, dreimal ist gefragt worden. "Sich erinnert" bedeutet: Wissen und bewußt seiend. "Vorhandenes Vergehen" bedeutet: Begangenes oder nach dem Begehen nicht (bereits) Wiedergutgemachtes. "Nicht aufdecken" bedeutet: Nicht vortragen, nicht aufklären, nicht aufrichten, nicht verkünden inmitten des Sanghas, inmitten einer Gruppe (von Mönchen) oder vor einer Person. (6)

"Eine bewußte Lüge tun" bedeutet: Was (für ein Vergehen) ist eine bewußte Lüge? Ein dukkata Vergehen. "Der Erhabene sagte, das ist ein Hindernis" bedeutet: Wofür ein Hindernis? Ein Hindernis zur Erlangung der ersten Vertiefung, der zweiten Vertiefung, der dritten Vertiefung, der vierten Vertiefung). Ein Hindernis zur Erlangung von Vertiefungen, Befreiungen, Konzentrationen, Sammlungen, Ablösungen, Absonderungen, höchster Ruhe, heilsamen Dingen. "Daher" bedeutet: Aus diesem Grunde. "Von einem Mönch, der sich erinnert" bedeutet: (Ein) Wissender, Wahrnehmender ."Der die Reinheit wünscht" bedeutet: Ein sich Erhebender ein sich Säubernder. (7)

"Vorhandenes Vergehen" bedeutet: Begangenes oder nach dem Begehen nicht (bereits) Aufgedecktes. "Soll aufdecken" bedeutet: Inmitten des Sanghas, inmitten einer Gruppe (von Mönchen) oder (vor) einer Person. "Wenn es aufgedeckt ist, wird es für ihn eine Erleichterung sein" bedeutet: Wofür eine Erleichterung? Eine Erleichterung zur Erlangung der ersten Vertiefung, der zweiten Vertiefung, der dritten Vertiefung, der vierten Vertiefung. Eine Erleichterung zur Erlangung von Vertiefungen, Befreiungen, Konzentrationen, Sammlungen, Ablösungen, Absonderungen, höchster Ruhe, heilsamen Dingen. (8) //3//

Zu jener Zeit (dachten) die Mönche: "Der Erhabene hat die Rezitation des Pātimokkhas angeordnet", (so) rezitierten (sie) das Pātimokkha täglich. Dem Erhabenen erzählten sie diesen Sachverhalt. "Nicht soll man, ihr Mönche, täglich

---

[2] Fünfer Gruppe der Vergehen = pārājika, sanghādisesa, aniyata, nissaggiya, pācittiya = Gruppen von Bußvergehen.

[3] Siebener Gruppe = Fünfer Gruppe + pātidesaniya und sekhiya Vergehen.

das Pātimokkha rezitieren. Wer so rezitiert, begeht ein dukkata Vergehen. Ich erlaube, ihr Mönche, am Uposathatag das Pātimokkha zu rezitieren." (1)

Zu jener Zeit (dachten) die Mönche: "Der Erhabene hat die Rezitation des Pātimokkha am Uposathatag angeordnet." (Sie) rezitierten das Pātimokkha (jeweils) dreimal am vierzehnten und fünfzehnten Tag und an den beiden achten Tagen bei Halbmond. Dem Erhabenen erzählten Sie diesen Sachverhalt. "Nicht, ihr Mönche, soll man bei Halbmond das Pātimokkha dreimal rezitieren; wer (so) rezitiert, begeht ein dukkata Vergehen. Ich erlaube, ihr Mönche, das Pātimokkha einmal im halben Monat, am vierzehnten oder fünfzehnten Tag zu rezitieren." (2) //4//

Zu jener Zeit hat die Sechser Gruppe Mönche, wenn das Pātimokkha vor einer Gruppe rezitiert wurde, vor der eigenen Gruppe (rezitiert). Dem Erhabenen erzählten Sie diesen Sachverhalt. "Nicht soll man, ihr Mönche, wenn das Pātimokkha vor einer Gruppe rezitiert wird, vor der eigenen Gruppe rezitieren. Wer so rezitiert, begeht ein dukkata Vergehen. Ich erlaube, ihr Mönche, das alle zusammen den Uposathatag begehen." (1)

Zu jener Zeit kam den Mönchen folgender Gedanke: "Der Erhabene ordnete an, daß alle zusammen den Uposathatag begehen. Inwiefern spricht man von "alle zusammen"? Von einem Tempel oder der ganzen Welt? Dem Erhabenen erzählten sie diesen Sachverhalt. "Ich erlaube, ihr Mönche, insofern von "alle zusammen" (zu sprechen), als (es) eine Mönchsklause betrifft." (2)

Zu jener Zeit weilte der ehrwürdige Mahākappina in Rājagaha im Hirschpark in Maddakucchi. Dort kam dem ehrwürdigen Mahākappina, als er allein und abgeschieden in Meditation weilte, folgender Gedanke: "Soll ich zum Uposatha gehen, soll ich nicht gehen? Soll ich zum Sanghaakt gehen, soll ich nicht gehen?, denn ich bin ein Reiner durch die höchste Reinheit[4]. (3)

Da hat der Erhabene im Geist den Gedanken des ehrwürdigen Mahākappina erkannt, und wie ein kräftiger Mann den gebeugten Arm streckt oder den gestreckten Arm beugt, so schnell verschwand er vom Berg Gijjhakuta und erschien vor dem ehrwürdigen Mahākappina im Hirschpark von Maddakucchi. Der Erhabene setzte sich auf den vorbereiteten Sitz. Auch der ehrwürdige Mahākappina, nachdem er den Erhabenen verehrt hatte, setzte sich beiseite nieder. (4)

Dem beiseite sitzenden ehrwürdigen Mahākappina sagte der Erhabene folgendes: "Ist es nicht so, (daß) dir, Kappina, als du allein und abgeschieden in der Meditation weiltest, folgender Gedanke aufkam: "Soll ich zum Uposatha gehen, soll ich nicht gehen? Soll ich zum Sanghaakt gehen, soll ich nicht gehen?, denn ich bin ein Reiner durch die höchste Reinheit." "So ist es, Verehrungswürdiger." "Wenn ihr Brahmanen[5] Uposatha nicht ehrt, wertschätzt, hochschätzt, achtet, wer wird dann Uposatha ehren, wertschätzen, hochschätzen, achten? Gehe du, Brahmane, zum Uposatha, nicht gehe nicht, gehe doch zum Sanghaakt, nicht gehe nicht." "So sei es, Verehrungswürdiger" stimmte der ehrwürdige Mahākappino dem Erhabenen zu. (5)

Da veranlaßte der Erhabene den ehrwürdigen Mahākappino durch ein Lehrgespräch zu verstehen, es aufzunehmen, begeistert zu sein, sich daran zu erfreuen, und wie ein kräftiger Mann den gebeugten Arm streckt oder den gestreckten Arm beugt, so (schnell) verschwand (der Erhabene) vor dem ehrwürdigen Mahākappino und erschien auf dem Berg Gijjhakuta. (6) //5//

Da kam den Mönchen folgender Gedanke: Der Erhabene erließ: insofern von "alle zusammen" zu sprechen, als es eine Mönchsklause betrifft. Inwiefern ist es nun eine Mönchsklause? Sie erzählten dem Erhabenen den Sachverhalt. "Ich erlaube, ihr Mönche, (sich) über eine Grenze zu einigen. So, ihr Mönche, soll man sich einigen: Zuerst soll man Zeichen bekanntgeben, einen Berg, einen Stein, ein Wäldchen, einen Baum, einen Weg, einen Ameisenhügel, einen Fluß, ein Gewässer als Zeichen. Nachdem man die Zeichen bekanntgegeben hat, soll ein erfahrener und fähiger Mönch dem Sangha ankündigen: 'Höre mich, verehrungswürdiger Sangha, es sind alle Zeichen bekanntgegeben. Wenn es dem Sangha recht ist, möge sich der Sangha über die durch diese Zeichen (beschriebene) Grenze einigen. (Dies ist) eine zusammengehörende Gruppe für Uposatha'. Das ist die Ankündigung. (1)

'Höre mich, verehrungswürdiger Sangha, es sind alle Zeichen bekanntgegeben, es ist dem Sangha recht, der Sangha

---

[4] = arahant

[5] = im Sinne von arahant.

einigt sich über die durch diese Zeichen (beschriebene) Grenze: (dies ist) eine zusammengehörende Gruppe für Uposatha. Wenn es den Ehrwürdigen recht ist, sich über die durch diese Zeichen (beschriebene) Grenze zu einigen; dies ist eine zusammengehörende Gruppe für Uposatha, so mögen sie schweigen; wenn es einem nicht recht ist, so möge er sprechen. Der Sangha hat sich über die durch diese Zeichen (beschriebene) Grenze geeinigt; (dies ist) eine zusammengehörende Gruppe für einen Uposatha. Dem Sangha ist es recht, daher das Schweigen, so nehme ich es an." (2) //6//

Zu jener Zeit (dachte) die Sechser Gruppe Mönche: der Erhabene hat erlassen, (sich) über eine Grenze zu einigen. Da einigten sie sich über sehr große Grenzen, vier Yojanas, fünf Yojanas, sechs Yojanas. Die Mönche kamen am Uposatha an beim Rezitieren des Pātimokkhas, wenn die Rezitation gerade beendet war, sie weilten zwischen den Grenzen (waren noch unterwegs). Sie erzählten dem Erhabenen den Sachverhalt. "Nicht soll man sich, ihr Mönche, über eine sehr große Grenze einigen, (über) vier oder fünf oder sechs Yojanas. Wer so tut, begeht ein dukkata Vergehen. Ich erlaube, ihr Mönche, sich über eine Grenze von höchstens drei Yojanas zu einigen." (1)

Zu jener Zeit einigte sich die Sechser Gruppe Mönche über eine Grenze hinter einem Fluß. Von den zum Uposatha Kommenden wurden (einige) Mönche fortgeschwemmt, die Almosenschalen wurden fortgeschwemmt, die Roben wurden fortgeschwemmt. Dem Erhabenen erzählten sie den Sachverhalt. "Nicht, ihr Mönche, soll man sich über eine Grenze hinter einem Fluß einigen. Wer so tut, begeht ein dukkata Vergehen. Ich erlaube, ihr Mönche, da, wo ein festes Boot oder eine feste Brücke ist, sich über eine derartige hinter einem Fluß liegende Grenze zu einigen." (2) //7//

Zu jener Zeit rezitierten die Mönche das Pātimokkha in irgendeiner Mönchszelle ohne eine Ortsangabe. Die Mönche, die (dort) zu Gast waren, wußten nicht, wo heute das Uposatha ausgeführt wurde. Dem Erhabenen erzählten sie den Sachverhalt. "Nicht soll man, ihr Mönche, das Pātimokkha in irgendeiner Mönchszelle ohne eine Ortsangabe rezitieren. Wer so rezitiert, begeht ein dukkata Vergehen. Ich erlaube, ihr Mönche, das ihr euch über eine Uposathahalle einigt und (dort) Uposatha abhaltet. Wenn es der Sangha wünscht (kann das sein): ein Wohnsitz, eine Hütte[6], oder ein Anwesen, oder ein Herrenhaus, oder eine Höhle. In dieser Weise soll (man) sich, ihr Mönche, einigen: (1)

Ein erfahrener und fähiger Mönch soll dem Sangha ankündigen: 'Höre mich, verehrungswürdiger Sangha, wenn es dem Sangha recht ist, möge sich der Sangha über den so und so genannten Ort als Uposathahalle einigen.' Das ist die Ankündigung. 'Höre mich, verehrungswürdiger Sangha, wenn es dem Sangha recht ist, einigt sich der Sangha über den so und so genannten Ort als Uposathahalle.' Wenn es den Ehrwürdigen recht ist, die Einigung über den so und so genannten Ort als Uposathahalle, so mögen sie schweigen, wenn es nicht recht ist, so mögen sie sprechen. Geeinigt hat sich der Sangha über den so und so genannten Ort als Uposathahalle. Es ist dem Sangha recht, daher das Schweigen; so nehme ich es an. (2)

Zu jener Zeit hatte man sich in irgendeinem Kloster über zwei Uposathahallen geeinigt. Die Mönche begaben sich an die beiden Orte, hier werden wir Uposatha begehen, dort werden wir Uposatha begehen. Dem Erhabenen erzählten sie diesen Sachverhalt. "Nicht, ihr Mönche, soll man sich über zwei Uposathahallen in einem Klosterbezirk einigen. Wer sich so einigt, begeht ein dukkata Vergehen. Ich erlaube, ihr Mönche, nachdem man eine abgeschafft hat, an einem Ort Uposatha zu begehen. (3)

Und so, ihr Mönche, soll man abschaffen: ein erfahrener und fähiger Mönch soll dem Sangha ankündigen: 'Höre mich, verehrungswürdiger Sangha, wenn es dem Sangha recht ist, möge sich der Sangha über die Abschaffung des so und so genannten Ortes als Uposathahalle einigen' ... Es ist dem Sangha recht, daher das Schweigen; so nehme ich es an. (4) //8//

Zu jener Zeit hatte man sich in irgendeinem Klosterbezirk über eine zu kleine Uposathahalle geeinigt. An jenem Tag zu Uposatha versammelte sich ein großer Mönchssangha. Nachdem die Mönche sich auf nicht geeinigtem Boden[7] niedergesetzt hatten, hörten sie das Pātimokkha. Da kam jenen Mönchen folgender Gedanke: Der Erhabene erließ, nachdem man sich über eine Uposathahalle geeinigt hat, soll man Uposatha begehen, aber wir sitzen auf nicht geeinigtem Boden und hören das Pātimokkha. Haben wir nun Uposatha begangen, haben wir es nicht begangen? Sie erzählten dem Erhabenen den Sachverhalt. "Wenn, ihr Mönche, auf geeinigtem Boden gesessen wurde oder auf un-

---

[6] addhayoga

[7] also außerhalb der Halle.

geeinigtem, wenn er das Pātimokkha hört, dann hat für ihn Uposatha stattgefunden. (1)

Wenn man nämlich, ihr Mönche, irgendeine Größenordnung[8] für die Uposathaversammlung wünscht, über diese Größenordnung möge man sich einigen. Und so, ihr Mönche, soll man sich einigen: zuerst soll man Merkmale (für die Größenordnung) bekanntgeben. Nachdem man die Merkmale bekanntgegeben hat, soll ein erfahrener und fähiger Mönch dem Sangha ankündigen: 'Höre mich, verehrungswürdiger Sangha, es sind die Merkmale bekanntgegeben; wenn es dem Sangha recht ist, möge sich der Sangha über die durch diese Merkmale (beschriebene) Größenordnung für eine Uposathaversammlung einigen. Das ist die Ankündigung. 'Höre mich, verehrungswürdiger Sangha, es sind alle Merkmale bekanntgegeben, ist es dem Sangha recht, einigt sich der Sangha über die durch diese Merkmale (beschriebene) Größenordnung für eine Uposathaversammlung? Wenn es den Ehrwürdigen recht ist, sich über die durch diese Merkmale beschriebene Größenordung für eine Uposathaversammlung zu einigen, so mögen sie schweigen; wenn es einem nicht recht ist, so möge er sprechen. Der Sangha hat sich über die durch diese Merkmale (beschriebene) Größenordnung für eine Uposathaversammlung geeinigt. Dem Sangha ist es recht, daher das Schweigen so nehme ich es an." (2) //9//

Zu jener Zeit trafen sich die neuordinierten Mönche zuerst in einer gewissen Mönchsklause zu deren Uposatha (sie sagten): "Die Theras sind noch nicht gekommen" so gingen sie fort. Der Uposatha fand zur falschen Zeit statt. Dem Erhabenen erzählten sie diesen Sachverhalt. "Ich erlaube, ihr Mönche, daß sich die Theras als erste treffen." (1) //10//

Zu jener Zeit hatten in Rājagaha viele Mönchsklausenbezirke die gleichen Grenzen[9]. Dort stritten die Mönche: "Laßt Uposatha in unserer Mönchsklause abgehalten werden, laßt Uposatha in unserer Mönchsklause abgehalten werden." Dem Erhabenen erzählten sie den Sachverhalt. "Dort, ihr Mönche, haben viele Mönchsklausenbezirke die gleichen Grenzen. Dort stritten die Mönche: 'Laßt Uposatha in unserer Mönchsklause abgehalten werden, laßt Uposatha in unserer Mönchsklause abgehalten werden'. Von jenen Mönchen, ihr Mönche, nachdem alle zusammengekommen sind, soll Uposatha abgehalten werden; wo Theras leben, dort soll man zusammenkommen und Uposatha abhalten. Nicht soll man nur in einer Gruppe Uposatha abhalten. Wer so tut, begeht ein dukkata Vergehen." (1) //11//

Zu jener Zeit wurde der ehrwürdige Mahākassapa von Andhakavinda nach Rājagaha zum Uposatha kommend, unterwegs einen Fluß überquerend, beinahe weggetrieben, seine Roben wurden naß. Die Mönche sagten dem ehrwürdigen Mahākassapa folgendes: "Warum, Bruder, sind deine Roben durchnäßt?" "Als ich, von Andhakavinda nach Rājagaha zum Uposatha kommend unterwegs einen Fluß überquerte wurde ich beinahe weggetrieben, meine Roben wurden naß." Dem Erhabenen erzählten sie diesen Sachverhalt. "Wenn, ihr Mönche, sich ein Sangha über die Grenzen geeinigt hat, dann ist dies eine Gruppe, ist ein Uposatha; innerhalb jener Sanghagrenze mögen (die Mönche) nicht getrennt sein von den drei Roben[10]. (1)

So, ihr Mönche, soll man sich einigen: ein erfahrener und fähiger Mönch soll dem Sangha ankündigen: 'Höre mich, verehrungswürdiger Sangha, über welche Grenzen sich ein Sangha geeinigt hat: dies ist eine Gruppe, ist ein Uposatha; wenn es dem Sangha recht ist, möge sich der Sangha einigen, daß man innerhalb dieser Grenzen nicht getrennt ist von den drei Roben'. Das ist die Ankündigung. 'Höre mich, verehrungswürdiger Sangha, über welche Grenzen sich ein Sangha geeinigt hat: dies ist eine Gruppe, ist ein Uposatha, wenn es den Ehrwürdigen recht ist, die Einigung, daß man innerhalb dieser Grenzen nicht getrennt ist von den drei Roben, so mögen sie schweigen, wenn es nicht recht ist, mögen sie sprechen. Geeinigt hat sich der Sangha, daß man innerhalb dieser Grenzen nicht getrennt ist von den drei Roben. Dem Sangha ist es recht, daher das Schweigen, so nehme ich es an.'" (2)

Zu jener Zeit (dachten) die Mönche: "Der Erhabene ordnete an, nicht von den drei Roben getrennt zu sein." Innerhalb des Hauses legten sie Roben nieder. Jene Roben gingen verloren, verbrannten, wurden von Ratten gefressen, die Mönche gingen schlecht bekleidet, waren schäbig bekleidet. Die (anderen) Mönche sagten folgendes: "Warum, Brüder, seid ihr schlecht bekleidet, schäbig bekleidet?" "Also, Bruder, wir (dachten), der Erhabene ordnete an, nicht von den

---

[8] pamukha

[9] d.h. ein Areal hatte mehrere Mönchsklausen.

[10] Wahrscheinlich ging Mahākassapa nur mit 2 Roben los und beide sind naß geworden. Hätte er alle drei dabei gehabt, hätte er bei der Flußdurchquerung eine ablegen können und trocken auf die andere Seite mitnehmen können, um sie dort anzuziehen.

drei Roben getrennt zu sein. Innerhalb des Hauses legten wir die Roben nieder. Jene Roben gingen verloren, verbrannten, wurden von Ratten gefressen, darum waren wir schlecht bekleidet, schäbig bekleidet." Dem Erhabenen erzählten sie diesen Sachverhalt. "Wenn, ihr Mönche, sich der Sangha über eine Grenze geeinigt hat, die eine Gruppe umfaßt, die ein Uposatha ist; wenn sich der Sangha geeinigt hat, daß man innerhalb dieser Grenze nicht getrennt ist von den drei Roben, (dann) mit Ausnahme innerhalb des Dorfes und in der Umgebung des Dorfes[11]. (3)

Und so, ihr Mönche, soll man sich einigen: ein erfahrener und fähiger Mönch soll dem Sangha ankündigen: 'Höre mich, verehrungswürdiger Sangha, wenn es dem Sangha recht ist, möge sich der Sangha einigen daß man nicht getrennt ist von den drei Roben, mit Ausnahme innerhalb des Dorfes und in der Umgebung des Dorfes' ... Es ist dem Sangha recht, daher das Schweigen; so nehme ich es an." (4)

Zuerst, ihr Mönche, soll man sich einigen über eine Grenze für eine Gruppe, dann soll man sich einigen, daß man nicht getrennt ist von den drei Roben. (Wenn), ihr Mönche, man die Grenze aufhebt, (dann) soll man zuerst aufheben, daß man nicht getrennt ist von den drei Roben, dann soll man die Grenze für die gemeinsame Gruppe aufheben. Und so, ihr Mönche, soll man aufheben, daß man nicht getrennt ist von den drei Roben: Ein erfahrener und fähiger Mönch soll dem Sangha ankündigen: 'Höre mich, verehrungswürdiger Sangha, der Sangha hatte sich geeinigt, daß man nicht getrennt ist von den drei Roben; wenn es dem Sangha recht ist, möge der Sangha aufheben, daß man nicht getrennt ist von den drei Roben'. Das ist die Ankündigung. 'Höre mich, verehrungswürdiger Sangha, der Sangha hatte sich geeinigt, daß man nicht getrennt ist von den drei Roben, der Sangha hebt (jetzt) auf, daß man nicht getrennt ist von den drei Roben. Wenn es den Ehrwürdigen recht ist, die Aufhebung, daß man nicht getrennt ist von den drei Roben, so mögen sie schweigen; wenn es nicht recht ist, mögen sie sprechen. Der Sangha hat sich geeinigt über die Aufhebung, daß man nicht getrennt ist von seinen drei Roben. Dem Sangha ist es recht, daher das Schweigen, so nehme ich es an'. (5)

So, ihr Mönche, soll man die Grenze aufheben: ein erfahrener und fähiger Mönch soll dem Sangha ankündigen: 'Höre mich, verehrungswürdiger Sangha, wenn es dem Sangha recht ist, möge der Sangha aufheben: dies ist eine Grenze für eine Gruppe, für einen Uposatha' ... Es ist dem Sangha recht, daher das Schweigen; so nehme ich es an." (6)

(Wenn), ihr Mönche, sich nicht über eine Grenze geeinigt wurde, (sie) nicht festgelegt wurde und (der Sangha) nahe bei einem Dorf oder einer Kleinstadt weilt, wenn jenes Dorf oder jene Kleinstadt eine Grenze hat, diese (Grenze) sei für eine Gruppe, für einen Uposatha. (Wenn), ihr Mönche, (der Sangha) nicht bei einem Dorfe weilt, sondern im Wald, sind nach allen Seiten sieben abbhantaras[12] eine Gruppe, ein Uposatha. Nicht, ihr Mönche, ist der ganze Fluß eine Grenze, nicht der ganze Ozean ist eine Grenze, nicht der ganze natürliche See ist eine Grenze. Soweit, ihr Mönche, wie ein mittelgroßer Mann mit der Hand Wasser in alle Richtungen werfen kann, soweit geht eine Gruppe soweit ist ein Uposatha[13]. (7) //12//

Zu jener Zeit hatte die Sechser Gruppe Mönche zu einer Grenze eine (weitere) hinzugefügt. Dem Erhabenen wurde dieser Sachverhalt erzählt. "Für diejenigen, ihr Mönche, die über die Grenze zuerst übereingekommen waren, für jene ist (dies) eine gesetzmäßige, festgelegte, angemessene Tat. Für diejenigen, ihr Mönche, die über die Grenze später übereingekommen waren, für jene ist (dies) eine nicht gesetzmäßige, nicht festgelegte, unangemessene Tat. Nicht soll man, ihr Mönche, einer Grenze eine weitere hinzufügen. Wer so hinzufügt, begeht ein dukkata Vergehen." (1)

Zu jener Zeit hatte sich die Sechser Gruppe Mönche über eine deckungsgleiche Grenze (mit der Grenze einer anderen Gruppe) geeinigt. (Rest wie (1)) Ich erlaube, ihr Mönche, wenn man sich über eine (neue) Grenze einigt, zur (alten) Grenze einen Zwischenraum gelassen habend, sich über eine Grenze zu einigen.(d.h. jede Gruppe muß ihre eigene Grenze festlegen, die mit der einer anderen Gruppe nicht übereinstimmen darf) (2) //13//

Dann kam den Mönchen folgender Gedanke: Wieviele Uposathatage gibt es? Dem Erhabenen erzählten sie diesen Sachverhalt. "Diese zwei Uposathatage, ihr Mönche, gibt es: den vierzehnten und den fünfzehnten[14] diese zwei Upo-

---

[11] weil dort die Roben nicht verbrennen bzw. von Ratten gefressen werden können.

[12] Längenmaß, nach dem Kommentar von Buddhaghosa ist 1 abbh = 28 Hände

[13] Wasser galt als rein und deshalb wurde dort gern Uposatha abgehalten.

[14] d.h. der 14. und der 29. Tag des Monats.

sathatage, ihr Mönche, gibt es." (1)

Dann kam den Mönchen folgender Gedanke: Wieviele Uposathaverfahren gibt es? Dem Erhabenen erzählten sie diesen Sachverhalt. "Diese vier Uposathaverfahren, ihr Mönche, gibt es: ein nicht regelgerechtes Uposathaverfahren von einer Teilgruppe, ein nicht regelgerechtes Uposathaverfahren von einer vollständigen Gruppe, ein regelgerechtes Uposathaverfahren von einer Teilgruppe, ein regelgerechtes Uposathaverfahren von einer vollständigen Gruppe. In diesem Fall, ihr Mönche, soll man nicht ein nicht regelgerechtes Uposathaverfahren von einer Teilgruppe machen; nicht wurde von mir ein derartiges Uposathaverfahren erlaubt. (2).

In diesem Fall, ihr Mönche, soll man nicht ein nicht regelgerechtes Uposathaverfahren von einer vollständigen Gruppe machen; nicht wurde von mir ein derartiges Uposathaverfahren erlaubt. In diesem Fall, ihr Mönche, soll man nicht ein regelgerechtes Uposathaverfahren von einer Teilgruppe machen; nicht wurde von mir ein derartiges Uposathaverfahren erlaubt. In diesem Fall, ihr Mönche, soll man ein regelgerechtes Uposathaverfahren von einer vollständigen Gruppe machen, ein derartiges Verfahren, ihr Mönche, wurde von mir erlaubt. Daher, ihr Mönche: wir wollen derartige Uposathaverfahren ausführen, die gesetzmäßig und von einer vollständigen Gruppe sind, so sollt ihr, ihr Mönche, euch üben. (3) //14//

Da kam den Mönchen folgender Gedanke: wieviele (Möglichkeiten), das Pātimokkha zu rezitieren gibt es? Dem Erhabenen erzählten sie diesen Sachverhalt. "Fünf (Möglichkeiten), das Pātimokkha zu rezitieren, ihr Mönche, gibt es: Nachdem (man) den Ursprungs(sachverhalt)[15] rezitiert hat, soll (man) ankündigen: der Rest wurde bereits gehört. Das ist die erste (Möglichkeit), das Pātimokkha zu rezitieren. Nachdem (man) den Ursprungs(sachverhalt) rezitiert und die vier Pārājikavergehen rezitiert hat, soll (man) ankündigen: der Rest wurde bereits gehört, das ist die zweite (Möglichkeit). Nachdem (man) den Ursprungs(sachverhalt) rezitiert und die vier Pārājikavergehen und die 13 Sanghādisesa Vergehen rezitiert hat, soll (man) ankündigen: der Rest wurde bereits gehört, das ist die dritte (Möglichkeit). Nachdem (man) den Ursprungs(sachverhalt) rezitiert und die vier Pārājikavergehen und die 13 Sanghādisesa Vergehen und die zwei Aniyatavergehen rezitiert hat, soll (man) ankündigen: der Rest wurde bereits gehört, das ist die vierte (Möglichkeit). Ausführlich ist die fünfte Art. Dies, ihr Mönche, sind die fünf Möglichkeiten, das Pātimokkha zu rezitieren." (1)

Zu jener Zeit (dachten) die Mönche: der Erhabene erlaubte, das Pātimokkha in Kürze zu rezitieren. Zu allen Zeiten rezitierten sie das Pātimokkha in Kürze. Dem Erhabenen erzählten sie diesen Sachverhalt. "Nicht soll man, ihr Mönche, das Pātimokkha in Kürze rezitieren, wer so tut, begeht ein dukkata Vergehen." (2)

Zu jener Zeit war im Kosalalande in einer gewissen Mönchsklause an einem Uposathatag Gefahr durch wilde (Menschen). Die Mönche konnten nicht ausführlich das Pātimokkha rezitieren. Dem Erhabenen erzählten sie diesen Sachverhalt. "Ich erlaube, ihr Mönche, wenn Gefahr besteht, in Kürze das Pātimokkha zu rezitieren." (3)

Zu jener Zeit rezitierte die Sechser Gruppe Mönche auch bei Nichtgefahr das Pātimokkha in Kürze. Dem Erhabenen erzählten sie diesen Sachverhalt. "Nicht soll man, ihr Mönche, bei Nichtgefahr das Pātimokkha in Kürze rezitieren, wer so rezitiert, begeht ein dukkata Vergehen. Ich erlaube, ihr Mönche, wenn Gefahr besteht, das Pātimokkha in Kürze zu rezitieren. Dieses sind Gefahren: Gefahr durch den König, durch den Dieb, durch das Feuer, durch das Wasser, durch die Menschen, durch die Nichtmenschen (Geister), durch Raubtiere, durch Kriechtiere, für das Leben, für den Reinheitswandel. Ich erlaube, ihr Mönche, in derartigen Gefahren das Pātimokkha in Kürze zu rezitieren; wenn (diese) Gefahren nicht bestehen ausführlich." (4)

Zu jener Zeit hatte die Sechser Gruppe Mönche inmitten des Sangha die Lehre ungefragt dargelegt. Dem Erhabenen erzählten sie diesen Sachverhalt. "Nicht soll man, ihr Mönche, ungefragt inmitten des Sanghas die Lehre darlegen; wer so darlegt, begeht ein dukkata Vergehen. Ich erlaube, ihr Mönche, das ein Thera selbst die Lehre darlegt oder einen anderen fragt (dies zu tun)." (5)

Zu jener Zeit fragte die Sechser Gruppe Mönche inmitten des Sangha, ohne das man sich darüber geeinigt hatte, nach dem Vinaya. Dem Erhabenen erzählten sie diesen Sachverhalt. "Nicht soll man, ihr Mönche, ohne sich darüber geeinigt zu haben, nach dem Vinaya fragen; wer so fragt, begeht ein dukkata Vergehen. Ich erlaube, ihr Mönche, nachdem man sich darüber geeinigt hat, inmitten des Sangha nach dem Vinaya zu fragen; und so, ihr Mönche, soll man sich einigen: durch sich selbst sich selbst bevollmächtigen oder einen anderen durch einen anderen bevollmächtigen (nach dem

---

[15] d.h. den Anlaß, bei dem der Buddha die Regel erließ.

Vinaya zu fragen). (6)

Wie soll man sich selbst durch sich selbst bevollmächtigen? Ein fähiger und erfahrener Mönch soll dem Sangha ankündigen: 'Höre mich, verehrungswürdiger Sangha, wenn es dem Sangha recht ist, werde ich den so und so genannten über den Vinaya befragen'. So soll man sich selbst durch sich selbst bevollmächtigen. Wie soll ein anderer durch einen anderen bevollmächtigt werden? Ein fähiger und erfahrener Mönch soll dem Sangha ankündigen: 'Höre mich, verehrungswürdiger Sangha, wenn es dem Sangha recht ist, wird der so und so genannte den so und so genannten über den Vinaya befragen'. So soll ein anderer durch einen anderen bevollmächtigt werden." (7)

Zu jener Zeit fragten die sich gut verhaltenden Mönche inmitten des Sanghas bevollmächtigt über den Vinaya. Die Sechser Gruppe Mönche nahm das Übel, nahm daran Anstoß, drohte mit Tätlichkeiten. Dem Erhabenen erzählten sie diesen Sachverhalt. "Ich erlaube, ihr Mönche, obwohl bevollmächtigt, nachdem man die Gruppe beobachtet hat, nachdem man jeden einzelnen abgeschätzt hat, nach dem Vinaya zu fragen." (8)

Zu jener Zeit antwortete die Sechser Gruppe Mönche inmitten des Sangha, ohne das man sich darüber geeinigt hatte, auf Fragen nach dem Vinaya. Dem Erhabenen erzählten sie diesen Sachverhalt. "Nicht soll man, ihr Mönche, ohne sich darüber geeinigt zu haben, auf Fragen nach dem Vinaya antworten; wer so antwortet, begeht ein dukkata Vergehen. Ich erlaube, ihr Mönche, nachdem man sich darüber geeinigt hat, inmitten des Sangha auf Fragen nach dem Vinaya zu antworten; und so, ihr Mönche, soll man sich einigen: durch sich selbst sich selbst bevollmächtigen oder einen anderen durch einen anderen bevollmächtigen (auf Fragen nach dem Vinaya zu antworten). (9)

Wie soll man sich selbst durch sich selbst bevollmächtigen? Ein fähiger und erfahrener Mönch soll dem Sangha ankündigen: 'Höre mich, verehrungswürdiger Sangha, wenn es dem Sangha recht ist, werde ich durch den so und so genannten über den Vinaya befragt, antworten. So soll man sich selbst durch sich selbst bevollmächtigen. Wie soll ein anderer durch einen anderen bevollmächtigt werden? Ein fähiger und erfahrener Mönch soll dem Sangha ankündigen: 'Höre mich, verehrungswürdiger Sangha, wenn es dem Sangha recht ist, wird der so und so genannte durch den so und so genannten über den Vinaya befragt, antworten'. So soll ein anderer durch einen anderen bevollmächtigt werden." (10)

Zu jener Zeit antworteten die sich gut verhaltenden Mönche inmitten des Sanghas bevollmächtigt auf Fragen über den Vinaya. Die Sechser Gruppe Mönche nahm das Übel, nahm daran Anstoß, drohte mit Tätlichkeiten. Dem Erhabenen erzählten sie diesen Sachverhalt. "Ich erlaube, ihr Mönche, obwohl bevollmächtigt, nachdem man die Gruppe beobachtet hat, nachdem man jeden einzelnen abgeschätzt hat, auf Fragen nach dem Vinaya zu antworten." (11) //15//

Zu jener Zeit warf die Sechser Gruppe Mönche einem Mönch ein Vergehen vor, ohne (es vorher) mit ihm zu besprechen. Dem Erhabenen erzählten sie diesen Sachverhalt. "Man soll nicht einem Mönch, ohne es zu besprechen ein Vergehen vorwerfen. Wer so vorwirft, begeht ein dukkata Vergehen. Ich erlaube, ihr Mönche, nachdem man es besprochen hat, ein Vergehen vorzuwerfen, (so sagend): "Möge der Verehrungswürdige (uns) eine Gelegenheit (zum Besprechen) geben. Dies möchte ich sagen." (1)

Zu jener Zeit warfen die sich gut verhaltenden Mönche der Sechser Gruppe Mönche, nachdem sie es besprochen hatten, ein Vergehen vor. Die Sechser Gruppe Mönche nahm das Übel, nahm daran Anstoß, drohte mit Tätlichkeiten. Dem Erhabenen erzählten sie diesen Sachverhalt. "Ich erlaube, ihr Mönche, obwohl (die Vorwürfe) besprochen wurden, nachdem man jeden einzelnen abgeschätzt hat, ein Vergehen vorzuwerfen." (2)

Zu jener Zeit (dachte) die Sechser Gruppe Mönche: früher gaben uns die sich gut verhaltenden Mönche Gelegenheit (zur Besprechung). Schon vorher baten sie die reinen Mönche, die kein Vergehen begangen hatten, ohne Grund, ohne Anlaß zu einer Besprechung. Dem Erhabenen erzählten sie diesen Sachverhalt. "Nicht soll man, ihr Mönche, reine Mönche, die kein Vergehen begangen haben, ohne Grund, ohne Anlaß zu einer Besprechung (bitten). Wer so tut, begeht ein dukkata Vergehen. Ich erlaube, ihr Mönche, nachdem man jeden einzelnen abgeschätzt hat, um eine Besprechung zu bitten." (3)

Zu jener Zeit vollzog die Sechser Gruppe inmitten des Sanghas einen Akt, der nicht mit dem Vinaya übereinstimmt. Dem Erhabenen erzählten sie diesen Sachverhalt. "Nicht soll man, ihr Mönche, inmitten des Sanghas einen Akt vollziehen, der nicht mit dem Vinaya übereinstimmt. Wer so tut, begeht ein dukkata Vergehen." Sie begingen weiter Akte nicht nach dem Vinaya. Dem Erhabenen erzählten sie diesen Sachverhalt. "Ich erlaube, ihr Mönche, bei den nicht gesetzmäßigen (vinayagemäßen) Akten, diese abzulehnen." (4)

Zu jener Zeit lehnten die sich gut verhaltenden Mönche die nicht vinayagemäßen Akte der Sechser Gruppe Mönche ab. Die Sechser Gruppe Mönche nahm das Übel, nahm daran Anstoß, drohte mit Tätlichkeiten. Dem Erhabenen erzählten sie diesen Sachverhalt. "Ich erlaube, ihr Mönche, die (eigene) Ansicht aufzudecken." Bei jenen (Sechser Gruppe) wurde die Ansicht aufgedeckt. Die Sechser Gruppe Mönche nahm das Übel, nahm daran Anstoß, drohte mit Tätlichkeiten. Dem Erhabenen erzählten sie diesen Sachverhalt. "Ich erlaube, ihr Mönche, bei vier oder fünf (Personen) abzulehnen, bei zwei oder drei (Personen) die Ansicht aufzudecken, bei einer Person darauf zu bestehen: das ist mir nicht recht." (5)

Zu jener Zeit hat die Sechser Gruppe Mönche, während sie das Pātimokkha rezitierten, absichtlich leise rezitiert. Dem Erhabenen erzählten sie diesen Sachverhalt. "Nicht soll man, ihr Mönche, das Pātimokkha absichtlich leise rezitieren, wer so rezitiert, begeht ein dukkata Vergehen." (6)

Zu jener Zeit hat der ehrwürdige Udāyi dem Sangha das Pātimokkha rezitiert mit einer Stimme wie von einer Krähe. Da kam dem ehrwürdigen Udāyi folgender Gedanke: Der Erhabene erließ, daß man das Pātimokkha nicht leise rezitieren soll, aber ich habe eine Stimme wie eine Krähe, wie soll ich mich jetzt verhalten? Dem Erhabenen erzählten sie diesen Sachverhalt. "Ich erlaube, ihr Mönche, daß der das Pātimokkha Rezitierende sich anstrengt: wie kann ich gehört werden? Für den sich Anstrengenden ist das kein Vergehen." (7)

Zu jener Zeit hat Devadatta mit einer Gruppe von Laien das Pātimokkha rezitiert. Dem Erhabenen erzählten sie diesen Sachverhalt. "Nicht soll man, ihr Mönche, das Pātimokkha mit einer Gruppe von Laien rezitieren. Wer so rezitiert, begeht ein dukkata Vergehen." (8)

Zu jener Zeit rezitierte die Sechser Gruppe Mönche, ohne darum gebeten zu sein, das Pātimokkha inmitten des Sanghas. Dem Erhabenen erzählten sie diesen Sachverhalt. "Nicht soll man, ihr Mönche, ohne darum gebeten zu sein, das Pātimokkha inmitten des Sanghas rezitieren. Wer so rezitiert, begeht ein dukkata Vergehen. Ich erlaube, ihr Mönche, das Pātimokkha unter Leitung eines Theras (zu rezitieren)." (9) //16//

Das Kapitel über die Andersgläubigen ist beendete.

Dann, nachdem der Erhabene in Rājagaha, solange es ihm gefiel, geweilt hatte, brach er zu einer Reise nach Codanāvatthu auf. Nach und nach den Weg nach Codanāvatthu gehend, kam er dort an. Zu jener Zeit weilten in einer gewissen Mönchsklause viele Mönche, dort war der Thera ungebildet und unerfahren. Er wußte nicht, (wann) Uposatha ist, (wie) der Uposathaablauf ist, wußte nicht das Pātimokkha, die Rezitation des Pātimokkhas. (1)

Da kam jenen Mönchen folgender Gedanke: Der Erhabene erließ: ein Thera soll das Pātimokkha leiten; aber dieser, unser Thera ist ein Ungebildeter und Unerfahrener; er weiß nicht, (wann) Uposatha ist, (wie) der Uposathaablauf ist, weiß nicht das Pātimokkha, die Rezitation des Pātimokkhas. Wie sollen wir uns jetzt verhalten? Dem Erhabenen erzählten sie diesen Sachverhalt. "Ich erlaube, ihr Mönche, wenn dort ein Mönch ist, der gebildet und erfahren ist, (ihn) für das Pātimokkha einzusetzen." (2)

Zu jener Zeit weilten in einer gewissen Mönchsklause viele ungebildete und unerfahrene Mönche am Uposathatag. Sie wußten nicht, (wann) Uposatha ist, (wie) der Uposathaablauf ist, wußten nicht das Pātimokkha, die Rezitation des Pātimokkhas. Sie baten einen Thera: "Rezitiere, Verehrungswürdiger, das Pātimokkha." Jener sagte: "Ich kann das nicht, Brüder." Sie baten einen zweiten Thera, einen dritten Thera. Sie fragten in dieser Weise bis zum Sanghaneuling (alle): "Rezitiere, Ehrwürdiger, das Pātimokkha." Jene sagten folgendes: "Ich kann das nicht, Verehrungswürdige." Dem Erhabenen erzählten sie diesen Sachverhalt. (3)

"Hier weilten in einer gewissen Mönchsklause viele ungebildete und unerfahrene Mönche am Uposathatag. Sie wissen nicht, (wann) Uposatha ist, (wie) der Uposathaablauf ist, wissen nicht das Pātimokkha, die Rezitation des Pātimokkhas. Sie baten den Thera: "Rezitiere, Verehrungswürdiger, das Pātimokkha." Jener sagte: "Ich kann das nicht, Brüder." Sie baten einen zweiten Thera, einen dritten Thera. Sie fragten in dieser Weise bis zum Sanghaneuling (alle): "Rezitiere, Ehrwürdiger, das Pātimokkha." Jene sagten folgendes: "Ich kann das nicht, Verehrungswürdige." Von jenen Mönchen, ihr Mönche, soll sofort ein Mönch zu allen Mönchsklausen geschickt werden: gehe, Bruder, nachdem du in Kürze oder ausführlich das Pātimokkha erlernt hast, komme zurück." (4,5)

Da kam den Mönchen folgender Gedanke: von wem soll (er) geschickt werden? Dem Erhabenen erzählten sie diesen Sachverhalt. "Ich erlaube, ihr Mönche, daß ein Thera einen neuen Mönche beauftragt." Beauftragt von dem Thera gehen die neuen Mönche nicht. Dem Erhabenen erzählten sie diesen Sachverhalt. "Nicht, ihr Mönche, soll der von einem Thera Beauftragte, Nichtkranke nicht gehen. Wer nicht geht, begeht ein dukkata Vergehen." (6) //17//

Nachdem der Erhabene, solange es ihm gefiel, in Codanāvatthu geweilt hatte, ging er wieder nach Rājagaha zurück. Zu jener Zeit fragten die Menschen die Mönche auf ihrem Almosengang: "Welcher Tag des Halbmondes ist heute?" Die Mönche antworteten folgendes: "Das, Bruder, wissen wir nicht." Die Menschen wurden verärgert, unruhig, erregt: Nicht einmal die Halbmond(tage) zu zählen wissen diese Asketen, die Söhne aus dem Sakyageschlecht; wissen sie irgend etwas anderes Gutes? Dem Erhabenen erzählten sie diesen Sachverhalt. "Ich erlaube, ihr Mönche, das Zählen der Halbmondtage zu lernen." (1)

Da kam den Mönchen folgender Gedanke: "Wer soll das Zählen der Halbmondtage lernen?" Dem Erhabenen erzählten sie diesen Sachverhalt. "Ich erlaube, ihr Mönche, daß alle das Zählen der Halbmondtage lernen." (2)

Zu jener Zeit fragten die Menschen die Mönche auf dem Almosengang: "Wieviele Mönche seid ihr?" Die Mönche antworteten folgendes: "Das, Bruder, wissen wir nicht." Die Menschen wurden verärgert, unruhig, erregt: Nicht kennen sie sich gegenseitig die Asketen, die Söhne aus dem Sakyageschlecht; wissen sie irgend etwas anderes Gutes? Dem Erhabenen erzählten sie diesen Sachverhalt. "Ich erlaube, ihr Mönche, die Mönche zu zählen."(3)

Da kam den Mönchen folgender Gedanke: "Wann sollen die Mönche gezählt werden?" Dem Erhabenen erzählten sie diesen Sachverhalt. "Ich erlaube, ihr Mönche, die Mönche am Uposathatag zu zählen durch Gruppenbildung oder durch das Nehmen eines Loses." (4) //18//

Zu jener Zeit wußten die Mönche nicht: ist heute Uposatha? Sie gingen in einem entfernten Dorf auf Almosengang. Sie kamen (zurück) bei der Rezitation des Pātimokkhas oder als es gerade rezitiert worden war. Dem Erhabenen erzählten sie diesen Sachverhalt. "Ich erlaube, ihr Mönche, die Ankündigung: 'Heute ist Uposatha'." Da kam den Mönchen folgender Gedanke: Von wem soll angekündigt werden? Dem Erhabenen erzählten sie diesen Sachverhalt. "Ich erlaube, ihr Mönche, daß ein Thera rechtzeitig ankündigt." Zu jener Zeit erinnerte sich ein gewisser Thera nicht rechtzeitig. Dem Erhabenen erzählten sie diesen Sachverhalt. "Ich erlaube, ihr Mönche, anzukündigen, sogar zur Essenszeit." Auch zur Essenszeit hatte er es vergessen. Dem Erhabenen erzählten sie diesen Sachverhalt. "Ich erlaube, ihr Mönche, zu der Zeit, wenn er sich erinnert, zu der Zeit es anzukündigen." (1) //19//

Zu jener Zeit war in einer gewissen Mönchsklause das Uposathahaus schmutzig. Die Gastmönche wurden verärgert, unruhig, erregt: Wie können diese Mönche das Uposathahaus nicht ausfegen? Dem Erhabenen erzählten sie diesen Sachverhalt. "Ich erlaube, ihr Mönche, das Uposathahaus auszufegen." (1)

Da kam den Mönchen folgender Gedanke: Wer soll das Uposathahaus ausfegen? Dem Erhabenen erzählten sie diesen Sachverhalt. "Ich erlaube, ihr Mönche, daß ein Thera einen neuen Mönch (damit) beauftragt." Die von den Theras beauftragten neuen Mönche fegten nicht aus. Dem Erhabenen erzählten sie diesen Sachverhalt. "Nicht soll, ihr Mönche, ein von einem Thera Beauftragter, Nichtkranker, nicht ausfegen. Wer so tut, begeht ein dukkata Vergehen." (2)

Zu jener Zeit waren im Uposathahaus die Sitze nicht vorbereitet. Die Mönche saßen auf der Erde. Die Glieder und Roben wurden staubbedeckt. Dem Erhabenen erzählten sie diesen Sachverhalt. "Ich erlaube, ihr Mönche, im Uposathahaus die Sitze vorzubereiten." Da kam den Mönchen folgender Gedanke: Wer soll die Sitze vorbereiten? Dem Erhabenen erzählten sie diesen Sachverhalt. "Ich erlaube, ihr Mönche, daß ein Thera einen neuen Mönch (damit) beauftragt." Die von den Theras beauftragten neuen Mönche bereiteten die Sitze nicht vor. Dem Erhabenen erzählten sie diesen Sachverhalt. "Nicht soll, ihr Mönche, ein von einem Thera Beauftragter, Nichtkranker, nicht die Sitze vorbereiten. Wer so tut, begeht ein dukkata Vergehen." (3)

Zu jener Zeit war kein Licht im Uposathahaus. Die Mönche traten im Dunkeln auf die Körper und die Roben. Dem Erhabenen erzählten sie diesen Sachverhalt. "Ich erlaube, ihr Mönche, im Uposathahaus Licht zu machen." Da kam den Mönchen folgender Gedanke: Wer soll im Uposathahaus Licht machen? ... "Nicht soll, ihr Mönche, ein von einem Thera Beauftragter, Nichtkranker, nicht im Uposathahaus Licht machen. Wer so tut, begeht ein dukkata Vergehen." (4)

Zu jener Zeit in einer gewissen Mönchsklause stellten die in der Klause lebenden Mönche nicht einmal Trink- und Waschwasser bereit. Die Gastmönche wurden verärgert, unruhig, erregt: Wie können diese Mönche nicht einmal Trink- und Waschwasser bereitstellen? Dem Erhabenen erzählten sie diesen Sachverhalt. "Ich erlaube, ihr Mönche, Trink- und Waschwasser bereitzustellen." (5)

Da kam den Mönchen folgender Gedanke: Wer soll Trink- und Waschwasser bereitstellen? ... "Nicht soll, ihr Mönche, ein von einem Thera Beauftragter, Nichtkranker, nicht Trink- und Waschwasser bereitstellen. Wer so tut, begeht ein dukkata Vergehen." (6) //20//

Zu jener Zeit gingen viele ungebildete und unerfahrene Mönche in entfernte Gegenden, ohne die Lehrer und Unterweiser gefragt zu haben. Dem Erhabenen erzählten sie diesen Sachverhalt. "In diesem Fall, ihr Mönche, sind viele ungebildete und unerfahrene Mönche in entfernte Gegenden gegangen, ohne die Lehrer und Unterweiser gefragt zu haben. Jene Lehrer und Unterweiser, ihr Mönche, sollen fragen: 'Wo geht ihr hin, mit wem geht ihr?' Würden jene Ungebildeten und Unerfahrenen, ihr Mönche, andere Ungebildete und Unerfahrene angeben, nicht, ihr Mönche, sollen die Lehrer und Unterweiser (es) erlauben. Würden jene (es) erlauben, begehen (sie) ein dukkata Vergehen. Würden jene Ungebildeten und Unerfahrenen, ihr Mönche, unerlaubt von den Lehrern und Unterweisern gehen, begehen (sie) ein dukkata Vergehen. (1)

In diesem Fall, ihr Mönche, leben in einem gewissen Klosterbezirk viele ungebildete und unerfahrene Mönche. Sie wissen nicht, wann Uposatha ist, wie Uposatha zu begehen ist, was das Pātimokkha ist, wie das Pātimokkha zu rezitieren ist. Dort kommt ein anderer Mönch, gebildet, geschult, (er) weiß die Lehre, weiß die Zucht, weiß die Tabellen[16], ein Weiser, Erfahrener, Kluger, Gewissenhafter, Getreuer, Lernwilliger. Jene Mönche, ihr Mönche, sollen diesem Mönch helfen, ermutigen, unterstützen, pflegen durch (geben von) Kalk, Lehm, Zahnstäbchen, Wasser für das Gesicht. Wer nicht hilft, ermutigt, unterstützt, pflegt durch (geben von) Kalk, Lehm, Zahnstäbchen, Wasser für das Gesicht, begeht ein dukkata Vergehen. (2)

In diesem Fall, ihr Mönche, in einer gewissen Mönchsklause, weilten an jenem Uposatha viele ungebildete, unerfahrene Mönche. Sie wissen nicht, wann Uposatha ist, wie Uposatha zu begehen ist, was das Pātimokkha ist, wie das Pātimokkha zu rezitieren ist. Von jenen Mönchen, ihr Mönche, soll ein Mönch sofort zu einer nahen Mönchsklause geschickt werden: gehe, Bruder, nachdem du in Kürze oder ausführlich das Pātimokkha gelernt hast, komme zurück. Wenn ihr es bekommt, ist es gut. Wenn ihr es nicht bekommt, sollen alle jene Mönche, ihr Mönche, zu einer Mönchsklause gehen, wo (man) weiß, wann Uposatha ist, wie Uposatha zu begehen ist, was das Pātimokkha ist, wie das Pātimokkha zu rezitieren ist. Wer nicht geht, begeht ein dukkata Vergehen. (3)

In diesem Fall, ihr Mönche, in einer gewissen Mönchsklause, weilten an jenem Uposatha viele ungebildete, unerfahrene Mönche. Sie wissen nicht, wann Uposatha ist, wie Uposatha zu begehen ist, was das Pātimokkha ist, wie das Pātimokkha zu rezitieren ist. Von jenen Mönchen, ihr Mönche, soll ein Mönch zu einer nahen Mönchsklause geschickt werden: gehe, Bruder, nachdem du in Kürze oder ausführlich das Pātimokkha gelernt hast, komme zurück. Wenn ihr es bekommt, ist es gut. Wenn ihr es nicht bekommt, soll ein Mönch für sieben Tage (fort)geschickt werden: gehe, Bruder, nachdem du in Kürze oder ausführlich das Pātimokkha gelernt hast, komme zurück. Wenn ihr es bekommt, ist es gut. Wenn ihr es nicht bekommt, sollen jene Mönche, ihr Mönche, in jener Mönchsklause nicht eine Regenzeit verweilen. Wer so verweilt, begeht ein dukkata Vergehen." (4) //21//

Dann sprach der Erhabene die Mönche an: "Versammelt euch, ihr Mönche, der Sangha wird Uposatha begehen." Als dies gesagt wurde, sagte ein gewisser Mönch dem Erhabenen folgendes: "Verehrungswürdiger, ein Mönch ist krank, er ist nicht gekommen." "Ich erlaube, ihr Mönche, daß der kranke Mönch seine Reinheit bekennt. So soll, ihr Mönche, er bekennen: jener kranke Mönch, nachdem er zu einem Mönch gekommen ist, das Obergewand auf eine Schulter gelegt hat, sich niedergehockt hat, die Hände zusammengelegt hat, soll (er) jenem sagen: "Ich bekenne die Reinheit, mein Reinheit(sbekenntnis) überbringe, meine Reinheit verkünde, (dieses) soll er durch den Körper wissen lassen, durch die Sprache wissen lassen, durch den Körper und die Sprache wissen lassen; wenn er nicht durch den Körper, durch die Sprache, durch den Körper und die Sprache wissen läßt, hat er die Reinheit nicht bekannt. (1)

Wenn ihr sie (die Reinheit) erhaltet, ist es gut. Wenn ihr sie nicht erhaltet, soll jener kranke Mönch, ihr Mönche, nachdem er mit dem Bett oder mit dem Stuhl inmitten des Sanghas gebracht wurde, Uposatha begehen. Wenn, ihr Mönche, dem krankenpflegenden Mönch einfällt: wenn wir den Kranken von (diesem) Platz fortbringen, wird die Krankheit schlimmer oder der Tod wird eintreten. Nicht soll man, ihr Mönche, den Kranken fortbringen, nachdem der Sangha sich dort (beim Kranken) versammelt hat, soll man Uposatha begehen. Nicht soll man Uposatha in einer (unvollständigen) Teil(gruppe) begehen. Wer (Uposatha) so begeht, begeht ein dukkata Vergehen. (2)

---

[16] Abhidhamma

MV 2

Der Reinheits(bekenntnis)überbringer, ihr Mönche, (wenn er) mit dem gegebenen Reinheits(bekenntnis) woanders hingeht (als zum Uposatha), soll er einem anderen die Reinheits(bekenntnis) weitergeben. Der Reinheits(bekenntnis)überbringer, ihr Mönche, soll einem anderen (Mönch) das Reinheits(bekenntnis) weitergeben, wenn er: den Orden verläßt, stirbt, bekennt, ein Novize zu sein, bekennt, die Regeln nicht zu halten, bekennt, ein Pārājikavergehen begangen zu haben, bekennt, verrückt zu sein, bekennt, einen ungefestigte Gemütsverfassung[17] zu haben, bekennt, körperliche Schmerzen zu haben, bekennt, ausgeschlossen (worden) zu sein, weil er ein Vergehen nicht (ein)sah, bekennt, ausgeschlossen (worden) zu sein, weil er ein Vergehen nicht wieder gutmachte, bekennt, ausgeschlossen (worden) zu sein, weil er eine schlecht Ansicht nicht aufgegeben hat, bekennt, ein Eunuch zu sein, bekennt, einer zu sein, der vorgibt ein Mönch zu sein[18], bekennt, einer zu sein, der mit anderen Sekten verkehrt, bekennt, ein Tier zu sein, bekennt, ein Muttermörder zu sein, bekennt, ein Vatermörder zu sein, bekennt, ein Heiligenmörder zu sein, bekennt, ein Nonnenschänder zu sein, bekennt, ein Sanghaspalter zu sein, bekennt, ein Blutvergießer (des Erhabenen) zu sein, bekennt, ein Hermaphrodit zu sein. (3)

Wenn der Reinheits(bekenntnis)überbringer, ihr Mönche, mit der gegebenen Reinheitsbekenntnis einen anderen Weg einschlägt, ist die Reinheitsbekenntnis nicht erbracht worden. Wenn der Reinheits(bekenntnis)überbringer, ihr Mönche, mit dem gegebenen Reinheitsbekenntnis auf dem Wege den Orden verläßt, stirbt, bekennt, ein Novize zu sein, bekennt, die Regeln nicht zu halten, bekennt, ein Pārājikavergehen begangen zu haben, bekennt, verrückt zu sein ... ist das Reinheitsbekenntnis nicht erbracht worden. Wenn der Reinheits(bekenntnis)überbringer, ihr Mönche, mit dem gegebenen Reinheitsbekenntnis beim Sangha angelangt ist, (und dann) weggeht, ist das Reinheitsbekenntnis erbracht worden. Wenn der Reinheits(bekenntnis)überbringer, ihr Mönche, mit dem gegebenen Reinheits(bekenntnis) beim Sangha angelangt ist, (und dann) den Orden verläßt, stirbt, bekennt, ein Novize zu sein, bekennt, die Regeln nicht zu halten, bekennt, ein Pārājikavergehen begangen zu haben, bekennt, verrückt zu sein ... ist das Reinheitsbekenntnis erbracht. Wenn der Reinheits(bekenntnis)überbringer, ihr Mönche, mit dem gegebenen Reinheitsbekenntnis beim Sangha angelangt ist, hat (dem Sangha) aber nichts erzählt, weil er schlief, oder nichts erzählt, weil er träge war, weil er in einem jhāna war, erbracht ist die Reinheitsbekenntnis; der Reinheits(bekenntnis)überbringer begeht kein Vergehen. Wenn der Reinheits(bekenntnis)überbringer mit dem gegebenen Reinheits(bekenntnis) beim Sangha angelangt ist und absichtlich nichts sagt, ist die Reinheitsbekenntnis erbracht, der Reinheits(bekenntnis)überbringer begeht ein dukkata Vergehen." (4) //22//

Dann sprach der Erhabene die Mönche an: "Versammelt (euch), ihr Mönche, der Sangha wird einen Vinayaakt ausführen." Als dies gesagt wurde, sagte ein gewisser Mönch dem Erhabenen folgendes: "Ein Mönch, Verehrungswürdiger, ist krank, er ist nicht gekommen." "Ich erlaube, ihr Mönche, daß der kranke Mönch seine Zustimmung gibt (daß der Sangha den Akt ohne ihn ausführt). So, ihr Mönche, soll man seine Zustimmung geben: jener kranke Mönch, nachdem er zu einem Mönch gekommen ist, das Obergewand auf eine Schulter gelegt hat, sich niedergehockt hat, die Hände zusammengelegt hat, soll (er) jenem sagen: "Ich gebe meine Zustimmung, meine Zustimmung überbringe, meine Zustimmung verkünde, (dieses) soll er durch den Körper wissen lassen, durch die Sprache wissen lassen, durch den Körper und die Sprache wissen lassen; wenn er nicht durch den Körper, durch die Sprache, durch den Körper und die Sprache wissen läßt, hat er die Zustimmung nicht gegeben. (1)

Wenn ihr sie (die Zustimmung) erhaltet, ist es gut. Wenn ihr sie nicht erhaltet, soll jener kranke Mönch, ihr Mönche, nachdem er mit dem Bett oder mit dem Stuhl inmitten des Sanghas gebracht wurde, den Vinayaakt begehen. Wenn, ihr Mönche, dem krankenpflegenden Mönch einfällt: wenn wir den Kranken von (diesem) Platz fortbringen, wird die Krankheit schlimmer oder der Tod wird eintreten. Nicht soll man, ihr Mönche, den Kranken fortbringen, nachdem der Sangha sich dort (beim Kranken) versammelt hat, soll man den Vinayaakt begehen. Nicht soll man den Vinayaakt in einer (unvollständigen) Teil(gruppe) begehen. Wer (den Vinayaakt) so begeht, begeht ein dukkata Vergehen. (2)

Der Zustimmungsüberbringer, ihr Mönche, (wenn er) mit der gegebenen Zustimmung woanders hingeht (als zum Vinayaakt), soll er einem anderen die Zustimmung weitergeben. Der Zustimmungsüberbringer, ihr Mönche, soll einem anderen (Mönch) die Zustimmung weitergeben, wenn er: den Orden verläßt, stirbt, bekennt, ein Novize zu sein, bekennt, die Regeln nicht zu halten, bekennt, ein Pārājikavergehen begangen zu haben, bekennt, verrückt zu sein ... [weiter wie in //22// 3+4] ... Wenn der Zustimmungsüberbringer mit der gegebenen Zustimmung beim Sangha angelangt ist und absichtlich nichts sagt, ist die Zustimmung erbracht, der Zustimmungsüberbringer begeht ein dukkata

---

[17] khittacitto

[18] er ist nicht ordiniert worden, siehe MV I 62/3.

Vergehen. Ich erlaube, ihr Mönche, an jenem Uposathatag daß der, der die Reinheits(bekenntnis) überbringt, auch die Zustimmung überbringt: Möge der Sangha tun, was ihm obliegt." (3) //23//

Zu jener Zeit wurde ein gewisser Mönch an einem Uposathatag von Verwandten festgehalten. Dem Erhabenen erzählten sie diesen Sachverhalt. "In diesem Fall, ihr Mönche, ist ein Mönch an einem Uposathatag von seinen Verwandten festgehalten worden. Jenen Verwandten sollen die Mönche sagen: "Gut wäre es, ihr Ehrwürdigen, diesen Mönch für kurze Zeit fortgehen zu lassen, bis dieser Mönch den Uposatha begangen hat." (1)

Wenn man das erhält, ist es heilsam; wenn man es nicht erhält, sollen die Mönche jenen Verwandten sagen: "Gut wäre es, Ihr Ehrwürdigen, kurze Zeit beiseite zu treten, bis der Mönch sein Reinheitsbekenntnis gegeben hat." Wenn man das erhält, ist es heilsam; wenn man es nicht erhält, sollen die Mönche jenen Verwandten sagen: Gut wäre es, Ihr Ehrwürdigen, wenn ihr diesen Mönch für kurze Zeit aus den Grenzen (des Sanghas) hinausführt, bis der Sangha Uposatha begangen hat." Wenn man das erhält ist es heilsam; wenn man es nicht erhält, kann der Sangha unvollständig kein Uposatha begehen. Wer so tut, begeht ein dukkata Vergehen." (2)

In diesem Fall, ihr Mönche, wurde an einem Uposatha ein Mönch vom König festgehalten, von Dieben festgehalten, von Verkommenen festgehalten, von gegnerischen Mönchen festgehalten. Dem Erhabenen erzählten sie diesen Sachverhalt ... Wenn man das erhält ist es heilsam; wenn man es nicht erhält, kann der Sangha unvollständig kein Uposatha begehen. Wer so tut, begeht ein dukkata Vergehen." (3) //24//

Dann sprach der Erhabene die Mönche an: "Versammelt euch, ihr Mönche, es gibt für den Sangha zu tun." Als das gesagt wurde, sagte ein gewisser Mönch dem Erhabenen folgendes: "Es gibt, Verehrungswürdiger, den Mönch namens Gagga, einen Irren, er ist nicht gekommen." "Es gibt zweierlei Irre, ihr Mönche, es gibt einen irren Mönch, der erinnert sich an Uposatha oder erinnert sich nicht, erinnert sich an den Vinayaakt des Sangha oder erinnert sich nicht, einer erinnert sich überhaupt nicht, einer kommt zu Uposatha oder er kommt nicht, er kommt zum Vinayaakt des Sangha oder er kommt nicht, einer kommt überhaupt nicht. (1)

In diesem Fall, ihr Mönche, (wenn) dieser Irre sich an Uposatha erinnert oder nicht erinnert, sich an den Vinayaakt des Sangha erinnert oder nicht erinnert, zu Uposatha kommt oder nicht kommt, zum Vinayaakt des Sangha kommt oder nicht kommt, erlaube ich, ihr Mönche, einem derartigen Irren den Status eines Irren zu geben[19]. (2)

So soll man, ihr Mönche, (den Status) geben: ein erfahrener und fähiger Mönch soll dem Sangha ankündigen: 'Höre mich, verehrungswürdiger Sangha, der Mönch Gagga ist ein Irrer, er erinnert sich an Uposatha oder er erinnert sich nicht, er erinnert sich an den Vinayaakt des Sangha oder er erinnert sich nicht, er kommt zum Uposatha oder er kommt nicht, er kommt zum Vinayaakt des Sangha oder er kommt nicht. Wenn es dem Sangha recht ist, soll der Sangha dem irren Mönch Gagga den Status eines Irren geben. Würde sich der Mönch Gagga an Uposatha erinnern oder nicht erinnern, an den Vinayaakt den Sangha erinnern oder nicht erinnern, würde er zum Uposatha kommen oder nicht, würde er zum Vinayaakt des Sangha kommen oder nicht, mit Gagga und ohne Gagga sollte der Sangha Uposatha begehen, den Vinayaakt begehen'. Das ist die Ankündigung. (3)

'Höre mich, verehrungswürdiger Sangha, der Mönch Gagga ist ein Irrer, er erinnert sich an Uposatha oder er erinnert sich nicht, er erinnert sich an den Vinayaakt des Sangha oder er erinnert sich nicht, er kommt zum Uposatha oder er kommt nicht, er kommt zum Vinayaakt des Sangha oder er kommt nicht. Der Sangha gibt dem Mönch Gagga (den Status) eines Irren, würde sich der Mönch Gagga an Uposatha erinnern oder nicht erinnern, an den Vinayaakt des Sanghas erinnern oder nicht erinnern, würde er zum Uposatha kommen oder nicht, würde er zum Vinayaakt des Sangha kommen oder nicht, mit Gagga und ohne Gagga wird der Sangha Uposatha begehen, den Vinayaakt begehen. Wenn den Ehrwürdigen das Geben des Statusses eines Irren an den irren Mönch Gagga recht ist, so soll er schweigen, wenn es einem nicht recht ist, sollte er sprechen. Gegeben hat der Sangha dem irren Mönch Gagga den Status eines Irren, würde sich der Mönch Gagga an Uposatha erinnern oder nicht erinnern, an den Vinayaakt des Sangha erinnern oder nicht erinnern, würde er zum Uposatha kommen oder nicht, würde er zum Vinayaakt des Sangha kommen oder nicht, mit Gagga und ohne Gagga wird der Sangha Uposatha begehen, den Vinayaakt begehen, dem Sangha ist es recht, daher das Schweigen, so nehme ich es an'." (4) //25//

Zu jener Zeit weilten in einer gewissen Mönchsklause an einem Uposatha vier Mönche. Da kam jenen Mönchen

---

[19] wörtl. Einigung über sein Irresein.

folgender Gedanke: der Erhabene erließ Uposatha soll man begehen, wir sind nur vier Leute, wie sollen wir Uposatha begehen? Dem Erhabenen erzählten sie diesen Sachverhalt. "Ich erlaube, ihr Mönche, daß vier (Leute) das Pātimokkha rezitieren." (1)

Zu jener Zeit weilten in einer gewissen Mönchsklause an einem Uposatha drei Mönche. Da kam jenen Mönchen folgender Gedanke: der Erhabene erlaubte daß vier das Pātimokkha rezitieren, wir sind nur drei Leute, wie sollen wir Uposatha begehen? Dem Erhabenen erzählten sie diesen Sachverhalt. "Ich erlaube, ihr Mönche, das drei Leute das Uposatha mit einem Reinheitsbekenntnis begehen. (2)

So soll man, ihr Mönche, begehen: Ein erfahrener und fähiger Mönch soll jenen Mönchen ankündigen: 'Hört mich, Brüder, heute ist Uposatha, der fünfzehnte Wenn es den Brüdern recht ist, begehen wir miteinander Uposatha mit der Reinheitsbekenntnis'. Ein Thera soll, nachdem er das Obergewand auf eine Schulter gelegt hat, sich in die Hocke niedergesetzt hat, die Hände zusammengelegt hat, jenen Mönchen folgendes sagen: 'Völlig rein bin ich, Brüder, haltet mich für einen solchen. Völlig rein bin ich, Brüder, haltet mich für einen solchen. Völlig rein bin ich, Brüder, haltet mich für einen solchen.' (3)

Ein neuer Mönch soll, nachdem er das Obergewand auf eine Schulter gelegt hat, sich in die Hocke niedergesetzt hat, die Hände zusammengelegt hat, jenen Mönchen folgendes sagen: 'Völlig rein bin ich, Verehrungswürdige, haltet mich für einen solchen. Völlig rein bin ich, Verehrungswürdige, haltet mich für einen solchen. Völlig rein bin ich, Verehrungswürdige, haltet mich für einen solchen.'" (4)

Zu jener Zeit weilten in einer gewissen Mönchsklause an einem Uposatha zwei Mönche. Da kam jenen Mönchen folgender Gedanke: der Erhabene erlaubte daß vier das Pātimokkha rezitieren, daß drei Uposatha mit einem Reinheitsbekenntnis begehen, wir sind nur zwei Leute, wie sollen wir Uposatha begehen? Dem Erhabenen erzählten sie diesen Sachverhalt. "Ich erlaube, ihr Mönche, das zwei Leute das Uposatha mit einem Reinheitsbekenntnis begehen. (5)

So soll man, ihr Mönche, begehen: der ältere Mönch soll dem jüngeren Mönch, nachdem er das Obergewand auf eine Schulter gelegt hat, sich in die Hocke niedergesetzt hat, die Hände zusammengelegt hat, folgendes sagen: 'Völlig rein bin ich, Bruder, halte mich für einen solchen. Völlig rein bin ich, Bruder, halte mich für einen solchen. Völlig rein bin ich, Bruder, halte mich für einen solchen.' (6)

Der neue Mönch soll, nachdem er das Obergewand auf eine Schulter gelegt hat, sich in die Hocke niedergesetzt hat, die Hände zusammengelegt hat, dem älteren Mönch folgendes sagen: 'Völlig rein bin ich, Verehrungswürdiger, halte mich für einen solchen. Völlig rein bin ich, Verehrungswürdiger, halte mich für einen solchen. Völlig rein bin ich, Verehrungswürdiger, halte mich für einen solchen.'" (7)

Zu jener Zeit weilte in einer gewissen Mönchsklause an einem Uposatha ein Mönch. Da kam jenem Mönch folgender Gedanke: der Erhabene erlaubte, daß vier das Pātimokkha rezitieren, daß drei und zwei Uposatha mit einem Reinheitsbekenntnis begehen, ich bin nur einer, wie soll ich Uposatha begehen? Dem Erhabenen erzählten sie diesen Sachverhalt. (8)

"In diesem Fall, ihr Mönche, weilt in einer gewissen Mönchsklause an jenem Uposatha nur ein Mönch. Jener Mönch, ihr Mönche, soll sich dort, wo die Mönche zurückkommen (ankommen), in der Versammlungshalle oder in der Laube oder am Fuße eines Baumes, nachdem er den Platz ausgefegt hat, Trink- und Waschwasser bereitgestellt hat, Sitze vorbereitet hat, Licht angemacht hat, niedersetzen. Wenn andere Mönche kommen, soll er mit denen Uposatha begehen; wenn keine kommen, soll er sich entschließen: Heute ist für mich Uposatha. Wer sich so nicht entschließen würde, begeht ein dukkata Vergehen. (9)

Dort, ihr Mönche, wo vier Mönche leben, soll man nicht, nachdem man von einem das Reinheitsbekenntnis geholt hat, das Pātimokkha (zu dritt) rezitieren. Wenn man doch so rezitiert, begeht man ein dukkata Vergehen. Dort, ihr Mönche, wo drei Mönche leben, soll man nicht, nachdem man von einem das Reinheitsbekenntnis geholt hat, Uposatha begehen mit dem Reinheitsbekenntnis. Wer so begeht, begeht ein dukkata Vergehen. Dort, ihr Mönche, wo zwei Mönche leben, soll nicht einer, nachdem er vom anderen das Reinheitsbekenntnis geholt hat, sich einzeln (zu Uposatha) entschließen. Wer sich so entschließt, begeht ein dukkata Vergehen." (10) //26//

Zu jener Zeit hatte ein gewisser Mönch an jenem Uposatha ein Vergehen begangen. Da kam jenem Mönch folgender

Gedanke: Der Erhabene erließ: "Nicht soll man mit einem Vergehen Uposatha begehen", ich bin einer, der ein Vergehen begangen hat, wie soll ich mich jetzt verhalten? Dem Erhabenen erzählten sie diesen Sachverhalt. "In diesem Fall hat, ihr Mönche, ein Mönch an jenem Uposatha ein Vergehen begangen. Jener Mönch, ihr Mönche, nachdem er zu einem Mönch gegangen ist, das Obergewand auf eine Schulter gelegt hat, sich niedergehockt hat, die Hände zusammengelegt hat, soll er jenem folgendes sagen: 'Ich, Bruder, der so und so genannte, habe ein Vergehen begangen, ich bekenne es.' Jener soll sagen: 'Siehst du das (ein)?' 'Ja, ich sehe es (ein).' 'In Zukunft hüte dich.' (1)

In diesem Fall, ihr Mönche, war ein Mönch unsicher, ob er ein Vergehen (begangen hatte). Jener Mönch, ihr Mönche, nachdem er zu einem Mönch gegangen ist, das Obergewand auf eine Schulter gelegt hat, sich niedergehockt hat, die Hände zusammengelegt hat, soll er jenem folgendes sagen: 'Ich, Bruder, der so und so genannte, bin unsicher, ob ich ein Vergehen beging. Wenn ich dessen sicher bin, dann werde ich jenes Vergehen wiedergutmachen.' So sagend soll er Uposatha begehen, das Pātimokkha hören, nicht soll aus diesem Grunde ein Hindernis für Uposatha sein." (2)

Zu jener Zeit bekannte die Sechser Gruppe Mönche zusammen ein Vergehen. Dem Erhabenen erzählten sie diesen Sachverhalt. "Nicht soll man, ihr Mönche, zusammen ein Vergehen bekennen, wer so bekennt, begeht ein dukkata Vergehen." Zu jener Zeit nahm die Sechser Gruppe Mönche zusammen ein Vergehen entgegen. Dem Erhabenen erzählten sie diesen Sachverhalt. "Nicht soll man, ihr Mönche, zusammen ein Vergehen entgegennehmen, wer so entgegennimmt, begeht ein dukkata Vergehen." (3)

Zu jener Zeit erinnerte sich ein gewisser Mönch beim Rezitieren des Pātimokkhas eines Vergehens. Da kam jenem Mönch folgender Gedanke: Der Erhabene erließ: Nicht soll man mit einem Vergehen Uposatha begehen, ich bin einer, der ein Vergehen begangen hat, wie soll ich mich jetzt verhalten? Dem Erhabenen erzählten sie diesen Sachverhalt. "In diesem Fall, ihr Mönche, fällt einem Mönch beim Rezitieren des Pātimokkhas ein Vergehen ein. Jener Mönch, ihr Mönche, soll dem nahesten Mönch jenes sagen: 'Ich, Bruder, der so und so genannte beging ein Vergehen. Nachdem ich von hier aufgestanden bin, werde ich jenes Vergehen wiedergutmachen'. Nachdem er so gesprochen hat, soll er Uposatha begehen, das Pātimokkha hören, nicht soll aus diesem Grunde ein Hindernis für Uposatha sein. (4)

In diesem Fall, ihr Mönche, war ein Mönch beim Rezitieren des Pātimokkhas unsicher, ob er ein Vergehen begangen hatte. Jener Mönch, ihr Mönche, soll dem nahesten Mönch jenes sagen: 'Ich, Bruder, der so und so genannte bin unsicher, ob ich ein Vergehen beging. Wenn ich sicher geworden bin, werde ich jenes Vergehen wiedergutmachen'. Nachdem er so gesprochen hat, soll er Uposatha begehen, das Pātimokkha hören, nicht soll aus diesem Grunde ein Hindernis für Uposatha sein." (5)

Zu jener Zeit in einer gewissen Mönchsklause beging der gesamte Sangha an einem Uposatha ein Vergehen. Da kam jenen Mönchen folgender Gedanke: Der Erhabene erließ: nicht soll man gemeinsam ein Vergehen bekennen, nicht gemeinsam ein Vergehen entgegennehmen, dieser gesamte Sangha hat gemeinsam ein Vergehen begangen, was sollen wir jetzt tun? Dem Erhabenen erzählten sie diesen Sachverhalt. "In diesem Fall, ihr Mönche, hat der gesamte Sangha am Uposatha ein Vergehen begangen. Von jenen Mönchen, ihr Mönche, soll sofort ein Mönch zur nächstgelegenen Mönchsklause geschickt werden: 'Gehe, Verehrungswürdiger, nachdem du jenes Vergehen wiedergutgemacht hast, komme zurück. Wir werden dann bei dir das Vergehen wiedergutmachen'. (6)

Wenn jener jenes (die Wiedergutmachung) erhält, ist es gut, wenn er sie nicht erhält, soll ein erfahrener und fähiger Mönch dem Sangha ankündigen: 'Höre mich, verehrungswürdiger Sangha, dieser gesamte Sangha hat zusammen ein Vergehen begangen. Wenn der Sangha einen anderen Mönch sehen wird, der rein und ohne Vergehen ist, dann wird der Sangha bei ihm das Vergehen wiedergutmachen,' so sagend soll man Uposatha begehen, das Pātimokkha rezitieren, nicht soll aus diesem Grunde ein Hindernis für Uposatha sein. (7)

In diesem Falle, ihr Mönche, war in einer bestimmten Mönchsklause an einem Uposatha der gesamte Sangha unsicher, ob sie zusammen ein Vergehen begangen hatten. Ein erfahrener und fähiger Mönch soll dem Sangha ankündigen: 'Höre mich, verehrungswürdiger Sangha, dieser gesamte Sangha ist unsicher, ob zusammen ein Vergehen begangen wurde. Wenn keine Unsicherheit da sein wird, dann werden wir jenes Vergehen wiedergutmachen,' so sagend soll man Uposatha begehen, das Pātimokkha rezitieren, nicht soll das ein Hindernis für Uposatha sein. (8)

In diesem Fall, ihr Mönche, hatte in einer gewissen Mönchsklause der gesamte Sangha ein Vergehen begangen und war in der Regenzeitobservanz. Von jenen Mönchen, ihr Mönche, soll sofort ein Mönch zur nächstgelegenen Mönchsklause geschickt werden: 'Gehe, Verehrungswürdiger, nachdem du jenes Vergehen wiedergutgemacht hast, komme zurück. Wir werden dann bei dir das Vergehen wiedergutmachen.' Wenn jener jenes (die Wiedergutmachung) erhält ist es gut, wenn er sie nicht erhält, soll ein erfahrener und fähiger Mönch dem Sangha ankündigen: 'Höre mich, verehrungswürdiger Sangha, dieser gesamte Sangha hat zusammen ein Vergehen begangen, und wir sind in der Regenzeitobservanz. Wenn der Sangha einen anderen Mönch sehen wird, der rein und ohne Vergehen ist, dann wird der Sangha bei ihm das Vergehen wiedergutmachen,' so sagend soll man Uposatha begehen, das Pātimokkha rezitieren, nicht soll aus diesem Grunde ein Hindernis für Uposatha sein." (9)

Zu jener Zeit hatte in einer gewissen Mönchsklause der gesamte Sangha zusammen ein Vergehen begangen. Jene wußten nicht den Namen und die Kategorie des Vergehens. Dort kommt ein anderer Mönch, gebildet, geschult, (er) weiß die Lehre, weiß die Zucht, weiß die Tabellen[20], ein Weiser, Erfahrener, Kluger, Gewissenhafter, Getreuer, Lernwilliger. Da ging ein gewisser Mönch zu dem Mönch, dort sagte er jenem Mönche: "Wenn einer so und so tut, welchen Namen hat jenes Vergehen, das er begeht?" (10)

Jener sagte so: "Wenn einer so und so tut, hat jenes Vergehen, das er begeht, diesen Namen, (wenn das so ist), Bruder, bist du einer der ein Vergehen mit diesem Namen begangen hat, mache jenes Vergehen wieder gut." Der andere sagte so: "Nicht habe ich allein, Bruder, das Vergehen begangen. Dieser gesamte Sangha hat das Vergehen begangen." Jener sagte so: "Was, Bruder, bedeuten die anderen Vergehen oder Nichtvergehen. Gut wäre es, Bruder, wenn du von dem eigenen Vergehen dich erhebst." (11)

Dann, nachdem der Mönch auf die Worte jenes Mönches hin sein Vergehen wiedergutgemacht hatte, ging er zu jenen Mönchen. Dort sagte er jenen Mönchen folgendes: "Wenn einer, so sagt man, ihr Brüder, so und so tut, begeht er ein Vergehen mit diesem Namen. Ein Vergehen mit diesem Namen habt ihr, Brüder, begangen, macht es wieder gut." Da wollten jene Mönche nicht auf die Worte jenes Mönches hin das Vergehen wiedergutmachen. Dem Erhabenen erzählten sie diesen Sachverhalt. (12)

"In diesem Falle, ihr Mönche, hatte in einer gewissen Mönchsklause der gesamte Sangha zusammen ein Vergehen begangen, jene wußten nicht den Namen und die Kategorie des Vergehens. Dort kommt ein anderer Mönch, gebildet, geschult, (er) weiß die Lehre, weiß die Zucht, weiß die Tabellen, ein Weiser, Erfahrener, Kluger, Gewissenhafter, Getreuer, Lernwilliger, dann ging ein gewisser Mönch zu dem Mönch, dort sagte er jenem Mönche: 'Wenn einer so und so tut, welchen Namen hat jenes Vergehen, das er begeht?' (13)

Jener sagte so: 'Wenn einer so und so tut, hat jenes Vergehen, das er begeht, diesen Namen, (wenn das so ist), Bruder, bist du einer, der ein Vergehen mit diesem Namen begangen hat, mache jenes Vergehen wieder gut.' Der andere sagte so: 'Nicht habe ich allein, Bruder, das Vergehen begangen, dieser gesamte Sangha hat das Vergehen begangen.' Jener sagte so: 'Was, Bruder, bedeuten die anderen Vergehen oder Nichtvergehen. Gut wäre es, Bruder, wenn du von dem eigenen Vergehen dich erhebst.' (14)

Dann, nachdem der Mönch auf die Worte jenes Mönches hin sein Vergehen wiedergutgemacht hatte, ging er zu jenen Mönchen. Dort sagte er jenen Mönchen folgendes: 'Wenn einer, so sagt man, ihr Brüder, so und so tut, begeht er ein Vergehen mit diesem Namen. Ein Vergehen mit diesem Namen habt ihr, Brüder, begangen, macht es wieder gut.' Wenn, ihr Mönche, die Mönche auf die Worte des Mönches hin jenes Vergehen wiedergutmachen würden, ist es gut, wenn sie es nicht wiedergutmachen würden, nicht soll jener Mönch, ihr Mönche, mit jenen Mönchen sprechen, wenn er es nicht mag." (15) //27//

Der Abschnitt über den Tadel ist beendet.

Zu jener Zeit hatten sich in einer gewissen Mönchsklause an einem Uposatha alle Mönche der Klause versammelt, vier oder mehr. Sie wußten nicht, daß andere Mönche der Klause noch nicht angekommen waren. Jene, in der Vorstellung: das ist lehrgemäß, das ist ordnungsgemäß, die Gruppe ist vollständig, begingen sie Uposatha, rezitierten sie das Pātimokkha. Als jene das Pātimokkha rezitierten, kamen viele andere Mönche der Klause. Dem Erhabenen erzählten sie diesen Sachverhalt. (1)

"In diesem Falle, ihr Mönche, hatten sich in einer gewissen Mönchsklause an jenem Uposatha alle Mönche der Klause versammelt, vier oder mehr. Sie wußten nicht, daß andere Mönche der Klause noch nicht angekommen waren. Jene, in der Vorstellung: das ist lehrgemäß, das ist ordnungsgemäß, die Gruppe ist vollständig, begingen sie Uposatha,

---

[20] Abhidhamma

rezitierten sie das Pātimokkha. Als jene das Pātimokkha rezitierten, kamen mehr andere Mönche der Klause. Jene, ihr Mönche, sollen mit den Mönchen nochmals das Pātimokkha rezitieren. Die Rezitierenden begehen kein Vergehen. (2)

In diesem Falle, ihr Mönche, hatten sich in einer gewissen Mönchsklause an jenem Uposatha alle Mönche der Klause versammelt, vier oder mehr. Sie wußten nicht, daß andere Mönche der Klause noch nicht angekommen waren. Jene, in der Vorstellung: das ist lehrgemäß, das ist ordnungsgemäß, die Gruppe ist vollständig, begingen sie Uposatha, rezitierten sie das Pātimokkha. Als jene das Pātimokkha rezitierten, kamen gleichviele Mönche der Klause. Rezitiertes ist gut rezitiert, den Rest soll man hören, die Rezitierenden begehen kein Vergehen. In diesem Falle, ihr Mönche, hatten sich in einer gewissen Mönchsklause an jenem Uposatha alle Mönche der Klause versammelt, vier oder mehr. Sie wußten nicht, daß andere Mönche der Klause noch nicht angekommen waren. Jene, in der Vorstellung: das ist lehrgemäß, das ist ordnungsgemäß, die Gruppe ist vollständig, begingen sie Uposatha, rezitierten sie das Pātimokkha. Als jene das Pātimokkha rezitierten, kamen weniger Mönche der Klause. Rezitiertes ist gut rezitiert, den Rest soll man hören, die Rezitierenden begehen kein Vergehen." (3)

Als jene das Pātimokkha rezitiert hatten, kamen mehr andere Mönche der Klause. Jene, ihr Mönche, sollen mit den Mönchen nochmals das Pātimokkha rezitieren. Die Rezitierenden begehen kein Vergehen. ... Als jene das Pātimokkha rezitiert hatten, kamen gleichviele Mönche der Klause. Rezitiertes ist gut rezitiert, bei jenen (rezitiert Habenden) soll man das Reinheitsbekenntnis ablegen, die Rezitierenden begehen kein Vergehen. ... Als jene das Pātimokkha rezitiert hatten, kamen weniger Mönche der Klause. Rezitiertes ist gut rezitiert, bei jenen (rezitiert Habenden) soll man das Reinheitsbekenntnis ablegen, die Rezitierenden begehen kein Vergehen. (4)

[Wie (4) mit:] ... als das Pātimokkha rezitiert war, aber die Gruppe noch nicht aufgestanden war. (5) ... als das Pātimokkha rezitiert war und einige schon aufgestanden waren. (6) ... als das Pātimokkha rezitiert war und alle schon aufgestanden waren. (7)

Die Gruppe von fünfzehn Nichtvergehen ist beendet. //28//

In diesem Fall, ihr Mönche, waren in einer gewissen Mönchsklause an einem Uposatha alle Mönche der Klause versammelt, vier oder mehr. Jene wußten: hier sind Mönche einer anderen Klause noch nicht angekommen. Jene, in der Vorstellung: das ist lehrgemäß, das ist ordnungsgemäß, die Gruppe ist nur eine Teilgruppe, begingen sie Uposatha, rezitierten sie das Pātimokkha[21]. Als jene das Pātimokkha rezitierten, kamen viele Mönche der anderen Klause. Jene Mönche, ihr Mönche, sollen das Pātimokkha nochmal rezitieren. Das (erste) Rezitieren ist ein dukkata Vergehen. (1)

In diesem Fall, ihr Mönche, waren in einer gewissen Mönchsklause an einem Uposatha alle Mönche der Klause versammelt, vier oder mehr. Jene wußten: hier sind Mönche einer anderen Klause noch nicht angekommen. Jene, in der Vorstellung: das ist lehrgemäß, das ist ordnungsgemäß, die Gruppe ist nur eine Teilgruppe, begingen sie Uposatha, rezitierten sie das Pātimokkha. Als jene das Pātimokkha rezitierten, kamen gleichviele Mönche der anderen Klause. Rezitiertes ist gut rezitiert, den Rest soll man hören. Das (erste) Rezitieren ist ein dukkata Vergehen. In diesem Fall, ihr Mönche, waren in einer gewissen Mönchsklause an einem Uposatha alle Mönche der Klause versammelt, vier oder mehr. Jene wußten: hier sind Mönche einer anderen Klause noch nicht angekommen. Jene, in der Vorstellung: das ist lehrgemäß, das ist ordnungsgemäß, die Gruppe ist nur eine Teilgruppe, begingen sie Uposatha, rezitierten sie das Pātimokkha. Als jene das Pātimokkha rezitierten, kamen weniger Mönche der anderen Klause. Rezitiertes ist gut rezitiert, den Rest soll man hören. Das (erste) Rezitieren ist ein dukkata Vergehen. (2)

Als jene das Pātimokkha rezitiert hatten, kamen mehr andere Mönche der Klause. Jene, ihr Mönche, sollen mit den Mönchen nochmals das Pātimokkha rezitieren. Das (erste) Rezitieren ist ein dukkata Vergehen. ... Als jene das Pātimokkha rezitiert hatten, kamen gleichviele Mönche der Klause. Rezitiertes ist gut rezitiert, bei jenen (rezitiert Habenden) soll man das Reinheitsbekenntnis ablegen. Das (erste) Rezitieren ist ein dukkata Vergehen. ... Als jene das Pātimokkha rezitiert hatten, kamen weniger Mönche der Klause. Rezitiertes ist gut rezitiert, bei jenen (rezitiert Habenden) soll man das Reinheitsbekenntnis ablegen. Das (erste) Rezitieren ist ein dukkata Vergehen.

... Als das Pātimokkha rezitiert war, aber die Gruppe noch nicht aufgestanden war ... Als das Pātimokkha rezitiert war, aber einige waren schon aufgestanden ... Als das Pātimokkha rezitiert war und alle waren schon aufgestanden. (3)

---

[21] d.h. zu jedem Klosterbezirk gab es mehrere Klausen, und die Mönche der anderen Klause waren nicht gekommen, hätten zu einem vollständigen Sangha aber da sein müssen.

Das Kapitel der fünfzehn Vorstellungen "wir sind nur eine Teilgruppe" ist beendet. //29//

In diesem Fall, ihr Mönche, waren in einer gewissen Mönchsklause an einem Uposatha alle Mönche der Klause versammelt, vier oder mehr. Jene wußten: hier sind Mönche einer anderen Klause noch nicht angekommen. Jene (dachten): ist es für uns angemessen Uposatha zu begehen oder nicht angemessen? (weil die anderen noch nicht da sind), mit Zweifel begingen sie Uposatha, rezitierten das Pātimokkha. Als jene das Pātimokkha rezitierten, kamen viele Mönche der anderen Klause. Jene Mönche, ihr Mönche, sollen das Pātimokkha nochmal rezitieren. Das (erste) Rezitieren ist ein dukkata Vergehen. [Rest wie in //29//]

Das Kapitel der fünfzehn Zweifelsfälle ist beendet. //30//

In diesem Fall, ihr Mönche, waren in einer gewissen Mönchsklause an einem Uposatha alle Mönche der Klause versammelt, vier oder mehr. Jene wußten: hier sind Mönche einer anderen Klause noch nicht angekommen. Jene (dachten): ist es für uns angemessen Uposatha zu begehen oder nicht angemessen? (weil die anderen noch nicht da sind), mit Gewissensunruhe begingen sie Uposatha, rezitierten das Pātimokkha. Als jene das Pātimokkha rezitierten, kamen viele Mönche der anderen Klause. Jene Mönche, ihr Mönche, sollen das Pātimokkha nochmal rezitieren. Das (erste) Rezitieren ist ein dukkata Vergehen. [Rest wie in //29//]

Das Kapitel der fünfzehn Gewissensunruhefälle ist beendet. //31//

In diesem Fall, ihr Mönche, waren in einer gewissen Mönchsklause an einem Uposatha alle Mönche der Klause versammelt, vier oder mehr. Jene wußten: hier sind Mönche einer anderen Klause noch nicht angekommen. Jene (dachten): diese gehen zugrunde, gehen völlig zugrunde, was bedeuten sie mir? Mit der Absicht zu spalten begingen sie Uposatha, rezitierten das Pātimokkha. Als jene das Pātimokkha rezitierten, kamen viele Mönche der anderen Klause. Jene Mönche, ihr Mönche, sollen das Pātimokkha nochmal rezitieren. Das (erste) Rezitieren ist ein thullaccaya Vergehen. [Rest wie in //29//]

Das Kapitel mit den fünfzehn Absichten zu spalten ist beendet. //32//

In diesem Fall, ihr Mönche, waren in einer gewissen Mönchsklause an einem Uposatha alle Mönche der Klause versammelt, vier oder mehr, jene wußten: in (unsere) Grenze treten Mönche einer anderen Klause (Gastmönche) ein. Jene wußten: die Mönche einer anderen Klause sind in (unsere) Grenze eingetreten. Jene sahen: in (unsere) Grenze treten Mönche einer anderen Klause ein. Jene sahen: die Mönche einer anderen Klause sind in (unsere) Grenze eingetreten, jene hörten: in (unsere) Grenze treten Mönche einer anderen Klause ein, jene hörten: die Mönche einer anderen Klause sind in (unsere) Grenze eingetreten. Das ergibt durch die dreier Methode[22] durch eine Gruppe der Mönchsklause mit der anderen Gruppe der Mönchsklause 175 [?], die Gruppe der Mönchsklause mit (der Gruppe) der anderen Mönchsklause, die (Gruppe) der anderen Mönchsklause mit der Gruppe der Mönchsklause, die (Gruppe) der anderen Mönchsklause mit der (Gruppe) der anderen Mönchsklause. (1) //33//

In diesem Fall, ihr Mönche, ist Uposatha für die Mönche einer Klause am vierzehnten für die Gastmönche am fünfzehnten. Wenn die Mönche der Klause mehr sind, sollen sich die Gastmönche den Klausenmönchen anpassen. Wenn es gleichviele sind, sollen sich die Gastmönche den Klausenmönchen anpassen. Wenn die Gastmönche mehr sind, sollen sich die Klausenmönche den Gastmönchen anpassen. (1)

In diesem Fall, ihr Mönche, ist Uposatha für die Mönche einer Klause am fünfzehnten für die Gastmönche am vierzehnten. Wenn die Mönche der Klause mehr sind, sollen sich die Gastmönche den Klausenmönchen anpassen. Wenn es gleichviele sind, sollen sich die Gastmönche den Klausenmönchen anpassen. Wenn die Gastmönche mehr sind, sollen sich die Klausenmönche den Gastmönchen anpassen. (2)

In diesem Fall, ihr Mönche, begingen die Mönche einer Klause (Uposatha) am ersten Tag der zweiwöchigen Mondphase, die Gastmönche am fünfzehnten. Wenn die Klausenmönche mehr sind, und die Klausenmönche es nicht wünschen, sollen sie den Gastmönchen keine Zusammenkunft geben (keine gemeinsame Uposathafeier), die Gastmönche, nachdem sie außerhalb der Grenze gegangen sind, sollen sie Uposatha begehen. Wenn die Klausenmönche gleichviele sind, und die Klausenmönche es nicht wünschen, sollen sie den Gastmönchen keine Zusammenkunft geben (keine

---

[22]wissen, sehen, hören

gemeinsame Uposathafeier), die Gastmönche, nachdem sie außerhalb der Grenze gegangen sind, sollen sie Uposatha begehen. Wenn die Gastmönche mehr sind, sollen die Klausenmönche den Gastmönchen Zusammenkunft geben oder (selber) außerhalb der Grenzen gehen. (3)

In diesem Fall, ihr Mönche, begingen die Klausenmönche (Uposatha) am fünfzehnten, die Gastmönche am ersten Tag der zweiwöchigen Mondphase. Wenn die Klausenmönche mehr sind, sollen die Gastmönche mit den Klausenmönchen zusammenkommen oder außerhalb der Grenze gehen. Wenn es gleich viele sind, sollen die Gastmönche mit den Klausenmönchen zusammenkommen oder außerhalb der Grenze gehen. Wenn die Gastmönche mehr sind, sollen die Gastmönche den Klausenmönchen, wenn sie es nicht wollen, keine Zusammenkunft geben, die Klausenmönche sollen außerhalb der Grenze gehen dort Uposatha begehen. (4)

In diesem Fall, ihr Mönche, sahen die Gastmönche in einer Klause Anzeichen, daß Mönche (hier leben), Merkmale, Spuren, Hinweise, daß Mönche (hier leben) z. B. gut vorbereitete Betten und Stühle, Matten, Kissen, Trink- und Waschwasser sind hingestellt, die Mönchszellen sind ausgefegt. So sehend wurden sie unsicher, sind hier Klausenmönche oder nicht? (5)

Jene unsicher Seienden suchen nicht, nachdem sie nicht gesucht haben, begehen sie Uposatha. Das ist ein dukkata Vergehen. Jene unsicher Seienden suchen, nachdem sie gesucht haben, sehen (finden) sie nicht, (die Mönche) nicht sehend, begehen sie Uposatha. Das ist kein Vergehen. Jene unsicher Seienden suchen, nachdem sie gesucht haben, sehen sie (die anderen), sehend begehen sie zusammen Uposatha. Das ist kein Vergehen. Jene unsicher Seienden suchen, nachdem sie gesucht haben, sehen sie (die anderen), sehend begehen sie allein Uposatha. Das ist ein dukkata Vergehen. Jene unsicher Seienden suchen, nachdem sie gesucht haben, sehen sie (die anderen), sehend (denken) sie: diese gehen zugrunde, gehen völlig zugrunde, was bedeuten sie uns. Mit der Absicht zu spalten, begehen sie Uposatha (allein). Das ist ein thullaccaya Vergehen. (6)

In diesem Fall, ihr Mönche, hörten die Gastmönche in einer Klause Anzeichen, daß Mönche (hier leben), Merkmale, Spuren, Hinweise, daß Mönche (hier leben) z. B. Schrittgeräusche von Gehenden, Geräusche von gemeinsamen Rezitationen, Hustengeräusche, Niesgeräusche. So hörend wurden sie unsicher, sind hier Klausenmönche oder nicht? Jene unsicher Seienden suchen nicht, nachdem sie nicht gesucht haben, begehen sie Uposatha. Das ist ein dukkata Vergehen. Jene unsicher Seienden suchen, nachdem sie gesucht haben, sehen (finden) sie nicht, (die Mönche) nicht sehend, begehen sie Uposatha. Das ist kein Vergehen. Jene unsicher Seienden suchen, nachdem sie gesucht haben, sehen sie (die anderen), sehend begehen sie zusammen Uposatha. Das ist kein Vergehen. Jene unsicher Seienden suchen, nachdem sie gesucht haben, sehen sie (die anderen), sehend begehen sie allein Uposatha. Das ist ein dukkata Vergehen. Jene unsicher Seienden suchen, nachdem sie gesucht haben, sehen sie (die anderen), sehend (denken) sie: diese gehen zugrunde, gehen völlig zugrunde, was bedeuten sie uns. Mit der Absicht zu spalten, begehen sie Uposatha (allein). Das ist ein thullaccaya Vergehen. (7)

In diesem Fall, ihr Mönche, sehen Klausenmönche Anzeichen, Merkmale, Spuren, Hinweise von Gastmönchen z. B. unbekannte Almosenschalen, unbekannte Roben, unbekannte Sitzdecken, (Spuren) ausgeschütteten Fußwaschwassers. Das sehend sind sie unsicher, sind hier Gastmönche oder nicht? Jene unsicher Seienden suchen nicht, nachdem sie nicht gesucht haben, begehen sie Uposatha. Das ist ein dukkata Vergehen ... Mit der Absicht zu spalten, begehen sie Uposatha (allein). Das ist ein thullaccaya Vergehen. (8)

In diesem Fall, ihr Mönche, hören die Klausenmönche Anzeichen, Merkmale, Spuren, Hinweise, daß Gastmönche da sind, z.B. Schrittgeräusche von Gehenden, Geräusche von gemeinsamen Rezitationen, Hustengeräusche, Niesgeräusche. Hörend wurden sie unsicher sind hier Gastmönche oder nicht? Jene unsicher Seienden suchen nicht, nachdem sie nicht gesucht haben, begehen sie Uposatha. Das ist ein dukkata Vergehen ... Mit der Absicht zu spalten, begehen sie Uposatha (allein). Das ist ein thullaccaya Vergehen. (9)

In diesem Fall, ihr Mönche, sahen die Gastmönche Klausenmönche, die nicht zur gleichen (Ordinations)tradition gehörten. Sie dachten: (jene) sind von der gleichen (Ordinations)tradition. Nachdem sie gedacht hatten, sie sind von der gleichen (Ordinations)tradition, fragten sie nicht; nicht gefragt begingen sie gemeinsam Uposatha, das ist kein Vergehen. Jene fragten, gefragt beachteten sie (es) nicht; nicht beachtend begingen sie gemeinsam Uposatha. Das ist ein dukkata Vergehen. Jene fragten, gefragt beachteten sie (es) nicht, nicht beachtend begingen sie getrennt Uposatha. Das ist kein Vergehen. (10)

In diesem Fall, ihr Mönche, sahen die Gastmönche Klausenmönche, die zur gleichen (Ordinations)tradition gehörten.

Sie dachten: (jene) sind nicht von der gleichen (Ordinations)tradition. Nachdem sie gedacht hatten, sie sind nicht von der gleichen (Ordinations)tradition, fragten sie nicht; nicht gefragt begingen sie gemeinsam Uposatha. Das ist ein dukkata Vergehen. Jene fragten, gefragt beachteten sie (es) nicht; nicht beachtend begingen sie getrennt Uposatha. Das ist ein dukkata Vergehen. Jene fragten, gefragt beachteten sie (es) nicht, nicht beachtend begingen sie gemeinsam Uposatha. Das ist kein Vergehen. (11)

In diesem Fall, ihr Mönche, sahen die Klausenmönche Gastmönche, die nicht zur gleichen (Ordinations)tradition gehörten. Sie dachten: (jene) sind von der gleichen (Ordinations)tradition. Nachdem sie gedacht hatten, sie sind von der gleichen (Ordinations)tradition, fragten sie nicht, nicht gefragt begingen sie gemeinsam Uposatha. Das ist kein Vergehen. Jene fragten, gefragt beachteten sie (es) nicht, nicht beachtend begingen sie gemeinsam Uposatha. Das ist ein dukkata Vergehen. Jene fragten, gefragt beachteten sie (es) nicht, nicht beachtend begingen sie getrennt Uposatha. Das ist kein Vergehen. (12)

In diesem Fall, ihr Mönche, sahen die Klausenmönche Gastmönche, die zur gleichen (Ordinations)tradition gehörten. Sie dachten: (jene) sind nicht von der gleichen (Ordinations)tradition. Nachdem sie gedacht hatten, sie sind nicht von der gleichen (Ordinations)tradition, fragten sie nicht, nicht gefragt begingen sie gemeinsam Uposatha. Das ist ein dukkata Vergehen. Jene fragten, gefragt beachteten sie (es) nicht, nicht beachtend begingen sie getrennt Uposatha. Das ist ein dukkata Vergehen. Jene fragten, gefragt beachteten sie (es) nicht, nicht beachtend begingen sie gemeinsam Uposatha. Das ist kein Vergehen. (13) //34//

Nicht soll man, ihr Mönche, an einem Uposathatage von einer Klause mit Mönchen zu einer Klause ohne Mönche gehen, es sei denn mit dem Sangha (zusammen) oder bei Gefahr. Nicht soll man, ihr Mönche, an einem Uposathatage von einer Klause mit Mönchen zu einer Nichtklause (irgendwohin) ohne Mönche gehen, es sei denn mit dem Sangha (zusammen) oder bei Gefahr. Nicht soll man, ihr Mönche, an einem Uposathatage von einer Klause mit Mönchen zu einer Klause ohne Mönche oder zu einer Nichtklause ohne Mönche gehen, es sei denn mit dem Sangha (zusammen) oder bei Gefahr. (1)

Nicht soll man, ihr Mönche, an einem Uposathatage von einer Nichtklause mit Mönchen zu einer Klause ohne Mönche gehen, es sei denn mit dem Sangha (zusammen) oder bei Gefahr. Nicht soll man, ihr Mönche, an einem Uposathatage von einer Nichtklause mit Mönchen zu einer Nichtklause ohne Mönche gehen, es sei denn mit dem Sangha (zusammen) oder bei Gefahr. Nicht soll man, ihr Mönche, an einem Uposathatage von einer Nichtklause mit Mönchen zu einer Klause oder zu einer Nichtklause ohne Mönche gehen, es sei denn mit dem Sangha (zusammen) oder bei Gefahr. (2)

Nicht soll man, ihr Mönche, an einem Uposathatage von einer Klause oder Nichtklause mit Mönchen zu einer Klause ohne Mönche gehen ... zu einer Nichtklause ohne Mönche ... zu einer Klause oder Nichtklause ohne Mönche gehen, es sei denn mit dem Sangha (zusammen) oder bei Gefahr. (3)

Nicht soll man, ihr Mönche, an einem Uposathatag von einer Klause mit Mönchen zu einer Klause mit Mönchen einer anderen (Ordinations)tradition gehen, es sei denn mit dem Sangha (zusammen) oder bei Gefahr. [Der Rest wie in 1 - 3] (4)

Gehen soll (man), ihr Mönche, an einem Uposathatag von einer Klause mit Mönchen zu einer Klause mit Mönchen der gleichen (Ordinations)tradition, wenn (man) weiß: heute noch werde ich ankommen. ... zu einer Nichtklause mit Mönchen ... zu einer Klause oder Nichtklause mit Mönchen ... von einer Nichtklause mit Mönchen zu einer Klause mit Mönchen ... zu einer Nichtklause mit Mönchen ... zu einer Klause oder Nichtklause mit Mönchen. (5) //35//

In einer sitzenden Gruppe, ihr Mönche, wo eine Nonne (ist), soll das Pātimokkha nicht rezitiert werden. Wer so tut, begeht ein dukkata Vergehen. Wo eine zu Schulende sitzt, wo ein Novize sitzt, wo eine Novizin sitzt, wo ein die Schulung Ablehnender sitzt, wo einer der die (vier) höchsten Vergehen begangen hat, sitzt, wer so tut, begeht ein dukkata Vergehen. (1)

Nicht soll das Pātimokkha rezitiert werden vor einer sitzenden Gruppe (mit) einem wegen des Nicht(ein)sehens eines Vergehens Ausgeschlossenen. Wer so rezitiert, soll nach dem Gesetz behandelt werden[23] - mit einem der ausgeschlossen wurde, weil er ein Vergehen nicht wiedergutgemacht hat, - mit einem der ausgeschlossen wurde, weil er

---

[23] = pacittiya Vergehen = pac 69 = vibhanga

unheilsame Ansichten nicht aufgegeben hat. Wer so rezitiert, soll nach dem Gesetz behandelt werden. (2)

Nicht soll das Pātimokkha rezitiert werden vor einer sitzenden Gruppe mit einem Eunuchen. Wer so rezitiert, begeht ein dukkata Vergehen, mit einem in diebischer Weise Ordinierten, mit einem, der zu Andersgläubigen gegangen ist, mit einem Tier, einem Muttermörder, einem Vatermörder, einem Heiligenmörder, einem Nonnenschänder, einem Sanghaspalter, einem Blutvergießer, einem Hermaphroditen. Wer so rezitiert, begeht ein dukkata Vergehen. (3)

Nicht, ihr Mönche, soll man das Reinheitsbekenntnis von einem in der Bewährungszeit Seienden annehmen, es sei denn, die Gruppe ist noch nicht aufgestanden. Nicht, ihr Mönche, soll man an einem Nichtuposathatag Uposatha begehen, es sei denn, der Sangha ist sich einig." (4) //36//

Das dritte Kapitel des Uposathaabschnitts.

Dieses Kapitel hat sechsundachtzig Sachverhalte.
Folgendes sind die Stichworte:
Die Andersgläubigen und Bimbisāra, schweigend versammelten sie sich, über die Lehre, abgeschieden, über das Pātimokkha, täglich, seitdem einmal, bezüglich der Gruppe, zusammen, Zusammenkunft, auch Maddakucchi, die Grenze, groß, über den Fluß, nach und nach, zwei, auch die kleinen, der Neuling, in Rājagaha, die Grenze, (wo der Mönch) nicht getrennt ist von den drei Roben, zuerst sich über die Grenze einigen, danach die Grenze aufheben, über eine Grenze nicht geeinigt gilt die Dorfgrenze, Fluß, Ozean, natürlicher See, (die Grenze) ist der Wasserwurf, hinzufügen, auch die deckungsleiche (Grenze) machen, wieviele, Vinayaakt, Rezitation, (wilde) Menschen, (Gefahren) nicht vorhanden sind, über die Lehrer, über das Vinaya, sie drohen, nochmal das Vinaya bedrohen, der Vorwurf, wenn Gelegenheit gegeben wird, nicht Vinayagemäßes ablehnen, mehr als vier oder fünf, die Meinung, mit der Absicht, er gibt sich Mühe, mit Laien, ungebeten, in Codana, er weiß nicht, alle wissen nicht, sofort, wenn er nicht gehen würde, welcher, der wievielte, (wegen des in die) Ferne Gehens (Uposatha) ankündigen, nicht erinnern, schmutzig, Sitzplatz, Licht, Richtungen, ein gewisser Erfahrener, sofort, Regenzeituposatha, Reinheitsbekenntnis, Verwandte, Gagga, vier-drei, zwei-ein, Vergehen, alle zusammen, erinnerte sich, der ganze Sangha, Zweifel, sie wissen nicht, der Erfahrene, viele, gleichviele, weniger, die Gruppe war noch nicht aufgestanden, einige waren aufgestanden, alle, sie wissen, die Zweifelnden, die Gewissensunruhe: ist das angemessen, wissen, sehen, sie hören, durch die Klausenmönche die Gast(mönche), wieder vier mal fünfzehn (Fälle), der erste Tag der (Mond)vierzehntage, die Merkmale von beiden Gruppen, Uposatha eines in der Bewährungszeit Seienden, es sei denn die Mönche sind einig.
Diese unterteilten Stichworte stellen (jeweils) einen Sachverhalt da.

MV 3

Zu jener Zeit weilte der Erwachte Erhabene in Rājagaha im Bambushain am Eichhörnchenfutterplatz. Zu jener Zeit hatte der Erhabene nicht erlassen, während der Regenzeit (an einem Ort) sich aufzuhalten. So gingen die Mönche im Winter, im Sommer und in der Regenzeit auf Wanderschaft. (1)

Die Menschen wurden verärgert, unruhig, erregt: wie können diese Asketen, die Söhne aus dem Sakyageschlecht im Winter, im Sommer und in der Regenzeit auf Wanderschaft gehen, Grünes und Gras niedertreten, eine (Sinnes)funktion habende Wesen (Pflanzen) verletzen, viele kleine Lebewesen töten. Sogar die Andersgläubigen, in einer schlecht verkündeten Lehre Lebenden, halten sich an die Regenzeitobservanz, bereiten sie vor, sogar die Vögel, nachdem sie in der Baumkrone ein Nest gebaut haben, halten sich an die Regenzeitobservanz, bereiten sie vor, aber diese Asketen, die Söhne aus dem Sakyageschlecht gehen im Winter, im Sommer und in der Regenzeit auf Wanderschaft, treten Grünes und Gras nieder, verletzen eine (Sinnes)funktion habende Wesen, töten viele kleine Lebewesen. (2)

Die Mönche hörten, daß die Menschen verärgert, unruhig, erregt waren. Da erzählten jene Mönche dem Erhabenen den Sachverhalt. Nachdem der Erhabene aus diesem Anlaß in diesem Zusammenhang eine Lehrrede gehalten hatte, sprach der die Mönche an: "Ich erlaube, ihr Mönche, die Regenzeitobservanz anzutreten." (3) //1//

Da kam den Mönchen folgender Gedanke: Wann sollen wir die Regenzeitobservanz antreten? Dem Erhabenen erzählten sie diesen Sachverhalt. "Ich erlaube, ihr Mönche, in der Regenzeit die Regenzeitobservanz anzutreten." (1)

Da kam den Mönchen folgender Gedanke: Wieviele Regenzeitanfänge gibt es? Dem Erhabenen erzählten sie diesen Sachverhalt. "Zwei Regenzeitanfänge, ihr Mönche, gibt es, einen früheren, einen späteren. Den früheren Anfang soll man am Tage nach asalha-Vollmond[1] antreten, einen Monat nach asalha soll man den späteren (Anfang) antreten. Dies, ihr Mönche, sind die zwei Regenzeitanfänge." (2) //2//

Zu jener Zeit hatte die Sechser Gruppe Mönche, nachdem sie die Regenzeitobservanz angetreten hatte, sich während der Regenzeit auf Wanderschaft begeben. Die Menschen wurden verärgert unruhig, erregt: Wie können diese Asketen, die Söhne aus dem Sakyageschlecht im Winter, im Sommer und in der Regenzeit auf Wanderschaft gehen, Grünes und Gras niedertreten, eine (Sinnes)funktion habende Wesen verletzen, viele kleine Lebewesen töten. Sogar die Andersgläubigen, in einer schlecht verkündeten Lehre Lebenden, halten sich an die Regenzeitobservanz, bereiten sie vor, sogar die Vögel, nachdem sie in der Baumkrone ein Nest gebaut haben, halten sich an die Regenzeitobservanz, bereiten sie vor, aber diese Asketen, die Söhne aus dem Sakyageschlecht gehen im Winter, im Sommer und in der Regenzeit auf Wanderschaft, treten Grünes und Gras nieder, verletzen eine (Sinnes)funktion habende Wesen, töten viele kleine Lebewesen. (1)

Die Mönche hörten, daß die Menschen verärgert, unruhig, erregt waren. Jene Mönche, die bescheiden waren, wurden verärgert, unruhig, erregt: Wie kann die Sechser Gruppe Mönche, nachdem sie die Regenzeitobservanz angetreten hat, sich während der Regenzeit auf Wanderschaft begeben. Dem Erhabenen erzählten sie diesen Sachverhalt. Nachdem der Erhabene aus diesem Anlaß in diesem Zusammenhang eine Lehrrede gehalten hatte, sprach er die Mönche an: "Nicht soll man, ihr Mönche, nachdem man die Regenzeit angetreten hat, die frühe für drei Monate, die späte für drei Monate, ohne sie verbracht zu haben, auf Wanderschaft gehen. Wer so wandert, begeht ein dukkata Vergehen." (2) //3//

Zu jener Zeit wünschte die Sechser Gruppe Mönche nicht, die Regenzeitobservanz anzutreten. Dem Erhabenen erzählten sie diesen Sachverhalt. "Nicht soll man, ihr Mönche, die Regenzeit nicht antreten. Wer so nicht antritt, begeht ein dukkata Vergehen." (1)

Zu jener Zeit ging die Sechser Gruppe Mönche an dem Tag des Beginns der Regenzeit an der Mönchsklause absichtlich vorbei, mit dem Wunsch, die Regenzeit nicht anzutreten. Dem Erhabenen erzählten sie diesen Sachverhalt. "Nicht soll man, ihr Mönche, an dem Tag des Beginns der Regenzeit an der Mönchsklause absichtlich vorbeigehen, mit dem Wunsch, die Regenzeit nicht anzutreten. Wer so vorbeigehen würde, begeht ein dukkata Vergehen." (2)

Zu jener Zeit wünschte der König von Māgadha Seniya Bimbisāra, die Regenzeitobservanz zu verschieben. Er sandte den Mönchen einen Boten: Gut wäre es, wenn die Meister (Mönche) am kommenden Vollmondtag die Regenzeitobservanz antreten würden. Dem Erhabenen erzählten sie diesen Sachverhalt. "Ich erlaube, ihr Mönche, sich dem König anzupassen." (3) //4//

---

[1] Vollmond im Juli

Nachdem der Erhabene, solange er wünschte in Rājagaha- geweilt hatte, begab er sich auf eine Reise nach Sāvatthi. Allmählich wandernd gelangte er in Sāvatthi an. Dort weilte der Erhabene in Sāvatthi im Jetahain in Anāthapindikas Kloster. Zu jener Zeit hatte im Lande Kosala der Laienanhänger Udena für den Sangha ein Kloster bauen lassen. Jener sandte einen Boten zu den Mönchen: Kommt, Verehrungswürdige, ich wünsche Gaben zu geben, die Lehre zu hören, Mönche zu sehen. (1)

Die Mönche sagten folgendes: "Der Erhabene, Bruder, erließ: Nicht soll man, nachdem man die Regenzeitobservanz angetreten hat, ohne die früheren drei Monate oder die späteren drei Monate verbracht zu haben, zu einer Reise aufbrechen. Warte, Laienanhänger Udena, bis die Mönche die Regenzeit verbracht haben, nachdem die Regenzeit verbracht ist, werden wir kommen. Wenn es für ihn dringend ist, soll er von dort weilenden Mönchen das Kloster errichten[2] lassen." (2)

Der Laienanhänger Udena wurde verärgert, unruhig, erregt: Wie können die Verehrungswürdigen, von mir herbeigerufen, nicht kommen, ich bin doch ein Spender, Wohltäter, Sanghaunterstützer. Da hörten die Mönche, daß der Laienanhänger Udena verärgert, unruhig, erregt war. Da erzählten jene Mönche dem Erhabenen den Sachverhalt. (3)

Nachdem der Erhabene aus diesem Anlaß eine Lehrrede gehalten hatte, sprach er die Mönche an: "Ich erlaube, ihr Mönche, in sieben Fällen zu gehen, wenn herbeigerufen, sofern in sieben Tagen die Rückkehr erfolgt, nicht aber wenn man nicht herbeigerufen wird, von: Mönchen, Nonnen, zu Schulenden[3], Novizen, Novizinnen, Laienanhängern, Laienanhängerinnen. Ich erlaube, ihr Mönche, in diesen sieben Fällen, wenn herbeigerufen, zu gehen, sofern in sieben Tagen die Rückkehr erfolgt, nicht wenn nicht herbeigerufen. In sieben Tagen soll man zurückkehren. (4)

In diesem Falle, ihr Mönche, hat ein Laienanhänger für den Sangha ein Kloster errichten lassen. Wenn er zu den Mönchen einen Boten senden würde: Kommt, Verehrungswürdige, ich wünsche Gaben zu geben, die Lehre zu hören, Mönche zu sehen, dann soll (man), herbeigerufen, ihr Mönche, gehen, sofern in sieben Tagen die Rückkehr erfolgt, aber nicht, wenn man nicht herbeigerufen würde. In sieben Tagen soll man zurückkehren. (5)

In diesem Fall, ihr Mönche, hat ein Laienanhänger für den Sangha ein Haus mit einem Dach gebaut, ein großes Haus gebaut, ein mehrgeschossiges Haus gebaut, eine Höhle gebaut, eine Mönchsklause gebaut, ein Lagerhaus, eine Versammlungshalle, ein Feuerhaus, eine Zubereitungshütte (Küche), eine Toilette, einen Gehmeditationsweg, eine Gehmeditationshalle, einen Brunnen, ein Brunnenhaus, ein Badehaus, eine Badehalle, einen Lotusteich, eine Laube, einen Klosterbezirk, einen Klostergarten. Wenn jener den Mönchen einen Boten senden würde: Kommt, Verehrungswürdige, ich wünsche Gaben zu geben, die Lehre zu hören, Mönche zu sehen, dann soll (man), herbeigerufen, ihr Mönche, gehen, sofern in sieben Tagen die Rückkehr erfolgt, aber nicht, wenn man nicht herbeigerufen würde. In sieben Tagen soll man zurückkehren." (6)

In diesem Fall, ihr Mönche, hat ein Laienanhänger für viele Mönche
>   für einen Mönch (7)
>   für den Nonnensangha
>   für viele Nonnen
>   für eine Nonne
>   für viele zu Schulende
>   für eine zu Schulende
>   für viele Novizen
>   für einen Novizen
>   für viele Novizinnen
>   für eine Novizin ein Haus mit einem Dach gebaut, ein großes Haus gebaut, ein mehrgeschossiges Haus

gebaut .... (8)

In diesem Fall, ihr Mönche, hat ein Laienanhänger für sich selbst ein großes Anwesen gebaut, eine Schlafhalle, einen Stall, einen Wachturm, ein rundes Haus, ein Geschäft, eine Geschäftshalle, ein großes Haus, ein mehrgeschossiges Haus, eine Höhle, eine Mönchsklause, ein Lagerhaus, eine Versammlungshalle, ein Feuerhaus, eine Zubereitungshütte

---

[2] im Sinne von einweihen

[3] sikkhamanaya

(Küche), eine Toilette, einen Gehmeditationsweg, eine Gehmeditationshalle, einen Brunnen, ein Brunnenhaus, ein Badehaus, eine Badehalle, einen Lotusteich, eine Laube, einen Klosterbezirk, einen Klostergarten, oder es ist die Hochzeit des Sohnes, die Hochzeit der Tochter, wenn er krank ist, wenn er ein bekanntes Sutta vorträgt. Wenn jener zu den Mönchen einen Boten senden würde: Kommt Verehrungswürdige, dieses Sutta werdet ihr lernen, bevor dieses Sutta verloren geht. Oder wenn es für ihn (den Laien) irgend etwas anderes zu tun und zu machen gibt. Wenn jener den Mönchen einen Boten senden würde: Kommt Verehrungswürdige, ich wünsche Gaben zu geben, die Lehre zu hören, Mönche zu sehen, dann soll (man), herbeigerufen, ihr Mönche, gehen, sofern in sieben Tagen die Rückkehr erfolgt, aber nicht, wenn man nicht herbeigerufen würde. In sieben Tagen soll man zurückkehren. (9)

In diesem Falle, ihr Mönche, hat eine Laienanhängerin für den Sangha ein Kloster errichten lassen ... [Wiederholung von 5 - 9] ... dann soll (man), herbeigerufen, ihr Mönche, gehen, sofern in sieben Tagen die Rückkehr erfolgt, aber nicht, wenn man nicht herbeigerufen würde. In sieben Tagen soll man zurückkehren. (10 - 12)

In diesem Fall, ihr Mönche, hat ein Mönch, eine Nonne, eine zu Schulende, ein Novize, eine Novizin für den Sangha, für viele Mönche, für einen Mönch, für den Nonnensangha, für viele Nonnen, für eine Nonne, für viele zu Schulende, für eine zu Schulende, für viele Novizen, für einen Novizen, für viele Novizinnen, für eine Novizin, für sich selber ein Haus mit einem Dach gebaut, ein großes Haus gebaut, ein mehrgeschossiges Haus gebaut, eine Höhle gebaut, eine Mönchsklause gebaut, ein Lagerhaus, eine Versammlungshalle, ein Feuerhaus, eine Zubereitungshütte (Küche), eine Toilette, einen Gehmeditationsweg, eine Gehmeditationshalle, einen Brunnen, ein Brunnenhaus, ein Badehaus, eine Badehalle, einen Lotusteich, eine Laube, einen Klosterbezirk, einen Klostergarten. Wenn jene(r) den Mönchen einen Boten senden würde: Kommt Verehrungswürdige, ich wünsche Gaben zu geben, die Lehre zu hören, Mönche zu sehen, dann soll (man), herbeigerufen, ihr Mönche, gehen, sofern in sieben Tagen die Rückkehr erfolgt, aber nicht, wenn man nicht herbeigerufen würde. In sieben Tagen soll man zurückkehren. (13) //5//

Zu jener Zeit wurde ein gewisser Mönch krank. Jener sandte zu den Mönchen einen Boten: Ich bin ein Kranker, kommt, Mönche, ich wünsche daß Mönche kommen. Dem Erhabenen erzählten sie diesen Sachverhalt. "Ich erlaube, ihr Mönche, sofern in sieben Tagen die Rückkehr erfolgt, in fünf Fällen zu gehen, auch wenn man nicht herbeigerufen wird, geschweige denn herbeigerufen, (von einem kranken) Mönch, einer Nonne, einer zu Schulenden, einem Novizen, einer Novizin. Ich erlaube, ihr Mönche, sofern in sieben Tagen die Rückkehr erfolgt, in diesen fünf Fällen zu gehen, auch wenn man nicht herbeigerufen wird, geschweige denn herbeigerufen. In sieben Tagen soll man zurückkehren. (1)

In diesem Fall, ihr Mönche, wurde ein Mönch krank. Wenn jener zu den Mönchen einen Boten senden würde: Ich bin ein Kranker, kommt, Mönche, ich wünsche, daß Mönche kommen. Ihr sollt gehen, ihr Mönche, sofern in sieben Tagen die Rückkehr erfolgt, auch wenn man nicht herbeigerufen wird, geschweige denn herbeigerufen: ich schaue nach, ob der Kranke Essen (bekommt), ich schaue nach, ob der Pfleger Essen (bekommt), ich schaue nach, ob der Kranke Medizin (bekommt), ich frage (ihn), ich pflege (ihn). In sieben Tagen soll man zurückkehren. (2)

In diesem Fall, ihr Mönche, war bei einem Mönch eine Unzufriedenheit entstanden. Wenn jener zu den Mönchen einen Boten senden würde: Ich bin ein Unzufriedener, kommt Mönche, ich wünsche daß Mönche kommen. Ihr sollt gehen, ihr Mönche, sofern in sieben Tagen die Rückkehr erfolgt, auch wenn man nicht herbeigerufen wird, geschweige denn herbeigerufen: Ich werde die Unzufriedenheit abbauen, abbauen lassen, für ihn werde ich eine Lehrrede halten. In sieben Tagen soll man zurückkehren. (3)

In diesem Fall, ihr Mönche, waren bei einem Mönch Gewissensbisse entstanden. Wenn jener zu den Mönchen einen Boten senden würde: Ich bin einer mit Gewissensbissen, kommt Mönche, ich wünsche daß Mönche kommen. Ihr sollt gehen, ihr Mönche, sofern in sieben Tagen die Rückkehr erfolgt, auch wenn man nicht herbeigerufen wird, geschweige denn herbeigerufen: Ich werde die Gewissensbisse tilgen, tilgen lassen, für ihn werde ich eine Lehrrede halten. In sieben Tagen soll man zurückkehren. (4)

In diesem Fall, ihr Mönche, war bei einem Mönch eine (falsche) Ansicht entstanden, wenn jener zu den Mönchen einen Boten senden würde: Ich bin einer mit einer (falschen) Ansicht, kommt Mönche, ich wünsche daß Mönche kommen. Ihr sollt gehen, ihr Mönche, sofern in sieben Tagen die Rückkehr erfolgt, auch wenn man nicht herbeigerufen wird, geschweige denn herbeigerufen: Ich werde ihn von dieser Ansicht abbringen, abbringen lassen, für ihn werde ich eine Lehrrede halten. In sieben Tagen soll man zurückkehren. (5)

In diesem Fall, ihr Mönche, hatte ein Mönch ein schwerwiegendes Vergehen begangen und sollte eine

Bewährungszeit⁴ bekommen. Wenn jener zu den Mönchen einen Boten senden würde: Ich bin einer, der ein schwerwiegendes Vergehen begangen hat und eine Bewährungszeit bekommen soll, kommt Mönche, ich wünsche daß Mönche kommen. Ihr sollt gehen, ihr Mönche, sofern in sieben Tagen die Rückkehr erfolgt, auch wenn man nicht herbeigerufen wird, geschweige denn herbeigerufen: Ich werde anregen, eine Bewährungszeit zu geben, ich werde ihn (das Vergehen) offenlegen lassen, ich werde die Gruppe vervollständigen⁵. In sieben Tagen soll man zurückkehren. (6)

In diesem Fall, ihr Mönche, sollte ein Mönch einen Neuanfang⁶ bekommen. Wenn jener zu den Mönchen einen Boten senden würde: Ich bin einer, der einen Neuanfang bekommen soll, kommt Mönche, ich wünsche daß Mönche kommen. Ihr sollt gehen, ihr Mönche, sofern in sieben Tagen die Rückkehr erfolgt, auch wenn man nicht herbeigerufen wird, geschweige denn herbeigerufen: Ich werde anregen, wieder von vorne anzufangen, ich werde ihn (das Vergehen) offenlegen lassen, ich werde die Gruppe vervollständigen. In sieben Tagen soll man zurückkehren. (7)

In diesem Fall, ihr Mönche, sollte ein Mönch eine Manattastrafe bekommen. Wenn jener zu den Mönchen einen Boten senden würde: Ich bin einer, der eine Manattastrafe bekommen soll, kommt Mönche, ich wünsche daß Mönche kommen. Ihr sollt gehen, ihr Mönche, sofern in sieben Tagen die Rückkehr erfolgt, auch wenn man nicht herbeigerufen wird, geschweige denn herbeigerufen: Ich werde anregen eine Manattastrafe zu geben, ich werde ihn (das Vergehen) offenlegen lassen, ich werde die Gruppe vervollständigen. In sieben Tagen soll man zurückkehren. (8)

In diesem Fall, ihr Mönche, sollte ein Mönch eine Rehabilitation⁷ bekommen, wenn jener zu den Mönchen einen Boten senden würde: Ich bin einer, der eine Rehabilitation bekommen soll, kommt Mönche, ich wünsche daß Mönche kommen. Ihr sollt gehen, ihr Mönche, sofern in sieben Tagen die Rückkehr erfolgt, auch wenn man nicht herbeigerufen wird, geschweige denn herbeigerufen: Ich werde anregen, die Rehabilitation zu geben, ich werde ihn (das Vergehen) offenlegen lassen, ich werde die Gruppe vervollständigen. In sieben Tagen soll man zurückkehren. (9)

In diesem Fall, ihr Mönche, wünschte der Sangha ein Verfahren zu vollziehen, ein Ermahnverfahren⁸, ein Beistandsverfahren⁹, ein Ausschlußverfahren¹⁰, ein Versöhnungsverfahren¹¹, ein Verfahren zum zeitweiligen Ausschluß¹². Wenn jener (betroffene) Mönch einen Boten zu den Mönchen senden würde: Der Mönchssangha wünscht gegen mich ein Verfahren zu vollziehen, kommt, Mönche, ich wünsche daß Mönche kommen, ihr sollt gehen, ihr Mönche, sofern in sieben Tagen die Rückkehr erfolgt, auch wenn man nicht herbeigerufen wird, geschweige denn herbeigerufen: Möge der Sangha das Verfahren nicht ausführen oder es in ein leichteres umwandeln. In sieben Tagen soll man zurückkehren. (10)

Der Sangha hat gegen ihn ein Verfahren vollzogen, ein Ermahnverfahren, ein Beistandsverfahren, ein Ausschlußverfahren, ein Versöhnungsverfahren, ein Verfahren zum zeitweiligen Ausschluß. Wenn jener (betroffene) Mönch einen Boten zu den Mönchen senden würde: Der Mönchssangha hat gegen mich ein Verfahren vollzogen, kommt, Mönche, ich wünsche daß Mönche kommen, ihr sollt gehen, ihr Mönche, sofern in sieben Tagen die Rückkehr erfolgt, auch wenn man nicht herbeigerufen wird, geschweige denn herbeigerufen: Möge der Mönch sich zum Guten wenden, möge er sich fügen, den Fehler ablegen, möge der Sangha das Verfahren aufheben. In sieben Tagen soll man

---

⁴parivāsa

⁵Die Offenlegung muß vor einer Gruppe mit einer Mindestanzahl Mönche vorgenommen werden.

⁶mūlāya patikassanāraho

⁷abbhānāraho

⁸tajjaniya

⁹nissaya

¹⁰pabbajāniya

¹¹patisāraniya

¹²ukkhepaniya

zurückkehren. (11)

In diesem Fall, ihr Mönche, wurde eine Nonne krank. Wenn jene zu den Mönchen einen Boten senden würde: Ich bin eine Kranke, kommt, ihr Herren, ich wünsche, daß Mönche kommen. Ihr sollt gehen, ihr Mönche, sofern in sieben Tagen die Rückkehr erfolgt ... [Wiederholung der Abschnitte 2 - 5] ... Ich werde sie von dieser Ansicht abbringen, abbringen lassen, für sie werde ich eine Lehrrede halten. In sieben Tagen soll man zurückkehren. (12 - 15)

In diesem Fall, ihr Mönche, hatte eine Nonne ein schwerwiegendes Vergehen begangen und sollte eine Manattastrafe bekommen, wenn jene zu den Mönchen einen Boten senden würde: Ich bin eine, die ein schwerwiegendes Vergehen begangen hat und eine Manattastrafe bekommen soll, kommt ihr Herren, ich wünsche, daß die Herren kommen. Ihr sollt gehen, ihr Mönche, sofern in sieben Tagen die Rückkehr erfolgt, auch wenn man nicht herbeigerufen wird, geschweige denn herbeigerufen: Ich werde anregen, eine Manattastrafe zu geben. In sieben Tagen soll man zurückkehren. (16)

In diesem Fall, ihr Mönche, sollte eine Nonne einen Neuanfang, eine Rehabilitation, ein Ermahnverfahren, ein Beistandsverfahren, ein Ausschlußverfahren, ein Versöhnungsverfahren, ein Verfahren zum zeitweiligen Ausschluß bekommen. Wenn jene zu den Mönchen einen Boten senden würde ... Der Sangha hat gegen sie ein Verfahren vollzogen, ein Ermahnverfahren, ein Beistandsverfahren, ein Ausschlußverfahren, ein Versöhnungsverfahren, ein Verfahren zum zeitweiligen Ausschluß. Wenn jene (betroffene) Nonne einen Boten zu den Mönchen senden würde ... ihr sollt gehen, ihr Mönche, sofern in sieben Tagen die Rückkehr erfolgt, auch wenn man nicht herbeigerufen wird, geschweige denn herbeigerufen: Möge die Nonne sich zum Guten wenden, möge sie sich fügen, den Fehler ablegen, möge der Sangha das Verfahren aufheben. In sieben Tagen soll man zurückkehren. (17 - 20)

In diesem Fall, ihr Mönche, wurde eine zu Schulende krank, wenn jene zu den Mönchen einen Boten senden würde: Ich bin eine Kranke, ... [wie 6/2] ... In sieben Tagen soll man zurückkehren. (21)

In diesem Fall, ihr Mönche, war bei einer zu Schulenden Unzufriedenheit entstanden, Gewissensbisse entstanden, eine (falsche) Ansicht entstanden, sie verstieß gegen ihre Schulungsregeln. Wenn jene zu den Mönchen einen Boten senden würde: Ich bin eine, die gegen die Schulungsregeln verstieß, kommt ihr Herren, ich wünsche daß die Herren kommen. Ihr sollt gehen, ihr Mönche, sofern in sieben Tagen die Rückkehr erfolgt, auch wenn man nicht herbeigerufen wird, geschweige denn herbeigerufen: Ich werde anregen, daß sie die Schulungsregeln wieder auf sich nimmt. In sieben Tagen soll man zurückkehren. (22)

In diesem Fall, ihr Mönche, möchte eine zu Schulende die Vollordination nehmen. Wenn jene zu den Mönchen einen Boten senden würde: Ich bin eine, die die Vollordination zu nehmen wünscht, kommt, ihr Herren, ich wünsche daß die Herren kommen. Ihr sollt gehen, ihr Mönche, sofern in sieben Tagen die Rückkehr erfolgt, auch wenn man nicht herbeigerufen wird, geschweige denn herbeigerufen: Ich werde anregen die Vollordination (zu nehmen), ich werde es bekanntgeben, ich werde die Gruppe vervollständigen. In sieben Tagen soll man zurückkehren. (23)

In diesem Fall, ihr Mönche, wurde ein Novize krank. Wenn jener zu den Mönchen einen Boten senden würde: ... [wie 6/2] ... In sieben Tagen soll man zurückkehren. (24)

In diesem Fall, ihr Mönche, war bei einem Novizen Unzufriedenheit entstanden, Gewissensbisse entstanden, eine (falsche) Ansicht entstanden, er möchte fragen, wieviele Regenzeiten er (verbracht hatte). Wenn jener zu den Mönchen einen Boten senden würde: Ich bin einer, der fragen möchte, wieviele Regenzeiten ich (verbracht habe), ich wünsche daß Mönche kommen. Ihr sollt gehen, ihr Mönche, sofern in sieben Tagen die Rückkehr erfolgt, auch wenn man nicht herbeigerufen wird, geschweige denn herbeigerufen: Ich werde fragen, ich werde erklären. In sieben Tagen soll man zurückkehren. (25)

In diesem Fall, ihr Mönche, möchte ein Novize die Vollordination nehmen .... [wie 6/23] ... Ich werde anregen, die Vollordination (zu nehmen), ich werde es bekanntgeben, ich werde die Gruppe vervollständigen. In sieben Tagen soll man zurückkehren. (26)

In diesem Fall, ihr Mönche, wurde eine Novizin krank. Wenn jene zu den Mönchen einen Boten senden würde: Ich bin eine Kranke, kommt ihr Herren, ich wünsche, daß die Herren kommen ... [wie 6/2] ... In sieben Tagen soll man zurückkehren. (27)

In diesem Fall, ihr Mönche, war bei einer Novizin eine Unzufriedenheit entstanden, Gewissensbisse entstanden, eine (falsche) Ansicht entstanden, sie möchte fragen, wieviele Regenzeiten sie (verbracht hatte). Wenn jene zu den Mönchen einen Boten senden würde ... [wie 6/25] ... In sieben Tagen soll man zurückkehren. (28)

In diesem Fall, ihr Mönche, möchte eine Novizin eine Schulung auf sich nehmen. Wenn jene zu den Mönchen einen Boten senden würde ..... Ich werde anregen die Schulung auf sich zu nehmen. In sieben Tagen soll man zurückkehren. (29) //6//

Zu jener Zeit wurde die Mutter eines gewissen Mönches krank. Sie sandte ihrem Sohn einen Boten: Ich bin eine Kranke, komme zu mir Sohn, ich wünsche, daß mein Sohn kommt. Da kam dem Mönch folgender Gedanke: Der Erhabene erließ: Sofern in sieben Tagen die Rückkehr erfolgt, in sieben Fällen zu gehen, wenn man gerufen wird, nicht, wenn man nicht gerufen wird; in fünf Fällen zu gehen, selbst wenn man nicht gerufen wird, wenn die Rückkehr in sieben Tagen erfolgt, geschweige denn gerufen. Dies ist meine Mutter, eine Kranke, sie ist keine Anhängerin (des Buddha). Wie soll ich mich verhalten? Dem Erhabenen erzählten sie diesen Sachverhalt. (1)

"Ich erlaube, ihr Mönche sofern in sieben Tagen die Rückkehr erfolgt, in sieben Fällen zu gehen, auch wenn man nicht herbeigerufen wird, geschweige denn gerufen: Zu einem Mönch, einer Nonne, einer zu Schulenden, einem Novizen, einer Novizin, zur Mutter, zum Vater. Ich erlaube, ihr Mönche, sofern in sieben Tagen die Rückkehr erfolgt, in diesen sieben Fällen zu gehen, auch wenn man nicht herbeigerufen wird, geschweige denn herbeigerufen. In sieben Tagen soll man zurückkehren. (2)

In diesem Fall, ihr Mönche, wurde die Mutter eines Mönches krank. Sie sandte ihrem Sohn einen Boten: Ich bin eine Kranke, komme zu mir Sohn, ich wünsche, daß mein Sohn kommt ... [wie 6/2] ... In sieben Tagen soll man zurückkehren. (3)

In diesem Fall, ihr Mönche, wurde der Vater eines Mönches krank ... In sieben Tagen soll man zurückkehren. (4)

In diesem Fall, ihr Mönche, wurde der Bruder eines Mönches krank. Wenn er seinem Bruder einen Boten senden würde: Ich bin ein Kranker, komme mein Bruder, ich wünsche, daß mein Bruder kommt; gehen soll man, sofern in sieben Tagen die Rückkehr erfolgt, wenn man gerufen wird, nicht aber ungerufen. In sieben Tagen soll man zurückkehren. (5)

In diesem Fall, ihr Mönche, wurde die Schwester eines Mönches krank ... In sieben Tagen soll man zurückkehren. (6)

In diesem Fall, ihr Mönche, wurde der Verwandte eines Mönches krank. Wenn er einen Boten senden würde: Ich bin ein Kranker, komme Verehrungswürdiger, ich wünsche, daß der Verehrungswürdige kommt; gehen soll man, sofern in sieben Tagen die Rückkehr erfolgt, wenn man gerufen wird, nicht aber ungerufen. In sieben Tagen soll man zurückkehren. (7)

In diesem Fall, ihr Mönche, wurde ein mit Mönchen Zusammenlebender[13] krank ... [wie 7/5] ... In sieben Tagen soll man zurückkehren. (8) //7//

Zu jener Zeit zerfiel eine Behausung des Sanghas. Von einem gewissen Laien wurden (noch brauchbare) Dinge in den Wald gebracht. Jener sandte den Mönchen einen Boten: Wenn die Ehrwürdigen jene Dinge abholen würden, würde ich (sie) den Ehrwürdigen geben. Dem Erhabenen erzählten sie diesen Sachverhalt. "Ich erlaube, ihr Mönche, in Sanghaangelegenheiten zu gehen. In sieben Tagen soll man zurückkehren." (1) //8//

Das Kapitel des Regenzeitaufenthaltes ist beendet.

Zu jener Zeit waren im Kosalalande in einer gewissen Mönchsklause die die Regenzeit(observanz) auf sich genommen habenden Mönche von Raubtieren bedrängt, angegriffen, überfallen. Dem Erhabenen erzählten sie diesen Sachverhalt. "In diesem Fall, ihr Mönche, waren die die Regenzeit(observanz) auf sich genommen habenden Mönche von Raubtieren bedrängt, angegriffen, überfallen. Dies ist eine Gefahr, (davon) soll man fortgehen. Das ist kein Vergehen (wegen) Unterbrechung der Regenzeit(observanz). In diesem Fall, ihr Mönche, waren die die Regenzeit(observanz) auf sich genommen habenden Mönche von Kriechtieren bedrängt, gebissen, überfallen. Dies ist eine Gefahr, (davon) soll man

---

[13] bhikkhugatiko

fortgehen. Das ist kein Vergehen (wegen) Unterbrechung der Regenzeit(observanz). (1)

In diesem Fall, ihr Mönche, waren die die Regenzeit(observanz) auf sich genommen habenden Mönche von Räubern bedrängt, beraubt, geschlagen. Dies ist eine Gefahr, (davon) soll man fortgehen. Das ist kein Vergehen (wegen) Unterbrechung der Regenzeit(observanz). In diesem Fall, ihr Mönche, waren die die Regenzeit(observanz) auf sich genommen habenden Mönche von Dämonen bedrängt, besessen, die Kraft genommen. Dies ist eine Gefahr, (davon) soll man fortgehen. Das ist kein Vergehen (wegen) Unterbrechung der Regenzeit(observanz). (2)

In diesem Fall, ihr Mönche, war das Dorf, bei dem die Mönche die Regenzeit(observanz) auf sich genommen hatten, abgebrannt. Die Mönche hatten zu wenig Essen. Dies ist eine Gefahr, (davon) soll man fortgehen. Das ist kein Vergehen wegen Unterbrechung der Regenzeit(observanz). In diesem Fall, ihr Mönche, war die Behausung abgebrannt, in der die Mönche wohnten, die die Regenzeit(observanz) auf sich genommen hatten. Die Mönche hatte Probleme mit der Behausung. Dies ist eine Gefahr, (davon) soll man fortgehen. Das ist kein Vergehen (wegen) Unterbrechung der Regenzeit(observanz). (3)

In diesem Fall, ihr Mönche, war das Dorf, bei dem die Mönche die Regenzeit(observanz) auf sich genommen hatten, vom Wasser fortgeschwemmt worden. Die Mönche hatten zu wenig Essen. Dies ist eine Gefahr, (davon) soll man fortgehen. Das ist kein Vergehen (wegen) Unterbrechung der Regenzeit(observanz). In diesem Fall, ihr Mönche, war die Behausung vom Wasser fortgeschwemmt worden, in der die Mönche wohnten, die die Regenzeit(observanz) auf sich genommen hatten. Die Mönche hatten Probleme mit der Behausung. Dies ist eine Gefahr, (davon) soll man fortgehen. Das ist kein Vergehen (wegen) Unterbrechung der Regenzeit(observanz). (4) //9//

Zu jener Zeit war das Dorf, bei dem die Mönche die Regenzeit(observanz) auf sich genommen hatten, wegen Dieben fortgezogen. Dem Erhabenen erzählten sie diesen Sachverhalt. "Ich erlaube, ihr Mönche, zum (neuen) Dorf zu gehen." Das Dorf war zweigeteilt[14]. Dem Erhabenen erzählten sie diesen Sachverhalt. "Ich erlaube, ihr Mönche, dahin zu gehen, wo mehr sind." Die Mehrheit war vertrauenslos und uneinsichtig. Dem Erhabenen erzählten sie diesen Sachverhalt. "Ich erlaube, ihr Mönche, zu den Vertrauensvollen, Einsichtigen zu gehen." (1) //10//

Zu jener Zeit, im Kosalaland, in einer gewissen Mönchsklause, erhielten die dort die Regenzeit(observanz) auf sich genommen habenden Mönche nicht so viel grobes und feines Essen, wie sie benötigten. Dem Erhabenen erzählten sie diesen Sachverhalt. "In diesem Fall, ihr Mönche, erhielten die dort die Regenzeit(observanz) auf sich genommen habenden Mönche nicht so viel grobes und feines Essen, wie sie benötigten. Dies ist eine Gefahr, (darum) soll man fortgehen. Das ist kein Vergehen (wegen) Unterbrechung der Regenzeit(observanz). In diesem Fall, ihr Mönche, erhielten die dort die Regenzeit(observanz) auf sich genommen habenden Mönche so viel grobes und feines Essen, wie sie benötigten, aber nicht erhielten sie verträgliches Essen. Dies ist eine Gefahr, (darum) soll man fortgehen. Das ist kein Vergehen (wegen) Unterbrechung der Regenzeit(observanz). (1)

In diesem Fall, ihr Mönche, erhielten die dort die Regenzeit(observanz) auf sich genommen habenden Mönche so viel grobes und feines Essen wie sie benötigten, sie erhielten verträgliches Essen, aber nicht erhielten sie verträgliche Medizin. Dies ist eine Gefahr, (darum) soll man fortgehen. Das ist kein Vergehen (wegen) Unterbrechung der Regenzeit(observanz). In diesem Fall, ihr Mönche, erhielten die dort die Regenzeit(observanz) auf sich genommen habenden Mönche so viel grobes und feines Essen wie sie benötigten, sie erhielten verträgliches Essen, sie erhielten verträgliche Medizin, aber nicht erhielten sie angemessene Pflege. Dies ist eine Gefahr, (darum) soll man fortgehen. Das ist kein Vergehen (wegen) Unterbrechung der Regenzeit(observanz). (2)

In diesem Fall, ihr Mönche, lud eine Frau den dort die Regenzeit(observanz) auf sich genommen habenden Mönch ein: Komme, Verehrungswürdiger, ich gebe dir Gold, Goldschmuck, ein Feld, einen Garten, einen Bullen, eine Kuh, einen Diener, eine Dienerin, eine Tochter zum Zwecke der Heirat, ich werde dir Ehefrau sein, eine andere bringe ich dir als Frau. In diesem Fall fiel jenem Mönch ein: Schnell wandelt sich die Gemütsverfassung, sagte der Erhabene, dies könnte ein Hindernis für meinen Reinheitswandel (Keuschheit) werden. Er soll aufbrechen. Das ist kein Vergehen (wegen) Unterbrechung der Regenzeit(observanz). (3)

In diesem Fall, ihr Mönche, lud eine Prostituierte, eine alte Jungfer, ein Eunuch, Verwandte, Könige, Diebe, verkommenen Lebenswandel Führende den dort die Regenzeit(observanz) auf sich genommen habenden Mönch ein:

---

[14]Das Dorf war in zwei neue Dörfer aufgeteilt, weil die Bewohner in verschiedene Richtungen gezogen waren.

MV 3

Komme Verehrungswürdiger, ich gebe dir Gold, ... eine Tochter zum Zwecke der Heirat, eine andere bringen wir dir als Frau. In diesem Fall fiel dem Mönch ein: Schnell wandelt sich die Gemütsverfassung, sagte der Erhabene, dies könnte ein Hindernis für meinen Reinheitswandel (Keuschheit) werden. Er soll aufbrechen. Das ist kein Vergehen (wegen) Unterbrechung der Regenzeit(observanz). In diesem Fall, ihr Mönche, sah der dort die Regenzeit(observanz) auf sich genommen habende Mönch einen herrenlosen Schatz. In diesem Fall fiel dem Mönch ein: Schnell wandelt sich die Gemütsverfassung, sagte der Erhabene, dies könnte ein Hindernis für meinen Reinheitswandel (Keuschheit) werden. Er soll aufbrechen. Das ist kein Vergehen (wegen) Unterbrechung der Regenzeit(observanz). (4)

In diesem Fall, ihr Mönche, sah der dort die Regenzeit(observanz) auf sich genommen habende Mönch, daß viele Mönche sich bemühten, den Sangha zu spalten. In diesem Fall fiel jenem Mönch ein: Ein schweres Vergehen ist die Sanghaspaltung, sagte der Erhabene, möge der Sangha nicht gespalten werden in meiner Anwesenheit. Er soll aufbrechen. Das ist kein Vergehen (wegen) Unterbrechung der Regenzeit(observanz). In diesem Fall, ihr Mönche, hörte der dort die Regenzeit(observanz) auf sich genommen habende Mönch, daß viele Mönche sich bemühten, den Sangha zu spalten .... Er soll aufbrechen. Das ist kein Vergehen (wegen) Unterbrechung der Regenzeit(observanz). (5)

In diesem Fall, ihr Mönche, hörte der dort die Regenzeit(observanz) auf sich genommen habende Mönch: In einer gewissen Mönchsklause, so sagt man, bemühen sich viele Mönche, den Sangha zu spalten. In diesem Fall fiel jenem Mönch ein: Jene Mönche sind meine Freunde. Ich werden ihnen sagen: Ein schweres Vergehen, Brüder, ist die Spaltung des Sangha, sagte der Erhabene, möge den Ehrwürdigen die Sanghaspaltung nicht gefallen. Sie werden nach meinen Worten handeln, gehorchen, Gehör schenken. Er soll aufbrechen. Das ist kein Vergehen (wegen) Unterbrechung der Regenzeit(observanz). (6)

In diesem Fall, ihr Mönche, hörte der dort die Regenzeit(observanz) auf sich genommen habende Mönch: In einer gewissen Mönchsklause, so sagt man, bemühen sich viele Mönche, den Sangha zu spalten. In diesem Fall fiel jenem Mönch ein: Jene Mönche sind nicht meine Freunde, aber welche jenen Freunde sind, die sind meine Freunde. Den (Freunden) werde ich sagen, nachdem ich den (Freunden) sagte, werden sie ihnen (den spaltenden Mönchen) sagen: Ein schweres Vergehen, Brüder, ist die Spaltung des Sangha, sagte der Erhabene, möge den Ehrwürdigen die Sanghaspaltung nicht gefallen. Sie werden nach meinen Worten handeln, gehorchen, Gehör schenken. Er soll aufbrechen. Das ist kein Vergehen (wegen) Unterbrechung der Regenzeit(observanz). (7)

In diesem Fall, ihr Mönche, hörte der dort die Regenzeit(observanz) auf sich genommen habende Mönch: In einer gewissen Mönchsklause, so sagt man, haben viele Mönche den Sangha gespalten. In diesem Fall fiel jenem Mönch ein: Jene Mönche sind meine Freunde .... [Rest wie 6+7] .... Das ist kein Vergehen (wegen) Unterbrechung der Regenzeit(observanz). (8 + 9)

In diesem Fall, ihr Mönche, hörte der dort die Regenzeit(observanz) auf sich genommen habende Mönch: In einer gewissen Klause, so sagt man, bemühen sich viele Nonnen, den Sangha zu spalten. In diesem Fall fiel jenem Mönch ein: Jene Nonnen sind meine Freunde, ich werden ihnen sagen: Ein schweres Vergehen, Schwestern, ist die Spaltung des Sangha, sagte der Erhabene, möge den Schwestern die Sanghaspaltung nicht gefallen. Sie werden nach meinen Worten handeln, gehorchen, Gehör schenken. Er soll aufbrechen. Das ist kein Vergehen (wegen) Unterbrechung der Regenzeit(observanz) .... Jene Nonnen sind nicht meine Freunde, aber welche jenen Freunde sind, die sind meine Freunde .... Er soll aufbrechen. Das ist kein Vergehen (wegen) Unterbrechung der Regenzeit(observanz). (10+11)

In diesem Fall, ihr Mönche, hörte der dort die Regenzeit(observanz) auf sich genommen habende Mönch: In einer gewissen Klause, so sagt man, haben viele Nonnen den Sangha gespalten. In diesem Fall fiel jenem Mönch ein: Jene Nonnen sind meine Freunde .... [Rest wie 6+7] .... Das ist kein Vergehen (wegen) Unterbrechung der Regenzeit(observanz). (12+13) //11//

Zu jener Zeit wollte ein gewisser Mönch die Regenzeit in einem Kuhstall verbringen. Dem Erhabenen erzählten sie diesen Sachverhalt. "Ich erlaube, ihr Mönche, die Regenzeit in einem Kuhstall zu verbringen." Der Kuhstall wurde versetzt. Dem Erhabenen erzählten sie diesen Sachverhalt. "Ich erlaube, ihr Mönche, zu jenem Kuhstall zu gehen." (1)

Zu jener Zeit wollte ein gewisser Mönch, als die Regenzeit näher kam, mit einer Karawane gehen. Dem Erhabenen erzählten sie diesen Sachverhalt. "Ich erlaube, ihr Mönche, in einer Karawane die Regenzeit zu verbringen. Zu jener Zeit wollte ein gewisser Mönch, als die Regenzeit näher kam, mit einem Schiff fahren. Dem Erhabenen erzählten sie diesen Sachverhalt. "Ich erlaube, ihr Mönche, auf einem Schiff die Regenzeit zu verbringen." (2)

Zu jener Zeit traten die Mönche die Regenzeit in einer Baumhöhle an. Die Leute wurden verärgert, unruhig, erregt: Wie Baumgnome. Dem Erhabenen erzählten sie diesen Sachverhalt. "Nicht soll man, ihr Mönche, die Regenzeit in einer Baumhöhle antreten. Wer so antritt, begeht ein dukkata Vergehen." (3)

Zu jener Zeit traten die Mönche die Regenzeit in einer Baumastgabel an. Die Leute wurden verärgert, unruhig, erregt: Wie Jäger. Dem Erhabenen erzählten sie diesen Sachverhalt. "Nicht soll man, ihr Mönche, die Regenzeit in einer Baumastgabel antreten. Wer so antritt, begeht ein dukkata Vergehen." (4)

Zu jener Zeit traten die Mönche die Regenzeit unter freiem Himmel an. Wenn Regen fiel, liefen sie zu Baumwurzeln oder in den Schutz eines Nimbabaumes. Dem Erhabenen erzählten sie diesen Sachverhalt. "Nicht soll man, ihr Mönche, die Regenzeit unter freiem Himmel antreten. Wer so antritt, begeht ein dukkata Vergehen." (5)

Zu jener Zeit traten die Mönche die Regenzeit ohne eine Behausung an. Sie hatten Probleme mit Kälte und Hitze. Dem Erhabenen erzählten sie diesen Sachverhalt. "Nicht soll man, ihr Mönche, die Regenzeit ohne Behausung antreten. Wer so antritt, begeht ein dukkata Vergehen." (6)

Zu jener Zeit traten die Mönche die Regenzeit in einer Leichenhütte an. Die Leute wurden verärgert, unruhig, erregt: Wie Leichenverbrenner. Dem Erhabenen erzählten sie diesen Sachverhalt. "Nicht soll man, ihr Mönche, die Regenzeit in einer Leichenhütte antreten. Wer so antritt, begeht ein dukkata Vergehen." (7)

Zu jener Zeit traten die Mönche die Regenzeit unter einem Sonnendach an. Die Leute wurden verärgert, unruhig, erregt: Wie Kuhhirten. Dem Erhabenen erzählten sie diesen Sachverhalt. "Nicht soll man, ihr Mönche, die Regenzeit unter einem Sonnendach antreten. Wer so antritt begeht ein dukkata Vergehen." (8)

Zu jener Zeit traten die Mönche die Regenzeit in einem Wasserbehälter an. Die Leute wurden verärgert, unruhig, erregt: Wie Andersgläubige. Dem Erhabenen erzählten sie diesen Sachverhalt. "Nicht soll man, ihr Mönche, die Regenzeit in einem Wasserbehälter antreten. Wer so antritt, begeht ein dukkata Vergehen." (9) //12//

Zu jener Zeit vereinbarte der Sangha in Sāvatthi während der Regenzeit, keine Vollordination vorzunehmen. Der Neffe von Visākha, (genannt) Mutter Migāra, nachdem er zu den Mönchen gekommen war, bat um die Vollordination. Die Mönche sagen folgendes: "Der Sangha, Bruder, vereinbarte, während der Regenzeit keine Vollordination vorzunehmen, warte, Bruder, bis die Mönche die Regenzeit verbracht haben. Nachdem sie die Regenzeit verbracht haben, werden sie dir die Vollordination geben." Dann, nachdem die Mönche die Regenzeit verbracht hatten, sagten die Mönche dem Neffen von Visākha (genannt) Mutter Migāra: "Komm, jetzt (lasse dich) ordinieren." Jener sagte folgendes: "Wenn ich, Verehrungswürdige, ein Hausloser gewesen wäre, hätte es mir gefallen, nicht werde ich jetzt, Verehrungswürdige, die Vollordination nehmen." (1)

Visākha, Mutter Migāra, wurde verärgert, unruhig, erregt: Wie können die Herren derartige Vereinbarungen treffen: Während der Regenzeit keine Vollordination vorzunehmen? Zu welcher Zeit soll man nicht der Lehre folgen? Die Mönche hörten, daß Visākha, Mutter Migāra verärgert, unruhig, erregt war. Dem Erhabenen erzählten sie diesen Sachverhalt. "Nicht soll man, ihr Mönche, eine derartige Vereinbarung treffen, daß während der Regenzeit keine Vollordination vorzunehmen ist. Wer so tut, begeht ein dukkata Vergehen." (2) //13//

Zu jener Zeit hatte der ehrwürdige Upananda, der Sakyasohn, den König von Kosala, Pasenadi, den frühen Regenzeitaufenthalt zugesagt. Als er zu der Klause ging, sah er unterwegs zwei Klausen mit vielen Roben. Ihm kam jener Gedanke auf: Wenn ich nun in diesen zwei Klausen die Regenzeit verbringen würde, so würde ich viele Roben erhalten. So verbrachte er die Regenzeit in diesen zwei Klausen. Der König von Kosala, Pasenadi, wurde verärgert, unruhig, erregt: Wie kann dieser Herr Upananda, der Sakyasohn, mir den Regenzeitaufenthalt zugesagt habend sein Wort brechen? Hat nicht der Erhabene auf verschiedene Weise die Lüge getadelt? Das Vermeiden der Lüge ist gepriesen? (1)

Die Mönche hörten, daß der König von Kosala, Pasenadi, verärgert, unruhig, erregt war. Auch jene mäßigen Mönche wurden verärgert, unruhig, erregt: Wie kann der ehrwürdige Upananda, der Sakyasohn, den König von Kosala, Pasenadi den Regenzeitaufenthalt zugesagt habend sein Wort brechen? Hat nicht der Erhabene auf verschiedene Weise die Lüge getadelt? Das Vermeiden der Lüge ist gepriesen? (2)

Dann erzählten jene Mönche dem Erhabenen den Sachverhalt. Dann, nachdem der Erhabene aus diesem Anlaß den

Mönchssangha zusammengerufen hatte, befragte er den ehrwürdigen Upananda, den Sakyasohn: "Ist es wahr, wie man sagt, Upananda, daß du dem König von Kosala, Pasenadi, den Regenzeitaufenthalt zugesagt und das Wort gebrochen hast?" - "Das ist wahr, Erhabener" Da tadelte der Erwachte, Erhabene: Wie kannst du, du törichter Mensch, dem König von Kosala, Pasenadi den Regenzeitaufenthalt zugesagt habend dein Wort brechen? Habe ich nicht, du törichter Mensch, die Lüge getadelt, das Vermeiden der Lüge gepriesen? Nicht ist dies, du törichter Mensch, um die Unzufriedenen zufrieden zu stellen und die Zufriedenheit der Zufriedenen zu mehren. Nachdem er getadelt hatte, eine Lehrrede gehalten hatte, sprach er die Mönche an: (3)

In diesem Fall, ihr Mönche, hat ein Mönch den frühen Regenzeitaufenthalt zugesagt. Als er zu der Klause ging, sah er unterwegs zwei Klausen mit vielen Roben. Ihm kam jener Gedanke auf: Wenn ich nun in diesen zwei Klausen die Regenzeit verbringen würde, so würde ich viele Roben erhalten. So verbrachte er die Regenzeit in diesen zwei Klausen. Für diesen Mönch, ihr Mönche, gilt diese frühe Regenzeit nicht. Jenes (nicht erfüllte) Versprechen ist ein dukkata Vergehen. (4)

In diesem Fall, ihr Mönche, hatte ein Mönch den frühen Regenzeitaufenthalt zugesagt. Als er zu der Klause ging, beging er außerhalb (auf dem Weg) Uposatha. Am Tag danach kam er zur Klause, bereitete den Sitz vor, stellte Trink- und Waschwasser bereit, fegte die Mönchszellen aus, am selben Tag (noch) ging er fort, (als einer), der nichts zu tun hat. (Uposatha war schon vorbei). Für jenen Mönch, ihr Mönche, gilt die frühe Regenzeit nicht, wer so zusagt, begeht ein dukkata Vergehen. In diesem Fall, ihr Mönche, hatte ein Mönch den frühen Regenzeitaufenthalt zugesagt. Als er zu der Klause ging, beging er außerhalb Uposatha. Am Tag danach kam er zur Klause, bereitete den Sitz vor, stellte Trink- und Waschwasser bereit, fegte die Mönchszellen aus, am selben Tag (noch) ging er fort, (als einer), der noch etwas zu tun hat. Für jenen Mönch, ihr Mönche, gilt die frühe Regenzeit nicht. Wer so zusagt, begeht ein dukkata Vergehen. (5)

In diesem Fall, ihr Mönche, hatte ein Mönch den frühen Regenzeitaufenthalt zugesagt. Als er zu der Klause ging, beging er außerhalb (auf dem Weg) Uposatha. Zwei bis drei Tage dort verbracht habend, kam er zur Klause, bereitete den Sitz vor, stellte Trink- und Waschwasser bereit ... [weiter wie in 5] ... Für jenen Mönch, ihr Mönche, gilt die frühe Regenzeit nicht. Wer so zusagt, begeht ein dukkata Vergehen.

In diesem Fall, ihr Mönche, hatte ein Mönch den frühen Regenzeitaufenthalt zugesagt. Als er zu der Klause ging, beging er außerhalb Uposatha. Am Tag danach kam er zur Klause, bereitete den Sitz vor, stellte Trink- und Waschwasser bereit, fegte die Mönchszellen aus, nach zwei bis drei Tagen ging er fort (mit dem Gedanken): In sieben Tagen werde ich zurückkehren. Jener verbringt (mehr als) sieben Tage außerhalb. Für jenen Mönch, ihr Mönche, gilt die frühe Regenzeit nicht, wer so zusagt, begeht ein dukkata Vergehen. In diesem Fall, ihr Mönche, hatte ein Mönch den frühen Regenzeitaufenthalt zugesagt. Als er zu der Klause ging, beging er außerhalb Uposatha. Am Tag danach kam er zur Klause, bereitete den Sitz vor, stellte Trink- und Waschwasser bereit, fegte die Mönchszellen aus, nach zwei bis drei Tagen ging er fort (mit dem Gedanken): In sieben Tagen werde ich zurückkehren. Jener kehrt innerhalb von sieben Tagen zurück. Für jenen Mönch, ihr Mönche, gilt die frühe Regenzeit, wer so zusagt, begeht kein Vergehen. (6)

In diesem Fall, ihr Mönche, hatte ein Mönch den frühen Regenzeitaufenthalt zugesagt. Als einer, der etwas zu tun hat, geht er für sieben Tage fort, (kurz) bevor pavārana[15] gekommen ist. Wenn der Mönch (zurück)kommen würde, ihr Mönche, oder nicht kommen würde, gilt die frühe Regenzeit, wer so zusagt, begeht kein Vergehen. (7)

In diesem Fall, ihr Mönche, hat ein Mönch den frühen Regenzeitaufenthalt zugesagt. Nachdem er zur Klause gegangen war, beging er Uposatha. Am Tag danach kam er zum Kloster[16], bereitete die Sitze vor .... [Wiederholung von 5-7] ... Wenn der Mönch (zurück)kommen würde, ihr Mönche, oder nicht kommen würde, gilt die frühe Regenzeit, wer so zusagt, begeht kein Vergehen. (8-10)

In diesem Fall, ihr Mönche, hatte ein Mönch den späten Regenzeitaufenthalt zugesagt. Als er zu der Klause ging, beging er außerhalb (auf dem Weg) Uposatha. Am Tag danach kam er zur Klause .... [Wiederholung von 5 - 10 mit:

---

[15] Ende der frühen Regenzeit, Vollmond im Oktober.

[16] innerhalb einer Grenze gibt es mehrere Klausen aber nur ein Kloster.

pavāraṇa = komudi catumāsini[17]] .... Wenn der Mönch (zurück)kommen würde, ihr Mönche, oder nicht kommen würde, gilt die frühe Regenzeit, wer so zusagt, begeht kein Vergehen. (11) //14//

Der dritte Abschnitt des Beginns der Regenzeit.

Das sind die Stichworte:

Antreten (Regenzeitobservanz), wann ist sie gerade, wieviele, und zwischen den Regenzeiten, und (sie) nicht wünschen, mit Absicht, verschieben, Laienanhänger, ein Kranker, und die Mutter, der Vater, und der Bruder, dann die Verwandten, ein mit Mönchen Zusammenlebender, das Kloster, Raubtiere, Kriechtiere, sogar Diebe, und Dämonen, abgebrannt, alle beide, überschwemmt, fortgezogen, die Mehrheit, die Spende, grobes + feines, verträgliches Essen, -Medizin und Pflege, eine Frau, eine Prostituierte, eine alte Jungfer, ein Eunuch, Verwandte, Könige, Diebe, einen verkommenen Lebenswandel Führender, (herrenloser) Schatz, (Sangha)spalter, und achtfache Art, Kuhstall, und Karawane, und Schiff, und Baumhöhle, und Baumastgabel, Regenzeitaufenthalt unter freiem Himmel, ohne eine Behausung, Leichenhütte, und Sonnendach, in einem Wasserbehälter antreten, Vereinbarung, zugesagt habend, und Uposatha außerhalb, die frühe (Regenzeit) und die späte (Regenzeit), Kombiniere in dieser Weise: (als einer, der) nichts zu tun hat, geht er, und (als einer, der) etwas zu tun hat, wiederum zwei bis drei Tage, (mit dem Gedanken): in sieben Tagen komme ich zurück, er geht für sieben Tage, er sollte kommen oder nicht kommen.

Die Stichworte der Sachverhalte sind zum Einhalten der Ordnung als Muster

In diesem Kapitel sind zweiundfünfzig Sachverhalte.

---

[17] Ende der späten Regenzeit, Vollmond im November.

MV 4

Zu jener Zeit weilte der Erwachte, Erhabene in Sāvatthi im Jeta Hain im Klosterbezirk des Anātapindika. Zu jener Zeit hatten viele befreundete und (miteinander) bekannte Mönche aus dem Land Kosala in einer gewissen Mönchsklause die Regenzeitobservanz auf sich genommen. Da kam diesen Mönchen folgender Gedanke: Wie können wir, in welcher Weise, friedvoll, freudig, streitlos und angenehm die Regenzeit verbringen, ohne Mangel an Almosen zu haben? (1)

Da kam jenen Mönchen folgender Gedanke: Wenn wir uns gegenseitig nicht ansprechen, nicht miteinander sprechen würden; wer zuerst aus dem Dorf vom Almosengang zurückkommen sollte, der sollte die Sitze vorbereiten, sollte Wasser für die Füße, Schemel für die Füße, Tücher zum Trocknen der Füße hinstellen; sollte nachdem er die Abfallschüssel ausgespült hat, sie hinstellen, sollte Trink- und Waschwasser hinstellen. (2)

Wer zuletzt aus dem Dorf vom Almosengang zurückkommen sollte, wenn dort ein Essensrest (ist), wenn er wünschen sollte zu essen, sollte (er) essen, sollte (er es) nicht wünschen, sollte er es wegwerfen, wo nichts Grünes (wächst) oder sollte es in Wasser, in dem keine Lebewesen leben hineingeben, sollte die Sitze wegbringen, sollte das Wasser für die Füße, die Schemel für die Füße, die Tücher zum Trocknen der Füße ordnen, sollte, nachdem er die Abfallschüssel ausgespült hat, sie wegstellen, sollte das Trink- und Waschwasser wegstellen, die Speisehalle ausfegen. (3)

Wer einen Trinkwasserbehälter oder einen Waschwasserbehälter oder einen Abortwasserbehälter sehen sollte, der leer ist, ohne (Inhalt) ist, sollte (sich) darum bekümmern. Sollte es ihm mit seinen Händen nicht möglich sein, soll er, nachdem er einen zweiten mit einem Handzeichen angesprochen hat, sich darum bekümmern; nicht soll man aus diesem Grunde das Wort (Schweigen) brechen. In dieser Weise wollen wir friedvoll, freudig, streitlos und angenehm die Regenzeit verbringen, ohne Mangel an Almosen zu haben. (4)

Dann sprachen jene Mönche sich nicht gegenseitig an, sprachen nicht miteinander. Wer zuerst aus dem Dorf vom Almosengang zurückkam, der bereitete die Sitze vor, stellte das Wasser für die Füße, Schemel für die Füße, Tücher zum Trocknen der Füße hin, nachdem er die Abfallschüssel ausgespült hatte, stellte er sie hin; stellte Trink- und Waschwasser hin.(5)

Wer zuletzt aus dem Dorf vom Almosengang zurückkam, wenn dort ein Essensrest (war), wenn er wünschte zu essen, aß er, wenn (er es) nicht wünschte, warf er es weg wo, nichts Grünes (wächst) oder gab es in Wasser, in dem keine Lebewesen lebten, brachte die Sitze weg, das Wasser für die Füße, ordnete die Schemel für die Füße, die Tücher zum Trocknen der Füße. Nachdem er die Abfallschüssel ausgespült hatte, stellte er sie weg, stellte das Trink- und Waschwasser weg, die Speisehalle fegte er aus. (6)

Wer einen Trinkwasserbehälter oder einen Waschwasserbehälter oder einen Abortwasserbehälter sah, der leer war, ohne (Inhalt) war, kümmerte (sich) jener darum, war es ihm mit seinen Händen nicht möglich, hat er, nachdem er einen zweiten mit einem Handzeichen angesprochen hatte, sich darum bekümmert, nicht hat man aus diesem Grunde das Wort (Schweigen) gebrochen. (7)

Es war Brauch, daß die Mönche, die die Regenzeit beendet hatten, zum Erhabenen kamen um ihn zu sehen. Da brachen jene Mönche, nachdem sie die Regenzeit beendet hatten, nachdem 3 Monate vergangen waren, sie die Behausung in Ordnung gebracht hatten, Robe und Almosenschale genommen hatten, nach Sāvatthi auf. Allmählich kamen sie nach Sāvatthi zum Jeta Hain zum Klosterbezirk des Anātapindika. Sie gingen zum Erhabenen. Nachdem sie zum Erhabenen gegangen waren, ihn verehrt hatten, setzten sie sich beiseite nieder. Es war Brauch, daß der Erhabene, Erwachte mit den Gastmönchen freundliche Worte wechselte. (8)

Da sagte der Erhabene den Mönchen folgendes: "Wie geht es euch, ihr Mönche, habe ihr die Zeit gut verbracht, habt ihr friedvoll, freudig, streitlos, angenehm die Regenzeit verbracht, hattet ihr keinen Mangel an Almosen?" "Uns geht es gut, Erhabener, wir haben die Zeit gut verbracht, Erhabener, wir waren friedvoll, Verehrungswürdiger, freudig, streitlos, angenehm verbrachten wir die Regenzeit, hatten keinen Mangel an Almosen". (9)

Wissend fragen die Vollendeten, wissend fragen sie nicht, die (rechte) Zeit wissend fragen sie, die (rechte) Zeit wissend fragen sie nicht. Mit Bedacht fragen Vollendete nicht ohne Bedacht, Unbedachtes tun Vollendete nicht. In zwei Weisen fragt der Erhabene, Erwachte die Mönche; um die Lehre zu verkünden oder den Hörern Regeln zu geben. Dann sagte der Erhabene jenen Mönchen folgendes: "In welcher Weise habt ihr, ihr Mönche, friedvoll, freudig, streitlos, angenehm die Regenzeit verbracht, hattet keinen Mangel an Almosen?" (10)

In diesem Fall haben wir, Verehrungswürdiger, viele befreundete und (miteinander) bekannte Mönche ...(wie 1 - 4 in

MV 4

der 1. Pers. plural und Vergangenheit) (11)

Da sprach der Erhabene die Mönche an: "Unangenehme (Zeit), ihr Mönche, verbrachten diese törichten Menschen, sagten (aber) gleichwie "angenehm verbrachten wir sie". Wie (stumme) Tiere, ihr Mönche, lebten diese törichten Menschen, sagten (aber) ..., wie Schafe, ihr Mönche, lebten diese.... Unachtsam, ihr Mönche, lebten diese.....Wie können, ihr Mönche, diese törichten Menschen das Schweigegelübde, die Observanz der Andersgläubigen auf sich nehmen? (12)

"Dies, ihr Mönche, ist nicht um die Unzufriedenen zufrieden zu stellen". Nachdem (er) getadelt hatte und eine Lehrrede gehalten hatte, sprach er die Mönche an: "Nicht soll man, ihr Mönche, das Schweigegelübde, die Observanz der Andersgläubigen, auf sich nehmen. Wer so auf sich nimmt, begeht ein dukkata Vergehen. Ich erlaube, ihr Mönche, nachdem man die Regenzeit verbracht hat, für 3 Fälle (gesehen, gehört, vermutet) das Pavārana (es befragt ein Mönch den Sangha am Pavāranatag, ob ein Vergehen gesehen, gehört, vermutet wurde). Das wird für euch die gegenseitige Zustimmung, Vergehensaufhebung sein, wird das Vinaya hochhalten. (13)

So, ihr Mönche, soll man Pavārana begehen: Von einem erfahrenen und fähigen Mönch soll dem Sangha angekündigt werden: Höre mich, verehrungswürdiger Sangha, heute ist Pavārana. Wenn es dem Sangha recht ist, soll der Sangha Pavārana begehen. Ein Thera soll, nachdem das Obergewand auf eine Schulter gelegt wurde, sich verbeugt wurde, sich in die Hocke niedergesetzt wurde, die Hände zusammengelegt wurden, in dieser Weise sprechen: Ich befrage (pavareti), Brüder, den Sangha, ist gesehen, gehört, vermuten worden (das ich ein Vergehen beging während der Regenzeit); dann sagt (es) mir, Ehrwürdige, von Mitleid bewogen. Wenn (ich) es einsehe, werde ich es wieder gutmachen. Zum zweiten Male.... zum dritten Male....Ein neuer Mönch soll, nachdem das Obergewand auf eine Schulter gelegt wurde, sich verbeugt wurde, sich in die Hocke niedergesetzt wurde, die Hände zusammengelegt wurden, in dieser Weise sprechen: Ich befrage, Verehrungswürdige, den Sangha, ist gesehen, gehört, vermuten worden (das ich ein Vergehen beging während der Regenzeit); dann sagt (es) mir, Ehrwürdige, von Mitleid bewogen. Wenn (ich) es einsehe, werde ich es wieder gutmachen. Zum zweiten Male.... zum dritten Male.... (14) //1//

Zu jener Zeit blieb die Sechser Gruppe Mönche, als die Theras bei der Pavāranazeremonie sich in die Hocke niedersetzten, auf ihren Sitzen sitzen. Jene Mönche, die mäßig waren, wurden verärgert, unruhig, erregt: Wie kann jene Sechser Gruppe Mönche, als die Theras bei der Pavāranazeremonie sich in die Hocke niedersetzten, auf ihren Sitzen sitzenbleiben? Dem Erhabenen erzählten jene Mönche den Sachverhalt. "Ist es wahr, ihr Mönche, daß die Sechser Gruppe Mönche als die Theras bei der Pavāranazeremonie sich in die Hocke niedersetzten, auf ihren Sitzen sitzenblieben?" "Das ist wahr, Erhabener". Da tadelte der Erwachte, Erhabene: "Wie können, ihr Mönche, jene törichten Menschen, als die Theras bei der Pavāranazeremonie sich in die Hocke niedersetzten, auf ihren Sitzen sitzenbleiben. Dies, ihr Mönche, ist nicht, um die Unzufriedenen zufrieden zu stellen". Nachdem (er) getadelt hatte und eine Lehrrede gehalten hatte, sprach er die Mönche an: "Nicht soll man, ihr Mönche, wenn die Theras bei der Pavāranazeremonie sich in die Hocke niedersetzen, auf den Sitzen sitzenbleiben. Wer so sitzen bleibt, begeht ein dukkata Vergehen. Ich erlaube, ihr Mönche, daß alle sich in die Hocke niedersetzen und Pavārana begehen". (1)

Zu jener Zeit fiel ein gewisser altersschwacher Thera, während alle in der Hocke sitzend warteten, bis alle Pavārana begangen hatten, in Ohnmacht. Dem Erhabenen erzählten sie diesen Sachverhalt. "Ich erlaube, ihr Mönche, während der Pavāranazeremonie sich niederzuhocken, nach (dem eigenen) Pavārana sich niederzusetzen". (2) //2//

Dann kam dem Mönchen folgender Gedanke: Wieviele Pavāranas gibt es? Dem Erhabenen erzählten sie diesen Sachverhalt. "Zwei Pavāranas, ihr Mönche, gibt es, am 14. und am 15. Diese zwei Pavāranas, ihr Mönche, gibt es". (1)

Dann kam den Mönchen folgender Gedanke: wieviele Pavāranaverfahren gibt es? Dem Erhabenen erzählten sie diesen Sachverhalt. (= MV II 14/2 - 14/3 mit "Pavārana" statt "Uposatha") (2)

Dann sprach der Erhabene die Mönche an: "Versammelt euch, ihr Mönche, der Sangha wird Pavārana begehen". Als dies gesagt wurde, sagte ein gewisser Mönch dem Erhabenen folgendes: "Verehrungswürdiger, ein Mönch ist krank, er ist nicht gekommen". "Ich erlaube, ihr Mönche, daß der kranke Mönch sein Pavārana gibt. So soll, ihr Mönche, der Mönch geben: Jener kranke Mönch, nachdem er zu einem Mönch gekommen ist, das Obergewand auf eine Schulter gelegt hat, sich niedergehockt hat, die Hände zusammengelegt hat, soll (er) jenem sagen: Ich will Pavārana geben, mein Pavārana überbringe, befrage in bezug auf mich. (Dieses) soll er durch Gesten wissen lassen, durch die Sprache wissen lassen, durch Gesten und die Sprache wissen lassen: Pavārana ist gegeben worden; wenn er nicht durch Gesten, durch die Sprache, durch Gesten und die Sprache wissen läßt, ist Pavārana nicht gegeben worden. (3)

MV 4

Wenn ihr sie (die Pavāraṇa) erhaltet.....(= MV II 22/2 mit "Pavāraṇa" statt "Uposatha") (4)

Der Pavāraṇaüberbringer, ihr Mönche, ...(= MV II 22/3,4 mit "Pavāraṇa" statt "Uposatha") .....dukkaṭa Vergehen. Ich erlaube, ihr Mönche, Pavāraṇa zu geben und die Zustimmung zu geben: "Möge der Saṅgha tun, was ihm obliegt". (5) //3//

Wiederhole MV II //24// mit "Pavāraṇatag" statt "Uposathatag" und "Pavāraṇa geben" statt "Reinheitsbekenntnis". //4//

Zu jener Zeit weilten in einer gewissen Mönchsklause an einem Pavāraṇatag 5 Mönche. Da kam jenen Mönchen folgender Gedanke: der Erhabene erließ: Pavāraṇa soll man begehen. Wir sind aber nur 5 Leute, wie sollen wir Pavāraṇa begehen? Dem Erhabenen erzählten sie diesen Sachverhalt. "Ich erlaube, ihr Mönche, daß (mindestens) 5 Mönche das Pavāraṇa begehen". (1)

Zu jener Zeit weilten in einer gewissen Mönchsklause an einem Pavāraṇatag 4 Mönche. Da kam den Mönchen folgender Gedanke: Der Erhabene erlaubte, daß (mindestens) 5 Mönche Pavāraṇa begehen (können). Wir sind (nur) 4 Leute, wie sollen wir Pavāraṇa begehen? Dem Erhabenen erzählten sie diesen Sachverhalt. "Ich erlaube, ihr Mönche, daß 4 Leute miteinander Pavāraṇa begehen sollen. (2)

So soll man, ihr Mönche, Pavāraṇa begehen: Ein erfahrener und fähiger Mönch soll den Mönchen ankündigen: Hört mich, Brüder, heute ist Pavāraṇa. Wenn es den Brüdern recht ist, begehen wir miteinander Pavāraṇa. Ein Thera soll, nachdem er das Obergewand auf eine Schulter gelegt hat, sich in die Hocke niedergesetzt hat, die Hände zusammengelegt hat, jenen Mönchen folgendes sagen: Ich befrage (pavareti), Brüder, den Saṅgha: ist gesehen, gehört, vermutet worden, (daß ich ein Vergehen beging während der Regenzeit); dann sagt (es) mir, Ehrwürdige, von Mitleid bewogen. Wenn (ich) es einsehe, werde ich es wieder gutmachen. Zum zweiten Male.... zum dritten Male.... Ein neuer Mönch soll, nachdem das Obergewand auf eine Schulter gelegt wurde, sich verbeugt wurde, sich in die Hocke niedergesetzt wurde, die Hände zusammengelegt wurden, zu den Mönchen in dieser Weise sprechen: Ich befrage, Verehrungswürdige, den Saṅgha, ist gesehen, gehört, vermutet worden, (daß ich ein Vergehen beging während der Regenzeit); dann sagt (es) mir, Ehrwürdige, von Mitleid bewogen. Wenn (ich) es einsehe, werde ich es wieder gutmachen. Zum zweiten Male.... zum dritten Male.... (3)

Wiederholung von 2 + 3 mit 3 Mönchen (4)
Wiederholung von 2 + 3 mit 2 Mönchen (5 + 6)

Zu jener Zeit weilt in einer gewissen Mönchsklause an einem Pavāraṇatag ein Mönch. Da kam dem Mönch folgender Gedanke: Der Erhabene erlaubte, daß (mindestens) 5 Mönche Pavāraṇa begehen, daß 4 Mönche gegenseitig Pavāraṇa begehen, daß 3 Mönch, daß 2 Mönche gegenseitig Pavāraṇa begehen, aber ich bin einer. Wie soll ich nun Pavāraṇa begehen? Dem Erhabenen erzählten sie diesen Sachverhalt. (7)

"In diesem Fall, ihr Mönche, weilt in einer gewissen Mönchsklause an jenem Pavāraṇa nur ein Mönch. Jener Mönch, ihr Mönche, soll sich dort wo die Mönche zurückkommen (ankommen), in der Versammlungshalle oder in der Laube oder am Fuße eines Baumes, nachdem er den Platz ausgefegt hat, Trink- und Waschwasser bereitgestellt hat, Sitze vorbereitet hat, Licht angemacht hat, niedersetzen. Wenn andere Mönche kommen, soll er mit denen Pavāraṇa begehen, wenn keine kommen, soll er sich entschließen: Heute ist für mich Pavāraṇa. Wer sich so nicht entschließen würde, begeht ein dukkaṭa Vergehen. (8)

Dort, Ihr Mönche, wo 5 Mönche leben, soll man nicht, nachdem man von einem Mönch Pavāraṇa geholt hat, die Pavāraṇa mit 4 Mönchen zusammen begehen. Wer so Pavāraṇa begeht, begeht ein dukkaṭa Vergehen. Dort, wo 4 Mönche leben, ihr Mönche, soll man nicht, ... Dort wo 3 Mönche leben,.... Dort wo 2 Mönche leben, ihr Mönche, soll man nicht, nachdem man von 1 Mönch die Pavāraṇa geholt hat, sich allein entschließen (Pavāraṇa zu begehen). Wer so entschließt begeht ein dukkaṭa Vergehen. (9) //5//

Wie MV II 27/1+2 mit Pavāraṇa statt Uposatha (1)
MV II 27/4-8 mit Pavāraṇa statt Pāṭimokkha (2+3) //6//

Das erste Kapitel ist beendet

Wie MV II 28/1-3 mit: "5 oder mehr" und "Pavāraṇa" (1-3)

Wie MV II 28/4:
als begangen war: mehr = nochmals Pavāraṇa
gleichviele = begangenes ist gut begangen, jene kommenden sollen bei ihnen Pavāraṇa begehen
weniger = wie gleich viele
weiter wie MV II 28/5-7
Die Gruppe von 15 Nichtvergehen ist beendet //7//

Wie MV II 29/1-3
Das Kapitel der 15 Vorstellungen einer Teilgruppe //8//

MV II 30 + 31 + 32 = //9 - 11//

Das Kapitel der 15 Absichten zu spalten ist beendet
Die 65 Fälle sind beendet

MV II 33 = //12//
MV II 34/1 - 35/5 = //13//
MV II 36 = //14//

Zu jener Zeit, im Kosalalande, war in einer gewissen Mönchsklause an einem Pavāraṇatag Gefahr durch wilde (Menschen). Die Mönche konnten nicht dreifach Pavāraṇa aussprechen. Dem Erhabenen erzählten sie diesen Sachverhalt. "Ich erlaube, ihr Mönche, zweifach Pavāraṇa auszusprechen". Eine größere Gefahr durch wilde (Menschen) kam auf. Dem Erhabenen erzählten sie diesen Sachverhalt. "Ich erlaube, ihr Mönche, einfach Pavāraṇa auszusprechen". Eine noch größere Gefahr durch wilde (Menschen) kam auf. Die Mönche konnten nicht einfach Pavāraṇa aussprechen. Dem Erhabenen erzählten sie diesen Sachverhalt. "Ich erlaube, ihr Mönche, in der Regenzeitgruppe das Pavāraṇa zu begehen." (Also nicht der ganze Sangha gemeinsam). (1)

Zu jener Zeit gaben in einer gewissen Mönchsklause am Pavāraṇatag die Menschen Gaben bis die Nacht fast vergangen war. Da kam den Mönchen folgender Gedanke: Die Menschen gaben Gaben bis die Nacht fast vergangen war. Wenn der Sangha dreifach Pavāraṇa ausspricht, wird der Sangha nicht Pavāraṇa begangen haben, denn die Nacht wird hell. Wie sollen wir uns verhalten? Dem Erhabenen erzählten sie diesen Sachverhalt. (2)

"In diesem Fall, ihr Mönche, gaben in einer gewissen Mönchsklause am Pavāraṇatag die Menschen Gaben bis die Nacht fast vergangen war. Da kam den Mönchen folgender Gedanke: Die Menschen gaben Gaben bis die Nacht fast vergangen war. Wenn der Sangha dreifach Pavāraṇa ausspricht, wird der Sangha nicht Pavāraṇa begangen haben, denn die Nacht wird hell. Ein erfahrener und fähiger Mönch soll dem Sangha ankündigen: Höre mich, verehrungswürdiger Sangha: Die Menschen gaben Gaben, bis die Nacht fast vorbei war. Wenn der Sangha dreifach Pavāraṇa ausspricht, wird der Sangha nicht Pavāraṇa begangen haben, denn die Nacht wird hell. Wenn es dem Sangha recht ist, wird der Sangha zweifach, einfach, in der Regenzeitgruppe Pavāraṇa begehen. (3)

In diesem Fall, ihr Mönche, hatten in einer gewissen Mönchsklause an jenem Pavāraṇatag die Mönche über die Lehre gesprochen, die Lehrredenkundigen rezitierten die Lehrreden, die Vinayakundigen legten den Vinaya dar, die Lehrkundigen diskutierten über die Lehre, die Mönche stritten bis die Nacht fast vergangen war. Da kam den Mönchen folgender Gedanke: Die Mönche stritten bis die Nacht fast vergangen war wenn der Sangha dreifach Pavāraṇa ausspricht, wird der Sangha nicht Pavāraṇa begangen haben, denn die Nacht wird hell. Ein erfahrener und fähiger Mönch soll dem Sangha ankündigen: Höre mich, verehrungswürdiger Sangha: Die Mönche stritten, bis die Nacht fast vorbei war. Wenn der Sangha dreifach Pavāraṇa ausspricht, wird der Sangha nicht Pavāraṇa begangen haben, denn die Nacht wird hell. Wenn es dem Sangha recht ist, wird der Sangha zweifach, einfach, in der Regenzeitgruppe Pavāraṇa begehen". (4)

Zu jener Zeit, im Lande Kosala, war in einer gewissen Mönchsklause an jenem Pavāraṇatag ein großer Mönchssangha versammelt, ein kleiner (Platz nur) war vor Regen geschützt, und eine große Wolke kam auf. Da kam den Mönchen folgender Gedanke: Hier ist ein großer Mönchssangha versammelt, ein kleiner (Platz nur) ist vor Regen geschützt, und eine große Wolke kam auf. Wenn der Sangha dreifach Pavāraṇa begehen würde, wird der Sangha nicht Pavāraṇa begangen haben, denn diese Wolke wird regnen. Wie sollen wir uns verhalten? Dem Erhabenen erzählten sie diesen Sachverhalt. (5)

"In diesem Fall, ihr Mönche, war in einer gewissen Mönchsklause an jenem Pavāranatag ein großer Mönchssangha versammelt, ein kleiner (Platz nur) war vor Regen geschützt und eine große Wolke kam auf. Da kam den Mönchen folgender Gedanke: Hier ist ein großer Mönchssangha versammelt, ein kleiner (Platz nur) ist vor Regen geschützt, und eine große Wolke kam auf. Wenn der Sangha dreifach Pavārana begehen würde, wird der Sangha nicht Pavārana begangen haben, denn diese Wolke wird regnen. Ein fähiger und erfahrener Mönch, etc.... Pavārana begehen. (6)

In diesem Fall, ihr Mönche, war in einer gewissen Mönchsklause Gefahr durch den König, ... etc,, einen Dieb, Feuer, Wasser, Menschen, Nichtmenschen, Raubtiere, Kriechtiere, Gefahr für das Leben, den Reinheitswandel. Da kam den Mönchen folgender Gedanke: Dies ist eine Gefahr für den Reinheitwandel. Wenn der Sangha dreifach das Pavārana ...etc... Ein fähiger und erfahrener Mönch, .. etc... Pavārana begehen". (7) //15//

Zu jener Zeit beging die Sechser Gruppe Mönche Pavārana obwohl sie ein Vergehen (begangen hatten). Dem Erhabenen erzählten sie diesen Sachverhalt. "Nicht soll man, ihr Mönche, mit einem Vergehen Pavārana begehen. Wer so begehen würde, begeht ein dukkata Vergehen. Ich erlaube, ihr Mönche, einem ein Vergehen begangen Habenden, der Pavārana begeht, nachdem es (mit ihm vorher) besprochen wurde, ihm sein Vergehen (beim Pavārana) vorzuwerfen". (1)

Zu jener Zeit sollte mit der Sechser Gruppe Mönche (vorher ein Vergehen) besprochen werden, aber sie waren damit nicht einverstanden. Dem Erhabenen erzählten sie diesen Sachverhalt. "Ich erlaube, ihr Mönche, dem nicht Einverstandenen das Pavārana ungültig zu machen. So soll man, ihr Mönche, ungültig machen: An jenem Pavāranatag am 14. oder 15., wenn jene Person anwesend ist, soll inmitten des Sanghas vorgetragen werden: Höre mich, verehrungswürdiger Sangha, die so und so genannte Person ist ein Vergehensbeger. Wir machen sein Pavārana ungültig. Nicht soll Pavārana in seiner Anwesenheit begangen werden, sein Pavārana ist aufgehoben". (2)

Zu jener Zeit (dachte) die Sechser Gruppe Mönche: Vorher haben die sich gut verhaltenden Mönche unser Pavārana ungültig gemacht. So machten sie das Pavārana der reinen Mönche, die ohne Vergehen waren, ohne Anlaß, ohne Grund ungültig. Auch das schon begangene Pavārana machten sie ungültig. Dem Erhabenen erzählten sie diesen Sachverhalt. "Nicht soll man, ihr Mönche, den reinen, kein Vergehen begangen habenden Mönchen, ohne Grund, ohne Anlaß das Pavārana ungültig machen. Wer so ungültig macht, begeht ein dukkata Vergehen. Nicht, ihr Mönche, soll man Pavārana ungültig machen, denen die schon Pavārana begangen haben. Wer so ungültig macht, begeht ein dukkata Vergehen. (3)

So, ihr Mönche, ist Pavārana ungültig, so nicht ungültig. Wie, ihr Mönche, ist Pavārana nicht ungültig? Will man das mit dreifacher Pavāranaformel, ihr Mönche, vollständig ausgesprochene, aufgesagte Pavārana aufheben: nicht ungültig ist dies Pavārana. Will man das mit zweifacher Pavāranaformel, mit einfacher Pavāranaformel, das Pavārana mit der Regenzeitgruppe, ihr Mönche, vollständig ausgesprochen, aufgesagt, aufheben, nicht ungültig ist diese Pavārana. So, ihr Mönche, ist Pavārana nicht ungültig. (4)

Wie, ihr Mönche, ist Pavārana ungültig? Will man das mit dreifacher Pavāranaformel, ihr Mönche, unvollständig ausgesprochene, aufgesagte Pavārana aufheben: ungültig ist dies Pavārana. Will man das mit zweifacher Pavāranaformel, mit einfacher Pavāranaformel, das Pavārana mit der Regenzeitgruppe, ihr Mönche, unvollständig ausgesprochene, aufgesagte, aufheben: ungültig ist dies Pavārana. So, ihr Mönche, ist Pavārana ungültig. (5)

In diesem Fall, ihr Mönche, machte an einem gewissen Pavāranatag ein Mönch einem anderen Mönch das Pavārana ungültig. Wenn andere Mönche von jenem Mönch wissen: Dieser Ehrwürdige hat kein vollständig reines Körperverhalten (Verhalten in Taten), kein vollständig reines Sprachverhalten, keinen vollständig reinen Lebenswandel, ist ein Ungebildeter, Unerfahrener, ist unfähig befragt, eine Erklärung zu geben: Halte ein, Mönch, kämpfe nicht, zanke nicht, disputiere nicht, debattiere nicht; ihn so bedrängt habend, soll der Sangha Pavārana begehen (6)

Wiederholung von (6) mit: vollständig reines Körperverhalten, aber kein vollständig reines Sprachverhalten, keinen vollständig reinen Lebenswandel .. etc... (7)

Wiederholung von (6) mit: vollständig reines Körperverhalten, vollständig reines Sprachverhalten aber keinen vollständig reinen Lebenswandel ... etc ... (8)

Wiederholung von (6) mit: vollständig reines Körperverhalten, vollständig reines Sprachverhalten vollständig reinen Lebenswandel aber ein Ungebildeter .. etc... (9)

MV 4

In diesem Fall, ihr Mönche, machte an einem gewissen Pavāranatag ein Mönch einem anderen Mönch das Pavārana ungültig. Wenn andere Mönche von jenem Mönch wissen: Dieser Ehrwürdige hat vollständig reines Körperverhalten (Verhalten in Taten), vollständig reines Sprachverhalten, vollständig reinen Lebenswandel, ist ein Gebildeter, Erfahrener, ist fähig, befragt, eine Erklärung zu geben, so soll (man) zu ihm sagen: Du, Bruder, machst diesem Mönch das Pavārana ungültig, warum machst du es ungültig? Wegen Verlust der Regeln machst du es ungültig? Wegen Verlust des guten Verhaltens machst du es ungültig? Wegen Verlust der rechten Anschauung machst du es ungültig? (10)

Jener soll so sagen: Ich mache ungültig wegen Verlust der Regeln, wegen ...etc.. Jene sollen so sagen: Weiß der Ehrwürdige, welcher Regelverlust, weiß er, welcher Verhaltensverlust... etc... Jener soll so sagen: Ja, Brüder, ich weiß, welcher Regelverlust ...etc... Jene sollen so sagen: Sage mir, Ehrwürdiger, welcher Regelverlust ... etc.. (11)

Jener soll so sagen: Die 4 Sanghādisesa Vergehen und die 13 Parājikavergehen sind Verlust der Regeln, Thullaccaya, Pācittiya, Pātidesanīya, Dukkata, Dubbhāsita (Vergehen) sind Verlust des rechten Verhaltens, falsche Ansicht. Extreme Ansichten sind Verlust rechter Ansicht. Jene sollen so sagen: Wenn du, Bruder, bei diesem Mönch Pavārana ungültig machst, machst du ungültig weil (du) gesehen hast, gehört hast, vermutet hast? (12)

Wenn jener so sagen würde: Ich mache ungültig wegen Gesehenem, wegen Gehörtem, wegen Vermutetem. Jene sollen jenem sagen: Wenn du, Bruder, dieses Mönches Pavārana wegen Gesehenem ungültig machst, was hast du gesehen? Wie hast du gesehen? Wann hast du gesehen? Wo hast du gesehen? Sahst du ihn ein Parājika Vergehen begehen, ein Sanghādisesa, Thullaccaya, Pācittiya, Pātidesanīya, Dukkata, Dubbhāsita Vergehen begehen? Wo warst du? Wo war der Mönch? Was tatest du? Was tat jener Mönch? (13)

Wenn jener so sagen würde: Nicht mache ich, Bruder, das Pavārana ungültig wegen Gesehenem jenes Mönches, sondern wegen Gehörtem mache ich das Pavārana ungültig. Jene sollen jenem sagen: Wenn du, Bruder, dieses Mönches Pavārana wegen Gehörtem ungültig machst, was hast du gehört? Wie hast du gehört? Wann hast du gehört? Hörtest du ihn ein Parājika Vergehen begehen, ein Sanghādisesa, Thullaccaya, Pācittiya, Pātidesanīya, Dukkata, Dubbhāsita Vergehen begehen? Wo warst du? Hörtest du (das) von einem (anderen) Mönch, einer Nonne, einer zu Schulenden, einem Novizen, einer Novizin, einem Laien, einer Laienanhängerin, einem König, einem Königsminister, einem Führer Andersgläubiger, einem Anhänger Andersgläubiger? (14)

Wenn jener so sagen würde: Nicht mache ich, Bruder, das Pavārana ungültig wegen Gehörtem jenes Mönches, sondern wegen Vermutetem mache ich das Pavārana ungültig. Jene sollen jenem sagen: Wenn du, Bruder, dieses Mönches Pavārana wegen Vermutetem ungültig machst, was hast du vermutet? Wie hast du vermutet? Wann hast du vermutet? Wo hast du vermutet? Vermutest du, daß (er) ein Parājika Vergehen beging, ein Sanghādisesa, Thullaccaya, Pācittiya, Pātidesanīya, Dukkata, Dubbhāsita Vergehen beging? Vermutest du, weil du von einem Mönch (etwas) hörtest, von einer Nonne, einer zu Schulenden, einem Novizen, einer Novizin, einem Laien, einer Laienanhängerin, einem König, einem Königsminister, einem Führer Andersgläubiger, einem Anhänger Andersgläubiger? (15)

Wenn jener so sagen würde: Nicht mache ich, Bruder, das Pavārana ungültig wegen Vermutetem (Vergehens) jenes Mönches, sondern ich weiß nicht, warum ich jenem Mönche das Pavārana ungültig mache. Wenn, ihr Mönche, jener anklagende Mönch mit seiner Erklärung den Geist verständiger Mitmönche nicht zufriedenstellt, ist der angeklagte Mönche ein Unschuldiger. Solches zu sagen genügt (um die Angelegenheit zu beenden). Wenn, ihr Mönche, jener anklagende Mönch mit seiner Erklärung den Geist verständiger Mitmönche zufriedenstellt, ist der angeklagte Mönch ein Schuldiger. Solches zu sagen genügt. (16)

Wenn, ihr Mönche, ein anklagender Mönch zugibt, grundlos (einen anderen mit dem Vorwurf) eines Parājikavergehens diffamiert zu haben, soll der Sangha Pavārana begehen, nachdem er eine Sanghādisesa verhängt hat. Wenn, ihr Mönche, ein anklagender Mönch zugibt grundlos (einen anderen mit dem Vorwurf) eines Sanghādisesavergehens diffamiert zu haben, soll der Sangha Pavārana begehen, nachdem er nach den Regeln behandelt wurde. (Wiederholung des vorigen Satzes mit: Thullaccaya-, Pācittiya-, Pātidesanīya-, Dukkata-, Dubbhāsita- Vergehen) (17)

Wenn, ihr Mönche, der angeklagte Mönch zugibt, ein Parājikavergehen begangen zu haben, soll der Sangha Pavārana begehen, nachdem (er) ausgestoßen wurde. Wenn, ihr Mönche, der angeklagte Mönch zugibt, ein Sanghādisesavergehen begangen zu haben, soll der Sangha Pavārana begehen, nachdem ein Sanghādisesa verhängt wurde. Wenn, ihr Mönche, der angeklagte Mönch zugibt, ein Thullaccaya-, Pācittiya-, Pātidesanīya-, Dukkata-, Dubbhāsitavergehen begangen zu haben, soll der Sangha Pavārana begehen, nachdem der Sangha ihn nach den Regeln behandelt hat. (18)

In diesem Fall, ihr Mönche, hat ein Mönch an jenem Pavāranatag ein Thullaccayavergehen begangen. Einige Mönche hatten die Ansicht: das ist ein Thullaccayavergehen; einige Mönche hatten die Ansicht: das ist ein Sanghādisesavergehen. Diejenigen Mönche, ihr Mönche, die die Ansicht haben, das ist ein Thullaccayavergehen, jene, ihr Mönche, nachdem sie den Mönch beiseite geführt haben, ihn nach den Regeln behandelt haben, zum Sangha zurückgekommen sind, sollen sie so sagen: "Jener Mönch, Brüder, der ein Vergehen beging, hat das nach den Regeln wieder gutgemacht. Wenn es dem Sangha recht ist, möge der Sangha Pavārana begehen. (19)

Wiederholung (19) mit Ansichten:
Thullaccaya und Pācittiya
Thullaccaya und Pātidesanīya
Thullaccaya und Dukkata
Thullaccaya und Dubbhāsita. (20)

In diesem Fall, ihr Mönche, beging an jenem Pavāranatag ein Mönch ein Pācittiyavergehen, ein Pātidesanīyavergehen, ein Dukkatavergehen, ein Dubbhāsitavergehen. Einige Mönche hatten die Ansicht, das ist ein Dubbhāsitavergehen = 19 (21)

In diesem Fall beging an jenem Pavāranatag ein Mönch ein Dubbhāsitavergehen. Einige Mönche hatten die Ansicht: das ist ein Dubbhāsitavergehen; einige hatten die Ansicht: das ist ein Thullaccayavergehen. (Wiederholung mit Thullaccaya und Dubbhāsita, Pācittiya und Dubbhāsita, Pātidesanīya und Dubbhāsita, Dukkata und Dubbhāsita). Diejenigen Mönche, ihr Mönche, die die Ansicht haben, das ist ein Dubbhāsitavergehen = 19 (22)

In diesem Fall, ihr Mönche, sagte ein Mönch an jenem Pavāranatag inmitten des Sangha: Höre mich verehrungswürdiger Sangha. Dieser Sachverhalt ist zu sehen, aber nicht die Person (man weiß, es ist ein Vergehen begangen worden, aber nicht von wem) Wenn es dem Sangha recht ist, lassen wir den Sachverhalt beiseite und begehen Pavārana. Außerdem soll jener sagen: Der Erhabene, Brüder, erließ Pavārana für die Reinen. Wenn der Sachverhalt zu sehen ist, aber nicht die Person, so sollst du (der Täter) jenes jetzt sagen. (23)

Wiederholung von (23) mit: die Person ist zu sehen, aber nicht die Tat. Wenn es dem Sangha recht ist, lassen wir die Person beiseite und begehen Pavārana. Außerdem soll jener sagen: Der Erhabene, Brüder, erließ Pavārana für die ganze Gruppe. Wenn die Person zu sehen ist, aber nicht der Sachverhalt, so sollst du jenen (Sachverhalt) jetzt sagen. (24)

In diesem Fall, ihr Mönche, sagte ein Mönch an jenem Pavāranatag inmitten des Sangha: Höre mich, verehrungswürdiger Sangha. Dieser Sachverhalt ist zu sehen und die Person. Wenn es dem Sangha recht ist, lassen wir den Sachverhalt und die Person beiseite und begehen Pavārana. Außerdem soll jener sagen: Der Erhabene, Brüder, erließ Pavārana für die Reinen und die ganze Gruppe. Wenn der Sachverhalt zu sehen ist und die Person, so sollst du (der Täter) jenes jetzt sagen. (25)

Wenn, ihr Mönche, vor dem Pavāranatag der Sachverhalt erscheint (bekannt ist), nachher die Person, ist es gut, so zu sprechen (wie 23). Wenn, ihr Mönche, vor dem Pavāranatag die Person erscheint, nachher der Sachverhalt, ist es gut, so zu sprechen (Wie vorher in 24). Wenn, ihr Mönche, vor dem Pavāranatag der Sachverhalt und die Person erscheint, wenn das nach getanem Pavārana wieder aufgerollt wird, ist das Wiederaufrollen ein Pācittiyavergehen. (26) //16//

Zu jener Zeit hatten viele bekannte und befreundete Mönche im Lande Kosala in einer gewissen Mönchsklause die Regenzeitobservanz auf sich genommen. Bei jenen in der Nähe waren andere Mönche, die bekämpften sich, stritten sich, debattierten und beschimpften sich, leiteten Sanghaverfahren ein. Sie nahmen die Regenzeitobservanz auf sich: Wir werden, nachdem die Regenzeit und das Pavārana vergangen sind, jenen (anderen) Mönchen das Pavārana ungültig machen. Jene (guten) Mönche hörten: Jene Mönche, unsere Nachbarmönche, sind, so sagt man, (welche), die sich bekämpfen .... Pavārana ungültig machen. Wie sollen wir uns jetzt verhalten? Dem Erhabenen erzählten sie diesen Sachverhalt. (1)

In diesem Fall, ihr Mönche, hatten viele bekannte und befreundete Mönche im Lande Kosala in einer gewissen Mönchsklause die Regenzeitobservanz auf sich genommen. Bei jenen in der Nähe waren andere Mönche, die bekämpften sich, stritten sich, debattierten und beschimpften sich, leiteten Sanghaverfahren ein. Sie nahmen die Regenzeitobservanz auf sich: Wir werden, nachdem die Regenzeit und das Pavārana vergangen sind, jene (anderen) Mönchen das Pavārana ungültig machen. Jene (guten) Mönche hörten: Jene Mönche, unsere Nachbarmönche sind, so sagt man, (welche), die sich bekämpfen .... Pavārana ungültig machen. Ich erlaube, ihr Mönche, 2 oder 3 mal Uposatha am 14. mit ihnen zu begehen: Wie können wir vor jenen Mönchen Pavārana begehen? Wenn, ihr Mönche, jene Mönche, die sich bekämpften .... Sanghaverfahren einleiteten, zur Mönchsklause kommen, soll man, nachdem man schnell schnell zusammengekommen ist, Pavārana begehen. Nach dem Pavārana soll man sagen: "Wir haben Pavārana begangen, Brüder, was die Ehrwürdigen meinen, das solltet ihr tun". (2)

Wenn, ihr Mönche, jene Mönche die sich bekämpfen ... Sanghaverfahren einleiten, unerwartet in jener Mönchsklause ankommen, jene Mönche, ihr Mönche, die in der Klause leben, sollen die Sitze vorbereiten, Fußwaschwasser, Fußschemel, das Tuch zum Trocknen der Füße bereitstellen. Nachdem (sie) entgegengegangen sind, soll man die Almosenschale und die Robe entgegennehmen, nachfragen ob Trinkwasser (gewünscht wird). Nachdem (man sich) um jene gekümmert hat, außerhalb der Grenze gegangen ist, soll man Pavārana begehen. Nach dem Pavārana soll man sagen: Wir haben Pavārana begangen, Brüder, was die Ehrwürdigen meinen, das solltet ihr tun. (3)

Wenn das gelingt, ist es gut, wenn das nicht gelingt, soll ein fähiger und gebildeter Mönch der Klause den Mönchen der Klause ankündigen: Hört mich, ihr Ehrwürdigen, der Mönchsklause. Wenn es den Ehrwürdigen recht ist, werden wir jetzt Uposatha begehen, das Patimokkha rezitieren. Kommenden Neumond werden wir Pavārana begehen. Wenn jene Mönche, ihr Mönche, die sich bekämpfen ... Sanghaverfahren einleiten, jenen Mönchen folgendes sagen würden: Gut wäre es, Brüder, wenn ihr jetzt Pavārana begeht. Jenen soll man sagen: Nicht seid ihr, Brüder, Herren über unser Pavārana, nicht begehen wir bis dahin Pavārana (4)

Wenn jene Mönche, ihr Mönche, die sich bekämpfen .... Sanghaverfahren einleiten, (bis zu) jenem Neumond dableiben, soll ein fähiger und gebildeter Mönch der Klause den Mönchen der Klause ankündigen: Hört mich, ihr Ehrwürdigen, der Mönchsklause. Wenn es den Ehrwürdigen recht ist, werden wir jetzt Uposatha begehen, das Patimokkha rezitieren. Kommenden Vollmondtag werden wir Pavārana begehen. Wenn jene Mönche, ihr Mönche, die sich bekämpfen ... Sanghaverfahren einleiten, jenen Mönchen folgendes sagen würden: Gut wäre es, Brüder, wenn ihr jetzt Pavārana begeht. Jenen soll man sagen: Nicht seid ihr, Brüder, Herren über unser Pavārana, nicht begehen wir bis dahin Pavārana. (5)

Wenn jene Mönche, ihr Mönche, die sich bekämpfen .... Sanghaverfahren einleiten,(bis zu) jenem Vollmond dableiben, jene Mönche, ihr Mönche, sollen mit dem ganzen Klosterbezirk am Vollmondtag von komudiya catumasini, auch wenn sie nicht wollen, Pavārana begehen. (6)

Während die Mönche, ihr Mönche, Pavārana begehen, machte ein Kranker einem Nichtkranken Pavārana ungültig. Jene (die Mönche) sollen so sagen: Der Ehrwürdige ist ein Kranker. Ein Kranker ist nicht fähig zu einem Verfahren, sagte der Erhabene. Bruder, warte, bis du in Zukunft ein Nichtkranker bist. Wenn du (dann) als Nichtkranker es wünschst, mache die Vorwürfe. Ein so Belehrter, der (krank) vorwirft, begeht ein Pācittiya Vergehen wegen Nichtbeachtung. (7)

Während die Mönche, ihr Mönche, Pavārana begehen, machte ein Nichtkranker einem Kranken Pavārana ungültig. Jene sollen so sagen: Dieser Mönch, Bruder, ist ein Kranker. Ein Kranker ist nicht fähig zu einem Verfahren, sagte der Erhabene, Bruder, warte, bis dieser Mönch in Zukunft ein Nichtkranker ist. (Dann) kannst du dem Nichtkranken, wenn du es wünschst, die Vorwürfe machen. Ein so Belehrter, der vorwirft, begeht ein Pācittiya Vergehen wegen Nichtbeachtung. (8)

Während die Mönche, ihr Mönche, Pavārana begehen, machte ein Kranker einem Kranken Pavārana ungültig. Jene sollen so sagen: Die Ehrwürdigen sind Kranke. Kranke sind nicht fähig zu einem Verfahren, sagte der Erhabene. Bruder, wenn ihr in Zukunft Nichtkranke seid, wenn du (dann) als Nichtkranker es wünschst, mache die Vorwürfe. Ein so Belehrter, der (krank) vorwirft, begeht ein Pācittiya Vergehen wegen Nichtbeachtung. (9)

Während die Mönche, ihr Mönche, Pavārana begehen, machte ein Nichtkranker einem Nichtkranken Pavārana ungültig. Nachdem beide durch den Sangha gründlich befragt und (es) gründlich untersucht wurde, nach den Regeln behandelt wurde, soll der Sangha Pavārana begehen. (10) //17//

Zu jener Zeit hatten viele befreundete und (miteinander) bekannte Mönche aus dem Lande Kosala in einer bestimmten Mönchsklause die Regenzeitobservanz auf sich genommen. Jene verweilten friedvoll, freudig, streitlos, angenehm. So erlangten (sie) ein angenehmes Verweilen. Da kam jenen Mönchen folgender Gedanke: Wir verweilten friedvoll, freudig, streitlos, angenehm. So erlangten wir ein angenehmes Verweilen. Wenn wir jetzt Pavārana begehen, könnten die Mönche, nachdem sie Pavārana begangen haben zur Wanderschaft aufbrechen. Dann werden wir von diesem angenehmen Verweilen ausgeschlossen. Wie sollen wir uns jetzt verhalten? Dem Erhabenen erzählten sie diesen Sachverhalt. (1)

In diesem Fall, ihr Mönche, hatten viele befreundete und (miteinander) bekannte Mönche aus dem Lande Kosala in einer bestimmten Mönchsklause die Regenzeitobservanz auf sich genommen. Jene verweilten friedvoll, freudig, streitlos, angenehm. So erlangten (sie) ein angenehmes Verweilen. Da kam jenen Mönchen folgender Gedanke: Wir verweilten friedvoll, freudig, streitlos, angenehm. So erlangten wir ein angenehmes Verweilen. Wenn wir jetzt Pavārana begehen, könnten die Mönche nachdem sie Pavārana begangen haben zur Wanderschaft aufbrechen. Dann werden wir von diesem angenehmen Verweilen ausgeschlossen. Ich erlaube, ihr Mönche, daß jene Mönche Pavāranasamgaha (eine Verlängerung der Regenzeitobservanz) begehen. (2)

So soll man, ihr Mönche, sprechen. Alle sollen sich an einem Platz versammeln. Nachdem sie sich versammelt haben, soll ein erfahrener und fähiger Mönch dem Sangha ankündigen: Höre mich, verehrungswürdiger Sangha: Wir verweilten friedvoll, freudig, streitlos, angenehm, so erlangten wir ein angenehmes Verweilen. Wenn wir jetzt Pavārana begehen, könnten die Mönche, nachdem sie Pavārana begangen haben, zur Wanderschaft aufbrechen, dann werden wir von diesem angenehmen Verweilen ausgeschlossen. Wenn es dem Sangha recht ist, soll er Pavāranasamgaha ausführen, soll jetzt Uposatha begehen, das Patimokkha rezitieren, kommenden komudiya catumasini soll der Sangha Pavārana begehen. Das ist die Ankündigung. (3)

Höre mich, verehrungswürdiger Sangha: Wir verweilten friedvoll, freudig, streitlos, angenehm, so erlangten wir ein angenehmes Verweilen. Wenn wir jetzt Pavārana begehen, könnten die Mönche, nachdem sie Pavārana begangen haben, zur Wanderschaft aufbrechen, dann werden wir von diesem angenehmen Verweilen ausgeschlossen. Der Sangha führt Pavāranasamgaha aus, jetzt werden wir Uposatha begehen, das Patimokkha werden wir rezitieren, kommenden komudiya catumasini werden wir Pavārana begehen. Wenn es den Ehrwürdigen recht ist, daß wir Pavāranasamgaha ausführen, dann werden wir Uposatha begehen, das Patimokkha werden wir rezitieren, kommenden komudiya catumasini werden wir Pavārana begehen, dann möge er schweigen. Wenn es nicht recht ist, möge er sprechen. Vom Sangha ist das Pavāranasamgaha getan, (wir) werden jetzt Uposatha begehen, das Patimokkha rezitieren, kommenden komudiya catumasini Pavārana begehen. Dem Sangha ist es recht, daher das Schweigen, so nehme ich es an. (4)

Wenn von jenen Mönchen, ihr Mönche, Pavāranasamgaha gemacht worden ist und ein gewisser Mönch sagen würde: Ich wünsche, Brüder, zu einer Reise durch das Land aufzubrechen, ich habe im Lande zu tun. Jene sollen ihm sagen: Gut, Bruder, nachdem du Pavārana begangen hast, gehe. Dieser Mönch, ihr Mönche, machte, während er Pavārana beging, einem anderen Mönch Pavārana ungültig. Jener (Mönch) soll ihm sagen: Du Bruder, bist nicht Herr über mein Pavārana, noch begehe ich nicht Pavārana. Wenn, ihr Mönche, dem Pavārana begehenden Mönch ein gewisser Mönch, während er Pavārana begeht, sein Pavārana ungültig macht, nachdem beide durch den Sangha gründlich befragt und (es) gründlich untersucht, nach den Regeln behandelt wurde, soll der Sangha Pavārana begehen. (5)

Wenn jener Mönch, ihr Mönche, nachdem er seine Pflicht im Lande getan hat, nochmals vor komudiya catumasini zu jener Mönchsklause zurückkommt. Jene Mönche (dort), ihr Mönche, begehen Pavārana. Ein gewisser Mönch will jenem (gekommenen) Mönch, während sie Pavārana begehen, Pavārana ungültig machen. Jener (Mönch) soll ihm sagen: Du Bruder, bist nicht Herr über mein Pavārana, ich habe bereits Pavārana begangen. Wenn (der gekommene) Mönch, ihr Mönche, einem gewissen Mönch, während er Pavārana begeht, sein Pavārana ungültig macht, nachdem beide durch den Sangha gründlich befragt und (es) gründlich untersucht, nach den Regeln behandelt wurde, soll der Sangha Pavārana begehen. (6) //18//

In diesem Kapitel sind 46 Sachverhalte. Das sind die Stichworte:
Nachdem sie die Regenzeit verbracht hatten, gingen sie die Lehrer zu sehen, unbequem, wie Tiere zusammen lebten (sie), mit gegenseitiger Hochachtung, einen Sitz für einen Pavāranabgehenden (Pavāranaasane?), auch zwei, (Pavārana)akt, Kranke Verwandte, Könige, und Diebe, Verkommenen Lebenswandel Führende, auch die verfeindeten Mönche, 5, 4, 3, 2, 1. der begangen hat, eine Ungewißheit, der sich erinnert, der ganze Sangha, ein Unsicherer, mehr, gleich und weniger, die in einer Mönchsklause (Lebenden), der 14., die beiden das gleiche Merkmal habenden Gruppen, er sollte gehen, nicht bei einer sitzenden Gruppe, Zustimmung geben, NichtPavāranatag, durch wilde (Menschen), vergangen, Wolke, und Gefahr, Pavārana, sie tun es nicht, vorher unsere, nicht aufgehoben, von einem Mönch, aufgrund von welchem - gesehen, gehört, vermutet, der Ankläger und der Beklagte, Streit über thullaccaya Sachverhalt, Pavāranasamgaha, nicht Herr, möge man Pavārana begehen.

MV 5

Zu jener Zeit weilte der Erhabene in Rajagaha am Berge Gijjhakuta. Zu jener Zeit hatte der König von Magadha, Seniya Bimbisāra, Herrschaft, Macht und Königswürde über achtzigtausend Dörfer. Zu jener Zeit lebte ein zartgliedriger Kaufmannssohn mit Namen Sona Kolivisa in Campa, dessen Fußsohlen waren behaart[1]. Dann, nachdem der König von Magadha, Seniya Bimbisāra, die Oberhäupter der achtzigtausend Dörfer zusammengerufen hatte, sandte er aus irgendeinem Grund dem Sona Kolivisa einen Boten: Komme Sona, ich wünsche, daß Sona kommt. (1)

Dann sagten der Vater und die Mutter des Sona Kolivisa dem Sona Kolivisa: "Der König, lieber Sohn Sona, möchte deine Füße sehen. Mögest du nicht, lieber Sohn Sona, zum König die Füße ausstrecken. Vor dem König mit gekreuzten Beinen sitze. Wenn du sitzt, wird der König die Füße sehen." Dann holten (sie) den Sona Kolivisa mit einer Sänfte. Dann kam der Sona Kolivisa zum König von Magadha, Seniya Bimbisāra. Dort angekommen, nachdem er den König von Magadha, Seniya Bimbisāra, verehrt hatte, setzte er sich vor dem König mit gekreuzten Beinen nieder. Da sah der König von Magadha, Seniya Bimbisāra, daß der Sona Kolivisa Haare auf den Fußsohlen hatte. (2)

Dann, nachdem der König von Magadha, Seniya Bimbisāra, die achtzigtausend Dorfoberhäupter in weltlichen Angelegenheiten beraten hatte, verabschiedete er sich: Ihr, meine Herren, seid von mir in weltlichen Angelegenheiten beraten worden, geht und sucht den Erhabenen auf, dann wird (euch) der Erhabene in überweltlichen Angelegenheiten beraten. Dann gingen jene achtzigtausend Dorfoberhäupter zum Berge Gijjhakūta. (3)

Zu jener Zeit war der ehrwürdige Sāgata der Aufwärter des Erhabenen. Dann kamen jene achtzigtausend Dorfoberhäupter zum ehrwürdigen Sāgata. Dort sagten sie dem ehrwürdigen Sāgata folgendes: "Hier, Verehrungswürdiger, kamen achtzigtausend Dorfoberhäupter, um den Erhabenen zu sehen. Gut wäre es, Verehrungswürdiger, wenn wir den Erhabenen zu sehen bekämen." - "Bleibt, würdige (Herren), einen Moment hier, bis ich den Erhabenen informiert habe." (4)

Dann, nachdem der ehrwürdige Sāgata vor den achtzigtausend zuschauenden Dorfoberhäuptern auf der Treppe verschwunden war und vor dem Erhabenen aufgetaucht war, sagte er folgendes: "Hier, Verehrungswürdiger, sind achtzigtausend Dorfoberhäupter, die jetzt kamen, um den Erhabenen zu sehen. Wofür der verehrungswürdige Erhabene meint, daß jetzt (die rechte) Zeit ist, das (möge er tun)." - "Dann bereite du, Sāgata, im Schatten der Mönchsklause den Sitz vor." (5)

"So sei es, Verehrungswürdiger." Dann, nachdem der ehrwürdige Sāgata dem Erhabenen zugestimmt hatte, einen Sitz genommen hatte, vor dem Erhabenen verschwunden war, vor jenen achtzigtausend zuschauenden Dorfoberhäuptern auf der Treppe aufgetaucht war, bereitete er die Sitze im Schatten der Mönchsklause vor. Dann hat der Erhabene, nachdem er aus der Mönchsklause herausgetreten war, sich auf den vorbereiteten Sitz niedergesetzt, im Schatten der Mönchsklause. (6)

Dann kamen die achtzigtausend Dorfoberhäupter zum Erhabenen. Dort verehrten sie den Erhabenen und setzten sich beiseite nieder. Dann gaben die achtzigtausend Dorfoberhäupter Hochachtung nur dem ehrwürdigen Sāgata, aber nicht in der gleichen Weise dem Erhabenen. Dann, als der Erhabene mit seinem Geist den Gedankengang der achtzigtausend Dorfoberhäupter erkannt hatte, sprach er den ehrwürdigen Sāgata an: "Daher zeige du, Sāgata, noch mehr überweltliche Dinge, die auf Wunderkräften (beruhen)." - "So sei es, Verehrungswürdiger." Nachdem der ehrwürdige Sāgata (dies) dem Erhabenen geantwortet hatte, in den Himmel aufgestiegen war, ging (er) im freien Luftraum auf und ab, (dort) stand er, saß er, nahm eine liegende Position ein, stieß Rauch aus, brannte und verschwand. (7)

Nachdem so der ehrwürdige Sāgata im freien Luftraum verschiedenartige übermenschliche Fähigkeiten und geistige Wunder(dinge) sehen ließ, seinen Kopf zu Füßen des Erhabenen gebeugt hatte, sagte er dem Erhabenen folgendes: "Verehrungswürdiger, der Erhabene ist mein Lehrer, ich bin der Schüler. Verehrungswürdiger, der Erhabene ist mein Lehrer, ich bin der Schüler." Die achtzigtausend Dorfoberhäupter (sagten): "Das ist wirklich ein Wunder, das ist wahrlich ein Mirakel, der Hörer (Schüler) sogar hat diese großen Wunderkräfte, diese Macht. Wie in der Tat wird wohl die des Lehrers sein?" (Sie) gaben nur dem Erhabenen Hochachtung, nicht in gleicher Weise dem ehrwürdigen Sāgata. (8)

Dann, nachdem der Erhabene in seinem Geist die Gedankengänge der achtzigtausend Dorfoberhäupter erkannt hatte, gab ihnen der Erhabene eine einführende Lehre in folgender Weise: er sprach über das Geben, die Sittlichkeit, den Himmel, das Elend und die Nichtigkeit und die Verderbtheit der Sinnesgenüsse, die Vorteile des Verzichtes. Als der

---

[1] hier soll ausgedrückt werden, daß er die Füße so wenig benützte, daß sogar Haare darauf wachsen konnten.

Erhabene wußte, daß sie in der Gemütsverfassung zugänglich, sanft, unvoreingenommen, froh, hell waren, da hat (der Erhabene) diese verkündet, welches ist die zusammengefaßte Lehre der Buddhas, nämlich das Leid, seine Entstehung, seine Überwindung und den Weg dazu. Genauso, wie ein sauberer fleckenloser Stoff gut Farbe annehmen würde, so ging ihnen dort auf dem Sitz das reine, klare Auge der Wahrheit auf: Wenn irgend etwas als eine Eigenschaft das Entstehen hat, alles das hat als seine Eigenschaft das Vergehen. (9)

Dann, nachdem sie die Wahrheit gesehen, die Wahrheit erlangt, die Wahrheit verstanden, die Wahrheit durchdrungen, den Zweifel überwunden, die Ungewißheit beseitigt, die vollkommene Zuversicht aus eigener Kraft in der Lehre erlangt hatten, sagten sie folgendes: "Sehr, sehr gut, Verehrungswürdiger, wie wenn (man) etwas Umgedrehtes richtig hinstellen würde oder etwas Verdecktes aufdecken würde oder einem Verirrten den Weg zeigen würde oder wie wenn man in der Dunkelheit eine Öllampe hinhalten würde, damit, wer Augen hat, die Gestalten sieht, genauso hat der Erhabene auf verschiedene Weise die Lehre verkündet. Wir, Erhabener, nehmen unsere Zuflucht zum Erhabenen, zur Lehre wie auch zum Mönchssangha, der Erhabene möge uns als Laienanhängerinnen annehmen, die von heute an für das ganze Leben ihre Zuflucht genommen haben." (10)

Da kam dem Sona Kolivisa folgender Gedanke: Soweit ich die vom Erhabenen dargelegte Lehre verstehe, ist es nicht einfach (für jemanden), der im Haus lebt, den völlig vollkommenen, völlig reinen, perlmuttgleichen Reinheitswandel zu gehen. So laß mich nun, nachdem ich Haare und Bart geschoren habe, die gelbbraune Robe angelegt habe, vom Haus in die Hauslosigkeit gehen. Dann, nachdem jene achtzigtausend Dorfoberhäupter durch die Rede des Erhabenen erfreut waren, beglückt waren, standen sie von den Sitzen auf, verehrten den Erhabenen, gingen rechts (um den Erhabenen) herum und gingen fort. (11)

Danach, nicht lange nachdem die achtzigtausend Dorfoberhäupter gegangen waren, kam Sona Kolivisa zum Erhabenen. Dort, nachdem er den Erhabenen verehrt hatte, setzte er sich beiseite nieder. Beiseite sitzend sagte Sona Kolivisa dem Erhabenen folgendes: "Soweit ich die vom Erhabenen dargelegte Lehre verstehe, ist es nicht einfach (für jemanden), der im Haus lebt, den völlig vollkommenen, völlig reinen, perlmuttgleichen Reinheitswandel zu gehen. Ich wünsche, Verehrungswürdiger, nachdem ich Haare und Bart geschoren habe, die gelbbraune Robe angelegt habe, vom Haus in die Hauslosigkeit zu gehen. Möge mich der Erhabene ordinieren." Da erhielt der Sona Kolivisa vom Erhabenen die Ordination, die Vollordination. Nicht lange, nachdem er vollordiniert war, verweilte der ehrwürdige Sona Kolivisa im Sītahain. (12)

Wegen der übermäßig begonnenen Anstrengung bei der Gehmeditation brach (die Haut) der Füße auf. Der Gehmeditationsweg wurde mit Blut befleckt wie ein Rinderschlacht(platz). Als der ehrwürdige Sona allein und abgeschieden verweilte, kam in seinem Geiste folgender Gedanke auf: Sicherlich verweilen hier einige Hörer (Schüler) des Erhabenen, die Anstrengungen begonnen haben. Ich bin einer davon. Trotzdem bin ich nicht befreit von den Beeinflussungen durch Nichtergreifen, und außerdem gibt es in meiner Familie doch Reichtum. Es ist möglich, Reichtum zu genießen und gute Werke zu tun. So laß mich nun, nachdem ich zum Laienleben zurückgekehrt bin, den Reichtum genießen und gute Werke tun. (13)

Der Erhabene erkannte in seinem Geist den Gedankengang des ehrwürdigen Sona. Wie ein kräftiger Mann den gebeugten Arm streckt oder den gestreckten Arm beugt, so verschwand er vom Berge Gijjhakūta und erschien im Sītahain. Dann ging der Erhabene, mit vielen Mönchen von einer Unterkunft zur nächsten wandernd, zum Gehmeditationsweg des ehrwürdigen Sona. Dort sah der Erhabene, daß der Gehmeditationsweg des ehrwürdigen Sona mit Blut beschmutzt war. Das gesehen habend sprach der die Mönche an: "Warum ist der Gehmeditationsweg, ihr Mönche, mit Blut befleckt, wie ein Rinderschlacht(platz)?" - "Wegen der übermäßig begonnenen Anstrengung des ehrwürdigen Sona bei der Gehmeditation brach (die Haut) der Füße auf. Der Gehmeditationsweg wurde mit Blut befleckt wie ein Rinderschlacht(platz). (14)

Dann näherte sich der Erhabene der Behausung des ehrwürdigen Sona. Dort setzte er sich auf einen vorbereiteten Sitz. Der ehrwürdige Sona, nachdem er den Erhabenen verehrt hatte, setzte sich beiseite nieder. Der Erhabene sagte dem beiseite sitzenden ehrwürdigen Sona folgendes: "Ist es nicht so, Sona, daß als du allein und abgeschieden verweiltest in deinem Geist folgender Gedanke aufkam: Sicherlich verweilen hier einige Hörer (Schüler) des Erhabenen, die Anstrengungen begonnen haben. Ich bin einer davon. Trotzdem bin ich nicht befreit von den Beeinflussungen durch Nichtergreifen, es gibt in meine Familie doch Reichtum. Es ist möglich, Reichtum zu genießen und gute Werke zu tun. So laß mich nun, nachdem ich zum Laienleben zurückgekehrt bin, den Reichtum genießen und gute Werke tun." - "So ist es, Verehrungswürdiger." - "Was meinst du, Sona, warst du fähig, vorher, als Laie, gut Musik auf der Laute zu spielen?" - "So ist es, Verehrungswürdiger." - "Was meinst du, Sona, wenn die Saiten deiner Laute übermäßig straff gespannt sind, wird dann deine Laute zu dieser Zeit gut klingen, (zum spielen) geeignet sein?" - "Das ist nicht so, Verehrungswürdiger." (15)

"Was meinst du, Sona, wenn die Saiten deiner Laute übermäßig schlaff gespannt sind, wird dann deine Laute zu dieser Zeit gut klingen, (zum spielen) geeignet sein?" - "Das ist nicht so, Verehrungswürdiger." - "Was meinst du, Sona, wenn die Saiten deiner Laute weder übermäßig straff noch übermäßig schlaff, sondern gleichmäßig gespannt sind, wird dann deine Laute zu dieser Zeit gut klingen, (zum spielen) geeignet sein?" - "So ist es, Verehrungswürdiger." - "Genauso, Sona, führt übermäßig begonnene Anstrengung zu Aufgeregtheit und zu schwache Anstrengung zu Trägheit. (16)

Daher, Sona, mußt du dir fest vornehmen, die Anstrengung im (Gleich)maße zu halten, das (Gleich)maß (deiner) Fähigkeiten zu verwirklichen, dieses nimm als dein (Meditations)objekt." - "So sei es, Verehrungswürdiger", antwortete der ehrwürdige Sona dem Erhabenen. Da hat der Erhabene den ehrwürdigen Sona durch dieses belehrt. Nachdem er ihn belehrt hatte, verschwand er im Sītahaine vor dem Angesicht des ehrwürdigen Sona und erschien auf dem Berg Gijjhakūta so schnell wie ein kräftiger Mann den gestreckten Arm beugt oder den gebeugten Arm streckt. (17)

Da hat der ehrwürdige Sona sich nachher fest vorgenommen, die Anstrengungen im (Gleich)maß zu halten, das (Gleich)maß der Fähigkeiten zu verwirklichen. Das nahm er als ein (Meditations)objekt. Da hat der ehrwürdige Sona einsam, achtsam, eifrig, entschlossen verweilt. Nach nicht langer Zeit hat er, worum Söhne aus gutem Hause in guter Weise vom Hause in die Hauslosigkeit gehen, jenes Ziel des unübertroffenen Reinheitswandels, erreicht. Nachdem er schon in diesem Leben selbst die Weisheit verwirklicht hatte, verweilte er in diesem Zustand und er verstand: die Geburt ist zerstört, vollendet der Reinheitswandel, das zu Tuende getan, nach diesem folgt nichts mehr. Einer der Heiligen war der ehrwürdige Sona geworden. (18)

Dann kam dem ehrwürdigen Sona, als er die Heiligkeit erreicht hatte, folgender Gedanke: So laß mich nun beim Erhabenen das völlige Verstehen erklären. Dann ging der ehrwürdige Sona zum Erhabenen. Dort, nachdem er den Erhabenen verehrt hatte, setzte er sich beiseite nieder. Beiseite sitzend sagte der ehrwürdige Sona dem Erhabenen folgendes: (19)

"Derjenige Mönch, Verehrungswürdiger, der ein Heiliger ist, die Beeinflussungen zerstört hat, (den Reinheitwandel) gelebt hat, das zu Tuende getan hat, die Last abgelegt hat, das gute Ziel erreicht hat, die Fesseln des Werdens völlig zerstört hat, befreit durch völliges Verständnis, gibt sich sechs Dingen hin: gibt sich der Ablösung hin, gibt sich der völligen Einsamkeit hin, gibt sich der Haßlosigkeit hin, gibt sich der Vernichtung des Ergreifens hin, gibt sich der Vernichtung des Durstes hin, gibt sich der Nichtverblendung hin. (20)

Wenn hier, Verehrungswürdiger, irgendeinem Ehrwürdigen folgender Gedanke käme: Nur wegen eines Maßes an Vertrauen gibt sich dieser Ehrwürdige der Ablösung hin. So soll man dieses, Verehrungswürdiger, nicht (so) sehen. Ein Mönch, der die Beeinflussungen zerstört hat, Verehrungswürdiger, (den Reinheitwandel) gelebt hat, das zu Tuende getan hat, einer, der das Selbst nicht mehr sieht, dem Getanem nichts mehr hinzufügt, die Gier vernichtet hat, den Zustand frei von Gier hat, der gibt sich der Ablösung hin, einer der den Haß vernichtet hat, den Zustand von Haßlosigkeit erreicht hat, der gibt sich der Ablösung hin. Einer der die Verblendung vernichtet hat, den Zustand frei von Verblendung erreicht hat, der gibt sich der Ablösung hin. (21)

Wenn hier, Verehrungswürdiger, irgendeinem Ehrwürdigen folgender Gedanke käme: Nur wegen des Trachtens nach Gewinn, Ehre und Ruhm gibt sich dieser Ehrwürdige der absoluten Einsamkeit hin. So soll man dieses, Verehrungswürdiger, nicht (so) sehen. Ein Mönch, der die Beeinflussungen zerstört hat, Verehrungswürdiger, (den Reinheitwandel) gelebt hat, das zu Tuende getan hat, einer, der das Selbst nicht mehr sieht, dem Getanem nichts mehr hinzufügt, die Gier vernichtet hat, den Zustand frei von Gier hat, der gibt sich der absoluten Einsamkeit hin, einer der den Haß vernichtet hat, den Zustand von Haßlosigkeit erreicht hat, der gibt sich der absoluten Einsamkeit hin. Einer, der die Verblendung vernichtet hat, den Zustand frei von Verblendung erreicht hat, der gibt sich der absoluten Einsamkeit hin. (22)

Wenn hier, Verehrungswürdiger, irgendeinem Ehrwürdigen folgender Gedanke käme: Vom Wesentlichen fällt dieser Ehrwürdige ab und hängt an Regeln und Riten und gibt sich der Nachfolge der Haßlosigkeit hin. So soll man dieses, Verehrungswürdiger, nicht (so) sehen ..... Einer, der die Verblendung vernichtet hat, den Zustand frei von Verblendung erreicht hat, der gibt sich der Haßlosigkeit hin. (23)

Vernichtet ist Gier, völlig gierlos gibt er sich der Vernichtung des Anhaftens hin. Vernichtet ist Haß, völlig haßlos gibt er sich der Vernichtung des Anhaftens hin. Vernichtet ist Verblendung, völlig unverblendet gibt er sich der Vernichtung des Anhaftens hin. Vernichtet ist Gier, völlig gierlos gibt er sich der Vernichtung des Durstes hin. Vernichtet ist Haß, völlig haßlos gibt er sich der Vernichtung des Durstes hin. Vernichtet ist Verblendung, völlig unverblendet gibt er sich der Vernichtung des Durstes hin. Vernichtet ist Gier, völlig gierlos gibt er sich der Unverblendung hin. Vernichtet ist Haß, völlig haßlos gibt er sich der Unverblendung hin. Vernichtet ist Verblendung, völlig unverblendet gibt er sich der Unverblendung hin. (24)

So, bei einem Mönch, dessen Gemüt vollkommen befreit ist, Verehrungswürdiger, wenn dem mächtige sichtbare Gestalten in Reichweite des Auges kommen, nicht wird sein Gemüt ergriffen, rein (ungemischt) bleibt sein Gemüt, fest, unverrückbar sieht er dessen Vergehen. Wenn mächtige hörbare Geräusche, riechbare Gerüche, schmeckbare Geschmäcker, tastbare Berührungen, denkbare Dinge in Reichweite des Geistes kommen, nicht wird sein Gemüt ergriffen, rein (ungemischt) bleibt sein Gemüt, fest, unverrückbar sieht er dessen Vergehen. (25)

Wie, Verehrungswürdiger, ein Felsen, ein Berg, ungeteilt, unausgehöhlt, solide, wenn aus östlicher Richtung starker Wind und Regen kommen würde, nicht zittern, beben, erschüttern würde, wenn aus westlicher, nördlicher, südlicher Richtung starker Wind und Regen kommen würde, nicht zittern, beben, erschüttern würde, genauso, Verehrungswürdiger, bei einem Mönch, dessen Gemüt vollkommen befreit ist, Verehrungswürdiger, wenn dem mächtige sichtbare Gestalten in Reichweite des Auges kommen, ... nicht wird sein Gemüt ergriffen, rein (ungemischt) bleibt sein Geist, fest, unverrückbar sieht er dessen Vergehen. (26)

> Bei einem, dessen Geist der Ablösung und der völligen Einsamkeit hingegeben ist,
> hingegeben der Haßlosigkeit, hingegeben der Vernichtung des Ergreifens,
> hingegeben der Vernichtung des Durstes, mit unverblendetem Geist;
> sah er das Entstehen der Sinnesgrundlagen, wird sein Gemüt völlig befreit.
> Für jene völlig befreiten Mönche, deren Gemüt zur Ruhe gekommen ist, ist zum Getanen nichts mehr
> hinzuzufügen, nichts gibt es mehr zu tun. Wie ein Stein, solide, durch den Wind nicht zu erschüttern ist,
> so das alles, Gestalten, Geschmäcker, Geräusche, Gerüche, Berührungen, angenehme und unangenehme
> Denkobjekte, nicht bewegen (diese) einen Solchen.
> Fest und völlig befreit ist das Gemüt, er sieht dessen Vergehen. (27)

Dann sprach der Erhabene die Mönche an: So erklären, ihr Mönche, die Söhne aus gutem Haus das völlige Verständnis. Der Zweck ist gesagt, das Selbst tritt nicht (mehr) hervor. Ich meine, daß jetzt einige törichte Menschen zum Spaß vollkommenes Verständnis verkünden (würden), jenen wird nachher Unglück entstehen. (28)

Dann sprach der Erhabene den ehrwürdigen Sona an: "Du bist ein Zartgliedriger. Ich erlaube dir, Sona, eine einriemige Sandale." - "Ich, Verehrungswürdiger, habe achtzig Wagen voll Gold und eine Herde mit sieben Elefanten aufgegeben und bin vom Haus in die Hauslosigkeit gegangen. Es wird einige geben die sagen: Sona Kolivisa hat achtzig Wagen voll Gold und eine Herde mit sieben Elefanten aufgegeben und ist vom Haus in die Hauslosigkeit gegangen, aber jetzt hängt dieser an einer einriemigen Sandale (29)

Wenn der Erhabene dem Mönchssangha erlaubt, werde auch ich (davon) Gebrauch machen, wenn der Erhabene dem Mönchssangha nicht erlaubt, werde auch ich (davon) nicht Gebrauch machen. Dann, nachdem der Erhabene aus diesem Anlaß eine Lehrrede gehalten hatte, sprach er die Mönche an: "Ich erlaube, ihr Mönche, einriemige Sandalen; nicht, ihr Mönche, soll man zweifache (riemige) Sandalen tragen, nicht soll man dreifache Sandalen tragen, nicht soll man mehrfache (riemige) Sandalen tragen. Wer so tragen würde, begeht ein dukkata Vergehen. (30) //1//

Zu jener Zeit trug die Sechsergruppe Mönche völlig blaue Sandalen, völlig gelbe Sandalen, völlig rote Sandalen, völlig purpurne Sandalen, völlig schwarze Sandalen, völlig orange Sandalen, völlig vielfarbige Sandalen. Die Menschen wurden verärgert, unruhig, erregt: Wie Sinnengenüsse genießende Laien. Dem Erhabenen erzählten sie diesen Sachverhalt. "Nicht, ihr Mönche, soll man völlig blaue ...etc... Sandalen tragen. Wer so trägt begeht, ein dukkata Vergehen. (1)

Zu jener Zeit trug die Sechsergruppe Mönche Sandalen, die blau umrandet waren ... "Nicht, ihr Mönche, soll man blau umrandete Sandalen tragen. Wer so trägt, begeht ein dukkata Vergehen." (2)

MV 5

Zu jener Zeit trug die Sechsergruppe Mönche Sandalen[2]: mit Absätzen, Sandalen, die bis zum Knie reichten, Schnürschuhe, baumwollgefütterte Schuhe, schillernde Farben, mit Widderhörnern versehene, mit Ziegenhörnern versehene, mit Skorpionen versehene, mit Pfauenfedern versehene, mit Stickerei versehene. Die Menschen wurden verärgert, unruhig, erregt: Wie Sinnengenüsse genießende Laien. Dem Erhabenen erzählten sie diesen Sachverhalt. "Nicht, ihr Mönche, soll man Sandalen mit Absätzen ...... tragen. Wer so trägt, begeht ein dukkata Vergehen." (3)

Zu jener Zeit trug die Sechsergruppe Mönche Sandalen aus Löwenfell hergestellt, aus Tigerfell hergestellt, aus Leopardenfell hergestellt, aus dem Fell der schwarzen Antilope, Otternleder, Katzenleder, Eichhörnchenleder, Eulenfell ... "Nicht, ihr Mönche, soll man Sandalen aus Löwenfell ...... tragen. Wer so trägt, begeht ein dukkata Vergehen." (4) //2//

Dann, nachdem der Erhabene am Vormittag aufgestanden war, Almosenschale und Robe genommen hatte, ging er auf Almosengang nach Rajagaha mit einem gewissen Mönch im Gefolge. Jener Mönch ging hinkend hinter dem Erhabenen her. Da sah ein gewisser Laienanhänger, der seine vielriemigen Sandalen angezogen hatte, den Erhabenen aus der Ferne kommen. Nachdem er das gesehen hatte, die Sandalen ausgezogen hatte, ging er zum Erhabenen. Dort, nachdem er den Erhabenen begrüßt hatte, ging er zum Mönch. Dort, nachdem er den Mönch begrüßt hatte, sagte er folgendes: (1)

"Warum, Verehrungwürdiger, hinkt der Herr?" - "Meine Füße, Bruder, sind aufgerissen." - "Hier, Verehrungswürdiger, sind Sandalen." - "Nein, Bruder, vielriemige Sandalen sind vom Erhabenen abgelehnt worden." - "Nimm diese Sandalen, oh Mönch." Dann, nachdem der Erhabene in diesem Zusammenhang eine Lehrrede gehalten hatte, sprach er die Mönche an: "Ich erlaube, ihr Mönche, gebrauchte, vielriemige Sandalen. Nicht, ihr Mönche, soll man neue, vielriemige Sandalen tragen. Wer so tragen würde, begeht ein dukkata Vergehen. (2) //3//

Zu jener Zeit ging der Erhabene unter freiem Himmel ohne Sandalen auf und ab. Die Theramönche dachten: Der Lenker ging ohne Sandalen auf und ab. So gingen auch die Theramönche ohne Sandalen auf und ab. Die Sechsergruppe Mönche ging mit Sandalen auf und ab, während der Lenker ohne Sandalen auf und ab ging und auch die Theramönche ohne Sandalen auf und ab gingen. Die Mönche, die mäßig waren, wurden verärgert, unruhig, erregt: Wie kann die Sechsergruppe Mönche mit Sandalen auf und ab gehen, während der Lenker ohne Sandalen auf und ab ging und auch die Theramönche ohne Sandalen auf und ab gingen? (1)

Dann erzählten jene Mönche dem Erhabenen den Sachverhalt. "Ist es wahr, wie man sagt, ihr Mönche, daß die Sechsergruppe Mönche mit Sandalen auf und ab geht, während der Lenker ohne Sandalen auf und ab ging und auch die Theramönche ohne Sandalen auf und ab gingen ?" - "Das ist wahr, Erhabener." Da tadelte der Erwachte, Erhabene: "Wie können jene törichten Menschen, ihr Mönche, mit Sandalen auf und ab gehen, während der Lenker ohne Sandalen auf und ab ging und auch die Theramönche ohne Sandalen auf und ab gingen? Sogar die Laien, ihr Mönche, die weißgekleideten, verhalten sich ihren Lehrern gegenüber mit Verehrung und Respekt und Höflichkeit aufgrund des gelehrten Lebenserwerbs. (2)

So auch leuchtet ihr, ihr Mönche, die ihr in dieser gut dargelegten Lehre und Zucht in die Hauslosigkeit gegangen seid. Seid respektvoll, verweilt mit Verehrung, Respekt, Höflichkeit gegen die Lehrer und die, die den Lehrern gleichen, die Unterweiser, und die, die den Unterweisern gleichen. Dies ist nicht, ihr Mönche, um die Unzufriedenen zufrieden zu stellen und die Zufriedenheit der Zufriedenen zu mehren." Nachdem der Erhabene getadelt hatte, eine Lehrrede gehalten hatte, sprach der die Mönche an: "Nicht soll man, Ihr Mönche, wenn die Lehrer und die, die den Lehrern gleichen, die Unterweiser, und die, die den Unterweisern gleichen ohne Sandalen auf und ab gehen mit Sandalen auf und ab gehen. Wer so auf und ab geht, begeht ein dukkata Vergehen. Nicht soll man im Klosterbezirk Sandalen tragen. Wer so trägt, begeht ein dukkata Vergehen." (3) //4//

Zu jener Zeit hatte ein gewisser Mönch ein Hühnerauge. Die Mönche, jenen gestützt habend, führten ihn nach draußen zum Harn und Kot lassen. Da sah der Erhabene, als er bei der Unterkunft vorbeiging, daß jene Mönche den Mönch gestützt habend ihn nach draußen führten, um Harn und Kot zu lassen. Nachdem er das gesehen hatte, ging er zu den Mönchen. Dort sagte er jenen Mönchen: (1)

"Was, ihr Mönche, ist dieses Mönches Krankheit?" - "Dieses Ehrwürdigen Krankheit, Verehrungswürdiger, ist ein Hühnerauge, darum führen wir ihn gestützt habend nach draußen zum Harn und Kot lassen." Nachdem der Erhabene

---

[2] folgende Übersetzung ist nicht ganz sicher

aus diesem Anlaß eine Lehrrede gehalten hatte, sprach er die Mönche an: "Ich erlaube, ihr Mönche, wessen Füße schmerzen oder aufgerissen sind oder Hühneraugen haben, Sandalen zu tragen." (2) //5//

Zu jener Zeit stiegen die Mönche mit ungewaschenen Füßen auf den Liegeplatz, auf den Stuhl. Die Robe und die Unterkunft wurden schmutzig. Dem Erhabenen erzählten sie diesen Sachverhalt. "Ich erlaube, ihr Mönche, im Gedanken: Jetzt werde ich auf den Liegeplatz, auf den Stuhl steigen, Sandalen zu tragen." (1)

Zu jener Zeit gingen die Mönche in der Nacht zur Uposathahalle oder zu einer Zusammenkunft. In der Dunkelheit traten sie auf Baumstümpfe und Dornen, die Füße schmerzten. Dem Erhabenen erzählten sie diesen Sachverhalt. "Ich erlaube, ihr Mönche, innerhalb des Klosterbezirks Sandalen zu tragen, eine Fackel, eine Lampe, einen Gehstock." (2)

Zu jener Zeit hat die Sechsergruppe Mönche, nachdem sie im letzten Teil der Nacht aufgestanden waren, in die Holzschuhe gestiegen waren, unter freiem Himmel auf und ab gegangen waren, laute Geräusche, große Geräusche, Räuspern, gemacht. Sie hatten verschiedene niedrige Gespräche wie über: Könige, Diebe, Großminister, Armee, Unglücke, Kriege, Essen, Trinken, Kleider, Schlafplätze, Blumenkränze, Parfüm, Verwandte, Fahrzeuge, Dörfer, Kleinstädte, Städte, Länder, Frauen, Helden, Straßen, Brunnen, Ahnen, Unterschiede, weltliche Spekulationen, Spekulation über das Weltmeer, so wird es oder so wird es nicht. Auf Insekten getreten töteten sie sie, auch die Mönche brachten sie vom Samadhi fort. (3)

Die Mönche, die mäßig waren, wurden verärgert, unruhig, erregt: Wie kann die Sechsergruppe Mönche, nachdem sie im letzten Teil der Nacht aufgestanden waren, in die Holzschuhe gestiegen waren, unter freiem Himmel auf und ab gegangen waren, laute Geräusche, große Geräusche, Räuspern, machen? Sie hatten verschiedene niedrige Gespräche wie über: Könige ..... so wird es oder so wird es nicht. Auf Insekten getreten töteten sie sie, auch die Mönche brachten sie vom Samadhi fort. Dann erzählten jene Mönche dem Erhabenen den Sachverhalt. "Ist es wahr, ihr Mönche, wie man sagt, daß die Sechsergruppe Mönche, nachdem sie im letzten Teil der Nacht aufgestanden waren, in die Holzschuhe gestiegen waren, unter freiem Himmel auf und ab gegangen waren, laute Geräusche, große Geräusche, Räuspern, machten? ..... auch die Mönche brachten sie vom Samadhi weg?" - "Das ist wahr, Erhabener." Nachdem er getadelt hatte, sprach der die Mönche an: "Nicht soll man Holzsandalen tragen, wer so trägt, begeht ein dukkata Vergehen." (4) //6//

Nachdem der Erhabene in Rajagaha, so lange es ihm gefiel, verweilt hatte, brach er zu einer Wanderung nach Benares auf. Nach und nach wandernd kam er in Benares an. Dort verweilte der Erhabene in Benares im Isipatana Gazellenhain. Zu jener Zeit dachte die Sechsergruppe Mönche: Der Erhabene hat Holzsandalen abgelehnt. Nachdem sie veranlaßten, daß junge Palmen gefällt wurden, trugen sie Sandalen aus Palmenblättern. Jene jungen gefällten Palmen vertrockneten. Die Menschen wurden verärgert, unruhig, erregt: Wie können diese Asketen aus dem Sakyageschlecht, nachdem sie veranlaßten, daß junge Palmen gefällt wurden, Sandalen aus Palmenblättern tragen. Jene jungen, gefällten Palmen vertrockneten. Die Asketen aus dem Sakyageschlecht verletzen Wesen mit einer (Sinnes)Fähigkeit. (1)

Die Mönche hörten, daß jene Menschen verärgert, unruhig, erregt waren. Dann erzählten jene Mönche dem Erhabenen den Sachverhalt. "Ist es wahr, wie man sagt, ihr Mönche, daß die Sechsergruppe Mönche, nachdem sie veranlaßten, daß junge Palmen gefällt wurden, Sandalen aus Palmenblättern tragen. Jene jungen, gefällten Palmen vertrockneten?" - "Das ist wahr, Erhabener." Da tadelte der Erwachte, Erhabene: "Wie können jene törichten Menschen, ihr Mönche, nachdem sie veranlaßten, daß junge Palmen gefällt wurden, Sandalen aus Palmenblättern tragen. Jene jungen, gefällten Palmen vertrockneten. Die Menschen, ihr Mönche, halten die Bäume für Lebewesen. Dies ist nicht, ihr Mönche, um die Unzufriedenen zufrieden zu stellen und die Zufriedenheit der Zufriedenen zu mehren. Nachdem er getadelt hatte, eine Lehrrede gehalten hatte, sprach er die Mönche an: "Nicht, ihr Mönche, soll man Sandalen aus Palmenblättern tragen, wer so trägt, begeht ein dukkata Vergehen." (2)

Zu jener Zeit dachte die Sechsergruppe Mönche: Der Erhabene hat Holzsandalen abgelehnt. Nachdem sie veranlaßten, daß Bambus gefällt wurde, ... [wie vor] ... (3) //7//

Nachdem der Erhabene in Benares, so lange es ihm gefiel, verweilt hatte, brach er zu einer Wanderung nach Bhaddiya auf. Nach und nach wandernd kam er in Bhaddiya an. Dort verweilte der Erhabene im Jātiyāvana. Zu jener Zeit hatten die Mönche in Bhaddiya verschiedenartige Sandalen und weilten sehr beschäftigt mit Verzierungsarbeiten daran. Sie stellten Tinagras-Sandalen her, ließen sie herstellen, Muñjagras-Sandalen, Reed- Sandalen, Sumpfdattelpalmen-Sandalen, Kamalagras-Sandalen, Wollsandalen. Sie vernachlässigten die Rezitationen, Erklärungen, höhere Sittlichkeit, höhere Geisteszustände, höhere Weisheit. (1)

Diejenigen Mönche, die Mäßige waren, wurden verärgert, unruhig, erregt: Wie können die Mönche in Bhaddiya verschiedenartige Sandalen haben und sehr beschäftigt mit Verzierungsarbeiten daran weilen? Sie stellten Tinagras-Sandalen her, ließen sie herstellen, Muñjagras-Sandalen, Reed-Sandalen, Sumpfdattelpalmen-Sandalen, Kamalagras-Sandalen, Wollsandalen. Sie vernachlässigten die Rezitationen, Erklärungen, höhere Sittlichkeit, höhere Geisteszustände, höhere Weisheit. Dann erzählten jene Mönche dem Erhabenen den Sachverhalt. "Ist es wahr, wie man sagt, ihr Mönche, daß die Mönche in Bhaddiya verschiedenartige Sandalen haben und sehr beschäftigt mit Verzierungsarbeiten daran weilen? .... Sie vernachlässigten die Rezitationen, Erklärungen, höhere Sittlichkeit, höhere Geisteszustände, höhere Weisheit?" - "Das ist wahr, Erhabener." Da tadelte der Erwachte, Erhabene: "Wie können jene törichten Menschen, ihr Mönche, die Mönche in Bhaddiya verschiedenartige Sandalen haben und sehr beschäftigt mit Verzierungsarbeiten daran weilen? ...... Sie vernachlässigten die Rezitationen, Erklärungen, höhere Sittlichkeit, höhere Geisteszustände, höhere Weisheit. Nicht ist dies, ihr Mönche, um die Unzufriedenen zufrieden zu stellen und die Zufriedenheit der Zufriedenen zu mehren." (2)

Nachdem er getadelt hatte, eine Lehrrede gehalten hatte, sprach der die Mönche an: "Nicht, ihr Mönche, soll man tragen: Tinagras Sandalen, Muñjagras-Sandalen, Reed-Sandalen, Sumpfdattelpalmen-Sandalen, Kamalagras-Sandalen, Wollsandalen, Goldsandalen, Silbersandalen, Edelsteinsandalen, Lapislazulisandalen, Kristallsandalen, Bronzesandalen, Glassandalen, Zinnsandalen, Bleisandalen, Kupfersandalen. Wer so trägt, begeht ein dukkata Vergehen. Nicht, ihr Mönche, soll man irgendwelche wertvollen[3] Sandalen tragen. Wer so trägt, begeht ein dukkata Vergehen. Ich erlaube, ihr Mönche, drei (Arten) von Sandalen, die für einige Plätze reserviert sind und nicht vererbbar sind: Toilettensandalen, Pissoirsandalen, Waschraumsandalen." (3) //8//

Nachdem der Erhabene in Bhaddiya, so lange es ihm gefiel, verweilt hatte, brach er zu einer Wanderung nach Sāvatthi auf. Nach und nach wandernd kam er in Sāvatthi an. Dort verweilte der Erhabene in Anāthapindikas Klosterbezirk. Zu jener Zeit hat die Sechsergruppe Mönche die Kühe, die den Fluß Aciravati überquerten, bei den Hörnern angefaßt, am Ohr angefaßt, am Hals angefaßt, am Schwanz angefaßt, stiegen auf deren Rücken, griffen mit begierigem Geist nach den Geschlechtsteilen. Die Kälber, (unter Wasser) gedrückt, töteten sie. (1)

Die Menschen wurden verärgert, unruhig, erregt: Wie können die Asketen aus dem Sakiyageschlecht die Kühe, die den Fluß Aciravati überquerten, bei den Hörnern anfassen .... die Kälber, (unter Wasser) gedrückt, töteten sie. Wie Sinnengenüsse genießende Laien. Die Mönche hörten, daß die Menschen verärgert, unruhig, erregt waren. Dann erzählten jene Mönche dem Erhabenen den Sachverhalt. "Ist es wahr, ihr Mönche, wie man sagt, daß die Sechsergruppe Mönche die Kühe, die den Fluß Aciravati überquerten, bei den Hörnern anfassen ... die Kälber, (unter Wasser) gedrückt, töteten sie?" - "Das ist wahr, Erhabener." (2)

Nachdem er getadelt hatte, eine Lehrrede gehalten hatte, sprach er die Mönche an: "Nicht soll man, ihr Mönche, Kühe bei den Hörnern anfassen, nicht an den Ohren anfassen, nicht am Hals anfassen, nicht am Schwanz anfassen, nicht auf deren Rücken steigen, wer so aufsteigt, begeht ein dukkata Vergehen. Nicht soll man, ihr Mönche, mit begierigem Geist an die Geschlechtsteile fassen. Wer so anfaßt, begeht ein thullaccaya Vergehen. Nicht soll man Kälber töten. Wer so tötet, soll nach dem Gesetz behandelt werden[4]." (3)

Zu jener Zeit fuhr die Sechsergruppe Mönche mit einem Wagen, der von Kühen und einem Bullen gezogen wurde, der von Bullen und einer Kuh gezogen wurde[5]. Die Menschen wurden verärgert, unruhig, erregt: Wie bei einem Umzug am Mahi beim Ganges. Dem Erhabenen erzählten sie diesen Sachverhalt. "Nicht fahrt, ihr Mönche, mit einem Wagen. Wer so fährt, begeht ein dukkata Vergehen." (4) //9//

Zu jener Zeit, als ein gewisser Mönch im Lande Kosala nach Sāvatthi ging, um den Erhabenen zu sehen, wurde er unterwegs krank. Dann ging jener Mönch vom Weg ab und setzte sich an den Fuß eines gewissen Baumes. Als die Menschen jenen Mönch sahen, sagten sie folgendes: "Wohin, verehrungswürdiger Meister, geht Ihr?" - "Nach Sāvatthi gehe ich, Brüder, den Erhabenen zu sehen" (1)

---

[3] wörtl. vererbbaren

[4] pāc 61.

[5] oder: der von Kühen gezogen wurde mit einem Mann als Lenker, der von Bullen gezogen wurde mit einer Frau als Lenker.

"Komm, Verehrungswürdiger, laß uns gehen." - "Ich kann das nicht, Brüder, ich bin ein Kranker." - "Komm, Ehrwürdiger, besteige einen Wagen." - "Halt, Brüder, der Erhabene hat Wagen abgelehnt." Gewissenhaft bestieg er den Wagen nicht. Dann, nachdem jener Mönch nach Sāvatthi gegangen war, erzählte er den Mönchen diesen Sachverhalt. Die Mönche erzählten dem Erhabenen den Sachverhalt. "Ich erlaube, ihr Mönche, einem Kranken einen Wagen." (2)

Dann kam den Mönchen folgender Gedanke: Mit Frauen oder mit Männern (als Lenker)? Dem Erhabenen erzählten sie diesen Sachverhalt. "Ich erlaube, ihr Mönche, eine Handkarre mit einem Mann" (als Lenker)[6]. Zu jener Zeit entstand einem gewissen Mönch durch das Rütteln des Wagens großes Unbehagen. Dem Erhabenen erzählten sie den Sachverhalt. "Ich erlaube eine Trage oder Sänfte." (3)

Zu jener Zeit benutzte die Sechsergruppe Mönche hohe und breite Betten, nämlich wie: ein Sofa, einen Divan, eine langhaarige Decke, vielfarbige Decken, weiße Wolldecken, blumengeschmückte Wolldecken, Baumwollüberdecken, Wolldecken mit Ornamenten, Decken mit Wolle an der Außenseite, Wollfelle, Seidenlaken, Seidentücher, Teppiche, Elefantendecken, Pferdedecken, Wagendecken, schwarze Antilopendecken, Kadaliantilopenfell, ein Sonnensegel, eine Couch mit einem roten Kissen an jedem Ende. Nachdem die Menschen durch das Kloster gingen und es sahen, wurden sie verärgert, unruhig, erregt: Wie Laien, die an Sinnesgenüssen hängen. Dem Erhabenen erzählten sie diesen Sachverhalt. (4)

"Nicht, ihr Mönche, soll man hohe und breite Betten benutzen wie: ein Sofa, einen Divan .... mit einem roten Kissen an jedem Ende. Wer so benutzt, begeht ein dukkata Vergehen." (5)

Zu jener Zeit, als der Erhabene große und breite Betten ablehnte, benutzte die Sechsergruppe Mönche große Felle, Löwenfelle, Tigerfelle, Leopardenfelle. Jene waren im Bettformat geschnitten, im Stuhlformat geschnitten, in das Bett wurden sie gelegt, außerhalb des Bettes wurden sie gelegt, in den Stuhl wurden sie gelegt, außerhalb des Stuhls wurden sie gelegt. Nachdem die Menschen durch das Kloster gingen und es sahen, wurden sie verärgert, unruhig, erregt: Wie Laien, die an Sinnesgenüssen hängen. Dem Erhabenen erzählten sie diesen Sachverhalt. "Nicht, ihr Mönche, soll man große Felle benutzen, Löwenfelle, Tigerfelle, Leopardenfelle. Wer so benutzt, begeht ein dukkata Vergehen." (6)

Zu jener Zeit, als der Erhabene große und breite Betten ablehnte, benutzte die Sechsergruppe Mönche Rinderfelle. Jene waren im Bettformat geschnitten, im Stuhlformat geschnitten, in das Bett wurden sie gelegt, außerhalb des Bettes wurden sie gelegt, in den Stuhl wurden sie gelegt, außerhalb des Stuhls wurden sie gelegt. Ein schlechter Mönch und ein schlechter Laie wurden Freunde. Dann, nachdem der schlechte Mönch morgens aufgestanden war, Robe und Almosenschale genommen hatte, zur Behausung jenes schlechten Laien gegangen war, setzte er sich dort auf den vorbereiteten Sitz nieder. Nachdem dieser schlechte Laie zum schlechten Mönch gekommen war, dort den schlechten Mönch verehrt hatte, setzte er sich beiseite nieder. (7)

Zu jener Zeit hatte jener schlechte Laie ein Kalb, jung, hübsch, schön, friedlich, gezeichnet wie ein Leopard. Dann sah der schlechte Mönch intensiv das Kalb an. Da sagte der schlechte Laie dem schlechten Mönch folgendes: "Warum schaut der verehrungswürdige Meister dies Kalb so intensiv an?" - "Von Nutzen für mich, Bruder, ist das Fell dieses Kalbes." Dann übergab der schlechte Laie, nachdem er das Kalb getötet und das Fell abgezogen hatte, dem schlechten Mönch das Fell. Dann, nachdem der schlechte Mönch das Fell mit seinem Obergewand bedeckt hatte, ging er fort. (8)

Da folgte jene Kuh (die Mutter), nach dem Kalb begehrend, jenem schlechten Mönch nach. Die Mönche sagten jenes: "Warum, Bruder, geht dir diese Kuh nach?" - "Ich weiß es nicht, Bruder, warum mir diese Kuh nachfolgt." Zu jener Zeit wurde das Obergewand jenes Mönches mit Blut befleckt. Die Mönche sagten folgendes: "Was tatest du, Bruder, mit deiner Robe?" Da erzählte jener schlechte Mönch den Mönchen den Sachverhalt. "Hast du, Bruder, jemanden veranlaßt zu töten?" - "So ist es, Bruder." Die Mönche, die mäßig waren, wurden verärgert, unruhig, erregt: Wie kann nur jener Mönch veranlassen zu töten. Ist es nicht so, daß der Erhabene das Töten in verschiedener Weise getadelt hat, das Vermeiden von Töten gelobt hat? Dem Erhabenen erzählten sie diesen Sachverhalt. (9)

Dann, nachdem der Erhabene aus diesem Anlaß in diesem Zusammenhang den Mönchssangha veranlaßt hatte, sich zu versammeln, befragte er jenen schlechten Mönch: "Ist es wahr, wie man sagt, daß du, Mönch, jemanden dazu bewegtest zu töten?" - "Das ist wahr, Erhabener" - "Wie kannst du, du törichter Mensch, jemanden dazu bewegen zu töten? Habe ich nicht, du törichter Mensch, auf verschiedenartige Weise das Töten getadelt, das Enthalten vom Töten

---

[6] statt Frau/Mann könnten auch Kühe/Bullen gemeint sein.

gelobt? Nicht ist das, törichter Mensch, um die Unzufriedenen zufrieden zu stellen." Nachdem er getadelt hatte, eine Lehrrede gehalten hatte, sprach er die Mönche an: "Nicht soll man jemanden dazu bewegen zu töten. Wer so dazu bewegen würde, soll nach dem Gesetz behandelt werden. Nicht, ihr Mönche, sollt ihr Rinderleder tragen. Wer so trägt, begeht ein dukkata Vergehen. Nicht, ihr Mönche, soll man Leder tragen. Wer so trägt, begeht ein dukkata Vergehen." (10) //10//

Zu jener Zeit hatten Menschen die Betten und die Stühle mit Leder bedeckt, mit Leder umfaßt. Die gewissenhaften Mönche setzten sich nicht darauf nieder. Dem Erhabenen erzählten sie diesen Sachverhalt. "Ich erlaube, ihr Mönche, auf den von Laien vorbereiteten Sitzen[7] niederzusitzen, nicht aber darauf zu liegen." Zu jener Zeit wurden einige Mönchsbehausungen mit Lederbändern zusammengehalten. Die gewissenhaften Mönche setzten sich nicht darin nieder. Dem Erhabenen erzählten sie diesen Sachverhalt. "Ich erlaube, ihr Mönche, dort niederzusitzen, wo es nur zum Zusammenhalten benutzt wurde." (1) //11//

Zu jener Zeit ging die Sechsergruppe Mönche mit Sandalen in das Dorf. Die Menschen wurden verärgert, unruhig, erregt: wie sinnenbegierige Laien. Dem Erhabenen erzählten sie diesen Sachverhalt. "Nicht soll man, ihr Mönche, mit Sandalen in das Dorf gehen. Wer so geht, begeht ein dukkata Vergehen." Zu jener Zeit wurde ein gewisser Mönch krank. Er konnte nicht ohne Sandalen ins Dorf gehen. Dem Erhabenen erzählten sie diesen Sachverhalt. "Ich erlaube, ihr Mönche, einem kranken Mönch, mit Sandalen ins Dorf zu gehen." (1) //12//

Zu jener Zeit weilte der ehrwürdige Mahākaccāna in Avanti am Berge Kuraraghara Papāta. Zu jener Zeit war der Laie Sona Kutikanna der Pfleger des ehrwürdigen Mahākaccāna. Dann kam der Laienanhänger Sona Kutikanna zum ehrwürdigen Mahākaccāna. Dort, nachdem er den ehrwürdigen Mahākaccāna verehrt hatte, setzte er sich seitwärts nieder. Seitwärts sitzend sagte der Laienanhänger Sona Kutikanna dem ehrwürdigen Mahākaccāna folgendes: "Soweit ich, Verehrungswürdiger, die vom ehrwürdigen Mahākaccāna dargelegte Lehre erlernte, nicht ist dies einfach für einen im Hause Lebenden den vollständigen, völlig reinen, perlmuttgleichen Reinheitswandel zu führen. Ich wünsche, Verehrungswürdiger, mir Haare und Bart zu scheren, die gelbbraune Robe mir anzulegen, aus dem Haus in die Hauslosigkeit zu gehen. Ordinieren möge mich der Verehrungswürdige, der ehrwürdige Mahākaccāna." (1)

"Schwierig, Freund Sona (ist es) bis an das Lebensende den Reinheitswandel zu führen, allein zu schlafen, einmal zu essen. Gut wäre es, wenn du, Sona, als Hausbesitzer (bleibst) und die Lehre des Erwachten praktizierst, bis die richtige Zeit kommt, den Reinheitswandel zu führen, allein zu schlafen, einmal zu essen." Da ließ der Gedanke der Willensregung zur Ordination bei dem Laienanhänger Sona Kutikanna nach. Ein zweites Mal kam der Laienanhänger Sona Kutikanna zum ehrwürdigen Mahākaccāna ... Ein drittes Mal .... Dann ordinierte der ehrwürdige Mahākaccāna den Laienanhänger Sona Kutikanna. Zu jener Zeit hatte die Gegend von Avantidakkhināpatha wenig Mönche. Da hatte der ehrwürdige Mahākaccāna nach drei Regenzeiten mit Mühe und Schwierigkeiten von hier und da einen Mönchssangha mit einer Zehnergruppe zusammengerufen und dem ehrwürdigen Sona die Vollordination gegeben. (2)

Dann, nachdem eine Regenzeit vergangen war und der ehrwürdige Sona allein und abgeschieden verweilte, kam in seinem Geist folgender Gedanke auf: Gehört habe ich, jener Erhabene ist so und so, nicht habe ich ihn von Angesicht gesehen. Gehen würde ich, den Erhabenen Heiligen vollkommen Erwachten zu sehen, wenn es mein Unterweiser erlauben würde. Dann, nachdem sich der ehrwürdige Sona am Abend aus der Meditation erhoben hatte, ging er zum ehrwürdigen Mahākaccāna. Dort, nachdem er den ehrwürdigen Mahākaccāna verehrt hatte, setzte er sich beiseite nieder. Beiseite sitzend sagte der ehrwürdige Sona dem ehrwürdigen Mahākaccāna folgendes: (3)

"Es kam mir, Verehrungswürdiger, als ich allein und abgeschieden verweilte, im Geist folgender Gedanke auf: Gehört habe ich, jener Erhabene ist so und so, nicht habe ich ihn von Angesicht gesehen. Gehen würde ich, den Erhabenen, Heiligen, vollkommen Erwachten zu sehen, wenn es mein Unterweiser erlauben würde, gehen würde ich, den Erhabenen, Heiligen, vollkommen Erwachten zu sehen, wenn es mein Unterweiser erlaubt." - "Sehr gut, sehr gut Sona, gehe du, Sona, den Erhabenen, Heiligen, vollkommen Erwachten zu sehen." (4)

Du wirst ihn sehen, Sona, den Erhabenen, den Klarblickenden, Klarblick Gebenden, der seine Sinnesfähigkeiten beruhigt hat, der seinen Geist beruhigt hat, der erlangt hat die höchste Zügelung und Ruhe, der Edle, der gezähmt, beherrscht, gezügelt die Sinne hat. Daher sollst du, Sona, in meinem Namen das Haupt zu Füßen des Erhabenen beugen (und sagen): Mein Unterweiser, Verehrungswürdiger, der ehrwürdige Mahākaccāna, verehrt den Erhabenen, indem er

---

[7] gihivikatam

das Haupt zu (seinen) Füßen beugt. So sollst du auch sagen: In Avantidakkināpatha sind wenig Mönche, nach drei Regenzeiten, nachdem mit Mühe und Schwierigkeiten von hier und dort ein Mönchssangha mit einer Zehnergruppe zusammengerufen wurde, habe (ich) die Vollordination erhalten. Ob der Erhabene in Avantidakkināpatha noch einer kleineren Gruppe erlaubt, die Vollordination zu geben. (5)

Avantidakkināpatha, Verehrungswürdiger, hat unfruchtbare Erde, harten (Boden), von Rinderhufen zertrampelt. Ob der Verehrungswürdige in Avantidakkināpatha Sandalen mit mehreren Riemen erlauben würde. In Avantidakkināpatha, Verehrungswürdiger, ist den Menschen das Baden wichtig, das Reinigen mit Wasser. Ob der Erhabene in Avantidakkināpatha das mehrfache Baden erlauben würde. In Avantidakkināpatha, Verehrungswürdiger, wird Fell als Unterlage benutzt, Schaffell, Ziegenfell, Rehfell. Wie, Verehrungwürdiger, im mittleren Landesteil, Eragu-, Moragu-, Majjhāru- und Jantugras (benutzt wird), so Verehrungswürdiger, wird in Avantidakkināpatha Fell als Unterlage benutzt, Schaffell, Ziegenfell, Rehfell. Ob der Erhabene in Avantidakkināpatha Fell als Unterlage erlauben würde, Schaffell, Ziegenfell, Rehfell. (6)

Jetzt, Verehrungswürdiger, geben die Menschen den außerhalb der Grenze (eines Sanghas) lebenden Mönchen Roben, so sprechend: "Ich gebe dem so und so genannten (einem anderen Mönch) die Robe." Jene zurückgekommen sagen: so und so genannter, Menschen gaben dir, Bruder eine Robe. Die getreuen (Mönche) akzeptierten das nicht[8]: Möge nicht ein Nissaggiavergehen sein. Ob der Erhabene die Vorgehensweise wegen dieser Roben sagen würde." - "So sei es, Verehrungswürdiger." Nachdem der ehrwürdige Sona dem ehrwürdigen Mahākaccāna das geantwortet hatte, vom Sitz aufgestanden, den ehrwürdigen Mahākaccāna verehrt hatte, ihn rechts umrundet hatte, die Behausung aufgeräumt hatte, Almosenschale und Robe genommen hatte, brach er nach Sāvatthi auf. (7)

Allmählich (kam er) nach Sāvatthi zum Kloster im Jetahain des Anāthapindika. Er kam zum Erhabenen. Dort, nachdem er den Erhabenen verehrt hatte, setzte er sich beiseite nieder. Da sprach der Erhabene den ehrwürdigen Ānanda an: "Bereite für diesen Gastmönch, Ānanda, eine Unterkunft vor." Dann (dachte) der ehrwürdige Ānanda: Wenn mich der Erhabene beauftragt: für diesen Gastmönch, Ānanda, bereite eine Unterkunft, dann wünscht der Erhabene mit diesem Mönch in einer Behausung zu wohnen, dann wünscht der Erhabene mit dem ehrwürdigen Sona in einer Behausung zu wohnen, in der Behausung, wo der Erhabene weilt, in der Behausung werde ich dem ehrwürdigen Sona die Unterkunft bereiten. (8)

Dann, nachdem der Erhabene die meiste Zeit der Nacht unter freiem Himmel verbracht hatte, ging er in die Unterkunft. Auch der ehrwürdige Sona, nachdem er die meiste Zeit der Nacht unter freiem Himmel verbracht hatte, ging in die Unterkunft. Dann, nachdem der Erhabene kurz vor Sonnenaufgang aufgewacht war, fragte er den ehrwürdigen Sona: "Möge dir, Mönch, die Lehre einfallen, um sie darzulegen." - "So sei es, Verehrungswürdiger." Nachdem der ehrwürdige Sona dem Erhabenen zugestimmt hatte, sagte er die Achter-gruppe[9] auswendig auf. Da war der Erhabene am Ende der Rezitation des ehrwürdigen Sona sehr zufrieden: "Sehr gut, sehr gut, Mönch, die Achtergruppe hast du, Mönch, gut gelernt, gut im Geist behalten, gut überdacht. Du bist versehen mit einer guten Aussprache, einer deutlichen, einer klaren, um den Sinn verständlich zu machen. Wie viele Jahre bist du Mönch?" - "Ich bin ein Jahr Mönch, Erhabener." (9)

"Warum hast du dir so lange Zeit gelassen (um Mönch zu werden)?" - "Ich sah, Verehrungswürdiger, schon lange die Nachteile der Sinnesgenüsse, der Aufenthalt im Haus macht viel Plage, viele Obliegenheiten, viele Pflichten." Dann, als der Erhabene diesen Sachverhalt verstanden hatte, zu jener Zeit sprach er diesen Ausspruch:

> Wenn man das Elend der Welt gesehen hat,
> die Lehre vom Nichtanhaften gewußt hat,
> findet der Heilige keinen Gefallen am Übel,
> der Reine findet Gefallen an der Lehre.

Da (wußte) der ehrwürdige Sona: Mir zugetan ist der Erhabene. Dies ist die Zeit, auf die mich mein Unterweiser vorbereitet hat. Vom Sitz aufgestanden, das Obergewand auf eine Schulter getan, das Haupt zu Füßen des Erhabenen gebeugt, sagte er dem Erhabenen folgendes: "Mein Unterweiser, Verehrungswürdiger, der ehrwürdige Mahākaccāna,

---

[8] Weil ein Mönch nur zehn Tage lang zwei Roben haben darf.

[9] ein Kapitel des Suttanipāta

verehrt den Erhabenen, indem er das Haupt zu Füßen beugt und so spricht: In Avantidakkinäpatha sind wenig Mönche, nach drei Regenzeiten, nachdem mit Mühe und Schwierigkeiten von hier und dort ein Mönchssangha mit einer Zehnergruppe zusammengerufen wurde, habe (ich) die Vollordination erhalten. Ob der Erhabene in Avantidakkinäpatha einer noch kleineren Gruppe erlaubt, die Vollordination zu geben. Avantidakkinäpatha, Verehrungswürdiger, hat unfruchtbare Erde, harten (Boden), von Rinderhufen zertrampelt. Ob der Verehrungswürdige in Avantidakkinäpatha Sandalen mit mehreren Riemen erlauben würde. In Avantidakkinäpatha, Verehrungswürdiger, ist den Menschen das Baden wichtig, das Reinigen mit Wasser. Ob der Erhabene in Avantidakkinäpatha das mehrfache Baden erlauben würde. In Avantidakkinäpatha, Verehrungswürdiger, wird Fell als Unterlage benutzt, Schaffell, Ziegenfell, Rehfell. Wie, Verehrungwürdiger, im mittleren Landesteil, Eragu-, Moragu-, Majjhāru- und Jantugras (benutzt wird), so, Verehrungswürdiger, wird in Avantidakkinäpatha Fell als Unterlage benutzt, Schaffell, Ziegenfell, Rehfell. Ob der Erhabene in Avantidakkinäpatha Fell als Unterlage erlauben würde, Schaffell, Ziegenfell, Rehfell. Jetzt, Verehrungswürdiger, geben die Menschen den außerhalb der Grenze (eines Sanghas) lebenden Mönchen Roben, so sprechend: "Ich gebe dem so und so genannten (einem anderen Mönch) die Robe." Jene zurückgekommen sagen: so und so genannter, Menschen gaben dir, Bruder eine Robe. Die getreuen (Mönche) akzeptierten das nicht: Möge nicht ein Nissaggiavergehen sein. Ob der Erhabene die Vorgehensweise wegen dieser Roben sagen würde?" Nachdem der Erhabene aus diesem Grund, aus diesem Anlaß eine Lehrrede gehalten hatte, sprach der die Mönche an: "Avantidakkinäpatha hat nur wenig Mönche, ich erlaube, ihr Mönche, daß in allen angrenzenden Landesteilen ein Vinayakenner in einer Fünfergruppe Vollordination geben kann. (11)

In diesem Falle sind die angrenzenden Provinzen: in östlicher Richtung ist die Kleinstadt Kajangala, dahinter ist Mahāsālā, danach sind die angrenzenden Provinzen, davor ist die Mitte. In südöstlicher Richtung ist ein Fluß namens Sallavatti, danach sind die angrenzenden Provinzen, davor ist die Mitte. In südlicher Richtung ist die Kleinstadt mit Namen Setakannika, danach sind die angrenzenden Provinzen, davor ist die Mitte. In westlicher Richtung ist das Brahmanendorf Thuna, danach sind die angrenzenden Provinzen, davor ist die Mitte. In nördlicher Richtung ist der Berg Usiraddhaja, danach sind die angrenzenden Provinzen, davor ist die Mitte. Ich erlaube, ihr Mönche, in derartigen angrenzenden Landesteilen einem Vinayakenner in einer Fünfergruppe Vollordination zu geben. (12)

Avantidakkinäpatha hat unfruchtbare Erde, harten (Boden), von Rinderhufen zertrampelt. Ich erlaube, ihr Mönche, in allen angrenzenden Provinzen Sandalen mit mehr als einem Riemen. In Avantidakkinäpatha ist den Menschen das Baden wichtig, das Reinigen mit Wasser. Ich erlaube, ihr Mönche, in allen angrenzenden Provinzen das mehrfache Baden. In Avantidakkinäpatha wird Fell als Unterlage benutzt, Schaffell, Ziegenfell, Rehfell. Ich erlaube in allen angrenzenden Provinzen Fell als Unterlage, Schaf- Ziegen-, Rehfell. Jetzt, ihr Mönche, geben die Menschen den außerhalb der Grenze (lebenden) Mönchen Roben, so sprechend: Ich gebe dem so und so genannten (einem anderen Mönch) die Robe. Ich erlaube, ihr Mönche, das zu akzeptieren. Er muß nicht mit dem Zählen beginnen[10], bis er sie in der Hand hat." (13) //13//

Das Kapitel über Fell ist beendet

In diesem Abschnitt sind dreiundsechzig Sachverhalte:
Hier die Aufzählung:

König von Magadha, Sona und die achtzigtausend Dorfoberhäupter, Sāgata hat am Gijjhakūta viele Fähigkeiten gezeigt, die Füße waren aufgebrochen wegen der übermäßigen Anstrengung, Laute, einriemig, blau, gelb, rot, purpur und schwarz, orange, vielfarbig, Umrandungen hat er abgelehnt, mit Absätzen, die bis zum Knie reichen, Schnürschuhe, baumwollgefütterte Schuhe, schillernde Farben, mit Widderhörnern versehen, mit Ziegenhörnern versehen, mit Skorpionen versehen, mit Pfauenfedern versehen, mit Stickerei versehen, aus Löwenfell hergestellt, aus Tigerfell hergestellt, aus Leopardenfell hergestellt, aus dem Fell der schwarzen Antilope, Otternleder, Katzenleder, Eichhörnchenleder, Eulenfell, aufgerissene Sandalen, Hühnerauge, ungewaschen, Baumwollstrümpfe, laute Geräusche, Palmen, Bambus, Tinnagras, Munja-, Reed, Sumpfdattelpalme, Kamalagras, Wolle, Goldsandalen, Silbersandalen, Edelsteinsandalen, Lapislazulisandalen, Kristallsandalen, Bronzesandalen, Glassandalen, Zinnsandalen, Bleisandalen, Kupfersandalen, Kühe, Wagen, und der Kranke, mit Männern versehene Sänfte, Betten und Liegeplätze, große Felle, und der Böse mit dem Rinderfell, bei den Laien, mit Leder(bändern) zusammengehalten, sie gingen (ins Dorf), krank werden, Mahākaccāna, Sona sagt die Achtergruppe auswendig auf, Vollordination durch die Fünfergruppe, mehrriemig, mehrfaches Baden, erlaubt sind Fellunterlagen, er muß nicht mit dem Zählen beginne, so hat der Führer dem Sona fünf

---

[10] den Tag von dem ab er 2 Roben hat.

Wünsche erfüllt.

MV 6

Zu jener Zeit weilte der Erwachte, Erhabene im Kloster im Jetahain des Anāthapindika. Zu jener Zeit wurden die Mönche vom Herbstgebrechen betroffen, der getrunkene Reisschleim wurde erbrochen, der gegessene Reis wurde erbrochen, dadurch wurden sie (die Mönche) dünn, kärglich, von schlechter Farbe, gelbfarbig, die Adern sah man auf ihren Gliedern. Der Erhabene sah jene Mönche, dünn, kärglich, von schlechter Farbe, gelbfarbig, die Adern sah er auf ihren Gliedern. Das gesehen, sprach er den ehrwürdigen Ānanda an: "Warum, Ānanda, sind jene Mönche dünn, kärglich, von schlechter Farbe, gelbfarbig, die Adern sieht man auf ihren Gliedern?" - "Jetzt, Verehrungswürdiger, wurden die Mönche vom Herbstgebrechen getroffen, der getrunkene Reisschleim wurde erbrochen, der gegessene Reis wurde erbrochen, dadurch wurden sie (die Mönche) dünn, kärglich, von schlechter Farbe, gelbfarbig, die Adern sieht man auf ihren Gliedern." (1)

Dann, als der Erhabene einsam und abgeschieden in Meditation verweilte, kam ihm im Geiste folgender Gedanke auf: Jetzt wurden die Mönche vom Herbstgebrechen betroffen, der getrunkene Reisschleim wurde erbrochen, der gegessene Reis wurde erbrochen, dadurch wurden sie dünn, kärglich, von schlechter Farbe, gelbfarbig, die Adern sieht man auf ihren Gliedern, was wäre, wenn ich den Mönchen Medizin erlauben würde, und zwar solche Medizin, die als Medizin in der Welt angesehen wird und auch als Nahrung dient, aber nicht als Hauptnahrungsmittel dient. Da kam dem Erhabenen folgender Gedanke: Diese fünf Medizinen, nämlich Butterschmalz, frische Butter, Öl, Honig, Melasse, die sind als Medizin in der Welt angesehen und dienen auch als Nahrung, aber nicht als Hauptnahrungsmittel. Wenn ich nun diese fünf Medizinen den Mönchen erlauben würde, zur rechten Zeit genommen (erbettelt) und zur rechten Zeit genossen. (2)

Dann, als sich der Erhabene am Abend aus der Meditation erhoben hatte, in diesem Zusammenhang eine Lehrrede gehalten hatte, sprach er die Mönche an: "Als ich einsam und abgeschieden in Meditation verweilte, kam mir im Geiste folgender Gedanke auf: Jetzt wurden die Mönche vom Herbstgebrechen betroffen, der getrunkene Reisschleim wurde erbrochen, der gegessene Reis wurde erbrochen, dadurch wurden sie dünn, kärglich, von schlechter Farbe, gelbfarbig, die Adern sah man auf ihren Gliedern, was wäre, wenn ich den Mönchen Medizin erlauben würde, und zwar solche Medizin, die als Medizin in der Welt angesehen wird und auch als Nahrung dient, aber nicht als Hauptnahrungsmittel. Da kam mir folgender Gedanke: Diese fünf Medizinen, nämlich Butterschmalz, frische Butter, Öl, Honig, Melasse, die sind als Medizin in der Welt angesehen und dienen auch als Nahrung aber nicht als Hauptnahrungsmittel. Wenn ich nun diese fünf Medizinen den Mönchen erlauben würde, zur rechten Zeit genommen (erbettelt) und zur rechten Zeit genossen. Ich erlaube, ihr Mönche, diese fünf Medizinen zur rechten Zeit genommen und zur rechten Zeit genossen." (3)

Zu jener Zeit nahmen die Mönche die fünf Medizinen rechtzeitig und genossen sie rechtzeitig. Jene vertrugen nicht einmal das natürliche grobe Essen, geschweige denn das fettige. Dadurch wurden sie von jenem Herbstgebrechen befallen. Durch jenes (Gebrechen) wurden sie appetitlos, durch dies beides wurden sie sehr dünn, kärglich von schlechter Farbe, gelbfarbig, die Adern sah man auf ihren Gliedern. Der Erhabene sah, daß die Mönche sehr dünn, kärglich von schlechter Farbe, gelbfarbig waren, die Adern sah man auf ihren Gliedern. Dies gesehen, sprach er den ehrwürdigen Ānanda an: "Warum, Ānanda, sind die Mönche jetzt sehr dünn, kärglich von schlechter Farbe, gelbfarbig, die Adern sieht man auf ihren Gliedern?" (4)

"Jetzt, Verehrungswürdiger, nahmen die Mönche die fünf Medizinen rechtzeitig und genossen sie rechtzeitig. Jene vertrugen nicht einmal das natürliche grobe Essen, geschweige denn das fettige. Dadurch wurden sie von jenem Herbstgebrechen befallen. Durch jenes (Gebrechen) wurden sie appetitlos, durch dies beides wurden sie sehr dünn, kärglich von schlechter Farbe, gelbfarbig, die Adern sah man auf ihren Gliedern." Nachdem der Erhabene in diesem Zusammenhang eine Lehrrede gehalten hatte, sprach er die Mönche an: "Ich erlaube, ihr Mönche, jene fünf Medizinen, nachdem man sie angenommen hat zur Zeit und zur Nichtzeit[1] zu essen." (5) //1//

Zu jener Zeit hatten kranke Mönche Bedarf an Talg als Medizin. Dem Erhabenen erzählten sie diesen Sachverhalt. "Ich erlaube, ihr Mönche, Talg als Medizin: Bärentalg, Fischtalg, Aligatorentalg, Schweinetalg, Eseltalg, rechtzeitig angenommen, rechtzeitig gekocht, rechtzeitig gemischt, mit Öl zu sich zu nehmen. (1)

Wenn, ihr Mönche, zur falschen Zeit angenommen, gekocht, gemischt, zu sich genommen würde, ist das ein dreifaches dukkata Vergehen.
Wenn, ihr Mönche, zur richtigen Zeit angenommen, zur falschen Zeit gekocht, zur falschen Zeit gemischt, zu sich genommen würde, ist das ein zweifaches dukkata Vergehen.

---

[1] also nach Sonnenhöchststand

Wenn, ihr Mönche, zur richtigen Zeit angenommen, zur richtigen Zeit gekocht, zur falschen Zeit gemischt, zu sich genommen würde, ist das ein einfaches dukkata Vergehen.

Wenn, ihr Mönche, zur richtigen Zeit angenommen, zur richtigen Zeit gekocht, zur richtigen Zeit gemischt, zu sich genommen würde, ist das kein dukkata Vergehen." (2) //2//

Zu jener Zeit hatten kranke Mönche Bedarf an Wurzeln als Medizin. Dem Erhabenen erzählten sie diesen Sachverhalt. "Ich erlaube, ihr Mönche, Wurzeln als Medizin: Gelbwurz, Ingwer, Vacawurzel, Vacatthawurzel, Ativisawurzel, Katukarohiniwurzel, Ussīrawurzel, Bhaddamuttakawurzel oder irgendeine andere Medikamentwurzel, die nicht zur Kategorie des festen Essens gehört und nicht dazu dient, die nicht zur Kategorie des weichen Essens gehört und nicht dazu dient. Diese genommen, soll man bis zum Lebensende benutzen, bei Bedarf zu sich nehmen. Bei Nichtbedarf zu sich genommen, ist das ein dukkata Vergehen." (1)

Zu jener Zeit hatten kranke Mönche Bedarf an pulverisierter Wurzel als Medizin. Dem Erhabenen erzählten sie diesen Sachverhalt. "Ich erlaube, ihr Mönche, einen großen und einen kleinen Stein zum mahlen." (2) //3//

Zu jener Zeit hatten kranke Mönche Bedarf an Pflanzensud als Medizin. Dem Erhabenen erzählten sie diesen Sachverhalt. "Ich erlaube, ihr Mönche, Pflanzensud als Medizin: Sud vom Nimbabaum, Kutaja- Pakkava- Nattamāla- oder irgendein anderer Sud, der nicht zur Kategorie des festen Essens gehört und nicht dazu dient, der nicht zur Kategorie des weichen Essens gehört und nicht dazu dient. Diesen genommen, soll man bis zum Lebensende benutzen; bei Bedarf zu sich nehmen. Bei Nichtbedarf zu sich genommen, ist das ein dukkata Vergehen." (1) //4//

[Wiederholung wie vorher mit Blättern]: Nimbablätter, Kutaja-, Patola-, Sulasī-, Kappāsika- ...etc. (1) //5//

[Wiederholung wie vorher mit Früchten]: Vilanga-, Pippala- (Pfeffer), Marica-, Harītaka-, Vibhītaka-, Āmalaka-, Gothafrüchte, ...etc (1) //6//

[Wiederholung wie vorher mit Harz]: Hingu, Hinguharz, Hingugummi, Taka-, Takapatti-, Takapanni-, Sajjulasaharz ... etc (1) //7//

[Wiederholung wie vorher mit Salz]: Meersalz, schwarzes Salz, Steinsalz, Kochsalz, rotes Salz oder irgendein ...//8//

Zu jener Zeit hatte der Unterweiser des ehrwürdigen Ānanda, Belatthasīsa ein Gebrechen mit einem dicken Schorf. Seine Wundflüssigkeit ließ die Robe am Körper festkleben. Nachdem jene von den Mönchen wiederholt befeuchtet wurde, lösten sie sie vom Körper ab. Da sah der Erhabene, als er in der Mönchsklause umherging, jene Mönche, nachdem sie die Robe mit Wasser wiederholt befeuchtet hatten, sie ablösen. Nachdem er das gesehen hatte, ging er zu den Mönchen. Dort sagte er den Mönchen folgendes: "Welches Gebrechen hat dieser Mönch?" - "Dieser Ehrwürdige, Verehrungswürdiger, hat ein Gebrechen mit dickem Schorf, seine Wundflüssigkeit ließ die Robe am Körper festkleben. Jene lösen wir ab, nachdem wir sie mit Wasser wiederholt befeuchtet haben."(1)

Nachdem der Erhabene in diesem Zusammenhang eine Lehrrede gehalten hatte, sprach er die Mönche an: "Ich erlaube, ihr Mönche, wer an Gebrechen mit Juckreiz, Beulen, wunden Stellen, dickem Schorf leidet, oder wenn der Körper schlecht riecht, Puder als Medizin. Für den Nichtkranken: Dung, Lehm, gekochten Farbsud. Ich erlaube, ihr Mönche, Stößel und Mörser." (2) //9//

Zu jener Zeit benötigten die kranken Mönche gesiebten Puder als Medizin. Dem Erhabenen erzählten sie diesen Sachverhalt. "Ich erlaube, ihr Mönche, ein Pudersieb." Sie benötigten sehr feinen (Puder). "Ich erlaube, ihr Mönche, ein Stoffsieb." (1)

Zu jener Zeit bekam ein gewisser Mönch ein Gebrechen, verursacht durch Nichtmenschen. Jene pflegenden Lehrer und Unterweiser waren nicht fähig, (ihn) zu heilen. Jener, nachdem er zum Schweineschlachtplatz gegangen war, aß rohes Fleisch und trank rohes Blut. So beruhigte sich sein nichtmenschliches Gebrechen. Dem Erhabenen erzählten sie diesen Sachverhalt. "Ich erlaube, ihr Mönche, bei nichtmenschlichen Gebrechen rohes Fleisch und rohes Blut." (2) //10//

Zu jener Zeit bekam ein gewisser Mönch als Gebrechen eine Augenkrankheit. Indem (sie) diesen Mönch stützten, führten sie ihn nach draußen zum Harn- und Kotlassen. Da sah der Erhabene, als er in der Mönchsklause umherging, jene Mönche, indem sie diesen Mönch stützten, ihn nach draußen führen zum Harn- und Kotlassen. Nachdem er das gesehen hatte, ging er zu den Mönchen. Dort sagte er den Mönchen folgendes: "Welches Gebrechen hat dieser

Mönch?" (1)

"Dieser Ehrwürdige, Verehrungswürdiger, hat als Gebrechen eine Augenkrankheit, indem wir ihn stützten, führen wir ihn nach draußen zum Harn- und Kotlassen." Nachdem der Erhabene in diesem Zusammenhang eine Lehrrede gehalten hatte, sprach er die Mönche an: "Ich erlaube, ihr Mönche, Salben: schwarze Salbe, rosa Salbe, Sotasalbe, Ocker, Ruß." Sie hatten Bedarf an einer Salbe mit Puder. Dem Erhabenen erzählten sie diesen Sachverhalt. "Ich erlaube, ihr Mönche, Sandel, Oleander, schwarzen Sandel, Tālīsa, Bhaddagras." (2) //11//

Zu jener Zeit taten die Mönche die Salben mit Puder in Schalen und Untertassen. Sie (die Salben) wurden mit Grasresten und Erde beschmutzt. Dem Erhabenen erzählten sie diesen Sachverhalt. "Ich erlaube, ihr Mönche, ein Salbengefäß." Zu jener Zeit benutzte die Sechsergruppe Mönche verschiedenartige Salbengefäße aus Gold und Silber. Die Menschen wurden verärgert, unruhig, erregt: Wie Sinnengenüsse genießende Laien. Dem Erhabenen erzählten sie diesen Sachverhalt. "Nicht, ihr Mönche, soll man verschiedenartige Salbengefäße gebrauchen. Wer so gebraucht, begeht ein dukkata Vergehen. Ich erlaube, ihr Mönche, welche gemacht aus: Knochen, Zähnen (Elfenbein), Horn, Reet, Bambus, Holz, Lack, Kristall, Kupfer, Muschel." (1)

Zu jener Zeit waren die Salbengefäße nicht geschlossen. Sie (die Salben) wurden mit Grasresten und Erde beschmutzt. Dem Erhabenen erzählten sie diesen Sachverhalt. "Ich erlaube, ihr Mönche, einen Deckel." Der Deckel fällt herunter. "Ich erlaube, ihr Mönche, den Deckel, an einen Faden gebunden, am Salbengefäß festzumachen." Das Salbengefäß platzte auf. "Ich erlaube, ihr Mönche, (es) mit einem Faden zusammenzufügen." (2)

Zu jener Zeit haben die Mönche sich mit Fingern eingesalbt. Die Augen taten ihnen weh. Dem Erhabenen erzählten sie diesen Sachverhalt. "Ich erlaube, ihr Mönche, ein Salbenstäbchen." Zu jener Zeit benutzte die Sechsergruppe Mönche verschiedenartige Salbenstäbchen aus Gold und Silber. Die Menschen wurden verärgert, unruhig, erregt: Wie Sinnengenüsse genießende Laien. Dem Erhabenen erzählten sie diesen Sachverhalt. "Nicht, ihr Mönche, soll man verschiedenartige Salbenstäbchen gebrauchen. Wer so gebraucht, begeht ein dukkata Vergehen. Ich erlaube, ihr Mönche, welche gemacht aus: Knochen, Zähnen (Elfenbein), Horn, Reet, Bambus, Holz, Lack, Kristall, Kupfer, Muschel." (3)

Zu jener Zeit wurden die Salbenstäbchen, auf den Boden gefallen, rauh. Dem Erhabenen erzählten sie diesen Sachverhalt. "Ich erlaube, ihr Mönche, ein Kästchen für die Salbenstäbchen." Zu jener Zeit trugen die Mönche die Salbengefäße und die Salbenstäbchen in der Hand .... "Ich erlaube, ihr Mönche, eine Salbengefäßtasche." Es gab keinen Trageriemen an der Seite .... "Ich erlaube, ihr Mönche, einen Trageriemen und einen Zubindfaden." (4) //12//

Zu jener Zeit hatte der ehrwürdige Pilindavaccha Hitze im Kopf (Kopfschmerzen)..... "Ich erlaube, ihr Mönche, ein wenig Öl für den Kopf." Das half nicht .... "Ich erlaube, Ihr Mönche, Medizin durch die Nase einzunehmen." Das Medikament lief aus der Nase heraus..... "Ich erlaube, ihr Mönche, ein Instrument zum Einträufeln (in die Nase)." Zu jener Zeit benutzte die Sechsergruppe Mönche verschiedenartige Einträufelinstrumente aus Gold und Silber. Die Menschen wurden verärgert, unruhig, erregt: Wie Sinnengenüsse genießende Laien. Dem Erhabenen erzählten sie diesen Sachverhalt. "Nicht, ihr Mönche, soll man verschiedenartige Einträufelinstrumente gebrauchen. Wer so gebraucht, begeht ein dukkata Vergehen. Ich erlaube, ihr Mönche, welche gemacht aus: Knochen, Zähnen (Elfenbein), Horn, Reet, Bambus, Holz, Lack, Kristall, Kupfer, Muschel." (1)

Die Nasenmedizin wurde ungleichmäßig eingeträufelt. "Ich erlaube, ihr Mönche, ein doppeltes Instrument zum Einträufeln." Das half nicht ... "Ich erlaube, Rauch zu trinken (zu inhalieren)." Sie rollten (die Medikamente) zusammen, zündeten sie an und rauchten sie. Das brannte im Hals ... "Ich erlaube, ihr Mönche, eine Rauchröhre (Pfeife)." Zu jener Zeit benutzte die Sechsergruppe Mönche verschiedenartige Pfeifen aus Gold und Silber. Die Menschen wurden verärgert, unruhig, erregt: Wie Sinnengenüsse genießende Laien. Dem Erhabenen erzählten sie diesen Sachverhalt. "Nicht, ihr Mönche, soll man verschiedenartige Pfeifen gebrauchen. Wer so gebraucht, begeht ein dukkata Vergehen. Ich erlaube, ihr Mönche, welche gemacht aus: Knochen, Zähnen (Elfenbein), Horn, Reet, Bambus, Holz, Lack, Kristall, Kupfer, Muschel." Zu jener Zeit waren die Pfeifen nicht geschlossen, kleine Tiere krochen hinein .... "Ich erlaube, ihr Mönche, Deckel." Zu jener Zeit trugen die Mönche die Pfeifen in der Hand..... "Ich erlaube, ihr Mönche, eine Pfeifentasche." Die Pfeifen rieben sich aneinander ... "Ich erlaube, ihr Mönche, 2 Taschen." Es gab keinen Trageriemen an der Seite.... "Ich erlaube, ihr Mönche, einen Trageriemen und einen Zubindfaden." (2) //13//

Zu jener Zeit bekam der ehrwürdige Pilindavaccha das Windgebrechen (Blähungen). Die Ärzte sagten: Öl soll gekocht werden. "Ich erlaube, ihr Mönche, gekochtes Öl." In dieses gekochte Öl soll Alkohol getan werden. "Ich erlaube, ihr

Mönche, Alkohol in gekochtem Öl." Zu jener Zeit hat die Sechsergruppe Mönche das gekochte Öl mit zuviel Alkohol versehen. Jenes getrunken habend, wurden sie betrunken. "Nicht, ihr Mönche, soll man mit zuviel Alkohol versehenes gekochtes Öl trinken. Wer so trinkt soll nach dem Gesetz behandelt werden[2]. Ich erlaube, ihr Mönche, gekochtes Öl, in dem Alkohol weder durch Farbe, noch durch Geruch, noch durch Geschmack zu erkennen ist, derartiges, mit Alkohol versehenes, gekochtes Öl, zu trinken." (1)

Zu jener Zeit haben die Mönche viel Öl mit zuviel Alkohol gekocht. Da kam den Mönchen folgender Gedanke: Wie sollen wir uns mit dem mit zuviel Alkohol versehenen Öl verhalten? "Ich erlaube, ihr Mönche, es als Salbe (zum Einreiben) zu benutzen." Zu jener Zeit ist von dem ehrwürdigen Pilindavaccha zuviel Öl gekocht worden. Es gab keine Ölbehälter. "Ich erlaube, ihr Mönche, 3 Behälter: Metallbehälter, Holzbehälter, Fruchtbehälter." (2)

Zu jener Zeit hatte der ehrwürdige Pilindavaccha Gliederschmerzen (Rheuma). "Ich erlaube, ihr Mönche, ein Dampfbad." Das half nicht. "Ich erlaube, ihr Mönche, ein Dampfbad mit Kräutern." Das half nicht. "Ich erlaube, ihr Mönche, ein großes Dampfbad (Sauna)." Das half nicht. "Ich erlaube, ihr Mönche, (gekochtes) Wasser mit Hanfblättern." Das half nicht. "Ich erlaube, ihr Mönche, ein Faß (gefüllt) mit heißem Wasser." (3)

Zu jener Zeit hatte der ehrwürdige Pilindavaccha Rheumatismus (pabbavata = Gelenkschmerzen). "Ich erlaube, ihr Mönche, Aderlässe." Das half nicht. "Ich erlaube, ihr Mönche, nach einem Aderlaß mit einem Horn zu schröpfen (visanena gahetun)." Zu jener Zeit waren dem ehrwürdigen Pilindavaccha die Füße aufgerissen. "Ich erlaube, ihr Mönche, die Füße einzuölen." Das half nicht. "Ich erlaube, ihr Mönche, Salbe aufzutragen." Zu jener Zeit hatte ein gewisser Mönch Beulen (Furunkel). "Ich erlaube, ihr Mönche, (sie) aufzuschneiden." Es war Bedarf an blutstillendem (adstringierendem) Wasser. "Ich erlaube, ihr Mönche, blutstillendes Wasser." Es war Bedarf an Sesampaste. "Ich erlaube, ihr Mönche, Sesampaste." (4)

Es war Bedarf an einer Kompresse. "Ich erlaube, ihr Mönche, eine Kompresse." Es war Bedarf an Verbandsstoff. "Ich erlaube, ihr Mönche, Verbandsstoff." Die Wunde juckte. "Ich erlaube, ihr Mönche, Senfpuder aufzutragen." Die Wunde eiterte. "Ich erlaube, ihr Mönche, die Wunde mit Rauch zu behandeln." Das Fleisch der Wunde quoll auf. "Ich erlaube, ihr Mönche, es mit einem Salzkristall abzutragen." Die Wunde wuchs nicht zu. "Ich erlaube, ihr Mönche, Wundöl." Das Öl floß weg. Dem Erhabenen erzählten sie diesen Sachverhalt. "Ich erlaube, ihr Mönche, einen Leinenverband und alle Heilmittel für Wunden." (5)

Zu jener Zeit wurde ein gewisser Mönch von einer Schlange gebissen. Dem Erhabenen erzählten sie diesen Sachverhalt. "Ich erlaube, ihr Mönche, vier große, sehr ungewöhnliche Dinge zu geben: Exkremente, Urin, Asche, Lehm." Da kam den Mönchen folgender Gedanke: Muß das nicht angenommen werden oder angenommen werden?[3] Dem Erhabenen erzählten sie diesen Sachverhalt. "Ich erlaube, ihr Mönche, wenn einer da ist, der gibt, es anzunehmen, wenn keiner da ist, der gibt, es selbst genommen habend, zu sich zu nehmen." Zu jener Zeit war von einem Mönch Gift getrunken worden. "Ich erlaube, ihr Mönche, Exkremente trinken zu lassen." Da kam den Mönchen folgender Gedanke: Muß das nicht angenommen werden oder angenommen werden? "Ich erlaube, ihr Mönche, wenn es gegeben wurde, dann ist es gegeben, nicht nochmals soll man es annehmen." (6)

Zu jener Zeit bekam ein gewisser Mönch ein Gebrechen, weil er Giftiges getrunken hatte. "Ich erlaube, ihr Mönche, umgepflügte Erde zu geben." Zu jener Zeit hatte ein gewisser Mönch Verstopfung. "Ich erlaube, ihr Mönche, reine Lauge zu geben."
ebenso: Gelbsucht - Kuhurin mit Haritafrüchten.
Hautkrankheit - Paste mit Geruch.
Verstopfung - Abführmittel.
Es war Bedarf an klarem (Kräuter)sud. "Ich erlaube, ihr Mönche, klaren (Kräuter)sud." Ebenso: natürlichen Saft - natürlichen und zubereiteten Saft - Fleischbrühe. (7) //14//

Zu jener Zeit hatte der ehrwürdige Pilindavaccha in Rājagaha einen Berghang gesäubert und wünschte, eine Höhle zu bauen. Da kam der König von Magadha, Seniya Bimbisāra zum ehrwürdigen Pilindavaccha. Dort, nachdem er den ehrwürdigen Pilindavaccha verehrt hatte, setzte er sich beiseite nieder. Dort beiseite sitzend, sagte der König von

---

[2] = pācittiya-Vergehen.

[3] muß es gegeben werden oder darf es einfach so genommen werden.

Magadha, Seniya Bimbisāra, dem ehrwürdigen Pilindavaccha folgendes: "Was will der ehrwürdige Thera machen lassen?" - "Ich will, oh Großkönig, den Berghang säubern und eine Höhle bauen." - "Bedarf, Verehrungswürdiger, der Herr eines Gehilfen[4]?" "Nicht hat, Großkönig, der Erhabene einen Gehilfen erlaubt." - "Dann, Verehrungswürdiger, nachdem du den Erhabenen befragt hast, sage es mir." - "So sei es, Großkönig" antwortete der ehrwürdige Pilindavaccha dem König von Magadha, Seniya Bimbisāra. (1)

Dann veranlaßte der ehrwürdige Pilindavaccha den König von Magadha, Seniya Bimbisāra, durch eine Lehrrede, zu verstehen, aufzunehmen, davon motiviert zu sein, sich daran zu erfreuen. Dann, nachdem der König von Magadha durch die Lehrrede des ehrwürdigen Pilindavaccha verstanden hatte, aufgenommen hatte, davon motiviert war, sich daran erfreut hatte, stand er vom Sitz auf, verehrte den ehrwürdigen Pilindavaccha, umrundete ihn rechts herum und ging fort. Dann hat der ehrwürdige Pilindavaccha zum Erhabenen einen Boten gesandt: "Der König von Magadha, Seniya Bimbisāra, Verehrungswürdiger, möchte einen Gehilfen geben. Wie soll man sich, Verehrungswürdiger, verhalten?" Nachdem der Erhabene in diesem Zusammenhang eine Lehrrede gehalten hatte, sprach er die Mönche an: "Ich erlaube, ihr Mönche, einen Gehilfen." (2)

Zum zweiten Mal kam der König von Magadha, Seniya Bimbisāra, zum ehrwürdigen Pilindavaccha. Dort, nachdem er den ehrwürdigen Pilindavaccha verehrt hatte, setzte er sich beiseite nieder. Dort beiseite sitzend sagte der König von Magadha, Seniya Bimbisāra, dem ehrwürdigen Pilindavaccha folgendes: "Erlaubte, Verehrungswürdiger, der Erhabene einen Gehilfen?" - "So ist es, Großkönig." - "Dann gebe ich, Verehrungswürdiger, dem Herrn einen Gehilfen." Dann, nachdem der König von Magadha, Seniya Bimbisāra, den ehrwürdigen Pilindavaccha, den Gehilfen versprochen hatte, es (aber) vergessen hatte, fiel es ihm nach einiger Zeit wieder ein. Er sprach einen gewissen Großminister, der für alles zuständig war, an: "Von mir, mein Lieber, ist doch dem Herrn ein Gehilfe versprochen worden, ist jenem ein Gehilfe gegeben worden?" - "Nicht, oh König, ist dem Herrn ein Gehilfe gegeben worden." - "Wieviel Zeit ist von damals bis jetzt vergangen?" (3)

Nachdem der Großminister die Nächte gezählt hatte, sagte er dem König von Magadha, Seniya Bimbisāra, folgendes: "500 Nächte, oh König." - "Dann gib doch dem Meister 500 Gehilfen." - "So sei es, oh König." Nachdem der Großminister dem König von Magadha, Seniya Bimbisāra, zugestimmt hatte, gab er dem ehrwürdigen Pilindavaccha 500 Gehilfen. Es entstand ein eigenes Dorf. Das Dorf hieß (Tempel)gehilfendorf, und es hieß auch Pilindadorf. Zu jener Zeit war der ehrwürdige Pilindavaccha in jenem kleinen Dorf ein häufig aufgesuchter Vertrauter. Dann, nachdem der ehrwürdige Pilindavaccha sich am frühen Morgen angezogen hatte, die Almosenschale und die Robe genommen hatte, ging er in Pilindadorf auf Almosengang. (4)

Zu jener Zeit wurde in jenem kleinen Dorf ein Fest gefeiert. Die Mädchen spielten, geschmückt und mit Blumengirlanden versehen. Dann, als der ehrwürdige Pilindavaccha im kleinen Pilindadorf, ohne (ein Haus) auszulassen, auf Almosengang ging, näherte er sich dem Anwesen eines gewissen Tempelgehilfen. Dort setzte er sich auf dem vorbereiteten Sitz nieder. Zu jener Zeit, nachdem die Tochter der Frau jenes Tempelgehilfen andere Kinder, geschmückt und mit Blumengirlanden versehen, gesehen hatte, weinte (sie): "Gebt mir Blumengirlanden, gebt mir Schmuck." Dann sagte der ehrwürdige Pilindavaccha der Frau des Tempelgehilfen folgendes: "Warum weint dieses Mädchen?" - "Dieses (Mädchen), Verehrungswürdiger, sah andere Mädchen, geschmückt und mit Blumengirlanden versehen, und nachdem sie das gesehen hatte, weinte (sie): 'Gebt mir Blumengirlanden, gebt mir Schmuck.' Woher gibt es für uns Arme Blumengirlanden, woher Schmuck?." (5)

Dann, nachdem der ehrwürdige Pilindavaccha irgendeinen Graskranz genommen hatte, sagte er jener Frau des Tempelgehilfen folgendes: "Hier, diesen Graskranz lege jener Tochter auf den Kopf." Dann, nachdem jene Tempelgehilfin jenen Graskranz genommen hatte, legte sie (ihn) auf den Kopf jenes Mädchens. Sie wurde eine goldene Girlande, sehr hübsch, schön anzusehen, gefällig, nicht einmal im Frauenhaus des Königs gibt es eine derartige goldene Girlande. Die Menschen erzählten dem König von Magadha, Seniya Bimbisāra: "In dem Haus, oh Herr, jenes Tempelgehilfen ist eine goldene Girlande, sehr hübsch, schön anzusehen, gefällig, nicht einmal im Frauenhaus des Königs gibt es eine derartige goldene Girlande. Woher hat jener Arme diese? Zweifellos ist (sie) durch Diebstahl geholt worden." Da hat der König von Magadha, Seniya Bimbisāra, jene Tempelgehilfenfamilie gefangengenommen. (6)

Zum zweiten Mal, nachdem der ehrwürdige Pilindavaccha sich am frühen Morgen angezogen hatte, die Almosenschale und die Robe genommen hatte, ging er im Pilindadorf auf Almosengang. Dann, als der ehrwürdige Pilindavaccha im

---

[4] aramika

kleinen Pilindadorf, ohne (ein Haus) auszulassen, auf Almosengang ging, näherte er sich dem Anwesen jenes Tempelgehilfen, dort angekommen fragte er die Nachbarn: "Wohin ist jene Tempelgehilfenfamilie gegangen?" - "Jene ist, Verehrungswürdiger, aufgrund von einer goldenen Girlande vom König gefangengenommen worden." Dann ging der ehrwürdige Pilindavaccha zum Anwesen des Königs von Magadha, Seniya Bimbisāra. Dort setzte er sich auf einem vorbereiteten Sitz nieder. Dann kam der König von Magadha, Seniya Bimbisāra zum ehrwürdigen Pilindavaccha. Dort, nachdem er den ehrwürdigen Pilindavaccha verehrt hatte, setzte er sich beiseite nieder. Beiseite sitzend sagte dem König von Magadha, Seniya Bimbisāra, der ehrwürdige Pilindavaccha folgendes: (7)

"Warum, Großkönig, ist die Familie des Tempelgehilfen gefangengenommen?" - "Im Haus von jenen, Verehrungswürdiger, war eine goldene Girlande, sehr hübsch, schön anzusehen, gefällig, nicht mal im Frauenhaus des Königs gibt es eine derartige goldene Girlande. Woher hat jener Arme diese? Zweifellos ist (sie) durch Diebstahl geholt worden. Da übte der ehrwürdige Pilindavaccha eine willentliche Macht aus: (möge) der Palast des Königs von Magadha, Seniya Bimbisāra, aus Gold (sein). Jener wurde vollständig aus Gold. "Woher hast du, Großkönig, soviel Gold?" - "Ich verstehe, Verehrungswürdiger, daß du solche geistige Macht hast." Er ließ jene Tempelgehilfenfamilie frei. (8)

Die Menschen waren erfreut und befriedigt: so sagt man von jenem Herrn Pilindavaccha, daß er vor dem König und seinem Gefolge übermenschliche geistige Macht zeigte. Dem ehrwürdigen Pilindavaccha haben (sie) fünf Medizinen mitgebracht: Butterschmalz, Butter, Öl, Honig, Melasse. Der ehrwürdige Pilindavaccha war von Natur aus einer, der viel bekam. Wenn er die fünf Medizinen bekam, verteilte (er sie) in (seiner) Gruppe. Seine Gruppe besitzt viel, (nachdem sie) bekam, füllten sie in Töpfe und Behälter und bewahrten (es) auf. Nachdem (sie) Stoffsiebe und Beutel gefüllt hatten, hängten sie sie an die Fenster. Jenes klebte und schmolz dauernd, überall waren Ratten. Nachdem die Menschen beim Gehen durch das Kloster (dieses) sahen, (wurden sie) verärgert, unruhig, erregt: Diese Asketen, die Söhne aus dem Sakyageschlecht, haben innen Lagerräume wie der König von Magadha, Seniya Bimbisāra. (9)

Es hörten die Mönche jene Menschen, die verärgert, unruhig, erregt waren. Die Mönche, die mäßig waren, wurden verärgert, unruhig, erregt: Wie können jene Mönche derartig der Üppigkeit nachgehen? Dann erzählten jene Mönche dem Erhabenen den Sachverhalt. "Ist es wahr, wie man sagt, ihr Mönche, daß Mönche derartig der Üppigkeit nachgehen?" - "Das ist wahr, Erhabener." Nachdem er getadelt hatte und eine Lehrrede gehalten hatte, sprach er die Mönche an: "Welche Medizinen die kranken Mönche zu sich nehmen dürfen, nämlich: Butterschmalz, Butter, Öl, Honig, Melasse. Nachdem sie angenommen wurden, maximal sieben Tage aufbewahrt wurden, soll man (sie) essen. Wer das überschreitet, soll nach dem Gesetz behandelt werden[5]." (10) //15//

Das Kapitel der erlaubten Medizin ist beendet.

Nachdem der Erhabene in Sāvatthi, so lange es ihm gefiel, verweilt hatte, brach er zu einer Reise nach Rājagaha auf. Da sah der ehrwürdige Kaṅkhārevata[6] unterwegs eine Zuckerfabrikation. Vom Weg abgegangen, sah er, daß in den Zucker Mehl und Melasse getan wurde. Das gesehen (dachte er): Nicht erlaubt ist Zucker, der mit Speise gemischt ist (Zucker = Medizin). Nicht erlaubt ist, (derartigen) Zucker zur Unzeit (nach Mittag) zu essen. So zweifelnd aß er mit seiner Gruppe keinen Zucker. Diejenigen, die meinten, darauf hören zu sollen, aßen auch keinen Zucker. Dem Erhabenen erzählten sie diesen Sachverhalt. "Zu welchem Zweck, ihr Mönche, wurde Mehl und Melasse in den Zucker getan?" - "Zum Zwecke der Verfestigung, Erhabener." - "Wenn, ihr Mönche, zum Zwecke der Verfestigung Mehl und Melasse in den Zucker getan wird, heißt auch jenes nur Zucker. Ich erlaube, ihr Mönche, soviel Zucker, wie es euch gefällt, zu essen." (1)

Es sah der ehrwürdige Kaṅkhārevata unterwegs auf einem Kothaufen Mungbohnen wachsen. Das gesehen, (dachte er): Nicht erlaubt sind Mungbohnen, (sogar) gekochte Mungbohnen wachsen. (Er nahm an, die Mungbohnen waren gekocht worden, ausgeschieden worden und wuchsen trotzdem). So zweifelnd, aß er mit seiner Gruppe keine Mungbohnen. Diejenigen, die meinten, darauf hören zu sollen, aßen auch keine Mungbohnen. Dem Erhabenen erzählten sie diesen Sachverhalt. "Selbst wenn gekochte Mungbohnen wachsen (würden), erlaube ich, ihr Mönche, soviel Mungbohnen, wie es euch gefällt, zu essen." (2)

Zu jener Zeit bekam ein gewisser Mönch das Magenwindgebrechen (Blähungen?). Jener trank gesalzenen Hafer-

---

[5]nissaggiya Vergehen 23

[6]Revata der Zweifler

schleim. Dadurch verschwand das Gebrechen. Dem Erhabenen erzählten sie diesen Sachverhalt. "Ich erlaube, ihr Mönche, einem Kranken gesalzenen Haferschleim. Ein Gesunder (soll) es mit Wasser gemischt trinken." (3) //16//

Dann, als der Erhabene allmählich seine Reise fortsetzte, kam er in Rājagaha an. Dort weilte der Erhabene in Rājagaha, im Walde Kalandakanivāpe (Eichhörnchenfutterplatz). Zu jener Zeit bekam der Erhabene Blähungen. Da (dachte) der ehrwürdige Ānanda: auch früher ist dem Erhabenen (durch) Reisschleim mit drei scharfen (Mitteln) die Blähung beruhigt geworden. Nachdem er selbst Sesam, Reis und Mungbohnen vorbereitet hatte, drinnen haltbar gemacht hatte, drinnen alles zusammen gekocht hatte, brachte er es dem Erhabenen: Möge der Erhabene den mit drei scharfen (Mitteln) versehenen Reisschleim trinken. (1)

Wissend fragen die Vollendeten, wissend fragen sie nicht, die (rechte) Zeit wissend fragen sie, die (rechte) Zeit wissend fragen sie nicht. Mit Bedacht fragen Vollendete, nicht ohne Bedacht, Unbedachtes tun Vollendete nicht. In zwei Weisen fragt der Erhabene, Erwachte die Mönche: Um die Lehre zu verkünden oder den Hörern Regeln zu geben. Dann sprach der Erhabene den ehrwürdigen Ānanda an: "Woher, Ānanda, ist dieser Reisschleim?" Da erzählte der ehrwürdige Ānanda dem Erhabenen den Sachverhalt. (2)

Da tadelte der Erhabene, Erwachte: "Das, Ānanda, ist nicht geeignet, nicht passend, nicht angemessen, nicht asketenwürdig, nicht erlaubt, nicht zu tun. Wie kannst du, Ānanda, zu derartiger Üppigkeit neigen. Daß, Ānanda, du drinnen haltbar machtest, das ist nicht erlaubt, daß du drinnen kochtest, das ist nicht erlaubt, daß du selbst kochtest, das ist nicht erlaubt. Das ist nicht, Ānanda, um die Unzufriedenen zufrieden zu stellen." Nachdem er getadelt hatte, eine Lehrrede gehalten hatte, sprach er die Mönche an: "Nicht soll man drinnen haltbar Gemachtes, drinnen Gekochtes, selbst Gekochtes essen. Wer so ißt, begeht ein dukkata Vergehen." (3)

Wenn, ihr Mönche, drinnen haltbar gemacht, drinnen gekocht, selbst gekocht, wenn man das essen würde, ist es ein dreifaches dukkata Vergehen. Wenn, ihr Mönche, drinnen haltbar gemacht, drinnen gekocht, ein anderer gekocht, wenn man das essen würde, ist es ein zweifaches dukkata Vergehen. Wenn, ihr Mönche, drinnen haltbar gemacht, draußen gekocht, selbst gekocht, wenn man das essen würde, ist es ein zweifaches dukkata Vergehen. (4)

Wenn, ihr Mönche, draußen haltbar gemacht, drinnen gekocht, selbst gekocht, wenn man das essen würde, ist es ein zweifaches dukkata Vergehen. Wenn, ihr Mönche, drinnen haltbar gemacht, draußen gekocht, von einem anderem gekocht, wenn man das essen würde, ist es ein einfaches dukkata Vergehen. Wenn, ihr Mönche, draußen haltbar gemacht, drinnen gekocht, von einem anderen gekocht, wenn man das essen würde, ist es ein einfaches dukkata Vergehen. Wenn, ihr Mönche, draußen haltbar gemacht, draußen gekocht, selbst gekocht, wenn man das essen würde, ist es ein einfaches dukkata Vergehen. Wenn, ihr Mönche, draußen haltbar gemacht, draußen gekocht, von einem anderen gekocht, wenn man das essen würde, ist es kein dukkata Vergehen. (5)

Zu jener Zeit (dachten) die Mönche: Selbst Gekochtes ist vom Erhabenen abgelehnt worden. Sie waren im Zweifel, ob bereits Gekochtes (wieder erwärmt werden darf). Dem Erhabenen erzählten sie diesen Sachverhalt. "Ich erlaube, ihr Mönche, das Erwärmen von vorher Gekochtem." (6)

Zu jener Zeit war in Rājagaha eine Hungersnot. Die Menschen brachten Salz, Öl, Reis und feste Speise zum Klosterbezirk. Die Mönche bewahrten jenes außerhalb (des Klosters) auf. Schädlinge aßen (es), Diebe stahlen (es). Dem Erhabenen erzählten sie diesen Sachverhalt. "Ich erlaube, ihr Mönche, drinnen haltbar zu machen." Drinnen haltbar gemacht, kochten (sie) draußen. Die von den Essensresten Lebenden standen darum herum. Die Mönche aßen ohne Vertrauen[7]. Dem Erhabenen erzählten sie diesen Sachverhalt. "Ich erlaube, ihr Mönche, drinnen zu kochen." In der Hungersnot nahmen die Erlaubtmacher viel, wenig gaben sie den Mönchen. Dem Erhabenen erzählten sie diesen Sachverhalt. "Ich erlaube, ihr Mönche, selbst zu kochen. Ich erlaube, ihr Mönche, drinnen haltbar Gemachtes, drinnen Gekochtes, selbst Gekochtes." (7)

Zu jener Zeit hatten viele Mönche in Kāsi die Regenzeit verbracht. Nach Rājagaha gehend, um den Erhabenen zu sehen, erhielten sie unterwegs nicht grobe Speise, feine Speise, Getränke, wie sie benötigten, aber viele eßbare Früchte gab es, (doch) keine Erlaubtmacher. Da kamen jene Mönche mit einem schwachen Körper nach Rājagaha zum Bambushain beim Eichhörnchenfutterplatz. Dann kamen sie zum Erhabenen. Nachdem sie den Erhabenen verehrt hatten, setzten sie sich beiseite nieder. Es war Brauch, daß der Erwachte, Erhabene mit den Gastmönchen freundliche

---

[7]wörtlich: mit einem gewissen Unwohlsein - weil Hungernde anwesend waren.

Worte wechselt. Da sagte der Erhabene den Mönchen folgendes: "Wie geht es euch, ihr Mönche, wie fühlt ihr euch? Seid ihr den Weg hergekommen mit wenig Schwierigkeiten, wo seid ihr Mönche hergekommen?" (8)

"Es geht, Erhabener, wir haben in Kāsi die Regenzeit verbracht. Nach Rājagaha gehend, um den Erhabenen zu sehen, erhielten wir unterwegs nicht grobe Speise, feine Speise, Getränke, wie wir benötigten, aber viele eßbare Früchte gab es, (doch) keine Erlaubtmacher. Da kamen wir mit einem schwachen Körper nach Rājagaha zum Bambushain beim Eichhörnchenfutterplatz." Dann, nachdem der Erhabene aus diesem Grund eine Lehrrede gehalten hatte, sprach er die Mönche an: "Ich erlaube, ihr Mönche, wenn eßbare Früchte sichtbar sind, ein Erlaubtmacher nicht da ist, selbst sie genommen habend, mitgenommen habend, einen Erlaubtmacher gesehen habend, (sie) auf den Boden gelegt habend, (ihn) veranlaßt habend, sie zu geben, sie (die Früchte) zu essen. Ich erlaube, ihr Mönche, die aufgehobenen (Früchte) anzunehmen." (9) //17//

Zu jener Zeit bekam ein gewisser Brahmane neuen Sesam und neuen Honig. Da kam jenem Brahmanen folgender Gedanke: Wie, wenn ich nun den neuen Sesam und den neuen Honig dem Mönchssangha mit dem Erwachten an der Spitze geben würde? Dann ging der Brahmane zum Erhabenen. Dort wechselte er freundliche Worte mit dem Erhabenen. Nachdem er freundliche Worte und die Begrüßung ausgetauscht hatte, stand er beiseite. Beiseite stehend sagte jener Brahmane dem Erhabenen folgendes: "Akzeptiere, Verehrungswürdiger, Herr Gotama, morgen das Essen zusammen mit dem Mönchssangha." Durch Schweigen nahm der Erhabene (die Einladung) an. Nachdem er wußte, daß der Erhabene annahm, ging der Brahmane fort. (1)

Dann hat jener Brahmane, als die Nacht vergangen war, nachdem er veranlaßt hatte, daß feste und weiche Speisen vorbereitet wurden, dem Erhabenen ankündigen lassen: Es ist Zeit; Zeit ist es, Freund Gotama, bereitet ist das Essen. Dann, nachdem der Erhabene sich am Morgen angezogen hatte, die Almosenschale und die Robe genommen hatte, ging er zum Anwesen des Brahmanen. Dort angekommen setzte er sich auf den vorbereiteten Sitz nieder, zusammen mit dem Mönchssangha. Dann, nachdem jener Brahmane den Mönchssangha, mit dem Erwachten an der Spitze, mit vorzüglicher fester und weicher Speise bedient hatte, als der Erhabene gegessen hatte und die Hand von der Almosenschale zurückgezogen hatte, setzte er sich beiseite nieder. Nachdem er den beiseite sitzenden Brahmanen durch ein Lehrgespräch veranlaßt hatte, es zu verstehen, es aufzunehmen, davon motiviert zu sein, sich daran zu erfreuen, ist der Erhabene aufgestanden und fortgegangen. (2)

Dann, nachdem der Erhabene nicht lange Zeit fortgegangen war, kam jenem Brahmanen folgender Gedanke: Zu welchem Zweck von mir der Mönchssangha mit dem Erwachten an der Spitze eingeladen war, (nämlich) um neuen Sesam und neuen Honig zu geben, diese (Dinge) vergaß ich zu geben. So laß mich nun neuen Sesam und neuen Honig in Gefäßen und Behältern zum Klosterbezirk bringen lassen. Nachdem jener Brahmane veranlaßt hatte, daß neuer Sesam und neuer Honig in Gefäßen und Behältern zum Klosterbezirk gebracht wurde, ging er zum Erhabenen. Dort stand er beiseite. Beiseite stehend sagte jener Brahmane dem Erhabenen folgendes: (3)

"Zu welchem Zweck, Freund Gotama, von mir der Mönchssangha mit dem Erwachten an der Spitze eingeladen war, (nämlich) um neuen Sesam und neuen Honig zu geben, diese (Dinge) vergaß ich zu geben. Nehme dieses, Herr Gotama, an, neuen Sesam und neuen Honig." - "Gib den Mönchen, Brahmane." Zu jener Zeit waren die Mönche, weil Hungersnot war, mit wenigem zufrieden. Sie lehnten, nachdem sie überlegten, ab. Der ganze Sangha war (so) zufrieden. Weil die Mönche unsicher waren, nahmen sie (es) nicht an. "Nehmt, ihr Mönche, an und eßt. Ich erlaube, ihr Mönche, daß ein genügend gegessen Habender, Hergebrachtes, nicht Übriggebliebenes ißt." (4) //18//

Zu jener Zeit schickte die den Upananda, den Sakyasohn, unterstützende Familie feste Speise für den Sangha: Nachdem der Herr Upananda davon unterrichtet wurde, soll es dem Sangha gegeben werden. Zu jener Zeit war der ehrwürdige Upananda, der Sakyasohn im Dorf auf Almosengang. Da fragten jene Menschen, nachdem sie zum Klosterbezirk gegangen waren, die Mönche: "Wo, Verehrungswürdiger, ist der Herr Upananda?" - "Dieser, Brüder, der ehrwürdige Upananda, der Sakyasohn, ist im Dorf auf Almosengang." - "Diese feste Speise sollen wir dem Sangha geben, nachdem wir den Herrn Upananda davon unterrichtet haben." Dem Erhabenen erzählten sie diesen Sachverhalt. "Jenes, ihr Mönche, soll, nachdem es angenommen wurde, bis Upananda zurückgekommen ist, hingestellt werden." (1)

Dann, nachdem der ehrwürdige Upananda, der Sakyasohn, vor dem Essen die Familien besucht hatte, kam er am Tag[8] zurück. Zu jener Zeit sind die Mönche in der Hungersnot auch mit wenigem zufrieden. Sie lehnten, nachdem sie

---

[8] also nach Mittag

überlegten, ab. Der ganze Sangha war zufrieden. Weil die Mönche zweifelten, nahmen sie (es) nicht an. "Nehmt, ihr Mönche, an und eßt. Ich erlaube, ihr Mönche, zu essen, was vor Mittag angenommen worden ist und nicht übriggeblieben ist, auch von einem genügend gegessen Habenden." (2) //19//

Nachdem der Erhabene, solange es ihm gefiel, in Rājagaha geweilt hatte, brach er zu einer Reise nach Sāvatthi auf. Allmählich wandernd kam er in Sāvatthi an. Dort weilte der Erhabene in Sāvatthi im Jetahain im Klosterbezirk des Anāthapiṇḍika. Zu jener Zeit hatte der ehrwürdige Sāriputta eine Krankheit mit Körperbrennen (Fieber?). Dann ist der ehrwürdige Mahāmoggallāna zum ehrwürdigen Sāriputta gekommen. Dort sagte er dem ehrwürdigen Sāriputta folgendes: "Wodurch, Bruder Sāriputta, wurde früher das Fieber besser?" - "Durch Lotuswurzeln und -fasern, Bruder." Da ist der ehrwürdige Mahāmoggallāna, so schnell wie ein kräftiger Mann den gebeugten Arm streckt oder den gestreckten Arm beugt, aus dem Jetahain verschwunden und am Ufer des Mandākinīsees erschienen. (1)

Da sah ein gewisser Elefant den ehrwürdigen Mahāmoggallāna aus der Ferne kommen. Das gesehen, sagte er dem ehrwürdigen Mahāmoggallāna folgendes: "Möge der verehrungswürdige Herr Mahāmoggallāna kommen, willkommen verehrungswürdiger Herr Mahāmoggallāna. Wessen bedarf der verehrungswürdige Herr? Was soll ich geben?" - "Ich benötige, Bruder, Lotuswurzeln und -fasern." Dann sprach der Elefant einen anderen Elefanten an: "Gib diesem Herrn, Freund, so viele Lotuswurzeln und -fasern, wie er benötigt." Dann, nachdem jener Elefant in den See Mandākinī hineingestiegen war, Lotuswurzeln und -fasern mit dem Rüssel herausgezogen hatte, sorgfältig abgewaschen hatte, zu einem Bündel gebündelt hatte, kam er (damit) zum ehrwürdigen Mahāmoggallāna. (2)

Da ist der ehrwürdige Mahāmoggallāna, so schnell wie ein kräftiger Mann den gebeugten Arm streckt oder den gestreckten Arm beugt, vom Mandākinīsee verschwunden und im Jetahain erschienen. Auch jener Elefant verschwand vom Ufer des Mandākinīsees und erschien im Jetahain. Dann, nachdem jener Elefant dem ehrwürdigen Mahāmoggallāna die Lotuswurzeln und -fasern angeboten hatte, verschwand er vom Jetahain und erschien am Ufer des Mandākinīsees wieder. Dann brachte der ehrwürdige Mahāmoggallāna dem ehrwürdigen Sāriputta die Lotuswurzeln und -fasern hin. Da verschwand die Krankheit des Körperbrennens bei dem ehrwürdigen die Lotuswurzeln und -fasern gegessen habenden Sāriputta. Es gab viele übriggebliebene Lotuswurzeln und -fasern. (3)

Zu jener Zeit sind die Mönche, weil Hungersnot war, auch mit wenigem zufrieden. Sie lehnten, nachdem sie überlegten ab. Der ganze Sangha war zufrieden. Weil die Mönche unsicher waren, nahmen sie (es) nicht an. "Ich erlaube, ihr Mönche, was im Wald und im See wächst, was nicht übriggeblieben ist, zu essen, auch von einem gegessen Habenden." (4) //20//

Zu jener Zeit gab es in Sāvatthi viele Speisefrüchte, aber keine Erlaubtmacher. Die Mönche waren unsicher und aßen die Früchte nicht. Dem Erhabenen erzählten sie diesen Sachverhalt. "Ich erlaube, ihr Mönche, Früchte ohne Samen oder denen der Samen entfernt wurde zu essen, ohne daß sie erlaubt (gegeben) sind." (1) //21//

Dann, nachdem der Erhabene, solange es ihm gefiel, in Sāvatthi geweilt hatte, brach er zu einer Reise nach Rājagaha auf. Nach und nach wandernd kam er in Rājagaha an. Dort weilte der Erhabene in Rājagaha am Eichhörnchenfutterplatz im Bambushain. Zu jener Zeit hatte ein gewisser Mönch eine Fistel. Der Arzt Ākāsagotta nahm eine Operation vor. Dann, während der Erhabene einen Klosterrundgang machte, kam er zur Behausung dieses Mönches. (1)

Es sah der Arzt Ākāsagotta den Erhabenen von Ferne herankommen. Dies gesehen sagte er dem Erhabenen folgendes: "Möge der Herr Gotama kommen, dieses Rektum sieht aus wie ein Leguanmaul." Dann, (dachte) der Erhabene, dieser törichte Mensch verspottet mich, und schweigend wandte er sich um (und ging zurück). Nachdem er aus diesem Grund, aus diesem Anlaß den Mönchssangha zusammengerufen hatte, befragte er die Mönche: "Es ist, so wird gesagt, ihr Mönche, in jenem Kloster ein Mönch krank?" - "So ist es, Erhabener." - "Welches Gebrechen, ihr Mönche, hat jener Mönch?" - "Jener Ehrwürdige, Verehrungswürdiger, hat eine Fistel, der Arzt Ākāsagotta hat ihn operiert." (2)

Da hat der Erhabene, Erwachte getadelt: "Das ist nicht geeignet, nicht passend, nicht angemessen, nicht asketenwürdig, nicht erlaubt, nicht zu tun. Wie kann nämlich, ihr Mönche, jener törichte Mensch im Intimbereich eine Operation vornehmen lassen. Der Intimbereich hat zarte Haut, schlecht heilt die Wunde, schwierig zu handhaben ist das Messer. Das ist nicht, um die Unzufriedenen zufrieden zu stellen." Nachdem er getadelt hatte und eine Lehrrede gehalten hatte, sprach er die Mönche an: "Nicht soll man im Intimbereich eine Operation vornehmen lassen. Wer so tun würde, begeht ein thullaccaya Vergehen." (3)

Zu jener Zeit hat die Sechsergruppe Mönche (gedacht), der Erhabene hat Operationen abgelehnt. Sie machten ein

Klistier. Diejenigen Mönche, die mäßig waren, wurden verärgert, unruhig, erregt: Wie kann die Sechsergruppe Mönche Klistiere machen lassen? Dem Erhabenen erzählten sie diesen Sachverhalt. "Ist es richtig, wie man sagt, ihr Mönche, daß die Sechsergruppe Mönche Klistiere machen läßt?" - "Das ist wahr, Erhabener." Nachdem er getadelt hatte und eine Lehrrede gehalten hatte, sprach er die Mönche an: "Nicht, ihr Mönche, soll man eine Operation innerhalb einer Breite von zwei Fingern um den Intimbereich herum vornehmen lassen oder ein Klistier machen lassen. Wer so tut, begeht ein thullaccaya Vergehen." (4) //22//

Dann, nachdem der Erhabene solange, es ihm gefiel in Rājagaha geweilt hatte, brach er zu einer Reise nach Barāṇasi auf. Nach und nach wandernd kam er in Barāṇasi an. Dort weilt der Erhabene im Gazellenhain von Isipatana. Zu jener Zeit hatten in Barāṇasi der Laienanhänger Suppiyo und die Laienanhängerin Suppiyā Vertrauen gewonnen, waren Spender, Wohltäter, Sanghaunterstützer. Dann hat die Laienanhängerin Suppiyā, nachdem sie zum Klosterbezirk gegangen war, von Behausung zu Behausung, von Mönchzelle zu Mönchzelle gegangen war, die Mönche befragt: "Wer, Verehrungswürdige, ist ein Kranker, wem möge was hergebracht werden?" (1)

Zu jener Zeit hatte ein gewisser Mönch Abführmittel getrunken. Da sagte jener Mönch der Laienanhängerin Suppiyā folgendes: "Schwester, von mir ist Abführmittel getrunken worden, ich habe Bedarf an Fleischbrühe." - "Ja gut, Herr, ich werde es bringen lassen." Nachdem (sie) nach Haus gegangen war, beauftragte sie einen Diener: "Gehe, Freund, bringe in Erfahrung, ob es frisches rohes Fleisch gibt." - "So sei es, Meisterin." Nachdem jener Mensch dies der Laienanhängerin Suppiyā geantwortet hatte, ging er in ganz Barāṇasi herum und fand kein frisches rohes Fleisch. Dann ist jener Mensch zur Laienanhängerin Suppiyā hingegangen. Dort hat er der Laienanhängerin Suppiyā folgendes gesagt: "Nicht gibt es frisches, rohes Fleisch, heute ist das Töten verboten." (2)

Da kam der Laienanhängerin Suppiyā folgender Gedanke: Wenn der kranke Mönch die Fleischbrühe nicht bekommt, wird seine Krankheit mehr werden oder er wird sterben. Das ist unangemessen für mich, nachdem ich zugestimmt habe, nicht dorthin bringen zu lassen. Nachdem sie ein Schlachtermesser genommen hatte, aus ihrem Oberschenkel Fleisch herausgeschnitten hatte, gab sie (es) einer Dienerin: "Schau hier, nachdem du dieses Fleisch zubereitet hast, in jenem Kloster ist ein kranker Mönch, dem gib (es). Wenn jemand nach mir fragt, antworte: sie ist krank." Nachdem sie den Oberschenkel mit dem Obergewand umwickelt hatte, in den Innenraum eingetreten war, legte sie sich ins Bett. (3)

Dann, nachdem der Laienanhänger Suppiyo zum Haus gekommen war, fragte er die Dienerin: "Wo ist Suppiyā?" - "Herr, sie hat sich im Innenraum niedergelegt." Da ging der Laienanhänger Suppiyo zur Laienanhängerin Suppiyā. Dort sagte der Laienanhänger Suppiyo folgendes: "Warum liegst du?" - "Ich bin krank." - "Welche Krankheit hast du?" Da erzählte die Laienanhängerin Suppiyā dem Laienanhänger Suppiyo den Sachverhalt. Da (dachte) der Laienanhänger Suppiyo: das ist wahrlich ein Wunder, das ist wahrlich wundervoll, wie weit Suppiyā Vertrauen hat, vertrauensvoll ist, daß sie sogar eigenes Fleisch verschenkt. Gibt es irgend etwas anderes bei ihr, daß sie nicht geben würde? Erfreut und begeistert ging (er) zum Erhabenen. Dort, nachdem er den Erhabenen verehrt hatte, setzte er sich beiseite nieder. (4)

Beiseite sitzend sagte der Laienanhänger Suppiyo dem Erhabenen folgendes: "Möge der Erwachte, Erhabene morgen das Essen zusammen mit dem Mönchssangha annehmen. Durch Schweigen nahm der Erhabene an. Dann, nachdem der Laienanhänger Suppiyo gewußt hat, daß der Erhabene angenommen hatte, stand er vom Sitz auf, verehrte den Erhabenen, umrundete ihn rechts und ging fort. Dann hat der Laienanhänger Suppiyo, als die Nacht vergangen war, nachdem er vorzügliche feste und weiche Speisen hatte zubereiten lassen, dem Erhabenen die Zeit ankündigen lassen: Es ist Zeit, Verehrungswürdiger, das Essen ist bereitet. Dann hat der Erhabene, nachdem er am Morgen sich angezogen hatte, Robe und Almosenschale genommen hatte, zur Behausung des Laienanhängers Suppiyo gegangen war, sich auf dem vorbereiteten Sitz niedergelassen, zusammen mit dem Mönchssangha. (5)

Da kam der Laienanhänger Suppiyo zum Erhabenen. Dort, nachdem er den Erhabenen verehrt hatte, stand er beiseite. Dem beiseite stehenden Laienanhänger Suppiyo sagte der Erhabene folgendes: "Wo ist Suppiyā?" - "Sie ist krank, Erhabener." - "Möge sie herkommen." - "Sie kann nicht, Erhabener." - "Dann, bringt (sie), sie gestützt habend her." Da brachte der Laienanhänger Suppiyo, nachdem er die Laienanhängerin Suppiyā gestützt hatte, her. Bei ihr wuchs durch das Erblicken des Erhabenen die große Wunde zusammen mit guter Haut und Körperbehaarung. (6)

Da dachte der Laienanhänger Suppiyo und die Laienanhängerin Suppiyā: Das ist wirklich ein Wunder, das ist wahrlich ein Mirakel, diese große (geistige Wunder)kraft, diese Macht, die der Vollendete besitzt. Nur durch das Erblicken des Erhabenen wuchs die große Wunde zusammen mit guter Haut und Körperbehaarung. Nachdem sie erfreut und begeistert eigenhändig den Mönchssangha mit dem Erwachten an der Spitze versorgt hatten, zufriedengestellt hatten, der Erhabene gegessen hatte und die Hand von der Almosenschale zurückgezogen hatte, setzten sie sich beiseite nieder.

Dann, nachdem der Erhabene den Laienanhänger Suppiyo und die Laienanhängerin Suppiyā durch eine Lehrrede veranlaßt hatte, zu verstehen, aufzunehmen, davon motiviert zu sein, sich daran zu erfreuen, stand er vom Sitz auf und ging fort. (7)

Dann, nachdem der Erhabene aus diesem Anlaß, in diesem Zusammenhang den Mönchssangha zusammengerufen hatte, befragte er die Mönche: "Wer, ihr Mönche, hat die Laienanhängerin Suppiyā wissen lassen, (daß) Fleisch (benötigt wird)?" Nachdem das gesagt wurde, sagte jener Mönch folgendes: "Ich, Verehrungswürdiger, ließ die Laienanhängerin Suppiyā wissen, daß Fleisch (benötigt wird). - "Wurde es hergebracht, Mönch?" - "Es wurde hergebracht, Erhabener." - "Aßest du es, Mönch?" - "Ich aß es, Erhabener." - "Fragtest du nach (welches Fleisch es ist) Mönch?" - "Nicht fragte ich nach, Erhabener." (8)

Da tadelte der Erwachte, Erhabene. "Wie kannst du, du törichter Mensch, Fleisch essen, ohne nachgefragt zu haben. Menschenfleisch aßest du, du törichter Mensch. Das ist nicht, törichter Mensch, um die Unzufriedenen zufrieden zu stellen." Nachdem er getadelt hatte und eine Lehrrede gehalten hatte, sprach er die Mönche an: "Es gibt, ihr Mönche, Menschen mit Vertrauen und Zuversicht, diese würden sogar eigenes Fleisch schenken. Nicht soll man, ihr Mönche, Menschenfleisch essen. Wer so ißt, begeht ein thullaccaya Vergehen. Nicht, ihr Mönche, soll man Fleisch essen, ohne nachgefragt zu haben. Wer so ißt, begeht ein dukkata Vergehen." (9)

Zu jener Zeit starben Königselefanten. In der Hungersnot aßen die Menschen Elefantenfleisch. Den Mönchen, die auf Almosengang gingen, gaben sie Elefantenfleisch. Die Mönche aßen Elefantenfleisch. Die Menschen wurden verärgert, unruhig, erregt: Wie können die Asketen, die Söhne aus dem Sakyageschlecht Elefantenfleisch essen? Elefanten gehören dem König. Wenn der König das erfahren würde, dann wird er darüber nicht erfreut sein. Dem Erhabenen erzählten sie diesen Sachverhalt. "Nicht, ihr Mönche soll man Elefantenfleisch essen, wer so essen würde, begeht ein dukkata Vergehen." (10)

[Wiederholung von (10) mit: "Pferde."] (11)

Zu jener Zeit aßen die Menschen in der Hungersnot Hundefleisch. Den Mönchen, die auf Almosengang gingen, gaben sie Hundefleisch. Die Mönche aßen Hundefleisch. Die Menschen wurden verärgert, unruhig, erregt: Wie können die Asketen, die Söhne aus dem Sakyageschlecht Hundefleisch essen? Hunde sind eklig und widerwärtig. Dem Erhabenen erzählten sie diesen Sachverhalt. "Nicht, ihr Mönche soll man Hundefleisch essen, wer so essen würde, begeht ein dukkata Vergehen." (12)

Zu jener Zeit aßen die Menschen in der Hungersnot Schlangenfleisch. Den Mönchen, die auf Almosengang gingen, gaben sie Schlangenfleisch. Die Mönche aßen Schlangenfleisch. Die Menschen wurden verärgert, unruhig, erregt: Wie können die Asketen, die Söhne aus dem Sakyageschlecht Schlangenfleisch essen? Schlangen sind eklig und widerwärtig. Auch der Nāgakönig Supassa kam zum Erhabenen. Dort, nachdem er den Erhabenen verehrt hatte, stand er beiseite. Beiseite stehend sagte der Nāgakönig Supassa dem Erhabenen folgendes: "Es gibt, Verehrungswürdiger, Nāgas ohne Vertrauen, ohne Klarheit. Jene werden auch wegen Kleinigkeiten die Mönche verletzen. Gut wäre es, Verehrungswürdiger, wenn die Herren kein Schlangenfleisch essen würden." Dann, nachdem der Erhabene den Nāgakönig Supassa durch eine Lehrrede veranlaßt hatte, zu verstehen, aufzunehmen, davon motiviert zu sein, sich daran zu erfreuen, stand er vom Sitz auf und ging fort. Dann, nachdem der Erhabene aus diesem Anlaß eine Lehrrede gehalten hatte, sprach er die Mönche an: "Nicht soll man, ihr Mönche, Schlangenfleisch essen. Wer so essen würde, begeht ein dukkata Vergehen." (13)

Zu jener Zeit hatten Jäger einen Löwen getötet und aßen das Fleisch. Den Mönchen, die auf Almosengang gingen, gaben sie Löwenfleisch. Die Mönche, nachdem sie Löwenfleisch gegessen hatten, verweilten im Wald. Die Löwen griffen die Mönche aufgrund des Löwenfleischgeruchs an. Dem Erhabenen erzählten sie diesen Sachverhalt. "Nicht soll man, ihr Mönche, Löwenfleisch essen. Wer so essen würde, begeht ein dukkata Vergehen." (14)

[Wiederholung von (14) mit: Tiger, Leopard, Bär, Hyäne] (15) //23//

Dann, nachdem der Erhabene, solange es ihm gefiel, in Barānasi geweilt hatte, brach er zu einer Wanderung nach Andhakavinda auf mit einer großen Mönchsgemeinde mit 1250 Mönchen. Zu jener Zeit folgten die Menschen des Landes, nachdem sie viel Salz, Öl, Reis und Speise auf einen Karren getan hatten, dem Mönchssangha mit dem Erwachten an der Spitze dichtauf, (so denkend): Wenn wir an der Reihe sind, dann werden wir Essen machen. Es gab eine Menge von 500 Essenresteessern. Dann ist der Erhabene nach und nach wandernd in Andhakavinda angekommen.

(1)

Dann kam einem gewissen Brahmanen, weil er nicht an die Reihe kam, folgender Gedanke: Es sind zwei Monate vergangen, daß ich dem Mönchssangha mit dem Erwachten an der Spitze nachfolge, um an die Reihe zu kommen, das Essen zu bereiten. Nicht komme ich an die Reihe. Ich bin allein, viele meiner häuslichen Angelegenheiten gehen verlustig. Was wäre, wenn ich in der Speisehalle schauen würde? Was ich in der Speisehalle nicht sehe, das werde ich zubereiten. Dann hat jener Brahmane in die Speisehalle sehend zwei (Dinge) nicht gesehen: Reisschleim und Honigkugeln. (2)

Dann kam jener Brahmane zum ehrwürdigen Ānanda. Dort sagte er dem ehrwürdigen Ānanda folgendes: Hier, Freund Ānanda, als ich nicht an die Reihe kam, kam mir folgender Gedanke: Es sind zwei Monate vergangen, daß ich dem Mönchssangha mit dem Erwachten an der Spitze nachfolge, um an die Reihe zu kommen, das Essen zu bereiten. Nicht komme ich an die Reihe. Ich bin allein, viele meiner häuslichen Angelegenheiten gehen verlustig. Was wäre, wenn ich in die Speisehalle schauen würde? Was ich in der Speisehalle nicht sehe, das werde ich zubereiten. Da sah ich, Freund Ānanda, in die Speisehalle schauend zwei (Sachen) nicht, Reisschleim und Honigkugeln. Wenn ich, Freund Ānanda, Reisschleim und Honigkugeln zubereiten würde, würde dies der Herr Gotama annehmen?" - "Darüber, Brahmane, werde ich den Erhabenen befragen." (3)

Da hat der ehrwürdige Ānanda dem Erhabenen den Sachverhalt erzählt. "Wenn das so ist, Ānanda, möge (er) zubereiten." - "Wenn das so ist, Brahmane, bereite zu." Dann hat jener Brahmane, als die Nacht vergangen war, nachdem er viel Reisschleim und Honigkugeln zubereitet hatte, (sie) dem Erhabenen angeboten: "Möge der Herr Gotama dieses Annehmen, Reisschleim und Honigkugeln." - "Also, Brahmane, gib es den Mönchen." Die zweifelnden Mönche nahmen nicht an. "Nehmt an, ihr Mönche, und eßt." Dann, nachdem jener Brahmane den Mönchssangha, mit dem Erwachten an der Spitze, mit viel Reisschleim und Honigkugeln eigenhändig bedient und versorgt hatte, setzte er sich beiseite beim Erhabenen nieder, der seine Hände gewaschen und von der Almosenschale zurückgezogen hatte. (4)

Beiseite sitzend sagte der Erhabene dem Brahmanen folgendes: "Zehn Vorteile, Brahmane, hat Reisschleim. Welche zehn? (Wer) Reisschleim gibt, gibt Lebenskraft, gibt Schönheit, gibt Behagen, gibt Kraft, gibt Geisteskraft. Reisschleim getrunken, vertreibt Hunger, beseitigt Durst, reguliert die (Körper)winde, reinigt die Blase, verdaut unverdaute Reste. Das sind die zehn Vorteile des Reisschleims. (5)

Wer rechtzeitig und angemessen Reisschleim gibt,
den gezügelten, die von den von anderen gegebenen Speisen leben,
dem werden zehn Dinge zufallen:
Lebenskraft, Schönheit, Behagen, Kraft,
(auch) entsteht ihm dadurch Geisteskraft,
(er) beseitigt den Hunger und den Durst und den Wind,
reinigt die Blase, verdaut (gut) das Essen.
Diese Medizin wurde vom Vollendeten gelobt.
Daher sollte von einem Menschen, der sich Glück wünscht,
Reisschleim gegeben werden -
von einem Menschen der sich himmlisches Glück wünscht,
der menschlichen Reichtum begehrt. (6)

Dann, nachdem der Erhabene jenen Brahmanen mit diesem Vers erfreut hatte, stand er vom Sitz auf und ging fort. Dann, nachdem der Erhabene in diesem Zusammenhang eine Lehrrede gehalten hatte, sprach er die Mönche an: "Ich erlaube, ihr Mönche, Reisschleim und Honigkugeln." (7) //24//

Es hörten die Menschen: Der Erhabene, so sagt man, erlaubt Reisschleim und Honigkugeln. Sie bereiteten rechtzeitig (vormittags) festeren Reisschleim und Honigkugeln zu. Da die Mönche (schon vorher) von dem festeren Reisschleim und den Honigkugeln gesättigt waren, aßen sie in der Speisehalle nicht soviel wie erwartet. Zu jener Zeit hatte ein gewisser neu Vertrauen gewonnen habender Großminister den Mönchssangha mit dem Erwachten an der Spitze für den nächsten Tag eingeladen. Da kam dem neu Vertrauen gewonnen habenden Großminister folgender Gedanke: Wenn ich nun für die 1250 Mönche 1250 Fleischschüsseln vorbereiten würde, und für jeden einzelnen Mönch eine einzelne Fleischschüssel hinbringen würde? (1)

Da ließ jener neu Vertrauen gewonnen habende Großminister, nachdem die Nacht vergangen war, nachdem (er) vorzügliche feste und weiche Speise hatte zubereiten lassen, und 1250 Fleischschüsseln, dem Erhabenen die Zeit ankündigen: "Zeit ist es, Verehrungswürdiger, das Essen ist bereitet." Dann ist der Erhabene, nachdem er am Morgen aufgestanden war, Robe und Almosenschale genommen hatte, zu dem Anwesen jenes neu Vertrauen gewonnen habenden Großministers gegangen. Dort setzte er sich auf den vorbereiteten Sitz nieder zusammen mit dem Mönchssangha. (2)

Dann hat jener neu Vertrauen gewonnen habende Großminister die Mönche in der Speisehalle bedient. Die Mönche sagten folgendes: "Gib wenig, Bruder, gibt wenig, Bruder." - "Mögt ihr, Verehrungswürdige, nicht so wenig annehmen, (denkend) dies ist ein neu Vertrauen gewonnen habender Großminister. Viel feste und weiche Speise wurde zubereitet und 1250 Fleischschüsseln, für jeden einzelnen Mönch werde ich eine einzelne Fleischschüssel hinbringen. Nehmt soviel an, Verehrungswürdige, wie ich gebe." - "Nicht nehmen wir aus diesem Grunde, Bruder, wenig an, wir wurden sehr früh durch festeren Reisschleim und Honigkugeln gesättigt, darum nehmen wir so wenig an." (3)

Da wurde der neu Vertrauen gewonnen habende Großminister verärgert, unruhig, erregt: Wie können die Ehrwürdigen, von mir eingeladen, festeren Reisschleim von anderen essen, bin ich nicht fähig so viel zu geben, (daß sie satt werden)? Ärgerlich, mißvergnügt, schimpfend ging er um die Almosenschale der Mönche zu füllen (sagend): "Eßt oder nehmt es mit." Dann hat der neu Vertrauen gewonnen habende Großminister, nachdem er den Mönchssangha, mit dem Erwachten an der Spitze, eigenhändig mit vorzüglicher fester und weicher Speise bedient und versorgt hatte, sich seitwärts vom Erhabenen gesetzt, als der gegessen hatte und die Hand von der Almosenschale zurückgezogen hatte. Dann, nachdem der Erhabene den seitwärts sitzenden neu Vertrauen gewonnen habenden Großminister durch ein Lehrgespräch veranlaßt hatte, es zu verstehen, aufzunehmen, davon motiviert zu sein, sich daran zu erfreuen, stand er vom Sitz auf und ging fort. (4)

Dann entstand bei dem neu Vertrauen gewonnen habenden Großminister, kurz nachdem der Erhabene fortgegangen war, Zweifel und Reue: Das ist ein Nachteil für mich, kein Vorteil, schlechtes erhielt ich, nichts gutes; ärgerlich, mißvergnügt, schimpfend ging ich um die Almosenschale der Mönche zu füllen (sagend): "Eßt oder nehmt es mit." Habe ich nun viel Verdienst erzeugt oder Nichtverdienst? Dann kam jener neu Vertrauen gewonnen habende Großminister zum Erhabenen. Dort, nachdem er den Erhabenen verehrt hatte, setzte er sich seitwärts nieder. Seitwärts sitzend sagte jener neu Vertrauen gewonnen habende Großminister dem Erhabenen folgendes: "Kurz nachdem der Erhabene fortgegangen war, kam mir Zweifel und Reue: Das ist ein Nachteil für mich, kein Vorteil, schlechtes erhielt ich, nichts gutes, ärgerlich, mißvergnügt, schimpfend ging ich um die Almosenschale der Mönche zu füllen (sagend): "Eßt oder nehmt es mit." Habe ich nun viel Verdienst erzeugt oder Nichtverdienst?" (5)

"Seitdem du, Bruder, den Mönchssangha, mit dem Buddha an der Spitze, für morgen eingeladen hast, seitdem entstand dir viel Verdienst. Seitdem von einem jeden Mönch eine von deinen Reisportionen angenommen wurden, entstand dir viel Verdienst, der Himmel ist dir sicher." Da dachte jener neu Vertrauen gewonnen habende Großminister: Es heißt Vorteil ist mir, es heißt Gutes erhielt ich, es heißt viel Verdienst habe ich erzeugt, es heißt der Himmel ist mir sicher. Erfreut und begeistert stand er vom Sitz auf. Nachdem er den Erhabenen verehrt hatte, ihn rechts umrundet hatte, ging er fort. (6)

Dann, nachdem der Erhabene in diesem Zusammenhang aus diesem Anlaß den Mönchssangha zusammengerufen hatte, befragte er die Mönche: "Ist es wahr, Mönche, daß Mönche von einem eingeladen, eines anderen festeren Reisschleim gegessen haben?" - "Das ist wahr, Erhabener." Da tadelte der Erwachte, Erhabene: "Wie können jene Mönche, jene törichten Menschen, von einem eingeladen, eines anderen festeren Reisschleim essen? Nicht ist das, um die Unzufriedenen zufrieden zu stellen." Nachdem er getadelt hatte, eine Lehrrede gehalten hatte, sprach er die Mönche an: "Nicht soll man, ihr Mönche, von einem eingeladen, eines anderen festeren Reisschleim essen. Wer so ißt, soll nach dem Gesetz behandelt werden." (7) //25//

Dann, nachdem der Erhabene in Andhakavinda so lange es ihm gefiel, geweilt hatte, brach er zu einer Reise nach Rājagaha auf, mit einem großen Mönchssangha von 1250 Mönchen. Zu jener Zeit war Belattha Kaccāna auf einem langen Weg von Rājagaha nach Andhakavinda mit 500 Karren alle mit Zuckergefäßen gefüllt. Als der Erhabene Belattha Kaccāna aus der Ferne kommen sah, ging er vom Wege ab und setzte sich am Fuße irgendeines Baumes nieder. (1)

Da kam Belattha Kaccāna zum Erhabenen. Dort, nachdem er den Erhabenen verehrt hatte, stand er beiseite. Beiseite stehend sagte Belattha Kaccāna zum Erhabenen folgendes: "Ich wünsche, Verehrungswürdiger, jedem einzelnen Mönch ein Zuckergefäß zu geben." - "Wenn das so ist, Kaccāna hole ein Zuckergefäß." - "So sei es, Verehrungswürdiger."

MV 6

Nachdem Belattha Kaccāna dies dem Erhabenen geantwortet hatte, ein Zuckergefäß genommen hatte, zum Erhabenen gekommen war, sagte er dort dem Erhabenen folgendes: "Geholt ist das Zuckergefäß, wie soll ich mich, Verehrungswürdiger, verhalten?" - "Wenn das so ist, gebe den Mönchen Zucker." (2)

"So sei es, Verehrungswürdiger." Nachdem Belattha Kaccāna dem Erhabenen das geantwortet hatte, den Mönchen Zucker gegeben hatte, sagte er dem Erhabenen folgendes: "Gegeben, Verehrungswürdiger, habe ich den Mönchen Zucker, viel Zucker habe ich übrigbehalten. Wie soll ich mich jetzt, Verehrungswürdiger, verhalten?." - "Wenn das so ist, Kaccāna, gebe den Mönchen so viel Zucker, wie sie wollen." - "So sei es, Verehrungswürdiger." Nachdem Belattha Kaccāna dem Erhabenen das geantwortet hatte, den Mönchen soviel Zucker gegeben hatte, wie sie wollen, sagte er dem Erhabenen folgendes: "Gegeben, Verehrungswürdiger, habe ich den Mönchen soviel Zucker, wie sie wollen, viel Zucker habe ich übrigbehalten. Wie soll ich mich jetzt, Verehrungswürdiger, verhalten?" - "Wenn das so ist, Kaccāna, versorge die Mönche mit Zucker." - "So sei es, Verehrungswürdiger." Nachdem Belattha Kaccāna dem Erhabenen das geantwortet hatte, versorgte er die Mönche mit Zucker. Einige Mönche hatten die Almosenschale gefüllt, das Sieb gefüllt, den Beutel gefüllt. (3)

Nachdem Belattha Kaccāna die Mönche mit Zucker versorgt hatte, sagte er dem Erhabenen folgendes: "Versorgt, Verehrungswürdiger, sind die Mönche mit Zucker, viel Zucker ist übriggeblieben, wie soll ich mich, Verehrungswürdiger verhalten?" - "Wenn das so ist, Kaccāna, gebe den Essensresteessern Zucker." - "So sei es, Verehrungswürdiger." Nachdem Belattha Kaccāna dem Erhabenen das geantwortet hatte, den Essensresteessern Zucker gegeben hatte, sagte er dem Erhabenen folgendes: "Gegeben, Verehrungswürdiger, habe ich den Essensresteessern Zucker, viel Zucker habe ich übrigbehalten. Wie soll ich mich jetzt, Verehrungswürdiger, verhalten?." - "Wenn das so ist, Kaccāna, gebe den Essensresteessern so viel Zucker wie sie wollen." (4)

"So sei es, Verehrungswürdiger." Nachdem Belattha Kaccāna dem Erhabenen das geantwortet hatte, den Essensresteessern soviel Zucker gegeben hatte, wie sie wollen, sagte er dem Erhabenen folgendes: "Gegeben, Verehrungswürdiger, habe ich den Essensresteessern soviel Zucker, wie sie wollen, viel Zucker habe ich übrigbehalten. Wie soll ich mich jetzt, Verehrungswürdiger, verhalten?" - "Wenn das so ist, Kaccāna, versorge die Essensresteesser mit Zucker." - "So sei es, Verehrungswürdiger." Nachdem Belattha Kaccāna dem Erhabenen das geantwortet hatte, versorgte er die Essensresteesser mit Zucker. Einige Essensresteesser hatte die Töpfe und Behälter gefüllt, Körbe und Kleider (Taschen) gefüllt. (5)

Nachdem Belattha Kaccāna die Essensresteesser mit Zucker versorgt hatte, sagte er dem Erhabenen folgendes: "Versorgt, Verehrungswürdiger, sind die Essensresteesser mit Zucker, viel Zucker ist übriggeblieben, wie soll ich mich, Verehrungswürdiger verhalten?" - "Nicht sehe ich einen, Kaccāna, in der Welt mit ihren Göttern, Māras, Brahmas, Asketen und Brahmanen, Menschheit und Gottheit, der diesen Zucker genossen, ihn recht verdauen könnte, mit Ausnahme des Vollendeten oder einem Schüler des Vollendeten. Wenn das so ist, Kaccāna, wirf den Zucker fort, wo nichts Grünes ist, oder schütte ihn in Wasser, wo keine Lebewesen sind." - "So sei es, Verehrungswürdiger." Nachdem Belattha Kaccāna dies geantwortet hatte, schüttete er den Zucker in Wasser, wo keine Lebewesen waren. (6).

Dann, als der Zucker in das Wasser geworfen wurde, entstand ein Zischen und ein Brodeln mit Qualm und Dampf. Genauso wie, wenn eine Pflugschar am Tage erhitzt in Wasser geworfen wird es zischt, brodelt, qualmt und dampft, genauso entstand, als der Zucker in das Wasser geworfen wurde, ein Zischen und ein Brodeln mit Qualm und Dampf. Da war Belattha Kaccāna stark bewegt, ihm sträubten sich die Haare und er kam zum Erhabenen. Dort, nachdem er den Erhabenen verehrt hatte, setzte er sich seitwärts nieder. (7)

Dem beiseite sitzenden Belattha Kaccāna gab der Erhabene eine einführende Rede in folgender Weise: Er sprach über das Geben, die Sittlichkeit, den Himmel, das Elend, die Nichtigkeit und die Verderbtheit der Sinnesgenüsse, die Vorteile des Verzichtes. Als der Erhabene wußte, daß Belattha Kaccāna in der Gemütsverfassung zugänglich, sanft, unvoreingenommen, froh, hell war, da hat er dies verkündigt, nämlich die zusammengefaßte Lehre der Buddhas, nämlich vom Leid, seiner Entstehung, seiner Überwindung, den Weg dazu. Genauso, wie ein sauberer, fleckenloser Stoff gut Farbe annehmen würde, so ging Belattha Kaccāna dort auf dem Sitz das reine klare Auge der Wahrheit auf: Wenn irgendwas als seine Eigenschaft das Entstehen hat, alles das hat als eine Eigenschaft das Vergehen. (8)

Dann sagte Belattha Kaccāna, nachdem er die Wahrheit gesehen, die Wahrheit erlangt, die Wahrheit verstanden, die Wahrheit durchdrungen, den Zweifel überwunden, die Ungewißheit beseitigt, die vollkommene Zuversicht aus eigener Kraft in der Lehre erlangt hatte, folgendes: "Sehr sehr gut, Verehrungswürdiger, wie wenn (man) etwas Umgedrehtes richtig hinstellen würde oder etwas Verdecktes aufdecken würde oder einem Verirrten den Weg zeigen würde oder wie wenn man in der Dunkelheit eine Öllampe hinhalten würde, damit, wer Augen hat, die Gestalten sieht, genauso hat der Erhabene auf verschiedene Weise die Lehre verkündet. Ich, Erhabener, nehme meine Zuflucht zum Erhabenen, zur Lehre als auch zum Mönchssangha, der Erhabene möge mich als Laienanhänger annehmen, der von heute an für das ganze Leben seine Zuflucht genommen hat." (9) //26//

Dann kam der Erhabene allmählich reisend in Rājagaha an. Da hat der Erhabene in Rājagaha im Bambushain Kalandakanivāpa verweilt. Zu jener Zeit gab es in Rājagaha Zucker im Überfluß. Die Mönche (dachten), der Erhabene hat Zucker (nur) den Kranken erlaubt, nicht den Nichtkranken. Zweifelnd aßen sie keinen Zucker. Dem Erhabenen erzählten sie diesen Sachverhalt. "Ich erlaube, ihr Mönche, dem Kranken Zucker, dem Nichtkranken Zuckerwasser." (1) //27//

Dann, nachdem der Erhabene in Rājagaha, so lange es ihm gefiel, geweilt hatte, brach er zu einer Reise nach Pāṭaligāma auf, mit einem Mönchssangha von 1250 Mönchen. Dann kam der Erhabene nach und nach wandernd in Pāṭaligāma an. Es hörten die Laienanhänger in Pāṭaligāma: der Erhabene, so sagt man, ist in Pāṭaligāma angekommen. Dann kamen die Laienanhänger aus Pāṭaligāma zum Erhabenen. Dort, nachdem sie den Erhabenen verehrt hatten, setzten sie sich beiseite nieder. Beiseite sitzend hat der Erhabene die Laienanhänger aus Pāṭaligāma durch eine Lehrrede veranlaßt zu verstehen, es aufzunehmen, davon motiviert zu sein, sich daran zu erfreuen. (1)

Nachdem die Laien aus Pāṭaligāma die Lehrreden des Erhabenen verstanden hatten, aufgenommen hatten, davon motiviert waren, sich daran erfreut hatten, sagten sie dem Erhabenen folgendes: "Annehmen möge der Verehrungswürdige, Erhabene, eine (Einladung zur) Herberge zusammen mit dem Mönchssangha." Durch Schweigen nahm der Erhabene an. Nachdem die Laien aus Pāṭaligāma wußten, daß der Erhabene angenommen hatte, vom Sitz aufgestanden waren, verehrten sie den Erhabenen, umrundeten ihn rechts und gingen zur Herberge. Nachdem sie eine alles bedeckende, in der Herberge ausgerollte Fußbodenmatte ausgebreitet hatten, die Sitze vorbereitet hatten, Wassergefäße bereitgestellt hatten, die Öllampen (oben) hingestellt hatten, kamen sie zum Erhabenen (zurück). Dort, nachdem sie den Erhabenen verehrt hatten, standen sie beiseite. (2)

Beiseite stehend sagten die Laienanhänger aus Pāṭaligāma dem Erhabenen folgendes: "Die Herberge ist vollständig mit einer Fußbodenmatte ausgelegt, die Sitze sind vorbereitet, Wassergefäße bereitgestellt und die Öllampen hingestellt. Wenn es dem verehrungswürdigen Erhabenen recht ist, möge (er) tun, was er meint. Nachdem der Erhabene sich am Morgen angezogen hatte, Robe und Almosenschale genommen hatte, ging er mit dem Mönchssangha zur Herberge. Dort, nachdem er die Füße gewaschen hatte, trat er in die Herberge ein, setzte sich in östliche Richtung sehend, den Mittelpfeiler im Rücken. Die Mönche setzten sich, nachdem sie die Füße gewaschen hatten, in die Herberge eingetreten waren, die westliche Wand im Rücken mit dem Gesicht nach Osten, den Erhabenen vor sich habend. Die Laienanhänger aus Pāṭaligāma setzten sich, nachdem sie die Füße gewaschen hatten, in die Herberge eingetreten waren, mit der östlichen Wand im Rücken, in westliche Richtung blickend, den Erhabenen vor sich habend. (3)

Dann hat der Erhabene die Laienanhänger aus Pāṭaligāma angesprochen: "Fünf Nachteile gibt es, ihr Hausleute, für einen Unsittlichen wegen (seiner) Sittenlosigkeit. Welche fünf? In diesem Fall, ihr Hausleute, hat der Unsittliche, der Sittenlose, aus Trägheit einen großen Verlust an Reichtum zu erfahren. Das ist der erste Nachteil für einen Unsittlichen wegen (seiner) Sittenlosigkeit. Ferner hat der Unsittliche, der Sittenlose einen schlechten Ruf, der ihm vorauseilt. Das ist der zweite Nachteil für einen Unsittlichen wegen (seiner) Sittenlosigkeit. Ferner ist der Unsittliche, der Sittenlose, wenn er bei einer Versammlung ankommt, bei einer Gruppe von Kriegern, Brahmanen, Hausherren, Asketen, verzagt, verschämt. Das ist der dritte Nachteil für einen Unsittlichen wegen (seiner) Sittenlosigkeit. Ferner wird der Unsittliche, der Sittenlose verblendet sterben. Das ist der vierte Nachteil für einen Unsittlichen wegen (seiner) Sittenlosigkeit. Ferner wird der Unsittliche, der Sittenlose, wenn der Körper zerfällt, nach dem Tode, wieder in der Hölle erstehen, in schlechter Existenz, in Abgründen, in der Nirayahölle. Das ist der fünfte Nachteil. Das, Hausherrn, sind die fünf Nachteile für einen Unsittlichen wegen (seiner) Sittenlosigkeit. (4)

Fünf Vorteile, ihr Hausleute, gibt es für einen Sittlichen, wegen Erlangung der Sittlichkeit. Welche fünf? In diesem Fall, ihr Hausleute, hat der Sittliche, der mit Sittlichkeit Versehene mit Eifer eine große Menge Reichtum erlangt. Das ist der erste Vorteil. Ferner eilt dem Sittlichen, dem mit Sittlichkeit Versehenen ein guter Ruf voraus. Das ist der zweite Vorteil. Ferner, wenn der Sittliche, der mit Sittlichkeit Versehene bei einer Versammlung ankommt, bei einer Gruppe von Kriegern, von Brahmanen, Hausherren, Asketen, ist er unverzagt, sicher. Das ist der dritte Vorteil. Ferner, wird der Sittliche, der mit Sittlichkeit Versehene unverblendet sterben. Das ist der vierte Vorteil. Ferner ersteht der Sittliche, mit Sittlichkeit Versehene, wenn der Körper zerfällt, nach dem Tode in guter Existenz, in himmlischer Welt. Das ist der fünfte Vorteil. Das, ihr Hausleute, sind die fünf Vorteile für einen Sittlichen, wegen Erlangung der Sittlichkeit." (5)

Dann hat der Erhabene die Laienanhänger aus Pāṭaligāma die meiste Zeit der Nacht durch ein Lehrgespräch veranlaßt, es zu verstehen, aufzunehmen, sich daran zu erfreuen, davon motiviert zu sein, (und sie dann) entlassen: "Fortgeschritten, ihr Hausleute, ist die Nacht, was ihr denkt, das jetzt die rechte Zeit ist zu tun, das tut." - "So sei es, Verehrungswürdiger." Nachdem die Laienanhänger aus Pāṭaligāma das dem Erhabenen geantwortet hatten, vom Sitz aufgestanden waren, den Erhabenen verehrt hatten, ihr rechts umrundet hatten, gingen sie fort. (6)

Dann hat sich der Erhabene, nicht lange nachdem die Laienanhänger aus Pāṭaligāma fortgegangen waren, in die Abgeschiedenheit zurückgezogen. Zu jener Zeit ließen die Großminister von Magadha, Sunidha und Vassakāra, um Pāṭaligāma eine Festungsanlage erbauen, um die Vajjī abzuwehren. Dann sah der Erhabene, nachdem er in der Nacht kurz vor Sonnenaufgang aufgestanden war, mit dem himmlischen Auge, dem reinen, übermenschlichen, viele Götter an den Stätten in Pāṭaligāma sich niederlassen. Zu dem Platz, wo sich die mächtigen Götter ihre Stätte nahmen, dorthin neigte sich der Geist der mächtigen Könige und Königsminister, ein Anwesen zu bauen. Zu dem Platz, wo sich die mittleren Götter ihre Stätte nahmen, dorthin neigte sich der Geist der mittleren Könige und Königsminister, ein Anwesen zu bauen. Zu dem Platz, wo sich die geringen Götter ihre Stätte nahmen, dorthin neigte sich der Geist der geringen Könige und Königsminister, ein Anwesen zu bauen. (7)

Dann sprach der Erhabene den ehrwürdigen Ānanda an: "Wer sind jene, die um die Stadt Pāṭaligāma eine Festungsanlage erbauen lassen?" - "Sunidha und Vassakāra, die Großminister von Magadha lassen um Pāṭaligāma eine Festung bauen." - "Als hätten sie sich, Ānanda, mit den Tāvatiṃsagöttern zusammen besprochen, so lassen auch die Großminister von Magadha, Sunidha und Vassakāra die Festung um Pāṭaligāma bauen, um die Vajjī abzuwehren. Mit Bezug darauf, Ānanda, sah ich in der Nacht, als ich kurz vor Sonnenaufgang aufgestanden war, mit dem himmlischen Auge, dem reinen, übermenschlichen, viele Götter an den Stätten in Pāṭaligāma sich niederlassen. Zu dem Platz, wo die mächtigen Götter ihre Stätte nahmen, dorthin neigte sich der Geist der mächtigen Könige und Königsminister, ein Anwesen zu bauen. Zu dem Platz, wo die mittleren Götter ihre Stätte nahmen, dorthin neigte sich der Geist der mittleren Könige und Königsminister, ein Anwesen zu bauen. Zu dem Platz, wo die geringen Götter ihre Stätte nahmen, dorthin neigte sich der Geist der geringen Könige und Königsminister, ein Anwesen zu bauen. Soweit der edle Bereich geht, soweit die Handelsstraßen reichen, diese wird die Hauptstadt werden, Pāṭaligāma, wo gehandelt wird. Für Pāṭaligāma, Ānanda, gibt es drei Gefahren: Feuer, Wasser und Spaltung." (8)

Dann kamen die Großminister von Magadha, Sunidha und Vassakāra, zum Erhabenen. Dort tauschten sie mit dem Erhabenen freundliche Worte aus. Nachdem sie Grüße und höfliche Worte ausgetauscht hatten, standen sie beiseite. Beiseite stehend sagten Sunidha und Vassakāra, die Großminister von Magadha, dem Erhabenen folgendes: "Annehmen möge der Herr Gotama das Essen für heute, zusammen mit dem Mönchssangha." Durch Schweigen nahm der Erhabene an. Als Sunidha und Vassakāra, die Großminister von Magadha wußten, daß der Erhabene angenommen hatte, gingen sie fort. (9)

Dann, nachdem Sunidha und Vassakāra, die Großminister von Magadha, feste und weiche Speise vorbereitet lassen hatten, ließen sie dem Erhabenen die Zeit ankündigen: "Zeit ist es, Freund Gotama, das Essen ist bereitet." Nachdem der Erhabene sich am Morgen angezogen hatte, Robe und Almosenschale genommen hatte, ging er zum Anwesen von Sunidha und Vassakāra, den Großministern von Magadha. Dort setzte er sich auf den vorbereiteten Sitz zusammen mit dem Mönchssangha. Nachdem Sunidha und Vassakāra, die Großminister von Magadha, eigenhändig den Mönchssangha mit dem Erwachten an der Spitze, versorgt hatten, zufriedengestellt hatten, der Erhabene gegessen hatte und die Hand von der Almosenschale zurückgezogen hatte, setzten sie sich beiseite nieder. Die beiseite sitzenden Sunidha und Vassakāra, die Großminister von Magadha, sprach der Erhabene mit diesem Vers an: (10)

"In welchem Land der Weise wohnt,
der gibt Speise dort den Sittsamen,
die gezügelt sind im Reinheitswandel.

Den Gottheiten, die dort sind,
möge er auch Spende geben,
die so Geehrten ehren ihn,
die so Geachteten achten ihn.

Dann sorgen sie für ihn,
wie eine Mutter für den eignen Sohn.
Für den die Götter derart sorgten,

(dem) wird immer (nur) das Gute widerfahren.

Nachdem der Erhabene Sunidha und Vassakāra, die Großminister von Magadha, mit diesen Versen erfreut hatte, stand er auf und ging fort. (11)

Zu jener Zeit sind Sunidha und Vassakāra, die Großminister von Magadha, dem Erhabenen dichtauf gefolgt: Durch welches Tor der Asket Gotama hinausgehen wird, jenes Tor wird Gotamator heißen. Die Furt, wo (er) den Ganges überquert, wird den Namen Gotamafurt erhalten. Dann hat jenes Tor, durch das der Erhabene hinausging, den Namen Gotamator erhalten. Dann kam der Erhabene zum Ganges. Zu jener Zeit reichte das Wasser des Ganges bis zum Uferrand, Krähen konnten daraus trinken. Einige Menschen suchten ein Schiff, suchten ein Boot, einige bauten ein Floß, sie wünschten von diesem zum anderen Ufer zu gelangen. (12)

Da sah der Erhabene: Einige Menschen suchten ein Schiff, suchten ein Boot, einige bauten ein Floß, sie wünschten von diesem zum anderen Ufer zu gelangen. Dies gesehen, genauso wie ein kräftiger Mann den gebeugten Arm streckt oder den gestreckten Arm beugt, so verschwand er von diesem Ufer des Ganges und erschien am anderen zusammen mit dem Mönchssangha. Nachdem der Erhabene diesen Sachverhalt erkannte, zu dieser Zeit sprach er diesen Spruch:

"Einige überqueren das Wasser, den Strom mit einer Brücke,
(einige) überspannen den Sumpf.
Die Leute bauen ein Floß, die Weisen haben überquert." (13) //28//

Dann kam der Erhabene nach Kotigāma. Dort weilte der Erhabene in Kotigāma. Dort sprach der Erhabene die Mönche an: "Aufgrund des Nichtverstehens, Nichtdurchdringens der vier edlen Wahrheiten, ihr Mönche, ist diese lange Zeit von mir und von euch durcheilt, der Samsāra durchlaufen worden. Welche vier? Aufgrund des Nichtverstehens, Nichtdurchdringens der edlen Wahrheit vom Leiden, ihr Mönche, ist diese lange Zeit von mir und von euch durcheilt, der Samsāra durchlaufen worden. Aufgrund des Nichtverstehens, Nichtdurchdringens der edlen Wahrheit von der Leidensentstehung, von der Leidensvernichtung, dem zur Leidensvernichtung führenden Pfad, ihr Mönche, ist diese lange Zeit von mir und von euch durcheilt, der Samsāra durchlaufen worden. (1)

Deshalb, ihr Mönch, wenn diese edle Wahrheit vom Leiden verstanden und durchdrungen ist, von der Leidensentstehung, von der Leidensvernichtung, vom zur Leidensvernichtung führenden Pfad verstanden und durchdrungen ist, abgeschnitten ist der Werdedurst, vernichtet was zum Werden führt, nicht gibt es ein weiteres Werden. Aufgrund des Nichtsehens der vier edlen Wahrheiten und der Wirklichkeit durcheilen sie lange Zeit den Samsāra in dieser und jener Geburt. Wenn diese gesehen worden sind, was zum Werden führt, aufgehoben ist, die Wurzel des Leidens abgeschnitten ist, nicht gibt es (dann) ein weiteres Werden." (2) //29//

Es hörte die Kurtisane Ambapāli: Der Erhabene, so sagt man, ist in Kotigāma angekommen. Dann ließ die Kurtisane Ambapāli sehr schöne Wagen bereitstellen. Nachdem sie in einen schönen Wagen gestiegen war, fuhr sie mit den sehr schönen Wagen aus Vesāli heraus, um den Erhabenen zu sehen. Soweit der Boden für einen Wagen befahrbar war, (fuhr sie), wieder vom Wagen herabgestiegen, ging sie zu Fuß zum Erhabenen. Dort verehrte sie den Erhabenen und setzte sich beiseite nieder. (1)

Beiseite sitzend hat der Erhabene die Kurtisane Ambapāli durch eine Lehrgespräch veranlaßt, es zu verstehen, es aufzunehmen, davon motiviert zu sein, sich daran zu erfreuen. Nachdem die Kurtisane Ambapāli durch ein Lehrgespräch verstanden hatte, es aufgenommen hatte, davon motiviert war, sich daran erfreut hatte, sagte sie dem Erhabenen folgendes: "Annehmen möge der Verehrungswürdige, Erhabene morgen das Essen zusammen mit dem Mönchssangha." Durch Schweigen nahm der Erhabene an. Nachdem die Kurtisane Ambapāli wußte, daß der Erhabene angenommen hatte, stand sie vom Sitz auf, verehrte den Erhabenen, umrundete ihn rechts und ging fort. (2)

Es hörten die Licchavi in Vesāli: der Erhabene, so sagt man, ist in Kotigāma angekommen. Dann ließen die Licchavi von Vesāli sehr schöne Wagen bereitstellen. Nachdem sie in einen schönen Wagen gestiegen waren, fuhren sie mit dem sehr schönen Wagen aus Vesāli heraus, um den Erhabenen zu sehen. Einige Licchavi waren blau, von blauer Farbe, blau bekleidet, blau geschmückt. Einige Licchavi waren, gelb, rot, weiß, von gelber, roter, weißer Farbe, gelb, rot, weiß bekleidet, gelb, rot, weiß geschmückt. Da stießen die sehr jungen Licchavis mit der Kurtisane Ambapāli zusammen, Deichsel an Deichsel, Joch an Joch, Rad an Rad, Nabe an Nabe. (3)

Dann sagten jene Licchavis der Kurtisane Ambapāli folgendes: "Warum, Ambapāli, stießest du zusammen mit den vielen jungen Licchavis, Deichsel an Deichsel, Joch an Joch, Rad an Rad, Nabe an Nabe?" - "Von mir, meine Herren, wurde nämlich für morgen der Mönchssangha eingeladen, mit dem Erwachten an der Spitze." - "Gib uns, Ambapāli, diese (Einladung zum) Essen für 100.000." - "Wenn ihr mir, meine Herren, das gesamte Vesāli geben würdet, mitsamt seinen Produkten, nicht würde ich diese (Einladung zum) Essen geben." Dann schnippten die Licchavis mit den Fingern: besiegt sind wir von diesem Fräulein, völlig besiegt von diesem Fräulein. (4)

Dann kamen jene Licchavi zum Erhabenen. Da sah der Erhabene jene Licchavi aus der Entfernung kommen. Dies sehend sprach er die Mönche an: "Wer, ihr Mönche, noch nicht die Tāvatimsa Götter gesehen hat, schaut ihr Mönche, auf die Gruppe Licchavi, schaut nochmals auf die Gruppe Licchavi, vergleicht, ihr Mönche, die Licchavigruppe mit den Tāvatimsagöttern." Soweit der Boden für einen Wagen befahrbar war, (fuhren sie). Wieder von dem Wagen herabgestiegen, gingen sie zu Fuß zum Erhabenen. Dort verehrten sie den Erhabenen und setzten sich beiseite nieder. Beiseite sitzend hat der Erhabene die Licchavi durch ein Lehrgespräch veranlaßt, es zu verstehen, es aufzunehmen, davon motiviert zu sein, sich daran zu erfreuen. Nachdem die Licchavi durch ein Lehrgespräch verstanden hatten, es aufgenommen hatten, davon motiviert waren, sich daran erfreut hatten, sagten sie dem Erhabenen folgendes: "Annehmen möge der Verehrungswürdige, Erhabene morgen das Essen zusammen mit dem Mönchssangha." - "Angenommen habe ich, ihr Licchavi, für morgen das Essen bei der Kurtisane Ambapāli." Da schnippten die Licchavis mit den Fingern: besiegt sind wir von diesem Fräulein, völlig besiegt von diesem Fräulein. Dann, nachdem die Licchavi durch die Rede des Erhabenen erfreut waren, befriedigt waren, standen sie von den Sitzen auf, verehrten den Erhabenen, umrundeten ihn rechts und gingen fort. (5)

Nachdem der Erhabene in Kotigāma so lange es ihm gefiel, geweilt hatte, brach er nach Nātikā auf. Dort verweilte er in Nātikā im Ziegelhaus. Dann hat die Kurtisane Ambapāli, nachdem jene Nacht vergangen war, nachdem sie in ihrem eigenen Park feste und weiche Speisen vorbereiten ließ, dem Erhabenen die Zeit ankündigen lassen: Zeit ist es, Verehrungswürdiger, das Essen ist bereit. Nachdem der Erhabene sich am Morgen angezogen hatte, Robe und Almosenschale genommen hatte, ging er zum Anwesen von Ambapāli. Dort setzte er sich auf den vorbereiteten Sitz zusammen mit dem Mönchssangha. Nachdem Ambapāli eigenhändig den Mönchssangha mit dem Erwachten an der Spitze versorgt hatte, zufriedengestellt hatte, der Erhabene gegessen hatte und die Hand von der Almosenschale zurückgezogen hatte, setzte sie sich beiseite nieder. Die beiseite sitzende Kurtisane Ambapāli sagte dem Erhabenen folgendes: "Ich, Verehrungswürdiger, gebe den Ambapālihain dem Mönchssangha mit dem Erwachten an der Spitze." Der Erhabene nahm den Hain an. Dann hat der Erhabene die Kurtisane Ambapāli durch ein Lehrgespräch veranlaßt zu verstehen, aufzunehmen, davon motiviert zu sein, sich daran zu erfreuen, stand vom Sitz auf und ging zum großen Wald. Dort weilte der Erhabene in Vesāli in der Kutāgārahalle im großen Hain. (6) //30//

Das Licchavi-Kapitel ist beendet

Zu jener Zeit saßen wohlbekannte Licchavi in der Versammlungshalle zusammen, versammelten sich. In verschiedener Weise lobten sie den Erwachten, lobten sie die Lehre, lobten sie den Sangha. Zu jener Zeit hat der Heerführer Siha, ein Anhänger der Niganthas[9] mit dieser Gruppe zusammengesessen. Da kam dem Heerführer Siha folgender Gedanke: Zweifellos ist dieses ein Erhabener, Heiliger, vollkommen Erwachter. Aus diesem Grund nämlich haben sich wohlbekannte Licchavi in der Versammlungshalle zusammengesetzt, versammelten sich. In verschiedener Weise lobten sie den Erwachten, lobten sie die Lehre, lobten sie den Sangha. So laß mich nun zum Erhabenen hingehen, um den Heiligen, vollkommen Erwachten zu sehen. (1)

Da ging der Heerführer Siha zum Nigantha Nātaputto und sagte folgendes: "Ich wünsche, Verehrungswürdiger, zum Asketen Gotama zu gehen, um ihn zu sehen." - "Du, Siha, bist Anhänger der Lehre von der Tat, (warum) willst du hingehen zum Asketen Gotama, der die Nichttat lehrt, um ihn zu sehen? Der Asket Gotama nämlich, Siha, der Nichttatlehrer, verkündet die Lehre von der Nichttat, darin übt er seine Hörer ein." Da ließ bei dem Heerführer Siha der Wille zu gehen, um den Erhabenen zu sehen, nach. (2)

Zum zweiten Male saßen wohlbekannte Licchavi in der Versammlungshalle zusammen, versammelten sich .....
[Wiederholung von (1) und (2)]

Zu jener Zeit saßen wohlbekannte Licchavi in der Versammlungshalle zusammen, versammelten sich. In verschiedener Weise lobten sie den Erwachten, lobten sie die Lehre, lobten sie den Sangha. Zu jener Zeit hat der Heerführer Siha, ein

---

[9] Jainas

Anhänger der Niganthas mit dieser Gruppe zusammengesessen. Da kam dem Heerführer Siha folgender Gedanke: Zweifellos ist dieses ein Erhabener, Heiliger, vollkommen Erwachter. Aus diesem Grund nämlich haben sich wohlbekannte Licchavi in der Versammlungshalle zusammengesetzt, versammelten sich. In verschiedener Weise lobten sie den Erwachten, lobten sie die Lehre, lobten sie den Sangha. Was tun mir die Niganthas, gefragt oder ungefragt. So laß mich nun, ohne die Niganthas gefragt zu haben, hingehen, um den Erhabenen zu sehen, den Heiligen vollkommen Erwachten. (3)

Dann ist der Heerführer Siha am Mittag mit 500 Wagen von Vesāli weggefahren, um den Erhabenen zu sehen. Soweit der Boden für einen Wagen befahrbar ist, (fuhr er). Wieder vom Wagen herabgestiegen, ging er zu Fuß zum Erhabenen. Dort verehrte er den Erhabenen und setzte sich beiseite nieder. Beiseite sitzend sagte der Heerführer Siha dem Erhabenen folgendes: "Ich hörte folgendes, Verehrungswürdiger: Der Asket Gotama nämlich, der Nichttatlehrer, verkündet die Lehre von der Nichttat, darin übt er seine Hörer ein. Diejenigen, Verehrungswürdiger, die dieses sagen: Der Asket Gotama nämlich, der Nichttatlehrer, verkündet die Lehre von der Nichttat, darin übt er seine Hörer ein, sagen jene, Verehrungswürdiger, was der Erhabene sagte, werfen sie nicht dem Erhabenen mit einer falschen Wiedergabe etwas vor? Erklären sie die Lehre gemäß der Lehre? Daß auch nicht einer, der derselben Lehre angehört, ein Darleger der Lehre, zu einem tadelnswerten Punkt kommt. Wir wollen, Verehrungswürdiger, dem Erhabenen nichts falsches vorwerfen." (4)

"Es gibt, Siha, eine Möglichkeit, daß von mir jemand mit Recht sagen würde: Der Asket Gotama lehrt die Lehre von der Nichttat, verkündet die Lehre von der Nichttat, darin übt er seine Hörer ein. Es gibt, Siha, eine Möglichkeit, daß von mir jemand mit Recht sagen würde: Der Asket Gotama lehrt die Lehre von der Tat, verkündet die Lehre von der Tat, darin übt er seine Hörer ein. Es gibt, Siha, eine Möglichkeit, daß von mir jemand mit Recht sagen würde: Der Asket Gotama lehrt die Lehre von der Vernichtung, verkündet die Lehre von der Vernichtung, darin übt er seine Hörer ein. Es gibt, Siha, eine Möglichkeit, daß von mir jemand mit Recht sagen würde: Ein Verabscheuender ist der Asket Gotama, er verkündet die Lehre vom Verabscheuen, darin übt er seine Hörer ein. Es gibt, Siha, eine Möglichkeit, daß von mir jemand mit Recht sagen würde: Ein Beseitiger ist der Asket Gotama, er verkündet die Lehre von der Beseitigung, darin über er seine Hörer ein. Es gibt, Siha, eine Möglichkeit, daß von mir jemand mit Recht sagen würde: Ein Verbrenner ist der Asket Gotama, er verkündet die Lehre vom Verbrennen, darin übt er seine Hörer ein. Es gibt, Siha, eine Möglichkeit, daß von mir jemand mit Recht sagen würde: Ein nicht mehr Werdender ist der Asket Gotama, er verkündet die Lehre vom nicht mehr werden, darin übt er seine Hörer ein. Es gibt, Siha, eine Möglichkeit, daß von mir jemand mit Recht sagen würde: Ein Zuversichtlicher ist der Asket Gotama, er verkündet die Lehre von der Zuversicht, darin übt er seine Hörer ein. (5)

Worin besteht die Möglichkeit, Siha, daß von mir jemand mit Recht sagen würde: Die Lehre von der Nichttat lehrt der Asket Gotama, die Lehre von der Nichttat verkündet er, darin übt er seine Hörer ein? Ich nämlich, Siha, verkünde das Nichttun; das Nichttun von verschiedenartigen schlechten, unheilsamen Dingen, von schlechten Taten des Körpers, schlechten Taten der Sprache, schlechten Taten in Gedanken. Dies ist die Möglichkeit, Siha, daß von mir jemand mit Recht sagen würde: Die Lehre von der Nichttat verkündet der Asket Gotama, die Lehre von der Nichttat verkündet er, darin übt er seine Hörer ein. Worin besteht die Möglichkeit, Siha, daß von mir jemand mit Recht sagen würde: Die Lehre von der Tat verkündet der Asket Gotama ... Ich nämlich, Siha, verkünde das Tun; das Tun von verschiedenartigen guten, heilsamen Dingen, von guten Taten des Körpers, guten Taten der Sprache, guten Taten in Gedanken. Dies ist die Möglichkeit, Siha, daß von mir jemand mit Recht sagen würde: Die Lehre von der Tat verkündet der Asket Gotama .... (6)

Worin besteht die Möglichkeit, Siha, daß von mir jemand mit Recht sagen würde: Die Lehre von der Vernichtung .... Ich nämlich, Siha, verkünde die Vernichtung; die Vernichtung von verschiedenartigen schlechten unheilsamen Dingen, von Gier, von Haß, von Verblendung. Dies ist die Möglichkeit .... Worin besteht die Möglichkeit, Siha, daß von mir jemand mit Recht sagen würde: Ein Verabscheuender ... Ich nämlich, Siha, bin ein Verabscheuender; ich verkünde das Verabscheuen von verschiedenartigen schlechten, unheilsamen Dingen, von schlechten Taten des Körpers, schlechten Taten der Sprache, schlechten Taten in Gedanken. Dies ist die Möglichkeit ..... (7)

Worin besteht die Möglichkeit, Siha, daß von mir jemand mit Recht sagen würde: Ein Beseitiger ist der Asket Gotama ... Ich nämlich, Siha, bin ein Beseitiger; ich verkünde das Beseitigen von verschiedenartigen schlechten, unheilsamen Dingen, von Gier, von Haß, von Verblendung. Dies ist die Möglichkeit, Siha .... Worin besteht die Möglichkeit, Siha, daß von mir jemand mit Recht sagen würde: Ein Verbrenner ist der Asket Gotama ... Ich nämlich, Siha, bin ein Verbrenner; ich verkünde das Verbrennen von verschiedenartigen schlechten, unheilsamen Dingen, von schlechten Taten des Körpers, schlechten Taten der Sprache, schlechten Taten in Gedanken. Dies ist die Möglichkeit, Siha ... Wer,

Siha, die zu verbrennenden, schlechten unheilsamen Dinge beseitigt hat, an der Wurzel abgeschnitten hat, wie bei einer Palme (die Krone abgeschlagen) hat, das Werden vernichtet hat, dem wird in Zukunft nichts (mehr) entstehen, den nenne ich einen Verbrenner. Der Vollendete, Siha, hat die zu verbrennenden, schlechten, unheilsamen Dinge beseitigt, an der Wurzel abgeschnitten, wie bei einer Palme (die Krone abgeschlagen), das Werden vernichtet, dem wird in Zukunft nichts (mehr) entstehen. Dies ist die Möglichkeit, Siha, daß von mir jemand mit Recht sagen würde: Ein Verbrenner ist der Asket Gotama, er übt seinen Hörern das wahre Asketentum ein. (8)

Worin besteht die Möglichkeit, Siha, daß von mir jemand mit Recht sagen würde: Ein nicht mehr wiedergeboren Werdender ist der Asket Gotama .... Wer, Siha, beseitigte, in Zukunft in den Mutterschoß einzutreten, wiedergeboren zu werden zu neuer Existenz, die zu verbrennenden, schlechten unheilsamen Dinge beseitigte, an der Wurzel abgeschnitten hat, wie bei einer Palme (die Krone abgeschlagen), das Werden vernichtet, den nenne ich einen nicht mehr wiedergeboren Werdenden. Der Vollendete, Siha, beseitigte, in Zukunft in den Mutterschoß einzutreten, wiedergeboren zu werden zu neuer Existenz, (beseitigte) die zu verbrennenden, schlechten unheilsamen Dinge, hat sie an der Wurzel abgeschnitten, wie bei einer Palme (die Krone abgeschlagen), das Werden vernichtet, dem wird in der Zukunft nichts (mehr) entstehen. Dies ist die Möglichkeit, Siha .... Worin besteht die Möglichkeit, Siha, daß von mir jemand mit Recht sagen würde: Ein Zuversichtlicher ist der Asket Gotama ....Ich nämlich, Siha, bin ein Zuversichtlicher, mit der allerhöchsten Zuversicht, verkünde ich die Lehre von der Zuversicht, darin übe ich meine Hörer ein. Dies ist die Möglichkeit, Siha, daß von mir jemand mit Recht sagen würde .... er übt seinen Hörern die Zuversicht ein." (9)

Als dies gesagt wurde, sagte der Heerführer Siha dem Erhabenen folgendes: "Sehr, sehr gut, Verehrungswürdiger, wie wenn (man) etwas Umgedrehtes richtig hinstellen würde oder etwas Verdecktes aufdecken würde oder einem Verirrten den Weg zeigen würde, oder wie wenn man in der Dunkelheit eine Öllampe hinhalten würde, damit, wer Augen hat, die Gestalten sieht, genauso hat der Erhabene auf verschiedene Weise die Lehre verkündet. Ich, Erhabener, nehme meine Zuflucht zum Erhabenen, zur Lehre als auch zum Mönchssangha, der Erhabene möge mich als Laienanhänger annehmen, der von heute an für das ganze Leben seine Zuflucht genommen hat." - "Überlege (es) gut, Siha, gut ist es, wenn bekannte Menschen wie du gut überlegen." - "Dadurch, Verehrungswürdiger, bin ich höchsterfreut und befriedigt über den Erhabenen, weil nämlich der Erhabene dieses sagte: 'Überlege (es) gut, Siha, gut ist es, wenn bekannte Menschen wie du gut überlegen.' Würden sie mich als Hörer erhalten, würden die Andersgläubigen in ganz Vesāli die Fahnen hissen: Der Heerführer Siha ist unser Hörer geworden, aber mir sagte der Erhabene: 'Überlege (es) gut, Siha, gut ist es, wenn bekannte Menschen wie du gut überlegen.' Ich nehme zum zweiten Mal meine Zuflucht zum Erhabenen, zur Lehre und zum Mönchssangha. Der Erhabene möge mich als Laienanhänger annehmen, der von heute an für das ganze Leben seine Zuflucht genommen hat." (10)

"Deine Familie, Siha, war lange Zeit eine Quelle für die Niganthas. Meinst du, denen, die zu euch kommen, wirst du (weiterhin) Almosen geben?" - "Dadurch, Verehrungswürdiger, bin ich höchsterfreut und befriedigt über den Erhabenen, weil nämlich der Erhabene dieses sagte: 'Deine Familie, Siha, war lange Zeit eine Quelle für die Niganthas. Meinst du, jenen, die zu euch kommen, wirst du (weiterhin) Almosen geben?' Gehört habe ich, Verehrungswürdiger, der Asket Gotama hat dieses gesagt: 'Nur mir soll man Gaben geben, nicht soll man anderen Gaben geben, nur meinen Hörern soll man Gaben geben, nicht soll man Hörern der anderen Gaben geben, nur mir Gegebenes bringt große Früchte, nicht bringt anderen Gegebenes große Früchte, meinen Hörern Gegebenes bringt große Früchte, nicht bringt anderen Hörern Gegebenes große Früchte'. Trotzdem veranlaßt mich der Erhabene, auch den Niganthern zu geben. Dann, Verehrungswürdiger, wissen wir hierin die (rechte) Zeit (zu handeln). Ich nehme zum dritten Mal meine Zuflucht zum Erhabenen, zur Lehre und zum Mönchssangha, der Erhabene möge mich als Laienanhänger annehmen, der von heute an für das ganze Leben seine Zuflucht genommen hat." (11)

Jenem gab der Erhabene eine einführende Lehre in folgender Weise: Er sprach über das Geben, die Sittlichkeit, den Himmel, das Elend und die Nichtigkeit und die Verderbtheit der Sinnesgenüsse, die Vorteile des Verzichtes. Als der Erhabene wußte, daß er in der Gemütsverfassung zugänglich, sanft, unvoreingenommen, froh, hell war, da hat (der Erhabene) diese verkündet, welches die zusammengefaßte Lehre der Buddhas ist, nämlich das Leid, seine Entstehung, seine Überwindung und den Weg dazu. Genauso, wie ein sauberer fleckenloser Stoff gut Farbe annehmen würde, so ging ihm dort auf dem Sitz das reine klare Auge der Wahrheit auf: Wenn irgendwas als seine Eigenschaft das Entstehen hat, alles das hat als seine Eigenschaft das Vergehen. Dann sagte er, nachdem er die Wahrheit gesehen, die Wahrheit erlangt, die Wahrheit verstanden, die Wahrheit durchdrungen, den Zweifel überwunden, die Ungewißheit beseitigt, die vollkommene Zuversicht aus eigener Kraft in der Lehre erlangt hatte, folgendes: "Annehmen möge der Erwachte, Erhabene für morgen das Essen zusammen mit dem Mönchssangha." Durch Schweigen nahm der Erhabene an. Als der Heerführer Siha wußte, daß der Erhabene angenommen hatte, stand er vom Sitz auf, verehrte den Erhabenen, umrundete ihn rechts und ging fort. Da hat der Heerführer Siha einen gewissen Menschen beauftragt: Gehe, Freund, suche frisches, rohes Fleisch. Dann hat der Heerführer Siha, als die Nacht vergangen war, nachdem er vorzügliche feste und weiche Speisen hatte zubereiten lassen, dem Erhabenen die Zeit ankündigen lassen: Es ist Zeit, Verehrungswürdiger, das Essen ist bereitet. Dann hat der Erhabene, nachdem er am Morgen sich angezogen hatte, Robe und Almosenschale genommen hatte, zur Behausung des Heerführers Siha gegangen war, sich auf den vorbereiteten Sitz niedergelassen zusammen mit dem Mönchssangha. (12)

Zu jener Zeit haben viele Niganthas in Vesāli von Straße zu Straße von Kreuzung zu Kreuzung mit den Armen schwenkend wehgeklagt: "Heute hat der Heerführer Siha ein großes Tier getötet und dem Asketen Gotama Essen (davon) bereitet, der Asket Gotama ißt wissend für ihn gemachtes Fleisch, (das Töten) war seinetwegen getan." Dann ist jener gewisse Mensch zum Heerführer Siha gekommen. Dort hat er dem Heerführer Siha in das Ohr gesagt: "Höre, Verehrungswürdiger, du sollst wissen. Hier haben viele Niganthas in Vesāli von Straße zu Straße von Kreuzung zu Kreuzung mit den Armen schwenkend wehgeklagt: "Heute hat der Heerführer Siha ein großes Tier getötet und dem Asketen Gotama Essen (davon) bereitet, der Asket Gotama ißt wissend für ihn gemachtes Fleisch, (das Töten) war seinetwegen getan." - "Gut, Meister, lange Zeit wünschten jene Ehrwürdigen (Niganthas) den Erwachten zu tadeln, die Lehre zu tadeln, den Sangha zu tadeln, nicht zerstören jene Ehrwürdigen die Unwahren, Leeren, Falschen den Erhabenen, indem sie ihm Fehldeutungen vorwerfen, nicht einmal für unser Leben würden wir mit Absicht ein Wesen vom Leben trennen." (13)

Dann, nachdem der Heerführer Siha den Mönchssangha mit dem Erwachten an der Spitze mit vorzüglicher fester und weicher Speise bedient hatte, als der Erhabene gegessen hatte und die Hand von der Almosenschale zurückgezogen hatte, setzte er sich beiseite nieder. Der Erhabene, nachdem er den beiseite sitzenden Heerführer Siha durch ein Lehrgespräch veranlaßt hatte zu verstehen, aufzunehmen, davon motiviert zu sein, sich daran zu erfreuen, ist aufgestanden und fortgegangen. Nachdem der Erhabene in diesem Zusammenhang eine Lehrrede gehalten hatte, sprach er die Mönche an: "Nicht soll man, ihr Mönche, wissend für einen gemachtes Fleisch essen. Wer so ißt, begeht ein dukkata Vergehen. Ich erlaube, ihr Mönche, in drei Fällen reinen Fisch und Fleisch: nicht wissend, nicht gehört, nicht vermutet." (14) //31//

Zu jener Zeit gab es in Vesāli reichlich Essen, eine gute Ernte, Almosen waren leicht zu erhalten, einfach war es zu leben durch Gunsterweisungen und auflesen[10]. Dann ist dem Erhabenen, als er allein und abgesondert weilte, im Geiste jener Gedanke entstanden: Dasjenige, was ich den Mönche erlaubt habe bei Hungersnot, schlechter Ernte, wenn Almosen schwer zu erhalten sind: Drinnen Getrocknetes, drinnen Gekochtes, selber Gekochtes, (selbst) Aufgesammeltes und (später) Angenommenes, von daher Hergebrachtes, vor Mittag Angenommenes, im Wald und im See Wachsendes, essen die Mönche dieses auch heute noch? Dann hat der Erhabene, als er abends sich aus der Abgeschiedenheit erhoben hatte, den ehrwürdigen Ānanda angesprochen: "Dasjenige, was ich den Mönche erlaubt habe bei Hungersnot, schlechter Ernte, wenn Almosen schwer zu erhalten sind: Drinnen Getrocknetes, drinnen Gekochtes, selber Gekochtes, (selbst) Aufgesammeltes und (später) Angenommenes, von daher Hergebrachtes, vor Mittag Angenommenes, im Wald und im See Wachsendes, essen die Mönche dieses auch heute noch?" - "Sie essen, Erhabener." (1)

Dann hat der Erhabene, nachdem er aus diesem Anlaß, in diesem Zusammenhang eine Lehrrede gehalten hatte, die Mönche angesprochen: "Dasjenige, was ich den Mönche erlaubt habe bei Hungersnot, schlechter Ernte, wenn Almosen schwer zu erhalten sind: Drinnen Getrocknetes, drinnen Gekochtes, selber Gekochtes, (selbst) Aufgesammeltes und (später) Angenommenes, von daher Hergebrachtes, vor Mittag Angenommenes, im Wald und im See Wachsendes, dieses lehne ich von heute an ab. Nicht soll man ihr Mönche essen: Drinnen Getrocknetes, drinnen Gekochtes, selber Gekochtes, (selbst) Aufgesammeltes und (später) Angenommenes, wer so tut, begeht ein dukkata Vergehen. Auch nicht soll man, ihr Mönche, essen: von daher Hergebrachtes, vor Mittag Angenommenes, im Wald und im See Wachsendes, und nicht übriggeblieben ist, auch von einem genügend gegessen Habenden. Wer so ißt, soll nach dem Gesetz behandelt werden[11]." (2) //32//

Zu jener Zeit hatten die Menschen einer Provinz viel Salz, Öl, Reis und Speise auf Wagen geladen, (damit) umstellten sie einen außerhalb des Klosters (liegenden) Vorraum, (denkend): Wenn wir an der Reihe sind, dann werden wir Essen bereiten. Eine große Wolke kam auf. Da gingen die Menschen zum ehrwürdigen Ānanda. Dort sagten sie dem ehr-

---

[10] von z. B. Früchten oder Beeren

[11] = Pācc XXXV

würdigen Ānanda folgendes: "Hier, ehrwürdiger Ānanda ist viel Salz, Öl, Reis und Speise auf Wagen geladen, und (diese) stehen hier, und jetzt kommt eine große Wolke auf. Was sollen wir, verehrungswürdiger Ānanda, tun?" Da erzählte der ehrwürdige Ānanda dem Erhabenen den Sachverhalt. (1)

"Wenn das so ist, Ānanda, soll sich über ein Lagerhaus[12] in der Nähe der (Mönchs)behausung geeinigt werden: Eine Behausung, ein Haus mit einem Dach, ein großes Haus, ein mehrgeschossiges Haus, eine Höhle. Was der Sangha wünscht, soll dort aufbewahrt werden. Und so, ihr Mönche, soll man sich einigen: Ein erfahrener und fähiger Mönch soll dem Sangha ankündigen: 'Höre mich, verehrungswürdiger Sangha, wenn es dem Sangha recht ist, möge sich der Sangha über den so und so genannten Ort als Lagerhaus einigen.' Das ist die Ankündigung. 'Höre mich, verehrungswürdiger Sangha, wenn es dem Sangha recht ist, einigt sich der Sangha über den so und so genannten Ort als Lagerhaus. Wenn es den Ehrwürdigen recht ist, die Einigung über den so und so genannten Ort als Lagerhaus, so mögen sie schweigen, wenn es nicht recht ist, so mögen sie sprechen. - Geeinigt hat sich der Sangha über den so und so genannten Ort als Lagerhaus. Es ist dem Sangha recht, daher das Schweigen; so nehme ich es an." (2)

Zu jener Zeit haben die Menschen in dem Lagerhaus, über das sich geeinigt war, Reisschleim gekocht, Speise gekocht, Suppe vorbereitet, Fleisch zerkleinert, Holz gehackt. Dann hörte der Erhabene, der kurz vor Sonnenaufgang aufgestanden war, lautes Geräusch, großes Geräusch, krächzen wie von Krähen. Dieses gehört, sprach er den ehrwürdigen Ānanda an: "Was ist das, Ānanda, für lautes Geräusch, großes Geräusch, krächzen wie von Krähen?" (3)

"Jetzt, Verehrungswürdiger, haben die Menschen in dem Lagerhaus, über das sich geeinigt war, Reisschleim gekocht, Speise gekocht, Suppe vorbereitet, Fleisch zerkleinert, Holz gehackt. Darum, Erhabener, ist lautes Geräusch, großes Geräusch, krächzen wie von Krähen." Dann, nachdem der Erhabene aus diesem Grund eine Lehrrede gehalten hatte, sprach er die Mönche an: "Nicht soll man, ihr Mönche, ein Lagerhaus, über das sich geeinigt wurde, (derartig) benutzen. Wer so benutzt begeht ein dukkata Vergehen. Ich erlaube, ihr Mönche, drei Arten von Lagerhaus: ein (als Lagerhaus) bekanntgegebenes Haus, ein zufällig sich dort befindendes Haus, ein gespendetes Haus." (4)

Zu jener Zeit wurde der ehrwürdige Yasojo krank. Die Medikamente wurden ihm dorthin gebracht. Diese stellten die Mönche draußen hin. Würmer aßen (sie). Diebe stahlen (sie). Dem Erhabenen erzählten sie diesen Sachverhalt. "Ich erlaube, ihr Mönche, vier Arten von Lagerhaus: Ein (als Lagerhaus) bekanntgegebenes Haus, ein zufällig sich dort befindendes Haus, ein gespendetes Haus, ein (Not)lagerhaus über das sich geeinigt wurde." (5) //33//

Das 24. Kapitel ist beendet.

Zu jener Zeit wohnte der Hausherr Mendaka in der Stadt Bhaddiya. Der hatte derartige übernatürliche Macht: Nachdem er sich den Kopf gewaschen hatte, das Getreidehaus hatte ausfegen lassen, setzte er sich draußen nieder, und vom Himmel fielen Ströme von Getreide und füllten das Getreidehaus. (Seine) Frau hatte derartige übernatürliche Macht: (Sie) setzte sich zu einem Gefäß, von einem ālhaka Inhalt mit nur einer Speise (gefüllt). Sie versorgte Diener und Knechte mit Speise (davon) und nicht wurde sie alle, bis sie aufstand. (Sein) Sohn hatte derartige übernatürliche Macht: Nachdem er nur einen Beutel mit 1000 (Goldstücken) genommen hatte, gab er den Dienern und Knechten für sechs Monate Gehalt, und nicht war er leer, solange er ihn in der Hand hatte. (1)

(Seine) Schwiegertochter hatte derartige übernatürliche Macht: Sie setzte sich zu einem Korb von vier dona (Inhalt). Sie versorgte sechs Monate Diener und Knechte mit Speise (davon), und nicht wurde er alle, bis sie aufstand. (Sein) Diener hatte derartige übernatürliche Macht: mit nur einem Pflug machte er sieben Furchen. (2)

Da hörte der König von Magadha, Seniya Bimbisāra: "In unserem Königreich, so sagt man, wohnt der Hausherr Mendaka, in der Stadt Bhaddiya, der hat derartige übernatürliche Macht: .... (Seine) Frau hat derartige übernatürliche Macht: ... (Sein) Sohn hat derartige übernatürliche Macht: ... (Seine) Schwiegertochter hat derartige übernatürliche Macht: .... (Sein) Diener hat derartige übernatürliche Macht: mit nur einem Pflug macht er sieben Furchen." (3,4)

Da sprach der König von Magadha, Seniya Bimbisāra einen königlichen Minister, der für alles zuständig war, an: "In unserem Königreich, Freund, so sagt man, wohnt der Hausherr Mendaka, in der Stadt Bhaddiya, der hat derartige übernatürliche Macht: .... (Seine) Frau hat derartige übernatürliche Macht: ... (Sein) Sohn hat derartige übernatürliche

---

[12]kappiyabhūmi - Hier werden Bedarfsgegenstände gelagert, die später von den Laien den Mönchen übergeben werden und erst dann erlaubt sind sie anzunehmen.

Macht: ... (Seine) Schwiegertochter hat derartige übernatürliche Macht: .... (Sein) Diener hat derartige übernatürliche Macht: mit nur einem Pflug macht er sieben Furchen. Gehe Freund, und erkunde (es). Wie wenn ich es selber gesehen hätte, ist es, wenn du es siehst." - "So sei es, Herr." Nachdem jener Großminister dies dem König von Magadha, Seniya Bimbisāra geantwortet hatte, brach er mit dem viergliedrigen Heer nach Bhaddiya auf. (5)

Allmählich kam er nach Bhaddiya und zum Hausherrn Mendaka. Dort sagte er dem Hausherrn Mendaka folgendes: "Mir wurde, Hausherr Mendaka, folgendes befohlen: In unserem Königreich, Freund, so sagt man, wohnt der Hausherr Mendaka, in der Stadt Bhaddiya, der hat derartige übernatürliche Macht: .... Gehe Freund, und erkunde (es). Wie wenn ich es selber gesehen hätte, ist es, wenn du es siehst. Laß uns, Hausherr, jene übernatürliche Macht sehen." Da setzte sich der Hausherr Mendaka, nachdem er sich den Kopf gewaschen hatte, das Getreidehaus hatte ausfegen lassen, draußen nieder, und vom Himmel fielen Ströme von Getreide und füllten das Getreidehaus. "Deine übernatürliche Macht, Hausherr, wurde gesehen, laß uns die übernatürliche Macht deiner Frau sehen." (6)

Da sprach der Hausherr Mendaka seine Frau an: "Versorge dieses viergliedrige Heer mit Speise." Dann setzte sich die Frau des Hausherrn Mendaka zu einem Gefäß, von einem ālhaka Inhalt mit nur einer Speise (gefüllt). Sie versorgte das viergliedrige Heer mit Speise (davon), und nicht wurde es alle, bis sie aufstand. "Auch die übernatürliche Macht deiner Frau, Hausherr, wurde gesehen, laß uns die übernatürliche Macht deines Sohnes sehen." (7)

Dann sprach der Hausherr Mendaka seinen Sohn an: Gib, Sohn, diesem viergliedrigen Heer für sechs Monate Gehalt. Dann hat der Sohn des Hausherrn Mendaka, nachdem er nur einen Beutel mit 1000 (Goldstücken) genommen hatte, dem viergliedrigen Heer für sechs Monate Gehalt gegeben, und nicht war er leer, solange er ihn in der Hand hatte. "Auch die übernatürliche Macht deines Sohnes, Hausherr, wurde gesehen, laß uns die übernatürliche Macht deiner Schwiegertochter sehen." (8)

Dann sprach der Hausherr Mendaka die Schwiegertochter an: "Gib diesem viergliedrigen Heer für sechs Monate Speise. Da setzte sich die Schwiegertochter des Hausherrn Mendaka zu einem Korb von vier dona (Inhalt). Sie versorgte sechs Monate das viergliedrige Heer mit Speise (davon), und nicht wurde er alle, bis sie aufstand. "Auch die übernatürliche Macht deiner Schwiegertochter, Hausherr, wurde gesehen, laß uns die übernatürliche Macht deines Dieners sehen." - "Meines Dieners übernatürliche Macht, Herr, soll man auf dem Feld sehen." - "Es reicht, Hausherr, auch deines Dieners übernatürliche Macht wurde gesehen." Dann ist der Großminister mit dem viergliedrigen Heer wieder nach Rājagaha zurückgegangen. Dort ging er zum König von Magadha, Seniya Bimbisāra. Dort hat er dem König von Magadha, Seniya Bimbisāra den Sachverhalt erzählt. (9)

Nachdem der Erhabene in Vesāli, solange es ihm beliebte, geweilt hatte, brach er zu einer Reise nach Bhaddiya auf mit einer großen Mönchssangha, mit 1250 Mönchen. Da kam der Erhabene, nach und nach reisend in Bhaddiya an. Dort in Bhaddiya weilte der Erhabene im Jātiyāhain. (10)

Da hörte der Hausherr Mendaka: Der Asket, der Freund Gotama, der Sakyasohn, der von dem Sakiyastamm in die Hauslosigkeit ging, ist in Bhaddiya angekommen und weilt in Bhaddiya im Jātiyāhain. Diesen erhabenen Gotama aber begrüßt man überall mit dem frohen Ruhmesrufe, so zwar: "Das ist der Erhabene, der Heilige, vollkommen Erachte, der in Wissen und Wandel vollkommene, der Willkommene, der Kenner der Welt, der unvergleichliche Leiter der Menschen, der Herr der Götter und Menschen, der Erwachte, der Erhabene. Er zeigt diese Welt mit ihren Göttern, ihren bösen und heiligen Geistern, mit ihrer Schar von Büßern und Priestern, Göttern und Menschen, nachdem er sie selbst verstanden und durchdrungen hat. Er verkündet die Lehre, die am Anfang gute, in der Mitte gute, am Ende gute, die sinn- und wortgetreue. Er legt das vollkommen geläuterte, geklärte Asketentum dar. Glücklich, wer das nun solch Heilige sehen kann." (11)

Dann ließ der Hausherr Mendaka sehr schöne Wagen bereitstellen. Nachdem er in einen schönen Wagen gestiegen war, fuhr er mit dem sehr schönen Wagen aus Bhaddiya heraus, um den Erhabenen zu sehen. Viele Andersgläubige sahen den Hausherrn Mendaka aus der Ferne herankommen. Dies gesehen sagten sie dem Hausherrn Mendaka folgendes: "Wohin, Hausherr gehst du?" - "Ich gehe, Verehrungswürdige, den Erhabenen, den Asketen Gotama zu sehen." - "Warum gehst du, Hausherr, der die Ansicht von der Tat hat, den Asketen der Nichttat, Gotama, zu sehen? Der Asket der Nichttat nämlich, Hausherr, lehrt die Lehre von der Nichttat, darin übt er seine Schüler." (12)

Da kam dem Hausherrn Mendaka folgender Gedanke: Ohne Zweifel ist dies der Erhabene, Heilige, vollkommen Erwachte, weil diese Andersgläubigen neidisch sind. Soweit der Boden für den Wagen befahrbar war, fuhr er. Stieg vom Wagen aus und ging zu Fuß zum Erhabenen. Dort, nachdem er den Erhabenen verehrt hatte, setzte er sich beiseite nieder. Beiseite sitzend gab der Erhabene dem Hausherrn Mendaka eine einführende Rede in folgender Weise: Er sprach über das Geben, die Sittlichkeit, den Himmel, das Elend, die Nichtigkeit und die Verderbtheit der Sinnesgenüsse, die Vorteile des Verzichtes. Als der Erhabene wußte, daß der Kaufmann und Hausherr in der Gemütsverfassung zugänglich, sanft, unvoreingenommen, froh, hell war, da hat er dies verkündet, die zusammengefaßte Lehre der Buddhas, nämlich vom Leid, seiner Entstehung, seiner Überwindung, den Weg dazu. Genauso, wie ein sauberer fleckenloser Stoff gut Farbe annehmen würde, so ging dem Hausherrn Mendaka dort auf dem Sitz das reine klare Auge der Wahrheit auf: Wenn irgend etwas als seine Eigenschaft das Entstehen hat, alles das hat als eine Eigenschaft das Vergehen. "Sehr sehr gut, Verehrungswürdiger, wie wenn (man) etwas Umgedrehtes richtig hinstellen würde oder etwas Verdecktes aufdecken würde oder einem Verirrten den Weg zeigen würde, oder wie wenn man in der Dunkelheit eine Öllampe hinhalten würde, damit, wer Augen hat, die Gestalten sieht, genauso hat der Erhabene auf verschiedene Weise die Lehre verkündet. Ich, Erhabener, nehme meine Zuflucht zum Erhabenen, zur Lehre als auch zum Mönchssangha. Der Erhabene möge mich als Laienanhänger annehmen, der von heute an für das ganze Leben seine Zuflucht genommen hat. Annehmen möge der Erhabene das Essen für morgen zusammen mit dem Mönchssangha." Durch Schweigen nahm der Erhabene an. (13)

Nachdem der Hausherr Mendaka wußte, daß der Erhabene angenommen hatte, stand er vom Sitz auf, verehrte den Erhabenen, umrundete ihn rechts und ging fort. Dann hat jener Hausherr Mendaka, nachdem die Nacht vergangen war, nachdem (er) vorzügliche feste und weiche Speise hatte vorbereiten lassen, dem Erhabenen die Zeit ankündigen lassen: Zeit ist es, Verehrungswürdiger, das Essen ist bereitet. Dann ist der Erhabene, nachdem er am Morgen aufgestanden war, Robe und Almosenschale genommen hatte, zu dem Anwesen jenes Hausherrn Mendaka gegangen. Dort setzte er sich auf den vorbereiteten Sitz nieder zusammen mit dem Mönchssangha. (14)

Da gingen die Frau, der Sohn, die Schwiegertochter und der Diener des Hausherrn Mendaka zum Erhabenen. Dort, nachdem sie den Erhabenen verehrt hatten, setzten sie sich beiseite nieder. Beiseite sitzend gab der Erhabene dem Hausherrn Mendaka, seiner Frau, seinem Sohn und seinem Diener eine einführende Rede in folgender Weise: Er sprach über das Geben, die Sittlichkeit, den Himmel, das Elend, die Nichtigkeit und die Verderbtheit der Sinnesgenüsse, die Vorteile des Verzichtes. Als der Erhabene wußte, daß diese in der Gemütsverfassung zugänglich, sanft, unvoreingenommen, froh, hell waren, da hat er dies verkündet, nämlich die zusammengefaßte Lehre der Buddhas, nämlich vom Leid, seiner Entstehung, seiner Überwindung, den Weg dazu. Genauso, wie ein sauberer, fleckenloser Stoff gut Farbe annehmen würde, so ging ihnen dort auf dem Sitz das reine, klare Auge der Wahrheit auf: Wenn irgend etwas als seine Eigenschaft das Entstehen hat, alles das hat als eine Eigenschaft das Vergehen. Dann sagten diese, nachdem sie die Wahrheit gesehen, die Wahrheit erlangt, die Wahrheit verstanden, die Wahrheit durchdrungen, den Zweifel überwunden, die Ungewißheit beseitigt, die vollkommene Zuversicht aus eigener Kraft in der Lehre erlangt hatten, folgendes: "Sehr sehr gut, Verehrungswürdiger, wie wenn (man) etwas Umgedrehtes richtig hinstellen würde oder etwas Verdecktes aufdecken würde oder einem Verirrten den Weg zeigen würde, oder wie wenn man in der Dunkelheit eine Öllampe hinhalten würde, damit, wer Augen hat, die Gestalten sieht, genauso hat der Erhabene auf verschiedene Weise die Lehre verkündet. Wir, Erhabener, nehmen unsere Zuflucht zum Erhabenen, zur Lehre als auch zum Mönchssangha. Der Erhabene möge uns als Laienanhänger annehmen, die von heute an für das ganze Leben ihre Zuflucht genommen haben." (15)

Nachdem der Hausherr Mendaka eigenhändig den Mönchssangha mit dem Erwachten an der Spitze versorgt hatte, zufriedengestellt hatte, der Erhabene gegessen hatte und die Hand von der Almosenschale zurückgezogen hatte, setzte er sich beiseite nieder. Beiseite sitzend sagte der Hausherr Mendaka dem Erhabenen folgendes: "Solange der Erhabene, Verehrungswürdiger, in Bhaddiya verweilt, solange gebe ich dem Mönchssangha mit dem Erwachten an der Spitze regelmäßig Essen." Da hat der Erhabene den Hausherrn Mendaka durch ein Lehrgespräch veranlaßt zu verstehen, aufzunehmen, davon motiviert zu sein, sich daran zu erfreuen, stand vom Sitz auf und ging fort. (16)

Dann, nachdem der Erhabene in Bhaddiya, solange es ihm gefiel, geweilt hatte, brach er ohne den Hausherrn Mendaka zu informieren, zu einer Reise nach Anguttarāpa auf mit einem großen Mönchssangha mit 1250 Mönchen. Es hörte der Hausherr Mendaka: Der Erhabene, so sagt man, ist zu einer Reise nach Anguttarāpa aufgebrochen mit einem großen Mönchssangha mit 1250 Mönchen. Da beauftragte der Hausherr seine Diener und Gehilfen: "Also kommt, Freunde, nachdem ihr viel Salz, Öl, Reis und Speise auf Wagen geladen habt. Nachdem 1250 Kuhhirten 1250 Kühe genommen haben, sollen sie mitkommen. Wo wir den Erhabenen sehen werden, dort werden wir ihn frische Milch trinken lassen." (17)

Dann erreichte der Hausherr Mendaka den Erhabenen unterwegs in einer Wüstenei. Da ging der Hausherr Mendaka zum Erhabenen. Dort, nachdem er den Erhabenen verehrt hatte, stand er beiseite. Beiseite stehend sagte der Hausherr

Mendaka dem Erhabenen folgendes: "Annehmen, Verehrungswürdiger, möge der Erhabene morgen das Essen bei mir zusammen mit dem Mönchssangha." Der Erhabene nahm durch Schweigen an. Als der Hausherr Mendaka wußte, daß der Erhabene angenommen hatte, ging er fort, nachdem er ihn verehrt hatte und ihn rechts umrundet hatte. Dann hat der Hausherr Mendaka, als jene Nacht vergangen war feste und weiche Speise vorbereiten lassen und ließ den Erhabenen die Zeit ankündigen: Zeit ist es, Verehrungswürdiger, das Essen ist bereit. (18)

Dann hat der Erhabene am Morgen sich angezogen, die Almosenschale und die Robe genommen und ging zur Essenverteilung des Hausherrn Mendaka. Dort setzte er sich auf die vorbereiteten Sitze zusammen mit dem Mönchssangha. Dann befahl der Hausherr Mendaka den 1250 Rinderhirten: Geht nun, Freunde, nachdem jeder eine Kuh genommen hat, zu einem Mönch hin: Laßt uns den Mönchen frische Milch zu trinken geben. Dann hat der Hausherr Mendaka den Mönchssangha mit dem Erwachten an der Spitze eigenhändig mit fester und weicher Speise bedient und versorgt, auch mit frischer Milch. Die Mönche, die zweifelten, nahmen die Milch nicht an. "Nehmt an, ihr Mönche, trinkt sie." (19)

Nachdem er den Mönchssangha mit dem Erwachten an der Spitze eigenhändig mit fester und weicher Speise bedient und versorgt hatte, auch mit frischer Milch, nachdem der Erhabene gegessen hatte, die Hand von der Almosenschale zurückgezogen hatte, setzte der Hausherr Mendaka sich beiseite nieder. Beiseite sitzend sagte der Hausherr Mendaka dem Erhabenen folgendes: "Es gibt Wege, Verehrungswürdiger, in der Wüste, ohne Wasser, ohne Speise, schlecht zu gehen ohne Proviant. Gut wäre es, Verehrungswürdiger, wenn der Erhabene den Mönchen Proviant erlauben würde." Dann hat der Erhabene den Hausherrn Mendaka durch ein Lehrgespräch veranlaßt zu verstehen, aufzunehmen, davon motiviert zu sein, sich daran zu erfreuen, stand vom Sitz auf und ging fort. (20)

Nachdem der Erhabene in diesem Zusammenhang eine Lehrrede gehalten hatte, sprach er die Mönche an: "Ich erlaube, ihr Mönche, fünf Produkte der Kuh: Milch, Dickmilch, Buttermilch, Butter, Butterschmalz. Es gibt, ihr Mönche, Wege in der Wüste, ohne Wasser, ohne Speise, schlecht zu gehen ohne Proviant. Ich erlaube, ihr Mönche, sich nach Proviant umzusehen:
Reis, soweit Reis zweckmäßig ist,
Mungbohnen, soweit Mungbohnen zweckmäßig sind,
Hülsenfrüchte, ..
Salz, ...
Zucker, ...
Öl, ...
Butterschmalz, ..
Es gibt, ihr Mönche, Menschen mit Vertrauen und Zuversicht. Jene geben den Erlaubtmachern Gold in die Hand, (denkend): Dadurch wird den Herren, was erlaubt ist, gegeben. Ich erlaube, ihr Mönche, wenn es geeignet ist, es zu genießen. Nicht aber, ihr Mönche, sage ich, daß man in irgendeiner Weise mit Gold und Silber einverstanden sein oder es suchen soll." (21) //34//

Dann reiste der Erhabene nach und nach wandernd nach Āpana und kam dort an. Es hörte der Flechtenasket Keniya: Der Asket, der Freund Gotama, der Sakyasohn, der von dem Sakiyastamm in die Hauslosigkeit ging, ist in Āpana angekommen. Diesen erhabenen Gotama aber begrüßt man überall mit dem frohen Ruhmesrufe, so zwar: "Das ist der Erhabene, der Heilige, vollkommen Erwachte, der in Wissen und Wandel vollkommene, der Willkommene, der Kenner der Welt, der unvergleichliche Leiter der Menschen, der Herr der Götter und Menschen, der Erwachte, der Erhabene. Er zeigt diese Welt mit ihren Göttern, ihren bösen und heiligen Geistern, mit ihrer Schar von Büßern und Priestern, Göttern und Menschen, nachdem er sie selbst verstanden und durchdrungen hat. Er verkündet die Lehre, die am Anfang gute, in der Mitte gute, am Ende gute, die sinn- und wortgetreue, er legt das vollkommen geläuterte, geklärte Asketentum dar. Glücklich, wer da nun solche Heilige sehen kann. Da kam dem Flechtenasketen Keniya folgender Gedanke: Was lasse ich dem Asketen Gotama mitbringen? (1)

Da kam dem Flechtenasketen Keniya folgender Gedanke: Auch die, die den jetzigen Brahmanen vorangingen, die Seher, die Sprüche (Mantras) aufsagten, die Bewahrer der Sprüche, nämlich: Attahaka, Vāmaka, Vāmadeva, Vessāmitta, Yamataggi, Aṅgirasa, Bhāradvāja, Vāsettha, Kassapa, Bhagu, denen die jetzigen Brahmanen die alten Sprüche, die Lieder, das Gesagte, das Bewahrte nachrezitieren, nachsagen, das Gesprochene nachsprechen, das Erzählte nacherzählen, enthielten sich des Essens nachts, waren frei vom Essen zur Unzeit, aber sie genossen Getränke. (2)

Auch der Asket Gotama enthält sich des Essens nachts, ist frei vom Essen zur Unzeit, aber er genießt Getränke.

Angemessen ist es, vom Asketen Gotama derartige Getränke zu genießen. Nachdem er viele Getränke vorbereiten ließ, in (Behälter) an einen Tragstock füllen ließ, ging er zum Erhabenen. Dort wechselte er freundliche Worte mit dem Erhabenen. Nachdem er Grüße und freundliche Worte gewechselt hatte, stand er beiseite. Beiseite stehend sagte der Flechtenasket Keniya dem Erhabenen folgendes: "Annehmen möge der ehrwürdige Gotama die Getränke." - "Dieses, Keniya, gib den Mönchen." Die Mönche, die zweifelten, nahmen es nicht an. "Nehmt es an, ihr Mönche, nehmt es zu euch." (3)

Dann, nachdem der Flechtenasket Keniya den Mönchssangha mit dem Erwachten an der Spitze eigenhändig mit vielen Getränken bedient und versorgt hatte, als der Erhabene die Hände gewaschen hatte und von der Almosenschale zurückgezogen hatte, setzte er sich beiseite nieder. Den beiseite sitzenden Flechtenasketen Keniya hat der Erhabene durch ein Lehrgespräch veranlaßt zu verstehen, aufzunehmen, davon motiviert zu sein, sich daran zu erfreuen. Dann hat der Flechtenasket Keniya durch die Lehrrede des Erhabenen verstanden, aufgenommen, war motiviert, erfreut und sagte dem Erhabenen folgendes: "Annehmen möge der Herr Gotama für morgen das Essen zusammen mit dem Mönchssangha" (4)

"Groß, Keniya, ist der Mönchssangha, 1250 Mönche, auch bist du einer, der den Brahmanen vertraut." Zum zweiten Male sagte der Flechtenasket Keniya dem Erhabenen folgendes: "Sei's drum, Freund Gotama, groß ist der Mönchssangha, 1250 Mönche, auch bin ich einer, der den Brahmanen vertraut, annehmen möge der Herr Gotama für morgen das Essen zusammen mit dem Mönchssangha." Zum dritten Male sagte der Flechtenasket Keniya dem Erhabenen folgendes .... Der Erhabene nahm durch Schweigen an. Dann ist der Flechtenasket Keniya aufgestanden und fortgegangen, nachdem er wußte, daß der Erhabene angenommen hatte und er den Erhabenen verehrt hatte . (5)

Nachdem der Erhabene aus diesem Anlaß eine Lehrrede gehalten hatte, sprach er die Mönche an: "Ich erlaube, ihr Mönche, 8 Getränke: Mangosaft, Rosenapfelsaft, Plantainbananensaft, Bananensaft, Honig(wasser), Traubensaft, Lotoswurzelsaft, Phārusakasaft (?). Ich erlaube, ihr Mönche, alle Fruchtsäfte, mit Ausnahme von Getreidesaft. Ich erlaube, ihr Mönche, alle Blättersäfte (Tee) ausgenommen Gemüsesäfte. Ich erlaube, ihr Mönche, alle Blütensäfte mit Ausnahme von denen, die zur Herstellung von Alkohol benutzt werden. Ich erlaube, ihr Mönche, Zuckerrohrsaft." (6)

Dann ließ der Flechtenasket Keniya, als jene Nacht vergangen war, nachdem er in seiner Einsiedelei vorzügliche feste und weiche Speisen hatte vorbereiten lassen, dem Erhabenen die Zeit ankündigen: Zeit ist es Freund Gotama, das Essen ist bereitet. Dann hat der Erhabene am Morgen sich angezogen, die Almosenschale und die Robe genommen und ging zur Einsiedelei des Flechtenasketen Keniya. Dort setzte er sich auf die vorbereiteten Sitze zusammen mit dem Mönchssangha. Dann hat der Flechtenasket Keniya den Mönchssangha mit dem Erwachten an der Spitze eigenhändig mit vorzüglicher fester und weicher Speise bedient und versorgt. Er setzte sich beiseite nieder, nachdem der Erhabene gegessen hatte und die Hand von der Almosenschale zurückgezogen hatte. (7)

Den beiseite sitzenden Flechtenasketen Keniya erfreute der Erhabene mit diesem Vers:

"Unter den Opfern ist das Feueropfer das Beste.
Das Sāvitthi-Versmaß ist das Beste.
Der König ist der Beste unter den Menschen.
Der Ozean ist der Beste unter den Gewässern.
Der Mond ist der Beste unter den Sternen.
Die Sonne ist die Beste unter den Leuchtenden.
Für den Verdienst Wünschenden, die Geben,
ist der Sangha das Beste."

Nachdem der Erhabene den Flechtenasketen Keniya mit diesem Vers angesprochen hatte, stand er auf und ging fort. (8) //35//

Nachdem der Erhabene, solange es ihm gefiel, in Āpana geweilt hatte, brach er zu einer Reise nach Kusināra auf mit einem großen Mönchssangha, mit 1250 Mönchen. Da hörten die Mallā von Kusināra: Der Erhabene, so sagt man, kam nach Kusināra mit einem großen Mönchssangha, mit 1250 Mönchen. Jene trafen eine Übereinkunft: Wer dem Erhabenen nicht entgegengehen wird, erhält 500 (Geldstücke) Strafe. Zu jener Zeit war der Mallā Rojo der Freund des ehrwürdigen Ānanda. Dann kam der Erhabene nach und nach wandernd in Kusināra an. (1)

Da kamen die Mallā aus Kusināra dem Erhabenen entgegen. Es kam der Mallā Rojo, nachdem er dem Erhabenen entgegen gegangen war, zum ehrwürdigen Ānanda. Dort stand er beiseite, nachdem er den ehrwürdigen Ānanda verehrt hatte. Beiseite stehend sagte dem Mallā Rojo der ehrwürdige Ānanda folgendes: "Großartig ist es, Bruder Rojo, wie du dem Erhabenen entgegengingst." - "Nicht bin ich, verehrungswürdiger Ānanda, angetan vom Erwachten, der Lehre, dem Sangha, vielmehr ist von Verwandten die Abmachung getroffen worden: Wer dem Erhabenen nicht entgegengehen wird, erhält 500 (Geldstücke) Strafe. Nur aus Furcht vor der Strafe der Verwandten, verehrungswürdiger Ānanda, ging ich dem Erhabenen entgegen." Das mißfiel dem ehrwürdigen Ānanda: Wie kann der Mallā Rojo so etwas sagen. (2)

Da ging der ehrwürdige Ānanda zum Erhabenen. Dort, nachdem er den Erhabenen verehrt hatte, setzte er sich beiseite nieder. Beiseite sitzend sagte der ehrwürdige Ānanda dem Erhabenen folgendes: "Hier ist der Mallā Rojo, ein sehr bekannter, berühmter Mann. Von großer Wirkung (wäre es,) wenn ein derart bekannter Mann dieser Lehre und Zucht vertraut. Gut wäre es, Verehrungswürdiger, wenn der Erhabene derartiges tun würde, daß der Mallā Rojo in dieser Lehre und Zucht Vertrauen findet." - "Nicht schwierig ist es, für den Vollendeten (etwas zu tun,) wodurch der Mallā Rojo in dieser Lehre und Zucht Vertrauen finden würde." (3)

Dann ist der Erhabene, nachdem er zu dem Mallā Rojo den Geist der liebenden Güte ausgestrahlt hatte, vom Sitz aufgestanden und in die Behausung eingetreten. Als der Mallā Rojo vom Geist der liebenden Güte des Erhabenen berührt wurde, hat er wie ein Kalb das zur Kuh (läuft), nachdem er von Behausung zu Behausung, von Mönchsklause zu Mönchsklause gegangen ist, die Mönche befragt: "Wo weilt jetzt, Verehrungswürdige, der Erhabene, Heilige, vollkommen Erwachte? Ich wünsche nämlich den Erhabenen, Heiligen, vollkommen Erwachten zu sehen." - "Dies ist die Behausung, Bruder Rojo, wo die Tür geschlossen, daher gehe leise (zu ihr), nachdem du in den Windfang eingetreten bist, ohne ihn ganz zu überqueren, dich geräuspert hast, gegen das Schloß geklopft hast, wird dir der Erhabene die Tür öffnen." (4)

Dann ging der Mallā Rojo leise zur geschlossenen Tür. Nachdem er in den Windfang eingetreten war, ohne ihn ganz zu überqueren, sich geräuspert hatte, gegen das Schloß geklopft hatte, öffnete ihm der Erhabene die Tür. Da hat der Mallā Rojo, nachdem er eingetreten war, den Erhabenen verehrt hatte, sich beiseite niedergesetzt. Beiseite sitzend hielt der Erhabene dem Mallā Rojo eine einführende Rede in folgender Weise: Er sprach über das Geben, die Sittlichkeit, den Himmel, das Elend, die Nichtigkeit und die Verderbtheit der Sinnesgenüsse, die Vorteile des Verzichtes. Als der Erhabene wußte, daß der Kaufmann und Hausherr in der Gemütsverfassung zugänglich, sanft, unvoreingenommen, froh, hell war, da hat er dies verkündigt, nämlich die zusammengefaßte Lehre der Buddhas, nämlich vom Leid, seiner Entstehung, seiner Überwindung, den Weg dazu. Genauso, wie ein sauberer fleckenloser Stoff gut Farbe annehmen würde, so ging dem Kaufmann und Hausherrn dort auf dem Sitz das reine klare Auge der Wahrheit auf: Wenn irgend etwas als seine Eigenschaft das Entstehen hat, alles das hat als eine Eigenschaft das Vergehen. Dann sagte der Mallā Rojo, nachdem er die Wahrheit gesehen, die Wahrheit erlangt, die Wahrheit verstanden, die Wahrheit durchdrungen, den Zweifel überwunden, die Ungewißheit beseitigt, die vollkommene Zuversicht aus eigener Kraft in der Lehre erlangt hatte, folgendes: "Gut wäre es, Verehrungswürdiger, wenn die Herren nur von mir annehmen würden: Robe, Almosenspeise, Unterkunft, für die Kranken Medizin, nicht von anderen." - "Bei denen, Rojo, die die Lehre verstanden haben, die wie Übende wissen, wie Übende sehen, denen kommt wie dir, folgender Gedanke: Oh, würden die Herren nur von mir annehmen: Robe, Almosenspeise, Unterkunft, für die Kranken Medizin, nicht von anderen. Daher, Rojo, werden (sie) sowohl von dir als auch von anderen annehmen." (5)

Zu jener Zeit war die Reihenfolge für (das Geben) vorzüglichen Essens festgelegt. Als der Mallā Rojo nicht an der Reihe war, kam ihm folgender Gedanke: Wenn ich jetzt in die Speisehalle schauen würde? Was ich an Essen nicht sehe, das werde ich vorbereiten. Als der Mallā Rojo in die Speisehalle schaute, sah er zwei (Sachen) nicht, Gemüse und Mehlspeisen. Da ging der Mallā Rojo zum ehrwürdigen Ānanda. Dort sagte er dem ehrwürdigen Ānanda folgendes: "Als ich, verehrungswürdiger Ānanda, nicht an der Reihe war, kam mir folgender Gedanke: Wenn ich jetzt in die Speisehalle schauen würde? Was ich an Essen nicht sehe, das werde ich vorbereiten. Wenn ich, verehrungswürdiger Ānanda, Gemüse und Mehlspeisen vorbereiten würde, würde dies der Erhabene annehmen?" - "Darüber, Rojo, befrage ich den Erhabenen." (6)

Dann erzählte der ehrwürdige Ānanda dem Erhabenen den Sachverhalt. "Möge (er), Ānanda, vorbereiten." - "Bereite vor, Rojo." Da hat der Mallā Rojo, als die Nacht vergangen war, nachdem er viel Gemüse und Mehlspeisen vorbereitet hatte, dem Erhabenen angeboten: "Annehmen möge der verehrungswürdige Erhabene Gemüse und Mehlspeisen." - "Gib das auch den Mönchen." Die zweifelnden Mönche nahmen nicht an. "Nehmt an, ihr Mönche, und eßt." (7)

Dann, nachdem der Mallā Rojo den Mönchssangha mit dem Erwachten an der Spitze eigenhändig mit vielem Gemüse und Mehlspeisen bedient und versorgt hatte, als der Erhabene die Hände gewaschen hatte und von der Almosenschale

zurückgezogen hatte, setzte er sich beiseite nieder. Dem beiseite sitzenden Mallā Rojo hat der Erhabene durch ein Lehrgespräch veranlaßt zu verstehen, aufzunehmen, davon motiviert zu sein, sich daran zu erfreuen. Dann ist der Erhabene, nachdem er den Mallā Rojo durch eine Lehrrede veranlaßt hatte zu verstehen, aufzunehmen, davon motiviert zu sein, sich daran zu erfreuen, vom Sitz aufgestanden und fortgegangen. Nachdem der Erhabene in diesem Zusammenhang eine Lehrrede gehalten hatte, sprach er die Mönche an: "Ich erlaube, ihr Mönche, alle Gemüse und alle Mehlspeisen." (8) //36//

Nachdem der Erhabene, solange es ihm gefiel, in Kusināra geweilt hatte, brach er zu einer Reise nach Ātuma auf mit einem großen Mönchssangha, mit 1250 Mönchen. Zu jener Zeit lebte ein gewisser erst im Alter Ordinierter in Ātumā, eine früherer Friseur, der hatte zwei Jungen mit sanfter Stimme, intelligent, geschickt, bei eigenen Lehrern vollständig in der Friseurkunst ausgebildet. (1)

Es hörte der im Alter Ordinierte: Der Erhabene, so sagt man, kam mit einem großem Mönchssangha nach Ātuma, mit 1250 Mönchen. Da sagte der im Alter Ordinierte seinen Jungen folgendes: "Der Erhabene, meine Lieben, so sagt man, ist mit einem großem Mönchssangha nach Ātumā gekommen, mit 1250 Mönchen. Geht, ihr Lieben, nachdem ihr das Friseurwerkzeug genommen habt, mit einem Sammelbecher von Haus zu Haus und sammelt Salz, Öl, Reis, feste Speise. Wenn der Erhabene kommen wird, werden wir Reisschleim machen." (2)

"So sei es, mein Lieber." Nachdem jene Jungen dem im Alter Ordinierten das geantwortet hatten, mit einem Sammelbecher von Haus zu Haus gegangen waren, sammelten sie Salz, Öl, Reis und feste Speise. Nachdem die Menschen die intelligenten Kinder mit der sanften Stimme gesehen hatten, ließen sie das machen, was sie nicht wünschten machen zu lassen[13], danach gaben sie viel. Da haben jene Kinder viel Salz, Öl, Reis und feste Speise gesammelt. (3)

Dann kam der Erhabene nach und nach reisend in Ātumā an. Dort weilte der Erhabene in Ātumā in Bhūsāgāre. Dann hat der im Alter Ordinierte, als jene Nacht vorüber, war viel Reisschleim vorbereitet, brachte ihn zum Erhabenen: "Annehmen möge der Verehrungswürdige Erhabene Reisschleim." Wissend fragen die Vollendeten, wissend fragen sie nicht, die (rechte) Zeit wissend fragen sie, die (rechte) Zeit wissend fragen sie nicht, mit Bedacht fragen Vollendete, nicht ohne Bedacht, Unbedachtes tun Vollendete nicht. In zwei Weisen befragt der Erwachte, der Erhabene die Mönche, um die Lehre zu verkünden oder den Schülern Regeln zu geben. Dann sagte der Erhabene dem im Alter Ordinierten folgendes: "Woher, Mönch, ist dieser Reisschleim?" Da erzählte der im Alter Ordinierte dem Erhabenen den Sachverhalt. (4)

Da tadelte der Erwachte, Erhabene: "Unpassend ist es, törichter Mensch, ungeeignet, unangemessen, nicht asketenwürdig, nicht erlaubt, nicht zu tun. Wie kannst, du, du törichter Mensch, andere veranlassen, Unerlaubtes zu tun. Nicht ist das, törichter Mensch, um die Unzufriedenen zufrieden zu stellen." Nachdem er getadelt hatte und eine Lehrrede gehalten hatte, sprach er die Mönche an: "Nicht soll durch einen Ordinierten veranlaßt werden, Unerlaubtes zu tun. Wer so veranlassen würde, begeht ein dukkata Vergehen. Einer, der vorher Friseur war, soll kein Friseurwerkzeug benutzen. Wer so benutzen würde, begeht ein dukkata Vergehen. (5) //37//

Nachdem der Erhabene, solange es ihm gefiel, in Ātuma geweilt hatte, brach er zu einer Reise nach Sāvatthi auf. Allmählich wandernd kam er in Sāvatthi an. Dort weilte er in Sāvatthi im Jeta Hain des Anāthapindika. Zu jener Zeit gab es in Sāvatthi viele Früchte als feste Speise. Da kam den Mönchen folgender Gedanke: Ob der Erhabene Früchte als feste Speise erlaubt hat oder nicht erlaubt hat? Dem Erhabenen erzählten sie diesen Sachverhalt. "Ich erlaube alle Früchte als feste Speise." (1) //38//

Zu jener Zeit wuchsen dem Sangha gehörende Samen in Erde, die Privatleuten gehörte; und Privatleuten gehörende Samen in Erde, die dem Sangha gehörte. Dem Erhabenen erzählten sie diesen Sachverhalt. "Bei den dem Sangha gehörenden Samen, die in der Erde von Privatleuten wuchsen, soll man, nachdem man einen Teil abgegeben hat, genießen. Bei den den Privatleuten gehörenden Samen, die in der Erde vom Sangha wuchsen, soll man, nachdem man einen Teil abgegeben hat, genießen." (1) //39//

Zu jener Zeit kam den Mönchen in irgendeinem Fall Zweifel auf: Was hat der Erhabene erlaubt, was hat er nicht erlaubt. Dem Erhabenen erzählten sie diesen Sachverhalt. "Was ich mit: "nicht erlaubt" nicht abgelehnt habe, wenn das zum Nichterlaubten paßt, dem Erlaubten entgegengeht, das ist nicht erlaubt." Was ich mit: "nicht erlaubt" nicht

---

[13]nämlich sich frisieren zu lassen

abgelehnt habe, wenn das zum Erlaubten paßt, dem Unerlaubten entgegensteht, das ist erlaubt. Was ich nicht mit: "ist erlaubt", erlaubt habe, wenn das zum Nichterlaubten paßt, dem Erlaubten entgegengeht, das ist nicht erlaubt. Was ich nicht mit: "ist erlaubt", erlaubt habe, wenn das zum Erlaubten paßt, dem Unerlaubten entgegensteht, das ist erlaubt." (1)

Da kam den Mönchen folgender Gedanke: Ist es erlaubt, (Essen), das für einen Tag und eine Nacht (erlaubt ist) zusammen mit Essen, das für eine bestimmte Zeit[14] erlaubt ist, (zu essen), oder ist es nicht erlaubt?

Wiederholung:
... das für sieben Tage erlaubt ist ... für eine bestimmte Zeit
... das für das ganze Leben ... für eine bestimmte Zeit
... das für sieben Tage erlaubt ist ... für einen Tag
... das für das ganze Leben erlaubt ist ... für einen Tag
... das für das ganze Leben erlaubt ist ... für sieben Tage (2)

"Ihr Mönche, für einen Tag erlaubtes Essen und für bestimmte Zeit erlaubtes Essen ist, an jenem Tag angenommen zur rechten Zeit (gegessen z.B. am Vormittag) erlaubt, zur unrechten Zeit (gegessen) nicht erlaubt."
"Ihr Mönche, für sieben Tage erlaubtes Essen und für bestimmte Zeit erlaubtes Essen ist, an jenem Tag angenommen zur rechten Zeit (gegessen) erlaubt, zur unrechten Zeit (gegessen) nicht erlaubt."
"Ihr Mönche, für das ganze Leben erlaubtes Essen und für bestimmte Zeit erlaubtes Essen ist, an jenem Tag angenommen zur rechten Zeit (gegessen) erlaubt, zur unrechten Zeit (gegessen) nicht erlaubt."
"Ihr Mönche, für sieben Tage erlaubtes Essen und für einen Tag erlaubtes Essen ist, an jenem Tag (gegessen) erlaubt; ist jener Tag (und die Nacht) überschritten, ist es nicht erlaubt."
"Ihr Mönche, für das ganze Leben erlaubtes Essen und für einen Tag erlaubtes Essen ist, an jenem Tag (gegessen) erlaubt; ist jener Tag (und die Nacht) überschritten, ist es nicht erlaubt."
"Ihr Mönche, für das ganze Leben erlaubtes Essen und für sieben Tag erlaubtes Essen ist, an jenen Tagen (gegessen) erlaubt; sind jene sieben Tage überschritten, ist es nicht erlaubt." (3) //40//

Das Medizinkapitel, das sechste.

In diesem Kapitel sind einhundertsechs Sachverhalte. Hier ist die Aufzählung:

Im Herbst, auch zur Unzeit, Talg, Wurzeln, auch mit Mehl, Zusammenziehendes, Blätter, Frucht, Harz, Salz, auch Dung, Puder, Pudersieb und Fleisch, Salbe, Salbe mit Puder, Salbengefäß, verschiedenartige Deckel, Salbenstäbchen, Kästen für Salbenstäbchen, Tasche, Tragriemen, Faden, Öl auf dem Kopf, für die Nase, Einträufelinstrument für die Nase, und Rauch, Pfeife, Deckel, Beutel, gekochtes Öl, und Alkohol, zuviel gemachte Salbe zum Einreiben, Behälter, Schwitzbad, Kräuter, großes Dampfbad (Sauna), Faß mit heißem Wasser, Blut, Horn, die Füße aufgerissen, Fuß, Messer, blutstillendes Wasser, Sesampaste, Kompresse, Stoff, Senfpuder, mit Rauch behandeln, Wundöl, Leinenverband, auch ungewöhnliche Dinge, angenommen, Exkremente, tuend, auch umgepflügte Erde, reine Lauge, Kuhurin mit Heilfrüchten, (Paste mit) Geruch, und Abführmittel, klare, natürlich und zubereitet natürlich, Fleischbrühe, Berghang, Tempelgehilfe, für 7 Tage, Zucker, Mungbohnen, auch Haferschleim, selbst gekocht, nochmal, nochmals erlaubt, in der Hungersnot, auch Frucht, Sesam und feste Speise, vorher Essen, Fieber, entfernt, Fistel, Klistier, auch Suppe, sogar Menschenfleisch, Elefant, Pferde, Hund, Schlange, Löwe, Tiger, Leopard, Bären und Hyänenfleisch, an der Reihe, Reisschleim, ein gewisser junger, Zucker, Sunīdha-Herberge, auch Ambapāli, die Licchavī, Gangā, Koṭi, Wahrheitsrede, für einen gemachtes (Fleisch), nochmals abgelehnt, bei viel vorhandenem Essen, Wolke, Yasoja, Meṇḍaka, auch Proviant von Kuhprodukten, Keṇiya, Mango, Rosenapfel, Platainbanane, Bananensaft, Honigwasser, Traubensaft, Lotoswurzelsaft, Phārusakāsaft, Gemüse und Mehlspeise, der Friseur aus Ātumā, in Sāvatthī, Frucht und Samen, in welchem Fall, die Zeiten.

---

[14] z.B. bis Mittag

MV 7

Zu jener Zeit weilte der Erwachte, Erhabene in Sāvatthi im Jeta Hain im Klosterbezirk des Anāthapindika. Zu jener Zeit gingen ungefähr 30 Mönche aus Pāvā, alle Waldbewohner, alle Almosensammler, alle Träger fortgeworfener Lumpen, alle Dreirobenträger nach Sāvatthi um den Erhabenen zu sehen. Der Beginn der Regenzeit war nahe, nicht konnten sie den Regenzeitbeginn in Sāvatthi begehen. Sie nahmen unterwegs in Sāketa die Regenzeit auf sich. Jene verbrachten die Regenzeit mit dem Wunsche: Der Erwachter weilt doch nahe bei uns, von hier aus 6 Yojanas (entfernt), aber wir bekommen den Erhabenen nicht zu sehen. Dann, nachdem jene Mönche die Regenzeit verbracht hatten, nachdem 3 Monate vergangen waren, sie Pavārana begangen hatten, als es regnete, sich das Wasser sammelte, das Wasser Morast machte, kamen sie mit durchnäßten Roben und müden Körpern in Sāvatthi, im Jeta Hain, im Klosterbezirk des Anāthapindika an. Dort, nachdem sie den Erhabenen verehrt hatten, setzten sie sich beiseite nieder. (1)

Es war Brauch, daß der Erhabene, Erwachte mit den Gastmönchen freundliche Worte wechselte. Da sagte der Erhabene den Mönchen folgendes: "Wie geht es euch, ihr Mönche, habe ihr die Zeit gut verbracht, habt ihr friedvoll, freudig, streitlos, angenehm die Regenzeit verbracht, hattet ihr keinen Mangel an Almosen?" "Uns geht es gut, Erhabener, wir haben die Zeit gut verbracht, Erhabener, wir waren friedvoll, Verehrungswürdiger, freudig, streitlos, verbrachten wir die Regenzeit, hatten keinen Mangel an Almosen. Hier sind, Verehrungswürdiger ungefähr 30 Mönche aus Pāvā nach Sāvatthi gekommen, den Erhabenen zu sehen. Der Beginn der Regenzeit war nahe, nicht konnten wir den Regenzeitbeginn in Sāvatthi begehen. Wir nahmen unterwegs in Sāketa die Regenzeit auf uns. Wir verbrachten die Regenzeit mit dem Wunsche: Der Erwachter weilt doch nahe bei uns, von hier aus 6 Yojanas (entfernt), aber wir bekommen den Erhabenen nicht zu sehen. Dann, nachdem wir die Regenzeit verbracht hatten, nachdem 3 Monate vergangen waren, wir Pavārana begangen hatten, als es regnete, sich das Wasser sammelte, das Wasser Morast machte, sind wir mit durchnäßten Roben und müden Körpern den Weg gekommen. (2)

Nachdem der Erhabene in diesem Zusammenhang eine Lehrrede gehalten hatte, sprach er die Mönche an: "Ich erlaube, ihr Mönche, nachdem man die Regenzeit verbracht hat, den Mönchen Kathina zuzuteilen. Zugeteiltes Kathina erlaubt für euch, ihr Mönche, 5 (Dinge[1]):

a) anāmantacāro
b) asamādānacāro
c) ganabhojanam
d) yāvadatthacīvaram
e) yo ca tattha cīvaruppādo so nesam bhavissati

Zugeteiltes Kathina erlaubt für euch, ihr Mönche, diese 5 (Dinge). So, ihr Mönche, teilt man Kathina zu: (3)

Ein erfahrener und fähiger Mönch soll dem Sangha ankündigen: 'Höre mich, verehrungswürdiger Sangha, hier ist für diesen Sangha Stoff zu Kathina gekommen, wenn es dem Sangha recht ist, möge der Sangha den Stoff zu Kathina dem so und so genannten Mönch geben als Kathinazuteilung.' Das ist die Ankündigung. 'Höre mich, verehrungswürdiger Sangha, hier ist für diesen Sangha Stoff zu Kathina gekommen, wenn es dem Sangha recht ist, möge der Sangha den Stoff zu Kathina dem so und so genannten Mönch geben als Kathinazuteilung. Wenn es den Ehrwürdigen recht ist, das Geben des Stoffes als Kathinazuteilung an den so und so genannten Mönch, so mögen sie schweigen, wenn es nicht recht ist, so mögen sie sprechen. Zugeteilt hat der Sangha den Stoff zu Kathina an den so und so genannten Mönch. Es ist dem Sangha recht, daher das Schweigen; so nehme ich es an. (4)

---

[1]Diese fünf Dinge bedeuten:
1. anāmantacāro: Ohne sich an die Bettelmönche zu wenden, bzw. ohne Abschied zu erfragen, Familien besuchen (Pācittiya 46 ist damit ungültig).
2. asamadānacāro: Ohne alle drei Gewänder mit sich zu nehmen auf Wanderung gehen (Nissagiā Pācittiya 2 ist damit ungültig).
3. ganabhojanam: Speise in einer Gemeinschaft genießen (Pācittiya 37 ist damit ungültig).
4. yāvatatthacīvaram: Notwendigerweise, wunschgemäß Gewänder benutzen bzw. ohne Zahl und Zeitbeschränkung, ohne Bestimmung und ohne Überlassung (vikappana) (Nissagiyā Pācittiyā 1 & 2 sind damit ungültig).
5 yo ca tattha cīvarruppādo, so nesam bhavissati: Welches Gewand/Stoff auch immer dem Kloster zukommt, das wird seinen Bewohnern gehören.

(Aus: Pātimokkha übersetzt vom ehrwürdigen Ñanadassana Bhikkhu und dem ehrwürdigen Vivekavihārī Bhikkhu)

So, ihr Mönche, teilt man Kathina zu. So teilt man nicht zu. Wie, ihr Mönche, teilt man Kathina nicht zu? Kathina wird nicht zugeteilt nur durch markieren (des Stoffes um den Stoff in einzelne zu vergebende Teile zu zerteilen). Kathina wird nicht zugeteilt nur durch Waschen (des Stoffes). Kathina wird nicht zugeteilt nur durch Überdenken der Roben(größe)[2]. Kathina wird nicht zugeteilt nur durch Schneiden. Kathina wird nicht zugeteilt nur durch Zusammenheften (mit Heftstichen). Kathina wird nicht zugeteilt nur durch (nähen) einer provisorischen Naht[3]. Kathina wird nicht zugeteilt nur durch markieren der Kathinarobe mit einem Stoffstreifen. Kathina wird nicht zugeteilt nur durch festes zusammenfügen. Kathina wird nicht zugeteilt nur durch nähen eines Saumes. Kathina wird nicht zugeteilt nur durch anfügen eines Verschlußbandes. Kathina wird nicht zugeteilt nur durch doppelt legen des Stoffes (für das Schultertuch). Kathina wird nicht zugeteilt nur durch Kneten des Tuches (beim Färben). Kathina wird nicht zugeteilt nur durch Hinweis (dies ist des so und so genannten Robe). Kathina wird nicht zugeteilt nur durch Umhererzählen (dies ist des so und so genannten Robe). Kathina wird nicht zugeteilt nur durch ein Längenmaß[4]. Kathina wird nicht zugeteilt nur durch Aufbewahren (von Roben). Kathina wird nicht zugeteilt nur durch Aufhören (die Roben zu machen beim Morgengrauen[5]). Kathina wird nicht zugeteilt nur durch Erlaubtmachen (der Robe). Kathina wird nicht zugeteilt nur bei Fehlen des Schultertuches. Kathina wird nicht zugeteilt nur bei Fehlen des Obergewandes. Kathina wird nicht zugeteilt nur bei Fehlen des Hüfttuches. Kathina wird nicht zugeteilt nur durch schneiden von fünf oder mehr als fünf Teilen, die an jenem Tag umfaßt (umsäumt) werden. Kathina wird nicht zugeteilt nur dadurch, daß man die Robe selber macht. Selbst wenn Kathina gut zugeteilt wird, wenn jemand von außerhalb der Grenze dies annimmt, dann ist Kathina nicht gut zugeteilt[6]. So, ihr Mönche, ist Kathina nicht gut zugeteilt. (5)

Wie, ihr Mönche, ist Kathina gut zugeteilt? Von neuem (Stoff) wird Kathina zugeteilt, von wie neuem, erlaubtem (Stoff) wird Kathina zugeteilt, von (einzelnen) Stücken (Stoff) wird Kathina zugeteilt, von (Stoff) aus fortgeworfenen Lumpen wird Kathina zugeteilt, von (Stoff) vom Ladengeschäft wird Kathina zugeteilt, von nicht markiertem (Stoff) wird Kathina zugeteilt, durch nicht Umhererzählen (dies ist des so und so genannten Robe) wir Kathina zugeteilt, durch nicht Längenmaß wird Kathina zugeteilt, durch Nichtaufbewahren (von Roben) wird Kathina zugeteilt, durch Aufhören (die Roben zu machen beim Morgengrauen) wird Kathina zugeteilt, Kathina wird zugeteilt durch Erlaubtmachen (der Robe). Kathina wird zugeteilt wenn ein Schultertuche vorhanden ist. Kathina wird zugeteilt wenn ein Obergewand vorhanden ist. Kathina wird zugeteilt wenn ein Hüfttuch vorhanden ist. Kathina wird zugeteilt durch schneiden von fünf oder mehr als fünf Teilen, die an jenem Tag umfaßt (umsäumt) werden. Kathina wird zugeteilt dadurch, daß man die Robe selber macht. Selbst wenn Kathina gut zugeteilt wird, wenn jemand von innerhalb der Grenze dies annimmt, dann ist Kathina gut zugeteilt. So, ihr Mönche, ist Kathina gut zugeteilt. (6)

Und wie, ihr Mönche, hebt man Kathina auf? Es gibt 8 Gründe Kathina aufzuheben:

abhängig vom Fortgehen (des Mönches)
abhängig von der Fertigstellung (der Robe)
abhängig vom Entschluß (sie nicht zu machen und nicht zurückzukehren)
abhängig vom Verlorengehen (der Robe)
abhängig vom Hören (das Kathina in der Grenze) aufgehoben ist
wenn der Wunsch (nach einer Robe) aufgehoben ist,
wenn er außerhalb der Grenze ist

---

[2] cīvaravicāraṇamattena: Die Roben wurden aus mehreren Stücken zusammengesetzt, meist fünf oder sieben, wahrscheinlich mußte vorher überlegt werden, wie groß die einzelnen Teile zu sein haben. Eine andere Möglichkeit besteht, daß der Robenstoff eingeteilt werden mußte um aus einem Stück Stoff für mehrere Mönche eine Robe herzustellen. (Siehe I. B. Horner)

[3] In dieser und den nachfolgenden Erklärungen folgen wir dem Kommentar

[4] Hier weichen wir vom Kommentar des Buddhaghosa ab, der kukkukata mit "zeitlich befristet" erklärt.

[5] bei Kathina Roben wurde nur bis zum Morgengrauen an der Robe gearbeitet, bei normalen Roben spielt die Zeit keine Rolle.

[6] D.h. der die Kathinarobe Annehmende muß bei dem Sanghaakt der Kathinazuteilung dabei sein, damit er sich bedanken kann und darf nicht außerhalb der Grenze sein.

wenn mit den anderen Mönchen aufgehoben wird. (7) //1//

Der Mönch, nachdem ihm Kathina zugeteilt war, nahm die hergestellte Robe und ging fort (im Gedanken) nicht mehr zurückzukehren. Bei jenem Mönch, der fortgeht ist Kathina aufgehoben.

Der Mönch, dem Kathina zugeteilt war, und der die Robe[7] genommen hatte und fortgegangen war, kam, als er außerhalb der Grenze war folgender Gedanke: Hier werde ich die Robe herstellen (fertigmachen)[8], nicht werde ich zurückkehren. So stellte er die Robe her. Diesem die Robe hergestellt habenden Mönch ist Kathina aufgehoben.

Der Mönch, dem Kathina zugeteilt war, und der die Robe genommen hatte und fortgegangen war, kam, als er außerhalb der Grenze war folgender Gedanke: Hier werde ich die Robe nicht herstellen, nicht werde ich zurückkehren. Diesem die Robe nicht herstellenden Mönch ist Kathina aufgehoben.

Der Mönch, nachdem ihm Kathina zugeteilt war, nahm die Robe und ging fort. Ihm kam außerhalb der Grenze folgender Gedanke: Hier werde ich die Robe herstellen, nicht werde ich zurückkehren. So stellte er die Robe her. Jenem geht beim Herstellen die Robe verloren. Jenem die Robe verloren habenden Mönch ist Kathina aufgehoben. (1)

Der Mönch, nachdem ihm Kathina zugeteilt war, nahm die Robe und ging fort (im Gedanken) wieder zurückzukehren. Jener stellte außerhalb der Grenze jene Robe her. Nachdem er die Robe hergestellt hatte, hörte er: Aufgehoben ist in dieser Behausung Kathina. Wenn dieser Mönch dies hört ist Kathina aufgehoben.

Der Mönch, nachdem ihm Kathina zugeteilt war, nahm die Robe und ging fort (im Gedanken) wieder zurückzukehren. Jener stellte außerhalb der Grenze jene Robe her. Jener, dessen Robe hergestellt wurde (denkt): ich kehre zurück, ich kehre zurück. So weilt er außerhalb (der Grenze) (während) Kathina aufgehoben wird. Jenem außerhalb der Grenze Seienden ist Kathina aufgehoben.

Der Mönch, nachdem ihm Kathina zugeteilt war, nahm die Robe und ging fort (im Gedanken) wieder zurückzukehren. Jener stellte außerhalb der Grenze jene Robe her. Jener, dessen Robe hergestellt wurde (denkt): ich kehre zurück, ich kehre zurück. Gerade bei der Kathinaaufhebung (kommt er) zurück. Für jenen Mönch und die Mönche ist Kathina aufgehoben. (2) //2//

Die 7 Fälle des mitgenommenen sind beendet.

Der Mönch, nachdem ihm Kathina zugeteilt war, nahm die hergestellte Robe mit sich und ging fort (im Gedanken) nicht mehr zurückzukehren. Bei jenem Mönch, der fortgeht ist Kathina aufgehoben.

[Der Rest ist Wiederholung von //2// statt "genommen hatte" mit: "mit sich genommen hatte".] (2) //3//

Die 7 Fälle des mit sich genommen sind beendet.

Der Mönch, dem Kathina zugeteilt war, und der die nicht fertige Robe genommen hatte und fortgegangen war, kam, als er außerhalb der Grenze war folgender Gedanke: Hier werde ich die Robe herstellen (fertigmachen), nicht werde ich zurückkehren. So stellte er die Robe her. Diesem die Robe hergestellt habenden Mönch ist Kathina aufgehoben. [Der Rest ist die Wiederholung von Abschnitt //2// jeweils mit "nicht fertige Robe"] //4//

Die 6 Fälle des genommenen sind beendet

Der Mönch, dem Kathina zugeteilt war, und der die nicht fertige Robe mit sich genommen hatte und fortgegangen war, kam, als er außerhalb der Grenze war folgender Gedanke: Hier werde ich die Robe herstellen, nicht werde ich zurückkehren. So stellte er die Robe her. Diesem die Robe hergestellt habenden Mönch ist Kathina aufgehoben. [Der Rest ist die Wiederholung von Abschnitt //4// jeweils mit "nicht fertige Robe mit sich genommen"] //5//

Die 6 Fälle des "mit sich genommenen sind beendet

Der Mönch, dem Kathina zugeteilt war, und der die Robe genommen hatte und fortgegangen war, kam, als er außerhalb

---

[7] Vinayakommentar sagt: die nicht fertig hergestellte Robe

[8] In allen Fällen findet sich hier der Kausativ, d.h. herstellen lassen. Da aber im Deutschen "herstellen lassen" bedeuten von anderen fertigmachen lassen wurde von dieser Übersetzung abgesehen, da der Mönch seine Robe selber machen soll.

MV 7

der Grenze war folgender Gedanke: Hier werde ich die Robe herstellen, nicht werde ich zurückkehren. So stellte er die Robe her. Diesem, die (Robe) hergestellt habenden Mönch ist Kathina aufgehoben. [Der Rest diese Abschnittes ist die wörtliche Wiederholung von //2// (1)] (1)

Der Mönch, dem Kathina zugeteilt war, und der die Robe genommen hatte und fortgegangen war (in dem Gedanken): ich komme nicht zurück, kam, als er außerhalb der Grenze war folgender Gedanke: Hier werde ich die Robe herstellen. So stellte er die Robe her. Diesem, die (Robe) hergestellt habenden Mönch ist Kathina aufgehoben. Der Mönch, dem Kathina zugeteilt war, und der die Robe genommen hatte und fortgegangen war (in dem Gedanken): ich komme nicht zurück, kam, als er außerhalb der Grenze war folgender Gedanke: Hier werde ich die Robe nicht herstellen. Diesem, die (Robe) nicht herstellenden Mönch ist Kathina aufgehoben. Der Mönch, nachdem ihm Kathina zugeteilt war, nahm die Robe und ging fort (in dem Gedanken): ich komme nicht zurück. Ihm kam außerhalb der Grenze folgender Gedanke: Hier werde ich die Robe herstellen. So stellte er die Robe her. Jenem geht beim Herstellen die Robe verloren. Jenem die Robe verloren habenden Mönch ist Kathina aufgehoben. (2)

Der Mönch, dem Kathina zugeteilt war, und der die Robe genommen hatte und fortgegangen war ohne einen Entschluß zu fassen: bei ihm entsteht nicht der Gedanke: "Ich werde zurückkehren, ich werde nicht zurückkehren", kam, als er außerhalb der Grenze war folgender Gedanke: Hier werde ich die Robe herstellen, nicht werde ich zurückkehren. So stellte er die Robe her. Diesem, die (Robe) hergestellt habenden Mönch ist Kathina aufgehoben.
Der Mönch, dem Kathina zugeteilt war, und der die Robe genommen hatte und fortgegangen war ohne einen Entschluß zu fassen ... Hier werde ich die Robe nicht herstellen, nicht werde ich zurückkehren. So stellte er die Robe nicht her. Diesem, die (Robe) nicht herstellenden Mönch ist Kathina aufgehoben.
Der Mönch, dem Kathina zugeteilt war, und der die Robe genommen hatte und fortgegangen war ohne einen Entschluß zu fassen ... Jenem geht beim Herstellen die Robe verloren. Jenem die Robe verloren habenden Mönch ist Kathina aufgehoben. (3)

Der Mönch, dem Kathina zugeteilt war, und der die Robe genommen hatte und fortgegangen war (in dem Gedanken): ich komme zurück, kam, als er außerhalb der Grenze war folgender Gedanke: Hier werde ich die Robe herstellen, nicht werde ich zurückkehren. So stellte er die Robe her. Diesem, die (Robe) hergestellt habenden Mönch ist Kathina aufgehoben.
Der Mönch, dem Kathina zugeteilt war, und der die Robe genommen hatte und fortgegangen war (in dem Gedanken): ich komme zurück, kam, als er außerhalb der Grenze war folgender Gedanke: Hier werde ich die Robe nicht herstellen, nicht werde ich zurückkehren. So stellte er die Robe nicht her. Diesem, die (Robe) nicht herstellenden Mönch ist Kathina aufgehoben.

Der Mönch, dem Kathina zugeteilt war, und der die Robe genommen hatte und fortgegangen war (in dem Gedanken): ich komme zurück, kam, als er außerhalb der Grenze war folgender Gedanke: Hier werde ich die Robe herstellen, nicht werde ich zurückkehren. So stellte er die Robe her. Jenem geht beim Herstellen die Robe verloren. Jenem die Robe verloren habenden Mönch ist Kathina aufgehoben.
Der Mönch, dem Kathina zugeteilt war, und der die Robe genommen hatte ging fort (in dem Gedanken): ich komme zurück. Jener stellte außerhalb der Grenze jene Robe her. Nachdem er die Robe hergestellt hatte, hörte er: Aufgehoben ist in dieser Behausung Kathina. Wenn dieser Mönch dies hört ist Kathina aufgehoben.
Der Mönch, dem Kathina zugeteilt war, und der die Robe genommen hatte ging fort (in dem Gedanken): ich komme zurück. Jener stellte außerhalb der Grenze jene Robe her. Jener, der die Robe herstellte (denkt): ich kehre zurück, ich kehre zurück. So weilt er außerhalb (der Grenze) (während) Kathina aufgehoben wird. Jenem außerhalb der Grenze seienden ist Kathina aufgehoben.
Der Mönch, dem Kathina zugeteilt war, und der die Robe genommen hatte ging fort (in dem Gedanken): ich komme zurück. Jener stellte außerhalb der Grenze jene Robe her. Jener, der die Robe herstellte (denkt): ich kehre zurück, ich kehre zurück. Bei der Kathinaaufhebung (kommt er) zurück. Für jenen Mönch und die Mönche ist Kathina aufgehoben (4) //6//

[Abschnitt //6// wird wiederholt mit:]
"mit sich genommen habend"
"nicht fertige Robe genommen habend"
"nicht fertige Robe mit sich genommen habend" (1) //7//

Der Abschnitt mit "genommen habend" ist beendet

MV 7

Ein Mönch, dem Kathina zugeteilt war, ging fort mit dem Wunsch nach einer (bestimmten) Robe, als er außerhalb der Grenze war, hegte er diesen Wunsch, er erhielt den Nichtwunsch, den Wunsch erhielt er nicht. Da kam ihm folgender Gedanke: Hier werde ich die Robe herstellen, nicht werde ich zurückkehren. So stellte er die Robe her. Jenem die Robe hergestellt habenden Mönch ist Kathina aufgehoben.

Ein Mönch, dem Kathina zugeteilt war, ging fort mit dem Wunsch nach einer (bestimmten) Robe, als er außerhalb der Grenze war, hegte er diesen Wunsch, er erhielt den Nichtwunsch, den Wunsch erhielt er nicht. Da kam ihm folgender Gedanke: Hier werde ich die Robe nicht herstellen, nicht werde ich zurückkehren. So stellte er die Robe nicht her. Diesem die Robe nicht herstellenden Mönch ist Kathina aufgehoben.

Ein Mönch, dem Kathina zugeteilt war, ging fort mit dem Wunsch nach einer (bestimmten) Robe, als er außerhalb der Grenze war, hegte er diesen Wunsch, er erhielt den Nichtwunsch, den Wunsch erhielt er nicht. Da kam ihm folgender Gedanke: Jetzt werde ich die Robe herstellen, nicht werde ich zurückkehren. So stellte er die Robe her. Jenem geht beim Herstellen die Robe verloren. Jenem die Robe verloren habenden Mönch ist Kathina aufgehoben.

Ein Mönch, dem Kathina zugeteilt war ging fort mit dem Wunsch nach einer (bestimmten) Robe, dort außerhalb der Grenze kam ihm folgender Gedanke: Ich werde hier den Wunsch nach einer Robe hegen und nicht zurückkehren. So hegte er den Wunsch nach einer (bestimmten) Robe. Der Wunsch nach einer (bestimmten) Robe wurde nicht erfüllt. Für jenen Mönch ist Kathina aufgehoben wegen des nicht erfüllten Wunsches. (1)

Ein Mönch, dem Kathina zugeteilt war, ging fort mit dem Wunsch nach einer (bestimmten) Robe und dem Gedanken: nicht werde ich zurückkehren. Als er außerhalb der Grenze war, hegte er diesen Wunsch, er erhielt den Nichtwunsch, den Wunsch erhielt er nicht. Da kam ihm folgender Gedanke: Hier werde ich die Robe herstellen ... hier werde ich die Robe nicht herstellen ... beim Herstellen ging die Robe verloren ... Ich werde hier den Wunsch nach einer Robe hegen. So hegte er den Wunsch nach einer (bestimmten) Robe. Der Wunsch nach einer (bestimmten) Robe wurde nicht erfüllt. Für jenen Mönch ist Kathina aufgehoben wegen des nicht erfüllten Wunsches (2)

Ein Mönch, dem Kathina zugeteilt war, ging fort mit dem Wunsch nach einer (bestimmten) Robe ohne einen Entschluß zu fassen. Ihm entsteht nicht der Gedanke: Ich werde zurückkehren, ich werde nicht zurückkehren. Jener hegt außerhalb der Grenze jenen Wunsch nach einer (bestimmten) Robe. Er erhielt den Nichtwunsch, den Wunsch erhielt er nicht. Da kam ihm folgender Gedanke: Hier werde ich die Robe herstellen, nicht werde ich zurückkehren ... nicht herstellen ... beim Herstellen geht die Robe verloren ... Ich werde hier den Wunsch nach einer Robe hegen. So hegte er den Wunsch nach einer (bestimmten) Robe. Der Wunsch nach einer (bestimmten) Robe wurde nicht erfüllt. Für jenen Mönch ist Kathina aufgehoben wegen des nicht erfüllten Wunsches (3) //8//

Die zwölf Fälle des Nichtwunsches sind beendet

Ein Mönch, dem Kathina zugeteilt war, ging fort mit dem Wunsch nach eine (bestimmten) Robe (im Gedanken) ich kehre zurück. Jener hegt außerhalb der Grenze jenen Wunsch nach einer (bestimmten) Robe. Er erhielt den Wunsch, den Nichtwunsch erhielt er nicht. Da kam ihm folgender Gedanke: Hier werde ich die Robe herstellen, nicht werde ich zurückkehren. So stellt er die Robe her. Diesem, die (Robe) hergestellt habenden Mönch ist Kathina aufgehoben.

Ein Mönch, dem Kathina zugeteilt war, ging fort mit dem Wunsch nach eine (bestimmten) Robe (im Gedanken) ich kehre zurück. Jener hegt außerhalb der Grenze jenen Wunsch nach einer (bestimmten) Robe. Er erhielt den Wunsch, den Nichtwunsch erhielt er nicht. Da kam ihm folgender Gedanke: Hier werde ich die Robe nicht herstellen, nicht werde ich zurückkehren ... beim Herstellen ging die Robe verloren ... Ich werde hier den Wunsch nach einer Robe hegen und nicht zurückkehren. So hegte er den Wunsch nach einer (bestimmten) Robe. Der Wunsch nach einer (bestimmten) Robe wurde nicht erfüllt. Für jenen Mönch ist Kathina aufgehoben wegen des nicht erfüllten Wunsches. (1)

Ein Mönch, dem Kathina zugeteilt war, ging fort mit dem Wunsch nach eine (bestimmten) Robe im Gedanken: ich kehre zurück. Jener außerhalb der Grenze seiend hörte: aufgehoben, so sagt man ist in dieser Behausung Kathina. Da kam ihm folgender Gedanke: Weil in dieser Behausung Kathina aufgehoben ist, werde ich hier den Wunsch nach einer (bestimmten) Robe hegen und er hegte den Wunsch nach einer Robe. Er erhielt den Wunsch, den Nichtwunsch erhielt er nicht. Da kam ihm folgender Gedanke: Jetzt werde ich die Robe herstellen, nicht werde ich zurückkehren. So stellte er die Robe her. Diesem die Robe herstellenden Mönch ist Kathina aufgehoben.

Ein Mönch, dem Kathina zugeteilt war, ging fort mit dem Wunsch nach eine (bestimmten) Robe im Gedanken: ich kehre zurück ... Da kam ihm folgender Gedanke: Jetzt werde ich die Robe nicht herstellen, nicht werde ich zurückkehren. So stellte er die Robe nicht her. Diesem die Robe nicht herstellenden Mönch ist Kathina aufgehoben.

Ein Mönch, dem Kathina zugeteilt war, ging fort mit dem Wunsch nach eine (bestimmten) Robe im Gedanken: ich kehre zurück ... Da kam ihm folgender Gedanke: Jetzt werde ich die Robe herstellen, nicht werde ich zurückkehren. So stellte er die Robe her. Jenem geht beim Herstellen die Robe verloren. Jenem die Robe verloren habenden Mönch ist Kathina aufgehoben.

Ein Mönch, dem Kathina zugeteilt war, ging fort mit dem Wunsch nach eine (bestimmten) Robe im Gedanken: ich kehre zurück ... Da kam ihm folgender Gedanke: Ich werde hier den Wunsch nach einer Robe hegen und nicht zurückkehren. So hegte er den Wunsch nach einer (bestimmten) Robe. Der Wunsch nach einer (bestimmten) Robe wurde nicht erfüllt. Für jenen Mönch ist Kathina aufgehoben wegen des nicht erfüllten Wunsches. (2)

Ein Mönch, dem Kathina zugeteilt war ging fort mit dem Wunsch nach einer (bestimmten) Robe im Gedanken: ich kehre zurück. Dort außerhalb der Grenze hegte er den Wunsch nach einer (bestimmten) Robe. Er erhielt den Wunsch, den Nichtwunsch erhielt er nicht. So stellte er die Robe her. Jener der die Robe hergestellt hatte hörte: Aufgehoben ist in dieser Behausung Kathina. Diesem dieses gehört habenden Mönch ist Kathina aufgehoben.

Ein Mönch, dem Kathina zugeteilt war ging fort mit dem Wunsch nach einer (bestimmten) Robe im Gedanken: ich kehre zurück. Dort außerhalb der Grenze kam ihm folgender Gedanke: Hier werde ich den Wunsch nach einer Robe hegen, nicht werde ich zurückkehren. So hegte er den Wunsch nach einer Robe. Der Wunsch nach einer Robe wurde nicht erfüllt. Für jenen Mönch dessen Wunsch nicht erfüllt wurde ist Kathina aufgehoben.

Ein Mönch, dem Kathina zugeteilt war ging fort mit dem Wunsch nach einer (bestimmten) Robe im Gedanken: ich kehre zurück. Dort außerhalb der Grenze hegte er den Wunsch nach einer (bestimmten) Robe. Er erhielt den Wunsch, den Nichtwunsch erhielt er nicht. Jener, der die Robe herstellte (denkt): ich kehre zurück, ich kehre zurück. So weilt er außerhalb (der Grenze) (während) Kathina aufgehoben wird. Jenem außerhalb der Grenze seienden ist Kathina aufgehoben.

Ein Mönch, dem Kathina zugeteilt war ging fort mit dem Wunsch nach einer (bestimmten) Robe im Gedanken: ich kehre zurück. Dort außerhalb der Grenze hegte er den Wunsch nach einer (bestimmten) Robe. Er erhielt den Wunsch, den Nichtwunsch erhielt er nicht. Jener, der die Robe herstellte (denkt): ich kehre zurück, ich kehre zurück. Gerade bei der Kathinaaufhebung (kommt er) zurück. Für jenen Mönch und die Mönche ist Kathina aufgehoben (3) //9//

Die zwölf Fälle mit dem Wunsch sind beendet

Ein Mönch, dem Kathina zugeteilt war, ging weil er irgend etwas zu tun hatte fort. Dem kam, als er außerhalb der Grenze weilte der Wunsch nach einer Robe auf. So hegte er den Wunsch nach einer Robe. Er erhielt den Nichtwunsch, den Wunsch erhielt er nicht. Da kam ihm folgender Gedanke: Hier werde ich die Robe herstellen, nicht werde ich zurückkehren. So stellte er die Robe her. Diesem die Robe hergestellt habenden Mönch ist Kathina aufgehoben.

Ein Mönch, dem Kathina zugeteilt war, ging weil er irgend etwas zu tun hatte fort. Dem kam, als er außerhalb der Grenze weilte der Wunsch nach einer Robe auf. So hegte er den Wunsch nach einer Robe. Er erhielt den Nichtwunsch, den Wunsch erhielt er nicht. Da kam ihm folgender Gedanke: Hier werde ich die Robe nicht herstellen, nicht werde ich zurückkehren. So stellte er die Robe nicht her. Diesem die Robe nicht herstellenden Mönch ist Kathina aufgehoben.

Ein Mönch, dem Kathina zugeteilt war...jenem ging beim Herstellen die Robe verloren. Jenem die Robe verloren habenden Mönch ist Kathina aufgehoben.

Ein Mönch, dem Kathina zugeteilt war, ging weil er irgend etwas zu tun hatte fort ....außerhalb der Grenze kam ihm folgender Gedanke: Ich werde hier den Wunsch nach einer Robe hegen und nicht zurückkehren. So hegte er den Wunsch nach einer (bestimmten) Robe. Der Wunsch nach einer (bestimmten) Robe wurde nicht erfüllt. Für jenen Mönch ist Kathina aufgehoben wegen des nicht erfüllten Wunsches. (1)

Ein Mönch, dem Kathina zugeteilt war, ging weil er irgend etwas zu tun hatte fort mit dem Gedanken: Nicht kehre ich zurück. Dem kam, als er außerhalb der Grenze weilte der Wunsch nach einer Robe auf. So hegte er den Wunsch nach einer Robe. Er erhielt den Nichtwunsch, den Wunsch erhielt er nicht. Da kam ihm folgender Gedanke: Hier werde ich die Robe herstellen. So stellte er die Robe her. Diesem die Robe hergestellt habenden Mönch ist Kathina aufgehoben. ... so stellte her die Robe nicht her ... ging die Robe verloren ... Der Wunsch nach einer (bestimmten) Robe wurde nicht erfüllt. Für jenen Mönch ist Kathina aufgehoben wegen des nicht erfüllten Wunsches. (2)

Ein Mönch, dem Kathina zugeteilt war, ging weil er irgend etwas zu tun hatte fort ohne einen Entschluß zu fassen. Ihm entsteht nicht der Gedanke: Ich werde zurückkehren, ich werde nicht zurückkehren. Dem kam, als er außerhalb der Grenze weilte der Wunsch nach einer Robe auf. So hegte er den Wunsch nach einer Robe. Er erhielt den Nichtwunsch, den Wunsch erhielt er nicht. Da kam ihm folgender Gedanke: Hier werde ich die Robe herstellen. So stellte er die Robe her. Diesem die Robe hergestellt habenden Mönch ist Kathina aufgehoben. ... so stellte her die Robe nicht her ... ging die Robe verloren ... Der Wunsch nach einer (bestimmten) Robe wurde nicht erfüllt. Für jenen Mönch ist Kathina aufgehoben wegen des nicht erfüllten Wunsches. (3) //10//

MV 7

Die zwölf Fälle mit "irgend etwas zu tun" sind beendet.

Ein Mönch, dem Kathina zugeteilt war, ging in verschiedene Richtungen seinen Anteil am Robenmaterial nicht mitnehmend. Jenen in diese verschiedenen Richtungen Gehenden fragten die Mönche: Bruder, wo hast du die Regenzeit verbracht? Wo ist dein Anteil am Robenmaterial? Jener sagte dieses: "In jener Behausung verbrachte ich die Regenzeit, dort ist mein Anteil am Robenmaterial". Jene sagten folgendes: "Gehe, Bruder, und hole dein Robenmaterial, wir werden für dich die Robe machen". Jener, zur Behausung gegangen fragte die Mönche: "Wo, Brüder, ist mein Robenmaterialanteil?" Jene sagten folgendes: Dies, Bruder, ist dein Robenanteil, wohin wirst du gehen? Er sagte so: "Ich werde zu der Mönchsklause mit dem und dem Namen gehen, dort werden mir die Mönche die Robe herstellen". Jene sagten folgendes: "Halt, Bruder, gehe nicht, wir werden hier für dich die Robe herstellen". Da kam ihm folgender Gedanke: Hier werde ich die Robe herstellen lassen, nicht werde ich zurückkehren. Jener ließ die Robe herstellen. Jenem die Robe hergestellt lassenden habenden Mönch ist Kathina aufgehoben.

Ein Mönch, dem Kathina zugeteilt war ... Jener ließ die Robe nicht herstellen. Jenem die Robe nicht hergestellt lassen habenden Mönch ist Kathina aufgehoben.
Ein Mönch, dem Kathina zugeteilt war ... Jener ließ die Robe herstellen. Beim Herstellen lassen ging die Robe verloren .... (1)

Ein Mönch, dem Kathina zugeteilt war, ging in verschiedene Richtungen seinen Anteil am Robenmaterial nicht mitnehmend ... Dies, Bruder, ist dein Robenanteil. Jener, seine Robe genommen habend ging zu der Mönchsklause. Jenen fragten unterwegs die Mönche: "Wohin, Bruder wirst du gehen? Er sagte so: "Ich werde zu der Mönchsklause mit dem und dem Namen gehen, dort werden mir die Mönche die Robe herstellen". Jene sagten folgendes: "Halt, Bruder, gehe nicht, wir werden hier für dich die Robe machen". Da kam ihm folgender Gedanke: Hier werde ich die Robe machen lassen, nicht werde ich zurückkehren. Jener ließ die Robe herstellen. Jenem die Robe hergestellt lassen habenden Mönch ist Kathina aufgehoben.

.... Jener ließ die Robe nicht herstellen ... die Robe ging verloren ... (2)

Ein Mönch, dem Kathina zugeteilt war, ging in verschiedene Richtungen seinen Anteil am Robenmaterial nicht mitnehmend. Jenen in diese verschiedenen Richtungen Gehenden fragten die Mönche: Bruder, wo hast du die Regenzeit verbracht? Wo ist dein Anteil am Robenmaterial? Jener sagte dieses: "in jener Behausung verbrachte ich die Regenzeit, dort ist mein Anteil am Robenmaterial". Jene sagten folgendes: "Gehe, Bruder, und hole dein Robenmaterial, wir werden für dich die Robe machen". Jener, zur Behausung gegangen fragte die Mönche: "Wo, Brüder, ist mein Robenmaterialanteil?" Jene sagten folgendes: Dies, Bruder, ist dein Robenanteil. Jener, seine Robe genommen habend ging zu der Mönchsklause. Als er zu der Mönchsklause ging, kam ihm folgender Gedanke: Hier werde ich die Robe machen lassen, nicht werde ich zurückkehren. Jener ließ die Robe herstellen. Jenem die Robe hergestellt lassen habenden Mönch ist Kathina aufgehoben.

.... Jener ließ die Robe nicht herstellen ... die Robe ging verloren. (3) //11//

Die neun (Fälle) "Nichtmitgenommen" sind beendet.

Ein Mönch, dem Kathina zugeteilt war, der angenehm lebte, geht fort die Robe mitgenommen habend, um zu der Mönchsklause mit dem so und so genannten Namen zu gehen. (Wenn) es dort angenehm ist, werde ich dort wohnen, (wenn) es dort nicht angenehm ist, werde ich zur Mönchsklause mit dem so und so genannten Namen gehen. (Wenn) es dort angenehm ist, werde ich dort wohnen, (wenn) es dort nicht angenehm ist, werde ich zur Mönchsklause mit dem so und so genannten Namen gehen. (Wenn) es dort angenehm ist, werde ich dort wohnen, (wenn) es dort nicht angenehm ist, kehre ich zurück. Als er außerhalb der Grenze war, kam ihm folgender Gedanke: Hier werde ich die Robe herstellen, nicht werde ich zurückkehren. So stellte er die Robe her. Diesem, die (Robe) herstellenden Mönch ist Kathina aufgehoben.

Ein Mönch, dem Kathina zugeteilt war, der angenehm lebte, geht fort die Robe mitgenommen habend, um zu der Mönchsklause mit dem so und so genannten Namen zu gehen.....Als er außerhalb der Grenze war, kam ihm folgender Gedanke: Hier werde ich die Robe nicht herstellen, nicht werde ich zurückkehren. So stellte er die Robe nicht her. Diesem, die (Robe) nicht herstellenden Mönch ist Kathina aufgehoben.

Ein Mönch, dem Kathina zugeteilt war, der angenehm lebte, geht fort die Robe mitgenommen habend, um zu der Mönchsklause mit dem so und so genannten Namen zu gehen.... Jenem geht beim Herstellen die Robe verloren. Jenem die Robe verloren habenden Mönch ist Kathina aufgehoben.

MV 7

Ein Mönch, dem Kathina zugeteilt war, der angenehm lebte, geht fort die Robe mitgenommen habend, um zu der Mönchsklause mit dem so und so genannten Namen zu gehen. (Wenn) es dort angenehm ist, werde ich dort wohnen, (wenn) es dort nicht angenehm ist, werde ich zur Mönchsklause mit dem so und so genannten Namen gehen. (Wenn) es dort angenehm ist, werde ich dort wohnen, (wenn) es dort nicht angenehm ist, werde ich zur Mönchsklause mit dem so und so genannten Namen gehen. (Wenn) es dort angenehm ist, werde ich dort wohnen, (wenn) es dort nicht angenehm ist, kehre ich zurück. So weilt er außerhalb (der Grenze) (während) Kathina aufgehoben wird. Jenem außerhalb der Grenze Seienden ist Kathina aufgehoben.

Ein Mönch, dem Kathina zugeteilt war, der angenehm lebte, geht fort die Robe mitgenommen habend, um zu der Mönchsklause mit dem so und so genannten Namen zu gehen. (Wenn) es dort angenehm ist, werde ich dort wohnen, (wenn) es dort nicht angenehm ist .... Kehre ich zurück. Jener stellte außerhalb der Grenze jene Robe her. Jener, der die Robe herstellte (denkt): ich kehre zurück, ich kehre zurück. Gerade bei der Kathinaaufhebung (kommt er) zurück. Für jenen Mönch und die Mönche ist Kathina aufgehoben(1) //12//

Die 5 Fälle "angenehm lebend" sind beendet

"Zwei Hemmnisse, ihr Mönche, für Kathina[9], zwei Nichthemmnisse (gibt es). Welche zwei, ihr Mönche sind die Kathinahemmnisse? Das Behausungshemmnis und das Robenhemmnis. Was ist das Behausungshemmnis? Hier, ihr Mönche, wohnt ein Mönch oder er wünscht hier zu wohnen und er geht fort mit der Absicht zurückzukehren. Dies ist das Behausungshemmnis. Welches, ihr Mönche, ist das Robenhemmnis? In diesem Fall, ihr Mönche, ist die Robe des Mönches nicht gemacht (hergestellt), oder nicht fertig, oder der Wunsch nach einer Robe ist nicht vernichtet. Das, ihr Mönche, ist das Robenhemmnis. Das ihr Mönche, sind die zwei Kathinahemmnisse. (1)

Welches sind, ihr Mönche, die 2 Nichthemmnisse? Das Behausungsnichthemmnis und das Robennichthemmnis. Da geht, ihr Mönche, ein Mönch fort von seiner Behausung, gibt sie auf, tut sie von sich, läßt sie los, hegt keinen Wunsch mehr danach, kommt nicht zurück. Das, ihr Mönche, ist das Behausungsnichthemmnis. Welches, ihr Mönche, ist das Robennichthemmnis? In diesem Fall, ihr Mönche, hat ein Mönch die Robe hergestellt, sie ist verlorengegangen, vernichtet oder verbrannt oder der Wunsch nach einer Robe ist vernichtet. Das ihr Mönche, ist das Robennichthemmnis. Das, ihr Mönche, sind die zwei Kathinanichthemmnisse. (2) //13//

Der Kathinaabschnitt, der siebte.

In diesem Teil sind 12 Sachverhalte, mit Wiederholungen sind es 118. Dies ist die Aufzählung:

30 Mönche lebten wünschend in Sāketa.
Die Regenzeit verbracht gingen sie mit wasserdurchtränkten Roben den Sieger zu sehen.
Dies ist der Kathinasachverhalt und die fünf Dinge, die erlaubt sind:
a) anāmantā b) asamācārā c) ganabhojanam d) yāvadatthañ und e) uppādo atthatānam bhavissati
Die Ankündigung und die Zuteilung und die Nichtzuteilung, markieren, waschen, überdenken, schneiden, zusammenheften, provisorische Naht, Stoffsteifen, festes zusammenfügen, Saum, anfügen eines Verschlußbandes, doppelt legen des Stoffes, Kneten des Tuches, Hinweis, Umherezählen, Längenmaß, Aufbewahren, Aufhören (bei Morgengrauen), nicht (machen), wenn es nicht erlaubt ist, es sei denn jene 3 (sind nicht da), es sei denn die 5 oder mehr als 5 Teile sind nicht geschnitten oder zusammengefaßt, und umsäumt werden, kein anderer Mensch, wenn jemand von außerhalb der Grenze (es) gutheißt, wird Kathina nicht zugeteilt, so hat der Erwachte gesagt. Neuer (Stoff), sauberer (Stoff), einzelne Stücke, Abfall, Ladengeschäft, Nichthinweis, Nichtumherezählen, Nichtlängenmaß, Nichtaufbewahren, Nichtaufhören (bei Morgengrauen), auch durch 3 Roben, es sei denn die 5 oder mehr als 5 Teile sind geschnitten, zusammengefaßt und umsäumt worden, selber gemacht, wenn jemand innerhalb der Grenze es gutheißt, So wird Kathina zugeteilt, 8 Gründe zum Aufheben von (Kathina): fortgehen, Herstellen, Entschluß, Verlorengehen, Hören, Wusch ist aufgehoben, Grenze, mit den anderen aufheben, das sind die 8.
Die hergestellt Robe genommen, (denkend) nicht zurückzukehren geht er, dem ist Kathina aufgehoben abhängig vom Weggehen. Die Robe genommen geht er, außerhalb der Grenze denkt er hier werde ich herstellen, nicht zurückkehren, (wenn es) hergestellt ist, ist Kathina aufgehoben. Genommen, außerhalb der Grenze (denkt er) nicht werde ich herstellen, nicht zurückkehren, so denkend dem ist Kathina aufgehoben, abhängig von seinem Entschluß wäre es so. Die Robe genommen geht er, außerhalb der Grenze denkt er hier werde ich herstellen, nicht zurückkehren, beim Herstellen geht sie verloren, dem ist Kathina aufgehoben abhängig vom Verlorengehen. Genommen habend geht er

---

[9] Die Aufhebung von Kathina, nur das macht Sinn, es steht aber nur Kathinahemmnis.

MV 7

(denkend) ich kehre zurück. Außerhalb (der Grenze) stellt er die Robe her. Der die Robe herstellte hört dort ist Kathina aufgehoben, dem ist Kathina aufgehoben abhängig vom Hören. Genommen habend geht er (denkend) ich kehre zurück. Außerhalb (der Grenze) stellt er die Robe her, außerhalb weilt (er) mit hergestellter Robe während Kathina aufgehoben wird, dem ist Kathina aufgehoben abhängig vom überschreiten der Grenze.

Genommen habend geht er (denkend) ich kehre zurück. Außerhalb (der Grenze) stellt er die Robe her, der die Robe Herstellende kommt zurück bei der Kathinaaufhebung. Dem ist Kathina aufgehoben, zusammen mit den Mönchen. Genommen, mit sich genommen und weggehen, das sind 7 mal 7 Arten.

Da sind 6 Arten von Weggehen (und nicht zurückkommen) mit nicht fertiger Robe.

genommen habend denkt er: außerhalb der Grenze würde (ich) herstellen.

Es gibt diese 3: Fertigstellen, Entschluß, Verlorengehen.

genommen habend denkt er: nicht zurückkehrend, werde ich außerhalb der Grenze herstellen.

Es gibt diese 3: Fertigstellen, Entschluß, Verlorengehen

ohne einen Entschluß zu fassen, ihm fiel es nicht ein: vorher (sind das) 3 mögliche Methoden

Denkend: genommen habend, geht er (ich), ich werde zurückkehren, werde außerhalb der Grenze herstellen.

er denkt ich kehre nicht zurück, stellt her, als die Robe hergestellt ist, ist Kathina aufgehoben

Entschluß, Verlorengehen und Hören und Grenze überschreiten,

mit Mönchen, dieses sind 15 Arten fortzugehen,

mit sich genommen, nicht hergestellt, wiederum genauso wie mit sich genommen. Dieses sind 4 Mal alle 15 Arten.

Es gibt diese 3: Nichtwünschen, Wünschen, Tun

Von dieser Methode muß man wissen 3 mal 12 (fach)

Nicht mitnehmen hier 9, dort 5 Arten angenehm,

Hemmnisse, Nichthemmnisse.

Nach dieser Art werden die Stichworte angereiht.

MV 8

Zu jener Zeit weilte der Erwachte, Erhabene in Rājagaha im Bambushain am Eichhörnchenfutterplatz. Zu jener Zeit war Vesālī eine wohlhabende und reiche Stadt, mit vielen Leuten, voll von Menschen, und es gab reichlich Speise, (es gab) 7707 Paläste, 7707 Giebelhäuser, 7707 Parks, 7707 Seen. Die Kurtisane Ambapāli war sehr hübsch, ansehnlich, gefällig, versehen mit höchster Lotusfarbe, geschickt im Tanzen, Gesang, Musizieren, besucht von sehnsüchtigen Menschen, fünfzig (Geldstücke) nimmt (sie) für die Nacht, durch sie wurde Vesālī noch viel schöner. (1)

Da kamen (einige) Einwohner der Kleinstadt Rājagaha nach Vesālī, um irgendeine Angelegenheit zu erledigen. Da sahen die Einwohner aus der Kleinstadt Rājagaha Vesālī, eine wohlhabende und reiche Stadt, mit vielen Leuten, voll von Menschen, und es gab reichlich Speise, (es gab) 7707 Paläste, 7707 Giebelhäuser, 7707 Parks, 7707 Seen. Die Kurtisane Ambapāli war sehr hübsch, ansehnlich, gefällig, versehen mit höchster Lotusfarbe, geschickt im Tanzen, Gesang, Musizieren, besucht von sehnsüchtigen Menschen, 50 (Geldstücke) nimmt (sie) für die Nacht, durch sie wurde Vesālī noch viel schöner. Nachdem die (Einwohner) der Kleinstadt Rājagaha ihre Angelegenheiten erledigt hatten, gingen sie wieder nach Rājagaha zurück. Dann gingen sie zum König von Māgadha, Seniya Bimbisāra. Dort sagten sie dem König von Māgadha, Seniya Bimbisāra, folgendes: "Vesālī ist eine wohlhabende und reiche Stadt, mit vielen Leuten, voll von Menschen, und es gab reichlich Speise, (es gab) 7707 Paläste, 7707 Giebelhäuser, 7707 Parks, 7707 Seen. Die Kurtisane Ambapāli war sehr hübsch, ansehnlich, gefällig, versehen mit höchster Lotusfarbe, geschickt im Tanzen, Gesang, Musizieren, besucht von sehnsüchtigen Menschen, fünfzig (Geldstücke) nimmt (sie) für die Nacht, durch sie wurde Vesālī noch viel schöner. Gut wäre es, Hoheit, wenn auch wir eine Kurtisane einsetzen würden." - "So, Freunde, sucht ein derartiges Mädchen, welche ihr als Kurtisane einsetzt." (2)

Zu jener Zeit lebte ein Mädchen mit Namen Sālavatī sehr hübsch, ansehnlich, gefällig, versehen mit höchster Lotusfarbe. Dann haben die (Einwohner) der Kleinstadt Rājagaha das Mädchen Sālavatī zur Kurtisane eingesetzt. Da war die Kurtisane Sālavatī in nicht langer Zeit geschickt im Tanzen, im Gehen, im Musizieren, besucht von sehnsüchtigen Menschen. Hundert (Geldstücke) nimmt sie für die Nacht. Nach nicht langer Zeit wurde die Kurtisane Sālavatī eine Schwangere. Da kam der Kurtisane Sālavatī folgender Gedanke: Eine schwangere Frau gefällt den Männern nicht. Wenn jemand von mir wissen wird, daß die Kurtisane Sālavatī schwanger ist, wird mein gesamter Ruhm abnehmen. So laß mich nun ankündigen: Ich bin krank. Da hat die Kurtisane Sālavatī den Türsteher beauftragt: "Möge kein Mann eintreten, Freund Türsteher, sollte jemand nach mir fragen, antworte: 'Sie ist krank.'" - "So sei es, Herrin" antwortete der Türsteher der Kurtisane Sālavatī (3)

Nachdem das Kind der Kurtisane Sālavatī sich entwickelt hatte, gebar sie einen Sohn. Dann hat die Kurtisane Sālavatī eine Dienerin beauftragt: "Schau hier, nachdem du diesen Jungen in einen Korb getan und fortgebracht hast, wirf (ihn) auf den Abfallhaufen." - "So sei es, Herrin." Nachdem die Dienerin dies der Kurtisane Sālavatī geantwortet hatte, jenen Jungen in den Korb getan hatte, ihn fortgebracht hatte, warf sie ihn auf den Abfallhaufen. Zu jener Zeit ging der Prinz mit Namen Abhaya, rechtzeitig zum königlichen Dienst, der sah jenen Jungen von Krähen umzingelt. Dies gesehen, fragte er die Leute: "Was, ihr Freunde, umzingeln jene Krähen?" - "Einen Jungen, Hoheit." - "Lebt er (noch), Freunde?." - "Er lebt, Hoheit." - "Dann bringt, Freunde, jenen Jungen zu unserem Frauenhaus und gebt ihn den Ammen zu (seiner) Ernährung." - "So sei es, Hoheit." Nachdem jene Menschen dies dem Prinzen Abhaya geantwortet hatten, den Jungen zum Frauenhaus des Prinzen Abhaya gebracht hatten, gaben sie ihn den Ammen zur Ernährung. Weil er (noch) lebte, bekam er den Namen Jīvaka (Lebender), "vom Prinzen aufgezogen" erhielt er den Namen Komārabhacca. (4)

Dann hat Jīvaka Komārabhacca in nicht langer Zeit geistige Reife erreicht. Dann ging Jīvaka Komārabhacca zum Königssohn Abhaya. Dort sagte (er) dem Königssohn Abhaya folgendes: "Wer, oh Herr, sind meine Mutter und mein Vater?" - "Ich, Freund Jīvaka, weiß nicht, wer deine Mutter ist, aber ich bin dein Vater, ich habe dich aufgezogen." Da kam dem Jīvaka Komārabhacca folgender Gedanke: In diesen Königsfamilien ist es nicht einfach, ohne Ausbildung zu leben. So laß mich nun eine Ausbildung absolvieren. Zu jener Zeit wohnte in Takkasilā ein weithin berühmter Arzt. (5)

Dann ist Jīvaka Komārabhacca, ohne den Königssohn Abhaya zu fragen, nach Takkasilā aufgebrochen. Nach und nach kam er nach Takkasilā und zu dem Arzt. Dort fragte er den Arzt folgendes: "Ich wünsche, Herr Lehrer, eine Ausbildung zu absolvieren." - "So sei es, Freund Jīvaka, absolviere!" Dann hat Jīvaka Komārabhacca viel gelernt, leicht gelernt, gut behielt er, das Gelernte geht (ihm) nicht verloren. Da kam Jīvaka Komārabhacca, nachdem sieben Jahre vergangen waren, folgender Gedanke: Ich habe viel gelernt, leicht gelernt, gut behielt ich, das Gelernte geht (mir) nicht verloren, ich bin sieben Jahre ein Lernender, nicht ist für diese Ausbildung ein Ende erschienen, wann wird für diese Ausbildung ein Ende sein? (6)

Dann ging Jīvaka Komārabhacca zum Arzt. Dort sagte er dem Arzt folgendes: "Ich habe viel gelernt, leicht gelernt, gut behielt ich, das Gelernte geht (mir) nicht verloren, ich bin sieben Jahre ein Lernender, nicht ist für diese Ausbildung ein Ende erschienen, wann wird für diese Ausbildung ein Ende sein?" - "Dann, Freund Jīvaka, nachdem du einen Spaten genommen hast, gehe überall (hin), in einem Umkreis von einem Yojana um Takkasilā, was du an Nichtmedizin siehst, das bringe her." - "So sei es, Herr Lehrer." Nachdem Jīvaka Komārabhacca dies seinem Arzt geantwortet hatte, einen Spaten genommen hatte, überall in einem Umkreis von einem Yojana um Takkasilā gehend, sah er keine Nichtmedizin. Dann kam Jīvaka Komārabhacca zu jenem Arzt. Dort sagte er dem Arzt folgendes: "Herr Lehrer, überall in einem Umkreis von einem Yojana um Takkasilā gehend, sah ich keine Nichtmedizin." - "Du hast gelernt, Freund Jīvaka, soviel ist genug für den Lebenserwerb." Dann gab (er) Jīvaka Komārabhacca etwas Proviant. (7)

Dann, nachdem Jīvaka Komārabhacca dieses etwas Proviant genommen hatte, brach er nach Rājagaha auf. Dann ist dem Jīvaka Komārabhacca dieses etwas Proviant unterwegs in Sāketa ausgegangen. Da kam Jīvaka Komārabhacca folgender Gedanke: Diese Wüstenwege sind ohne Wasser, ohne Speise, nicht einfach geht (man sie) ohne Proviant. So laß mich nun Proviant besorgen. Zu jener Zeit hatte eine Kaufmannsfrau in Sāketa sieben Jahre lang Kopfschmerzen. Viele sehr große berühmte Ärzte waren gekommen. Nicht konnten (sie) sie heilen. Viel Gold genommen habend gingen sie wieder fort. Dann, nachdem Jīvaka Komārabhacca in Sāketa angekommen war, befragte er die Leute: "Wer, Freunde, ist krank, wen kann ich heilen?" - "Dort, Herr Lehrer, ist eine Kaufmannsfrau, die hat sieben Jahre Kopfschmerzen, gehe, Lehrer, heile die Kaufmannsfrau." (8)

Dann ging Jīvaka Komārabhacca zum Anwesen des Kaufmanns und Hausherrn. Dort sprach er den Türsteher an: "Gehe, Freund Türsteher, sprich zur Kaufmannsfrau: 'Gekommen, Herrin, ist ein Arzt, er wünscht dich zu sehen'." - "So sei es, Herr Lehrer." Nachdem jener Türsteher dies Jīvaka Komārabhacca geantwortet hatte, ging er zur Kaufmannsfrau. Dort sagte er der Kaufmannsfrau folgendes: "Gekommen, Herrin, ist ein Arzt, er wünscht dich zu sehen." - "Von welcher Art, Freund Türsteher, ist der Arzt?" - "Ein jüngerer (Arzt), Herrin" - "Halt, Freund Türsteher, was kann dieser junge Arzt (für mich schon) tun? Viele sehr große berühmte Ärzte waren gekommen. Nicht konnten (sie) mich heilen. Viel Gold genommen habend gingen sie wieder fort." (9)

Dann kam der Türsteher zu Jīvaka Komārabhacca. Dort sagte er Jīvaka Komārabhacca folgendes: "Die Frau des Kaufmanns, Herr Lehrer, sagte folgendes: 'Halt, Freund Türsteher, was kann dieser junge Arzt (für mich schon) tun? Viele sehr große berühmte Ärzte waren gekommen. Nicht konnten (sie) mich heilen. Viel Gold genommen habend gingen sie wieder fort'." - "Gehe, Freund Türsteher und sage der Frau des Kaufmanns: 'Der Arzt, Herrin, sagte folgendes: Mögest du, Herrin, vorher gar nichts geben. Wenn du gesund bist, dann gib, was du wünschst." - "So sei es, Herr Lehrer." Nachdem der Türsteher Jīvaka Komārabhacca dies geantwortet hatte, ging er zur Kaufmannsfrau. Dort sagte er der Kaufmannsfrau folgendes: "Der Arzt, Herrin, sagte folgendes: 'Mögest du, Herrin, vorher gar nichts geben. Wenn du gesund bist, dann gib, was du wünschst'." - "Dann, Freund Türsteher, möge der Arzt kommen." - "So sei es, Herrin." Nachdem der Türsteher das der Kaufmannsfrau geantwortet hatte, ging er zu Jīvaka Komārabhacca. Dort sagte er Jīvaka Komārabhacca folgendes: "Die Kaufmannsfrau ruft dich, Herr Lehrer, herbei." (10)

Dann kam Jīvaka Komārabhacca zur Kaufmannsfrau. Dort, nachdem er die Veränderungen (Krankheit) der Kaufmannsfrau untersucht hatte, sagte er der Kaufmannsfrau folgendes: "Ich brauche, Herrin, eine Handvoll Butterschmalz." Da ließ die Kaufmannsfrau dem Jīvaka Komārabhacca eine Handvoll Butterschmalz geben. Nachdem Jīvaka Komārabhacca jene Handvoll Butterschmalz mit verschiedenen Medizinen erhitzt hatte, die Kaufmannsfrau auf dem Rücken auf das Bett gelegt hatte, gab er ihr (die Medizin) durch die Nase ein. Nachdem das Butterschmalz durch die Nase gegeben wurde, kam es aus dem Mund wieder heraus. Nachdem die Kaufmannsfrau (es) in einen Napf gespuckt hatte, sprach sie eine Dienerin an: "Schau, dieses Butterschmalz nimm mit Baumwolle (Watte) auf." (11)

Da kam Jīvaka Komārabhacca folgender Gedanke: Wunderlich, wie diese so erbärmliche Hausfrau diesen Abfall von Butterschmalz mit Watte aufnehmen läßt, viele sehr wertvolle Medizinen wurden von mir verwendet, ob sie mir wohl etwas als Honorar geben wird? Nachdem die Kaufmannsfrau bei Jīvaka Komārabhacca eine Veränderung beobachtet hatte, sagte sie Jīvaka Komārabhacca folgendes: " Warum, Herr Lehrer, bist du besorgt?" - "Mir kam folgender Gedanke: Wunderlich, wie diese so erbärmliche Hausfrau diesen Abfall von Butterschmalz mit Watte aufnehmen läßt, viele sehr wertvolle Medizinen wurden von mir verwendet, ob sie mir wohl etwas als Honorar geben wird?" - "Wir sind doch, Herr Lehrer, Hausleute und verstehen etwas von Sparsamkeit. Gut ist dieses Butterschmalz für Diener und Gehilfen zum Anwenden für die Fußmassage oder für die Lampe. Sei nicht besorgt, Herr Lehrer, nicht wird dein Honorar schwinden." (12)

Da hat Jīvaka Komārabhacca die siebenjährigen Kopfschmerzen der Kaufmannsfrau mit einer Behandlung durch die Nase beseitigt. Dann gab die gesund gewordene Kaufmannsfrau Jīvaka Komārabhacca viertausend (Geldstücke). Der Sohn dachte: Meine Mutter ist gesund und gab viertausend (Geldstücke). Die Schwiegertochter dachte: Meine Schwiegermutter ist gesund und gab viertausend. Der Hausherr und Kaufmann dachte: Meine Frau ist gesund und gab viertausend und einen Diener, eine Dienerin und Pferd und Wagen. Da nahm Jīvaka Komārabhacca seine sechzehntausend, den Diener, die Dienerin und Pferd und Wagen und brach nach Rājagaha auf. Allmählich kam er in Rājagaha an und zu Abhaya dem Königssohn. Dort sagte er Abhaya dem Königssohn folgendes: "Dieses, Hoheit, ist mein erster Arbeitsverdienst, sechzehntausend und ein Diener, eine Dienerin und Pferd und Wagen. Nimm an von mir, Hoheit, als Anerkennung, daß du mich aufgezogen hast." - "Halt, Freund Jīvaka, dir soll es gehören. Baue ein Anwesen an unserem Hofe." - "So sei es, Hoheit." Nachdem das Jīvaka Komārabhacca dem Königssohn geantwortet hatte, baute er am Hofe des Königssohns Abhaya sein Anwesen. (13)

Dann bekam der König von Māgadha, Seniya Bimbisāra eine Fistel (Hämorrhoiden?). Sein Obergewand wurde mit Blut beschmutzt. Nachdem die Frauen des Königs dies gesehen hatten, scherzten Sie: Seine Hoheit hat jetzt eine Periode, (seine) Tage bekomme seine Hoheit, in nicht langer Zeit wird seine Hoheit gebären. Dadurch wurde der König verlegen. Da sagte der König von Māgadha, Seniya Bimbisāra dem Königssohn Abhaya folgendes: "Ich, Freund Abhaya, habe eine solche Krankheit, daß mein Obergewand mit Blut beschmutzt wurde. Nachdem die Frauen des Königs dies gesehen hatten, scherzten Sie: Seine Hoheit hat jetzt eine Periode, (seine) Tage bekomme seine Hoheit, in nicht langer Zeit wird seine Hoheit gebären. Gut wäre es, Freund Abhaya, wenn du einen solchen Arzt weißt, der mich heilen kann." - "Da ist, Hoheit, unser junger guter Jīvaka, jener, Hoheit, wird dich heilen." - "Dann, Freund Abhaya, bestelle den Arzt Jīvaka her, auf daß er mich heile." (14)

Dann bestellte der Königssohn Abhaya Jīvaka her: "Komme, Freund Jīvaka, heile den König." - "So sei es, Hoheit." Nachdem Jīvaka das dem Königssohn Abhaya geantwortet hatte, Medizin mit dem Fingernagel genommen hatte, kam er zum König von Māgadha, Seniya Bimbisāra. Dort sagte er dem König von Māgadha, Seniya Bimbisāra, folgendes: "Laßt mich, Hoheit, nach der Krankheit sehen." Dann hat Jīvaka Komārabhacca den König von Māgadha, Seniya Bimbisāra mit einer einzigen Salbe geheilt. Da ließ der König von Māgadha, Seniya Bimbisāra, nachdem er gesund geworden war, fünfhundert Frauen allen Schmuck anlegen, ihn dann (wieder) ablegen und auf einen Haufen legen. (Er sagte) Jīvaka Komārabhacca folgendes: "Dieser, Freund Jīvaka, der gesamte Schmuck von fünfhundert Frauen, sei deiner." - "Nein, Hoheit, an meine Hilfe erinnere dich." - "So, Freund Jīvaka, pflege mich, das Frauenhaus und den Mönchssangha mit dem Erwachten an der Spitze." - "So sei es, Hoheit", antwortete Jīvaka Komārabhacca dem König von Māgadha, Seniya Bimbisāra. (15)

Zu jener Zeit hatte in Rājagaha ein Kaufmann sieben Jahre Kopfschmerzen. Viele berühmte und hervorragende Ärzte kamen, aber nicht konnten sie ihn heilen. Viel Gold genommen habend gingen sie (wieder fort). Außerdem wurde er von den Ärzten aufgegeben. Einige Ärzte sagten folgendes: "In fünf Tagen wird der Kaufmann und Hausherr sterben", einige sagten folgendes: "In sieben Tagen wird der Kaufmann und Hausherr sterben." Da kam den Einwohnern der Kleinstadt folgender Gedanke: Dieser, der Kaufmann und Hausherr ist eine große Hilfe dem König und den Einwohnern der Kleinstadt, aber er wurde von den Ärzten aufgegeben. Einige Ärzte sagten folgendes: "In fünf Tagen wird der Kaufmann und Hausherr sterben", einige sagten folgendes: "In sieben Tagen wird der Kaufmann und Hausherr sterben." Hier ist Jīvaka, der junge, gute Arzt des Königs, was wäre, wenn wir den Arzt des Königs, Jīvaka, bitten, den Kaufmann und Hausherrn zu heilen? (16)

Dann kamen die Einwohner der Kleinstadt Rājagaha zum König von Māgadha, Seniya Bimbisāra. Dort sagten sie dem König von Māgadha, Seniya Bimbisāra, folgendes: "Dieser, Hoheit, der Kaufmann und Hausherr ist eine große Hilfe für eure Hoheit und die Einwohner der Kleinstadt, aber er wurde von den Ärzten aufgegeben. Einige Ärzte sagten folgendes: 'In fünf Tagen wird der Kaufmann und Hausherr sterben,' einige sagten folgendes: 'In sieben Tagen wird der Kaufmann und Hausherr sterben.' Gut wäre es, Hoheit, wenn ihr den Arzt Jīvaka beauftragen würdet, den Kaufmann und Hausherrn zu heilen." Da beauftragte der König von Māgadha, Seniya Bimbisāra, Jīvaka Komārabhacca: "Gehe, Freund Jīvaka, heile den Kaufmann und Hausherrn." - "So sei es, Hoheit." Nachdem Jīvaka Komārabhacca das dem König von Māgadha, Seniya Bimbisāra geantwortet hatte, ging er zum Kaufmann und Hausherrn. Dort, nachdem er die Veränderung (Krankheit) des Kaufmanns und Hausherrn untersucht hatte, sagte er dem Kaufmann und Hausherrn folgendes: "Wenn ich dich, Hausherr, heilen würde, welche Dinge würdest du mir geben?" - "Mein ganzer Besitz, Herr Lehrer, möge deiner sein und ich werde dein Diener." (17)

"Wirst du, Hausherr, sieben Monate auf einer Seite liegen können?" - "Ich kann, Herr Lehrer, sieben Monate auf einer Seite liegen." - "Wirst du, Hausherr, sieben Monate auf der anderen Seite liegen können?" - "Ich kann, Herr Lehrer, sieben Monate auf der anderen Seite liegen." - "Wirst du, Hausherr, sieben Monate auf dem Rücken liegen können?" - "Ich kann, Herr Lehrer, sieben Monate auf dem Rücken liegen." Dann hat Jīvaka Komārabhacca den Kaufmann und Hausherrn veranlaßt sich auf das Bett niederzulegen, hat ihn auf dem Bett festgebunden, die Kopfhaut aufgeschnitten, eine Schädelnaht geöffnet, zwei Lebewesen herausgeholt und zeigte (sie) den Leuten: "Schaut, Herren, diese zwei Lebewesen, eine kleines und ein großes. Diejenigen Lehrer, die sagten, in fünf Tagen wird der Kaufmann und Hausherr sterben, von denen wurde das große Lebewesen gesehen, in fünf Tagen würde (es) das Gehirn des Kaufmanns und Hausherrn ergriffen (zerstört) haben, wenn das Gehirn des Kaufmanns und Hausherrn zerstört ist, würde (er) sterben. Richtig gesehen haben es die Lehrer. Diejenigen Lehrer, die sagten in sieben Tagen wird der Kaufmann und Hausherr sterben, von denen wurde das kleine Lebewesen gesehen, in sieben Tagen würde (es) das Gehirn des Kaufmanns und Hausherrn ergriffen (zerstört) haben, wenn das Gehirn des Kaufmanns und Hausherrn zerstört ist, würde (er) sterben. Richtig gesehen haben es die Lehrer." Nachdem er die Schädelnaht zusammengefügt hatte, die Kopfhaut zusammengenäht hatte, gab er Salbe (darauf). (18)

Dann hat der Kaufmann und Hausherr, nachdem sieben Tage vergangen waren, Jīvaka Komārabhacca folgendes gesagt: "Nicht kann ich, Herr Lehrer, sieben Monate auf einer Seite liegen." - "Ist es nicht so, Hausherr, daß du mir geantwortet hast 'ich kann, Herr Lehrer, sieben Monate auf einer Seite liegen?'" - "Wahr ist, Herr Lehrer, (dies) antwortete (ich), aber (eher) werde ich sterben, nicht kann ich sieben Monate auf einer Seite liegen." - "Dann, Hausherr, liege sieben Monate auf der anderen Seite." Dann hat der Kaufmann und Hausherr, nachdem sieben Tage vergangen waren Jīvaka Komārabhacca folgendes gesagt: "Nicht kann ich, Herr Lehrer, sieben Monate auf der anderen Seite liegen." - "Ist es nicht so, Hausherr, daß du mir geantwortet hast 'ich kann, Herr Lehrer, sieben Monate auf der anderen Seite liegen'?" - "Wahr ist, Herr Lehrer, (dies) antwortete (ich), aber (eher) werde ich sterben, nicht kann ich sieben Monate auf der anderen Seite liegen." - "Dann, Hausherr, liege sieben Monate auf dem Rücken." Dann hat der Kaufmann und Hausherr, nachdem sieben Tage vergangen waren Jīvaka Komārabhacca folgendes gesagt: "Nicht kann ich, Herr Lehrer, sieben Monate auf dem Rücken liegen." - "Ist es nicht so, Hausherr, daß du mir geantwortet hast 'ich kann, Herr Lehrer, sieben Monate auf dem Rücken liegen'?" - "Wahr ist, Herr Lehrer, (dies) antwortete (ich), aber (eher) werde ich sterben, nicht kann ich sieben Monate auf dem Rücken liegen." (19)

"Wenn ich das nicht dir, Hausherr, gesagt hätte, würdest du nicht so lange gelegen haben, (wie du es jetzt getan hast), aber ich wußte schon vorher, daß in dreimal sieben Tagen der Kaufmann und Hausherr gesund wird. Stehe auf, Hausherr, du bist gesund, überlege, was du mir geben möchtest." - "Aller Besitz sei deiner und ich bin dein Diener." - "Nein, Hausherr, gib mir nicht allen Besitz und sei nicht mein Diener, gib dem König 100.000 und mir gib 100.000." Da gab der Kaufmann und Hausherr, gesund geworden dem König 100.000 und dem Jīvaka Komārabhacca 100.000. (20)

Zu jener Zeit hatte ein Benareser Kaufmannsohn beim Purzelbaumschlagen eine Darmknotenkrankheit (Darmverschluß?) bekommen. Der getrunkene Reisschleim wurde nicht gut verdaut, die gegessene Speise wurde nicht gut verdaut, Kot und Harn konnte er nicht lassen. Er wurde dünn, kärglich, von schlechter Farbe, die Adern sah man auf seinen Gliedern. Da kam dem Benareser Kaufmann folgender Gedanke: Welche Art von Krankheit hat mein Sohn? Der getrunkene Reisschleim wurde nicht gut verdaut, die gegessene Speise wurde nicht gut verdaut, Kot und Harn konnte er nicht lassen. Er wurde dünn, kärglich, von schlechter Farbe, die Adern sah man auf seinen Gliedern. Was wäre, wenn ich nach Rājagaha gegangen den König bitten würde, daß der Arzt Jīvaka meinen Sohn heilt? Dann, nachdem der Benareser Kaufmann nach Rājagaha gegangen war, kam er zum König von Māgadha, Seniya Bimbisāra. Dort sagte er dem König von Māgadha, Seniya Bimbisāra, folgendes: "Mein Sohn, Hoheit, hat solche Krankheit: Der getrunkene Reisschleim wurde nicht gut verdaut, die gegessene Speise wurde nicht gut verdaut, Kot und Harn konnte er nicht lassen. Er wurde dünn, kärglich, von schlechter Farbe, die Adern sah man auf seinen Gliedern, gut wäre es, Hoheit, wenn ihr den Arzt Jīvaka beauftragt meinen Sohn zu heilen." (21)

Dann hat der König von Māgadha, Seniya Bimbisāra Jīvaka Komārabhacca beauftragt: "Gehe, Freund Jīvaka, nach Benares gegangen heile den Benareser Kaufmannsohn." - "So sei es, Hoheit." Nachdem Jīvaka Komārabhacca dies dem König von Māgadha, Seniya Bimbisāra, geantwortet hatte, nach Benares gegangen war, dort zum Benareser Kaufmannsohn gegangen war, dort die Krankheit des Benareser Kaufmannsohns untersucht hatte, die Leute nach draußen geschickt hatte, einen Vorhang rundherum aufgespannt hatte, ihn an Pfosten festgebunden hatte, die Frau vorne sitzen ließ, die Bauchdecke aufgeklappt hatte, den Darmknoten herausgeholt hatte, zeigte er (ihn) der Frau: "Schau, dies ist deines Mannes Krankheit, dadurch wurde der getrunkene Reisschleim nicht gut verdaut, das gegessene Essen nicht gut verdaut, Kot und Harn konnte er nicht lassen, dadurch wurde er dünn, kärglich, von schlechter Farbe, die Adern sah man auf seinen Gliedern." Nachdem er den Knoten aufgelöst hatte, die Därme zurückgetan hatte, die Bauchdecke zusammengenäht hatte, gab er eine Salbe (darauf). Da wurde der Benareser Kaufmannsohn in nicht langer Zeit gesund. Dann sah der Kaufmann aus Benares: Mein Sohn ist gesund. Er gab Jīvaka Komārabhacca 16.000. Dann ist Jīvaka Komārabhacca, nachdem er die 16.000 genommen hatte wieder nach Rājagaha zurückgekehrt. (22)

MV 8

Zu jener Zeit bekam der König Pajjota Gelbsucht. Viele sehr große berühmte Ärzte waren gekommen. Nicht konnten (sie) ihn heilen. Viel Gold genommen habend gingen sie wieder fort. Da schickte König Pajjota einen Boten zum König von Māgadha, Seniya Bimbisāra: Ich habe eine solche Krankheit, gut wäre es, Hoheit, wenn ihr den Arzt Jīvaka Komārabhacca beauftragen würdet, jener wird mich heilen. Dann hat der König von Māgadha, Seniya Bimbisāra Jīvaka Komārabhacca beauftragt: "Gehe, Freund Jīvaka, nach Ujjenim gegangen, heile König Pajjota." - "So sei es, Hoheit." Nachdem Jīvaka Komārabhacca dies dem König von Māgadha, Seniya Bimbisāra geantwortet hatte, nach Ujjenim gegangen war, dort zum König Pajjota gegangen war, dort die Krankheit des Königs Pajjota untersucht hatte, sagte er folgendes: (23)

"Ich werde Butterschmalz erhitzen, das wird die Hoheit trinken." - "Halt, Freund Jīvaka, wenn du kannst, heile mich ohne Butterschmalz, das tue, eklig ist mir Butterschmalz, widerwärtig." Da kam Jīvaka Komārabhacca folgender Gedanke: Diese Krankheit läßt sich nicht ohne Butterschmalz heilen. Was wäre, wenn ich Butterschmalz erhitzen würde (und es) mit beißender (adstringierender) Farbe, beißendem Geruch, beißendem Geschmack (versehen würde)? Da kam Jīvaka Komārabhacca folgender Gedanke: Das getrunkene Butterschmalz (mag) bei dem König bei der Verdauung zum Erbrechen führen. Jähzornig ist dieser König, er wird mich töten lassen. So laß mich nun vorher (nach der Erlaubnis zum Fortgehen) fragen. Da kam Jīvaka Komārabhacca zum König Pajjota. Dort sagte er dem König Pajjota folgendes: (24)

"Wir, Hoheit, die Ärzte, graben zu einer bestimmten Zeit Wurzeln aus, stellen Medizinen zusammen. Gut, Hoheit, wäre es, die Wagen- und Torhüter zu beauftragen: Mit welchem Wagen Jīvaka wünscht, mit dem möge er gehen, durch welche Tür er wünscht, durch solche Tür möge er gehen, zu welcher Zeit er wünscht, zu solcher Zeit möge er gehen, zu welcher Zeit er wünscht, zu solcher Zeit möge er eintreten." Da hat der König Pajjota die Wagen- und Türhüter beauftragt: Mit welchem Wagen Jīvaka wünscht, mit dem möge er gehen, durch welche Tür er wünscht, durch solche Tür möge er gehen, zu welcher Zeit er wünscht, zu solcher Zeit möge er gehen, zu welcher Zeit er wünscht, zu solcher Zeit möge er eintreten. Zu jener Zeit hatte König Pajjota eine Elefantin mit Namen Bhaddavatikā, die legte fünfzig Yojanas (am Tage zurück). Da brachte Jīvaka Komārabhacca dem König das Butterschmalz: "Trinke, Hoheit, (diesen) adstringierenden Sud." Dann, nachdem Jīvaka Komārabhacca König Pajjota veranlaßt hatte das Butterschmalz zu trinken, zur Elefantenhalle gegangen, eilte (er) mit der Elefantin Bhaddavatikā aus der Stadt. (25)

Dann übergab sich König Pajjota beim Verdauen des getrunkenen Butterschmalzes. Da sagte König Pajjota den Menschen folgendes: "Durch den bösen Jīvaka, Freunde, wurde ich veranlaßt Butterschmalz zu trinken, daher, Freunde, sucht den Arzt Jīvaka." - "Mit der Elefantin Bhaddavatikā verließt er, Hoheit, die Stadt." Zu jener Zeit hatte König Pajjota einen Diener mit Namen Kāka, der legte 60 Yojanas (am Tage zurück), geboren von Nichtmenschen. Da beauftragte König Pajjota den Diener Kāka: "Gehe, Freund Kāka, und schicke den Arzt Jīvaka zurück: Der König, Herr Lehrer, veranlaßt dich zurückzukehren. Diese Ärzte, Freund Kāka, sind voller List, mögest du von ihm nichts (zu essen) annehmen." (26)

Dann hat der Diener Kāka Jīvaka Komārabhacca unterwegs in Kosambi getroffen, beim Frühstück. Da hat der Diener Kāka Jīvaka Komārabhacca folgendes gesagt: "Der König, Herr Lehrer, veranlaßt dich zurückzukehren." - "Warte hier, Freund Kāka, bis ich gegessen habe. Schau Freund Kāka und iß (auch)." - "Halt, Herr Lehrer, der König hat mir befohlen: 'Diese Ärzte, Freund Kāka, sind voller List, mögest du von ihm nichts (zu essen) annehmen'." Zu jener Zeit hatte Jīvaka Komārabhacca mit dem Fingernagel Medizin in eine Myrobalanfrucht getan und aß (eine Hälfte davon, nämlich die ohne Medizin) und trank Wasser. Dann sagte Jīvaka Komārabhacca dem Diener Kāka: "Schau, Kāka, iß die Myrobalanfrucht(hälfte) und trinke Wasser." (27)

Dann (dachte) der Diener Kāka: Dieser Arzt ißt die Myrobalanfrucht und trinkt das Wasser, nicht ist dies geeignet etwas schlechtes zu sein. Er aß die halbe Myrobalanfrucht und trank das Wasser. Als er die halbe Myrobalanfrucht gegessen hatte, hat er sie sofort wieder herausgewürgt. Dann hat der Diener Kāka Jīvaka Komārabhacca folgendes gesagt: "Lebe ich, Herr Lehrer, noch?" - "Habe keine Angst, Freund Kāka, du wirst ein Gesunder werden. Der König ist jähzornig, jener König will mich töten lassen, daher werde ich nicht zurückkehren." Nachdem er die Elefantin Bhaddavatikā dem Kāka ausgehändigt hatte, brach er nach Rājagaha auf. Allmählich kam er in Rājagaha und zum König von Māgadha, Seniya Bimbisāra. Dort erzählte er die Angelegenheit dem König von Māgadha, Seniya Bimbisāra. "Ja, Freund Jīvaka, gut gemacht, daß du nicht zurückkehrtest. Jähzornig ist jener König, er würde dich töten lassen." (28)

Als dann König Pajjota gesund geworden war, ließ er ihm durch einen Boten mitteilen: "Komme, Jīvaka, ich werde dir einen Wunsch erfüllen." - "Genug Herr, möge sich die Hoheit meines Dienstes erinnern." Zu jener Zeit bekam der

MV 8

König Pajjota ein Paar Siveyyaka-Kleidung[1], das höchste, beste, erste, oberste, prächtigste von vielen Kleidungen, vielen Paaren von Kleidungen, vielen hundert Paaren von Kleidungen, vielen tausend Paaren von Kleidungen, vielen einhunderttausend Paaren von Kleidungen. Dann sandte König Pajjota das Paar Siveyya-Kleidung an Jīvaka Komārabhacca. Da kam dem Jīvaka Komārabhacca folgender Gedanke: Dieses Paar Siveyya-Kleidung gesandt vom König Pajjota ist das höchste, beste, erste, oberste, prächtigste von vielen Kleidungen, vielen Paaren von Kleidungen, vielen hundert Paaren von Kleidungen, vielen tausend Paaren von Kleidungen, vielen einhunderttausend Paaren von Kleidungen. Nicht irgendein anderer verdient dieses als der Erhabene, Heilige, vollkommen Erwachte oder der König vom Māgadha, Seniya Bimbisāra. (29)

Zu jener Zeit hatte der Erhabene eine Verdauungsstörung (Verstopfung). Da sprach der Erhabene den ehrwürdigen Ānanda an: "Eine Verdauungsstörung, Ānanda, hat der Vollendete, es wünscht der Vollendete ein Abführmittel zu trinken." Da ging der ehrwürdige Ānanda zu Jīvaka Komārabhacca. Dort sagte (er) Jīvaka Komārabhacca folgendes: "Eine Verdauungsstörung, Bruder Jīvaka, hat der Vollendete. Es wünscht der Vollendete ein Abführmittel zu trinken." - "Dann, verehrungswürdiger Ānanda, öle den Körper des Erhabenen einige Tage ein. Dann, nachdem der ehrwürdige Ānanda den Körper des Erhabenen einige Tage eingeölt hatte, kam er zu Jīvaka Komārabhacca. Dort sagte er Jīvaka Komārabhacca folgendes: "Eingeölt, Bruder Jīvaka, ist der Körper des Vollendeten. Was du meinst, das jetzt die richtige Zeit ist zu tun, das tue." (30)

Da kam Jīvaka Komārabhacca folgender Gedanke: Nicht ist es für mich passend, wenn ich dem Erhabenen ein grobes Abführmittel geben würde. Nachdem er drei Handvoll Lotusblumen mit verschiedenen Medizinen versehen hatte, ging er zum Erhabenen. Dort überreichte er dem Erhabenen eine Handvoll Lotus: "Atme ein, Verehrungswürdiger, Erhabener, dieses wird zehnmal abführen." Zum zweiten Male überreichte er dem Erhabenen eine Handvoll Lotus: "Atme ein, Verehrungswürdiger Erhabener, dieses wird zehnmal abführen." Zum dritten Male überreichte er dem Erhabenen eine Handvoll Lotus: "Atme ein, Verehrungswürdiger Erhabener, dieses wird zehnmal abführen." So wird der Erhabene sich dreißig mal entleeren." Dann, nachdem Jīvaka Komārabhacca dem Erhabenen (Mittel) gegeben hatte, um dreißig mal abzuführen, er den Erhabenen verehrt hatte, ihn rechts umrundet hatte, ging er fort. (31)

Dann kam Jīvaka Komārabhacca, als er durch das Gartentor hinaustrat folgender Gedanke: Von mir wurde dem Erhabenen (Mittel) für dreißig Entleerungen gegeben. Der Körper des Erhabenen hat eine Verdauungsstörung, nicht wird der Erhabene sich dreißig mal entleeren, neunundzwanzig mal wird der Erhabene sich entleeren. Nachdem der Erhabene (neunundzwanzig mal) sich entleert hat, wird der gebadet habende Erhabene (noch) einmal sich entleeren. Dann wird der Erhabene dreißig mal sich entleert haben. Nachdem der Erhabene mit seinem Geist den Gedankengang des Jīvaka Komārabhacca erkannt hatte, sprach er den ehrwürdigen Ānanda an: "Jetzt, Ānanda, kam Jīvaka Komārabhacca, als er durch das Gartentor hinaustrat folgender Gedanke: Von mir wurde dem Erhabenen (Mittel) für dreißig Entleerungen gegeben. Der Körper des Erhabenen hat eine Verdauungsstörung, nicht wird der Erhabene dreißig mal sich entleeren; neunundzwanzig mal wird der Erhabene sich entleeren. Nachdem der Erhabene (neunundzwanzig mal) sich entleert hat, wird der gebadet habende Erhabene (noch) einmal sich entleeren. Dann wird der Erhabene dreißig mal sich entleert haben. Deshalb Ānanda, bereite heißes Wasser vor." - "So sei es, Verehrungswürdiger." Nachdem der ehrwürdige Ānanda dies dem Erhabenen geantwortet hatte, bereitete er heißes Wasser vor. (32)

Dann kam Jīvaka Komārabhacca zum Erhabenen. Dort, nachdem er den Erhabenen verehrt hatte, setzte er sich beiseite nieder. Beiseite sitzend sagte Jīvaka Komārabhacca dem Erhabenen folgendes: "Hat der Verehrungswürdige sich entleert?" - "Ich habe, Jīvaka, mich entleert." - "Mir kam, Verehrungswürdiger, als ich durch das Gartentor hinaustrat folgender Gedanke: Von mir wurde dem Erhabenen (Mittel) für dreißig Entleerungen gegeben. Der Körper des Erhabenen hat eine Verdauungsstörung, nicht wird der Erhabene dreißig mal sich entleeren, neunundzwanzig mal wird der Erhabene sich entleeren. Nachdem der Erhabene (neunundzwanzig mal) sich entleert hat, wird der gebadet habende Erhabene (noch) einmal sich entleeren. Dann wird der Erhabene dreißig mal sich entleert haben. Möge der Verehrungswürdige Erhabene baden, möge der Wohlgegangene baden." Dann hat der Erhabene in heißem Wasser gebadet. Nachdem der Erhabene gebadet hatte, hat er (noch) einmal sich entleert. Also hat der Erhabene dreißig mal sich entleert. Dann hat Jīvaka Komārabhacca dem Erhabenen folgendes gesagt: "Bis der Körper des Erhabenen wieder gesund ist, wäre es gut, nur Saft (zu trinken)." Da wurde der Körper des Erhabenen in nicht langer Zeit wieder gesund. (33)

---

[1] ein Anzug: Ober- und Unterteil aus dem Sivi-Land.

Dann, nachdem Jīvaka Komārabhacca das Paar Siveyya Kleidung genommen hatte, ging er zum Erhabenen. Dort, nachdem er den Erhabenen verehrt hatte, setzte er sich beiseite nieder. Beiseite sitzend sagte Jīvaka Komārabhacca dem Erhabenen folgendes: "Gewähre mir, Verehrungswürdiger Erhabener, eine Bitte." - "Jenseits vom Gewähren, Jīvaka, sind die Vollendeten." - "Dies ist, Verehrungswürdiger, Erhabener, etwas Angemessenes, etwas Tadelloses." - "Sprich, Jīvaka." - "Der Verehrungswürdige Erhabene und der Mönchssangha sind mit (fortgeworfenen) Lumpen bekleidet. Dies, Verehrungswürdiger, ist ein Paar Siveyya Kleidung das mir vom König Pajjota geschickt wurde, die höchste, beste, erste, oberste, prächtigste von vielen Kleidungen, vielen Paaren von Kleidungen, vielen hundert Paaren von Kleidungen, vielen tausend Paaren von Kleidungen, vielen einhunderttausend Paaren von Kleidungen. Annehmen möge der Erhabene dies Paar Siveyya Kleidung und dem Mönchssangha Roben von Hausleuten erlauben." Es nahm der Erhabene das Paar Siveyya Kleidung an. Dann hat der Erhabene Jīvaka Komārabhacca durch ein Lehrgespräch veranlaßt, es zu verstehen, es aufzunehmen, davon motiviert zu sein, sich daran zu erfreuen. Dann, als Jīvaka Komārabhacca durch das Lehrgespräch des Erhabenen veranlaßt war, es zu verstehen, aufzunehmen, davon motiviert zu sein, sich daran zu erfreuen, stand er von seinem Sitz auf. Nachdem er den Erhabenen verehrt hatte, ihn rechts umrundet hatte, ging er fort. (34)

Nachdem der Erhabene aus diesem Anlaß eine Lehrrede gehalten hatte, sprach er die Mönche an: "Ich erlaube, ihr Mönche, Roben von Hausleuten. Wer wünscht, mag ein Lumpengewandträger sein, wer wünscht, mag Roben von Hausleuten annehmen. Ich preise die Zufriedenheit, ihr Mönche, was auch immer (ihr bekommt). Es hörten die Leute aus Rājagaha: Der Erhabene, so sagt man, erlaubte den Mönchen Roben von Hausleuten. Diese Leute wurden froh und begeistert: Jetzt werden wir Gaben geben und gute Werke tun, weil der Erhabene den Mönchen Roben von Hausleuten erlaubt hat. An einem Tag entstanden in Rājagaha viele tausend Roben. Es hörten die Leute aus dem Umland: Der Erhabene, so sagt man, erlaubte den Mönchen Roben von Hausleuten. Diese Leute wurden froh und begeistert: Jetzt werden wir Gaben geben und gute Werke tun, weil der Erhabene den Mönchen Roben von Hausleuten erlaubt hat. An einem Tag entstanden im Umland viele tausend Roben. (35)

Zu jener Zeit erhielt der Sangha einen Umhang. Dem Erhabenen erzählten sie diesen Sachverhalt. "Ich erlaube, ihr Mönche, einen Umhang." Sie erhielten einen Umhang aus Seide. "Ich erlaube, ihr Mönche, einen Seidenumhang." Sie erhielten einen Umhang aus Pelz[1]. "Ich erlaube, ihr Mönche, einen Umhang aus Pelz." (36) //1//

Das erste Kapitel ist beendet

Zu jener Zeit hat der König von Kāsi Jīvaka Komārabhacca einen Wollumhang, der halb aus Seide war, gesandt, wert einen halben Kāsi[2]. Da hat Jīvaka Komārabhacca den Wollumhang, der halb aus Seide war, genommen und ging zum Erhabenen. Dort, nachdem er den Erhabenen verehrt hatte, setzte er sich seitwärts nieder. Beiseite sitzend sagte Jīvaka Komārabhacca dem Erhabenen folgendes: "Dies ist ein Wollumhang, halb aus Seide, gesandt vom König von Kāsi, wert einen halben Kāsi. Annehmen möge der Verehrungswürdige Erhabene den Wollumhang, damit mir das lange Zeit Wohl und Glück bringe." Der Erhabene nahm den Wollumhang an. Dann veranlaßte er Jīvaka Komārabhacca durch ein Lehrgespräch, es zu verstehen, aufzunehmen, davon motiviert zu sein, sich daran zu erfreuen. Dann, als Jīvaka Komārabhacca durch das Lehrgespräch des Erhabenen veranlaßt war, es zu verstehen, aufzunehmen, davon motiviert zu sein, sich daran zu erfreuen, stand er von seinem Sitz auf, verehrte den Erhabenen, umrundete ihn rechts und ging fort. Dann, nachdem der Erhabene aus diesem Anlaß eine Lehrrede gehalten hatte, sprach er die Mönche an: "Ich erlaube Wollumhänge." (1) //2//

Zu jener Zeit bekam der Sangha viele verschieden(artige) Roben. Da kam den Mönchen folgender Gedanke: Welche Art Roben hat nun der Erhabene erlaubt, welche nicht erlaubt? Dem Erhabenen erzählten sie diesen Sachverhalt. "Ich erlaube, ihr Mönche, sechs (Arten) von Roben: Leinen, Baumwolle, Seide, Wolle, Hanf, Jute." (1)

Zu jener Zeit nahmen die Mönche Roben von Hausleuten an. Die, die unsicher waren, nahmen keine fortgeworfenen Lumpen an: Eine (Art von) Roben hat der Erhabene erlaubt, nicht zwei. Dem Erhabenen erzählten sie diesen Sachverhalt. "Ich erlaube, ihr Mönche, einem, der Roben von Hausleuten annimmt, daß er auch fortgeworfene Lumpen annimmt. Ich lobe, ihr Mönche, die Zufriedenheit mit diesen beiden." (2) //3//

---

[1] ? kojava

[2] Kāsi = Währungseinheit. Die Stelle ist recht zweifelhaft, nach dem Vinayakommentar ist der Wert 500 Kāsi

MV 8

Zu jener Zeit hatten sich viele Mönche in dem Lande Kosala auf einen langen Weg gemacht. Einige Mönche waren vom Weg ab zum Friedhof gegangen, um fortgeworfene Lumpen (zu sammeln). Einige Mönche warteten nicht. Diejenigen Mönche, die vom Weg ab zum Friedhof gegangen waren, um fortgeworfene Lumpen (zu sammeln), erhielten fortgeworfene Lumpen. Die Mönche, die nicht gewartet hatten, sagten folgendes: "Gebt uns, Brüder, einen Teil (der Lumpen)." Diejenigen sagten folgendes: "Nicht, Brüder, geben wir euch einen Teil, warum wartetet ihr nicht mit?" Dem Erhabenen erzählten sie diesen Sachverhalt. "Ich erlaube, ihr Mönche, denen, die nicht gewartet haben, wenn man nicht möchte, nicht zu geben." (1)

Zu jener Zeit hatten sich viele Mönche in dem Lande Kosala auf einen langen Weg gemacht. Einige Mönche waren vom Weg ab zum Friedhof gegangen, um fortgeworfene Lumpen (zu sammeln). Einige Mönche warteten mit. Diejenigen Mönche, die vom Weg ab zum Friedhof gegangen waren, um fortgeworfene Lumpen (zu sammeln), erhielten fortgeworfene Lumpen. Die Mönche, die gewartet hatten, sagten folgendes: "Gebt uns, Brüder, einen Teil (der Lumpen)." Diejenigen sagten folgendes: "Nicht, Brüder, geben wir euch einen Teil, warum kamt ihr nicht mit (von der Straße) herunter?" Dem Erhabenen erzählten sie diesen Sachverhalt. "Ich erlaube[1], ihr Mönche, denen, die gewartet haben, auch wenn man nicht möchte, zu geben." (2)

Zu jener Zeit hatten sich viele Mönche in dem Lande Kosala auf einen langen Weg gemacht. Einige Mönche waren vom Weg ab sofort zum Friedhof gegangen, um fortgeworfene Lumpen (zu sammeln), einige später. Diejenigen Mönche, die sofort vom Weg ab zum Friedhof gegangen waren, um fortgeworfene Lumpen (zu sammeln), erhielten fortgeworfene Lumpen. Die Mönche, die später gingen, erhielten keine. Die Mönche, die später gingen sagten folgendes: "Gebt uns, Brüder, einen Teil (der Lumpen)." Diejenigen sagten folgendes: "Nicht, Brüder, geben wir euch einen Teil, warum kamt ihr nicht sofort mit?" Dem Erhabenen erzählten sie diesen Sachverhalt. "Ich erlaube, ihr Mönche, den später vom Weg gegangenen, wenn man nicht möchte, nicht zu geben." (3)

Zu jener Zeit hatten sich viele Mönche in dem Lande Kosala auf einen langen Weg gemacht. Jene gingen gleichzeitig zum Friedhof. Einige bekamen Lumpen, einige nicht. Diejenigen Mönche, die keine Lumpen bekamen sagten folgendes: "Gebt uns, Brüder, einen Teil (der Lumpen)." Diejenigen sagten folgendes: "Nicht, Brüder, geben wir euch einen Teil, warum bekamt ihr keine?" Dem Erhabenen erzählten sie diesen Sachverhalt. "Ich erlaube, ihr Mönche, den gleichzeitig Gegangenen, auch wenn man nicht möchte, zu geben." (4)

Zu jener Zeit hatten sich viele Mönche in dem Lande Kosala auf einen langen Weg gemacht. Nachdem sie sich besprochen hatten, gingen jene gleichzeitig zum Friedhof. Einige bekamen Lumpen, einige nicht. Diejenigen Mönche, die keine Lumpen bekamen sagten folgendes: "Gebt uns, Brüder, einen Teil (der Lumpen)." Diejenigen sagten folgendes: "Nicht, Brüder, geben wir euch einen Teil, warum bekamt ihr keine?" Dem Erhabenen erzählten sie diesen Sachverhalt. "Ich erlaube, ihr Mönche, den besprochen Habenden, gleichzeitig Gegangenen, auch wenn man nicht möchte, zu geben." (5) //4//

Zu jener Zeit kamen die Menschen, nachdem sie Roben genommen hatten, zum Kloster. Jene, die keinen Annehmenden bekamen, gingen wieder fort. Es gab wenig Roben. Dem Erhabenen erzählten sie diesen Sachverhalt. "Ich erlaube, ihr Mönche, sich über einen mit fünf Teilen versehenen Mönch als Robenannehmer zu einigen: Wer nicht aus Gier falsche Wege gehen würde, wer nicht aus Haß, Verblendung, Furcht falsche Wege gehen würde, wer weiß, was angenommen ist und was nicht angenommen ist. (1)

So soll man sich, ihr Mönche, einigen: Erst soll man einen Mönch bitten (Robenannehmer zu werden). Nachdem er gebeten wurde, soll ein fähiger und erfahrener Mönch dem Sangha ankündigen: Höre mich, verehrungswürdiger Sangha. Wenn es dem Sangha recht ist, möge er sich über er den so und so genannten Mönch als Robenannehmer einigen. Das ist die Ankündigung. Höre mich, verehrungswürdiger Sangha. Der Sangha einigt sich über den so und so genannten Mönch als Robenannehmer. Wenn es den Ehrwürdigen recht ist, sich über den so und so genannten Mönch als Robenannehmer zu einigen, so mögen sie schweigen, wenn es einem nicht recht ist, möge er sprechen. - Geeinigt hat sich der Sangha über den so und so genannten Mönch als Robenannehmer. Dem Sangha ist es recht, daher das Schweigen, so nehme ich es an." (2) //5//

Zu jener Zeit haben die Mönche, die Robenannehmer waren, die Roben, nachdem sie sie angenommen hatten, dort hingelegt und gingen fort. Die Roben gingen verloren. Dem Erhabenen erzählten sie diesen Sachverhalt. "Ich erlaube,

---

[1] hier im Sinne von: Ich empfehle

ihr Mönche, sich über einen mit fünf Teilen versehenen Mönch als Robenaufbewahrer zu einigen: Wer nicht aus Gier falsche Wege gehen würde, wer nicht aus Haß, Verblendung, Furcht falsche Wege gehen würde, wer weiß, was aufbewahrt ist und was nicht aufbewahrt ist. (1)

So soll man sich, ihr Mönche, einigen: .... [wie in //5//]... so nehme ich es an. (2) //6//

Zu jener Zeit haben die Mönche, die Robenaufbewahrer waren die Roben in einer Laube, am Fuße eines Baumes, in einer (Nimba)baumhöhle niedergelegt. Durch Ratten und Termiten wurden sie aufgefressen. Dem Erhabenen haben sie diesen Sachverhalt erzählt. "Ich erlaube, ihr Mönche, sich über eine Aufbewahrungskammer zu einigen, wenn es der Sangha wünscht: Eine Hütte, ein Haus mit einem Dach, ein großes Haus, ein mehrgeschossiges Haus, eine Höhle. (1)

So soll man sich, ihr Mönche, einigen: ... [wie in //5//] ... so nehme ich es an. (2) //7//

Zu jener Zeit waren die Roben in der Aufbewahrungskammer nicht geschützt. Dem Erhabenen erzählten sie diesen Sachverhalt. "Ich erlaube, ihr Mönche, sich über einen mit fünf Teilen versehenen Mönch als Robenbewacher zu einigen. Wer nicht aus Gier falsche Wege gehen würde, wer nicht aus Haß, Verblendung, Furcht falsche Wege gehen würde, wer weiß, was zu bewachen ist und was nicht zu bewachen ist. So soll man sich, ihr Mönche, einigen: ... [wie in //5//] ... so nehme ich es an (1)

Zu jener Zeit hat die Sechsergruppe Mönche den Robenbewacher entlassen. Dem Erhabenen erzählten sie diesen Sachverhalt. "Nicht soll man, ihr Mönche, den Robenbewacher entlassen. Wer entlassen würde, begeht ein dukkata Vergehen." (2) //8//

Zu jener Zeit haben sich in der Aufbewahrungskammer des Sanghas die Roben angehäuft. Dem Erhabenen erzählten sie diesen Sachverhalt. "Ich erlaube, ihr Mönche, (die Roben) nach Maßgabe des zusammengekommenen Sanghas zu verteilen." Zu jener Zeit machte der ganze Sangha beim Robenverteilen großen Lärm. Dem Erhabenen erzählten sie diesen Sachverhalt. "Ich erlaube, ihr Mönche, sich über einen mit fünf Teilen versehenen Mönch als Robenverteiler zu einigen: Wer nicht aus Gier falsche Wege gehen würde, wer nicht aus Haß, Verblendung, Furcht falsche Wege gehen würde, wer weiß, was zu verteilen ist, was nicht zu verteilen ist."

So soll man sich, ihr Mönche, einigen: ... [wie in //5//] ... so nehme ich es an. (1)

Da kam den Mönchen, die Robenverteiler waren folgender Gedanke: Wie sollen wir die Roben verteilen? Dem Erhabenen erzählten sie diesen Sachverhalt. "Ich erlaube, ihr Mönche, nachdem man zuerst begutachtet hat, abgewägt hat, (die Aufteilung) gleichwertig gemacht hat, die Mönche gezählt hat, Gruppen (von Mönchen) gebildet hat[1], soll man den Robenanteil hinlegen." Da kam den Mönchen, die Robenverteiler waren, folgender Gedanke: Wie sollen wir den Novizen ihren Robenanteil geben? Dem Erhabenen erzählten sie diesen Sachverhalt. "Ich erlaube, ihr Mönche, Novizen die Hälfte von einem Anteil zu geben." (2)

Zu jener Zeit wollte ein Mönch mit seinem Teil überqueren (fortgehen). Dem Erhabenen erzählten sie diesen Sachverhalt. "Ich erlaube, ihr Mönche, einem Fortgehenden seinen Anteil zu geben." Zu jener Zeit wollte ein Mönch mit mehr als seinem Teil überqueren (fortgehen). Dem Erhabenen erzählten sie diesen Sachverhalt. "Ich erlaube, ihr Mönche, einem Fortgehenden mehr als seinen Anteil zu geben, wenn Kompensation (als Ausgleich zurück)gegeben wurde." (3)

Da kam den Mönchen, die Robenverteiler waren, folgender Gedanke: Wie sollen wir den Robenanteil geben, in der Reihenfolge des Kommens oder nach dem Alter[2]? Dem Erhabenen erzählten sie diesen Sachverhalt. "Ich erlaube, ihr Mönche, nachdem die Bedürftigen befriedigt sind Lose zu ziehen." (4) //9//

Zu jener Zeit haben die Mönche mit hellem Lehm und Tierkot die Roben gefärbt. Die Roben hatten schlechte Farbe. Dem Erhabenen erzählten sie diesen Sachverhalt. "Ich erlaube, Ihr Mönche, sechs Arten von Färbung: Färben mit

---

[1] falls die Verteilung über mehrere Tage geht.

[2] Dauer des Mönchsdaseins.

Wurzeln, Baumholz, Rinde, Blättern, Blüten, Früchten." (1)

Zu jener Zeit haben die Mönche mit kaltem Wasser gefärbt. Die Roben hatten einen schlechten Geruch[1]. Dem Erhabenen erzählten sie diesen Sachverhalt. "Ich erlaube, ihr Mönche, die Farbe in einem kleinen Farbbehälter zu kochen." Die Farbe schwappte über. "Ich erlaube, ihr Mönche, einen runden Auffangbehälter[2]." Zu jener Zeit wußten die Mönche nicht, ob die Farbe gekocht war oder nicht gekocht war. Dem Erhabenen erzählten sie diesen Sachverhalt. "Ich erlaube, ihr Mönche, einen Tropfen Farbe in das Wasser oder auf den Fingernagel zu tun." (2)

Zu jener Zeit taten die Mönche Farbe in einen Topf hinein, (dabei) zerbrach der Topf. Dem Erhabenen erzählten sie diesen Sachverhalt. "Ich erlaube, ihr Mönche, einen Färbelöffel (zum Umschöpfen) mit einem Holzstiel." Zu jener Zeit hatten die Mönchen keinen Behälter für Farbe. Dem Erhabenen erzählten sie diesen Sachverhalt. "Ich erlaube, ihr Mönche, Farbtöpfe und Farbbehälter." Zu jener Zeit kneteten die Mönche (beim Färben) die Robe in einer kleinen Schale, in einer Almosenschale, (dabei) gingen die Roben kaputt. Dem Erhabenen erzählten sie diesen Sachverhalt. "Ich erlaube, ihr Mönche, einen großen Trog aus Holz." (3) //10//

Zu jener Zeit breiteten die Mönche die Roben auf dem Boden (zum Trocknen) aus. Die Roben wurden mit Staub bedeckt. Dem Erhabenen erzählten sie diesen Sachverhalt. "Ich erlaube, ihr Mönche, eine Grasmatte." Die Grasmatte wurde von Termiten gefressen. Dem Erhabenen ... "Ich erlaube, ihr Mönche, einen Bambusstock für die Roben, ein Seil für die Roben." Sie hängten (die Roben) in der Mitte auf, die Farbe floß an die beiden (unteren) Enden. Dem Erhabenen ... "Ich erlaube, ihr Mönche, die Ecken (hoch)zubinden." Die Ecken gingen kaputt. Dem Erhabenen .... "Ich erlaube, ihr Mönche, die Ecken mit einem Faden festzubinden." Die Farbe floß zu einer Seite. Dem Erhabenen ... "Ich erlaube, ihr Mönche, zu färben, indem man (die Robe) immer wieder dreht. Nicht soll man gehen, bis das Tropfen aufgehört hat." (1)

Zu jener Zeit waren die Roben zu stark gefärbt. Dem Erhabenen .... "Ich erlaube, ihr Mönche, (die Roben) in Wasser einzutauchen (wieder auszuwaschen)." Zu jener Zeit wurden die Roben rauh. Dem Erhabenen ... "Ich erlaube, ihr Mönche (die Roben) mit der Hand auszuklopfen." Zu jener Zeit trugen die Mönche nicht zusammengeflickte Roben in Elfenbeinfarben. Die Menschen wurden verärgert, unruhig, erregt: Wie Sinnenfreude genießende Laien. Dem Erhabenen.... "Nicht soll man nicht zusammengeflickte Roben tragen. Wer so trägt, begeht ein dukkata Vergehen." (2) //11//

Dann, nachdem der Erhabene in Rājagaha, solange es ihm gefiel, geweilt hatte, brach er zu einer Reise nach Dakkhināgiri auf. Es sah der Erhabene in Magadha ein Reisfeld, in Streifen angelegt, mit Zugangswegen versehen, mit Umrandungen versehen, mit Kreuzungen versehen. Dies gesehen, sprach er den ehrwürdigen Ānanda an: "Siehst du, Ānanda, das Reisfeld in Streifen angelegt, mit Zugangswegen versehen, mit Umrandungen versehen, mit Kreuzungen versehen?" - "Ja, Verehrungswürdiger." - "Kannst du, Ānanda, den Mönchen eine derartige Robe herstellen?" - "Das kann ich, Erhabener." Nachdem der Erhabene, solange es ihm gefiel, in Dakkhināgiri geweilt hatte, ging er wieder zurück nach Rājagaha. Nachdem der ehrwürdige Ānanda für viele Mönche Roben hergestellt hatte, kam er zum Erhabenen. Dort sagte er dem Erhabenen folgendes: "Möge der verehrungswürdige Erhabene sehen, die Roben sind hergestellt." (1)

Dann, nachdem der Erhabene in diesem Zusammenhang eine Lehrrede gehalten hatte, sprach er die Mönche an: "Ein Kluger, ihr Mönche, ist Ānanda, ein großer Weiser, ihr Mönche, ist Ānanda, indem er von dem von mir in Kürze gesagtem, die ausführliche Bedeutung weiß. Er kann eine Kreuznaht machen, eine halbe Kreuznaht, eine Kreisnaht, eine Halbkreisnaht, ein Mittelteil, ein Seitenteil, ein Halsteil, ein Knieteil, ein Ellenbogenteil, geschnitten und grob zusammengenäht, einem Asketen gemäß, von den Gegnern nicht begehrt. Ich erlaube, ihr Mönche, geschnittenes (zusammengeflicktes) Schultertuch, geschnittenes Obergewand, geschnittenes Hüfttuch." (2) //12//

Dann, nachdem der Erhabene, solange es ihm gefiel, in Rājagaha geweilt hatte, brach er zu einer Reise nach Vesāli auf. Da sah der Erhabene zwischen Rājagaha und Vesāli, als er auf dem Weg war, viele Mönche mit zusammengepackten Roben kommen, mit einem Robenbündel auf dem Kopf, mit einem Robenbündel auf der Schulter, mit einem Robenbündel auf der Hüfte. Das gesehen kam dem Erhabenen folgender Gedanke: Zu schnell sind diese törichten Menschen

---

[1] weil die Farbutensilien faulten?

[2] unsichere Übersetzung.

durch die Roben der Üppigkeit zugewandt. Was wäre, wenn ich für die Mönche eine Grenze für die Roben(anzahl) festlegen würde? (1)

Dann ist der Erhabene allmählich wandernd auf seiner Reise in Vesāli angekommen. Dort weilte der Erhabene an der Gotamaka Gedenkstätte. Zu jener Zeit saß der Erhabene in den kalten Winternächten zwischen den achten Tagen[1], wenn es schneit, in der Nacht unter freiem Himmel mit einer Robe. Nicht war dem Erhabenen kalt. Als der erste Teil der Nacht vorüber war, wurde dem Erhabenen kalt. Mit der zweiten Robe hat sich der Erhabene bedeckt, nicht war dem Erhabenen kalt. Als der mittlere Teil der Nacht vorüber war, wurde dem Erhabenen kalt. Mit der dritten Robe hat sich der Erhabene bedeckt, nicht war dem Erhabenen kalt. Als der letzte Teil der Nacht vorbei war und die Morgenröte heraufstieg, in der Morgendämmerung, wurde dem Erhabenen kalt. Mit der vierten Robe hat sich der Erhabene bedeckt, nicht war dem Erhabenen kalt. (2)

Dann kam dem Erhabenen folgender Gedanke: Diejenigen, die aus guten Familien in dieser Lehre und Zucht kälteempfindlich, kältefürchtend sind, diejenigen können mit drei Roben leben. Was wäre, wenn ich für die Mönche eine Grenze für die Roben(anzahl) festlegen würde, wenn ich drei Roben erlauben würde? Nachdem der Erhabene aus diesem Anlaß eine Lehrrede gehalten hatte, sprach er die Mönche an: (3)

"Jetzt, ihr Mönche, sah ich, zwischen Rājagaha und Vesāli, als ich auf dem Weg war, viele Mönche mit zusammengepackten Roben kommen, mit einem Robenbündel auf dem Kopf, mit einem Robenbündel auf der Schulter, mit einem Robenbündel auf der Hüfte. Das gesehen kam mir folgender Gedanke: Zu schnell sind diese törichten Menschen durch die Roben der Üppigkeit zugewandt. Was wäre, wenn ich für die Mönche eine Grenze für die Roben(anzahl) festlegen würde? (4)

Jetzt saß ich, ihr Mönche, in den kalten Winternächten zwischen den achten Tagen, wenn es schneit, in der Nacht unter freiem Himmel mit einer Robe. Nicht war mir kalt. Als der erste Teil der Nacht vorüber war, wurde mir kalt. Mit der zweiten Robe habe ich mich bedeckt, ... nicht war mir kalt. Dann kam mir folgender Gedanke: Diejenigen, die aus guten Familien in dieser Lehre und Zucht kälteempfindlich, kältefürchtend sind, diejenigen können mit drei Roben leben. Was wäre, wenn ich für die Mönche eine Grenze für die Roben(anzahl) festlegen würde, wenn ich drei Roben erlauben würde? Ich erlaube, ihr Mönche, drei Roben: ein doppel(lagiges) Schultertuch, ein einfaches Obergewand, ein einfaches Hüfttuch." (5)

Zu jener Zeit (dachte) die Sechsergruppe Mönche: Der Erhabene hat drei Roben erlaubt. Mit anderen drei Roben gingen sie zum Dort, mit anderen drei Roben saßen sie im Kloster, mit anderen drei Roben stiegen sie ins Bad. Diejenigen Mönche, die mäßig waren, wurden verärgert, unruhig, erregt: Wie kann die Sechsergruppe Mönche Extraroben tragen? Dem Erhabenen erzählten sie diesen Sachverhalt. Nachdem der Erhabene aus diesem Anlaß eine Lehrrede gehalten hatte, sprach er die Mönche an: "Nicht soll man, ihr Mönche, Extraroben tragen. Wer so trägt, soll nach dem Gesetz[2] behandelt werden." (6)

Zu jener Zeit bekam der ehrwürdige Ānanda Extraroben. Der ehrwürdige Ānanda wünschte, diese Roben dem ehrwürdigen Sāriputta zu geben. Doch der ehrwürdige Sāriputta weilte in Sāketa. Da kam dem ehrwürdigen Ānanda folgender Gedanke: Der Erhabene erließ, keine Extraroben zu tragen. Ich bekam Extraroben. Ich wünschte diese Roben dem ehrwürdigen Sāriputta zu geben, doch der ehrwürdige Sāriputta weilte in Sāketa. Wie soll ich mich jetzt verhalten? Der ehrwürdige Ānanda erzählte dem Erhabenen diesen Sachverhalt. "Wie lange (dauert es), Ānanda, bis Sāriputta kommt?" - "Neun oder zehn Tage, Erhabener." Nachdem der Erhabene aus diesem Anlaß eine Lehrrede gehalten hatte, sprach er die Mönche an: "Ich erlaube, ihr Mönche, höchstens zehn Tage Extraroben zu tragen." (7)

Zu jener Zeit erhielten die Mönche eine Extrarobe. Da kam den Mönchen folgender Gedanke: Wie sollen wir uns mit der Extrarobe verhalten? Dem Erhabenen erzählten sie diesen Sachverhalt. "Ich erlaube, ihr Mönche, eine Extrarobe zuzuteilen." (8) //13//

Nachdem der Erhabene, solange es ihm gefiel, in Vesāli geweilt hatte, brach er zu einer Reise nach Benares auf. Dann ist der Erhabene, allmählich wandernd, auf seiner Reise in Benares angekommen. Dort weilte der Erhabene in Isipata-

---

[1] siehe MV I/20/15

[2] Nissaggia Vergehen.

na, im Gazellenhain. Zu jener Zeit hatte ein gewisser Mönch ein durchlöchertes Hüfttuch. Da kam dem Mönch folgender Gedanke: Der Erhabene erlaubte drei Roben: ein doppel(lagiges) Schultertuch, ein einfaches Obergewand, ein einfaches Hüfttuch; mein Hüfttuch aber ist durchlöchert. Wenn ich jetzt einen Flicken aufnähe, ist es an den Seiten (des Flickens) doppelt, in der Mitte einfach. (1)

Dann hat der Mönch den Flicken aufgenäht. Da sah der Erhabene, als er in der Behausung (auf und ab) ging, wie jener Mönch den Flicken aufnähte. Dies gesehen, ging er zu dem Mönch. Dort sagte er dem Mönch folgendes: "Was machst du, Mönch?" - "Ich nähe einen Flicken auf." - "Gut, gut, Mönch, gut ist es, daß du einen Flicken aufnähst." Nachdem der Erhabene in diesem Zusammenhang eine Lehrrede gehalten hatte, sprach er die Mönche an: "Ich erlaube, ihr Mönche, von nicht beschädigtem (neuem) (oder) wie neuem Stoff ein doppeltes Schultertuch, einfaches Obergewand, einfaches Hüfttuch. Vom Gebrauch dünn gewordenem Stoff ein vierfaches Schultertuch, zweifaches Obergewand, zweifaches Hüfttuch. Soweit wie möglich soll man um fortgeworfene Lumpen und (Stoffreste) vom Ladengeschäft bemüht sein. Ich erlaube, ihr Mönche: Flicken aufzunähen, anzusetzen, zu stopfen, zu bedecken, zusammenzuziehen." (2) //14//

Nachdem der Erhabene, solange es ihm gefiel, in Benares geweilt hatte, brach er zu einer Reise nach Sāvatthi auf. Allmählich wandernd kam er in Sāvatthi an. Dort weilte der Erhabene in Sāvatthi im Jetahaine des Anāthapindika. Dann kam Visākhā Migāramātā zum Erhabenen. Dort, nachdem sie den Erhabenen verehrt hatte, setzte sie sich seitwärts nieder. Dann hat der Erhabene die seitwärts sitzende Visākhā Migāramātā durch ein Lehrgespräch veranlaßt, es zu verstehen, aufzunehmen, davon motiviert zu sein, sich daran zu erfreuen. Dann, nachdem Visākhā Migāramātā durch das Lehrgespräch veranlaßt war, es zu verstehen, aufzunehmen, davon motiviert zu sein, sich daran zu erfreuen, sagte sie dem Erhabenen folgendes: "Annehmen möge der Verehrungswürdige Erhabene für morgen das Essen, zusammen mit dem Mönchssangha." Durch Schweigen nahm der Erhabene an. Dann, nachdem Visākhā Migāramātā wußte, daß der Erhabene angenommen hatte, stand sie vom Sitz auf, verehrte den Erhabenen, umrundete ihn rechts und ging fort. (1)

Zu jener Zeit, in jener Nacht, kam eine große Wolke, (groß) wie vier Kontinente auf es und regnete. Da sprach der Erhabene die Mönche an: "Wie es, ihr Mönche, hier im Jetahain regnet, so regnet es auch auf den vier Kontinenten. Laßt es regnen auf eure Körper, dies ist die letzte große Wolke der vier Kontinente." - "So sei es, Verehrungswürdiger." Nachdem die Mönche dies dem Erhabenen geantwortet hatten legten sie die Roben hin und ließen die Körper naßregnen. (2)

Dann, nachdem Visākhā Migāramātā feste und weiche Speisen hatte vorbereiten lassen, sprach sie eine Dienerin an: "Gehe, nachdem du zum Klostergarten gegangen bist, kündige die Zeit an: Zeit ist es, Verehrungswürdiger, das Essen ist bereitet." - "So sei es, Herrin." Nachdem diese Dienerin dies der Visākhā Migāramātā geantwortet hatte, zum Klostergarten gegangen war, sah sie die Mönche, die Roben hingelegt sich naßregnen lassend. (Dies) gesehen (dachte sie): Nicht sind hier Mönche, Nacktasketen lassen ihre Körper naßregnen. Sie ging zu Visākhā Migāramātā. Dort sagte sie Visākhā Migāramātā folgendes: "Nicht sind hier, Herrin, Mönche, Nacktasketen lassen ihre Körper naßregnen." Dann hat Visākhā Migāramātā die Weise, Gebildete, Kluge, dies gedacht: Ohne Zweifel lassen diese Herren, nachdem sie die Roben hinlegten den Körper naßregnen. Diese Ungebildete meint: Nicht sind hier Mönche, Nacktasketen lassen ihre Körper naßregnen. Sie sprach die Dienerin an: "Gehe, nachdem du zum Klostergarten gegangen bist, kündige die Zeit an: Zeit ist es, Verehrungswürdiger, das Essen ist bereitet." (3)

Dann wurden jenen Mönchen die Glieder kalt, (und) der Körper war sauber. Sie nahmen ihre Roben und gingen jeder in (seine eigene) Behausung. Dann, nachdem die Dienerin zum Klostergarten gegangen war, sah sie keine Mönche. Nicht sind im Klostergarten Mönche. Leer ist der Klostergarten. Sie ging zu Visākhā Migāramātā. Dort sagte sie Visākhā Migāramātā folgendes: "Nicht sind im Klostergarten, Herrin, Mönche, leer ist der Klostergarten." Dann hat Visākhā Migāramātā, die Weise, Gebildete, Kluge, dies gedacht: Ohne Zweifel wurden jenen Mönchen die Glieder kalt, (und) der Körper war sauber. Sie gingen jeder in (seine eigene) Behausung. Diese Ungebildete meint: Nicht sind im Klostergarten Mönche. Leer ist der Klostergarten. Sie sprach die Dienerin an: "Gehe, nachdem du zum Klostergarten gegangen bist, kündige die Zeit an: Zeit ist es, Verehrungswürdiger, das Essen ist bereitet." (4)

Dann sprach der Erhabene die Mönche an: "Nehmt, ihr Mönche, Almosenschale und Robe, es ist Essenszeit." - "So sei es, Verehrungswürdiger," antworteten die Mönche dem Erhabenen. Nachdem der Erhabene sich am morgen angezogen hatte, die Robe und Almosenschale genommen hatte, war er, so schnell wir ein kräftiger Mann den gebeugten Arm streckt oder den gestreckten Arm beugt, im Jetahain verschwunden und erschien im Vorraum von Visākhā Migāramātā. Es setzte sich der Erhabene auf die vorbereiteten Sitze zusammen mit dem Mönchssangha. (5)

Dann (sagte) Visākhā Migāramātā: "Oh, wundervoll, oh, wunderbar ist die große übernatürliche Kraft, die große Erhabenheit des Vollendeten, weil, obwohl die Flut kniehoch stand, oder als die Flut hüfthoch stand, nicht einmal bei einem Mönch die Füße oder die Robe feucht wurden." Erfreut und befriedigt bediente und versorgte sie eigenhändig den Mönchssangha mit dem Erhabenen an der Spitze. Als der Erhabene gegessen hatte und die Hand von der Almosenschale zurückgezogen hatte, setzte sie sich beiseite nieder. Beiseite sitzend sagte Visākhā Migāramātā folgendes: "Acht Wünsche, verehrungswürdiger Erhabener erbitte ich." - "Jenseits von Wunschgewähren sind die Vollendeten, Visākhā." - "Jene (Wünsche) sind angemessen, sind tadellos." - "Sprich, Visākhā." (6)

"Ich wünsche, Verehrungswürdiger, solange ich lebe, dem Sangha Kleidung für die Regenzeit zu geben, Gastessen zu geben, Reiseproviant zu geben, Krankenspeise zu geben, Krankenpflegerspeise zu geben, Medizin zu geben, ständig Reisschleim zu geben, dem Nonnensangha Badekleidung zu geben." - "Welchen Zweck siehst du darin, diese acht Wünsche vom Vollendeten zu erbitten?" - "Weil ich, Verehrungswürdiger, der Dienerin befahl: 'Gehe, nachdem du zum Klostergarten gegangen bist, kündige die Zeit an: Zeit ist es, Verehrungswürdiger, das Essen ist bereitet.' Gegangen sah (sie) die Mönche die Roben abgelegt, die Körper naßregnen lassend, sah sie keine Mönche im Klostergarten, (nur) nackte Asketen, die Körper naßregnen lassend. Zu mir kam sie. Da sagte sie mir folgendes: "Nicht gibt es, Herrin, Mönche im Klostergarten, nackte Asketen lassen sich naßregnen." Nicht sauber, Verehrungswürdiger, ist Nacktheit, widerwärtig. Diesen Zweck sehend, wünsche ich dem Sangha, solange ich lebe, Regenzeitkleidung zu geben. (7)

Außerdem, Verehrungswürdiger, kennen die Gastmönche nicht die Straßen und die Gegenden, sich plagend geht er auf Almosengang. Nachdem jener mein Gastessen aß, die Straßen und Gegenden wissend, wird er ungeplagt auf Almosengang gehen. Diesen Zweck sehend, wünsche ich dem Sangha, solange ich lebe, Gastessen zu geben. Außerdem, Verehrungswürdiger, wenn ein reisender Mönch für sich selber Essen sucht, wird er die Karawane verlassen (mit der er reist). Dort, wo die Behausung für die Reisenden ist, dort kommt er zur Unzeit an. Sich plagend macht er diese Reise. Nachdem jener meinen Reiseproviant gegessen hat, muß er die Karawane nicht verlassen; wo die Behausung für die Reisenden ist, dort kommt er rechtzeitig an. Ungeplagt macht er diese Reise. Diesen Zweck sehend, wünsche ich dem Sangha, solange ich lebe, Reiseproviant zu geben. (8)

Außerdem, Verehrungswürdiger, erhält ein kranker Mönch nicht die angemessene Speise; (dies) nicht erhaltend, mag die Krankheit schlimmer werden oder (er) mag sterben. Nachdem jener meine Krankenspeise erhielt, mag die Krankheit nicht schlimmer werden, er mag nicht sterben. Diesen Zweck sehend, wünsche ich dem Sangha, solange ich lebe, Krankenspeise zu geben. Außerdem, Verehrungswürdiger, wenn der krankenpflegende Mönch benötigte Speise sucht, bringt er das Essen nachmittags und verpaßt die Mahlzeit. Nachdem jener meine Krankenpflegerspeise gegessen hat, wird er rechtzeitig dem Kranken die Speise bringen, nicht verpaßt er seine Mahlzeit. Diesen Zweck sehend, wünsche ich dem Sangha, solange ich lebe, Krankenpflegerspeise zu geben. (9)

Außerdem, Verehrungswürdiger, mag der kranke Mönch angemessene Medizin nicht erhalten. So mag die Krankheit sich verschlimmern, oder er mag sterben. Jenem, nachdem er meine Medizin erhalten hat, mag sich die Krankheit nicht verschlimmern, oder er mag nicht sterben. Diesen Zweck sehend, wünsche ich dem Sangha, solange ich lebe Medizin zu geben. Außerdem, Verehrungswürdiger, hat der Erhabene zehn Vorteile sehend in Andhakavinda Reisschleim erlaubt. Auch ich, Verehrungswürdiger, zehn Vorteile sehend, wünsche dem Sangha, solange ich lebe, ständig Reisschleim zu geben. (10)

Hier sah ich, Verehrungswürdiger, die Nonnen im Fluß Aciravati mit Prostituierten zusammen nackt in einer Furt baden. Jene Prostituierten verspotteten die Nonnen: "Wie könnt ihr, ihr Meisterinnen, den Reinheitswandel führen, während ihr so jung seid? Ist es nicht so, daß man die Sinnesgenüsse genießen soll? Wenn ihr alt sein werdet, wandelt den Reinheitswandel, so habt ihr beide Ziele erreicht." Jene Nonnen, Verehrungswürdiger, von den Prostituierten verspottet, wurden verschämt. Unschön, Verehrungswürdiger, ist die Nacktheit der Frau, eklig und widerwärtig. Diesen Zweck sehend, wünsche ich dem Nonnensangha, solange ich lebe Badebekleidung zu geben." (11)

"Welche acht Vorteile sehend, äußertest du zum Vollendeten diese acht Wünsche?" - "Jetzt, Verehrungswürdiger, werden aus (allen) Richtungen Mönche nach Sāvatthi kommen, die die Regenzeit verbracht haben, um den Erhabenen zu sehen. Jene werden zum Erhabenen gekommen (ihn) fragen: 'Der so und so genannte Mönch, Erhabener, ist gestorben. Zu welcher Existenz wird er nach dem Tode wiederkehren?' Dann wird der Erhabene die Frucht des Stromeintritts, die Frucht der Einmalwiederkehr, die Frucht der Nichtwiederkehr, die Frucht der Heiligkeit erklären. Zu (anderen Mönchen) hingegangen werde ich fragen: 'Bist du, Verehrungswürdiger, vorher mit jenen Meistern (Verstorbenen) in Sāvatthi gewesen?' (12)

Wenn sie mir sagen 'jener Mönch ist vorher in Sāvatthi gewesen', komme ich zu dem Schluß: Genossen haben jene Meister Regenzeitstoff, Gastspeise, Reiseproviant, Krankenspeise, Medizin, ständig Reisschleim. Wenn ich daran denke, wird mir der Sinn froh, der der Sinn froh ist, die wird freudig, der Freudigen wird der Körper ruhig, die Körperruhige wird glücklich, der Glückempfindenden wird die Gemütsverfassung gesammelt. So pflege ich die Fähigkeiten, die Kräfte, die Erleuchtungsglieder. Diese Vorteile sehend, äußerte ich zum Vollendeten diese acht Wünsche." (13)

"Gut, gut, Visākha, gut hast du, Visākha, diese Vorteile gesehen, (und) den Vollendeten um die acht Wünsche gebeten. Ich genehmige dir diese acht Wünsche. Dann sprach der Erhabene die Visākha Migāramātā mit diesem Vers an:

"Wer Essen und Trinken (gibt), hocherfreut, die Sittlichkeit auf sich genommen hat, die Hörerin des Vollendeten -
Geiz überwunden gibt sie Gaben, die zum Himmel führen, Kummer vernichten, Glück bringen -
Sie erlangt himmlische Lebenskraft, erreicht den reinen, fleckenlosen Weg -
Sie, Verdienst wünschend, die Glückliche, Gesunde, freut sich lange des himmlischen Körpers."

Dann, nachdem der Erhabene Visākha Migāramātā mit diesem Vers angesprochen hatte, stand er vom Sitz auf und ging fort. (14)

Nachdem der Erhabene in diesem Zusammenhang eine Lehrrede gehalten hatte, sprach er die Mönche an: "Ich erlaube, ihr Mönche: Kleidung für die Regenzeit, Gastessen, Reiseproviant, Krankenspeise, Krankenpflegerspeise, Medizin, ständig Reisschleim, dem Nonnensangha Badekleidung." (15) //15//

Das Visākha Kapitel

Zu jener Zeit wurde den Mönchen, nachdem sie vorzügliche Speise gegessen hatten, die Achtsamkeit unklar. Unbesonnen sanken sie in den Schlaf. Die unklar Achtsamen, unbesonnen in den Schlaf Gesunkenen, Schlafenden, verloren Samen. Den Schlafplatz befleckten sie mit Unreinem. Dann hat der Erhabene mit dem ehrwürdigen Ānanda als Begleitung einen Gang durch die Behausung gemacht und sah den Schlafplatz mit Unreinem befleckt. Dies gesehen sprach er den ehrwürdigen Ānanda an: "Wieso, Ānanda ist der Schlafplatz befleckt?" - "In diesem Fall, Verehrungswürdiger, wurde den Mönchen, nachdem sie vorzügliche Speise gegessen hatten die Achtsamkeit unklar. Unbesonnen sanken sie in den Schlaf. Die unklar Achtsamen, unbesonnen in den Schlaf Gesunkenen, Schlafenden, verloren Samen. Darum, Erhabener, ist der Schlafplatz mit Unreinem befleckt." (1)

"So ist es, Ānanda, so ist es, Ānanda, es vergießt einer, der unklar Achtsamen, unbesonnen in den Schlaf Gesunkenen, Schlafenden, Samen. Diejenigen Mönche, Ānanda, die Achtsamkeit gegenwärtig haben, die besonnen in den Schlaf fallen, die verlieren keinen Samen. Die Weltmenschen, Ānanda, die frei sind vom Begehren der Sinnesgenüsse, die verlieren keinen Samen. Unmöglich ist es, nicht kann es sein, daß ein Heiliger Samen verliert. Nachdem der Erhabene in diesem Zusammenhang eine Lehrrede gehalten hatte, sprach er die Mönche an: "In diesem Fall habe ich mit dem ehrwürdigen Ānanda als Begleitung einen Gang durch die Behausung gemacht und sah den Schlafplatz mit Unreinem befleckt ..... Unmöglich ist es, nicht kann es sein, daß ein Heiliger Samen verliert." (2)

Fünf Nachteile, ihr Mönche, gibt es für den, der unklar achtsam ist, unbesonnen in den Schlaf sinkt: Er schläft schlecht (ein), er wacht schlecht auf, böse Träume hat er, die Götter schützen ihn nicht, und er verliert Samen. Dies sind die fünf Nachteile für einen, der unklar achtsam ist, unbesonnen in den Schlaf sinkt. Fünf Vorteile, ihr Mönche, gibt es für den, der achtsam ist, besonnen in den Schlaf sinkt: Er schläft gut (ein), er wacht gut auf, böse Träume hat er nicht, die Götter schützen ihn, und er verliert keinen Samen. Dies sind die fünf Vorteile für einen, der achtsam ist, besonnen in den Schlaf sinkt. Ich erlaube, ihr Mönche, zum Körperschutz, zum Robenschutz, zum Schlafplatzschutz eine (kleine) Sitzdecke." (3)

Zu jener Zeit hat eine sehr kleine Sitzdecke nicht den ganzen Schlafplatz geschützt. Dem Erhabenen erzählten sie diesen Sachverhalt. "Ich erlaube, ihr Mönche, eine Decke so groß wie ihr wünscht." (4) //16//

Zu jener Zeit hatte der Unterweiser des ehrwürdigen Ānanda, Belatthasīsa, ein Gebrechen mit einem dicken Schorf. Seine Wundflüssigkeit ließ die Robe am Körper festkleben. Nachdem jene von den Mönchen wiederholt befeuchtet wurde, lösten sie sie vom Körper ab. Da sah der Erhabene, als er in der Mönchsklause umherging, jene Mönche, nachdem sie die Robe mit Wasser wiederholt befeuchtet hatten, sie ablösen. Nachdem er das gesehen hatte, ging er zu den Mönchen. Dort sagte er den Mönchen folgendes: "Welches Gebrechen hat dieser Mönch?" - "Dieser Ehrwürdige, Verehrungswürdiger, hat ein Gebrechen mit dickem Schorf, seine Wundflüssigkeit ließ die Robe am Körper festkleben. Jene lösen wir ab, nachdem wir sie mit Wasser wiederholt befeuchtet haben." Nachdem der Erhabene in diesem Zusammenhang eine Lehrrede gehalten hatte, sprach er die Mönche an: "Ich erlaube, ihr Mönche, wer an Gebrechen mit Juckreiz, Beulen, wunden Stellen, dickem Schorf leidet, einen Kratzbedeckungs(stoff). (1) //17//

Dann, nachdem Visākha Migāramātā ein Gesichtstuch[1] genommen hatte, zum Erhabenen gegangen war, dort den Erhabenen verehrt hatte, setzte sie sich beiseite nieder. Beiseite sitzend sagte Visākha Migāramātā dem Erhabenen folgendes: "Annehmen möge der Verehrungswürdige Erhabene dieses Gesichtstuch, damit es für mich lange Zeit zum Wohle und Glücke ist." Der Erhabene nahm das Gesichtstuch an. Dann hat der Erhabene Visākha Migāramātā durch ein Lehrgespräch veranlaßt es zu verstehen, aufzunehmen, davon motiviert zu sein, sich daran zu erfreuen. Nachdem Visākha Migāramātā durch das Lehrgespräch veranlaßt war, es zu verstehen, aufzunehmen, davon motiviert zu sein, sich daran zu erfreuen, stand sie vom Sitz auf, umrundete ihn rechts und ging fort. Nachdem der Erhabene in diesem Zusammenhang eine Lehrrede gehalten hatte, sprach er die Mönche an: "Ich erlaube, ihr Mönche, Gesichtstücher." (1) //18//

Zu jener Zeit war der Mallā Rojo der Freund des ehrwürdigen Ānanda. Das Leinentuch des Mallā Rojo bekam der ehrwürdige Ānanda in die Hand, und der ehrwürdige Ānanda hatte Bedarf an Leinentuch. Dem Erhabenen erzählten sie diesen Sachverhalt. "Ich erlaube, ihr Mönche, von einem mit fünf Eigenschaften Versehenen im guten Glauben zu nehmen (also ohne das man explizit gefragt hat): Von einem Freund, von einem Vertrauten, wenn man darüber gesprochen hat, wenn er noch lebt, wenn man weiß: wenn ich nehme, wird es ihn freuen. Ich erlaube, ihr Mönche, von einem mit diesem fünf Eigenschaften Versehenen zu nehmen. (1) //19//

Zu jener Zeit hatten die Mönche vollständige dreiteilige Roben. Sie hatten Bedarf an Sieben und Beuteln. Dem Erhabenen erzählten sie diesen Sachverhalt. "Ich erlaube, ihr Mönche, Stoff für Bedarfsgegenstände." (1)

Da kam den Mönchen folgender Gedanke: Dasjenige, was der Erhabene erlaubt hat (nämlich): die dreiteilige Robe, Regenzeitkleidung, Sitzdecke, (große) Decke, Kratzbedeckungsstoff, Gesichtstuch, das Tuch für Bedarfsgegenstände, sind alle diese für (einen einzelnen) bestimmt oder für (alle gemeinsam) bestimmt? Dem Erhabenen erzählten sie diesen Sachverhalt. "Ich erlaube, ihr Mönche, die dreifache Robe für (einen einzelnen) zu bestimmen, nicht für (alle gemeinsam) zu bestimmen, Regenzeitkleidung für die vier Monate der Regenzeit für (einen einzelnen) zu bestimmen, danach für (alle gemeinsam) zu bestimmen, die Sitzdecke für (einen einzelnen) zu bestimmen, nicht für (alle gemeinsam) zu bestimmen, die (große) Decke für (einen einzelnen) zu bestimmen, nicht für (alle gemeinsam) zu bestimmen, den Kratzbedeckungstoff während der Krankheit für (einen einzelnen) zu bestimmen, danach für (alle gemeinsam) zu bestimmen, Gesichtstuch, das Tuch für Bedarfsgegenstände, für (einen einzelnen) zu bestimmen, nicht für (alle gemeinsam) zu bestimmen." (2) //20//

Da kam den Mönchen folgender Gedanke: Welches ist das geringste Maß für einen für (einen einzelnen) bestimmtes Stoff(stück)? Dem Erhabenen erzählten sie diesen Sachverhalt. "Ich erlaube, ihr Mönche, in der Länge acht Finger des Vollendeten, in der Breite vier Finger als geringstes für ein für (einen einzelnen) bestimmtes Stoff(stück)." Zu jener Zeit wurde die aus fortgeworfenen Lumpen gemachte (Robe) des ehrwürdigen Mahākassapa schwer[2]. Dem Erhabenen erzählten sie diesen Sachverhalt. "Ich erlaube, ihr Mönche mit einem Faden (die Löcher) zu stopfen[3]." Die Ecken wurden schief. Dem Erhabenen erzählten sie diesen Sachverhalt. "Ich erlaube, ihr Mönche, diese schiefen Ecken zu begradigen." Die Fäden (der Robe) fransten aus. Dem Erhabenen erzählten sie diesen Sachverhalt. "Ich erlaube, ihr Mönche, (es) zusammenzuflechten (oder) einen Saum zu machen." Zu jener Zeit gingen die Teile des Obergewandes auseinander. Dem Erhabenen erzählten sie diesen Sachverhalt. "Ich erlaube, ihr Mönche, (sie) zusammenzunähen." (1)

Zu jener Zeit, als ein gewisser Mönch die drei Roben machen ließ, reichte (es) beim (Zu)schneiden nicht. "Ich erlaube, ihr Mönche, zwei (Teile) zuzuschneiden, eins nicht." Beim Zuschneiden für zwei und eins nicht, reichte es nicht. "Ich erlaube, ihr Mönche, zwei (Teile) nicht zuzuschneiden, eines zuzuschneiden." Beim Zuschneiden für eins und zwei

---

[1] ähnlich wie ein Taschentuch oder Schweißtuch.

[2] lt. Kommentar, weil er viele Flicken aufgenäht hatte

[3] suttalūkham

nicht, reichte es nicht. "Ich erlaube, ihr Mönche, ein (Stück) anzufügen. Ihr solltet nicht, ihr Mönche, Unzugeschnittenes tragen. Wer so trägt, begeht ein dukkata Vergehen." (2) //21//

Zu jener Zeit bekam ein gewisser Mönch viel Stoff. Von jenem Stoff wollte er seinen Eltern geben. Dem Erhabenen erzählten sie diesen Sachverhalt. "Wenn den Eltern gegeben wird, was soll ich sagen. Ich erlaube, ihr Mönche, den Eltern zu geben. Aber nicht, ihr Mönche, soll, was aus Vertrauen gegeben wurde, verschwendet werden. Wer verschwendet, begeht ein dukkata Vergehen." (1) //22//

Zu jener Zeit hat ein gewisser Mönch im Andhavana[4] seine Robe niedergelegt und ging (nur) mit der inneren und äußeren (Robe) zum Dorf auf Almosengang. Diebe stahlen jene Robe. Jener Mönch war schlecht bekleidet mit grober Robe. Die Mönche sagten folgendes: "Warum bist du, Bruder, schlecht bekleidet, mit grober Robe?" - "Ich, Brüder, habe in Andhavana meine Robe niedergelegt und ging (nur) mit der inneren und äußeren (Robe) zum Dorf auf Almosengang. Diebe stahlen jene Robe. Darum bin ich schlecht bekleidet und habe eine grobe Robe." Dem Erhabenen erzählten sie diesen Sachverhalt. "Nicht, ihr Mönche, soll man (nur) mit der inneren und äußeren (Robe) im Dorf gehen. Wer so geht, begeht ein dukkata Vergehen." (1)

Zu jener Zeit ging der ehrwürdige Ānanda unachtsam (nur) mit einer inneren und äußeren (Robe) im Dorf auf Almosengang. Die Mönche sagten dem ehrwürdigen Ānanda folgendes: "Ist es nicht so, Bruder Ānanda, daß der Erhabene erließ 'nicht soll man (nur) mit der inneren und äußeren (Robe) im Dorf gehen?' Warum gehst du, Bruder, (nur) mit der inneren und äußeren (Robe) im Dorf?" - "Richtig ist es, daß der Erhabene erließ 'nicht soll man (nur) mit der inneren und äußeren (Robe) im Dorf gehen', ich aber ging unachtsam." Dem Erhabenen erzählten sie diesen Sachverhalt. (2)

"Bei fünf Bedingungen kann man, ihr Mönche, das Obergewand ablegen: wenn man krank ist, während man die Regenzeit verbringt, während man einen Fluß überquert, während er in einem abgeschlossenen Raum weilt, während die kathina Kleidung zugeteilt wird. Bei diesen fünf Bedingungen kann man, ihr Mönche, das Obergewand ablegen. Bei fünf Bedingungen kann man, ihr Mönche, das Schultertuch, das Hüfttuch ablegen: wenn man krank ist, während man die Regenzeit verbringt, während man einen Fluß überquert, während er in einem abgeschlossenen Raum weilt, während die kathina Kleidung zugeteilt wird. Bei diesen fünf Bedingungen kann man, ihr Mönche, das Schultertuch, das Hüfttuch ablegen. Bei fünf Bedingungen, ihr Mönche, kann man die Regenzeitkleidung ablegen: wenn man krank ist, wenn man nach außerhalb der Grenze geht, während man einen Fluß überquert, während man in einem abgeschlossenen Raum weilt, wenn man Regenzeitkleidung nicht gemacht oder schlecht gemacht hat. Bei diesen fünf Bedingungen kann man, ihr Mönche, die Regenzeitkleidung ablegen." (3) //23//

Zu jener Zeit verbrachte ein gewisser Mönch allein die Regenzeit. Dort (dachten) die Menschen: Wir geben dem Sangha und gaben Roben. Da kam dem Mönch folgender Gedanke: Der Erhabene erließ, wenigstens in einer Vierergruppe als Sangha zu sein, ich bin aber nur einer, aber die Menschen, denkend: 'Wir geben dem Sangha,' gaben Roben. So laß mich nun jene Roben des Sangha nach Sāvatthi bringen'. Dann hat jener Mönch, nachdem er jene Roben genommen hatte, nach Sāvatthi gegangen war, dem Erhabenen den Sachverhalt erzählt. "Deine, Mönch, sind die Roben, bis kathina aufgehoben ist.[5]" (1)

"In diesem Fall, ihr Mönche, hatte ein Mönch allein die Regenzeit verbracht. Dort gaben die Menschen denkend: Wir geben dem Sangha, Roben. Ich erlaube ihm, ihr Mönche, diese Roben (anzunehmen) bis kathina aufgehoben ist." (2)

Zu jener Zeit lebte ein Mönch eine Jahreszeit allein. Dort (dachten) die Menschen: Wir geben dem Sangha, und gaben Roben. Da kam dem Mönch folgender Gedanke: Der Erhabene erließ, wenigstens in einer Vierergruppe als Sangha zu sein, ich bin aber nur einer, aber die Menschen, denkend: Wir gegen dem Sangha, gaben Roben. So laß mich nun jene Roben des Sangha nach Sāvatthi bringen. Dann hat jener Mönch, nachdem er jene Roben genommen hatte, nach Sāvatthi gegangen war, den Mönchen den Sachverhalt erzählt. Die Mönche erzählten dem Erhabenen den Sachverhalt. "Ich erlaube, ihr Mönche, in Anwesenheit des Sangha zu (ver)teilen." (3)

Zu jener Zeit lebte ein Mönch eine Jahreszeit allein. Dort (dachten) die Menschen: Wir geben dem Sangha, und gaben

---

[4] Blindenwald

[5] Siehe Nissag. I, II, III

Roben. "Ich erlaube, ihr Mönche, durch den Mönch sollen die Roben bestimmt werden: Dies sind meine Roben. Wenn, ihr Mönche, der Mönch nicht in dieser Weise die Robe (für sich) bestimmt hat und ein anderer Mönch kommt, soll er die Hälfte abgeben. Wenn die Mönche, ihr Mönche, jene Roben durch noch nicht gezogene Lose (gerade) verteilen und ein anderer Mönch kommt, sollen sie einen (gleichen) Anteil abgeben. Wenn die Mönche, ihr Mönche, jene Roben durch bereits gezogene Lose verteilt haben und ein anderer Mönch kommt, sollen sie, wenn sie nicht wollen, nicht geben." (4)

Zu jener Zeit verbrachten zwei Brüder, die Theras waren, der ehrwürdige Isidāsa und der ehrwürdige Isibhatta, die Regenzeit in Sāvatthi. Sie gingen (dann) in irgendein Dorf. Die Menschen dachten: Nach langer Zeit kamen die Theras. Sie gaben Essen und Roben. Die dort lebenden Mönche fragten die Theras: "Diese Roben, Verehrungswürdiger, entstand dem Sangha durch die Theras, einen Teil (davon) mögen die Theras für sich nehmen." Die Theras sagten folgendes: "Soweit wir, Brüder, die vom Erhabenen dargelegte Lehre verstanden haben, dürft ihr die Roben bis zur Kathina(aufhebung) aufbewahren." (5)

Zu jener Zeit verbrachten drei Mönche die Regenzeit in Rājagaha. Denen gaben die Menschen im Gedanken: Wir geben dem Sangha, Roben. Da kam den Mönchen folgender Gedanke: Der Erhabene erlaubt mit mindestens vier (Leuten) einen Sangha (zu bilden). Wir sind aber drei Leute. Diese Menschen gaben Roben denkend: Wir geben dem Sangha. Wie sollen wir uns jetzt verhalten? Zu jener Zeit wohnten viele Theras (nämlich) der ehrwürdige Nilavāsī, der ehrwürdige Sānavāsī, der ehrwürdige Gopaka, der ehrwürdige Bhagu und der ehrwürdige Phalikasandāna in Pātaliputta im Kukkutapark. Dann, nachdem die Mönche nach Pātaliputta gegangen waren, fragten sie die Theras. Die Theras antworteten folgendes: "Soweit wir, Brüder, die vom Erhabenen dargelegte Lehre verstanden haben, dürft ihr die Roben bis zur Kathina(aufhebung) aufbewahren." (6) //24//

Zu jener Zeit hatte der ehrwürdige Upananda Sakyaputta in Sāvatthi die Regenzeit verbracht und ging zu einer gewissen Dorf(mönchs)behausung. Dort waren die Mönche zusammengekommen mit dem Wunsch die Roben zu verteilen. Diese sagten folgendes: "Hier werden, Bruder, die Roben des Sangha verteilt, nimm deinen Anteil an." - "Ja, Brüder, ich werden annehmen." Von dort den Robenanteil genommen, ging er zu einer anderen Mönchsbehausung. Auch dort waren die Mönche zusammengekommen mit dem Wunsch die Roben zu verteilen. Diese sagten folgendes: "Hier werden, Bruder, die Roben des Sangha verteilt, nimm deinen Anteil an." - "Ja, Brüder, ich werden annehmen." Von dort den Robenanteil genommen, ging er zu einer anderen Mönchsbehausung. Auch dort waren die Mönche zusammengekommen mit dem Wunsch die Roben zu verteilen. Diese sagten folgendes: "Hier werden, Bruder, die Roben des Sangha verteilt, nimm deinen Anteil an." - "Ja, Brüder, ich werden annehmen." Von dort den Robenanteil genommen, nachdem er ein großes Robenbündel genommen hatte, kam er wieder nach Sāvatthi zurück. (1)

Die Mönche sagten folgendes: "Sehr viel Verdienst (Glück) hast du Bruder Upananda, viele Roben bekamst du." - "Woher schon Verdienst, Brüder? In diesem Fall ging ich, Brüder, nachdem ich in Sāvatthi die Regenzeit verbracht hatte ... kam ich wieder nach Sāvatthi zurück. So entstanden mir viele Roben." (2)

"Hast du, Bruder Upananda, irgendwo anders die Regenzeit verbracht und irgendwo anders den Robenanteil genommen?" - "So, Bruder, ist es." Diejenigen Mönche, die mäßig waren, wurden verärgert, unruhig, erregt: Wie kann nur der ehrwürdige Upananda Sakyaputta irgendwo anders die Regenzeit verbracht und irgendwo anders den Robenanteil genommen haben? Dem Erhabenen erzählten sie diesen Sachverhalt. "Ist es wahr, wie man sagt, Upananda, daß du irgendwo anders die Regenzeit verbracht und irgendwo anders den Robenanteil genommen hast?" - "Das ist wahr, Erhabener." Da tadelte der Erwachte, Erhabene: "Wie kannst du, du törichter Mensch, irgendwo anders die Regenzeit verbracht und irgendwo anders den Robenanteil genommen haben? Nicht ist das, törichter Mensch, um die Unzufriedenen zufrieden zu stellen oder die Zufriedenheit der Zufriedenen zu mehren. Nachdem er getadelt hatte, eine Lehrrede gehalten hatte, sprach er die Mönche an: "Nicht soll man, ihr Mönche, irgendwo anders die Regenzeit verbringen und irgendwo anders den Robenanteil nehmen. Wer so nimmt, begeht ein dukkata Vergehen." (3)

Zu jener Zeit hatte der ehrwürdige Upananda Sakyaputta allein in zwei Mönchsbehausungen die Regenzeit verbracht, denkend: in dieser Weise entstehen mir viele Roben. Da kam (anderen) Mönchen folgender Gedanke: Wie können wir dem ehrwürdigen Upananda Sakyaputta den Robenanteil geben? Dem Erhabenen erzählten sie diesen Sachverhalt. "Gebt, ihr Mönche, dem törichten Mann einen Anteil. In diesem Fall, ihr Mönche, hatte ein Mönch allein in zwei Mönchsbehausungen die Regenzeit verbracht, denkend: in dieser Weise entstehen mir viele Roben. Wenn er dort und dort je zur Hälfte wohnt, soll man ihm dort und dort je zur Hälfte den Robenanteil geben, oder wo er länger wohnt soll man ihm den (ganzen) Robenanteil geben." (4) //25//

MV 8

Zu jener Zeit bekam ein gewisser Mönch die Ruhr. Jener lag in seinem eigenen Urin und Kot eingetaucht. Da ging der Erhabene mit dem ehrwürdigen Ānanda als Begleiter auf einen Gang durch das Kloster zur Behausung jenes Mönches. Es sah der Erhabene jenen Mönch in seinem eigenen Urin und Kot eingetaucht. Dies gesehen, ging er zu dem Mönch. Dort sagte er jenem Mönch folgendes: "Welche Krankheit, Mönch, hast du?" - "Ich habe, Erhabener, die Ruhr" - "Hast du, Mönch, einen Pfleger?" - "Ich habe keinen Pfleger, Erhabener" - "Weshalb, pflegen die Mönche dich nicht?" - "Auch ich, Verehrungswürdiger, habe den Mönchen nichts getan (nicht geholfen), daher pflegen die Mönche mich nicht." (1)

Dann sprach der Erhabene den ehrwürdigen Ānanda an: "Gehe, Ānanda, und hole Wasser, wir werden diesen Mönch baden." - "So sei es, Verehrungswürdiger." Nachdem der ehrwürdige Ānanda dies dem Erhabenen geantwortet hatte, Wasser gebracht hatte, hat der Erhabene (den Mönch) mit Wasser begossen, der ehrwürdige Ānanda hat ihn gewaschen. Der Erhabene hat den Kopf gehalten, der ehrwürdige Ānanda hat die Füße hochgehoben und (ihn) auf das Bett gelegt. (2)

Dann hat der Erhabene aus diesem Anlaß, in diesem Zusammenhang, nachdem der Mönchssangha veranlaßt wurde zusammenzukommen, gefragt: "Gibt es, ihr Mönche, in diesem Kloster einen kranken Mönch?" - "Den gibt es, Erhabener." - "Welche Krankheit, ihr Mönche, hat dieser Mönch?" - "Jenes Ehrwürdigen Krankheit, Verehrungswürdiger, ist die Ruhr." "Gibt es, ihr Mönche, für jenen Mönch einen Pfleger?" - "Das gibt es nicht, Erhabener." - "Warum pflegt (ihr) jenen Mönch nicht?" - "Dieser Mönch, Verehrungswürdiger, half den Mönchen nicht, daher pflegen (wir) jenen Mönch nicht." - "Nicht habt ihr, Mönche, Mutter und Vater, die euch pflegen würden. Wenn ihr, ihr Mönche, euch nicht gegenseitig pflegt, wer sonst sollte euch pflegen? So, wie man mich pflegen würde, so soll man Kranke pflegen. (3)

Wenn ein Unterweiser da ist, soll er, solange er lebt, vom Unterweiser gepflegt werden, bis er wieder gesund ist. Wenn ein Lehrer, Auszubildender, Schüler, Stellvertreter des Unterweisers, Stellvertreter des Lehrers da ist, soll er, solange er lebt, vom Lehrer, Auszubildenden, Schüler, Stellvertreter des Unterweisers, Stellvertreter des Lehrers gepflegt werden, bis er wieder gesund ist. Ist weder ein Unterweiser, noch ein Lehrer, noch ein Auszubildender, noch ein Schüler, noch ein Stellvertreter des Unterweisers, noch ein Stellvertreter des Lehrers da, soll er durch den Sangha gepflegt werden. Wer so nicht pflegen würde, begeht ein dukkata Vergehen. (4)

Mit fünf Eigenschaften versehen, ihr Mönche, ist der Kranke ein schwer zu Pflegender: Wenn er Unangebrachtes tut, wenn er beim Angebrachten nicht das Maß weiß, wenn er keine Medizin nimmt, wenn er dem heilswünschenden Krankenpfleger nicht die Wahrheit über die Krankheit erzählt: wenn sie mehr wird: 'sie wird mehr', wenn sie weniger wird: 'sie wird weniger', wenn sie (gleich) bleibt: 'sie bleibt' (gleich), er hat die Eigenschaft, nicht zu ertragen: entstandene körperliche Gefühle, leidhafte, intensive, starke, stechende, unerfreuliche, ungeliebte, lebensbedrohliche. Mit diesen fünf Eigenschaften versehen, ihr Mönche, ist der Kranke ein schwer zu Pflegender. (5)

Mit fünf Eigenschaften versehen, ihr Mönche, ist der Kranke ein leicht zu Pflegender: Wenn er Unangebrachtes nicht tut .[umgekehrt wie in 5].. mit diesen fünf Eigenschaften versehen, ihr Mönche, ist der Kranke ein leicht zu Pflegender. (6)

Mit fünf Eigenschaften versehen, ihr Mönche, ist ein Krankenpfleger nicht fähig, einen Kranken zu pflegen: Wenn er nicht fähig ist, Medizin zu geben, das Angebrachte und das Unangebrachte weiß er nicht, er gibt das Unangebrachte, das Angebrachte nimmt er weg, um Vorteils wegen pflegt er, nicht aus gütiger Gesinnung, er ekelt sich hinauszutragen: Kot und Urin, Speichel und Erbrochenes, nicht ist er fähig, den Kranken von Zeit zu Zeit durch ein Lehrgespräch zu veranlassen es zu verstehen, aufzunehmen, davon motiviert zu sein, sich daran zu erfreuen. Mit diesen fünf Eigenschaften versehen, ihr Mönche, ist ein Krankenpfleger nicht fähig, einen Kranken zu pflegen. (7)

Mit fünf Eigenschaften versehen, ihr Mönche, ist ein Krankenpfleger fähig, einen Kranken zu pflegen: Wenn er fähig ist, Medizin zu geben ..[Die Umkehrung von 7].. Mit diesen fünf Eigenschaften versehen, ihr Mönche, ist ein Krankenpfleger fähig einen Kranken zu pflegen. (8) //26//

Zu jener Zeit waren im Kosalalande zwei Mönche auf einem langen Weg. Als sie zu einer gewissen (Mönchs)behausung kamen, war dort ein Mönch krank. Da kam den Mönchen folgender Gedanke: Der Erhabene, Brüder, hat das Pflegen von Kranken gelobt, laß uns, Brüder, diesen Mönch pflegen. Also pflegten sie ihn. Während er gepflegt wurde, starb er. Dann haben jene Mönche, nachdem sie Robe und Almosenschale des Mönches genommen hatten, nach Sāvatthi gegangen waren, dem Erhabenen den Sachverhalt erzählt. (1)

"Mönche, der Sangha ist Herr über die Robe und die Almosenschale eines gestorbenen Mönches, aber die Krankenpfleger sind eine große Hilfe. Ich erlaube, ihr Mönche, durch den Sangha die drei Roben und die Almosenschale dem Krankenpfleger zu geben. Und so ihr Mönche, soll man geben: Jener krankenpflegende Mönch soll, nachdem sich der Sangha versammelt hat (dorthin gehen) und ihnen sagen: 'Der so und so genannte Mönch, Verehrungswürdige, ist gestorben, dies sind seine drei Roben und seine Almosenschale'. Ein fähiger und erfahrener Mönch soll dem Sangha ankündigen: 'Höre mich, verehrungswürdiger Sangha, der so und so genannte Mönch ist gestorben, dies sind seine drei Roben und seine Almosenschale. Wenn es dem Sangha recht ist, soll der Sangha diese drei Roben und die Almosenschale dem Krankenpfleger geben'. Das ist die Ankündigung. 'Höre mich, verehrungswürdiger Sangha, der so und so genannte Mönch ist gestorben, dies sind seine drei Roben und seine Almosenschale. Der Sangha gibt diese drei Roben und die Almosenschale dem Krankenpfleger. Wenn es den Ehrwürdigen recht ist, das Geben der drei Roben und der Almosenschale an den Krankenpfleger, so möchten sie schweigen, wem es nicht recht ist, möge sprechen. - Gegeben hat der Sangha die drei Roben und die Almosenschale dem Krankenpfleger. Dem Sangha ist es recht, daher das Schweigen, so nehme ich es an." (2)

Zu jener Zeit starb ein gewisser Novize. Dem Erhabenen erzählten sie diesen Sachverhalt. "Mönche, der Sangha ist Herr über die Robe und die Almosenschale eines gestorbenen Novizen ... [wie 2]... so nehme ich es an." (3)

Zu jener Zeit pflegten ein gewisser Mönch und ein gewisser Novize einen Kranken. Als er gepflegt wurde, starb er. Da kam jenem krankenpflegenden Mönchen folgender Gedanke: Wie soll ich dem krankenpflegenden Novizen den Robenanteil geben? Dem Erhabenen erzählten sie den Sachverhalt. "Ich erlaube, ihr Mönche, dem krankenpflegenden Novizen den gleichen Anteil zu geben." (4)

Zu jener Zeit starb ein gewisser Mönch, der viele Dinge und viele Bedarfsgegenstände besaß. Dem Erhabenen erzählten sie diesen Sachverhalt. "Mönche, der Sangha ist Herr über die Robe und die Almosenschale eines gestorbenen Mönches, aber die Krankenpfleger sind eine große Hilfe. Ich erlaube, ihr Mönche, durch den Sangha die drei Roben und die Almosenschale den Krankenpflegern geben zu lassen und die unwichtigen Dinge und Bedarfsgegenstände dem anwesenden Sangha zu geben. Die wichtigen Dinge und Bedarfsgegenstände sollen für die gekommenen und nicht gekommenen Mönche der vier Himmelsrichtungen (da sein) und nicht ausgegeben, nicht verteilt werden[6]." (5) //27//

Zu jener Zeit kam ein gewisser Mönch nackt zum Erhabenen. Dort sagte er dem Erhabenen folgendes: "Der verehrungswürdige Erhabene hat auf verschiedene Weise Mäßigkeit, Zufriedenheit, Gewissenhaftigkeit, Zuversichtlichkeit, die Läuterung, die Minderung (der Hemmungen), die Anstrengung gelobt. Diese Nacktheit, Verehrungswürdiger, führt auf verschiedene Weise zu Mäßigkeit, Zufriedenheit, Gewissenhaftigkeit, Zuversichtlichkeit, Läuterung, Anstrengung. Gut wäre es, wenn der Verehrungswürdige, Erhabene den Mönchen die Nacktheit erlauben würde." Da tadelte der Erwachte, Erhabene: "Unpassend, törichter Mensch, unangemessen, ungeziemend für Asketen, ungebührlich, unerlaubt, verwerflich ist es. Wie kannst du, du törichter Mensch, die Nacktheit, die Schulungsregeln der Andersgläubigen auf dich nehmen. Nicht ist das, törichter Mensch, um die Unzufriedenen zufrieden zu stellen." Nachdem er getadelt hatte, eine Lehrrede gehalten hatte, sprach er die Mönche an: "Nicht soll man, ihr Mönche, die Nacktheit, die Schulungsregeln der Andersgläubigen auf sich nehmen. Wer so auf sich nimmt, begeht ein thullaccaya Vergehen." (1)

Zu jener Zeit hatte ein gewisser Mönch eine Robe aus Gras, aus Rinde, aus Holz, einer Decke aus Haar, aus Roßhaar, einem Eulenflügel, einem Antilopenfell angezogen und kam zum Erhabenen. Dort sagte er dem Erhabenen folgendes: "Der verehrungswürdige Erhabene hat auf verschiedene Weise Mäßigkeit, Zufriedenheit, Gewissenhaftigkeit, Zuversichtlichkeit, die Läuterung, die Minderung (der Hemmungen), die Anstrengung gelobt. Diese Robe aus Gras, ... Verehrungswürdiger, führt auf verschiedene Weise zu Mäßigkeit, Zufriedenheit, Gewissenhaftigkeit, Zuversichtlichkeit, Läuterung, Anstrengung. Gut wäre es, wenn der Verehrungswürdige, Erhabene den Mönchen eine Robe aus Gras, ... erlauben würde. "Unpassend, törichter Mensch, unangemessen, ungeziemend für Asketen, ungebührlich, unerlaubt, verwerflich ist es. Wie kannst du, du törichter Mensch eine Robe aus Gras, ... tragen, das Symbol der Andersgläubigen? Nicht ist das, törichter Mensch, um die Unzufriedenen zufrieden zu stellen." Nachdem er getadelt hatte, eine Lehrrede gehalten hatte, sprach er die Mönche an: "Nicht soll man, ihr Mönche, Antilopenfell, das Symbol der Andersgläubigen, tragen, wer so trägt, begeht ein thullaccaya Vergehen." (2)

---

[6] Also sie sollen im Kloster verbleiben und Eigentum aller sein

MV 8

Zu jener Zeit hatte ein gewisser Mönch eine Robe aus Reet, aus Potthaka-Fasern angezogen und kam zum Erhabenen. ..... Wie kannst du, du törichter Mensch eine Robe aus Reet tragen? Nicht ist das, törichter Mensch, um die Unzufriedenen zufrieden zu stellen." Nachdem er getadelt hatte, eine Lehrrede gehalten hatte, sprach er die Mönche an: "Nicht soll man, ihr Mönche, eine Robe aus Potthaka-Fasern tragen, wer so trägt, begeht ein dukkata Vergehen." (3) //28//

Zu jener Zeit trug die Sechsergruppe Mönche völlig blaue Roben, völlig gelbe Roben, völlig rote Roben, völlig orangene Roben, völlig schwarze Roben, völlig purpurne Roben, völlig rötlich-gelbe, mit unzugeschnittenen Rändern, mit breiten Rändern, mit Rändern mit Blüten, Rändern mit Kobrahauben, eine Jacke, einen Stoff aus Tirīta Faser, ein Stirnband. Die Menschen wurden verärgert, unruhig, erregt: Wie Sinnengenüsse genießende Laien. Dem Erhabenen erzählten sie diesen Sachverhalt. "Nicht soll man, ihr Mönche, völlig blaue Roben ... ein Stirnband tragen. Wer so trägt, begeht ein dukkata Vergehen." (1) //29//

Zu jener Zeit, nachdem die Mönche die Regenzeit verbracht hatten, gab es Roben, (doch) vorher gingen die Mönche fort, verließen den Orden, starben, bekannten, ein Novize zu sein, bekannten, die Regeln nicht zu halten, bekannten, ein Pārājikavergehen begangen zu haben, bekannten, verrückt zu sein, bekannten, einen ungefestigten Geist[7] zu haben, bekannten, körperliche Schmerzen zu haben, bekannten, ausgeschlossen (worden) zu sein, weil sie ein Vergehen nicht (ein)sahen, bekannten, ausgeschlossen (worden) zu sein, weil sie ein Vergehen nicht wieder gutmachten, bekannten, ausgeschlossen (worden) zu sein, weil sie eine schlechte Ansicht nicht aufgegeben hatten, bekannten, ein Eunuch zu sein, bekannten, einer zu sein, der vorgibt, ein Mönch zu sein[8], bekannten, einer zu sein, der zu anderen Sekten gegangen ist, bekannten, ein Tier zu sein, bekannten, ein Muttermörder zu sein, bekannten, ein Vatermörder zu sein, bekannten, ein Heiligenmörder zu sein, bekannten, ein Nonnenschänder zu sein, bekannten, ein Sanghaspalter zu sein, bekannten, ein Blutvergießer (des Erhabenen) zu sein, bekannten, ein Hermaphrodit zu sein. Dem Erhabenen erzählten sie diesen Sachverhalt. (1)

"In diesem Fall, ihr Mönche, nachdem die Mönche die Regenzeit verbracht hatten, gab es Roben, (doch) vorher gingen die Mönche fort. Wenn angemessene Abnehmer da sind, soll man geben.
In diesem Fall, ihr Mönche, nachdem die Mönche die Regenzeit verbracht hatten, gab es Roben, (doch) vorher verließen die Mönche den Orden, starben, bekannten, ein Novize zu sein, bekannten, die Regeln nicht zu halten, bekannten, ein Pārājikavergehen begangen zu haben. Der Sangha ist der Herr[9].
In diesem Fall, ihr Mönche, nachdem die Mönche die Regenzeit verbracht hatten, gab es Roben, (doch) vorher bekannten sie, verrückt zu sein, bekannten, einen ungefestigten Geist zu haben, bekannten, körperliche Schmerzen zu haben, bekannten, ausgeschlossen (worden) zu sein, weil sie ein Vergehen nicht (ein)sahen, bekannten, ausgeschlossen (worden) zu sein, weil sie ein Vergehen nicht wieder gutmachten, bekannten, ausgeschlossen (worden) zu sein, weil sie eine schlecht Ansicht nicht aufgegeben hatten. Wenn angemessene Abnehmer da sind, soll man geben.
In diesem Fall, ihr Mönche, nachdem die Mönche die Regenzeit verbracht hatten, gab es Roben, (doch) vorher bekannten sie, ein Eunuch zu sein, bekannten, einer zu sein, der vorgibt, ein Mönch zu sein, bekannten, einer zu sein, der zu anderen Sekten gegangen ist, bekannten, ein Tier zu sein, bekannten, ein Muttermörder zu sein, bekannten, ein Vatermörder zu sein, bekannten, ein Heiligenmörder zu sein, bekannten, ein Nonnenschänder zu sein, bekannten, ein Sanghaspalter zu sein, bekannten, ein Blutvergießer (des Erhabenen) zu sein, bekannten, ein Hermaphrodit zu sein. Der Sangha ist der Herr. (2)

In diesem Fall, ihr Mönche, nachdem die Mönche die Regenzeit verbracht hatten, bevor die Roben verteilt waren, ... Der Sangha ist der Herr. (3)

In diesem Fall, ihr Mönche, haben die Mönche, nachdem sie die Regenzeit verbracht hatten, bevor die Roben entstanden, den Sangha aufgeteilt. Dort gaben die Menschen der einen Gruppe Wasser, der anderen Gruppe Roben im Gedanken: Wir geben dem Sangha. Dann ist das für den (ganzen) Sangha. In diesem Fall, ihr Mönche, haben die Mönche, nachdem sie die Regenzeit verbracht hatten, bevor die Roben entstanden, den Sangha aufgeteilt. Dort gaben die Menschen der einen Gruppe Wasser, der gleichen Gruppe Roben im Gedanken: Wir geben dem Sangha. Dann ist

---

[7] khittacitto

[8] Er ist nicht ordiniert worden MV I 62/3.

[9] Der entscheidet

das für den (ganzen) Sangha. (4)

In diesem Fall, ihr Mönche, haben die Mönche, nachdem sie die Regenzeit verbracht hatten, bevor die Roben entstanden, den Sangha aufgeteilt. Dort gaben die Menschen der einen Gruppe Wasser, der anderen Gruppe Roben im Gedanken: Wir geben der Gruppe. Dann ist das für die Gruppe. In diesem Fall, ihr Mönche, haben die Mönche, nachdem sie die Regenzeit verbracht hatten, bevor die Roben entstanden, den Sangha aufgeteilt. Dort gaben die Menschen der einen Gruppe Wasser, der gleichen Gruppe Roben im Gedanken: Wir geben der Gruppe. Dann ist das für die Gruppe. (5)

In diesem Fall, ihr Mönche, haben die Mönche, nachdem sie die Regenzeit verbracht hatten, bevor die Roben entstanden, den Sangha aufgeteilt. Gleiche Teile bekommen alle." (6) //30//

Zu jener Zeit schickte der ehrwürdige Revata dem ehrwürdigen Sāriputta eine Robe durch einen gewissen Mönch: Diese Robe gib dem Thera (Sāriputta). Dieser Mönch nahm unterwegs im guten Glauben zum ehrwürdigen Revata die Roben (für sich). Dann fragte der ehrwürdige Revata den ehrwürdigen Sāriputta als er ihn traf: "Ich sandte dem Thera eine Robe, bekamst du die Robe?" - "Nicht, Bruder, bekam ich die Robe." Dann sagte der ehrwürdige Revata jenem Mönch folgendes: "Ich, Bruder, habe dem Thera durch dich eine Robe geschickt, wo ist die Robe?" - "Ich, Verehrungswürdiger, nahm in gutem Glauben zum ehrwürdigen (Revata) diese Robe (für mich)." Dem Erhabenen erzählten sie diesen Sachverhalt. (1)

"In diesem Fall, ihr Mönche, hat ein Mönch durch einen Mönch eine Robe geschickt: Diese Robe gib dem so und so Genannten. Jener nahm unterwegs in gutem Glauben zum Absender (die Robe), das ist gut genommen. Im guten Glauben zum Empfänger genommen, das ist schlecht genommen. In diesem Fall, ihr Mönche, hat ein Mönch durch einen Mönch eine Robe geschickt: Diese Robe gib dem so und so Genannten. Jener nahm unterwegs im guten Glauben zum Empfänger, das ist schlecht genommen. Im guten Glauben zum Absender, das ist gut genommen. In diesem Fall, ihr Mönche, hat ein Mönch durch einen Mönch eine Robe geschickt: Diese Robe gib dem so und so Genannten. Unterwegs hört er, der Absender ist verstorben, wenn er die Robe des Verstorbenen (für sich) bestimmt[10], ist das gut gedacht, Wenn er die Robe im guten Glauben zum Empfänger genommen hat, das ist schlecht genommen. In diesem Fall, ihr Mönche, hat ein Mönch durch einen Mönch eine Robe geschickt: Diese Robe gib dem so und so Genannten. Unterwegs hört er, der Empfänger ist verstorben, wenn er die Robe des Verstorbenen (für sich) bestimmt, ist das schlecht gedacht, wenn er die Robe im guten Glauben zum Absender genommen hat, das ist gut genommen. In diesem Fall, ihr Mönche, hat ein Mönch durch einen Mönch eine Robe geschickt: diese Robe gib dem so und so Genannten. Unterwegs hört er, beide sind verstorben. Wenn er die Robe des verstorbenen Absenders (für sich) bestimmt, ist das gut gedacht, wenn er die Robe des verstorbenen Empfängers für sich bestimmt, ist das schlecht gedacht. (2)

"In diesem Fall, ihr Mönche, hat ein Mönch durch einen Mönch eine Robe geschickt: Ich gebe diese Robe dem so und so Genannten[11]. Jener nahm unterwegs im gutem Glauben zum Absender (die Robe), das ist schlecht genommen. Im guten Glauben zum Empfänger genommen, das ist gut genommen. In diesem Fall, ihr Mönche, hat ein Mönch durch einen Mönch eine Robe geschickt: Ich gebe diese Robe dem so und so Genannten. Jener nahm unterwegs im guten Glauben zum Empfänger, das ist gut genommen. Im guten Glauben zum Absender, das ist schlecht genommen. In diesem Fall, ihr Mönche, hat ein Mönch durch einen Mönch eine Robe geschickt: Ich gebe diese Robe dem so und so Genannten. Unterwegs hört er, der Absender ist verstorben. Wenn er die Robe des Verstorbenen (für sich) bestimmt[12], ist das schlecht gedacht, wenn er die Robe im guten Glauben zum Empfänger genommen hat, das ist gut genommen. In diesem Fall, ihr Mönche, hat ein Mönch durch einen Mönch eine Robe geschickt: Ich gebe diese Robe dem so und so Genannten. Unterwegs hört er, der Empfänger ist verstorben, wenn er die Robe des Verstorbenen (für sich) bestimmt, ist das gut gedacht, Wenn er die Robe im guten Glauben zum Absender genommen hat, das ist schlecht genommen. In diesem Fall, ihr Mönche, hat ein Mönch durch einen Mönch eine Robe geschickt: Ich gebe diese Robe dem so und so Genannten. Unterwegs hört er, beide sind verstorben, wenn er die Robe des verstorbenen Absenders (für sich) bestimmt, ist das schlecht gedacht, wenn er die Robe des verstorbenen Empfängers für sich bestimmt, ist das gut

---

[10] er soll die Robe nur für sich <u>bestimmen</u>

[11] Der Unterschied in diesem und dem vorigen Absatz liegt in der Formulierung des Auftrages: "Diese Robe gibt dem ...." bzw. "Ich gebe diese Robe dem ..."

[12] er soll die Robe nur für sich <u>bestimmen</u>

gedacht. (3) //31//

Es gibt, ihr Mönche acht Wege um Roben zu erhalten:
für eine Grenze gegeben, mit Zustimmung gegeben, bei der Ankündigung von Almosengabe gegeben, für den Sangha gegeben, für zwei Sanghas gegeben, bei Regenzeitende dem Sangha gegeben, für (jemanden[13]) gegeben, für eine Person gegeben.

Für eine Grenze gegeben: So viele Mönche sich innerhalb der Grenze befinden, unter denen soll verteilt werden. Mit Zustimmung gegeben: Alle Behausungen bekommen gleich viel. Was eine Behausung bekommt, bekommen alle Behausungen. Bei der Ankündigung von Almosengabe: Dort, wo ständig für den Sangha Hilfe geleistet wird, gibt man. Für den Sangha geben: Unter den Anwesenden soll man verteilen. Für zwei Sanghas geben: Viele Mönche und eine Nonne gibt es. Die Hälfte soll man (den Mönchen und der Nonne) geben. Viele Nonnen und einen Mönch gibt es. Die Hälfte soll man geben. Zum Ende der Regenzeit geben: Wieviele Mönch in einer Behausung die Regenzeit verbrachten, denen soll man geben. Für jemanden geben: mit dem Reisschleim, mit den Speisen, mit dem festen Essen mit den Roben, mit der Unterkunft, mit der Medizin. Für eine Person geben: Ich gebe dem so und so Genannten die Robe. (1) //32//

Der Robenabschnitt, der achte

In diesem Abschnitt sind 96 Sachverhalte. Hier ist die Aufzählung:

Einige Einwohner der Stadt Rājagaha sahen die Kurtisane von Vesāli, wieder nach Rājagaha gegangen berichteten sie dem König, der Sohn der Sālavatī ist der Sohn des Abhaya; vom Prinzen (gefragt): Lebt er? wurde er Jīvaka genannt; er ging nach Takkasila und wurde sehr berühmt; siebenjährige Krankheit vernichtete er durch Naseneinträufelung; die Fistel des Königs beseitigte er durch Salbe; mich, das Frauenhaus und den Buddhasangha sollst du pflegen; ein Kaufmann aus Rājagaha; die Heilung des Darmverschlusses; die große Krankheit von Pajjota, vernichtet durch Trinken von Butterschmalz; des Dienstes; Siveyya; Verdauungsstörung einölen; mit drei Handvoll Lotus dreißig mal abführen; wieder gesund werden; um einen Wunsch bitten; auch Siveyya (Kleidung) nahm er an; auch Roben von Laien empfahl der Vollendete; im Lande Rājagaha gab es viele Roben; Umhang; Umhang aus Seide; Umhang aus Pelz; Wollumhang, halb aus Seide; verschiedenartig; Zufriedenheit; gewartet und nicht gewartet; zuerst; später; gleichzeitig; besprochen habend; zurücknehmen; Aufbewahrungskammer; nicht geschützt; und auch entlassen; angehäuft; großer Lärm; wie sollte man verteilen; wie sollte man geben; mit eigenem (Teil); mit mehr als eigenem (Teil); wie soll man den Anteil geben; Tierkot; mit kaltem Wasser; überschwappen; nicht wissend hineintun; Behälter; kleine Schale; auf dem Boden; Termiten; in der Mitte; kaputt gehen; zu einer (Seite); stark gefärbt; steif werden; nicht zusammengeflickt; in Streifen angelegt; er sah zusammengepackte Roben; überlegt habend erlaubte der Weise der Sakya drei Roben; mit anderen Extra(roben); entstand; durchlöchert; die vier Kontinente; den Wunsch erbitten Regenzeitkleidung zu geben, (Essen für) Gastmönche, (Ab)reisende, Kranke, Pfleger und Medizin; ständig; Badekleidung; vorzüglich; sehr klein; dicker Schorf; Gesicht; Leinen; vollständig (für sich) bestimmt; geringstes (Maß); gemachte zu schwer; schiefe Ecken; die Fäden fransten aus; auseinander gehen; nicht ausreichen; anfügen; auch viel; Andhavana; unachtsam; eine Regenzeit allein; auch in der Jahreszeit; zwei Brüder in Rājagaha; Upananda; wieder in zwei; die Ruhr; der Kranke und nur die zwei; (die Eigenschaften) des Kranken; Nackter; Gras; Robe aus Rinde, aus Holz, eine Haardecke, Roßhaar, Eulenflügel, Antilopenfell; Reet, Potthakafaser, Blau, Gelb, Rot, Orange, Schwarz, Purpur; auch mit unzugeschnittenen Rändern; breit; mit Blumen, mit Kobrahauben; Jacke; Tirīta Faser; Stirnband; bevor entstand weggegangen; der Sangha aufgeteilt; für alle Zeiten; für ein Gruppe gegeben, für den Sangha; der ehrwürdige Revata sandte; nahm im guten Glauben; bestimmt; acht Robengründe.

---

[13] der eine bestimmte Tätigkeit ausführt

MV 9

Zu jener Zeit weilte der Erwachte, Erhabene in Campā am Ufer des Gaggarā Sees. Zu jener Zeit gab es im Lande Kāsi ein Dorf mit Namen Vāsabha. Dort war der Mönch Kassapagotta der ständige Bewohner, traditionsbewußt, bemüht, jeden nicht gekommenen guten Mönch kommen zu lassen, gekommene gute Mönche angenehm verweilen zu lassen, so daß diese Behausung wuchs, gedieh, groß wurde. Zu jener Zeit kamen viele Mönche, die in Kāsi wanderten, zu der Behausung im Dorf Vāsabha. Da sah der Mönch Kassapagotta jene Mönche aus der Ferne kommen. Das gesehen bereitete er die Sitze vor, stellte das Fußwaschwasser, den Fußschemel, das Tuch zum Füßetrocknen bereit. Nachdem sie angekommen waren, nahm er die Robe und die Almosenschale ab, fragte ob sie Trinkwasser bräuchten, bemühte sich um ein Bad und bemühte sich auch um Reisschleim, feste Speise und Essen. Da kam jenen Gastmönchen folgender Gedanke: Ein Guter ist dieser Bruder, der hier (ständig) wohnende Mönch. Er bemühte sich um ein Bad und bemühte sich auch um Reisschleim, feste Speise und Essen. Laßt uns, Brüder, im Dorfe Vāsabha wohnen bleiben. Dann wohnten die Gastmönche weiter im Dorfe Vāsabha. (1)

Da kam dem Mönch Kassapagotta folgender Gedanke: Die Wandermüdigkeit der Gastmönche hat sich gegeben. Außerdem, diejenigen die nichts wußten von diesem Gebiet[1], diese kennen jetzt das Gebiet. Schwierig ist es bei anderen Familien[2] bis zu seinem Lebensende sich (um Almosen) zu bemühen, und Andeutungen zu machen (daß man welche braucht) ist nicht beliebt. So werde ich mich jetzt nicht mehr um Reisschleim, festes Essen und Speise bemühen. So bemühte er sich nicht mehr um Reisschleim, festes Essen und Speise. Da kam jenen Gastmönchen folgender Gedanke: Vorher war dieser Bruder bemüht um ein Bad und bemühte sich auch um Reisschleim, feste Speise und Essen. Jetzt bemüht er sich nicht mehr um Reisschleim, feste Speise und Essen. Ein Böser ist dieser Bruder, der hier wohnende Mönch. Laßt uns, Brüder, den hier wohnenden Mönch (zeitweilig) ausschließen. (2)

Dann, nachdem sich die Gastmönche versammelt hatten, sagten sie dem Mönch Kassapagotta folgendes: "Vorher war dieser Bruder bemüht um ein Bad und bemühte sich auch um Reisschleim, feste Speise und Essen. Jetzt bemüht er sich nicht mehr um Reisschleim, feste Speise und Essen. Ein Vergehen, Bruder, hast du begangen. Siehst du dein Vergehen?" - "Nicht gibt es, ihr Brüder, ein Vergehen, das ich sehen kann." Da haben jene Gastmönche den Mönch Kassapagotta wegen Nichtsehens eines Vergehens ausgeschlossen. Da kam dem Mönch Kassapagotta folgender Gedanke: Dies weiß ich nicht: Ist es ein Vergehen, ist es kein Vergehen? Bin ich ein Fehlender oder ein Nichtfehlender? Bin ich ausgeschlossen worden, bin ich nicht ausgeschlossen worden? Ist das gesetzmäßig, ist das nicht gesetzmäßig? Ist das aufhebbar, ist das nicht aufhebbar? Ist es angemessen, ist es nicht angemessen? So laß mich nun nach Campā gegangen den Erhabenen um diese Sache befragen. (3)

Dann ist der Mönch Kassapagotta, nachdem er die Behausung in Ordnung gebracht hatte, Almosenschale und Robe genommen hatte, nach Campā aufgebrochen. Allmählich kam er nach Campā und zum Erhabenen. Dort, nachdem er den Erhabenen verehrt hatte, setzte er sich beiseite nieder. Es ist Sitte jener Erwachten, Erhabenen, mit den herankommenden Mönchen freundliche Worte zu wechseln. Da sagte der Erhabene dem ehrwürdigen Kassapagotta folgendes: "Wie geht es dir, Mönch, wie fühlst du dich, bist du mit wenig Anstrengung hergekommen, und woher, Mönch, bist du gekommen?" - "Es geht mir gut, Erhabener, ich fühle mich gut, Erhabener, ich kam her mit wenig Anstrengung. (4)

Es ist, Verehrungswürdiger, im Lande Kāsi ein Dorf mit Namen Vāsabha. Dort war ich der ständige Bewohner, traditionsbewußt, bemüht, jeden nicht gekommenen guten Mönch kommen zu lassen, gekommene gute Mönche angenehm verweilen zu lassen, so daß diese Behausung wuchs, gedieh, groß wurde. Zu jener Zeit kamen viele Mönche, die in Kāsi wanderten, zu der Behausung im Dorf Vāsabha ... Da kam mir folgender Gedanke: Dies weiß ich nicht: Ist es ein Vergehen, ist es kein Vergehen? Bin ich ein Fehlender oder ein Nichtfehlender? Bin ich ausgeschlossen worden, bin ich nicht ausgeschlossen worden? Ist das gesetzmäßig, ist das nicht gesetzmäßig? Ist das aufhebbar, ist das nicht aufhebbar? Ist es angemessen, ist es nicht angemessen? So laß mich nun nach Campā gegangen den Erhabenen um diese Sache befragen." (5)

"Ein Nichtvergehen ist es, Mönch, nicht ist es ein Vergehen, ein sich nicht vergangen Habender bist du, kein sich vergangen Habender. Ein nicht Ausgeschlossener bist du, kein Ausgeschlossener, ein durch ein unrechtes Verfahren Ausgeschlossener bist du, das rückgängig gemacht werden kann, das nicht angemessen ist. Gehe du, Mönch, dort in das Dorf Vāsabha; in der Behausung wohne." - "So sei es, Verehrungswürdiger." Nachdem der Mönch Kassapagotta

---

[1] wo man Essen bekommt etc.

[2] D.h. bei Familien die nicht ständig den Mönchen Speise geben sondern nur unregelmäßig.

dies dem Erhabenen geantwortet hatte, vom Sitz aufgestanden war, den Erhabenen verehrt hatte, ihn rechts umrundet hatte, brach er zum Dorf Vāsabha auf. (6)

Da bekamen jene Gastmönche Gewissensbisse und Reue: Sicherlich ist das unvorteilhaft für uns, sicherlich ist das nicht vorteilhaft für uns. Sicherlich haben wir Schlechtes bekommen, sicherlich haben wir nichts Gutes bekommen, daß wir einen reinen Mönch, der ohne Vergehen ist, ohne Anlaß, ohne Grund ausgeschlossen haben. Laßt uns, Brüder, nach Campā gegangen beim Erhabenen das Vergehen als Vergehen bekennen. Nachdem die Gastmönche die Behausung in Ordnung gebracht hatten, Almosenschale und Robe genommen hatte, sind sie nach Campā aufgebrochen. Allmählich kamen sie nach Campā und zum Erhabenen. Dort, nachdem sie den Erhabenen verehrt hatten, setzten sie sich beiseite nieder. Es ist Sitte jener Erwachten, Erhabenen, mit den herankommenden Mönchen freundliche Worte zu wechseln. Dann sagte der Erhabene den Mönchen folgendes: "Wie geht es euch? Wie fühlt ihr euch? Seid ihr mit wenig Anstrengung den langen Weg gekommen? Woher seid ihr, Mönche, gekommen?" - "Es geht uns (gut), wir fühlen uns (gut) Erhabener, wir sind mit wenig Anstrengung den langen Weg gekommen. Wir, Verehrungswürdiger, sind aus dem Lande Kāsi aus dem Dorf mit Namen Vāsabha, daher sind wir gekommen, Erhabener." (7)

"Habt ihr den dort lebenden Mönch ausgeschlossen, ihr Mönche?" - "So war es, Verehrungswürdiger." - "Warum, Mönche, aus welchem Anlaß, aus welchem Grunde?" - "Ohne Anlaß, Erhabener, ohne Grund." Da tadelte der Erwachte, Erhabene: Unpassend, Mönche, unangemessen, ungeziemend für Asketen, ungebührlich, unerlaubt, verwerflich ist es. Wie könnt ihr, ihr törichten Menschen, einen reinen Mönch, der ohne Vergehen ist ohne Grund, ohne Anlaß ausschließen. Nicht ist das, törichte Menschen, um die Unzufriedenen zufrieden zu stellen." Nachdem er getadelt hatte, eine Lehrrede gehalten hatte, sprach er die Mönche an: "Nicht soll man einen reinen Mönch, ihr Mönche, der ohne Vergehen ist, ohne Grund, ohne Anlaß ausschließen. Wer so ausschließt, begeht ein dukkata Vergehen." (8)

Nachdem die Mönche von ihren Sitzen aufgestanden waren, die Obergewänder auf eine Schulter gelegt hatten, sich zu Füßen des Erhabenen verbeugt hatten, sagten sie dem Erhabenen folgendes: "Wir haben ein Vergehen begangen, wie Dumme, Törichte, wie Unheilvolle, daß wir einen reinen Mönch, der ohne Vergehen war, ohne Anlaß, ohne Grund ausschlossen. So möge der Erwachte, Erhabene unser Vergehen als Vergehen annehmen, damit wir uns in Zukunft zügeln." - "Jawohl, ihr Mönche, ihr habt ein Vergehen begangen, wie Dumme, Törichte, wie Unheilvolle, daß ihr einen reinen Mönch, der ohne Vergehen war, ohne Anlaß, ohne Grund ausschlossen habt. Wenn ihr, Mönche, das Vergehen als Vergehen seht und nach den Regeln Buße tatet, dann akzeptiere ich das. Wachstum ist es ja in der Zucht der Edlen, das Vergehen als Vergehen zu sehen, dann den Regeln gemäß Buße zu tun und sich in Zukunft zu zügeln." (9) //1//

Zu jener Zeit begingen die Mönche von Campā derartige (formale) Akte: Sie taten etwas nicht Regelgerechtes in einer Teilgruppe. Sie taten etwas nicht Regelgerechtes in einer vollständigen Gruppe. Sie taten etwas Regelgerechtes in einer Teilgruppe. Sie taten etwas anscheinend Regelgerechtes in einer Teilgruppe. Sie taten etwas anscheinend Regelgerechtes in einer vollständigen Gruppe. Einer schloß einen anderen aus. Einer schloß zwei aus. Einer schloß viele aus. Einer schloß den Sangha aus. Zwei schlossen einen, zwei, viele, den Sangha aus. Viele schlossen einen, zwei, viele, den Sangha aus. Der Sangha schloß den Sangha aus. (1)

Die Mönche, die mäßig waren, wurden verärgert, unruhig, erregt: Wie können die Mönche von Campā derartige Akte ausführen? Sie taten etwas nicht Regelgerechtes in einer Teilgruppe .... Der Sangha schloß den Sangha aus? Dem Erhabenen erzählten sie diesen Sachverhalt. "Ist es wahr, ihr Mönche, wie man sagt, daß die Mönche von Campā derartige Akte ausführen? Sie taten etwas nicht Regelgerechtes in einer Teilgruppe .... Der Sangha schloß den Sangha aus?" - "Das ist wahr, Erhabener." Da tadelte der Erwachte, Erhabene: "Unpassend, törichte Menschen, unangemessen, ungeziemend für Asketen, ungebührlich, unerlaubt, verwerflich ist es. Wie können jene Mönche, jene törichten Menschen folgende Akte ausführen: Sie taten etwas nicht Regelgerechtes in einer Teilgruppe .... Der Sangha schloß den Sangha aus? Nicht ist das, ihr Mönche, um die Unzufriedenen zufrieden zu stellen. Nachdem er getadelt hatte, eine Lehrrede gehalten hatte, sprach er die Mönche an: (2)

Ein nicht den Regeln gemäßer Akt in einer Teilgruppe ist kein Akt, ist nicht zu tun ... Wenn einer einen ausschließt ist das kein Akt, ist nicht zu tun ... (3)

Vier Akte, ihr Mönche gibt es: Nicht regelgerechte in der Teilgruppe, nicht regelgerechte in einer vollständigen Gruppe, regelgerechte in einer Teilgruppe, regelgerechte in einer vollständigen Gruppe. In diesem Fall, ihr Mönche, was den nicht regelgerechten (Akt) in der Teilgruppe angeht, dieser Akt, ihr Mönche, ist aufhebbar und unangemessen, nicht soll man einen derartigen Akt ausführen, nicht wurde ein derartiger Akt von mir erlaubt. In diesem Fall, ihr Mönche, was den nicht regelgerechten (Akt) in der vollständigen Gruppe angeht ... den regelgerechten (Akt) in einer

Teilgruppe angeht, dieser Akt ihr Mönche ist aufhebbar und unangemessen, nicht soll man einen derartigen Akt ausführen, nicht wurde ein derartiger Akt von mir erlaubt. Ein solcher, ihr Mönche, der Regel gemäßer Akt, in vollständiger Gruppe, dieser Akt, ihr Mönche, ist aufgrund der Regelgemäßheit und der Vollständigkeit unaufhebbar und angemessen. Einen derartigen Akt, ihr Mönche, soll man tun, ein derartiger Akt wurde von mir erlaubt. Daher, ihr Mönche: So einen Akt wollen wir tun, einen der Regel gemäßen in vollständiger Gruppe, so ihr Mönche, soll man sich üben." (4) //2//

Zu jener Zeit beging die Sechsergruppe Mönche folgende Akte: Nicht der Regel gemäße in einer Teilgruppe, nicht der Regel gemäße in einer vollständigen Gruppe, der Regel gemäße in einer Teilgruppe, scheinbar der Regel gemäße in einer Teilgruppe, scheinbar der Regel gemäße in einer vollständigen Gruppe, ohne Ankündigung aber mit Offenlegung[3], ohne Offenlegung aber mit Ankündigung, ohne Ankündigung und ohne Offenlegung, gegen die Lehre, gegen den Vinaya, gegen den Orden des Buddha, einen Akt, gegen den es Widerspruch gab, nicht der Regel gemäß, aufhebbar, unangemessen. Die Mönche, die mäßig waren, wurden verärgert, unruhig, erregt: Wie kann die Sechsergruppe Mönche folgende Akte ausführen: Nicht der Regel gemäße in einer Teilgruppe ... einen Akt, gegen den es Widerspruch gab, nicht der Regel gemäß, aufhebbar, unangemessen? Dann erzählten die Mönchen dem Erhabenen den Sachverhalt. "Ist es wahr, ihr Mönche, daß die Sechsergruppe Mönche folgende Akte ausführt: Nicht der Regel gemäße in einer Teilgruppe ... einen Akt, gegen den es Widerspruch gab, nicht der Regel gemäß, aufhebbar, unangemessen?" - "Ja, Erhabener." Da tadelte der Erwachte, Erhabene: Unpassend, törichte Menschen, unangemessen, ungeziemend für Asketen, ungebührlich, unerlaubt, verwerflich ist es. Wie können jene Mönche, jene törichten Menschen folgende Akte ausführen: Nicht der Regel gemäße in einer Teilgruppe ... einen Akt, gegen den es Widerspruch gab, nicht der Regel gemäß, aufhebbar, unangemessen? Nicht ist das, ihr Mönche, um die Unzufriedenen zufrieden zu stellen." Nachdem er getadelt hatte, eine Lehrrede gehalten hatte, sprach er die Mönche an: (1)

"Wenn ein Akt, ihr Mönche, nicht der Regel gemäß ist und in einer Teilgruppe ist, ist es ein Nichtakt, das ist nicht zu tun. Wenn ein Akt, ihr Mönche, nicht der Regel gemäß in einer vollständigen Gruppe ... ein Akt, gegen den es Widerspruch gab, nicht der Regel gemäß, aufhebbar, unangemessen ist, ist es ein Nichtakt, das ist nicht zu tun. (2)

Folgende sechs Akte, ihr Mönche, gibt es: Ein nicht der Regel gemäßer Akt, ein Akt in der Teilgruppe, ein Akt in der vollständigen Gruppe, ein anscheinend der Regel gemäßer Akt in einer Teilgruppe, ein anscheinend der Regel gemäßer Akt in einer vollständigen Gruppe, ein der Regel gemäßer Akt in der vollständigen Gruppe. Was, ihr Mönche, ist ein nicht der Regel gemäßer Akt? Wenn man, ihr Mönche, eine Ankündigung in zwei Durchgängen[4] nur mit der Ankündigung macht und nicht mit der Offenlegung des Beschlusses, dann ist das nicht der Regel gemäß. Wenn man, ihr Mönche, eine Ankündigung in zwei Durchgängen nur mit zwei Ankündigungen ... mit einer Offenlegung des Beschlusses und keiner Ankündigung ... mit zwei Offenlegungen des Beschlusses und keiner Ankündigung macht, dann ist das nicht der Regel gemäß. (3)

Wenn man, ihr Mönche, eine Ankündigung in vier Durchgängen[5] mit einer Ankündigung und keiner Offenlegung des Beschlusses ... mit zwei Ankündigungen ... drei Ankündigungen ... vier Ankündigungen und keiner Offenlegung des Beschlusses ... mit einer Offenlegung des Beschlusses ... mit zwei ... drei ... vier Offenlegungen des Beschlusses und keiner Ankündigung macht, dann ist das nicht der Regel gemäß. Dies nennt man, ihr Mönche, ein nicht der Regel gemäßer Akt. (4)

Was ist, ihr Mönche, eine Teilgruppe? Wenn für eine Ankündigung in zwei Durchgängen so viele Mönche, wie (für diesen Akt) würdig sind, nicht gekommen sind, wenn die Zustimmung der der Zustimmung Würdigen[6] nicht gebracht wurde, die Anwesenden protestieren, dann ist das eine Teilgruppe. Wenn für eine Ankündigung in zwei Durchgängen so viele Mönche, wie (für diesen Akt) würdig sind, gekommen sind, wenn die Zustimmung der der Zustimmung Würdigen nicht gebracht wurde, die Anwesenden protestieren, dann ist das eine Teilgruppe. Wenn für eine Ankündigung in

---

[3]Ankündigung (ñatti) ist die Bekanntmachung, das der Akt ausgeführt werden soll. Offenlegung (anussāvana) ist die Wiederholung der Bekanntmachung und die Abstimmung durch Schweigen

[4]Dazu bedarf es der Ankündigung und der Offenlegung.

[5]Hier erfolgt die Offenlegung des Beschlusses dreimal.

[6]Z. B. der Kranken, die nicht persönlich kommen können

zwei Durchgängen so viele Mönche, wie (für diesen Akt) würdig sind, gekommen sind, wenn die Zustimmung der der Zustimmung Würdigen gebracht wurde, die Anwesenden protestieren, dann ist das eine Teilgruppe. Wenn für eine Ankündigung in vier Durchgängen so viele Mönche, wie (für diesen Akt) würdig sind, nicht gekommen sind ... die Anwesenden protestieren, dann ist das eine Teilgruppe. Dies nennt man, ihr Mönche, eine Teilgruppe. (5)

Was ist, ihr Mönche, eine vollständige Gruppe? Wenn für eine Ankündigung in zwei Durchgängen so viele Mönche, wie (für diesen Akt) würdig sind, gekommen sind. Wenn die Zustimmung der der Zustimmung Würdigen gebracht wurde, die Anwesenden nicht protestieren, dann ist das eine vollständige Gruppe. Wenn für eine Ankündigung in vier Durchgängen so viele Mönche, wie (für diesen Akt) würdig sind, gekommen sind. Wenn die Zustimmung der der Zustimmung Würdigen gebracht wurde, die Anwesenden nicht protestieren, dann ist das eine vollständige Gruppe. Das heißt, ihr Mönche, eine vollständige Gruppe. (6)

Wie, ihr Mönche, ist ein scheinbar der Regel gerechter Akt in einer Teilgruppe? Wenn bei einer Ankündigung mit zwei Durchgängen zuerst der Beschluß offengelegt wird, danach die Ankündigung gemacht wird, so viele Mönche, wie (für diesen Akt) würdig sind, sind nicht gekommen, wenn die Zustimmung der der Zustimmung Würdigen nicht gebracht wurde, die Anwesenden protestieren, das ist ein scheinbar der Regel gerechter Akt. Wenn bei einer Ankündigung mit zwei Durchgängen zuerst der Beschluß offengelegt wird, danach die Ankündigung gemacht wird, so viele Mönche, wie (für diesen Akt) würdig sind, sind gekommen, wenn die Zustimmung der der Zustimmung Würdigen nicht gebracht wurde, die Anwesenden protestieren, das ist ein scheinbar der Regel gerechter Akt. Wenn bei einer Ankündigung mit zwei Durchgängen zuerst der Beschluß offengelegt wird, danach die Ankündigung gemacht wird, so viele Mönche, wie (für diesen Akt) würdig sind, sind gekommen, wenn die Zustimmung der der Zustimmung Würdigen gebracht wurde, die Anwesenden protestieren. Das ist ein scheinbar der Regel gerechter Akt.

Wenn bei einer Ankündigung in vier Durchgängen zuerst der Beschluß offengelegt wird, danach die Ankündigung gemacht wird, so viele Mönche, wie (für diesen Akt) Würdig sind, sind nicht gekommen, wenn die Zustimmung der der Zustimmung Würdigen nicht gebracht wurde, die Anwesenden protestieren. Das ist ein scheinbar der Regel gerechter Akt. [Rest wie voriger Abschnitt] (7)

Wie, ihr Mönche, ist ein scheinbar der Regel gerechter Akt in einer vollständigen Gruppe? Wenn bei einer Ankündigung mit zwei Durchgängen zuerst der Beschluß offengelegt wird, danach die Ankündigung gemacht wird, so viele Mönche, wie (für diesen Akt) würdig sind, sind gekommen, wenn die Zustimmung der der Zustimmung Würdigen gebracht wurde, die Anwesenden nicht protestieren. Das ist ein scheinbar der Regel gerechter Akt in einer vollständigen Gruppe. [Wiederholung mit: in vier Durchgängen]. (8)

Wie ihr Mönche ist der der Regel gerechte Akt in einer vollständigen Gruppe? Wenn bei einer Ankündigung in zwei Durchgängen zuerst die Ankündigung gemacht wird, nachher ein Beschluß, so viele Mönche, wie (für diesen Akt) würdig sind, sind gekommen, wenn die Zustimmung der der Zustimmung Würdigen gebracht wurde, die Anwesenden nicht protestieren. Das ist, ihr Mönche, ein der Regel gerechter Akt in einer vollständigen Gruppe.

Wenn bei einer Ankündigung in vier Durchgängen zuerst die Ankündigung gemacht wird, nachher ein Beschluß dreimal, ... [Rest wie voriger Abschnitt] (9) //3//

Fünf Sangha (Gruppen): die Vierergruppe des Mönchssangha, die Fünfergruppe des Mönchssangha, die Zehnergruppe des Mönchssangha, die Zwanzigergruppe des Mönchssangha, die Mehr-als-Zwanzigergruppe des Mönchssangha.

Es gibt, ihr Mönche, die Vierergruppe des Mönchssangha, die der Regel gerecht und wenn vollständig alle (formalen Akte) ausführen kann, mit Ausnahme von drei Akten: Die Vollordination, die pavārana Zeremonie, die Rehabilitation (eines bestraften Mönches). Es gibt, ihr Mönche die Fünfergruppe des Mönchssangha, die der Regel gerecht und vollständig alle (formalen Akte) ausführen kann, mit Ausnahme von zwei Akten: Die Vollordination im mittleren Land[7], die Rehabilitation. Es gibt, ihr Mönche, die Zehnergruppe des Mönchssangha, die der Regel gerecht und vollständig alle (formalen Akte) ausführen kann, mit Ausnahme von einem Akt: Die Rehabilitation. Es gibt, ihr Mönche, die Zwanzigergruppe und die Mehr-als-Zwanzigergruppe des Mönchssangha, die der Regel gerecht und vollständig alle (formalen Akte) ausführen kann. (1)

---

[7] Siehe MV 5/13/11

MV 9

Wenn ein (formaler) Akt einer Vierergruppe mit einer Nonne als vierter gemacht wird, ist er nicht getan, das ist nicht zu tun. Wenn ein (formaler) Akt einer Vierergruppe mit einer zu Schulenden ausgeführt wird, einem Novizen, einer Novizin, einem die Schulung Ablehnenden, einem, der die (vier) höchsten Vergehen begangen hat, einem wegen des Nicht(ein)sehens eines Vergehens Ausgeschlossenen, einem, der ausgeschlossen wurde, weil er ein Vergehen nicht wiedergutgemacht hat, einem der ausgeschlossen wurde, weil er unheilsame Ansichten nicht aufgegeben hat, einem Eunuchen, einem in diebischer Weise Ordinierten, einem, der zu Andersgläubigen gegangen ist, einem Tier, einem Muttermörder, einem Vatermörder, einem Heiligenmörder, einem Nonnenschänder, einem Sanghaspalter, einem Blutvergießer, einem Hermaphroditen, einem, der mit verschiedenen Gruppen zusammen ist, einem, der in verschiedenen Grenzen ist, einem, der im freien Himmelsraum durch Wunderkräfte schwebt, für wen der Sangha diesen (formalen) Akt ausführt, den als vierten nehmend, das ist kein (formaler) Akt, das ist nicht zu tun. (2)

Die Vierergruppen Ausführung

[Es folgt die Wiederholung des Abschnitts 2 mit Fünfergruppe, Zehnergruppe, Zwanzigergruppe.] (3-5)

Wenn der die Bewährungszeit Bekommende, ihr Mönche, als vierter (in der Gruppe) die Bewährungszeit geben würde, den Neuanfang, die Mānattastrafe, als zwanzigster rehabilitiert, das ist kein Akt, das ist nicht zu tun.
Wenn der den Neuanfang Bekommende, ihr Mönche, als vierter die Bewährungszeit, den Neuanfang, die Mānattastrafe geben würde, als zwanzigster rehabilitiert, das ist kein Akt, das ist nicht zu tun.
Wenn ein die Mānattastrafe Bekommender, ihr Mönche, als vierter die Bewährungszeit, den Neuanfang, die Mānattastrafe geben würde, als zwanzigster rehabilitiert, das ist kein Akt, das ist nicht zu tun.
Wenn ein rehabilitiert Werdender, ihr Mönche, als vierter die Bewährungszeit, den Neuanfang, die Mānattastrafe geben würde, als zwanzigster rehabilitiert, das ist kein Akt, das ist nicht zu tun. (6)

Einige Proteste, ihr Mönche, inmitten des Sanghas sind gültig, einige nicht. Welche Proteste inmitten des Sanghas, ihr Mönche, sind nicht gültig? Der Protest einer Nonne, ihr Mönche, inmitten des Sanghas ist nicht gültig, einer zu Schulenden, eines Novizen, einer Novizin, einer die Schulung Ablehnender, eines der die (vier) höchsten Vergehen begangen hat, eines Irren, eines Zerstreuten, eines Schmerzerfüllten, eines wegen des Nicht(ein)sehens eines Vergehens Ausgeschlossenen, eines der ausgeschlossen wurde, weil er ein Vergehen nicht wiedergutgemacht hat, eines der ausgeschlossen wurde, weil er unheilsame Ansichten nicht aufgegeben hat, eines Eunuchen, eines in diebischer Weise Ordinierten, eines, der zu Andersgläubigen gegangen ist, eines Tieres, eines Muttermörders, eines Vatermörders, eines Heiligenmörders, eines Nonnenschänders, eines Sanghaspalters, eines Blutvergießers, eines Hermaphroditen, eines, der mit verschiedenen Gruppen zusammen ist, eines, der in verschiedenen Grenzen ist, eines, der in freien Himmelsraum durch Wunderkräfte schwebt, für wen der Sangha den Akt ausführt, dessen Protest inmitten des Sangha ist nicht gültig. (7)

So, ihr Mönche, ist der Protest inmitten des Sanghas nicht gültig. Wessen Protest inmitten des Sanghas ist gültig? Der Mönch, ihr Mönche, der regulär (Mönch ist), der zur gleichen Gruppe gehört, innerhalb der gleichen Grenzen lebt, wenigstens informiert er den Mönch direkt neben ihm. So ist der Protest inmitten des Sanghas berechtigt. So, ihr Mönche, ist der Protest inmitten des Sanghas gültig. (8)

Zwei (Personen), ihr Mönche, kann man wegschicken[8]. Es gibt, ihr Mönche, Personen, die das Wegschicken noch nicht bekommen haben. Wenn der Sangha wegschicken würde, würde einer gut weggeschickt, einer schlecht weggeschickt. Welche Personen, ihr Mönche, haben das Wegschicken noch nicht bekommen, so daß der Sangha schlecht wegschicken würde? In diesem Fall, ihr Mönche, ist der Mönch ein Reiner, einer ohne Vergehen. Wenn der Sangha wegschicken würde, wäre das schlecht weggeschickt. Dieses heißt, ihr Mönche, eine Person die das Wegschicken noch nicht bekommen hat; wenn der Sangha wegschicken würde, wäre das schlecht weggeschickt. Welche Personen, ihr Mönche, haben das Wegschicken noch nicht bekommen, so daß der Sangha gut wegschicken würde? In diesem Fall, ihr Mönche, ist der Mönch ein Ungebildeter, Unerfahrener, einer mit vielen Vergehen, einer der die Vergehen nicht wieder gut gemacht hat, einer, der mit Laien umgeht, unpassende Laienkontakte hat. Wenn der Sangha wegschicken würde, wäre das gut weggeschickt. Dieses heißt, ihr Mönche, eine Person die das Wegschicken noch nicht bekommen hat, wenn der Sangha wegschicken würde, wäre das gut weggeschickt. (9)

---

[8] Das Wegschicken war eine Maßnahme für Mönche, die sich zwar schlecht verhielten, aber keine Regel gebrochen hatten.

Zwei (Personen), ihr Mönche, kann man wieder zurückholen. Es gibt, ihr Mönche, Personen, die das wieder Zurückholen noch nicht bekommen haben. Wenn der Sangha wieder zurückholen würde, würde einer gut wieder zurückgeholt, einer schlecht wieder zurückgeholt. Welche Personen, ihr Mönche, haben das wieder Zurückholen noch nicht bekommen, so daß der Sangha schlecht zurückholen würde? Ein Eunuch hat das wieder Zurückholen noch nicht bekommen. Wenn der Sangha wieder zurückholen würde, wäre das schlecht zurückgeholt. .... ein in diebischer Weise Ordinierter, einer, der zu Andersgläubigen gegangen ist, ein Tier, ein Muttermörder, ein Vatermörder, ein Heiligenmörder, ein Nonnenschänder, ein Sanghaspalter, ein Blutvergießer, ein Hermaphrodit; wenn der Sangha zurückholen würde, wäre das schlecht zurückgeholt. Dieses heißt, ihr Mönche, eine Person, die das wieder Zurückholen noch nicht bekommen hat, wenn der Sangha wieder zurückholen würde, wäre das schlecht zurückgeholt. (10)

Welche Person, ihr Mönche, hat das Zurückholen noch nicht bekommen; wenn der Sangha zurückholen würde, wäre das gut zurückgeholt? Einer, dem die Hand abgeschnitten wurde, hat das Zurückholen noch nicht bekommen; wenn der Sangha zurückholen würde, wäre das gut zurückgeholt. ... die Füße abgeschlagen wurden, die Hände und die Füße abgeschlagen wurden, die Ohren abgeschnitten wurden, die Nase abgeschnitten wurde, die Ohren und die Nase abgeschnitten wurden, die Finger, die Nägel abgeschnitten wurden, die Fußsehne durchtrennt wurden, die Finger zusammengewachsen waren (?), einen Bucklingen, einen Zwergwüchsigen, einen mit einem Kropf, einen Gebrandmarkten, einen Ausgepeitschten, einen per Anschlag gesuchten, einen mit Elefantiasis, mit Geschlechtskrankheiten, einen eine Gruppe Irreführenden, einen Halbblinden, einen mit verkrüppelten Gliedern, einen Lahmen, einen halbseitig Gelähmten, einen Krüppel, einen Altersschwachen, einen Blinden, einen Stummen, einen Tauben, einen Blindstummen, einen Taubblinden, einen Taubstummen, einen Taubstummblinden; wenn der Sangha zurückholen würde, wäre das gut zurückgeholt. Dieses heißt, ihr Mönche, eine Person, die das wieder Zurückholen noch nicht bekommen hat, wenn der Sangha wieder zurückholen würde, wäre das gut zurückgeholt." (11) //4//

Das erste Kapitel über Vasabhadorf

"In diesem Fall, ihr Mönche, hatte ein Mönch kein Vergehen (begangen), das einzusehen[9] war. Ihm wurde vorgeworfen, vom Sangha oder von vielen oder von einer Person: 'Ein Vergehen hast du, Bruder, begangen. Sieh dein Vergehen ein'. Er sagte so: 'Nicht gibt es, Bruder, ein Vergehen, das ich (ein) sehe'. Wenn der Sangha wegen Nicht(ein)sehens eines Vergehens ausschließt, ist das ein nicht der Regel gemäßer Akt.

In diesem Fall, ihr Mönche, hatte ein Mönch kein Vergehen (begangen), das wiedergutzumachen war. Ihm wurde vorgeworfen, vom Sangha oder von vielen oder von einer Person: 'Ein Vergehen hast du, Bruder, begangen. Mache es wieder gut'. Er sagte so: 'Nicht gibt es, Bruder, ein Vergehen, das ich wiedergutmachen muß'. Wenn der Sangha wegen Nichtwiedergutmachens eines Vergehens ausschließt, ist das ein nicht der Regel gemäßer Akt.

In diesem Fall, ihr Mönche, hatte ein Mönch keine unheilsame Ansicht, die aufzugeben war. Ihm wurde vorgeworfen, vom Sangha oder von vielen oder von einer Person: 'Eine unheilsame Ansicht hast du, Bruder, gib sie auf'. Er sagte so: 'Nicht gibt es, Bruder, eine unheilsame Ansicht, die ich aufgeben muß'. Wenn der Sangha wegen Nichtaufgebens einer unheilsamen Ansicht ausschließt, ist das ein nicht der Regel gemäßer Akt. (1)

In diesem Fall, ihr Mönche, hatte ein Mönch kein Vergehen (begangen) das 'einzusehen und wiedergutzumachen' war. Ihm wurde vorgeworfen, vom Sangha oder von vielen oder von einer Person: 'Ein Vergehen hast du, Bruder, begangen. Sieh dein Vergehen ein und mache es wieder gut.' Er sagte so: 'Nicht gibt es, Bruder ein Vergehen, das ich (ein) sehe und wiedergutmache.' Wenn der Sangha wegen Nicht(ein)sehens und Nichtwiedergutmachens eines Vergehens ausschließt, ist das ein nicht der Regel gemäßer Akt. (2)

In diesem Fall, ihr Mönche, hatte ein Mönch kein Vergehen (begangen), das einzusehen ist und keine unheilsame Ansicht, die aufzugeben ist .... (3)

In diesem Fall, ihr Mönche, hatte ein Mönch kein Vergehen (begangen), das wiedergutzumachen ist und keine Ansicht, die aufzugeben ist .... (4)

In diesem Fall, ihr Mönche, hatte ein Mönch kein Vergehen (begangen), das einzusehen ist, kein Vergehen (begangen), das wiedergutzumachen ist und keine Ansicht, die aufzugeben ist .... (5)

In diesem Fall, ihr Mönche, hatte ein Mönch ein Vergehen (begangen) das 'einzusehen' war. Ihm wurde vorgeworfen,

---

[9] Die Mildeste Form von Strafe war, ein Vergehen einzusehen

vom Sangha oder von vielen oder von einer Person: 'Ein Vergehen hast du, Bruder, begangen. Sieh dein Vergehen ein.' Er sagte so: 'Ja, Bruder, ich sehe ein.' Wenn der Sangha wegen Nicht(ein)sehens eines Vergehens ausschließt, ist das ein nicht der Regel gemäßer Akt.

In diesem Fall, ihr Mönche, hatte ein Mönch ein Vergehen (begangen), das 'wiedergutzumachen' war. Ihm wurde vorgeworfen ....

In diesem Fall, ihr Mönche, hatte ein Mönch eine unheilsame Ansicht, die aufzugeben war. Ihm wurde vorgeworfen .... (6)

In diesem Fall, ihr Mönche, hatte ein Mönch ein Vergehen (begangen), das 'einzusehen und wiedergutzumachen' war. Ihm wurde vorgeworfen ....

In diesem Fall, ihr Mönche, hatte ein Mönch ein Vergehen (begangen), das 'einzusehen' war und eine unheilsame Ansicht, die aufzugeben war. Ihm wurde vorgeworfen ....

In diesem Fall, ihr Mönche, hatte ein Mönch ein Vergehen (begangen), das 'wiedergutzumachen' war und eine unheilsame Ansicht, die aufzugeben war. Ihm wurde vorgeworfen ....

In diesem Fall, ihr Mönche, hatte ein Mönch ein Vergehen (begangen), das 'einzusehen und wiedergutzumachen' war und eine unheilsame Ansicht, die aufzugeben war. Ihm wurde vorgeworfen .... Wenn der Sangha wegen Nichteinsehens, Nichtwiedergutmachens und Nichtaufgebens einer unheilsamen Ansicht ausschließt, ist das ein nicht der Regel gemäßer Akt. (7)

In diesem Fall, ihr Mönche, hatte ein Mönch ein Vergehen (begangen) das 'einzusehen' war. Ihm wurde vorgeworfen, vom Sangha oder von vielen oder von einer Person: 'Ein Vergehen hast du, Bruder begangen. Sieh dein Vergehen ein.' Er sagte so: 'Nicht gibt es, Bruder, ein Vergehen, das ich (ein) sehe.' Wenn der Sangha wegen Nicht(ein)sehens eines Vergehens ausschließt, ist das ein der Regel gemäßer Akt.

In diesem Fall, ihr Mönche, hatte ein Mönch ein Vergehen (begangen) das 'wiedergutzumachen' war. Ihm wurde vorgeworfen, vom Sangha oder von vielen oder von einer Person: 'Ein Vergehen hast du, Bruder begangen. Mache es wieder gut.' Er sagte so: 'Nicht gibt es, Bruder, ein Vergehen, das ich wieder gutmachen muß.' Wenn der Sangha wegen Nichtwiedergutmachens eines Vergehens ausschließt, ist das ein der Regel gemäßer Akt.

In diesem Fall, ihr Mönche, hatte ein Mönch eine unheilsame Ansicht, die aufzugeben war. Ihm wurde vorgeworfen, vom Sangha oder von vielen oder von einer Person: 'Eine unheilsame Ansicht hast du, Bruder, gib sie auf.' Er sagte so: 'Nicht gibt es, Bruder, eine unheilsame Ansicht, die ich aufgeben muß.' Wenn der Sangha wegen Nichtaufgebens einer unheilsamen Ansicht ausschließt, ist das ein der Regel gemäßer Akt. (8)

In diesem Fall, ihr Mönche, hatte ein Mönch ein Vergehen (begangen), das 'einzusehen und wiedergutzumachen' war. Ihm wurde vorgeworfen ....

In diesem Fall, ihr Mönche, hatte ein Mönch ein Vergehen (begangen), das 'einzusehen' war und eine unheilsame Ansicht, die aufzugeben war. Ihm wurde vorgeworfen ....

In diesem Fall, ihr Mönche, hatte ein Mönch ein Vergehen (begangen), das 'wiedergutzumachen' war und eine unheilsame Ansicht, die aufzugeben war. Ihm wurde vorgeworfen ....

In diesem Fall, ihr Mönche, hatte ein Mönch ein Vergehen (begangen), das 'einzusehen und wiedergutzumachen' war und eine unheilsame Ansicht, die aufzugeben war. Ihm wurde vorgeworfen .... Wenn der Sangha wegen Nichteinsehens, Nichtwiedergutmachens und Nichtaufgebens einer unheilsamen Ansicht ausschließt, ist das ein der Regel gemäßer Akt." (9) //5//

Dann kam der ehrwürdige Upāli zum Erhabenen. Dort, nachdem er den Erhabenen verehrt hatte, setzte er sich beiseite nieder. Beiseite sitzend sagte der ehrwürdige Upāli dem Erhabenen folgendes: "Verehrungswürdiger, irgendein vollständiger Sangha begeht einen Akt, bei dem alle anwesend sein sollten. Wenn (der diesen Akt betreffende Mönch) nicht anwesend ist, ist das ein regelgerechter Akt, Verehrungswürdiger, ein dem Vinaya gemäßer Akt?" - "Ein nicht der Regel gerechter Akt, Upāli, nicht dem Vinaya gemäß." (1)

"Verehrungswürdiger, irgendein vollständiger Sangha begeht einen Akt, bei dem (der Mönch) befragt[10] werden muß.

---

[10] Hier die Pālibegriffe der einzelnen Akte: (siehe auch: MV 1/25/21-22 und Nyānaponika - Angereihte Sammlung 2/201)
befragt = patipucchākaranīyam
gestanden = patiññāyakaranīyam
Wiederzulassung nach Geisteskrankheit = amūlhavinayam

Wenn (der diesen Akt betreffende Mönch) nicht befragt wird, ist das ein regelgerechter Akt, Verehrungswürdiger, ein dem Vinaya gemäßer Akt?" - "Ein nicht der Regel gerechter Akt, Upāli, nicht dem Vinaya gemäß."

"Verehrungswürdiger, irgendein vollständiger Sangha begeht einen Akt, bei dem (der Mönch) vorher gestanden[11] haben muß. Wenn (der diesen Akt betreffende Mönch) nicht vorher gestanden hat, ist das ein regelgerechter Akt, Verehrungswürdiger, ein dem Vinaya gemäßer Akt?" - "Ein nicht der Regel gemäßer Akt, Upāli, nicht dem Vinaya gemäß."

"Verehrungswürdiger, irgendein vollständiger Sangha begeht einen Akt, bei dem die (Beilegung eines Streitfalles) durch Erinnerung geschehen muß, durch eine Wiederzulassung nach überstandener Geisteskrankheit, ... eine Wiederzulassung nach überstandener Geisteskrankheit durch ein Ausschlußverfahren, ... ein Ausschlußverfahren durch einen Verwarnungsakt, ... einen Verwarnungsakt durch einen Unterwerfungsakt, ... einen Unterwerfungsakt durch einen Verbannungsakt, ... einen Verbannungsakt durch den Akt des Verzeihungerbittens, ... einen Akt des Verzeihungerbittens durch einen Ausstoßungsakt, ... einen Ausstoßungsakt durch eine Auferlegung des Getrenntwohnens, ... eine Auferlegung des Getrenntwohnens durch ein Zurückwerfen zum Anfang, ... eine Zurückwerfung zum Anfang durch eine Auferlegung der Sühne, ... eine Auferlegung der Sühne durch eine Wiederzulassung, ... eine Wiederzulassung durch eine Vollordination, ist das der Regel gemäß, Verehrungswürdiger, ist das dem Vinaya gemäß?" (2)

"Ein nicht der Regel gemäßer Akt (ist das), Upāli, nicht dem Vinaya gemäß, wenn irgendein vollständiger Sangha einen Akt begeht, bei dem alle anwesend sein sollten. Wenn (der diesen Akt betreffende Mönch) nicht anwesend ist, Upāli, so ist das doch ein nicht der Regel gemäßer, nicht dem Vinaya gemäßer Akt, dann ist der Sangha zu weit gegangen. Wenn irgendein vollständiger Sangha einen Akt begeht, bei dem (der betreffende Mönch) befragt werden muß, vorher gestanden haben muß, die (Beilegung eines Streitfalles) durch Erinnerung durch Wiederzulassung nach überstandener Geisteskrankheit (ersetzt wird) ....[wie oben].... Upāli, so ist das doch ein nicht der Regel gemäßer, nicht dem Vinaya gemäßer Akt, dann ist der Sangha zu weit gegangen." (3)

"Verehrungswürdiger, irgendein vollständiger Sangha begeht einen Akt, bei dem alle anwesend sein sollten. Wenn (der diesen Akt betreffende Mönch) anwesend ist, ist das ein regelgerechter Akt, Verehrungswürdiger, ein dem Vinaya gemäßer Akt?" - "Ein der Regel gerechter Akt, Upāli, dem Vinaya gemäß" - "Verehrungswürdiger, irgendein vollständiger Sangha begeht einen Akt, bei dem (der Mönch) befragt werden muß. Wenn (der diesen Akt betreffende Mönch) befragt wird, ... "Verehrungswürdiger, irgendein vollständiger Sangha begeht einen Akt der Vollordination durch den Akt der Vollordination. Ist das ein regelgerechter Akt, Verehrungswürdiger, ein dem Vinaya gemäßer Akt?" - "Ein der Regel gerechter Akt, Upāli, dem Vinaya gemäß." (4)

"Verehrungswürdiger, irgendein vollständiger Sangha begeht einen Akt, bei dem die (Beilegung eines Streitfalles) durch Erinnerung geschehen muß, durch Wiederzulassung nach überstandener Geisteskrankheit, die Wiederzulassung nach überstandener Geisteskrankheit durch die (Beilegung eines Streitfalles) durch Erinnerung ist das ein regelgerechter Akt, Verehrungswürdiger, ein dem Vinaya gemäßer Akt?" - "Ein nicht der Regel gerechter Akt, Upāli, nicht dem Vinaya gemäß ..[wie oben].... Eine Wiederzulassung durch eine Vollordination, eine Vollordination durch eine Wiederzulassung. Ist das ein regelgerechter Akt, Verehrungswürdiger, ein dem Vinaya gemäßer Akt?" (5)

"Ein nicht der Regel gemäßer Akt (ist das), Upāli, nicht dem Vinaya gemäß wenn irgendein vollständiger Sangha einen Akt begeht, bei dem die (Beilegung eines Streitfalles) durch Erinnerung geschehen muß, durch Wiederzulassung nach überstandener Geisteskrankheit, die Wiederzulassung nach überstandener Geisteskrankheit durch die (Beilegung eines

---

Ausschlußverfahren = tassapāpiyyasikākammaṃ
Verwarnungsakt = tajjaniyakammaṃ
Unterwerfungsakt = nissayakammaṃ
Verbannungsakt = pabbājaniyakammaṃ
Akt des Verzeihungerbittens = paṭisāraṇiyakammaṃ
Ausstoßungsakt = ukkhepaniyakammaṃ
Akt des Getrenntwohnens = parivāsaṃ
Zurückwerfen zum Anfang = mūlāya paṭikassati
Auferlegung der Sühne = mānatta
Wiederzulassung = abbheti
Vollordination = upasampādeti

[11]Die Erklärung auch zu den nachfolgenden Strafen und Verfahren siehe: Nyānaponika, Angereihte Sammlung 2/201

Streitfalles) durch Erinnerung ersetzt wird, Upāli, so ist das doch ein nicht der Regel gemäßer, nicht dem Vinaya gemäßer Akt, dann ist der Sangha zu weit gegangen ..... (6)

"Verehrungswürdiger, irgendein vollständiger Sangha begeht einen Akt, bei dem die (Beilegung eines Streitfalles) durch Erinnerung geschehen muß, durch die (Beilegung eines Streitfalles) durch Erinnerung, die Wiederzulassung nach überstandener Geisteskrankheit durch Wiederzulassung nach überstandener Geisteskrankheit, ist das ein regelgerechter Akt, Verehrungswürdiger, ein dem Vinaya gemäßer Akt?" - "Ein der Regel gerechter Akt, Upāli, dem Vinaya gemäß."
.... Eine Wiederzulassung durch eine Wiederzulassung, eine Vollordination durch eine Vollordination, ist das ein regelgerechter Akt, Verehrungswürdiger, ein dem Vinaya gemäßer Akt?" (7)

"Ein der Regel gemäßer Akt (ist das), Upāli, dem Vinaya gemäß, wenn irgendein vollständiger Sangha einen Akt begeht, bei dem die (Beilegung eines Streitfalles) durch Erinnerung geschehen muß, durch die (Beilegung eines Streitfalles) durch Erinnerung, die Wiederzulassung nach überstandener Geisteskrankheit durch Wiederzulassung nach überstandener Geisteskrankheit begeht, Upāli, so ist das doch ein der Regel gemäßer, dem Vinaya gemäßer Akt, dann ist der Sangha nicht zu weit gegangen. ....[wie oben]......" (8)

Dann sprach der Erhabene die Mönche an: "Wenn irgendein vollständiger Sangha, ihr Mönche, einen Akt begeht, bei dem die (Beilegung eines Streitfalles) durch Erinnerung geschehen muß, durch Wiederzulassung nach überstandener Geisteskrankheit, so ist das doch ein nicht der Regel gemäßer, nicht dem Vinaya gemäßer Akt, dann ist der Sangha zu weit gegangen ..[wie oben]...." (9) //6//

Kapitel der Fragen des Upāli, das zweite.

In diesem Fall, ihr Mönche, war ein Mönch ein Streitender, Zankender, (heftig) Diskutierender, Debattierender, trug im Sangha ständig Klagen vor. Da kam den Mönchen folgender Gedanke: Dieser Bruder, Mönche, ist ein Streitender, Zankender, (heftig) Diskutierender, Debattierender, trägt im Sangha ständig Klagen vor, so laßt uns einen Verwarnungsakt begehen. Jene begehen den Verwarnungsakt nicht der Regel gemäß in einer Teilgruppe.
Jener ging von seiner Mönchsklause zu irgendeiner Mönchsklause. Dort kam den Mönchen folgender Gedanke: Diesem Bruder, Mönche, wurde vom Sangha ein Verwarnungsakt gegeben, nicht der Regel gemäß in einer Teilgruppe, also laßt uns einen Verwarnungsakt (für ihn) begehen. Jene begingen den Verwarnungsakt nicht der Regel gemäß in einer vollständigen Gruppe.
Jener ging von seiner Mönchsklause zu irgendeiner Mönchsklause. Dort kam den Mönchen folgender Gedanke: Diesem Bruder, Mönche, wurde vom Sangha ein Verwarnungsakt gegeben, nicht der Regel gemäß in einer vollständigen Gruppe, also laßt uns einen Verwarnungsakt (für ihn) begehen. Jene begingen den Verwarnungsakt der Regel gemäß in einer Teilgruppe.
Jener ging von seiner Mönchsklause zu irgendeiner Mönchsklause. Dort kam den Mönchen folgender Gedanke: Diesem Bruder, Mönche, wurde vom Sangha ein Verwarnungsakt gegeben, der Regel gemäß in einer Teilgruppe, also laßt uns einen Verwarnungsakt (für ihn) begehen. Jene begingen den Verwarnungsakt, scheinbar der Regel gemäß in einer Teilgruppe.
Jener ging von seiner Mönchsklause zu irgendeiner Mönchsklause. Dort kam den Mönchen folgender Gedanke: Diesem Bruder, Mönche, wurde vom Sangha ein Verwarnungsakt gegeben, scheinbar der Regel gemäß in einer Teilgruppe, also laßt uns einen Verwarnungsakt (für ihn) begehen. Jene begingen den Verwarnungsakt scheinbar der Regel gemäß in einer vollständigen Gruppe. (1)

[Wiederholung des Abschnittes (1) in der Reihenfolge:]
nicht der Regel gemäß in vollständiger Gruppe
der Regel gemäß in Teilgruppe
scheinbar der Regel gemäß in Teilgruppe
scheinbar der Regel gemäß in vollständiger Gruppe
nicht der Regel gemäß in Teilgruppe (2)

[Wiederholung des Abschnittes (1) in der Reihenfolge:]
der Regel gemäß in Teilgruppe
scheinbar der Regel gemäß in Teilgruppe
scheinbar der Regel gemäß in vollständiger Gruppe
nicht der Regel gemäß in Teilgruppe
nicht der Regel gemäß in vollständiger Gruppe (3)

MV 9

[Wiederholung des Abschnittes (1) in der Reihenfolge:]
scheinbar der Regel gemäß in Teilgruppe
scheinbar der Regel gemäß in vollständiger Gruppe
nicht der Regel gemäß in Teilgruppe
nicht der Regel gemäß in vollständiger Gruppe
der Regel gemäß in Teilgruppe (4)

[Wiederholung des Abschnittes (1) in der Reihenfolge:]
scheinbar der Regel gemäß in vollständiger Gruppe
nicht der Regel gemäß in Teilgruppe
nicht der Regel gemäß in vollständiger Gruppe
der Regel gemäß in Teilgruppe
scheinbar der Regel gemäß in Teilgruppe (5)

In diesem Fall, ihr Mönche, ist der Mönch ein Ungebildeter, Unerfahrener, einer mit vielen Vergehen, einer der die Vergehen nicht wieder gutgemacht hat, einer der mit Laien umgeht, unpassende Laienkontakte hat. Da kam den Mönchen folgender Gedanke: Dieser Bruder, Mönche, ist ein Ungebildeter, Unerfahrener, einer mit vielen Vergehen, einer der die Vergehen nicht wieder gutgemacht hat, einer der mit Laien umgeht, unpassende Laienkontakte hat, so laßt uns einen Unterwerfungsakt begehen. Jene begehen den Unterwerfungsakt nicht der Regel gemäß in einer Teilgruppe .... [weiter im Schema wie in 1 - 5] (6)

In diesem Fall, ihr Mönche, war der Mönch ein Familienverderber, ein Übeltäter .... [Wiederholung von 1 - 5 mit: Verbannungsakt] (7)

In diesem Fall, ihr Mönche, war der Mönch einer, der die Laien beschimpfte und schalt .... [Wiederholung von 1 - 5 mit: Akt des Verzeihungerbittens] (8)

In diesem Fall, ihr Mönche, war der Mönch einer, der ein Vergehen begangen hatte und es nicht einsehen will .... [Wiederholung von 1 - 5 mit: Ausstoßungsakt] (9)

In diesem Fall, ihr Mönche, war der Mönch einer, der ein Vergehen begangen hatte und es nicht wieder gutmachen will .... [Wiederholung von 1 - 5 mit: Ausstoßungsakt] (10)

In diesem Fall, ihr Mönche, war der Mönch einer, der unheilsame Ansichten nicht aufgegeben hatte .... [Wiederholung von 1 - 5 mit: Ausstoßungsakt] (11)

In diesem Fall, ihr Mönche, hatte ein Mönch einen Verwarnungsakt erhalten, besserte sich, beruhigte sich, lebte tadellos, bat den Verwarnungsakt aufzuheben. Da kam den Mönchen folgender Gedanke: Dieser Bruder, Mönche, besserte sich, beruhigte sich, lebte tadellos, bat den Verwarnungsakt aufzuheben. So laßt uns einen Verwarnungsakt aufheben. Jene begehen die Aufhebung nicht der Regel gemäß in einer Teilgruppe ....[Rest wie (1) mit: Aufhebung des Verwarnungsaktes] (12)

[Weiter wie in 2 - 5 mit: Aufhebung des Verwarnungsaktes] (13)
[Weiter wie in 6 - 11 mit: Aufhebung des jeweiligen Aktes] (14)

In diesem Fall, ihr Mönche, war ein Mönch ein Streitender, Zankender, (heftig) Diskutierender, Debattierender, trug im Sangha ständig Klagen vor. Da kam den Mönchen folgender Gedanke: Dieser Bruder, Mönche, ist ein Streitender, Zankender, (heftig) Diskutierender, Debattierender, trägt im Sangha ständig Klagen vor, so laßt uns einen Verwarnungsakt begehen. Jene begehen den Verwarnungsakt nicht der Regel gemäß in einer Teilgruppe. Jener versammelte Sangha stritt: (Dies) ist nicht (gültig) getan, ist schlecht getan, dies muß noch einmal gemacht werden (nämlich es war) nicht der Regel gemäß in einer Teilgruppe ...., der Regel gemäß in Teilgruppe ...., scheinbar der Regel gemäß in Teilgruppe ....., scheinbar der Regel gemäß in vollständiger Gruppe ....., nicht der Regel gemäß in vollständiger Gruppe. In diesem Fall, ihr Mönche, diejenigen Mönche, die sagten, das ist nicht der Regel gemäß in einer Teilgruppe, der Regel gemäß in einer Teilgruppe ....., diese Mönche sind die, die recht behalten. (15)

In diesem Fall, ihr Mönche, war ein Mönch ein Streitender, Zankender, (heftig) Diskutierender, Debattierender, trug im Sangha ständig Klagen vor. Da kam den Mönchen folgender Gedanke: Dieser Bruder, Mönche, ist ein Streitender,

Zankender, (heftig) Diskutierender, Debattierender, trägt im Sangha ständig Klagen vor, so laßt uns einen Verwarnungsakt begehen. Jene begehen den Verwarnungsakt nicht der Regel gemäß in einer vollständigen Gruppe. Jener versammelte Sangha stritt: ....

In diesem Fall, ihr Mönche, war ein Mönch ein Streitender, Zankender, (heftig) Diskutierender, Debattierender, trug im Sangha ständig Klagen vor. Da kam den Mönchen folgender Gedanke: Dieser Bruder, Mönche, ist ein Streitender, Zankender, (heftig) Diskutierender, Debattierender, trägt im Sangha ständig Klagen vor, so laßt uns einen Verwarnungsakt begehen. Jene begehen den Verwarnungsakt der Regel gemäß in einer Teilgruppe. Jener versammelte Sangha stritt: ....

In diesem Fall, ihr Mönche, war ein Mönch ein Streitender, Zankender, (heftig) Diskutierender, Debattierender, trug im Sangha ständig Klagen vor. Da kam den Mönchen folgender Gedanke: Dieser Bruder, Mönche, ist ein Streitender, Zankender, (heftig) Diskutierender, Debattierender, trägt im Sangha ständig Klagen vor, so laßt uns einen Verwarnungsakt begehen. Jene begehen den Verwarnungsakt scheinbar der Regel gemäß in einer Teilgruppe. Jener versammelte Sangha stritt: ....

In diesem Fall, ihr Mönche, war ein Mönch ein Streitender, Zankender, (heftig) Diskutierender, Debattierender, trug im Sangha ständig Klagen vor. Da kam den Mönchen folgender Gedanke: Dieser Bruder, Mönche, ist ein Streitender, Zankender, (heftig) Diskutierender, Debattierender, trägt im Sangha ständig Klagen vor, so laßt uns einen Verwarnungsakt begehen. Jene begehen den Verwarnungsakt scheinbar der Regel gemäß in einer vollständigen Gruppe. Jener versammelte Sangha stritt: .... (16)

[Das Schema von 15 und 16 ist auf die Nr. 6-14 anzuwenden.] (17-20) //7//

Der Campeyya Abschnitt, der neunte.

In diesem Abschnitt sind sechsunddreißig Sachverhalte. Hier die Aufzählung:

Der Erhabene war in Campā, der Sachverhalt vom Vāsabha Dorf, bei den Gast(mönchen) bemühte (er) sich um das was gewünscht wird, wissend: sie kennen das, bemühte er sich dann nicht mehr, ausgeschlossen, nicht getan?, kommt er zum Sieger (Buddha), nicht der Regel gemäß in einer Teilgruppe, nicht der Regel gemäß in einer vollständigen Gruppe, der Regel gemäß in einer Teilgruppe, scheinbar der Regel gemäß in einer Teilgruppe, scheinbar der Regel gemäß in einer vollständigen Gruppe, einer schloß einen aus, einer zwei, viele, als einer den Sangha, auch zwei, auch viele, auch schloß der Sangha den Sangha aus, als der Allwissende, Beste das hörte, lehnte er das als nicht der Regel gemäß ab, ein Akt ohne Ankündigung aber mit Offenlegung, ohne Offenlegung mit Ankündigung, ohne beide, gegen die Lehre, gegen den Orden des Buddha, gegen Widerspruch, aufhebbar, unangemessen, nicht der Regel gemäß - Teilgruppe, vollständige Gruppe, scheinbar, welche zwei?, der Regel gemäß in vollständiger Gruppe erlaubte der Vollendete, die Vierergruppe, Fünfergruppe, Zehnergruppe, und Zwanziger, Mehr-als-zwanziger Gruppe, der Sangha ist fünfartig. Mit Ausnahme von Vollordination, pavāraṇa und die Rehabilitation darf die Vierergruppe (alles) ausführen. Mit Ausnahme von zwei Akten, die Vollordination im mittleren Land und die Rehabilitation, (darf) die Fünfergruppe (alles) ausführen. Mit Ausnahme der Rehabilitation kann die Zehnergruppe Mönche alle Akte ausführen. Der Zwanziger Sangha kann alle Akte (ausführen).

Die Nonne, zu Schulende, Novize, Novizin, Ablehnender, höchste Sachverhalte (Vergehen), Nicht(ein)sehen eines Vergehens, Nichtwiedergutmachen, (falsche) Ansichten, Eunuch, einem in diebischer Weise Ordinierten, einem, der zu Andersgläubigen gegangen ist, einem Tier, einem Muttermörder, einem Vatermörder, einem Heiligenmörder, einem Nonnenschänder, einem Sanghaspalter, einem Blutvergießer, einem Hermaphroditen, einem der mit verschiedenen Gruppen zusammen ist, einem der in verschiedenen Grenzen ist, einem Wundermächtigen. Wenn der Sangha einen Akt ausführen würde, als vierter bis zwanzigster, hat (das) der vollkommen Erwachte abgelehnt als gruppenfüllend. Wenn ein die Bewährungszeit Habender als vierter Bewährungszeit geben würde, Auferlegung der Sühne, Wiederzulassung, das ist kein Akt, das ist nicht zu tun. Würdig zum Zurückrufen zum Anfang oder bei der Sühne, wiederzulassungswürdig, nicht sind diese fünf Ausführer eines Aktes, hat der vollkommen Erwachte verkündet. Nonne, zu Schulende, Novize, Novizin, Ablehnender, höchste (Vergehen), Irrer, Zerstreuter, Schmerz, Nichtsehen, Nichtgutmachen, Ansicht, Eunuch, Hermaphrodit, verschiedene Gruppen, Grenze, freier Himmelsraum, für das das Verfahren gemacht wird, bei diesen achtzehn (Leuten) ist der Protest nicht gültig, der Protest des Mönches ist gültig, der Reine ist ein schlecht weggeschickter, der Ungebildete ist ein gut weggeschickter.

Eunuch, ein in diebischer Weise Ordinierter, einer, der zu Andersgläubigen gegangen ist, ein Tier, ein Muttermörder, ein Vatermörder, ein Heiligenmörder, ein Nonnenschänder, ein Sanghaspalter, ein Blutvergießer, ein Hermaphroditen, diese elf dürfen nicht zurückgeholt werden. Hände und Füße und beides, Ohr und Nase und beides, die Finger, die Nägel, Fußsehne, Finger zusammengewachsen, einen Bucklingen, einen Zwergwüchsigen, einen mit einem Kropf, einen Gebrandmarkten, einen Ausgepeitschten, einen per Anschlag gesuchten, einen mit Elefantiasis, Geschlecht, eine Gruppe, einen Halbblinden, einen mit verkrüppelten Gliedern, einen Lahmen, einen halbseitig Gelähmten, einen Krüppel, einen Altersschwachen, einen Blinden, einen Stummen, einen Tauben, einen Blindstummen, einen Taubblinden, einen Taubstummen, einen Taubstummblinden, alle diese zweiunddreißig, dieses Zurückholen hat der vollkommen Erwachte erlaubt, einzusehen, wiedergutzumachen, aufzugeben, gibt es nicht für ihn, den Ausschluß Akt, es gibt sieben nicht der Regel gerechte Fälle, in bezug auf begangene und zugegebene (Vergehen) gibt es sieben nicht der Regel gerechte, in bezug auf begangene und nicht zugegebene gibt es sieben der Regel gemäße, in Anwesenheit befragt, vorher gestanden, Erinnerung, Geisteskrankheit, überstanden, Ausschlußverfahren[12], Verbannungsakt, Verzeihungerbitten, Ausstoßung, Auferlegung des Getrenntwohnens, Anfang, Sühne, Wiederzulassung und die Vollordination. Wenn einer das dem anderen tut, sind diese sechzehn nicht der Regel gemäß. Wenn der (richtige) tun würde, dann sind diese sechzehn gut getan, gegenseitig ersetzt, sind diese sechzehn nicht der Regel gerecht, zwei und zwei (richtig) begründet, sind die sechzehn der Regel gerecht.

Jeden (einzelnen Begriff) als Ausgangsbasis genommen habend ist nicht der Regel gerecht, so sagte der Sieger. Es tat ein Sangha einen Verwarnungsakt einem Streit machenden nicht der Regel gerecht in einer Teilgruppe, jener ging zu einer anderen Mönchsklause, jene begingen jenen Verwarnungsakt in einer vollständigen Gruppe der Regel gemäße, woanders der Regel gemäß in einer Teilgruppe taten sie den Verwarnungsakt, scheinbar der Regel gemäß in Teil- und vollständiger Gruppe begingen sie, nicht der Regel gemäß in vollständiger und der Regel gemäß in Teilgruppe, scheinbar der Regel gemäß in Teil- und vollständiger Gruppe.

Diese Fälle jeden (einzelnen Begriff) als Ausgangsbasis genommen habend, macht der Kluge die Reihe. Für einen Ungebildeten und Unerfahrenen den Unterwerfungsakt, den Familienverderber den Verbannungsakt, einen Schimpfenden den Akt des Verzeihungerbittens soll man tun, nicht sehen, nicht wiedergutmachen, falsche Ansicht nicht aufgeben, jenem ist ein Ausstoßungsakt zu tun, sagte der Lenker. Die Weisheit des Ausstoßungsaktes besteht in ihrer Androhung, demnach, wenn er zum besseren kehrt, bat er um Aufhebung, die Aufhebung jenes Aktes ist wie unten gesagt, jener versammelte stritt beim jeweiligen (Sangha) Akt: ist nicht getan, schlecht getan, muß noch einmal gemacht werden, bis der Akt aufgehoben ist: jene Mönche sagen das rechte. Der große Weise sah bei den für einen Akt würdigen das Elend des Verlustes (sittlichen Verhaltens), die Aufhebung ordnete er an, wie ein Arzt die Medizin.

---

[12]nissayakamma fehlt >MV 9/6/2

MV 10

Zu jener Zeit weilte der Erwachte, Erhabene in Kosambi im Ghosita Park. Zu jener Zeit hatte ein gewisser Mönch ein Vergehen begangen. Jener hatte bei seinem Vergehen die Ansicht, daß es ein Vergehen war. Andere Mönche waren bei jenem Vergehen der Ansicht, daß es kein Vergehen war. Jener hatte zu einer späteren Zeit (auch) die Ansicht: Dies Vergehen ist kein Vergehen. Andere Mönche waren bei jenem Vergehen der Ansicht, daß es ein Vergehen war. Dann sagten jene Mönche dem Mönch folgendes: "Du begingst ein Vergehen, Bruder, siehst du jenes als Vergehen?" - "Nicht gibt es, Brüder, ein Vergehen, das ich sehen würde." Dann, als die Mönche zusammengekommen waren, schlossen sie jenen Mönch aus wegen Nichtsehen eines Vergehens. (1)

Jener Mönch war ein Erfahrener, Gelehrter, Träger der Lehre, Träger des Vinaya, Träger des Abhidhamma, Weiser, Gebildeter, Kluger, Gewissenhafter, Genauer, Lernwilliger. Jener Mönch ging zu den befreundeten und bekannten Mönchen und sagte folgendes: "Ein Nichtvergehen ist dies, nicht ist dies ein Vergehen, ich bin ein nicht gefehlt Habender, nicht bin ich ein gefehlt Habender, nicht ausgeschlossen bin ich, nicht bin ich ausgeschlossen, durch einen nicht der Regel gemäßen Akt bin ich ausgeschlossen, aufhebbar, unangemessen. Seid wegen der Lehre, wegen des Vinaya auf meiner Seite." Es bekam jener Mönch die befreundeten und bekannten Mönche auf seine Seite. Er sandte im ganzen Landkreis zu den befreundeten und bekannten Mönchen Boten: Ein Nichtvergehen ist dies, nicht ist dies ein Vergehen, ich bin ein nicht gefehlt Habender, nicht bin ich ein gefehlt Habender, nicht ausgeschlossen bin ich, nicht bin ich ausgeschlossen, durch einen nicht der Regel gemäßen Akt bin ich ausgeschlossen, aufhebbar, unangemessen. Seid wegen der Lehre, wegen des Vinaya auf meiner Seite. Es bekam jener Mönch die befreundeten und bekannten Mönche des Landkreises auf seine Seite. (2)

Dann kamen jene, dem Ausgeschlossenen folgenden Mönche, zu den Mönchen, die ausgeschlossen hatten. Dort sagten sie den ausgeschlossen habenden Mönchen folgendes: "Dies ist kein Vergehen, Brüder, nicht ist dies ein Vergehen, dieser Mönch ist ein sich Nichtvergehender, nicht ist er ein Vergehender, ein nicht gefehlt Habender, nicht ist er ein gefehlt Habender, nicht ausgeschlossen ist er, nicht ist er ausgeschlossen, durch einen nicht der Regel gemäßen Akt ist er ausgeschlossen, aufhebbar, unangemessen. Dann sagten die ausschließenden Mönche den dem Ausgeschlossenen folgenden Mönchen folgendes: "Dies ist ein Vergehen, Brüder, nicht ist dies kein Vergehen, dieser Mönch hat ein Vergehen begangen, nicht hat er kein Vergehen begangen, ausgeschlossen ist dieser Mönch, nicht ist er nichtausgeschlossen, er ist ausgeschlossen durch einen der Regel gemäßen Akt, unaufhebbar, angemessen. Mögt ihr Ehrwürdigen diesem ausgeschlossenen Mönch nicht nachfolgen, nicht zu ihm halten." Obwohl von den ausschließenden Mönchen (dies) den dem Ausgeschlossenen folgenden Mönchen gesagt wurde, folgten jene dem ausgeschlossenen Mönch nach, hielten zu ihm. (3)

Dann ging ein gewisser Mönch zum Erhabenen, dort, nachdem er den Erhabenen verehrt hatte, setzte er sich beiseite nieder. Beiseite sitzend sagte er dem Erhabenen folgendes:
"Jetzt, Verehrungswürdiger, hat ein gewisser Mönch ein Vergehen begangen, jener hatte bei seinem Vergehen die Ansicht, daß es ein Vergehen war. Andere Mönche waren bei jenem Vergehen der Ansicht, daß es kein Vergehen war. Jener hatte zu einer späteren Zeit (auch) die Ansicht, dies Vergehen ist kein Vergehen. Andere Mönche waren bei jenem Vergehen der Ansicht, daß es ein Vergehen war. Dann sagten jene Mönche dem Mönch folgendes: "Du begingst ein Vergehen, Bruder, siehst du jenes als Vergehen?" - "Nicht gibt es, Brüder, ein Vergehen, das ich sehen würde." Dann, Verehrungswürdiger, als die Mönche zusammengekommen waren, schlossen sie jenen Mönch aus wegen Nichtsehen eines Vergehens. Jener Mönch, Verehrungswürdiger, war ein Erfahrener, Gelehrter, Träger der Lehre, Träger des Vinaya, Träger des Abhidhamma, Weiser, Gebildeter, Kluger, Gewissenhafter, Genauer, Lernwilliger. Jener Mönch, Verehrungswürdiger, ging zu den befreundeten und bekannten Mönchen und sagte folgendes: "Ein Nichtvergehen ist dies, nicht ist dies ein Vergehen, ich bin ein nicht gefehlt Habender, nicht bin ich ein gefehlt Habender, nicht ausgeschlossen bin ich, nicht bin ich ausgeschlossen, durch einen nicht der Regel gemäßen Akt bin ich ausgeschlossen, aufhebbar, unangemessen. Seid wegen der Lehre, wegen des Vinaya auf meiner Seite." Es bekam, Verehrungswürdiger, jener Mönch die befreundeten und bekannten Mönche auf seine Seite. Er sandte, Verehrungswürdiger, im ganzen Landkreis zu den befreundeten und bekannten Mönchen Boten: Ein Nichtvergehen ist dies, nicht ist dies ein Vergehen, ich bin ein nicht gefehlt Habender, nicht bin ich ein gefehlt Habender, nicht ausgeschlossen bin ich, nicht bin ich ausgeschlossen, durch einen nicht der Regel gemäßen Akt bin ich ausgeschlossen, aufhebbar, unangemessen. Seid wegen der Lehre, wegen des Vinaya auf meiner Seite. Es bekam, Verehrungswürdiger, jener Mönch die befreundeten und bekannten Mönche des Landkreises auf seine Seite. Dann kamen jene, dem Ausgeschlossenen folgenden Mönche, zu den Mönchen, die ausgeschlossen hatten. Dort sagten sie den ausgeschlossen habenden Mönchen folgendes: "Dies ist kein Vergehen, Brüder, nicht ist dies ein Vergehen, dieser Mönch ist ein sich Nichtvergehender, nicht ist er ein Vergehender, ein nicht gefehlt Habender, nicht ist er ein gefehlt Habender, nicht ausgeschlossen ist er, nicht ist er ausgeschlossen, durch einen nicht der Regel gemäßen Akt ist er ausgeschlossen, aufhebbar, unangemessen. Dann sagten, Verehrungswürdiger, die ausschließenden Mönche den dem Ausgeschlossenen

folgenden Mönchen folgendes: "Dies ist ein Vergehen, Brüder, nicht ist dies kein Vergehen, dieser Mönch hat ein Vergehen begangen, nicht hat er kein Vergehen begangen, ausgeschlossen ist dieser Mönch, nicht ist er nichtausgeschlossen, er ist ausgeschlossen durch einen der Regel gemäßen Akt, unaufhebbar, angemessen, mögt ihr Ehrwürdigen diesem ausgeschlossenen Mönch nicht nachfolgen, nicht zu ihm halten." Obwohl von den ausschließenden Mönchen (dies) den dem Ausgeschlossenen folgenden Mönchen gesagt wurde, Verehrungswürdiger, folgten jene dem ausgeschlossenen Mönch nach, hielten zu ihm. (4)

Da sagte der Erhabene: "Zerbrochen ist der Mönchssangha, zerbrochen ist der Mönchssangha", stand vom Sitz auf und ging zu den ausschließenden Mönchen. Dort setzte er sich auf den vorbereiteten Sitz. Sich gesetzt habend sagte der Erhabene den ausschließenden Mönchen folgendes: "Ihr solltet hier und da einen Mönch nicht ausschließen denkend: so scheint es uns (richtig zu sein). (5)

In diesem Fall, ihr Mönche, hatte ein gewisser Mönch ein Vergehen begangen. Jener hatte von jenem Vergehen die Meinung: Dies ist ein Nichtvergehen. Andere Mönche hatten von jenem Vergehen die Meinung: Dies ist ein Vergehen. Jene Mönche wußten von dem Mönch folgendes: Jener Mönch ist ein Erfahrener, Gelehrter, Träger der Lehre, Träger des Vinaya, Träger des Abhidhamma, Weiser, Gebildeter, Kluger, Gewissenhafter, Genauer, Lernwilliger. Wenn wir diesen Mönch wegen Nichtsehens eines Vergehens ausschließen, begehen wir nicht mit ihm Uposatha, wenn wir ohne diesen Mönch Uposatha begehen, werden für den Sangha aus diesem Grund Streit, Zank, Meinungsverschiedenheit, Debatte, Spaltung, Auseinandersetzung, Diskussion, Differenzen sein. Von zur Spaltung neigenden Mönchen, ihr Mönche, soll ein Mönch wegen Nichtsehen eines Vergehens nicht ausgeschlossen werden. (6)

In diesem Fall, ihr Mönche, hatte ein gewisser Mönch ein Vergehen begangen. Jener hatte von jenem Vergehen die Meinung: Dies ist ein Nichtvergehen. Andere Mönche hatte von jenem Vergehen die Meinung: Dies ist ein Vergehen. Jene Mönche wußten von dem Mönch folgendes: Jener Mönch ist ein Erfahrener, Gelehrter, Träger der Lehre, Träger des Vinaya, Träger des Abhidhamma, Weiser, Gebildeter, Kluger, Gewissenhafter, Genauer, Lernwilliger. Wenn wir diesen Mönch wegen Nichtsehens eines Vergehens ausschließen, begehen wir nicht mit ihm Pavārana. Wenn wir ohne diesen Mönch Pavārana begehen, begehen wir mit diesem Mönch keinen Sanghaakt. Wenn wir ohne diesen Mönch einen Sanghaakt begehen, sitzen wir nicht mit ihm zusammen. Wenn wir nicht mit ihm zusammensitzen, trinken wir keinen Reisschleim mit ihm zusammensitzend. Wenn wir keinen Reisschleim trinken mit ihm zusammensitzend, sitzen wir mit diesem Mönch nicht zusammen in der Speisehalle. Wenn wir mit diesem Mönch nicht zusammen in der Speisehalle sitzen, sitzen wir nicht mit diesem Mönch unter einem Dach. Wenn wir mit diesem Mönch nicht zusammen unter einem Dach sitzen, begrüßen wir ihn nicht gemäß seiner Dauer der Ordenszugehörigkeit, gehen ihm nicht entgegen, legen nicht die Hände zusammen, tauschen keine freundlichen Worte. Wenn wir diesen Mönch nicht gemäß der Dauer seiner Ordenszugehörigkeit begrüßen, ihm nicht entgegengehen, nicht die Hände zusammenlegen, keine freundlichen Worte tauschen, wird für den Sangha aus diesem Grund Streit, Zank, Debatte, Spaltung, Auseinandersetzung, Diskussion, Differenzen sein. Von zur Spaltung neigenden Mönchen, ihr Mönche, soll ein Mönch wegen Nichtsehen eines Vergehens nicht ausgeschlossen werden." (7)

Nachdem der Erhabene den ausschließenden Mönchen diesen Sachverhalt gesagt hatte, vom Sitz aufgestanden war, ging er zu den dem ausgeschlossenen Mönch folgenden Mönchen. Dort setzte er sich auf den vorbereiteten Sitz. "Ihr solltet, Mönche, wenn ihr ein Vergehen begangen habt, nicht leugnen: Nicht haben wir ein Vergehen begangen. In diesem Fall, ihr Mönche, hatte der Mönch ein Vergehen begangen. Jener hatte von diesem Vergehen die Ansicht: Das ist kein Vergehen. Andere Mönche hatten von jenem Vergehen die Ansicht: Das ist ein Vergehen. Jener Mönch wußte von den Mönchen: Jene Mönche sind Erfahrene, Gelehrte, Träger der Lehre, Träger des Vinaya, Träger des Abhidhamma, Weise, Gebildete, Kluge, Gewissenhafte, Genaue, Lernwillige. Nicht gut ist es, wenn (jemand) meinetwegen oder anderer wegen aus Zuneigung, Haß, Verblendung, Furcht den falschen Weg gehen, wenn mich diese Mönche wegen Nichtsehens eines Vergehens ausschließen, werden sie nicht mit mir Uposatha begehen ... nicht mit mir Pavārana begehen ... mich nicht grüßen nach der Dauer meiner Ordenszugehörigkeit .... wird für den Sangha Streit .... Differenzen sein. Ein zur Spaltung geneigter Mönch, ihr Mönche, für[1] die anderen soll er sein Vergehen bekennen. Dann, nachdem der Erhabene den dem ausgeschlossenen Mönch nachfolgenden Mönchen diesen Sachverhalt gesagt hatte, stand er vom Sitz auf und ging fort. (8)

Zu jener Zeit haben die dem ausgeschlossenen Mönch nachfolgenden Mönche innerhalb der Grenze Uposatha begangen, einen Sanghaakt begangen. Die ausschließenden Mönche, nachdem sie außerhalb der Grenze gegangen

---

[1] saddhaya kann auch bedeuten: aus Vertrauen

waren, begingen Uposatha und Sanghaakte. Dann ging ein ausschließender Mönch zum Erhabenen. Dort, nachdem er den Erhabenen begrüßt hatte, setzte er sich beiseite nieder. Beiseite sitzend sagte der Mönch dem Erhabenen folgendes: "Jene, dem ausgeschlossenen Mönch nachfolgenden Mönche begingen innerhalb der Grenze Uposatha, einen Sanghaakt; auch wir, die ausschließenden Mönche, begingen außerhalb der Grenze gegangen Uposatha, einen Sanghaakt." - "Diejenigen Mönche, die dem ausgeschlossenen Mönch nachfolgen, begehen innerhalb der Grenze Uposatha und Sanghaakte, wie von mir erlassen: Mit Ankündigung und Offenlegung. Dies sind deshalb Akte, der Regel gemäß, unaufhebbar, angemessen. Wenn ihr, die ausschließenden Mönche, dort, außerhalb der Grenze Uposatha begeht, Sanghaakte begeht, wie von mir erlassen: Mit Ankündigung und Offenlegung. Dies sind deshalb Akte, der Regel gemäß, unaufhebbar, angemessen. (9)

Aus welchem Grunde? Diese Mönche sind von einer anderen Gruppe wie ihr, ihr seid von einer anderen Gruppe wie diese. Zwei Gründe, Mönch, gibt es für Nichtzusammengehörigkeit: Einer geht selber zu einer anderen Gruppe oder der ganze Sangha schließt jemanden aus wegen Nichtsehen, Nichtwiedergutmachung oder Nichtaufgebens. Das sind, Mönch, die zwei Gründe für die Nichtzusammengehörigkeit. Zwei Gründe, Mönch, gibt es für die Zusammengehörigkeit: Einer bleibt bei seiner Gruppe oder der ganze Sangha hebt die Ausschließung wegen Nichtsehen, Nichtwiedergutmachung oder Nichtaufgebens auf. Das sind, Mönch, die zwei Gründe für die Zusammengehörigkeit." (10) //1//

Zu jener Zeit waren die Mönche in der Speisehalle streitend, zankend, debattierend. Sie begingen gegenseitig unpassende körperliche und sprachliche Dinge, wurden handgreiflich. Die Menschen wurden unruhig, verärgert, erregt: Wie können die Asketen, die Söhne aus dem Sakyageschlecht, in der Speisehalle streiten, zanken, debattieren. Sie begehen gegenseitig unpassende körperliche und sprachliche Dinge, werden handgreiflich. Es sahen die Mönche, daß die Menschen unruhig, verärgert, erregt waren. Diejenigen Mönche, die mäßig waren, wurden unruhig, verärgert, erregt: Wie können die Mönche in der Speisehalle streiten, zanken, debattieren. Sie begehen gegenseitig unpassende körperliche und sprachliche Dinge, werden handgreiflich. Dann erzählten jene Mönche dem Erhabenen den Sachverhalt. "Ist es wahr, wie man sagt, ihr Mönche, daß die Mönche in der Speisehalle streiten, zanken, debattieren. Sie begehen gegenseitig unpassende körperliche und sprachliche Dinge, werden handgreiflich?" - "Das ist wahr, Erhabener." Nachdem er getadelt hatte, eine Lehrrede gehalten hatte, sprach er die Mönche an: "Wenn der Sangha, ihr Mönche, zerbrochen ist, sich nicht der Regel gemäß, beständig unfreundlich (verhält), soll man auf dem Sitz (denken): Mindestens wir begehen nicht gegenseitig unpassende körperliche und sprachliche Dinge, werden nicht handgreiflich. Selbst wenn der Sangha zerbrochen ist: Der Regel gemäß, beständig freundlich soll man nebeneinander sitzen." (1)

Zu jener Zeit stritten die Mönche inmitten des Sangha, zankten, debattierten, verletzten sich gegenseitig häufig mit Worten. Sie konnten diesen Streitfall nicht beilegen. Dann ging ein gewisser Mönch zum Erhabenen. Dort, nachdem er den Erhabenen verehrt hatte, stand er beiseite, beiseite stehend sagte jener Mönch dem Erhabenen folgendes: "Hier, verehrungswürdiger Erhabener, stritten die Mönche inmitten des Sangha, zankten, debattierten, verletzten sich gegenseitig häufig mit Worten. Sie konnten diesen Streitfall nicht beilegen. Gut wäre es, verehrungswürdiger Erhabener, wenn er zu den Mönchen käme, von Mitleid bewogen." Durch Schweigen gab der Erhabene seine Zustimmung. Dann ging der Erhabene zu jenen Mönchen. Dort setzte er sich auf einen vorbereiteten Sitz. Sitzend sagte der Erhabene den Mönchen folgendes: "Halt, ihr Mönche, laßt Streit, Zank, Kontroverse, Debatte." Als dies gesagt worden war, sagte ein gewisser nicht der Lehre folgender Mönch dem Erhabenen folgendes: "Warten möge der verehrungswürdige Erhabene, der Herr der Lehre, möge der verehrungswürdige Erhabene im gegenwärtigen Glück verweilen und unbeteiligt bleiben. Wir werden diesen Streit, Zank, Kontroverse, Debatte beilegen." ... Zum zweiten Male sagte der Erhabene .... zum zweiten Male sagte jener nicht der Lehre folgende Mönch .... Dann sprach der Erhabene die Mönche an: (2)

"Einstmals, ihr Mönche, lebte in Benares der König von Kāsi, Brahmadatta, reich, sehr begütert, groß an Besitz, ein großes Heer (besitzend), große Wagen, ein großes Reich, eine wohlgefüllte Getreide- und Schatzkammer. Der König von Kosala, Dīghīti, war arm, nicht begütert, klein an Besitz, ein kleines Heer (besitzend), wenig Wagen, ein kleines Reich, eine wenig gefüllte Getreide- und Schatzkammer. Dann marschierte, ihr Mönche, der König von Kāsi, Brahmadatta, ausgerüstet mit seinem viergliedrigen Heer dem König von Kosala, Dīghīti, entgegen. Es hörte, ihr Mönche, der König von Kosala, Dīghīti: Brahmadatta, so sagt man, der König von Kāsi, marschiert mit seinem viergliedrigen Heer ausgerüstet mir entgegen. Da kam, ihr Mönche, dem König von Kosala, Dīghīti, folgender Gedanke: Der König von Kāsi, Brahmadatta, ist reich, sehr begütert, groß an Besitz, ein großes Heer (besitzend), große Wagen, ein großes Reich, eine wohlgefüllte Getreide- und Schatzkammer. Ich aber bin arm, nicht begütert, klein an Besitz, ein kleines Heer (besitzend), wenig Wagen, ein kleines Reich, eine wenig gefüllte Getreide- und Schatzkammer. Nicht bin ich fähig gegen den König von Kāsi, Brahmadatta, auch nur einen Kampf zu bestehen. So laß mich nun vorsichtshalber aus dieser Stadt fortgehen. Dann hat der König von Kosala, Dīghīti, nachdem er die Königin genommen hatte, die Stadt verlassen. Dann, ihr Mönche, nachdem der König von Kāsi, Brahmadatta, des Königs von Kosala, Dīghīti, Heer, Wagen, Land, Schatz, Getreidekammer für sich gewonnen hatte, beherrschte er sie. Dann ist, ihr Mönche, der König von Kosala, Dīghīti, mit seiner Frau nach Benares aufgebrochen. Nach und nach kam er in Benares an. Dort, ihr Mönche, wohnte der König von Kosala, Dīghīti, mit seiner Frau in Benares, in einem am Rande liegenden gewissen Ort, in einem Hause von einem Töpfer als Unbekannter, bekleidet als Wandermönch. (3)

Dann, ihr Mönche, nach nicht langer Zeit, wurde die Königin vom König von Kosala, Dīghīti, schwanger. Da bekam sie folgendes Gelüste: Sie wünschte, wenn die Sonne aufgeht, das viergliedrige Heer ausgerüstet, bewaffnet, auf ebener Erde stehen zu sehen und das Waschwasser der Schwerter zu trinken. Dann, ihr Mönche, sagte die Königin des Königs von Kosala, Dīghīti, dem König von Kosala, Dīghīti, folgendes: 'Schwanger bin ich, Herr. Da bekam ich folgendes Gelüste: Ich wünsche, wenn die Sonne aufgeht, das viergliedrige Heer ausgerüstet, bewaffnet, auf ebener Erde stehen zu sehen und das Waschwasser der Schwerter zu trinken.' - 'Woher, Königin, sollen wir Armen, ein viergliedriges Heer ausgerüstet, bewaffnet, auf ebener Erde stehen haben, das Waschwasser von den Schwertern haben?' - 'Wenn ich, König, das nicht bekomme, werde ich sterben.' (4)

Zu jener Zeit, ihr Mönche, war der Hauptpriester des Königs von Kāsi, Brahmadatta, der Freund des Königs von Kosala, Dīghīti. Dann, ihr Mönche, ging der König von Kosala, Dīghīti, zum Hauptpriester des Königs von Kāsi, Brahmadatta. Dort sagte er dem Hauptpriester des Königs von Kāsi, Brahmadatta, folgendes: 'Freund, deine Freundin ist schwanger, sie bekam folgendes Gelüste: Sie wünscht, wenn die Sonne aufgeht, das viergliedrige Heer ausgerüstet, bewaffnet, auf ebener Erde stehen zu sehen und das Waschwasser der Schwerter zu trinken.' - 'Dann laß uns die Königin sehen.' Dann ging die Königin des Königs von Kosala, Dīghīti, zum Hauptpriester des Königs von Kāsi, Brahmadatta. Es sah, ihr Mönche, der Hauptpriester des Königs von Kāsi, Brahmadatta, die Königin des Königs von Kosala, Dīghīti, aus der Ferne kommen. Dies gesehen, stand er vom Sitz auf, tat sein Obergewand auf eine Schulter, legte die Hände in Richtung der Königin des Königs von Kosala, Dīghīti, zusammen und sagte dreimal diesen Spruch: 'Der König von Kosala wird in dir.' Sei nicht betrübt, Königin, wenn die Sonne aufgeht, wirst du das viergliedrige Heer ausgerüstet, bewaffnet, auf ebener Erde stehen sehen und das Waschwasser der Schwerter zu trinken bekommen.' (5)

Dann, ihr Mönche, ging der Hauptpriester des Königs von Kāsi, Brahmadatta, zum König von Kāsi, Brahmadatta. Dort sagte er dem König von Kāsi, Brahmadatta, folgendes: 'Folgende Zeichen, Hoheit, sind sichtbar geworden: Möge morgen, wenn die Sonne aufgeht, das viergliedrige Heer ausgerüstet, bewaffnet, auf ebener Erde stehen. Mögen die Schwerter gewaschen werden.' Dann, ihr Mönche, befahl der König von Kāsi, Brahmadatta, den Menschen: 'Was, Freunde, der Hauptpriester sagte, das sollt ihr tun.' Es bekam, ihr Mönche, die Königin des Königs von Kosala, Dīghīti, als die Sonne aufging das viergliedrige Heer ausgerüstet, bewaffnet, auf ebener Erde stehen zu sehen und das Waschwasser der Schwerter zu trinken. Dann hat, ihr Mönche, die Königin des Königs von Kosala, Dīghīti, nachdem der Embryo reif geworden war, einen Knaben geboren. Sie nannten ihr Dīghāvū. Dann hat, ihr Mönche, der Prinz Dīghāvū in nicht langer Zeit geistige Reife erlangt. (6)

Dann kam, ihr Mönche, dem König von Kosala, Dīghīti folgender Gedanke: Dieser, der König von Kāsi, Brahmadatta, hat uns viel Unheil getan. Durch ihn wurde uns das Heer, die Wagen, das Land, Schätze und Getreide weggenommen. Wenn dieser von uns weiß, wird er uns alle drei töten lassen. So laß ich nun den Prinzen Dīghāvū außerhalb der Stadt leben. Dann, ihr Mönche, hat der König von Kosala, Dīghīti, außerhalb der Stadt leben lassen. Dann hat, ihr Mönche, der Prinz Dīghāvū außerhalb der Stadt in nicht langer Zeit alle Kunstfertigkeiten gelernt. (7)

Zu jener Zeit, ihr Mönche, wohnte der Friseur des Königs von Kosala, Dīghīti, beim König von Kāsi, Brahmadatta. Es sah, ihr Mönche, der Friseur des Königs von Kāsi, Brahmadatta, den König von Kosala, Dīghīti, mit seiner Frau irgendwo an einem Ort an der Grenze von Benares im Anwesen eines Töpfers als Unbekannten, bekleidet als Wandermönch. Dies gesehen, ging er zum König von Kāsi, Brahmadatta. Dort sagte er dem König von Kāsi, Brahmadatta folgendes: 'Dīghīti, Herr, der König von Kosala wohnt mit seiner Frau irgendwo an einem Ort an der Grenze von Benares im Anwesen eines Töpfers als Unbekannte, bekleidet als Wandermönch.' (8)

Dann befahl, ihr Mönche, der König von Kāsi, Brahmadatta, den Menschen: 'Dann, Freunde, bringt den König von Kosala, Dīghīti, und seine Frau her.' - 'So sei es, Herr.' Nachdem, ihr Mönche, jene Menschen das dem König von Kāsi, Brahmadatta, geantwortet hatten, brachten sie den König von Kosala, Dīghīti, und seine Frau her. Dann, ihr Mönche, befahl der König von Kāsi, Brahmadatta, den Menschen: 'Freunde, ihr sollt den König von Kosala, Dīghīti, und seine Frau, mit einem starken Seil die Hände hinten (auf den Rücken) fest zusammengebunden, den Kopf kahlgeschoren, mit einer rauhen Trommel von Straße zu Straße, von Kreuzung zu Kreuzung marschieren lassen. Durch das südliche Tor hinaus, im Süden der Stadt, (sie) in vier Stücke geschnitten, soll in den vier Himmelsrichtungen jeweils ein Stück hingelegt werden.' - 'So sei es, Herr.' Nachdem, ihr Mönche, jene Menschen das dem König von Kāsi, Brahmadatta, geantwortet hatten, ließen sie den König von Kosala, Dīghīti, und seine Frau, mit einem starken Seil die Hände hinten (auf den Rücken) fest zusammengebunden habend, den Kopf kahlgeschoren, mit einer rauhen Trommel von Straße zu Straße, von Kreuzung zu Kreuzung marschieren. (9)

Da kam dem Prinzen Dīghāvū folgender Gedanke: Lange nicht gesehen habe ich Vater und Mutter, laß mich gehen und Vater und Mutter sehen. Dann, ihr Mönche, nachdem der Prinz Dīghāvū nach Benares gegangen war, sah er Vater und Mutter mit einem starken Seil die Hände hinten (auf den Rücken) fest zusammengebunden, den Kopf kahlgeschoren, mit einer rauhen Trommel von Straße zu Straße, von Kreuzung zu Kreuzung marschieren. Dies gesehen, ging er zu Vater und Mutter. Es sah, ihr Mönche, der König von Kosala, Dīghīti, den Prinzen Dīghāvū von ferne kommen. Dies gesehen sagte er dem Prinzen Dīghāvū folgendes: 'Mögest du, lieber Dīghāvū, weiter sehen, nicht kurz, nicht, lieber Dīghāvū, kommt Feindschaft durch Feindschaft zur Ruhe, durch Nichtfeindschaft, lieber Dīghāvū, kommt Feindschaft zur Ruhe.' (10)

Nachdem sie dies gehört hatten, ihr Mönche, sagten die Leute dem König von Kosala, Dīghīti, folgendes: 'Ein Irrer ist der König von Kosala, Dīghīti, er redet Unsinn, was ist für ihn dieser Dīghāvū? Wem sagt er in dieser Weise: 'Mögest du, lieber Dīghāvū, weiter sehen, nicht kurz, nicht, lieber Dīghāvū, kommt Feindschaft durch Feindschaft zur Ruhe, durch Nichtfeindschaft, lieber Dīghāvū, kommt Feindschaft zur Ruhe?' - 'Nicht bin ich, Freunde, ein Irrer der Unsinn redet, aber wer Weise ist, wird verstehen.' Zum zweiten Male, ihr Mönche, zum dritten Male, ihr Mönche, sagte der König von Kosala, Dīghīti, dem Prinzen Dīghāvū folgendes: 'Mögest du, lieber Dīghāvū, weiter sehen, nicht kurz, nicht, lieber Dīghāvū, kommt Feindschaft durch Feindschaft zur Ruhe, durch Nichtfeindschaft, lieber Dīghāvū, kommt Feindschaft zur Ruhe.' Zum dritten Mal, ihr Mönche, sagten die Leute dem König von Kosala, Dīghīti, folgendes: 'Ein Irrer ist der König von Kosala, Dīghīti, er redet Unsinn, was ist für ihn dieser Dīghāvū? Wem sagt er in dieser Weise: 'Mögest du, lieber Dīghāvū, weiter sehen, nicht kurz, nicht, lieber Dīghāvū, kommt Feindschaft durch Feindschaft zur Ruhe, durch Nichtfeindschaft, lieber Dīghāvū, kommt Feindschaft zur Ruhe?' - 'Nicht bin ich, Freunde, ein Irrer der Unsinn redet, aber wer Weise ist, wird verstehen.' Dann, ihr Mönche, nachdem jene Menschen den König von Kosala, Dīghīti, und seine Frau mit einem starken Seil die Hände hinten (auf den Rücken) fest zusammengebunden hatten, den Kopf kahlgeschoren, mit einer rauhen Trommel von Straße zu Straße, von Kreuzung zu Kreuzung marschieren ließen, durch das südliche Tor hinaus führen ließen, im Süden der Stadt, schnitten sie (sie) in vier Stücke und legten jeweils ein Stück in die vier Himmelsrichtungen. Nachdem sie eine Wache aufgestellt hatten, gingen sie fort. (11)

Dann, ihr Mönche, nachdem der Prinz Dīghāvū Benares betreten hatte, nachdem er Alkohol gebracht hatte, veranlaßte er die Wache zu trinken. Als sie berauscht umgefallen waren, er Brennholz gebrochen hatte, er einen Scheiterhaufen errichtet hatte, den Körper von Vater und Mutter auf den Scheiterhaufen gelegt hatte, Feuer entzündet hatte, hat er mit zusammengelegten Händen dreimal den Scheiterhaufen rechts umrundet. Zu jener Zeit, Ihr Mönche, war der König von Kāsi, Brahmadatta, auf die Zinne des Palastes gegangen. Es sah, ihr Mönche, der König von Kāsi, Brahmadatta, den Prinzen Dīghāvū mit zusammengelegten Händen dreimal um den Scheiterhaufen rechts herumgehen. Dies gesehen kam ihm folgender Gedanke: Zweifellos ist dieser Mann ein Verwandter oder Blutsverwandter des Königs von Kosala, Dīghīti. Oh weh, der ist für mich ein Unheilbringer, keiner wird mir das erklären können. (12)

Dann, ihr Mönche, nachdem der Prinz Dīghāvū in den Wald gegangen war, so lange es ihm beliebte weinte und klagte, die Tränen abgewischt hatte, Benares betreten hatte, zum Elefantenstall in der Nähe des Innenhofs des Palastes gegangen war, sagte der den Elefantenbändigern folgendes: 'Ich wünsche, Herr Lehrer, eine Ausbildung zu machen.' - 'Dann, junger Mann, lerne.' Dann ist, ihr Mönche, Prinz Dīghāvū in der Nacht kurz vor Sonnenaufgang aufgestanden, sang mit lieblicher Stimme im Elefantenstall und spielte die Laute. Es hörte, ihr Mönche, der König von Kāsi, Brahmadatta, kurz vor Sonnenaufgang aufgestanden, Gesang mit lieblicher Stimme im Elefantenstall und Lautenspiel. Dies gehört, fragte er die Menschen: 'Wer, Freunde, singt und spielt Laute kurz vor Sonnenaufgang aufgestanden, mit lieblicher Stimme im Elefantenstall?' (13)

'Ein junger Mann, Herr, ein Schüler des Elefantenbändigers, singt und spielt Laute kurz vor Sonnenaufgang aufgestanden, mit lieblicher Stimme im Elefantenstall.' - 'Dann, Freunde, bringt jenen jungen Mann her.' - 'So sei es, Herr.' Nachdem jene Menschen dies dem König von Kāsi, Brahmadatta, geantwortet hatten, brachten sie Prinz Dīghāvū her. 'Bist du, Freund, der junge Mann, der kurz vor Sonnenaufgang aufgestanden, mit lieblicher Stimme im Elefantenstall sang und dazu die Laute spielte?' - 'Ja, Herr' - 'Dann, Freund, junger Mann, singe und spiele die Laute.' - 'So sei es, Herr.' Nachdem, ihr Mönche, der Prinz Dīghāvū dies dem König von Kāsi geantwortet hatte, um zu gefallen, sang er mit lieblicher Stimme und spielte die Laute. Dann sagte, ihr Mönche, der König von Kāsi, Brahmadatta, folgendes: 'Dann, Freund, junger Mann, bleibe bei mir.' - 'So sei es, Herr' antwortete, ihr Mönche, Prinz Dīghāvū dem König von

Kāsi, Brahmadatta. Dann, ihr Mönche, ist der Prinz Dīghāvū für den König von Kāsi früh aufgestanden, ging nach ihm schlafen, tat achtsam was zu tun war, verhielt sich gefällig, sagte liebes. Nach nicht langer Zeit hat der König von Kāsi, Brahmadatta, den Prinzen Dīghāvū als Vertrauten in internen Angelegenheiten angestellt. (14)

Dann, ihr Mönche, sagte der König von Kāsi, Brahmadatta, dem Prinzen Dīghāvū folgendes: 'Laß den Wagen anspannen, ich werde auf die Jagd gehen.' - 'So sei es, Herr.' Nachdem der Prinz Dīghāvū dies dem König von Kāsi, Brahmadatta, geantwortet hatte, den Wagen angespannt hatte, sagte der dem König von Kāsi, Brahmadatta, folgendes: 'Angespannt ist, Herr, der Wagen. Du magst wissen, was jetzt die rechte Zeit ist zu tun.' Dann bestieg, ihr Mönche, der König von Kāsi, Brahmadatta, den Wagen, Prinz Dīghāvū lenkte den Wagen. Er lenkte nach und nach den Wagen so, daß das Heer einen Weg nahm, sein Wagen einen anderen. Dann, ihr Mönche, nachdem der König von Kāsi, Brahmadatta, lange gefahren war, sagte der dem Prinzen Dīghāvū folgendes: 'Dann, Freund, junger Mann, spanne den Wagen aus, müde bin ich, ich lege mich nieder.' - 'So sei es, Herr.' Nachdem, ihr Mönche, Prinz Dīghāvū dies dem König von Kāsi, Brahmadatta, geantwortet hatte, den Wagen ausgespannt hatte, setzte er sich mit gekreuzten Beinen nieder. Dann, ihr Mönche, nachdem der König von Kāsi, Brahmadatta, seinen Kopf in den Schoß des Prinzen Dīghāvū gelegt hatte, schlief er ein, den Müden überkam der Schlaf augenblicklich. (15)

Da kam dem Prinzen Dīghāvū folgender Gedanke: Dieser König von Kāsi, Brahmadatta, tat für uns viel Unheil. Durch ihn wurde uns das Heer, die Wagen, das Land, Schätze und Getreide weggenommen, und meine Eltern wurden getötet. Dieses ist die Zeit, wo ich die Rache nehme. Das Schwert nahm er aus der Scheide. Dann, ihr Mönche, kam dem Prinzen Dīghāvū folgender Gedanke: Der Vater sagte mir in seiner Todesstunde folgendes: 'Mögest du, mein lieber Dīghāvū, nicht zu weit und nicht zu kurz blicken, nicht, mein lieber Dīghāvū, kommt Feindschaft durch Feindschaft zur Ruhe, durch Nichtfeindschaft, mein lieber Dīghāvū, kommt Feindschaft zur Ruhe.' Nicht ist es für mich angemessen, wenn ich die Worte des Vaters überschreiten würde. So tat er das Schwert in die Scheide. Zum zweiten Mal, ihr Mönche, kam dem Prinzen Dīghāvū folgender Gedanke: Dieser König von Kāsi, Brahmadatta, tat für uns viel Unheil..... Zum dritten Mal, ihr Mönche, kam dem Prinzen Dīghāvū folgender Gedanke: Dieser König von Kāsi, Brahmadatta, tat für uns viel Unheil..... Dann, ihr Mönche, ist der König von Kāsi, Brahmadatta, ängstlich, bang, furchtvoll, erschrocken plötzlich aufgestanden. Dann sagte, ihr Mönche, der Prinz Dīghāvū dem König von Kāsi, Brahmadatta, folgendes: 'Warum, Herr, bist du ängstlich, bang, furchtvoll, erschrocken plötzlich aufgestanden?' - 'Nun, ich sah im Traum, junger Freund, den Sohn des Königs von Kosala, Dīghīti, den Prinzen Dīghāvū mit dem Schwert mich überfallen, deshalb bin ich ängstlich, bang, furchtvoll, erschrocken plötzlich aufgestanden.' (16)

Dann, nachdem, ihr Mönche, der Prinz Dīghāvū mit der linken Hand den Kopf des Königs von Kāsi, Brahmadatta, festgehalten hatte, mit der rechten Hand das Schwert herausgezogen hatte, sagte er dem König von Kāsi, Brahmadatta, folgendes: 'Ich bin der Sohn des Königs von Kosala, Dīghīti, der Prinz Dīghāvū. Durch dich erfuhren wir viel Unheil, wurde uns das Heer, die Wagen, das Land, Schätze und Getreide weggenommen und meine Eltern wurden getötet. Dieses ist die Zeit wo ich die Rache nehmen würde.' Dann, ihr Mönche, hat der König von Kāsi, Brahmadatta, sein Haupt zu Füßen des Prinzen Dīghāvū gebeugt und sagte folgendes: 'Gib mir das Leben, Freund Dīghāvū, gib mir das Leben, Freund Dīghāvū.' - 'Wie soll ich dir, Herr, das Leben geben, der Herr möge mir das Leben geben.' - 'Wenn du, lieber Dīghāvū, mir mein Leben gibst, gebe ich dir dein Leben.' Dann, ihr Mönche, als der König von Kāsi, Brahmadatta, und der Prinz Dīghāvū sich gegenseitig das Leben gegeben hatten, gaben sie sich die Hand und versprachen sich Freundschaft. Dann sagte, ihr Mönche, der König von Kāsi, Brahmadatta, dem Prinzen Dīghāvū folgendes: 'Dann, lieber Dīghāvū, spanne den Wagen an und laß uns fahren.' - 'So sei es Herr.' Nachdem, ihr Mönche, Prinz Dīghāvū das dem König von Kāsi, Brahmadatta, geantwortet hatte, den Wagen angespannt hatte, sagte er dem König von Kāsi, Brahmadatta, folgendes: 'Angespannt ist der Wagen, was du meinst, das jetzt die Zeit ist zu tun, tue.' Dann bestieg, ihr Mönche, der König von Kāsi, Brahmadatta, den Wagen, Prinz Dīghāvū lenkte den Wagen. Er lenkte nach und nach so, daß der Wagen nach nicht langer Zeit mit dem Heer zusammentraf. (17)

Dann, ihr Mönche, nachdem der König von Kāsi, Brahmadatta, in Benares angekommen war, veranlaßt hatte, daß sich eine Gruppe von Ministern versammelte, sagte er folgendes: 'Wenn, ihr, Freunde, den Sohn von Dīghīti, dem König von Kosala, Dīghāvū sehen würdet, was würdet ihr tun? Einige sagten folgendes: 'Wir würden ihm die Hände abschneiden, die Füße, Hände und Füße, Ohren, Nase, Ohren und Nase, den Kopf.' - 'Dieses, Freunde, ist Dīghāvū, der Sohn von Dīghīti, dem König von Kosala. Nicht wird diesem (so) etwas getan, er gab mir das Leben und ich gab ihm das Leben.' (18)

Dann sagte, ihr Mönche, der König von Kāsi, Brahmadatta, folgendes: 'Wenn dein Vater, lieber Dīghāvū, in seiner Todesstunde sagte: 'Mögest du, mein lieber Dīghāvū, nicht zu weit und nicht zu kurz blicken, nicht, mein lieber Dīghāvū, kommt Feindschaft durch Feindschaft zur Ruhe, durch Nichtfeindschaft, mein lieber Dīghāvū, kommt

Feindschaft zur Ruhe' in welchem Zusammenhang sagte jener Vater das?' - 'Als, Herr, mein Vater starb sagte er mir: 'Nicht (zu) weit,' mögest du nicht zu lange Zeit Feindschaft hegen, das ist, Herr, was mein Vater sagte, als er starb: 'Nicht (zu) weit.' Als, Herr, mein Vater starb sagte er mir: 'Nicht (zu) nah,' nicht zerstöre schnell die Freundschaft, das ist, Herr, was mein Vater sagte, als er starb: 'Nicht (zu) nah.' Als, Herr, mein Vater starb sagte er mir: 'Nicht kommt, lieber Dīghāvū, Feindschaft durch Feindschaft zur Ruhe, durch Nichtfeindschaft kommt Feindschaft zur Ruhe.' Durch den Herrn wurden mein Vater und meine Mutter getötet. Wenn ich den Herrn vom Leben trennen würde, würden mich die, die dem Herrn nahestehen, vom Leben trennen, die die mir nahestehen, würden sie vom Leben trennen. Darum kommt Feindschaft nicht durch Feindschaft zur Ruhe. So hat der Herr mir das Leben gegeben. Ich habe das Leben dem Herrn gegeben. So ist die Feindschaft durch die Nichtfeindschaft zur Ruhe gekommen. Darum, Herr, sagte mein Vater, als er starb: 'Nicht kommt, lieber Dīghāvū, Feindschaft durch Feindschaft zur Ruhe, durch Nichtfeindschaft kommt Feindschaft zur Ruhe.' (19)

Dann, ihr Mönche, (dachte) der König von Kāsi, Brahmadatta: Welch Wunder, wie erstaunlich, wie weise dieser Prinz Dīghāvū ist, wie er von dem, was der Vater kurz sagte, den Sinn ausführlich verstand. Den väterlichen Besitz, die Wagen, das Land, die Schätze, Getreide, übergab er, und die Tochter gab er. So, Mönche, wie diese Könige, die (schon) Stock und Schwert ergriffen hatten, so duldend und wohlwollend waren, so, ihr Mönche, leuchtet auch ihr, die ihr in dieser gut dargelegten Lehre und Zucht in die Hauslosigkeit gegangen seid, werdet auch duldend und wohlwollend." Zum dritten Mal sagte der Erhabene jenen Mönchen :"Halt, ihr Mönche, laßt Streit, Zank, Kontroverse, Debatte." Als dies gesagt worden war, sagte ein gewisser nicht der Lehre folgender Mönch dem Erhabenen folgendes: "Warten möge der verehrungswürdige Erhabene, der Herr der Lehre, möge der verehrungswürdige Erhabene im gegenwärtigen Glück verweilen und unbeteiligt bleiben. Wir werden diesen Streit, Zank, Kontroverse, Debatte beilegen." Dann (dachte) der Erhabene: diese törichten Menschen haben die Kontrolle über sich verloren, nicht leicht sind sie zu belehren, stand vom Sitz auf und ging fort. (20) //2//

Das Kapitel von Dīghāvū ist beendet

Dann, nachdem der Erhabene, kurz vor Sonnenaufgang aufgestanden war, Almosenschale und Robe genommen hatte, ging er in Kosambi auf Almosengang. Nachdem er seinen Almosengang in Kosambi getan hatte, nach dem Essen von einem (weiteren) Almosengang abgesehen hatte, die Behausung in Ordnung gebracht hatte, Almosenschale und Robe genommen hatte, stand er inmitten des Sanghas. Dort sagte er folgenden Spruch[2]:

> Wenn ein gewöhnlicher Mensch in der Menge lärmt,
> denkt er nicht ein Dummer zu sein.
> Wenn auch der Sangha zerbricht
> niemand denkt weiter darüber nach.
>
> Vergessen ist die Rede der Weisen,
> die im Reich der (rechten) Rede bleiben -
> sie möchten den Mund groß machen
> und wissen nicht, wodurch sie geleitet werden.
>
> 'Geschlagen hat er mich, beschimpft
> Hat mich besiegt, hat mich beraubt!':
> Wer solchem Denken sich gibt hin,
> In dem kommt nie der Haß zur Ruh'.
>
> 'Geschlagen hat er mich, beschimpft,
> Hat mich besiegt, hat mich beraubt':
> Wer solches Denken nicht mehr hegt,
> In dem kommt bald der Haß zur Ruh'.
>
> Durch Haß fürwahr kann nimmermehr
> Zur Ruhe bringen man den Haß;
> Durch Nichthaß kommt der Haß zur Ruh':

---

[2]Siehe auch Mittlere Sammlung 128

Das ist ein ewiges Gesetz.

Die Andern aber sehen nicht ein,
Daß man sich hierin zügeln muß.
Doch, wer da rechte Einsicht hat,
In dem kommt aller Streit zur Ruh'.[3]

Wer Knochen bricht, Leben nimmt,
Rind, Pferd und Besitz raubt,
das Land plündert,
auch diese Leute treffen sich (in Frieden).
Warum gibt es das nicht für euch?

Wer einen weisen Freund und Begleiter hat,
der sich gut verhält, standhaft ist,
alle Übel überwindend wandert er zufrieden und bewußt.
Wer keinen weisen Freund und Begleiter hat,
der sich gut verhält, standhaft ist,
wie ein König, der sein erobertes Land aufgegeben hat,
allein soll er wandern -
wie ein Elefant im Elefantendschungel.

Das Beste ist allein zu reisen,
nicht begleitet von Toren.
Einsam wandernd tut er nichts böses
gleichmütig wie der Elefant im Elefantendschungel. (1) //3//

Dann, nachdem der Erhabene diesen Vers inmitten des Sangha stehend gesagt hatte, brach er nach Bālakalonakāradorf auf. Zu jener Zeit lebte der ehrwürdige Bhagu in Bālakalonakāradorf. Es sah der ehrwürdige Bhagu von weitem den Erhabenen kommen. Dies gesehen bereitete er die Sitze vor, stellte das Fußwaschwasser, den Fußschemel, das Fußtrockentuch hin. Entgegengegangen nahm er ihm Almosenschale und Robe ab. Der Erhabene setzte sich auf den vorbereiteten Sitz. Dort wusch er die Füße. Nachdem er den Erhabenen verehrt hatte, setzte sich auch der ehrwürdige Bhagu seitwärts nieder. Beiseite sitzend sagte der Erhabene dem ehrwürdigen Bhagu folgendes: "Wie geht es dir, Mönch, wie fühlst du dich, hast du Mangel an Almosenspeise?" - "Es geht mir gut, ich fühle mich wohl, Erhabener, nicht habe ich, Verehrungswürdiger, Mangel an Almosenspeise." Dann, nachdem der Erhabene den ehrwürdigen Bhagu durch ein Lehrgespräch veranlaßte, es zu verstehen, aufzunehmen, davon motiviert zu sein, sich daran zu erfreuen, stand er auf und brach nach Pācīnavamsadāya auf. (1)

Zu jener Zeit lebten der ehrwürdige Anuruddha, der ehrwürdige Nandia und der ehrwürdige Kimbila in Pācīnavamsadāya. Es sah ein Förster den Erhabenen von ferne kommen. Dies gesehen sagte er dem Erhabenen folgendes: "Möge der Asket nicht in diesen Forst gehen. Hier weilen drei Söhne aus gutem Hause, sich selber fördernd, mögest du sie nicht stören." Es hörte der ehrwürdige Anuruddha den Förster mit dem Erhabenen sprechen. Dies gehört antwortete er dem Förster: "Mögest du, Förster, den Erhabenen nicht hindern. Unser Führer, der Erhabene ist angekommen. Dann ging der ehrwürdige Anuruddha zum ehrwürdigen Nandia und zum ehrwürdigen Kimbila. Dort sagte er dem ehrwürdigen Nandia und dem ehrwürdigen Kimbila folgendes: "Freunde, kommt her, Freunde, kommt her, unser Führer, der Erhabene ist angekommen." (2)

Dann gingen der ehrwürdige Anuruddha und der ehrwürdige Nandia und der ehrwürdige Kimbila dem Erhabenen entgegen. Einer nahm dem Erhabenen Almosenschale und Robe ab, einer bereitete die Sitze vor, einer stellte das Fußwaschwasser, den Fußschemel, das Fußtrockentuch hin. Der Erhabene setzte sich auf den vorbereiteten Sitz. Dort wusch er die Füße. Auch die Ehrwürdigen, nachdem sie den Erhabenen verehrt hatten, setzten sich beiseite nieder. Beiseite sitzend sagte der Erhabene dem ehrwürdigen Anuruddha folgendes: "Wie geht es dir, Anuruddha, wie fühlst du dich, hast du Mangel an Almosenspeise?" - "Es geht mir gut, ich fühle mich wohl, Erhabener, nicht habe ich, Verehrungswürdiger, Mangel an Almosenspeise." - "Verweilt ihr, Anuruddha in Eintracht, zusammen freuend, streitlos,

---

[3] Dhammapada Vers 3-6 nach Nyanatiloka Mahathera

wie Milch und Wasser zusammen, gegenseitig sich freundlich anblickend?" - "Jawohl, Verehrungswürdiger, wir verweilen in Eintracht, zusammen freuend, streitlos, wie Milch und Wasser zusammen, gegenseitig uns freundlich anblickend." - "Und wie, Anuruddha verweilt ihr in Eintracht, zusammen freuend, streitlos, wie Milch und Wasser zusammen, gegenseitig sich freundlich anblickend?" (3)

"Da denke ich, Verehrungswürdiger, folgendes: 'Gut ist es für mich, gut habe ich es, mit solchen Reinheitswandelnden zu verweilen, daß ich, Verehrungswürdiger, jenen Ehrwürdigen mit liebevollen Taten des Körpers entgegenkomme, öffentlich wie intern, mit liebevoller Sprache, mit liebevollem Denken, öffentlich wie intern. Dieses, Verehrungswürdiger, denke ich: 'Wie, wenn ich nun meine Gemütsverfassung[4] niederlegte und sie der Macht der Gemütsverfassung der Ehrwürdigen unterstellte?' So habe ich meine Gemütsverfassung niedergelegt und sie der Macht der Gemütsverfassung der ehrwürdigen unterstellt. Verschieden sind zwar unsere Körper, aber eins, meine ich, sind unsere Gemütsverfassungen. Auch der ehrwürdige Nandia und der ehrwürdige Kimbila sagten dem Erhabenen folgendes: "Da denke ich, Verehrungswürdiger folgendes:...... aber eins, meine ich, sind unsere Gemütsverfassungen." So verweilen wir, Verehrungswürdiger, in Eintracht, zusammen freuend, streitlos, wie Milch und Wasser zusammen, gegenseitig uns freundlich anblickend." (4)

"Anuruddha, verweilt ihr nicht nachlässig, eifrig, entschlossen?" - "Jawohl, Verehrungswürdiger, wir verweilen nicht nachlässig, eifrig, entschlossen." - "In welcher Weise, Anuruddha, verweilt ihr nicht nachlässig, eifrig, entschlossen?" - "In diesem Falle, Verehrungswürdiger, wer zuerst aus dem Dorf vom Almosengang zurückkommt, der bereitet die Sitze vor, stellt Wasser für die Füße, Schemel für die Füße, Tücher zum Trocknen der Füße hin; nachdem er die Abfallschüssel ausgespült hat, stellt er sie hin, Trink- und Waschwasser stellt er hin. Wer zuletzt aus dem Dorf vom Almosengang zurückkommt, wenn dort ein Essensrest (ist), wenn er wünscht zu essen, ißt er, wenn er nicht wünscht, wirft er es weg, wo nichts Grünes (wächst) oder gibt es ins Wasser, in dem keine Lebewesen leben. Die Sitze bringt er weg, das Wasser für die Füße, die Schemel für die Füße, die Tücher zum Trocknen der Füße ordnet er. Nachdem er die Abfallschüssel ausgespült hat, stellt er sie weg, das Trink- und Waschwasser stellt er weg, die Speisehalle fegt er aus. Wer einen Trinkwasserbehälter oder einen Waschwasserbehälter oder einen Abortwasserbehälter sieht, der leer ist, ohne (Inhalt) ist, kümmert sich darum. Sollte es ihm mit seinen Händen nicht möglich sein, nachdem er einen zweiten mit einem Handzeichen angesprochen hat, kümmert er sich; nicht brechen wir aus diesem Grunde das Wort (Schweigen). Jeden fünften Tag, Verehrungswürdiger, sitzen wir die ganze Nacht bei einem Lehrgespräch zusammen. So verweilen wir, Verehrungswürdiger, nicht nachlässig, eifrig, entschlossen." (5)

Dann, nachdem der Erhabene den ehrwürdigen Anuruddha, den ehrwürdigen Nandia und den ehrwürdigen Kimbila durch ein Lehrgespräch veranlaßte, es zu verstehen, aufzunehmen, davon motiviert zu sein, sich daran zu erfreuen, stand er von seinem Sitz auf und brach zu einer Reise nach Pārileyyaka auf. Allmählich reisend, kam er in Pārileyyaka an. Dort weilte der Erhabene in Pārileyyaka im Schutzwalddickicht am Fuße eines schönen Sāl-Baumes. Als der Erhabene einsam und abgeschieden verweilte, kam in seinem Geist folgender Gedanke auf: Ich weilte vorher von Vielen umgeben nicht angenehm mit den Mönchen von Kosambi, streitend, zankend, debattierend, diskutierend, sich auseinandersetzend. Jetzt verweile ich allein, ohne Begleitung, glücklich und angenehm, ohne die Mönche von Kosambi. Die sind streitend, zankend, debattierend, diskutierend, sich auseinandersetzend. Irgendein großer Elefant ist von vielen umgeben: Elefanten, Elefantinnen, jungen Elefanten, Elefantenkälbern. Wenn die Grasspitzen von ihnen gegessen waren, aß er das Gras. Alle (von ihm) gebrochenen Äste aßen sie, (er) trinkt das (von den anderen) aufgewirbelte Wasser, beim Hineinsteigen ins Wasser, drängeln die Elefantinnen ihn beiseite. Da kam dem großen Elefanten folgender Gedanke: Ich bin von vielen umgeben: Elefanten, Elefantinnen, jungen Elefanten, Elefantenkälbern. Wenn die Grasspitzen von ihnen gegessen waren, aß ich das Gras. Alle (von mir) gebrochenen Äste aßen sie, (ich) trinke das (von den anderen) aufgewirbelte Wasser, beim Hineinsteigen ins Wasser, drängeln die Elefantinnen mich beiseite. So laß mich nun allein, von der Gruppe getrennt verweilen. (6)

Dann ist jener große Elefant von jener Herde fortgegangen nach Pārileyyaka, zum Schutzwalddickicht, zum Fuße des schönen Sāl-Baumes, zum Erhabenen. Dort brachte er dem Erhabenen mit dem Rüssel Trink- und Waschwasser und hielt den Platz grasfrei. Dann kam dem großen Elefanten folgender Gedanke: Ich war vorher von vielen umgeben: Elefanten, Elefantinnen, jungen Elefanten, Elefantenkälbern. Wenn die Grasspitzen von ihnen gegessen waren, aß ich das Gras. Alle (von mir) gebrochenen Äste aßen sie, (ich) trinke das (von den anderen) aufgewirbelte Wasser, beim Hineinsteigen ins Wasser drängeln die Elefantinnen mich beiseite. So weile ich jetzt allein und ohne Begleitung glücklich und angenehm, getrennt von den Elefanten, Elefantinnen, jungen Elefanten, Elefantenkälbern. Als der

---

[4] citta

Erhabene auch seine eigene Abgeschiedenheit und den Gedanken des Elefanten in seinem Geist erkannt hatte, zu jener Zeit sagte er diesen Spruch:

> Dieser Edle und der Elefant
> mit Zähnen wie eine Pflugschar.
> Ihr Geist gleicht sich,
> denn sie mögen allein im Wald sein. (7) //4//

Dann, nachdem der Erhabene so lange wie es ihm gefiel in Pārileyyaka geweilt hatte, brach er zu einer Reise nach Sāvatthi auf. Allmählich reisend kam er in Sāvatthi an. Es weilte der Erhabene in Sāvatthi im Jetahain im Park des Anāthapindika. Dann dachten die Laienanhänger aus Kosambi: Diese Herren, die Mönche aus Kosambi, machen uns viel Unheil, von ihnen verärgert, ging der Erhabene fort. So laßt uns jetzt diese Herren, die Mönche aus Kosambi, nicht verehren, nicht entgegengehen, nicht mit zusammengelegten Händen grüßen und respektieren, nicht ehren, wertschätzen, hochschätzen, achten. Wenn sie kommen, wollen wir ihnen keine Almosenspeise reichen. Wenn diese, von uns nicht geehrt, wertgeschätzt, hochgeschätzt, geachtet, werden, werden sie ehrlos aufbrechen oder den Orden verlassen oder beim Erwachten sich versöhnen. (1)

Dann haben die Laienanhänger von Kosambi die Mönche nicht verehrt, sind nicht entgegengegangen, nicht mit zusammengelegten Händen haben sie gegrüßt, nicht respektiert, nicht geehrt, nicht wertgeschätzt, nicht hochgeschätzt, nicht geachtet. Wenn sie kamen, haben sie keine Almosenspeise gegeben. Da kam jenen Mönchen aus Kosambi, von den Laienanhängern aus Kosambi nicht verehrt .... folgender Gedanke: So laßt uns nun, Brüder, nach Sāvatthi gegangen, beim Erhabenen den Streitfall beilegen. Dann waren die Mönche von Kosambi, nachdem sie die Behausung aufgeräumt hatten, Robe und Almosenschale genommen hatten, nach Sāvatthi aufgebrochen. (2)

Da hörte der ehrwürdige Sāriputta: Es heißt, die Mönche aus Kosambi sind streitend .... im Sangha Streitfälle verursachend, nach Sāvatthi gekommen. Dann kam er ehrwürdige Sāriputta zum Erhabenen. Dort, nachdem er den Erhabenen verehrt hatte, setzte er sich seitwärts nieder. Seitwärts sitzend sagte der ehrwürdige Sāriputta dem Erhabenen folgendes: "Es heißt, Verehrungswürdiger, die Mönche aus Kosambi sind streitend .... im Sangha Streitfälle verursachend, nach Sāvatthi gekommen. Wie sollen wir uns, Verehrungswürdiger, ihnen gegenüber verhalten?" - "Du mußt deinen Standpunkt gemäß der Lehre einnehmen." - "Ich weiß nicht, Verehrungswürdiger, was der Lehre gemäß, was nicht der Lehre gemäß ist." (3)

"Eine nicht der Lehre gemäße Person, Sāriputta, erkennt man durch achtzehn Sachverhalte. In diesem Fall erklärt ein Mönch etwas nicht Lehrgemäßes als lehrgemäß, etwas Lehrgemäßes als nichtlehrgemäß, etwas nicht Vinayagemäßes als vinayagemäß, etwas Vinayagemäßes als nicht vinayagemäß, Nichtgesagtes und Nichtgesprochenes vom Vollendeten als gesagt und gesprochen, vom Vollendeten Gesprochenes und Gesagtes als nichtgesprochen und nichtgesagt, vom Vollendeten Ausgeübtes als vom Vollendeten Nichtausgeübtes, vom Vollendeten Nichtausgeübtes, als vom Vollendeten Ausgeübtes. Vom Vollendeten Nichterlassenes als vom Vollendeten Erlassenes, vom Vollendeten Erlassenes als vom Vollendeten Nichterlassenes, erklärt ein Nichtvergehen als Vergehen, ein Vergehen als Nichtvergehen, erklärt ein leichtes Vergehen als ein schweres Vergehen, erklärt ein schweres Vergehen als ein leichtes Vergehen, erklärt ein wiedergutzumachendes Vergehen[5] als nichtwiedergutzumachendes Vergehen, ein nichtwiedergutzumachendes Vergehen als wiedergutzumachendes Vergehen, erklärt ein schlechtes Vergehen als nicht schlechtes Vergehen, ein nicht schlechtes Vergehen, als schlechtes Vergehen. Dieses, Sāriputta sind die achtzehn Sachverhalte, an denen man eine nicht der Lehre gemäße Person erkennt. (4)

[Wiederholung umgekehrt] (5)

[Wiederholung von 4 und 5 jeweils mit: Mahāmoggallāna, Mahākassapa, Mahākaccāna, Mahākotthita, Mahākappina, Mahācunda, Anuruddha, Revata, Upāli, Ānanda, Rāhula.] (6)

Da hörte Mahāpajāpatī Gotamī: Es heißt, die Mönche aus Kosambi sind streitend .... im Sangha Streitfälle verursachend, nach Sāvatthi gekommen. Dann kam Mahāpajāpatī Gotamī zum Erhabenen. Dort, nachdem sie den Erhabenen verehrt hatte, setzte sie sich seitwärts nieder. Seitwärts sitzend sagte Mahāpajāpatī Gotamī dem Erhabenen

---

[5] Ein sāvasesa Vergehen kann wieder gutgemacht werden, wie die Sanghadisesa-Vergehen etc, anāvasesa = Parājika-Vergehen

folgendes: "Es heißt, Verehrungswürdiger, die Mönche aus Kosambi sind streitend .... im Sangha Streitfälle verursachend, nach Sāvatthi gekommen. Wie sollen wir uns, Verehrungswürdiger, ihnen gegenüber verhalten?" - "Dann gehe, Gotamī, zu beiden Gruppen und höre die Angelegenheit. Nachdem du beide Angelegenheiten gehört hast, jene Mönche, die die rechte Lehre vertreten, deren Ansicht, was sie dulden, was sie mögen, was sie annehmen, das möge auch. Was durch die Nonnengemeinde von der Mönchsgemeinde gewünscht wird, das alles sollte nur von in der Lehre Stehenden gewünscht werden." (7)

Da hörte Anāthapindika: "Es heißt ..... ihnen gegenüber verhalten?" - "Dann, Hausherr, den beiden Gruppen gebt Gaben. Nachdem ihr beiden Gruppen Gaben gespendet habt, hört von beiden Gruppen die Angelegenheit. Nachdem du beide Angelegenheiten gehört hast, jene Mönche, die die rechte Lehre vertreten, deren Ansicht, was sie dulden, was sie mögen, was sie annehmen, das möge auch." (8)

Da hörte VisākhāMigāramātā: "Es heißt ..... ihnen gegenüber verhalten?" - "Dann, Visākhā, den beiden Gruppen gebt Gaben,. Nachdem ihr beiden Gruppen Gaben gespendet habt, hört von beiden Gruppen die Angelegenheit. Nachdem du beide Angelegenheiten gehört hast, jene Mönche, die die rechte Lehre vertreten deren Ansicht, was sie dulden, was sie mögen, was sie annehmen, das möge auch." (9)

Dann kamen die Mönche aus Kosambi nach und nach in Sāvatthi an. Da kam der ehrwürdige Sāriputta zum Erhabenen. Dort, nachdem er den Erhabenen verehrt hatte, setzte er sich seitwärts nieder. Seitwärts sitzend sagte der ehrwürdige Sāriputta dem Erhabenen folgendes: "Es heißt ..... sie sind in Sāvatthi angekommen. Wie sollen wir uns, Verehrungswürdiger, ihnen gegenüber mit Bezug auf die Behausungen verhalten?" - "Dann soll man, Sāriputta, getrennte Behausungen geben." - "Wenn es keine getrennten (Behausungen) gibt, wie sollen wir uns verhalten?" - "Nachdem man, Sāriputta, (die Behausungen) getrennt hat, soll man sie zuteilen. Nicht aber, Sāriputta soll irgendein älterer Mönch aus seiner Behausung ausgewiesen werden. Wer so auswiese, begeht ein dukkata Vergehen." " Wie sollen wir uns mit materiellen Dingen verhalten, Verehrungswürdiger?" - "Materielle Dinge, Sāriputta, soll man gleichmäßig unter alle verteilen." (10)

Dem ausgeschlossenen Mönch kam beim Überlegen der Lehre und der Zucht jener Gedanke: Dies ist ein Vergehen, nicht ist dies ein Nichtvergehen. Ein gefehlt Habender bin ich, nicht bin ich ein nicht gefehlt Habender, ausgeschlossen bin ich, nicht bin ich nichtausgeschlossen, durch einen der Lehre gemäßen Akt, unaufhebbar, angemessen bin ich ausgeschlossen. Dann ging der ausgeschlossene Mönch zu den dem Ausgeschlossenen folgenden Mönchen. Dort sagte er den dem Ausgeschlossenen folgenden Mönchen folgendes: "Dies ist ein Vergehen, nicht ist dies ein Nichtvergehen. Ein gefehlt Habender bin ich, nicht bin ich ein nicht gefehlt Habender, ausgeschlossen bin ich, nicht bin ich nichtausgeschlossen, durch einen der Lehre gemäßen Akt, unaufhebbar, angemessen bin ich ausgeschlossen. Mögen die Ehrwürdigen mich wieder zurückholen." (11)

Dann, nachdem jene dem Ausgeschlossenen folgenden Mönche den ausgeschlossenen Mönch genommen hatten, gingen sie zum Erhabenen. Dort, nachdem sie den Erhabenen verehrt hatten, setzten sie sich beiseite nieder. Beiseite sitzend sagten jene Mönche dem Erhabenen folgendes: "Jener ausgeschlossene Mönch, Verehrungswürdiger, sagte folgendes: 'Dies ist ein Vergehen ... durch einen der Lehre gemäßen Akt, unaufhebbar, angemessen bin ich ausgeschlossen, mögen die Ehrwürdigen mich wieder zurückholen'. Wie soll sich in diesen Fällen, Verehrungswürdiger, verhalten werden?" - "Ein Vergehen ist dieses, ihr Mönche, nicht ist es ein Nichtvergehen, ein gefehlt Habender ist dieser Mönch, nicht ist er ein nicht gefehlt Habender, ein Ausgeschlossener ist jener Mönche, nicht ist er ein Nichtausgeschlossener, durch einen der Lehre gemäßen Akt ausgeschlossen, unaufhebbar, angemessen. Weil jener Mönch, ihr Mönche, sein Vergehen und seinen Ausschluß (ein)sieht, daher, ihr Mönche, holt diesen Mönch wieder zurück." (12)

Dann, nachdem jene dem Ausgeschlossenen folgenden Mönche den ausgeschlossenen Mönch zurückgeholt hatten, gingen sie zu den ausschließenden Mönchen. Dort sagten sie den ausschließenden Mönchen folgendes: "Bezüglich welchen Sachverhaltes, Brüder, gab es im Sangha Streit, Zank, Debatte, Spaltung, Auseinandersetzung, Diskussion, Differenzen? Dieser Mönch, ist ein gefehlt Habender, Ausgeschlossener, sah seinen Fehler und wurde zurückgeholt. Laßt uns jetzt, Brüder, um diesen Sachverhalt beizulegen, im Sangha Frieden schließen." Dann gingen jene ausschließenden Mönche zum Erhabenen, dort, nachdem sie den Erhabenen verehrt hatten, setzten sie sich beiseite nieder. Beiseite sitzend sagten sie dem Erhabenen folgendes: "Jene, dem Ausgeschlossenen folgenden Mönche, Verehrungswürdiger, sagten uns folgendes: 'Bezüglich welchen Sachverhaltes, Brüder, gab es im Sangha Streit, Zank, Debatte, Meinungsverschiedenheit, Spaltung, Auseinandersetzung, Diskussion, Differenzen? Dieser Mönch, ist ein gefehlt Habender, Ausgeschlossener, sah seinen Fehler und wurde zurückgeholt. Laßt uns jetzt, Brüder, um diesen Sachverhalt beizulegen, im Sangha Frieden schließen.' Wie sollen wir uns, Verehrungswürdiger, verhalten?" (13)

"Wenn jener Mönch, ihr Mönche, einen Fehler begangen hat, ausgeschlossen wurde, (ein)sah und wieder zurückgeholt wurde, dann soll man, ihr Mönche, um im Sangha diesen Sachverhalt beizulegen, den Frieden im Sangha schließen. So, ihr Mönche, soll man es tun: Alle sollen sich an einem Ort versammeln, Kranke und Nichtkranke, keiner soll seine Zustimmung senden[6]. Nachdem alle versammelt sind, soll ein erfahrener und fähiger Mönch dem Sangha ankündigen: 'Höre mich, verehrungswürdiger Sangha: Aus diesem Sachverhalt entstand im Sangha Streit, Zank, Debatte, Spaltung, Auseinandersetzung, Diskussion, Differenzen. Jener Mönch hat einen Fehler begangen, wurde ausgeschlossen, sah sein Vergehen (ein) und wurde wieder zurückgeholt. Wenn es dem Sangha recht ist, soll der Sangha Frieden schließen, um den Sachverhalt beizulegen.' Das ist die Ankündigung. Höre mich, verehrungswürdiger Sangha, aus diesem Sachverhalt .... wieder zurückgeholt. Der Sangha hat zur Beilegung dieses Sachverhaltes Frieden im Sangha geschlossen. Wenn es den Ehrwürdigen recht ist, zur Beilegung diese Sachverhaltes Frieden im Sangha zu schließen, so mögen sie schweigen, wem es nicht recht ist, möge sprechen. - Es hat der Sangha zur Beilegung jenes Sachverhaltes Frieden geschlossen, beseitigt ist die Sanghaauseinandersetzung, beseitigt ist die Sanghaspaltung. Das billigt der Sangha, daher das Schweigen, so nehme ich es an. Dann soll man Uposatha halten, das Pātimokkha rezitieren." (14) //5//

Dann kam der ehrwürdige Upāli zum Erhabenen. Dort, nachdem er den Erhabenen verehrt hatte, setzte er sich seitwärts nieder. Seitwärts sitzend sagte der ehrwürdige Upāli dem Erhabenen folgendes: "Aus welchem Sachverhalt, Verehrungswürdiger, im Sangha Streit, Zank, Debatte, Spaltung, Auseinandersetzung, Diskussion, Differenzen entstand, wenn (man) diesen Sachverhalt nicht untersucht, (ihm) nicht auf den Grund gegangen ist, stiftet der Sangha den Sanghafrieden." - "Aus welchem Sachverhalt, Upāli, im Sangha Streit, Zank, Debatte, Spaltung, Auseinandersetzung, Diskussion, Differenzen entstand, wenn (man) diesen Sachverhalt nicht untersucht, (ihm) nicht auf den Grund gegangen ist, ist der Sanghafriede nicht der Lehre gemäß." - "Aus welchem Sachverhalt, Verehrungswürdiger, im Sangha Streit, Zank, Debatte, Spaltung, Auseinandersetzung, Diskussion, Differenzen entstand, wenn (man) diesen Sachverhalt untersucht, (ihm) auf den Grund gegangen ist, stiftet der Sangha den Sanghafrieden." - "Aus welchem Sachverhalt, Upāli, im Sangha Streit, Zank, Debatte, Spaltung, Auseinandersetzung, Diskussion, Differenzen entstand, wenn (man) diesen Sachverhalt untersucht, (ihm) auf den Grund gegangen ist, ist der Sanghafriede der Lehre gemäß." (1)

"Wie viele Sanghafrieden, Verehrungswürdiger, gibt es?" - "Zwei Sanghafrieden, Upāli gibt es. Den Sanghafrieden nicht der Bedeutung nach, aber den Worten nach und den Sanghafrieden der Bedeutung und den Worten nach. Was ist, Upāli der Sanghafrieden nicht der Bedeutung, aber den Worten nach? Aus welchem Sachverhalt, Upāli, im Sangha Streit, Zank, Debatte, Spaltung, Auseinandersetzung, Diskussion, Differenzen entstand, wenn der Sangha diesen Sachverhalt nicht untersucht, (ihm) nicht auf den Grund gegangen ist, Sanghafrieden schließt. Diese, Upāli, nennt man den Sanghafrieden den Worten, aber nicht der Bedeutung nach. Was ist, Upāli der Sanghafrieden der Bedeutung und den Worten nach? Aus welchem Sachverhalt, Upāli, im Sangha Streit, Zank, Debatte, Spaltung, Auseinandersetzung, Diskussion, Differenzen entstand, wenn der Sangha diesen Sachverhalt untersucht, (ihm) auf den Grund gegangen ist, Sanghafrieden schließt. Dieses, Upāli, nennt man den Sanghafrieden den Worten und der Bedeutung nach." (29)

Dann hat der ehrwürdige Upāli, nachdem er vom Sitz aufgestanden war, das Obergewand auf eine Schulter getan hatte, die Hände zum Erhabenen zusammengelegt hatte, den Erhabenen mit folgendem Vers angesprochen:

"Bei den Pflichten und Reden des Sangha,
wenn dabei Sachverhalte entstehen, die zu untersuchen sind,
welcher Mensch ist hier von großem Nutzen,
welcher Mönch ist hier würdig zu führen?
Zuerst ist er von nicht zu tadelnder Sittlichkeit,
er verhält sich bewußt mit bewachten Sinnen.
Selbst Feinde werfen ihm nichts vor bezüglich der Regeln,
keine würde ihm sagen: 'dem ist dieser (Fehler)',
ein solcher Sittenreiner ist furchtlos,
spricht kompetent,
nicht gehemmt in der Gruppe, nicht zitternd,
das Ziel nicht verlierend, spricht er gelassen.

---

[6] d.h. keiner soll an dieser Versammlung nicht teilnehmen

Wird ihm in der Gruppe eine Frage gestellt,
nicht wird er schüchtern und verlegen,
seine Rede ist zur rechten Zeit und gut formuliert,
die Kluge (Rede) macht den verständigen Hörern Freude.
(Er hat) Respekt vor den älteren Mönchen,
ist gut vertraut mit der eigenen Lehre,
fähig, logisch zu denken, geübt zu sagen, was zu sagen ist,
gewand im Hemmen der Gegner,
die Gegner begeben sich unter seine Kontrolle,
viele Leute gehen (zu ihm) um belehrt zu werden.
(Er) nimmt die eigene (Lehre) und vernachlässigt sie nicht,
beantwortet Fragen ohne zu verletzen,
fähig ist er, Botschaften zu überbringen.
Über die Pflichten des Sangha ist er gut informiert.
Von einer Gruppe Mönche beauftragt, tut er was gesagt wurde,
nicht meinend 'ich tue es'.
Welche Art von Vergehen er auch begeht,
welches Vergehen es ist und wie man es aufhebt, (das weiß er).
Mit beiden Vibhangas ist er gut vertraut,
kennt die Vergehen und deren Wiedergutmachung,
wie man weggeschickt wird und gutes Verhalten,
und aufgrund welcher Sachverhalte man ein Weggeschickter wird,
zurückholen, wenn die Zeit der Person vorbei ist[7],
auch dies weiß der mit den Vibhangas Vertraute,
(Er hat) Respekt vor den älteren Mönchen,
den neuen, den Theras und den mittleren,
er wandelt zum Vorteil vieler Leute, ist ein Weiser,
ein solcher Mönch ist würdig zu führen. (3) //6//

Der Kosambiabschnitt, der zehnte

Dies sind die Stichworte:
In Kosambi ist der vorzügliche Sieger, Debatte über das Sehen eines Vergehens, Ausschluß wegen diesem und jenem, jenes Vergehen soll bekannt werden, innerhalb der Grenze, eben dort, fünf, auch eins, Erreichung, auch Pārileyyā, Sāvatthi, auch Sāriputta, Chiliade, Mahākassapa-Kaccāna, Kotthita, über Kappina, auch Mahācunda, Anuruddha, Revata, auch namens Upāli, Ānanda, und Rāhula, Gotamī, Ānāthapindika, Visākhā und Migāramātā, die getrennte Behausung, gleiche Teile materieller Dinge, die Zustimmung (zum Fortbleiben) soll nicht gegeben werden, Upāli ist der Frager, auf Grund untadeliger Sitten, zusammen hält der Orden des Siegers.

Der Mahāvagga ist beendet.

Hamburg, d, 13.4.1995 11.52 Uhr.

---

[7] d.h. die Strafe die auferlegt wurde, das Wegschicken, ist vorüber